7,

THEOLOGISCHE BÜCHEREI
Neudrucke und Berichte aus dem 20. Jahrhundert
Begründet von Ernst Wolf. Herausgegeben von Gerhard Sauter

Studienbücher
Band 86

Freiheit im Leben mit Gott

Texte zur Tradition evangelischer Ethik

Eingeleitet und herausgegeben
von
Hans G. Ulrich

Chr. Kaiser
Gütersloher
Verlagshaus

Die Deutsche Bibliothek – CIP-Einheitsaufnahme

Freiheit im Leben mit Gott: Texte zur Tradition evangelischer Ethik /
eingel. und hrsg. von Hans G. Ulrich. – Gütersloh:
Kaiser; Gütersloh: Gütersloher Verl.-Haus, 1993
(Theologische Bücherei; Bd. 86: Studienbücher)
ISBN 3-579-02013-7
NE: Ulrich, Hans G. [Hrsg.]; GT

ISBN 3-579-02013-7
© Chr. Kaiser/Gütersloher Verlagshaus, Gütersloh 1993

Umschlaggestaltung: Ingeborg Geith, München
Gesamtherstellung: Breklumer Druckerei Manfred Siegel KG, Breklum
Printed in Germany

Inhalt

IV. Christliche Freiheit und Freiheit des Menschen
»Freiheit« im Diskurs über »Neuzeit« und »Moderne«

V. Die sittliche Realisierung der Freiheit
Interpretationen zum 19. Jahrhundert

Einführung: Die »Freiheit der Kinder Gottes« – Freiheit in der Geschöpflichkeit

Zur Tradition evangelischer Ethik

HANS G. ULRICH

Wer nach dem Brennpunkt christlicher Ethik sucht, trifft auf das Thema »Freiheit«. Es ist im biblischen Zeugnis vorgegeben. Es zielt darauf, daß sich Menschen durch Gottes rettendes Tun aus ihrer Selbstverschlossenheit befreien lassen und zu einem neuen Leben mit Gott erschaffen werden. Im Erlernen dieser neuen, geschöpflichen Lebensform wird Freiheit wirklich. Mit ihr gewinnt christliche Ethik eine Tradition. Wie die im Evangelium verkündigte »Freiheit« gelernt und gelebt wird, bleibt die zentrale Frage der Traditionsbildung evangelischer Ethik. Im Thema »Freiheit« sind die Grundaussagen und Leitfragen christlicher Ethik enthalten: die Frage nach der Beziehung menschlichen Handelns zum Mensch-Sein in der Erfahrung des Handelns Gottes, die Frage nach dem Zusammenhang von Handeln und Schuld, oder die Frage nach der Reichweite menschlicher Verantwortung. Hier treffen aber auch die Kontroversen aufeinander, weil die evangelische Rede von der »Freiheit« in unvereinbare Begriffe und Problemstellungen gefaßt wurde.

I. Wie »Freiheit« zur Sprache kommt

Christliche Freiheit begegnet in der Mitteilung des Evangeliums. Das ist die Form ihrer Präsentation. Wie von »Freiheit« geredet wurde, wie »Freiheit« zur Geltung gebracht worden ist, muß kritisch diskutiert werden, und es muß gezeigt werden, wie denn evangelische »Freiheit« zur Sprache kommen und als Lebensform gelernt werden kann.

1. »Freiheit« in der Mitteilung des Evangeliums und ihrer Tradition

Das Evangelium zielt auf die Freilegung derjenigen Freiheit, die »für« Menschen da ist. Das Evangelium spricht von der »Freiheit«, zu der Christus befreit hat (Gal 5,1). Diese Erinnerung durchbricht immer neu die Vergewisserung der Freiheit in den verschiedenen Entdeckungszusammenhängen und Diskursen. Sie zielt auf »rettende Kritik« und begrenzt sich nicht auf »bewußtmachende« Reflexion.[1] In diesem spannungsvollen Vorgang begegnet die Tradition evangelischer Ethik.

»Freiheit« ist für die christliche Tradition nicht nur ein »Thema«, sondern in der Rede von der »Freiheit« ist das Evangelium und die Logik christlichen Redens von Gott beschlossen. Das Evangelium sagt, daß »Freiheit« in der Befreiungstat Gottes in Jesus Christus gründet. »Evangelische Freiheit« meint diejenige Freiheit, in die Menschen hineingerettet werden. So bleibt die befreiende Unterscheidung gewahrt zwischen dem, worin Gott Menschen begegnet, worin Gott Menschen tröstet, und dem, was Menschen hervorbringen. Evangelische Freiheit besteht darin, daß Menschen nicht auf sich verwiesen bleiben, sondern immer wieder auf diesen rettenden Gott treffen und ein Leben mit diesem Gott entdecken können. Dem entspricht auch der Weg in der Geschichte, auf dem Freiheit zu entdecken und zur Geltung zu bringen ist: »Freiheit« wird in solchen Unterscheidungen zur Klarheit gebracht, die Menschen nicht auf sich selbst fixiert sein lassen, sondern zeigen, wie sie im Überschritt zu jener Freiheit leben, die in Jesus Christus erschienen ist.

2. Freiheit im Diskurs über die »Moderne«

Worin Freiheit besteht, ist deshalb nach evangelischem Verständnis nicht mit dem Hinweis auf das Wesen des Menschen (oder die conditio humana) zu beantworten. Was »Freiheit« meint, bedarf der ausdrücklichen Verständigung. In ihrem Verlauf ist »Freiheit« zum Thema, zum Begriff oder Programm in verschiedenen Problemgeschichten, (theoretischen) Entdeckungszusammenhängen und Diskursen geworden. Insbesondere hat der Diskurs der »Moderne« (und über die »Moderne«, auch in ihrem Zusammenhang mit der »Neuzeit«[2]) die Wahrnehmung der »Freiheit« geprägt. Darin ist das Thema »Freiheit« unlöslich verbunden mit der Frage, wie »der Mensch« sich der Freiheit versichern kann, die ihn kennzeichnet, und wie er diese Freiheit bewahren kann. Entsprechend soll »Freiheit« dadurch zur Geltung gebracht werden, daß das befreiende Tun des Men-

---

[1] Vgl. zu dieser Unterscheidung: *Jürgen Habermas:* Bewußtmachende oder rettende Kritik – Die Aktualität Walter Benjamins; in: *Ders.:* Kultur und Kritik. Verstreute Aufsätze, Frankfurt, 2. Aufl. 1977, S. 302–344.

[2] Vgl. dazu in diesem Band: *Wolfgang Huber:* Die Ambivalenz der Moderne, und *Wolfhart Pannenberg:* Reformation und Neuzeit; in: Protestantismus und Neuzeit, hg. von Horst Renz / Friedrich Wilhelm Graf, (Troeltsch-Studien Bd.3) Gütersloh 1984, S. 21–34.

schen hervortritt: das befreiende Denken, der befreiende Diskurs, die befreiende Aufklärung, die befreiende Kritik.
Die »Moderne« (und die »Neuzeit«) ist jedoch nicht als ein fest umrissener
Entdeckungszusammenhang vorgezeichnet, sondern sie erscheint in einem
vielfältigen und äußerst spannungsvollen Diskurs. Mit diesem Diskurs
steht nicht zuletzt in Frage, inwiefern zur »modernen« Thematisierung von
»Freiheit« insbesondere die »Vergewisserung«[3] einer »Geschichte« gehört,
in der sich herausbildet, was menschliches Leben sein kann. Gerade eine
Textsammlung wie diese könnte einen solchen geschichtlichen Nachweis
versuchen wollen. Doch im Blick auf die evangelische Freiheit muß sie fragen, wo die Grenze verläuft zwischen den unabsehbaren Unternehmungen
zur Vergewisserung menschlicher Freiheit und der Erinnerung einer Lebensform, in der diejenige Freiheit präsent ist, die sich Menschen nicht
verschaffen können. Die Präsentation dieser Tradition wird sich einerseits
auf den Diskurs über historisch erfaßbare Vorgänge einlassen, um diese
Grenze im Widerspruch kenntlich werden zu lassen, sie wird aber andererseits diskutieren müssen, wie die Geschichte evangelischer Freiheit überhaupt thematisiert werden kann.

3. Die Beschreibung der Freiheit als Lebensform und die klärende Erinnerung ihrer Tradition

»Freiheit« wird unkenntlich, wenn sie nicht in einer bestimmten Lebensform, einer »Praxis« besteht. Diese zu beschreiben und in ihrer Lernbarkeit
darzustellen, ist die Aufgabe der Ethik. So bringt diese nicht nur Normen
oder gar Freiheitsansprüche zur Geltung, sondern sie zeigt, wie Christen in
der Freiheit leben können, zu der sie das Evangelium beruft. In dieser Perspektive ist aber die Tradition evangelischer Ethik selbst erst zu entdecken.
Dies bleibt die Aufgabe einer klärenden Erinnerung. Das Thema »Freiheit«
geht nicht in einer »Problemgeschichte«[4] auf, die die verschiedenen Erfahrungen reflektiert, »christliche Freiheit« zur Geltung zu bringen und zu
thematisieren. Die evangelische Rede von der »Freiheit« kann sich aber
auch nicht in Abgrenzungen gegen die Problemgeschichte erschöpfen.
Diese sind notwendig, weil die »christliche Freiheit« in den kontroversen
Diskurs gehört. Zugleich aber ist evangelische Freiheit auf eine spezifische
Weise zu bezeugen: es gilt die Freiheit zur Mitteilung zu bringen, der es

---

[3] Vgl. *Jürgen Habermas:* Der philosophische Diskurs der Moderne, Frankfurt/M. 1985, S. 9–
33.
[4] Vgl. dazu *Lutz Geldsetzer:* Art. »Problemgeschichte« in: HWPh Bd. VII, Sp. 1410–1414.

entspricht, daß sich Menschen immer wieder neu in sie versetzen lassen. Daß Gott Menschen zu »Freien gemacht hat« (liberos, liberas fecit), nicht daß er sie zu *ihrer* Freiheit »befreit hat« (liberavit)[5] – dies kennzeichnet die Freiheit eines Christenmenschen, wie sie in der reformatorischen Theologie in Erinnerung gerufen wird.

4. Gesellschaftliche Vergewisserung – gesellschaftskritische Erinnerung

Die Thematisierung von »Freiheit« ist weitgehend in eine Problemgeschichte eingebunden, in der sich Menschen der gesellschaftlichen Wirklichkeit und Gegebenheit von Freiheit zu versichern suchen. »Freiheit« erscheint einerseits als abhängig von der Verwirklichung bestimmter, mehr oder weniger begrenzter allgemeiner Bedingungen (z. B. Eigentum). Andererseits erscheint sie als prinzipielle Unabhängigkeit, so daß gefragt werden muß, worin sie »wirklich« ist (das Problem der »negativen« Freiheit). Die Vergewisserung der Freiheit in einer freiheitlichen Gesellschaft ist Kennzeichen der modernen Problemgeschichte. Aber: zugleich damit ist die Erinnerung evangelischer Freiheit auch in ihrer gesellschaftskritischen Aufgabe zu sehen. Denn evangelische Freiheit schließt eine bestimmte »Sozialethik« ein. Ihr Thema ist, wie Menschen lernen, als »Freie« in barmherziger Nächstenschaft zu leben. An diesen Vorgang muß eine ethische Betrachtung immer wieder heranführen. Sie hat (politische) Wege des Lebens von freien Bürgerinnen und Bürgern[6] zu zeigen, sie kann sich nicht darauf beschränken, die Freiheit »des« Menschen zu behaupten und (etwa auf dem Wege einer eingeforderten individuellen Freiheit) zur Geltung bringen zu wollen. Evangelische Ethik ist als *Ethik der Befreiung* zu verstehen, die den unabsehbaren Formen der Unfreiheit und Unterdrückung von Menschen in einer ausdrücklichen, politischen Kritik zu widersprechen hat, und die zeigt, wie Unterdrückung in menschlicher Unfreiheit wurzelt.

[5] Vgl. *Gerhard Ebeling:* Der kontroverse Grund der Freiheit, Anm. 81, u. S. 224; *Martin Luther:* Galaterbrief-Vorlesung, 1531 (WA 40,2; 2,9–3,9). Luther grenzt diese Freiheit gegen eine »politische« Freiheit ab, die nur die Befreiung von äußeren Bedingungen meint. Das aber heißt nicht, daß diese evangelische Freiheit nicht auch ihre politische Form hat.

[6] Vgl. *Richard Schröder:* Freier Bürger – freier Mensch. Zur Geschichte des europäischen Freiheitsverständnisses, in: *Ders.:* Denken im Zwielicht. Vorträge und Aufsätze aus der Alten DDR, Tübingen 1990, S. 130–148.

5. »Freiheit« im geschichtlich-gesellschaftlichen Kontext

Die Geschichte christlicher Freiheit ist mit dem ganzen Geflecht gesellschaftlicher und politischer Entwicklungen, Verhältnissen und Geschich-
ten verbunden, in denen »Freiheit« zum Problem, zum Programm oder
zur Aufgabe wird. Dem entspricht eine historische Kritik, die diese Thematisierungen auf den verschiedenen Ebenen (institutionengeschichtlich,
ideologiegeschichtlich usf.) zeigt. So verweist etwa die reformatorische
Ethik auf eine bürgerliche Form von Freiheit, die nicht in einem perma-
nent kritischen Zustand verharrt. Oder: Der moderne Freiheitsbegriff setzt
voraus, daß es dem modernen Menschen möglich ist, in einem spannungsvollen Diskurs zu verharren, ohne Gefahr zu laufen, daß die darin praktizierte Offenheit zur Herrschaft verlockt.
Die historische Rekonstruktion wird aber selbst davon abhängig sein, wie
sie den Widerspruch evangelischer Freiheit hörbar werden läßt, auch gegen
die eigenen Wahrnehmungen. Eine Textsammlung wie diese kann diesen
Vorgang nur von einigen wenigen Seiten beleuchten. Andererseits fehlen
aber auch solche problemgeschichtlichen Darstellungen, die sich nicht auf
eine bestimmte Genealogie beschränken, sondern in denen die Wider-
sprüche (und nicht beliebige Alternativen) menschlichen Handelns erkennbar sind und auch evangelischer Widerspruch hörbar bleibt.

6. Paränetische Erinnerung

Die Rede von der »Freiheit eines Christenmenschen« gehört in diejenige
christliche Paränese, die in der tröstenden Erinnerung an Gottes Tun (vgl.
Röm 12,1) eine Lebensform zeigt, die das geschöpfliche Leben mit Gott
einschließt. Dem wird der Weg ihrer Entdeckung und Bezeugung entsprechen. Von »Freiheit« ist nicht affirmativ zu reden (etwa im Sinne von:
»Der Mensch ist frei geboren«). »Freiheit ist ... kontrovers, weil in sich
selbst gefährdet« (Gerhard Ebeling[7]). Aber auch die Präsentation der »Freiheit« im kontroversen Diskurs erfüllt noch nicht die Aufgabe einer ethischen Wahrnehmung. Freiheit wird in den Blick kommen, wo die paräne-
tische Mitteilung jener von Gott geschaffenen »fremden Freiheit«
geschieht. Die – verborgene – Geschichte der christlichen Freiheit ist die
Geschichte dieser paränetischen Praxis. Sie nimmt ihren Ausgang in der
biblischen Überlieferung. Mit ihr ist deshalb einzusetzen.

---

[7] *Gerhard Ebeling:* Der kontroverse Grund der Freiheit, u. S. 213

II. Das Evangelium von der »Freiheit« in der biblischen Verkündigung

Von »Freiheit« ist im Evangelium zu hören: »Zur Freiheit hat uns Christus befreit« (Gal 5,1). Zu hören ist von der Freiheit, die Gott in seinem rettenden Handeln in Jesus Christus geschaffen hat, damit Menschen sich in diese Freiheit hineinversetzen lassen. Das meint eine bestimmte Freiheit, das meint die Freiheit derer, die mit Gott ihrem Schöpfer und Retter leben: die Freiheit davon, für das Leben in seinen fundamentalen Voraussetzungen selbst sorgen zu müssen[8], insbesondere die Freiheit von der Schuld, die die Zuwendung zum Nächsten verhindert und Menschen auf sich selbst fixiert. Das Evangelium zielt auf die Freiheit, für den Nächsten zu sorgen. Das ist dann auch die Freiheit des Nächsten selbst, der in dieser Freiheit seinen Ort, sein Recht findet. Die Freiheit eines Christenmenschen schließt das »Recht des Nächsten« ein.

1. »Freiheit« in der Auslegung des Evangeliums

Die Tradition »christlicher Freiheit« ist als die Geschichte von der Auslegung des Evangeliums von der Befreiung zu einer neuen Freiheit zu lesen und als die Geschichte der Erfahrungen mit dieser Auslegung. Das biblische Zeugnis kann nicht darauf reduziert werden, der Ausgangspunkt einer »Genealogie« des Christentums zu sein, sondern es ist der immer gegenwärtige Ursprung einer bestimmten Lebensform und ihrer Überlieferung.[9] Die biblische Rede ist als Widerspruch zu hören gegen die Transformation der evangelischen Freiheit in diese oder jene »Geschichte« oder »Idee« von der menschlichen Freiheit, die auf ihre Verwirklichung drängt. Die biblische Exegese hat – im Streit der Auslegung – die Aufgabe, die verheißungsvolle Geschichte von der von Gott geschaffenen Freiheit hörbar werden zu lassen. Das gilt für das »Alte« und »Neue Testament« gleichermaßen. Nicht wenige exegetische Beiträge, die dazu verhelfen, wären hier zu nennen. *Heinrich Schliers* Aufsatz kann als Beispiel dafür gelten: er zeigt die Logik biblischer Rede von »evangelischer Freiheit« und lehrt, dieser Logik zu folgen.

---

[8] Vgl. zu diesem biblischen Ausgangspunkt: *Friedrich Mildenberger:* Biblische Dogmatik. Eine Biblische Theologie in dogmatischer Perspektive, Bd. 3: Theologie als Ökonomie; Stuttgart 1993, S. 377–388.

[9] Vgl. zu diesen Unterscheidungen: *Alasdair MacIntyre:* Three Rival Versions of Moral Enquiry. Encyclopaedia, Genealogy, and Tradition; Notre Dame 1990.

1.1 Die fremde Freiheit

Das Evangelium spricht von einer Freiheit, die in die Geschichte Gottes mit dem Menschen gehört. Deshalb ist hier nicht von der Freiheit »des« Menschen – in ihrem Verhältnis zur Freiheit Gottes – zu reden, sondern von der »Freiheit«, die von Gott für den Menschen geschaffen ist. Für den Menschen ist dies eine »fremde Freiheit«, eine Freiheit, aus der Menschen leben. Die evangelische Rede von der »Freiheit« zielt darauf, daß Menschen glauben, sie zielt darauf, daß Menschen in ihrem uferlosen und unruhigen Streben auf Gottes Handeln treffen. Darin finden sie Trost. Die biblische Rede von der Freiheit ist *parakletisch*, tröstend. Sie setzt ein mit der Erinnerung daran, daß Gott in Jesus Christus die Selbstverschlossenheit der Menschen durchbrochen hat. Das Evangelium ist die nachdrückliche und ausdrückliche Erinnerung an Gottes rettendes Handeln.

Das evangelische Reden von der Freiheit ist darin auch *paränetisch*. Es zielt darauf, daß sich Menschen in diese Freiheit versetzen lassen. Die Freiheit besteht in der immer neuen Befreiung. Freiheit ist »für den« Menschen geschaffen als dasjenige Geschöpf Gottes, das »ein zu befreiendes« (Martin Luther; vgl. Gerhard Ebeling) ist. Weil die Freiheit des Evangeliums die Befreiung der Menschen betrifft, rührt die Verkündigung an die Frage »Was ist der Mensch?«. Ist er frei geboren, ist er unfrei? – so wird gefragt. Das Evangelium zielt aber nicht darauf, das Wesen des Menschen, die »Conditio humana« oder die Bestimmung des Menschseins festzustellen, oder »den Menschen« auf das festzulegen, was seine Lebensbedingungen sind, vielleicht auch »den« Menschen zu verändern. Vielmehr erinnert die biblische Rede Menschen tröstend daran, daß ihnen die Freiheit derer zugedacht ist, die nicht fundamental um ihr Leben besorgt sein müssen. Von dieser Paränese ist die Rede von der Freiheit nicht loszulösen, will sie sich nicht in einer Rhetorik der Befreiung verlieren, die nur zur Freiheit aufrufen, nicht aber das befreiende Tun Gottes, den lebendigen Grund der Freiheit parakletisch erinnern kann.

1.2 Freiheit im Leben mit Gott

Der »fremden Freiheit« entspricht es, daß sie »im Glauben« präsent wird. Es ist keine Freiheit, die zu besitzen ist. »Glauben« meint das Leben mit Gott, in dem sich Menschen in Gottes Nähe aufhalten und sich sein vergebendes und neuschaffendes Handeln gefallen lassen. In der Darstellung dieser Lebensform stimmen das »Alte« und das »Neue Testament« überein. Es ist die Lebensform, die Praxis, in der Freiheit immer neu begegnet. In

ihr leben Menschen »mit Gott«, nicht in einer unbestimmten »Gemeinschaft« mit ihm. »Gott« ist dann nicht der unsichtbare Garant, der
schweigsame Grund oder Ursprung menschlicher Freiheit. »Gott« ist im
biblischen Reden derjenige, der Menschen aus ihrer Verschlossenheit in ein
Leben mit ihrem Schöpfer und Retter »beruft« (Gal 5,13).[10]

1.3 Freiheit von Schuld und Tod – Freiheit vom Gesetz der Lebensbeherrschung

Das Evangelium verkündet die von Gott gewährte Befreiung aus der
menschlichen Selbstverschlossenheit der Sünde. »Sünde« heißt, daß Menschen sich in ihr eigenes Handeln verstricken. Darin besteht die immer neue
Schuld vor Gott. Freiheit begegnet durch die rettende Befreiung von dieser
Schuld hindurch, die Menschen »im Glauben« zuteil wird. Dies meint die
Freiheit von der unabsehbaren Vergewisserung und Besorgung des Lebens.
Freiheit ist deshalb die Freiheit von demjenigen »Gesetz«, das Menschen
gebrauchen, um damit ihr Leben gänzlich in die eigene Regie zu nehmen,
und sich darin um so mehr ein Gesetz auferlegen, das sie nicht loswerden.
Mit diesem »Gesetz«, das dem Leben und den Dingen seine Gestalt auf-
prägen will, verwechseln sie Gottes schöpferisches Gebot, das eine neue
Lebensform zeigt und nicht etwa das alte, »gegebene« Leben reglementiert.
»Freiheit vom Gesetz« ist die Freiheit von der abgründigen und unabsehbaren Lebensgestaltung, die Menschen auf sich selbst zurückverweist.
Die Freiheit vom Gesetz ist die Freiheit in einer neuen Lebensform: es ist
die Freiheit der »Kinder Gottes« (vgl. Röm 8, 14.19–21; Gal 4, 29–31). Es
ist die Freiheit der »Freien« im Unterschied zu den »Knechten«. Freiheit
besteht nicht in der Leere von unbestimmten und unabsehbaren Möglichkeiten, sondern in einem Leben mit dem rettenden Gott, das davor
bewahrt, dieser Leere ausgeliefert zu sein, aber auch jedem Anspruch und
Zwang ausgesetzt zu sein, der in diese Leere einbricht. Die Freiheit des
Lebens mit Gott ist die Freiheit von »Kindern«: Ihre praktizierte Zugehörigkeit zu Gott ist die Gegenwart ihrer Freiheit. Sie läßt sie frei sein gegenüber anderen Loyalitäten, die ein freies politisches Handeln im Sinne der
Sorge für den Anderen nicht zulassen, weil sie Menschen an bestimmte
»Identitäten« binden, statt sie jene freien Kinder sein zu lassen.

---

[10] Vgl. zum Alten Testament: *Matthias Köckert: Leben in Gottes Gegenwart. Zum Verständnis des Gesetzes in der priesterschriftlichen Literatur*, in: JBTh, Bd. 4: »Gesetz« als Thema
Biblischer Theologie, Neukirchen 1989, S. 29–61; zur systematischen Entfaltung *Michael
Welker: Erwartungssicherheit und Freiheit*. Zur Neuformulierung der Lehre von Gesetz
und Evangelium, in: EK 18/1985, S. 680–683; 19/1986, S. 39–42; *F. Mildenberger*,
a. a. O. S. 388–404.

1.4 Freiheit zu guten Werken

Mit der Freiheit als Lebensform kommen die »guten Werke« neu ins Spiel. Evangelische Ethik ist durchaus eine Ethik der »guten« Werke (Vgl. *E. Wolf,* Politia Christi) und nicht nur eine Ethik der (unbestimmten) Haltungen, der Arbeit oder des Handelns. Eher schon ist es eine Ethik des »guten Lebens« im aristotelischen Sinn, weil dieses auf das politische Zusammenleben, auf eine politia, bezogen ist. Dies berührt die Grundlagen evangelischer Ethik: sofern sie nicht die Vervollkommnung menschlichen Tuns oder der Ordnungen des Zusammenlebens zum Gegenstand hat, sondern tatsächlich die Vollkommenheit in dem, was Christen zu tun aufgetragen ist: »Denn wir sind sein Werk, geschaffen in Christus Jesus zu guten Werken, die Gott zuvor bereitet hat, daß wir darin wandeln sollen.« (Eph 2,10) Aufgrund dieser Logik kann von der bleibenden, tröstenden Geltung des Gesetzes geredet werden (vgl. *W. Joest,* Gesetz und Freiheit). Sie ist die Voraussetzung dafür, daß die christliche Freiheit nicht in den Zwang der Perfektionierung des menschlichen Handelns gerät, sondern sich durchaus an »Werke« halten kann, die als gut und vollkommen gelten dürfen.

2. Anvertraute Freiheit – vergewisserte Freiheit

»Freiheit« als anvertraute, als fremde Freiheit zur Sprache zu bringen, ist eine äußerst spannungsreiche Aufgabe. Die christliche Thematisierung der »Freiheit« hat diese Spannung immer wieder verloren und auf die Frage reduziert, was die Freiheit »des Menschen« ist. Immer neu schien es nötig, sich der Freiheit als »menschlicher Freiheit« zu versichern: als der Freiheit in einem »Gesetz«, dem »der Mensch« entspricht (Autonomie), als der Freiheit »des« menschlichen Willens oder als der Freiheit in der Menschwerdung des Menschen.

Wenn das Thema »Freiheit« Menschen auf eine »gegebene« Freiheit festlegt, verliert es die Spannung zur Rede von Gottes freiem Handeln. Dies geschieht auch dann, wenn »Freiheit« als »geschenkte« zur Geltung gebracht wird, ohne daß der Zusammenhang mit der befreienden Geschichte Gottes und der ihr entsprechenden Praxis bewahrt bleibt. Auch der »Glaube« ist immer wieder darauf reduziert worden, nur Voraussetzung für das Leben und Handeln zu sein[11]. Aber »Glaube« meint eine gelebte

---

[11] Vgl. kritisch dagegen zum Glaubensverständnis: *Hans Joachim Iwand:* Das Christentum und die geistige Krise der Gegenwart, in: *Ders.:* Nachgelassene Werke, Bd. II, München 1966, S. 106–124, hier: 119f. »Der Glaube … entdeckt … daß diese Geschichte (sc. Gottes Geschichte mit dem Menschen) seine – des Menschen, der mit dieser Geschichte zu tun

Befreiung. »Glaube« schließt eine Lebensform ein. »Freiheit« kann so nicht als eine universelle »Idee« zur Geltung gebracht werden, die auf »den Menschen« hin einzufordern ist, sondern »Freiheit« muß in den verschiedenen Entdeckungszusammenhängen ausdrücklich thematisiert werden. Daß die vielfältige Unterdrückung, die Menschen von Menschen erfahren haben, in konkreter menschlicher Unfreiheit wurzelt, bleibt so im Blick.

2.1 »Freiheit« begegnet im freien Handeln Gottes, in dem eine neue Geschichte beginnt. Deshalb gehört »Freiheit« in das Reden von dieser Geschichte. »Freiheit« kommt in der Verkündigung zur Mitteilung. Die Kunst der Unterscheidung des »Evangeliums« vom »Gesetz« bewahrt davor, sich der immer neu gewährten Freiheit als einer Freiheit »des Menschen« versichern zu wollen, ohne die rettende Geschichte zu erinnern, mit der sie verbunden bleibt. Und umgekehrt zielt die Unterscheidung darauf, das Evangelium nicht zu predigen, ohne zu zeigen, wie das geschöpfliche Leben mit Gott aussieht. Nur wenn es die Form einer Praxis annimmt, wird es nicht der totalen menschlichen Lebens»gestaltung« ausgeliefert.

2.2 Die Befreiung von jenem Gesetz, durch das Menschen über Gott und und über sich selbst die Führung zu gewinnen suchen, geschieht durch das Sich-hinein-verwandeln-lassen in das »Gesetz des Geistes«. Die Freiheit des Geistes ist die Freiheit derer, die sich von Gottes Geist leiten lassen (vgl. Gal 5,18). Freiheit wird im Leben mit Gott vollzogen als die Freiheit einer lernbaren Praxis. Wo Menschen etwas lernen, sind sie vor Manipulation geschützt, durch die ihnen etwas beigebracht wird. Die Freiheit ist deshalb in ein »Gesetz« gefaßt: in das »Gesetz des Geistes, der lebendig macht in Christus Jesus« (Röm 8,2). Die Befreiung geschieht »durch das Gesetz«[12]. Das klingt widersinnig. Es trifft aber den Punkt, auf den das Evangelium von der Freiheit zielt.

Freiheit war immer auch nach dieser Seite in ihrer Entfaltung zu sehen: als die *Frömmigkeit der Freiheit*. Diese umgreift das Tun, in dem Menschen aus der Selbstverschlossenheit heraustreten und sich Gottes Handeln gefallen lassen.

– Zur Frömmigkeit der Freiheit gehört die Praxis des Betens, in der Menschen unverhüllt vor Gott hintreten und zu handeln beginnen: »Unser täglich Brot gib uns heute, und vergib uns unsere Schuld ...« Wer um

---

bekommt – eigene Geschichte ist. Und zwar eben die Geschichte, die sonst in dem, was zwischen uns Menschen untereinander geschieht, nicht vorkommt, die hier nicht Geschichte wird.«

[12] Vgl. *Peter von der Osten-Sacken*: Befreiung durch das Gesetz, in: Ders.: Evangelium und Tora. Aufsätze zu Paulus, München 1987, S. 187–209.

Brot bittet, kann es in der Freiheit tun, sich sein Lebensrecht nicht verdienen zu müssen, und wer um die Vergebung bittet, kann es in der Freiheit tun, nicht vom Brot allein leben zu müssen. Ein Leben in Freiheit führen heißt deshalb auch, dieses Brot teilen zu können.

– Zur Freiheit gehört die Praxis der Vergebung als Praxis der Befreiung davon, sich selbst rechtfertigen zu müssen und womöglich das Handeln dem Zwang zur Rechtfertigung unterzuordnen.

– Zur Freiheit gehört das freie Zeugnis, die parrhesia, in der Menschen freimütig, in freier Weitergabe ihren Glauben an Christus bekennen und sich nicht auf eine anonyme Wahrheit zurückziehen. Paradigma dieser Praxis ist die Verkündigung, die deshalb frei ist, weil sie die freie Gnade Gottes zum Gegenstand hat. Diese Praxis der Verkündigung begründet die politische Freiheit. Dazu gehört die Freiheit der theologischen Erkenntnis und die Freiheit des ethischen Urteils. Die Freiheit des ethischen Urteils meint die Freiheit dazu, den Willen Gottes prüfen zu können, weil sich das eigene Denken der Erneuerung durch Gottes schöpferisches Handeln aussetzt (vgl. Röm 12,2).

– »Befreiung« meint in der biblischen Überlieferung die Freiheit des Christenmenschen, der aus der Selbstverschlossenheit in die Koexistenz mit Gott – immer neu – eintritt. So ist er frei, dem anderen Menschen der Nächste zu sein. Freiheit besteht darin, daß sie in dieser Nächstenschaft gelebt wird. Hier ist erneut vom »Gesetz« zu reden: das Evangelium enthält so »das vollkommene Gesetz der Freiheit«[13]. In der »Nächstenliebe« überschreiten Menschen die Grenze zum Anderen. Dieser »Überschritt« meint, daß Menschen nicht einander ausgeliefert bleiben, sondern sich auf die Not des Anderen einlassen. Mit dieser »Not« begegnet der Wille Gottes, der den Anderen auch nicht seinen Bedürfnissen ausgeliefert sein läßt. Das Evangelium von der Freiheit umfaßt solches alles als die anvertraute Praxis der Freiheit. Was ist die Freiheit, in der Christen bestehen können (vgl. Gal 5)? »Das Leben im Geist« lautet die biblische Antwort. Freiheit besteht in dieser Lebensform. Von ihr her bestimmt sich, was christliche Ethik zu beschreiben hat.

2.3 Die christliche Tradition hat sich schwer getan, diese »praktische Freiheit« zur Geltung zu bringen. Ohnehin stand christliche Praxis in der Gefahr, zu einer besonderen »frommen« Praxis zu werden. Demgegenüber,

---

[13] Vgl. *Peter Stuhlmacher:* Jesu vollkommenes Gesetz der Freiheit. Zum Verständnis der Bergpredigt, in: ZThK 79 (1982) S. 283–322; *Heinrich Schlier:* Über das vollkommene Gesetz der Freiheit, in: Ders.: Die Zeit der Kirche. Exegetische Aufsätze und Vorträge, Freiburg 1956, S. 193–206.

so schien es, mußte die christliche Freiheit universal begründet und universell entfaltet werden. Freiheit, so schien es, konnte nicht an eine »Praxis« und mit ihr an eine »Tradition« gebunden sein.

Die universale »Freiheit« wird mit der Frage nach der »Willensfreiheit« zu dem Thema, das die Rede von der Freiheit absorbiert. Dieses Thema zielt auf die Vergewisserung der menschlichen Freiheit jenseits einer bestimmten Koexistenz mit Gott. Am Thema »Willensfreiheit« wird insofern das Grundproblem der Freiheit erkennbar. Die Lehre von der »Willensfreiheit« hat die Wahrnehmung der praktischen Freiheit vielfach überlagert und unkenntlich gemacht. Sie hat das Zusammendenken von Gott und Mensch zur Voraussetzung. Die Lehre von der »Unfreiheit des Willens« hält demgegenüber daran fest, daß das menschliche Leben in der Befreiung durch Gottes Handeln besteht. Mit Emmanuel Lévinas wäre zu sagen: »Die Konjunktion ›und‹ bezeichnet eine gelebte, vollendete Bindung, nicht eine leere Form aus Verbindungen, wie sie ein Dritter bei einem Schauspiel ziehen kann.«[14] Die Beziehung zwischen der »Unfreiheit des Willens« und der Praxis der Freiheit eines Christenmenschen ist vielfältig theologisch bedacht geworden. Dies kann hier nicht dokumentiert werden[15]. Und doch soll der Zusammenhang wenigstens in einigen Aspekten in den Blick kommen (vgl. H. J. Iwand, Christliche Freiheit).

Aus den gleichen Gründen ist auch das Thema »Gewissen« und »Gewissensfreiheit« hier nicht im Zentrum. Auch dieses »Thema« markiert eine Grenzlinie. An ihr zeichnet sich der Verlust jener »Freiheit eines Christenmenschen« ab, die in der Koexistenz mit Gott besteht, die explizit zu leben und die mit anderen Menschen zu teilen ist. Das »Gewissen« wird zu dem Punkt, an dem die »Freiheit« als eigene und innerliche in ihrer Konstitution thematisch wird. Diese »Gewissensfreiheit« aber ist zu unterscheiden von jener – in der reformatorischen Theologie zur Geltung gebrachten – (Gewissens-)Freiheit des »inneren Menschen«, den Gott als ein neues Geschöpf erschafft. Dieser Vorgang ist durchaus kein »innerlicher«, sondern ist eingefügt in das Hören des Wortes Gottes. Die Bindung des »Gewissens« an das äußere Wort bleibt das Korrektiv gegen eine nicht-kommunikative Freiheit des menschlichen Gewissens.

---

[14] *Emmanuel Lévinas:* Außer sich. Meditationen über Religion und Philosophie, München/Wien 1991, S. 109.
[15] Vgl. besonders auch: *Wilfried Joest:* Die Freiheit in Luthers Verständnis des Menschen; in: KuD 29/1983, S. 127–137.

3. Kritische Erinnerung in der Kontroverse

»Freiheit« gehört in die Ökonomie Gottes, in die Geschichte Gottes mit den Menschen und in die von ihr getragene Koexistenz Gottes mit Menschen. Diese »Freiheit« als Lebensform weiterzutragen macht evangelische Tradition aus. »Koexistenz« meint nicht eine »Gemeinschaft« mit Gott, die unbestimmt läßt, wie Gott dem Menschen begegnet und welche Gaben Gottes der Mensch beständig empfängt. »Christliche Freiheit« ist auch nicht als eine abstrakte Offenheit zu Gott einzufordern, sondern sie ist Kennzeichen des Lebens mit Gott, in dem die menschliche Selbstbezogenheit im täglichen Leben aufgehoben wird. Die Selbstbefangenheit auf der einen und die unbestimmte Offenheit auf der anderen Seite widersprechen dem Leben mit Gott und der darin beschlossenen Lebensform (vgl. *E. Wolf:* Freiheit für die freie Welt). Die Erkenntnis, daß Freiheit im Leben mit Gott wurzelt, hat es ermöglicht, eine christliche Ethik zu entfalten, die von »Menschen in der Befreiung« redet. Nicht die (sittliche) »Menschwerdung des Menschen«, sondern das ethische Lernen von Menschen zusammen mit ihrer Neuschöpfung im Glauben ist der Gegenstand dieser Ethik.
Wie weit hat diese Ethik ihre kritische Kraft gegenüber den Theorien von der Moralität »des Menschen« oder der moralischen »Menschwerdung des Menschen« bewahren können? Diese Frage richtet sich auch darauf, ob die Tradition evangelischer Ethik so in den Blick kommen kann, daß darin das spannungsvolle Zusammentreffen mit den verschiedenen Entdeckungszusammenhängen von Moralität und Sittlichkeit bewahrt bleibt.

III. Evangelische Freiheit – Tradition und Problemgeschichte

Die Differenzen in der christlichen Tradition betreffen nicht die fundamentale Erkenntnis, daß der Mensch in jeder Hinsicht, auch in seiner Freiheit, in Gottes Gnade hineingestellt ist. Strittig ist vielmehr, worin diese Freiheit besteht. Erkennbar ist eine durchgreifende Spannung zwischen einer universal vergewisserten Freiheit und einer Freiheit, die immer neu von Gott empfangen wird und die in diesem modus vivendi präsent ist. Die Motive, Freiheit universal zu vergewissern, sind vielfältig: es ist insbesondere der Versuch, »den Menschen« in seiner Unabsehbarkeit zu erfassen, oder es ist der Versuch, in der »Anthropologie« die »Welt« oder »Gott und Mensch« zusammenzuhalten. Der weitgespannte Bogen dieses Versuchs reicht bis in die Gegenwart, begleitet von der Frage »Was ist der

Mensch?« Dies bleibt ein spezifischer Entdeckungszuammenhang. Die
Rede von der »Freiheit« aber geht darin nicht auf. Sie überschreitet diese
»Anthropologie« und rückt in den Blick, daß es der Menschen gewährten
Geschöpflichkeit entspricht, sich in eine neue Existenz versetzen zu lassen
und nicht auf die Bedingungen des »Menschseins« festgelegt zu werden.

1. Das neue Gesetz der Freiheit (zu Teil II)

Bei Thomas von Aquin markiert *Ulrich Kühn* die entscheidenden Gemeinsamkeiten. Der Differenzpunkt, auf den hin aber nicht nur Thomas,
sondern die ganze Tradition zu befragen ist, erscheint erst an der Beobachtung, daß bei Thomas die Erkenntnis von der »fremden Gerechtigkeit«
nicht zur Geltung kommt. Nicht der Gegensatz zwischen einer geschenkten oder einer verdienten Gnade, sondern der Gegensatz zwischen der
»fremden« Gerechtigkeit und der Idee vom Gerechtwerden des Menschen
durch die völlige Aneignung der Gerechtigkeit macht die Spannung zu
Thomas aus. Dieser Sachverhalt verdient hervorgehoben zu werden; er
betrifft die ganze Logik der »Freiheit eines Christenmenschen«. Denn mit
der Gerechtigkeit als fremder Gerechtigkeit ist auch die Freiheit als
»fremde«, als »libertas aliena« dem Christen gegeben.
Für die christliche Ethik zeichnet sich als entscheidendes Problem ab, inwiefern ethische Rechenschaft selbst als eine Praxis, als eine Lebensform in
den Blick kommt, die der Freiheit eines Christenmenschen entspricht und
die sich nicht einer fundamentalen Begründung versichern kann – ob diese
Vergewisserung sich nun auf die Freiheit des Willens oder auf die Freiheit
eines Gewissens bezieht, das »dem Menschen« zugehört.
Hier wäre es notwendig, die Diskussion um den Begriff der *»Autonomie«*
einzufügen, der die Thomas-Interpretation weithin geleitet hat. Der Begriff
zielt darauf, die Bewahrung des Menschen in einem Gesetz gegründet zu sehen, das der Mensch als sein eigenes erkennen kann.[16] So wird Thomas aus
der Perspektive einer fundamentalen Anthropologie gelesen, die mit der
Gotteslehre in einem System zusammengefügt ist. Die »libertas christiana«
kann im Begriff »Autonomie« nicht aufgehen. Der Begriff einer »autonomen Moral« ist außerdem in der ihm eigenen begrenzten kritischen Funk-

---

[16] Vgl. *Michael Welker:* Der Vorgang Autonomie. Philosophische Beiträge zur Einsicht in
theologischer Rezeption und Kritik, Neukirchen-Vluyn 1975; vgl. auch *ders.:* Erwartungssicherheit und Freiheit. Zur Neuformulierung der Lehre von Gesetz und Evangelium, in:
EK 18/1985, S. 680–683; 19/1986, S. 39–42.

tion zu sehen.[17] Die Diskussion darüber wäre eigens darzustellen[18]. Sie könnte zeigen, daß die »libertas christiana« gerade darin besteht, daß Menschen davon frei werden, alles, was den Menschen betrifft, auch »dem Menschen« zurechnen zu wollen. Evangelische Ethik hat immer neu die Unterscheidung zwischen dem, was Menschen empfangen, und dem, was sie zu verantworten haben, zur Geltung zu bringen.

Die Anfrage an die Vorstellung von der »Autonomie« des Menschen betrifft die Rezeption der thomistischen Freiheitslehre, sofern auch sie sich in die Problemgeschichte einer fundamentalen Anthropologie einfügen läßt. Sie kommt (wie Ulrich Kühn zeigt) mit der reformatorischen Theologie und Ethik dort ins Gespräch, wo dieser Zugang selbst zur Disposition gestellt wird. Thomas kann verschieden gelesen werden. Auch die reformatorische Theologie muß sich dann die Frage gefallen lassen, ob sie der Logik einer »fremden« Freiheit, zu der Menschen berufen werden, hat folgen können.

2. Die Freiheit eines Christenmenschen (zu Teil III)

2.1 Freiheit in der beständigen Befreiung

»Das Auffallende und Besondere der christlichen Freiheit besteht darin, daß sie in einer Befreiungstat verankert ist, die Gott ohne unser Zutun am Menschen und für den Menschen vollzogen hat. Daß also etwas geschehen ist und geschehen mußte, um den Menschen den Zugang zur Freiheit zu erschließen. Darum kann man von der christlichen Freiheit nicht reden, wenn man nichts erzählen darf von dieser Tat Gottes, die geschehen ist, um den Menschen zu befreien.« (*H. J. Iwand,* Von der christlichen Freiheit). Die reformatorische Theologie hat die christliche Freiheit als »Freiheit im Glauben« neu in den Blick gerückt. Die Freiheit im Glauben ist diejenige andere Freiheit, die dem Menschen zuteil wird, in die er versetzt wird und durch die er ein anderer wird. Der »Mensch« ist dementsprechend als ein »zu befreiender« definiert (vgl. zu Luther: *G. Ebeling,* Der in Befreiung befindliche Mensch). Freiheit ist kein Besitz. Freiheit ist aber auch kein Prozeß der Menschwerdung des Menschen, sondern Freiheit

---

[17] Vgl. dazu *Trutz Rendtorff:* Theologische Problemfelder der christlichen Ethik, in: Handbuch der Christlichen Ethik; hg. von A. Hertz, W. Korff, T. Rendtorff, H. Ringeling, Freiburg u. a. Bd. I, 1978, S. 199–216 (bes. S. 210–215).

[18] Vgl. die Zusammenführung der Traditionen im »Handbuch der Christlichen Ethik«, Bd. I, hg. von A. Hertz, W. Korff, T. Rendtorff, H. Ringeling, Freiburg u. a. / Gütersloh 1978. Die Problemstellung umschreibt T. Rendtorff: S. 210–215.

gewinnt der Christenmensch in der beständigen Befreiung aus der Selbstverschlossenheit und aus der Besorgtheit um sein Leben. So gewinnt er
eine neue Beziehung zu Gott, die jeder anderen Beanspruchung entgegen-
steht. Darin zeigt sich Freiheit als »Stand« (vgl. *E. Wolf,* Libertas christiana)
der Christen. In diesem Stand, in dieser Praxis wird Freiheit lernbar.

2.2 Freiheit in der Nächstenschaft

Mit der Freiheit von der abgründigen Sorge um das eigene Leben, ist die
Lebensform in der Barmherzigkeit und in der Nächstenschaft gegeben. Sie
beruht nicht auf einer Balance zwischen Freiheit und Bindung oder auf
einem Ausgleich von individueller Freiheit und sozialer Verpflichtung.
Freiheit besteht vielmehr in derjenigen (politischen) Lebensform, in der
einer dem anderen zum Nächsten wird und von dem absehen kann, was
ihn bestimmt. So erzählt es die Geschichte vom barmherzigen Samariter
(Lk 10,25–37). Im Blick ist damit nicht nur, daß Menschen nicht als Einzelne (Individuen) frei sein können, weil dies eine abstrakte Freiheit wäre,
im Blick ist vielmehr, daß Menschen darin frei sind, daß sie sich von der
Not des Anderen fordern lassen können. Die christliche Freiheit erscheint
als Form der »kommunikativen Freiheit« (*W. Huber*[19]).

Das heißt: Die reformatorische Entdeckung der Freiheit zielt auf eine »Sozialethik«. Diese hat die »politia Christi« (*E. Wolf*) zum Gegenstand: die
ausdrücklichen, öffentlichen »Werke« der Christen in der Welt und für die
Welt. Diese Ethik ist nicht mit der Unterscheidung zwischen einer »subjektiven«, im freien Subjekt gründenden, und einer »objektiven«, die Weltver-
hältnisse durchdringenden Ethik zu erfassen. Diese Ethik zielt nicht auf
die Hervorbringung einer »christlichen Welt«, sondern auf eine die »Welt«
bestimmende Wirklichkeit, auf eine »politia«. Sie zielt auf die christliche
Lebensform als politia. Dies ist die Lebensform christlicher Freiheit. Diese
Ethik ist – zugleich mit der konstruktiven Verantwortung für gute Bedingungen des Zusammenlebens – Nachfolge-Ethik *(O. Bayer)*. Sie wurzelt in
dem beständigen Ruf in die Nachfolge.

Dies sind Kennzeichen der Freiheit eines Christenmenschen, die in der
reformatorischen Theologie namhaft gemacht werden. Zum einen: Freiheit
bleibt an das ständige Befreit-werden gebunden. Diese Praxis hat ihren Ort
in der Gemeinde Jesu Christi. Zum anderen: Freiheit besteht in einer ausdrücklichen Praxis der Nächstenschaft. Der Lebensform des Befreit-werdens

---

[19] Zum Begriff vgl. auch *Manfred Riedel:* Freiheit und Verantwortung. Zwei Grundbegriffe
der kommunikativen Ethik; in: *Ders.:* Für eine zweite Philosophie. Vorträge und Abhandlungen Frankfurt/M. 1988, S. 152–170.

entspricht die Praxis des ausdrücklichen Eintretens für den Nächsten. Dieser spannungsvolle Zusammenhang ist in der Lehre von den zwei Regimenten Gottes (Zwei-Reiche-Lehre) festgehalten. Sie stellt nicht Dimensionen des Menschseins dar (etwa eine »religiöse« und eine »ethische«), sondern sie begründet die mehrseitige Praxis von Menschen, die nicht für sich in Anspruch nehmen, für ihr Leben in jeder Hinsicht zu sorgen, und die aufgrund der darin begründeten Freiheit sich dem Nächsten zuwenden. »Freiheit« ist im reformatorischen Sinne deshalb nicht die Freiheit eines allgemeinen (oder auch kollektiven) Subjektes, sondern die politische Freiheit, die in der Begegnung mit dem Nächsten gelebt wird. An diesem Punkt trifft die christliche Ethik mit den Theorien kommunikativer Ethik zusammen.

2.3 Die Freiheit des »inneren« und des »äußeren« Menschen

Die Kennzeichen der christlichen Freiheit sind (bei Martin Luther) mit der Wahrnehmung des Menschen als »innerem« Menschen und »äußerem« Menschen verbunden worden.[20] Der »innere« Mensch ist der ganze Mensch ebenso wie der äußere. Der innere Mensch ist der Mensch, sofern Gott ihm begegnet, sofern er an sich handeln läßt und in eine Koexistenz mit Gott eintritt, der äußere Mensch ist der Mensch, der sich ausdrücklich auf den Nächsten einläßt. Der »äußere« Mensch ist nicht derjenige, in dem sich der »innere« zum »Ausdruck« bringt, sondern derjenige, der seine neue Existenz dem Anderen »nach außen« zuwendet. Diese Ethik erhebt damit nicht den Anspruch, den »Standpunkt des konkreten Anderen« einnehmen zu können, wohl aber dem Anderen in seiner Not zu begegnen. Die Rede von dem »inneren« Menschen, zu dem die Praxis des Befreitwerdens gehört, schützt davor, Freiheit als »innerliche« Freiheit zu verstehen. Die Freiheit des »inneren« Menschen ist diejenige, die Menschen nicht besitzen können, sondern in die sie berufen werden.

Diese Einsicht war in höchstem Maße Mißverständnissen und Verwechslungen ausgesetzt. Die Rede von der in Christus geschenkten Freiheit (der innere Mensch) wurde zur bloßen Voraussetzung für die menschliche Freiheit und ihre Entfaltung. Dies ist das Problemgefälle, dem die christliche Ethik weithin verhaftet blieb. Darin verbindet sich die Logik theologi-

---

[20] Zum Verhältnis von »innerem« und »äußerem« Menschen in Luthers Freiheitsschrift vgl. *Eberhard Jüngel:* Zur Freiheit eines Christenmenschen. Eine Erinnerung an Luthers Schrift, München 1978. Zur Entfaltung dieser biblischen Logik vgl. insbesondere *Friedrich Mildenberger:* Biblische Dogmatik. Eine Biblische Theologie in dogmatischer Perspektive, Bd. 1–3, Stuttgart 1991–1993 (s. Bd. 3: Register: »Außen/Innen«).

scher Ethik mit der philosophischen Diskussion bis in die Gegenwart.[21] Ihre Differenzpunkte sind hier auszuhandeln. Sie betreffen die Frage, wie vom Menschen als dem ethischem »Subjekt« zu reden ist, dessen Subjekthaftigkeit nicht alles in sich schließt, was sein Leben trägt. Hier ist vom Menschen als dem »Geschöpf« zu reden, das aus Gottes Handeln lebt. So erscheint Freiheit als die Freiheit in der Geschöpflichkeit.

3. Freiheit im Entdeckungszusammenhang der »Moderne« (zu Teil IV)

Bei der reformatorischen Entdeckung der Freiheit eines Christenmenschen ist es nicht geblieben. Ihre Spur ist zwar nicht verlorengegangen, weil es – wie noch zu sehen sein wird – immer wieder auch Widerspruch gegeben hat, aber die Geschichte führt zunächst einmal in eine andere Richtung. »Freiheit« wird zum »Problem des Menschen« und seiner Konstitution. »Der Mensch«, die »conditio humana« wird zum Thema, und damit kommt zugleich die Verwirklichung der Freiheit programmatisch auf die Tagesordnung. Am Ende kann mit Hegel gesagt werden: »Freiheit ist da, wo das Wesen verwirklicht ist.«[22] »Freiheit« meint hier die allseitig (wesenhaft) realisierte Menschlichkeit. Nicht die Freiheit des bestimmten Lebens mit Gott, an der sichtbar wird, was Menschen sein können, sondern die Frage »Wie frei ist der Mensch?« und damit zugleich »Was ist der Mensch?« wird zur fundamentalen Frage.

3.1 Die »Freiheit« realisierter Subjektivität

Der vielfältige Diskurs über die Beziehung zwischen Reformation und Neuzeit, Reformation und Moderne bewegt sich auf dieser Linie. Gefragt wird, wie »der Mensch« als das wesenhaft freie »Subjekt« zur Geltung kommen kann. Der Entdeckungszusammenhang für die Freiheit wird die programmatisch thematisierte »Subjektivität«: »Das Prinzip der neueren Welt überhaupt ist Freiheit der Subjektivität, daß alle wesentlichen Seiten, die in der geistigen Totalität vorhanden sind, zu ihrem Recht kommend, sich entwickeln.«[23] Dies soll so gedacht werden können, ohne daß gesagt werden muß: »Die stolze Reflexionskultur der Aufklärung hat sich mit der

---

[21] Vgl. dazu vor allem: *Seyla Benhabib:* Kritik, Norm und Utopie. Die normativen Grundlagen der Kritischen Theorie, Frankfurt/M., 1992.

[22] *Wolfhart Pannenberg:* Christlicher Glaube und menschliche Freiheit; in: KuD 4/1958, S. 251–280; hier: 251.

[23] *Hegel:* Grundlinien der Philosophie des Rechts, Werke Bd. 7, S. 439.

Religion ›entzweit und sie neben sich oder sich neben sie gesetzt‹«.[24] In diesem Projekt der Moderne und in ihren Reflexionsgestalten sollen die »Religion« und die Subjektivität des Menschen in ihrem Vermitteltsein bestehen bleiben. Dazu scheint (für Hegel) die Berufung auf Luther möglich: »Mit Luther ist der religiöse Glaube reflexiv geworden, hat sich die göttliche Welt in der Einsamkeit der Subjektivität zu etwas durch uns Gesetztes gewandelt.«[25] Die Erkenntnis der christlichen Freiheit als die Freiheit, zu der Menschen befreit sind, in deren »Stand« Menschen berufen werden, wird damit verdeckt. Die alles durchdringende Entdeckung reformatorischer Theologie, daß die Wirklichkeit der Freiheit außerhalb »des« Menschen liegt, daß der Grund der Freiheit in Gottes rettendem Handeln zu suchen ist, die soteriologische Seite der Freiheit, der die Praxis des Befreitwerdens entspricht[26], wird allenfalls als Voraussetzung dieses Themas menschlicher Entfaltung betrachtet.

Kontinuität und Differenz zwischen Reformation und Neuzeit, Legitimität und Kritik der Neuzeit werden in der Vergewisserung[27] der »Subjektivität« (unter Einschluß oder Ausschluß der Religion) gesucht. Diese Einschränkung der Wahrnehmung menschlicher Freiheit ist kritisch angemahnt worden (vgl. *G. Ebeling*, Der kontroverse Grund der Freiheit; *O. Bayer*, Ethik als Kontroverswissenschaft[28]). Es wird daran erinnert, daß »Freiheit« nach beiden Seiten hin zu entfalten ist: nach der Seite der rettenden Befreiung, der Seite gelebter Geschöpflichkeit und nach der Seite der Begründung menschlicher Freiheit und ihrer ethischen Entfaltung.

Das Ergebnis des Diskurses über »Reformation und Neuzeit«, »Reformation und Moderne« kann nicht in einer neuen Abwägung von Freiheit und Gebundenheit menschlicher Existenz bestehen, in der menschliche Selbst-

---

[24] *Jürgen Habermas:* Das Zeitbewußtsein der Moderne und ihr Bedürfnis nach Selbstvergewisserung; in: *Ders.:* Der philosophische Diskurs der Moderne, Frankfurt 1985, S. 9–33, hier: 31; das Zitat von *Hegel:* Jenaer Schriften 1801–1807, Werke Bd. 2, S. 23.

[25] *J. Habermas:* Der philosophische Diskurs der Moderne, S. 27f. mit Verweis auf Hegel, Werke Bd. 16, S. 349.

[26] Vgl. *Wolfhart Pannenberg:* Die Bedeutung des Individuums in der christlichen Lehre vom Menschen; in: *Ders.:* Die Bestimmung des Menschen. Menschsein, Erwählung und Geschichte, Göttingen 1978, S. 7–22.

[27] Vgl. *J. Habermas:* Das Zeitbewußtsein der Moderne und ihr Bedürfnis nach Selbstvergewisserung, in: *Ders.:* Der philosophische Diskurs der Moderne, S. 9–33.

[28] Vgl. insbesondere *O. Bayer:* Zugesagte Freiheit. Zur Grundlegung theologischer Ethik, Gütersloh 1980, und: *Ders.:* Umstrittene Freiheit. Theologisch-Philosophische Kontroversen, Tübingen 1981; *ders.:* Leibliches Wort, Tübingen 1992.

behauptung[29] in ihrer begrenzten Legitimität erscheint. Darüber hinaus geht die Diagnose einer »Krise der Moderne«, die aber nicht die Verwerfung der »Moderne« begründet, sondern die Forderung nach einer »kritischen Weiterführung des Projekts der Moderne«. Die kritische Weiterführung, die den Beitrag des »Protestantismus« zum Projekt der Moderne beachtet, betrifft wiederum das Verständnis der »Freiheit«: Die Perspektive richtet sich mit Recht auf diejenige Freiheit, die nicht »individuell«, »weltlos« einzufordern, sondern als kommunikative, solidarische zu entdecken und zu praktizieren ist *(W. Huber).*

Die theologischen Spannungen in der Kontroverse sind, wie die Texte erkennen lassen, nur zum Teil deutlich hervorgetreten. »Kontrovers« erscheint der »Grund« der Freiheit *(G. Ebeling)*[30]. Die entscheidende Differenz aber liegt in der Unterscheidung zwischen einer »Freiheit« als realisierter oder zu realisierender »Subjektivität«, die ihre Befreiung in immer neu gesteigerter, bewußtmachender Kritik sucht, und der Befreiung des Menschen zu einer Lebensform, die aus der »rettenden Kritik« durch Gottes Wort erwächst.

Hier setzt auch die Kontroverse um die Praxis der Freiheit ein, in der die Freiheit als Kritik uneingeschränkt zur Geltung gebracht ist. Dafür steht die Philosophie Kants. Sie kann als Angelpunkt für einen »metakritischen Umgang mit der Neuzeit« (*O. Bayer*[31]) gelten, der nicht in den Fragestellungen der »Legitimität der Neuzeit« stecken bleibt, denn mit diesem Thema wird die Rettungsbedürftigkeit und die Geschöpflichkeit des Menschen nicht erfaßt.

Die Kritik an der einlinigen »neuzeitlichen« Projektierung der Freiheit hat sich durchaus an Gegenstimmen, wie der von Friedrich Christoph Oetinger oder Johann Georg Hamann, festmachen können. Die Freiheit, die in der Geschöpflichkeit erscheint, bleibt von der auf »den Menschen« gerichteten Aufklärung uneingeholt. Auch im philosophischen Diskurs über die »Dialektik der Aufklärung« und über die kommunikative Ethik ist diese Frage-

---

[29] Vgl. *Hans Blumenberg:* Säkularisierung und Selbstbehauptung. Erweiterte und überarbeitete Neuausgabe von »Die Legitimität der Neuzeit«, erster und zweiter Teil, Frankfurt/M., 1983².

[30] Vgl. auch *W. Pannenbergs* Gegenüberstellung von modernem Liberalismus und christlichem Freiheitsverständnis: Die Bedeutung des Individuums in der christlichen Lehre vom Menschen; in: *Ders.:* Die Bestimmung des Menschen. Menschsein, Erwählung und Geschichte, Göttingen 1978, S. 7–22.

[31] *Oswald Bayer,* Ethik als Kontroverswissenschaft, S. 24. Zu O. Bayers Auseinandersetzung mit dem neuzeitlichen Freiheitsverständnis vgl. insbesondere: *Ders.:* Leibliches Wort, Tübingen 1992.

stellung weitergeführt worden.[32] Hier kann auch die Verständigung für die
theologische Ethik einsetzen.[33]
Evangelische Ethik hat sich – trotz der Spuren des Widerspruchs – schwer
getan, die »Freiheit« zur Geltung zu bringen, die den »inneren« und »äußeren« Menschen unterscheidet und zugleich umfaßt: den Menschen, an
dem Gott handelt (der »innere« Mensch), indem er ihn aus seiner Selbstbezogenheit befreit, und den Menschen, der sich in dieser Freiheit anderen
Menschen zuwendet. Diese beiden Seiten aber machen die Wirklichkeit
evangelischer Freiheit aus. Sie sind nicht in einer »Anthropologie« unterzu-
bringen, sondern erfordern, von »Gott« und »Mensch« zu reden, vom
Schöpfer und seinem Geschöpf.

3.2 Wie »Freiheit« zur Geltung zu bringen ist

Die Behauptung der »Gegenwart« der Freiheit kann sich deshalb nicht auf
die Unterscheidung von »Grund« und »Wirklichkeit«, oder von »Wesen«
und geschichtlicher Wirklichkeit zurückziehen. »Freiheit« ist auch nicht
als »Norm« zur Geltung zu bringen, die zu entfalten ist. Auch in dieser Beziehung gilt: »Das Auffallende und Besondere der christlichen Freiheit besteht darin, daß sie in einer Befreiungstat verankert ist ... Darum kann man
von der christlichen Freiheit nicht reden, wenn man nichts erzählen darf von
dieser Tat Gottes, die geschehen ist, um den Menschen zu befreien.«
(Iwand) »Freiheit« bleibt so gesehen mitgeteilte Freiheit. Das ist die Freiheit
des »inneren« Menschen, der diese Mitteilung tagtäglich erfährt.[34] Christliche Freiheit wurzelt insofern nicht in einem geschichtlich erreichten Stand
des Bewußtseins, der als solcher zu besitzen ist. Auch dieses Bewußtsein ist
daraufhin zu betrachten, in welche Praxis der »Erneuerung des Sinnes«
(Röm 12,1f.) es einbezogen ist. Daran zeigt sich die Aufgabe der »Lehre«
(doctrina): sie hat die Freiheit in Erinnerung zu »rufen« und zur Mitteilung
zu bringen, die für die Menschen geschaffen ist. Diese befreiende Kritik der
doctrina steht dafür ein, daß Menschen nicht ihre Geschichte fortschreiben,
sondern sich in Gottes Geschichte berufen lassen. Das ist der emanzipa-
torische Sinn der doctrina; sie führt zum Erlernen evangelischer Freiheit.

---

[32] Vgl. *Seyla Benhabib:* Kritik, Norm und Utopie. Die normativen Grundlagen der Kritischen
Theorie, Frankfurt/M., 1992.

[33] Vgl. dazu verschiedene Arbeiten von *Oswald Bayer* zu Hamann (s. die Bibliographie);
Wolfgang Schoberth: Geschöpflichkeit in der Dialektik der Aufklärung. Zur Logik der
Schöpfungstheologie bei Friedrich Christoph Oetinger und Johann Georg Hamann, Neu-
kirchen 1994.

[34] Vgl. dazu auch *Abraham Heschels* Darlegung: Die ungesicherte Freiheit. Essays zur menschlichen Existenz (engl: New York 1959) Neukirchen 1985, S. 15f.

4. Die universelle sittliche Entfaltung menschlicher Freiheit
(zu Teil V)

4.1 Die sittliche Vergewisserung der Freiheit

In der Philosophie des 19. Jahrhunderts wird die Vergewisserung menschlicher Freiheit in der Frage nach dem sittlich realisierten Verhältnis von »Gott und Mensch«, »Mensch und Welt« ausgearbeitet. »Gott und Mensch« als das potentiell einzige Subjekt, ihre »Gemeinschaft« wird als der Ursprung und die Grundlage menschlicher Macht und Freiheit begriffen. Aufgrund dieser Voraussetzung entfalten sich Entwürfe christlicher Ethik, die eine »Sittenlehre« des christlichen und des gesellschaftlichen Lebens – nicht mehr nur eine bestimmte christliche Praxis – zum Gegenstand haben. Die christliche Sitte umfaßt nicht weniger als eine ganze »Welt«, die zugleich »die« Welt transformieren soll. Die »Freiheit« jenes Christenmenschen, der als »Weltperson« der Wirklichkeit, in der er lebt, nach Maßgabe der ihm gestellten Aufgabe verantwortlich ist, aber dieser Wirklichkeit in seiner Praxis (nicht nur seiner weiterreichenden Ideen wegen) immer auch gegenüber bleibt, wird verändert. »Freiheit« steht dafür, daß »der Mensch« in universeller sittlicher Verwirklichung in Erscheinung tritt. Sein in die Erscheinung getretenes Wesen, das ist die Freiheit.

Dieser Gedanke der universell realisierten Freiheit tritt beherrschend in der Philosophie Hegels hervor.[35] Freiheit realisiert sich in der sittlichen Wirklichkeit, in der sich Gottes Geist und menschlicher Geist verbinden. Nicht die rettende Versöhnung, die zwischen Gott »und« Mensch geschehen und in Gottes Wort »aufgerichtet« (1 Kor 5,19) ist, sondern die in der Moralität (Gewissen) und in der Sittlichkeit vermittelte Gemeinschaft von »Gott und Mensch« wird zum Gegenstand der Reflexion. Der »zu befreiende Mensch« geht darin auf. Das bleibt die Grundfigur dieser Freiheitsthematik bis in die Gegenwart (vgl. W. Pannenberg und seine Kritik an Hegel).

Die Kritik an Hegel ist bis heute in der Theologie kaum deutlich genug hervorgetreten. Dazu gehört die Entdeckung der »Freiheit«, die in einer »intersubjektiven« Praxis[36] besteht. Dazu gehört auch die Wahrnehmung von Wirklichkeit, die nicht auf der Differenz zwischen »Sein« und »Sollen« beruht, sondern auf der Unterscheidung zwischen dem, was Menschen

---

[35] Vgl. zu Hegel: *Rüdiger Bubner:* Wegweisung und Grenze der praktischen Philosophie Hegels; in: Ders.: Geschichtsprozesse und Handlungsnormen. Untersuchungen zur praktischen Philosophie, Frankfurt/M. 1984, S. 184–222.

[36] Vgl. dazu insbesondere J. Habermas' Interpretation Hegels: *J. Habermas:* Der philosophische Diskurs der Moderne. Zwölf Vorlesungen; Frankfurt/M. 1985.

geltend machen und dem, was Menschen von Gott her zukommt. Auch die Berufung auf Hegel ist zum Teil einseitig geblieben. So ist die Beachtung der »situativ«, an plurale (politische) Kontexte gebundenen Freiheit *(Ch. Taylor)*, für die man sich auf Hegel (wie auf Wittgenstein) berufen kann, im theologischen Diskurs nicht zur Geltung gekommen[37].

4.2 Die Darstellung der christlichen Sitte

Doch es bleiben durchaus Spannungen zwischen der geschichtlich und sittlich vermittelten »Freiheit« und der »Freiheit eines Christenmenschen« kenntlich. Diese Spannungen müssen in der christlichen Ethik systematisch verarbeitet werden. Schleiermachers »Christliche Sittenlehre« ist dafür das hervorragende Beispiel. Bei Schleiermacher wird die Beziehung zwischen dem Menschen in seiner Verbindung mit Gott und dem Menschen in seiner Stellung in der Welt neu gefaßt.[38] Die Freiheit eines Christenmenschen erscheint als diejenige Gemeinschaft mit Gott, die am Ort der Gemeinde wirklich ist.[39] »Schleiermacher hat den *Progreß der Sittlichkeit* nicht als das Allgemeinwerden des Bewußtseins der Freiheit gedacht, sondern – dieses einschließend – fundamentaler: als das *Allgemeinwerden der christlichen Frömmigkeit.*« (*E. Herms*, u. S. 306) Damit wird die geschichtliche Gestalt der christlichen Freiheit – im Begriff des Reiches Gottes – nach ihrer notwendigen und ihrer problematischen Seite hin thematisch. Das Problem der eschatologischen Gegenwart der evangelischen Freiheit tritt hervor. Was ist das »Salz der Erde«? Ist es die Gegenwart einer die »Welt« transformierenden »Sittlichkeit« oder die Praxis einer Freiheit im Leben mit Gott, die Lebensform, in der das Befreit-werden immer wieder neu geschieht?

Was bei Schleiermacher systematisch spannungsvoll präsent ist, wird immer wieder kritisch laut. Zu verweisen ist auf diejenige Linie in der Theoriebildung theologischer Ethik, die diese auf eine christliche Lebensform zu gründen sucht und die auf eine entsprechende »Pädagogik« zielt. Ein signi-

---

[37] Zur Diskussion Hegels vgl. auch: *Manfred Riedel (Hg.):* Rehabilitierung der praktischen Philosophie; Bd.I (1972): Geschichte, Probleme, Aufgaben; Bd. II (1974): Rezeption, Argumentation, Diskussion, Freiburg. *Pelczynski, Z. A. (Hg.):* The State and Civil Society. Studies in Hegel's Political Thought; Cambridge 1984. Zu Wittgenstein vgl. besonders: *Hans J. Schneider:* Phantasie und Kalkül. Über die Polarität von Handlung und Struktur in der Sprache; Frankfurt/M. 1992.

[38] Vgl. dazu auch *Gerhard Ebeling:* Beobachtungen zu Schleiermachers Wirklichkeitsverständnis, in: Ders.: Wort und Glaube Bd. III. Beiträge zur Fundamentaltheologie, Soteriologie und Ekklesiologie, Tübingen 1975, S. 96–115.

[39] Vgl. zu Schleiermacher auch: *Paul L. Lehmann:* Ethik als Antwort. Methodik einer Koinonia-Ethik (engl. New York 1963), München 1966.

fikantes Beispiel dafür ist Johann Tobias Beck[40]. Seine Darstellung der
christlichen Lebensform zielt nicht auf ein bestimmtes (abgrenzendes) Verhältnis von »Christentum« und »Welt« oder »Christentum« und »Kultur«,
sondern wendet sich (indirekt) gegen solche Problemstellungen überhaupt.
Christliche Freiheit besteht nicht in der Behauptung des »Christlichen« in
der Welt, sondern in einer Praxis, die der Neuschöpfung durch Gottes
Handeln entspricht. Freilich hat sich die Theologie schwer getan, dies zur
Sprache zu bringen, ohne in die Probleme und Aporien einer affirmativen
Apologetik oder deren Bestreitung zu geraten.

4.3 Die befreiende Entdeckung des eschatologischen »Problems«

Die Thematisierung der christlichen »Religion« und ihre Kritik haben die
Lebensform der Geschöpflichkeit, in der die Freiheit des Glaubens besteht,
nicht in den Blick gefaßt. Was als »Religion« thematisch wird, folgt dem
Problem, wie »Gott und Mensch« zusammenzudenken sind. Dem entspricht diejenige Theologie und Ethik, die den christlichen Glauben in der
Realisierung einer universellen sittlichen »Welt« zur Darstellung bringt.
Albrecht Ritschls Reich-Gottes-Ethik kann als Beispiel dafür stehen. Doch
eine solche die Welt umgreifende Anschauung erscheint zunehmend als
fragwürdig.[41] In der Entdeckung der »Eschatologie« (Johannes Weiß)
bricht das Problem auf und wird darin artikulierbar.[42] Es betrifft die Logik
der christlichen Religion. Gegenstand des eschatologischen Einspruchs ist
die Freiheit Gottes gegenüber jedem Versuch, »Gott« für eine bestimmte
»Welt« zu vereinnahmen. Mit der »Freiheit Gottes« ist der Ort markiert,
an dem Menschen darin frei werden, daß sie auf Gottes Widerspruch
treffen. »Freiheit« ist dort, wo Gott Neues schafft. Die Freiheit der
Geschöpflichkeit kommt neu in den Blick. Damit ist auch der Bezug der
Ethik auf die christliche Gemeinde wieder (wie schon bei Schleiermacher)
akut. Die Gemeinde wird als der Ort erkannt, an dem Freiheit aus Gottes
Widerspruch erlernt wird. Gegenüber anderen Thematisierungen einer
»kirchlichen« Ethik (etwa im Sinne einer kirchlich »begründeten« Ethik)

---

[40] *J. T. Beck:* Vorlesungen über Christliche Ethik, hg. von Julius Lindenmeyer, Bd. II: Die
pädagogische Entwicklung des christlichen Lebens, Gütersloh 1983.

[41] Vgl. *Hermann Timm:* Theorie und Praxis in der Theologie Albrecht Ritschls und Wilhelm
Herrmanns. Ein Beitrag zur Entwicklungsgeschichte des Neuprotestantismus, Gütersloh
1967.

[42] Vgl. zu diesem Teil der Problemgeschichte: *Hans G. Ulrich:* Eschatologie und Ethik. Die
theologische Theorie der Ethik in ihrer Beziehung auf das Reden von Gott seit Friedrich
Schleiermacher, München 1988.

tritt hier die von der reformatorischen Zwei-Reiche-Lehre auf den Weg gebrachte Erkenntnis hervor.[43]

5. Die Freiheit Gottes und die menschliche Freiheit (zu Teil VI)

5.1 Freiheit der Kinder Gottes

Die Theologie *Karl Barths*, die an diesem Punkt einsetzt, hat das Thema »Freiheit« aufgenommen und erneut verändert. Die Veränderung tritt dort ein, wo »Gott und Mensch« zwar wie in der Religionsphilosophie des 19. Jahrhunderts in ihrem Verhältnis thematisiert, aber nicht in einer Theorie vom Menschen, von der Geschichte oder der Kultur zusammengedacht werden. Die Beziehung Gottes zum Menschen wird immer neu zum kritischen Bezugspunkt aller Erkenntnis und Theologie. Theologische Erkenntnis kann sich nurmehr in diesem kritischen Zustand präsentieren. Darin vollzieht sich die Freiheit der Theologie. Sie geht nicht in einer gesteigerten, systematisch entfalteten Reflexivität auf, die ihre eigenen Voraussetzungen einzuholen verspricht, sondern sie verbleibt in einer »Dialektik«, die die eigene Reflexion dem Widerspruch des Wortes Gottes ausgesetzt sein läßt. In ihr kommt zur Geltung, daß Gott der Schöpfer und der Mensch das Geschöpf ist. »Gottes eigene Freiheit und ihr Werk ist des christlichen Erkennens und Bekennens *Ursprung* und *Gegenstand* und bleibt es. Es ist genug, daß es in dieser *Beziehung* zu Gottes Freiheit geschehen, daß es ihr *Zeuge* sein darf.« (Barth, u. S. 341) Anders ist Freiheit nicht präsent. Kein Bewußtsein von der christlichen Freiheit vermag die Praxis dieses Zeugnisses zu ersetzen. Das heißt für die Ethik: »es gibt kein Zurücktreten des Schenkenden hinter sein Geschenk, des Gesetzgebers hinter das Gesetz, es gibt kein Verblassen der Freiheit Gottes hinter der menschlichen Freiheit.« (u. S. 350) In dieser Hinsicht wird die reformatorische Theologie neu aufgenommen.

5.2 »Realisierung der Freiheit«

Der Versuch, »Freiheit« in der Einheit von Gott und Mensch als dem einen Subjekt zur Geltung zu bringen, bleibt gleichwohl präsent. Insofern wird die Problemstellung des 19. Jahrhunderts beibehalten. Wie weit sie sich aber darin erschöpft, ist umstritten. Die Diskussion um die Theologie

---

[43] Vgl. zur Weiterführung, ausgehend von Karl Barth: *Reinhard Hütter:* Evangelische Ethik als kirchliches Zeugnis; Interpretationen zu Schlüsselfragen theologischer Ethik in der Gegenwart; Neukirchen-Vluyn 1993

Karl Barths (s. u. Teil VI) hat sich damit auseinandergesetzt und darin weiterführende Perspektiven gesucht. Auch in dieser Diskussion ist wieder das Verhältnis von christlichem und modernem Freiheitsverständnis thematisiert worden.

In der These von der »Realisierung der Freiheit« und in der Durchführung seiner Ethik bringt *Trutz Rendtorff* die (auch geschichtlich gegebene) Kontinuität von christlichem und neuzeitlichem (modernem) Denken zur Geltung. Im Zusammendenken von Gottes Freiheit und menschlicher Freiheit kommt diejenige »Freiheit« zur Entfaltung, die in ihrem Kern die »Unverfügbarkeit« des Individuums meint. Das ist der geschichtlich uneingelöste Überschuß, der immer wieder einzufordern und einzuholen bleibt. Die Dogmatik, der diese Aufgabe zukommt, hat so für den normativen Gehalt der Moderne einzustehen. Die Dogmatik wird in eine »ethische Theologie« transformiert. Hier ist zu fragen, ob darin die »Lehre« aufgeht, in der Gottes Handeln als die »rettende Kritik« zur Mitteilung kommt. Diese Lehre ist nicht auf eine Begründungsfunktion für die Ethik zu reduzieren. Dieser »Lehre« entspricht ein Leben in der Befreiung, die Freiheit in der Geschöpflichkeit. Hier muß die Diskussion weitergeführt werden. Bekannte Alternativen wie die zwischen »Offenbarungstheologie« und »natürlicher Theologie« greifen nicht, weil sie die zugrundliegenden Fragestellungen nicht verändern. In diese fällige Diskussion ist auch die Philosophie einbezogen.[44]

Barths Abhandlung über das »Geschenk der Freiheit« läßt den Grund für das Problem erkennen: die Wahrnehmung einer Freiheit, die darin besteht, daß der Mensch aus Gottes Freiheit und Gerechtigkeit lebt[45] und daß er ein bestimmtes, explizites Leben mit Gott führt. Damit ist das Thema der »Subjektivität«, das Thema Gott »oder« Mensch, Gott »und« Mensch in seiner Logik aufgehoben. Die Ethik Karl Barths steht in dieser Spannung: auf der einen Seite sucht sie die Ethik als die Erkenntnis von Gottes umgreifendem Handeln und seiner Wirklichkeit zu entfalten, auf der anderen Seite aber hat sie diese Ethik so darzustellen, daß der Mensch das zu befreiende Geschöpf bleibt.

Unter der Voraussetzung dieser Spannung zeigt sich Barths Ethik durchweg als »Freiheitsethik«, die in der Versöhnung Gottes mit den Menschen ihren lebendigen Grund hat. Die Ethik innerhalb der Versöhnungslehre

---

44 Vgl. *Manfred Riedel:* Für eine zweite Philosophie. Vorträge und Abhandlungen, Frankfurt/M. 1988.
45 Vgl. *Eberhard Jüngel:* Leben aus Gerechtigkeit. Gottes Handeln und menschliches Tun, in: EK 21/1988, S. 696 und 22/1989, Heft 1, S. 36–38.

läßt dies hervortreten (vgl. *E. Jüngel*, Anrufung Gottes). Die Versöhnungslehre ist der Ort, an dem die Wirklichkeit der christlichen Freiheit in den
Blick rückt. In ihr wird dasjenige Handeln des Menschen zum Gegenstand
der Ethik, das einzig das von Gott »gutgeheißene« Handeln genannt
werden kann. Damit bringt diese Ethik evangelische Freiheit als explizite
und exponierte Praxis zur Entfaltung. Diese Praxis entspricht der Freiheit
des handelnden Gottes. Das gutzuheißende Tun »wird nicht ethisch konstruiert. Es wird nicht ethisch deduziert. Es wird vielmehr als aus freier
Verantwortung pro-voziertes, durch Gottes gnädiges Gebot in höchster
Bestimmtheit aus tiefster Freiheit hervorgerufenes Tun zu verstehen
gegeben.« (E. Jüngel, u. S. 384)

5.3 Freiheit aus der Gerechtigkeit Gottes

Dieser Diskussion ist diejenige Neuinterpretation reformatorischer Theologie zur Seite zu stellen, die ihrerseits die Logik jenes Problems »Gott oder
Mensch« zu durchbrechen sucht, obgleich auch sie ihr immer wieder verhaftet bleibt. Die in Teil IV. dokumentierten Interpretationen reformatorischer Ethik haben hier ihren Ort. Insbesondere Rudolf Hermann, Hans
Joachim Iwand und Ernst Wolf stehen für den Versuch ein, am Thema
»Freiheit« die Aufgabe einer theologischen Rede vom »Menschen« kenntlich zu machen. Mit dem »Thema« »Gott und Mensch« wird diese Rede
verfehlt. Vielmehr ist von Gottes rettendem Handeln am Menschen zu
reden und von da aus auch von der Freiheit. E. Wolf hat diesen Sachverhalt als Grundlage für die Sozialethik erinnert[46]. Die Ethik wird als die
Darstellung des Menschen, der aus Gottes Gerechtigkeit lebt, entfaltet.
Die Konsequenz freilich, daß diese Ethik selbst in ihrer Durchführung eine
Praxis sein muß, in der die Mitteilung der Freiheit und die intersubjektive
Verständigung zusammentreffen, ist nicht zur Ausführung gekommen.
Auf diese Weise steht die theologische Arbeit in dramatischer Spannung
zur Problemgeschichte »christlicher Freiheit«. Deshalb ist es verständlich,
daß sich gerade auch diese Theologen darum bemühen, den Weg theologischer Erkenntnis mit dem Entdeckungszusammhang der »Moderne« ins
rechte Verhältnis zu bringen. Am Thema »Freiheit« läßt sich freilich auch
das ablesen, was an diesem Versuch nicht gelingen konnte. Die reformatorische Theologie hatte einen Themenwechsel vollzogen, der über die neuzeitliche Thematisierung »des Menschen« hinausgreift. Es sollte erkannt
werden, was die bestimmte Freiheit ist, die dem Menschen zukommt: die
Freiheit des Geschöpfes. Die Entdeckung des »Subjekts« bestand in der

---

[46] Vgl. *Ernst Wolf*: Sozialethik. Theologische Grundfragen, Göttingen 1975.

Wahrnehmung des Menschen in seiner Geschöpflichkeit und dessen (politischer) Existenz in der christlichen Gemeinde.[47]

5.4 Freiheit der Verkündigung – politische Freiheit

Das zu befreiende Geschöpf ist Geschöpf des verkündigten Wortes. Im Wort Gottes trifft es auf die Freiheit, an der es teilhaben darf. Die »Freiheit« gründet in der Freiheit zu dieser (und keiner anderen) Verkündigung. Was sich durch die ganze Geschichte des Streits um die Freiheit zu bewähren hatte, mußte deshalb vor allem in der Unterscheidung dieser bestimmten Freiheit zu jeder unbestimmten Freiheit, die oft (fragwürdigerweise) als »politische« verstanden wird, bewährt werden (vgl. *G. Sauter*). Diese Unterscheidung erlaubt dann, eine Ethik der politischen Freiheit und des politischen Handelns zu entwickeln. Sie gewinnt dadurch politische Konturen, daß sie »Freiheit« als eine bestimmte Praxis, als eine Lebensform begreift, die ihren Ausgangsort in der christlichen Gemeinde hat. Dies markiert den Kreuzungspunkt der Auslegungsgeschichte neu: »Die Freiheit zur Verkündigung bildet das Scharnier zwischen der Freiheit des Glaubens und politischer Freiheit« (*G. Sauter*, u. S. 425). In der Tat gilt es von da aus die Tradition neu zu lesen und zugleich eine Ethik des politischen Handelns zu entwerfen, das seine Freiheit darin findet, daß es anfängliches Handeln und daß es nicht nur überindividuell legitimiertes, sondern in der Verständigung gründendes Handeln ist.

6. Freiheit in der Geschöpflichkeit: die (politische) Lebensform der Freiheit und die Praxis ethischer Rechenschaft

6.1   Sofern evangelische Freiheit in einer expliziten Praxis gelebter Freiheit vollzogen wird, bleiben verschiedene liberalistische Fassungen dieser Freiheit ungenügend. Die Diskussion zum Verständnis des *Liberalismus* ist an dieser Stelle innerhalb der Theologie notwendig. Eingefahrene Alternativen (z. B. individueller Liberalismus contra kommunitärer Bindung) erfassen nicht, was hier zu beschreiben ist, nämlich »Freiheit«, die nicht als ein universelles »Prinzip« in allen Lebensverhältnissen einzufordern ist, sondern diejenige Freiheit, die als Lebensform gelernt wird und präsent ist.[48]

---

[47] Vgl. zu dieser Grundlegung der Ethik *Dietrich Ritschl:* Zur Logik der Theologie. Kurze Darstellung der Zusammenhänge theologischer Grundgedanken, München ²1988, 286–299.

[48] Ein ausgeführtes Beispiel dazu zeigt *Bernd Wannenwetsch:* Die Freiheit der Ehe. Das Zusammenleben von Frau und Mann in der Wahrnehmung evangelischer Ethik; Neukirchen-Vluyn 1993.

Deshalb ist auch die unreflektierte Verflechtung von Liberalismus und Demokratie kritisch aufzuhellen und der Umriß demokratischer Freiheit zu gewinnen. Evangelische Freiheit fordert ein bestimmtes Demokratieverständnis[49]. Es ist davon geprägt, daß Freiheit in der immer neu übertragenen Macht besteht, für andere zu handeln. Es ist vor allem auch davon bestimmt, daß Freiheit vom *politischen* Bürger im explizit politischen Handeln ausgeübt wird. Hier wird evangelische Ethik erneut in ein kritisches Gespräch mit der politischen Theorie und Philosophie eintreten. Evangelische Ethik wird auf eine »neue« politische Lebensform setzen, auf eine Freiheit, die als politische Bürger-Freiheit verstanden werden kann. Daß die politische Lebensform, die in der Hinwendung zum Nächsten wurzelt, das Befreit-werden voraussetzt, bleibt der kritische Einspruch.

6.2   Daß der Blick für die Befreiung von Herrschaft geöffnet werden muß, und zwar nicht nur als ethische Konsequenz, sondern in ihrer fundamentalen Bedeutung, bringt mit Recht die *»Theologie der Befreiung«* zur Geltung. In der Praxis des Zusammenlebens soll sichtbar werden, daß Freiheit im Befreit-werden besteht. Der Kampf um die Befreiung von Unterdrückung entspricht der Freiheit, die kein Besitz sein kann, sondern immer neu verliehen werden muß. Beständig bildet sich Macht»besitz« aus, der zur Herrschaft dient, und setzt sich an die Stelle verliehener und begründungspflichtiger, nicht nur so oder so legitimierter Macht. Freiheit kann dagegen nicht als ein leerer Vorbehalt, etwa der Unverfügbarkeit des Individuums zur Geltung gebracht werden; dieses »Individuum« ist um so leichter zu beherrschen als es unbestimmt bleibt. An diesem Punkt wird die Theologie der Befreiung zu Recht als kritische Anfrage an die politische Ethik gehört. Ihre Anfrage wird in der Form einer politischen Ethik zu beantworten sein, in der erkennbar wird, was »Handeln« heißt und wie Handeln möglich ist[50].

6.3   Handeln für den Nächsten aufgrund übertragener Macht und in den Grenzen dieser Übertragung ist Kennzeichen evangelischer Freiheit. Darin gewinnt sie ihre politische Form, die Form von *Verantwortung.* »Verantwortung« wahrnehmen meint nicht eine unbestimmte oder unbegrenzte Verantwortlichkeit tragen, sondern für den anderen, seiner Not entsprechend zu handeln. Diese Ausübung von Macht ist von jeder Art von Herrschaft unterschieden. Eine Ethik der Verantwortung hat dies zu entfalten. Gegenstand dieser Ethik ist der »freie, dankbare Dienst an

---

[49] Siehe dazu vor allem *Helmut Gollwitzer:* Bürger und Untertan, abgedruckt in: Evangelische Ethik, hg. von Hans G. Ulrich, München 1990, S. 177–204.

[50] Vgl. dazu: *Hannah Arendt:* Macht und Gewalt; (New York 1970) München 1975³.

Gottes Geschöpfen«, den die Barmer Theologische Erklärung in den Blick
rückt: »Wie Gott im Zuspruch der Vergebung der Sünden für uns eintritt,
so sollen wir für eine bejahbare Geschöpflichkeit aller Menschen eintreten.« (*W. Krötke*, u. S. 406f.) Die Tradition evangelischer Ethik wäre auch
nach dieser – wiederum strittigen – Seite hin zu dokumentieren. Dabei
müßte kenntlich werden, daß »Verantwortung« wie »Freiheit« nicht formal zu verstehen ist, sondern immer schon eine bestimmte Verantwortung
für den Anderen einschließt: so wie er dem Nächsten von Gott in seiner
Not anvertraut ist.[51] Darin ist begründet, daß diese Verantwortungsethik
eine politische Ethik einschließt.

IV. Ethik lernen

Die »Geschichte« evangelischer Freiheit besteht in der Überlieferung einer
bestimmten Lebensform. In Blick auf sie läßt sich sagen, daß evangelische
Ethik eine Tradition hat und sich in einer bestimmten Tradition bewegt.
1.   Das Lernen von »Ethik« richtet sich zumeist mehr auf die »Wissensbestände« (z. B. auf die Kenntnis von Diskussionsverläufen) als auf die Weitergabe einer Praxis des Urteilens und Handelns, die eingeübt und erlernt
werden kann. »*Tradition*« ist zu eng gesehen, wenn sie nur Wissensbestände
im Wandel darstellt. Überlieferung bildet sich vielmehr im Erlernen einer
Lebensform, die gerade den Kontinuitäten im geschichtlichen Wandel
kritisch gegenübertreten kann.[52] Die Überlieferung der christlichen Freiheit
ist zu lesen als die Praxis des beständigen Hörens auf das Evangelium von
der christlichen Freiheit. Die »Freiheit der Kinder Gottes« gehört in die
Erbschaft der Verheißungen (vgl. Röm 8,17). Diese Erbschaft wiederum
geht nicht im Vermächtnis theologischer Lernerfahrungen auf, deren
Ertrag durch theologische Arbeit zu sichern wäre. Diese Erbschaft besteht
selbst darin, daß sie Gegenstand der Mitteilung und Verständigung bleibt.
2.   Christliche Ethik erweist ihr Profil als evangelische Ethik, sofern sie
sich den theologischen Sachverhalten aussetzt, die evangelische Freiheit
entfalten. Die Differenzierung dieser Sachverhalte macht sie zu einer *ökumenischen Ethik* und bewahrt sie davor, ihr Profil durch Abgrenzung »nach
außen« gewinnen zu wollen. Dort, wo sie der konfessionellen Vielheit

---

[51] Vgl. zu diesem Verständnis von »Verantwortung«: *Georg Picht:* Der Begriff Verantwortung; in: *Ders.:* Wahrheit, Vernunft, Verantwortung. Philosophische Studien; Stuttgart
1969, S. 318–342.
[52] Vgl. zu diesen Unterscheidungen: *Alasdair MacIntyre:* Three Rival Versions of Moral Enquiry. Encyclopaedia, Genealogy, and Tradition; Notre Dame 1990.

entsprechend differenzieren muß, gewinnt sie die notwendigen Unterscheidungen des Glaubenszeugnisses, die in der ökumenischen Koexistenz hervortreten. An solchen Unterscheidungen partizipieren die Konfessionen je auf ihre Weise.

Die vorliegende Auswahl wendet sich den Wegen zu, die die »reformatorische« Überlieferung evangelischer Ethik gegangen ist. Von einer Tradition evangelischer Ethik zu sprechen, kann nicht heißen, sich über die Geschichte der Überlieferungen zu erheben oder die Einheit »hinter« ihnen zu behaupten.

Versuche, die »Tradition« reformatorischer Ethik zu rekonstruieren oder die Logik ihrer Überlieferung aufzuspüren, hat es immer wieder gegeben. Ein Beispiel dafür ist das Werk von Chr. Ernst Luthardt.[53] Freilich hat Luthardt dabei nur ein einziges Kriterium, nämlich das einer reformatorischen Rechtfertigungslehre, an die Konzeptionen herangetragen und nicht die ganze Logik evangelischer Ethik (einschließlich der Pneumatologie und Eschatologie) zur Anwendung gebracht. Andere Darstellungen der Geschichte und der Traditionen der Ethik haben Problemstellungen der Theorie der Ethik zum Leitfaden gemacht, die selbst wiederum in mancher Hinsicht quer zur Logik evangelischer Ethik stehen. Als Beispiel dafür können Ernst Troeltschs und Max Webers aufschlußreiche und perspektivische Darstellungen der Geschichte stehen.

Die »Geschichte« christlicher Ethik ist bestimmt von der Spannung zwischen der aus dem Evangelium erwachsenden Traditionsbildung und anderen Entdeckungszusammenhängen (problemgeschichtlichen, genealogischen, enzyklopädischen), die sehr verschiedenartigen Erkenntniszielen dienen. Erst wo diese Entdeckungszusammenhänge durchbrochen werden, kann gelernt werden, was evangelische Ethik mitzuteilen hat. Dieses Lernen wird das Erlernen einer Sprache sein, in der es möglich ist, die Tradition christlicher Freiheit zum Sprechen zu bringen, statt in irgend einer anderen Sprache »über« diese zu reden.

V. Zur Textsammlung

1.   Traditionen bringen ihre Texte hervor. Diese Texte können als Treffpunkte für den Diskurs und für die gemeinsame Rechenschaft in der Gegenwart verstanden werden. Sie dokumentieren die Tradition, in der evan-

---

[53] *Chr. Ernst Luthardt:* Geschichte der christlichen Ethik. Zweite Hälfte. Geschichte der christlichen Ethik seit der Reformation, Leipzig 1893.

gelische Ethik auch in ihrer gegenwärtigen Diskussion steht (vgl. dazu den
Band »Evangelische Ethik. Diskussionsbeiträge zu ihrer Grundlegung und
ihren Aufgaben«, Theologische Bücherei, 1990).

Texte begegnen zusammen mit ihren Interpreten. Sie haben diese Rechenschaft vollzogen und wiederum Texte hervorgebracht. An ihnen läßt sich
um so deutlicher erkennen, worin die Perspektiven, aber auch die Grenzen
einer solchen Rechenschaft bestehen können. Das zeigt sich unter anderen
an manchen kontroversen Interpretationen, die in den Texten vorgetragen
werden. Eine Textsammlung kann so dem Ziel der Verständigung über
»Ethik« und »Freiheit« dienen. Sie muß nicht den Anspruch erheben, eine
»Geschichte« des Denkens »über« die Freiheit zu dokumentieren. Sie soll
aber verstanden werden als die Markierung eines bestimmten Weges des
Redens von der »Freiheit eines Christenmenschen« und einer diesem Reden entsprechenden Lebensform.

Damit die verschiedenen Entdeckungszusammenhänge im Blick bleiben,
ist eine Bibliographie zum Thema beigefügt. Sie läßt auch erkennen, mit
welchen weiteren Themen das Thema »Freiheit« verbunden ist.

2.   Die Auswahl dieses Bandes ist aufgrund von zahlreichen Gesprächen
mit Fachkollegen zustande gekommen. Das vorliegende Ergebnis beruht
trotz mancher schwieriger Entscheidung auf einer doch letztlich weitreichenden Übereinstimmung. Für diese Zusammenarbeit möchte der Herausgeber herzlich danken, insbesondere einigen Autoren der hier aufgenommenen Beiträge und dem Herausgeber der Theologischen Bücherei.

Dieser Band ist in bewährter Weise durch meine Mitarbeiterinnen und
Mitarbeiter sehr gefördert worden. Besonders zu nennen sind Dr. Rein-
hard Hütter, Dr. Ingrid Schoberth, Dr. Wolfgang Schoberth und Dr.
Bernd Wannenwetsch. Die Bibliographie ist von cand. theol. Guy Cliqué,
Dr. Wolfgang Schoberth und Dr. Wilfried Ziegler erarbeitet worden. Dr.
Wolfgang Schoberth hat mit manchem guten Rat bei der Redaktion des
Bandes sehr geholfen.

3.   Der Evangelisch-Lutherischen Kirche in Bayern und insbesondere ihrem
Ausbildungsreferenten Oberkirchenrat Horst Birkhölzer sind der Herausgeber, seine Mitarbeiterinnen und Mitarbeiter für die verständnisvolle Unterstützung ihrer Arbeit in Lehre und Forschung sehr mit Dank verbunden,
auch dafür, daß ein Druckkostenzuschuß gewährt wurde, um den Band als
Studienbuch zugänglich zu machen.

Erlangen, den 15. August 1993   Hans G. Ulrich

I. Freiheit in der Befreiung durch Christus

Die biblische Rede von der »Freiheit«

Zur Freiheit gerufen

Das paulinische Freiheitsverständnis

Heinrich Schlier

Die Absicht unserer Ausführungen geht dahin, den Satz des Apostels
Paulus: „Ihr aber, Brüder, seid zur Freiheit gerufen", Gal 5, 13, aus
dem Kontext der paulinischen Briefe auszulegen und auf diese Weise
das, was sie unter Freiheit verstehen, in seiner Eigenart deutlich werden
zu lassen. Im paulinischen Freiheitsbegriff, dem im NT eigentlich nur
der johanneische zur Seite steht, während der Sachverhalt sich auch
in der synoptischen Überlieferung findet, ist ohne Zweifel der Durchbruch zum Wesen der Freiheit gegeben. Je ursprünglicher und klarer
wir dieses erfassen, desto gewisser und tatkräftiger können wir die
Freiheit gegen den Geist verteidigen, der sie verfälschen oder aus-
löschen will.

I

„Ihr seid zur Freiheit gerufen, Brüder . . .", schreibt Paulus an die
Christen der Landschaft Galatien. Er selbst hatte sie an den Ort und
in den Bereich der Freiheit durch das Evangelium gerufen. Er wußte
also, sie und alle Menschen, Juden und Heiden, sind gleich jener Hagar,
von der er im selben Brief 4, 21 ff spricht, in Unfreiheit. Er sah sie ein-
gesperrt in ein Gefängnis, Gal 3, 23; Röm 7, 6, noch mehr: er beurteilte
sie als „Sklaven" und ihr Leben als Sklavendienst, vgl. z. B. Röm 6,
14 ff; 7, 14; Gal 4, 8 f. 24; 5, 1, aus dem sie sich nicht befreien können.

---

* Zur neutestamentlichen Vorgeschichte des Begriffes Freiheit, die hier außer acht
gelassen wird, verweise ich auf: *M. Pohlenz*, Griechische Freiheit. Wesen und Werden
eines Lebensideales (Heidelberg 1955); *H. J. Muller*, Freedom in the Ancient World
(1961); *D. Nestle*, Eleutheria. Teil I. Die Griechen (Tübingen 1967). Zum Ganzen
siehe *H. Schlier*, Art. Eleutheria, in: ThWB II 484–500; *K. Niederwimmer*, Der Begriff der Freiheit im NT (Berlin 1966). Aus diesem gedankenreichen Buch sind auch
die Zitate auf S. 219–221 entnommen.

Ursprünglich freilich – und das meint: vom jeweils unverlierbaren und jeweils gegenwärtigen Ursprung her – ist der Mensch nach des Apostels Überzeugung, die er aber thematisch nie zur Sprache bringt, frei. Sein Leben ist ursprünglich in die Freiheit frei-gegeben. Er ist ja Geschöpf Gottes. Und das heißt: ihm ist der Freiheitsraum des Lebens aufgetan und der Lebensraum der Freiheit zur Verantwortung von Gott frei gewährt. Er empfängt das Leben und lebt es als empfangenes in der dem Schöpfungswort Gottes entsprechenden Ant-wort der Freiheit. Er lebt es im Dank, vgl. Röm 1, 21, und darin ist die Freiheit aufgehoben. Er ver-dankt sich Gott und das meint, er ver-dankt ihm seinen Freiheitsbereich und die Freiheit, ihn frei zu erfahren.

In diesen Dank, in dem die Gabe der Freiheit des Lebens und des Lebens der Freiheit gelebt wird, ist auch die verantwortete Hin-gabe eingeschlossen. Das Geschöpf ist als solches zur Freiheit hervorgerufen und in sie hineingerufen. Aber es ist das zugleich so, daß es zum Schöpfer und zum Geschaffenen hingerufen ist. Es ist angerufen und aufgerufen für den Schöpfer und das Geschaffene. Die ursprüngliche Freiheit, die als Gabe des Lebens vollzogen im Danken verantwortet wird, ist zugleich gebunden und verwiesen an den Schöpfer und das Geschaffene. Sie ist eine in diesem Sinn begrenzte, genauer: eine für ihre Grenzen offene und bereite Freiheit. Der Dank, in dem die ursprüngliche Freiheit sich auf- und offenhält, schließt auch ihre Gebundenheit ein.

In solcher Freiheit des Geschöpfes kommt der Mensch nach Paulus nicht mehr vor. Das ist ein für den Apostel bestürzendes Faktum. Mit dem Ausruf: „Ich unglückseliger Mensch . . .!" endet seine Analyse des menschlichen Daseins in Röm 7, 24. Nicht als ob die ursprüngliche Freiheit total vernichtet wäre. Dem widerspricht schon die Tatsache, daß der Mensch, wie er in der Geschichte vor-kommt, ein tiefes Verlangen nach der ursprünglichen Freiheit hat, wie wir noch sehen werden. Dem widerspricht nach Paulus auch der Befund, daß der geschichtliche Mensch formal Entscheidungsfreiheit hat. Aber die ursprüngliche Freiheit wird durch den Menschen in seiner Geschichte nicht mehr als solche realisiert. Denn damit, daß der geschichtliche Mensch aus einem rätselhaften und unheimlichen Antrieb immer schon sein gesamtes Leben nicht mehr Gott, sondern sich selber verdanken will, vollzieht er auch die Freiheit nicht mehr als verantwortliche Gabe, sondern als

Leistung. So wie der Mensch in der Geschichte vor-kommt, versteht und praktiziert er aus einem unerklärlichen, aber realen Un-dank die Freiheit als eigenmächtige und eigensüchtige. Der Freiheitsraum, der ihm durch den Ruf des Schöpfers eröffnet ist, ist nun ein grundsätzlich von ihm selbst erschlossener, der Freiheitsvollzug aber ist nun ein eigenwilliger, weil an der Stelle der Freiheitsannahme eine Freiheitsleistung steht. Damit ist aber auch die Ausrichtung der ursprünglichen Freiheit auf Gott und seine Schöpfung, das Wofür der Freiheit gestört. Sie ist jetzt immer schon Freiheit für mich, sie ist als eigen-mächtige immer schon auch eigen-süchtige. So lebt der Mensch, wie er vorkommt, immer schon in einem grundlegenden Mißverständnis und Mißbrauch der ursprünglichen Freiheit. Er lebt in seiner eigenmächtigen und eigensüchtigen Freiheit in der Freiheit von der Freiheit, in der Unfreiheit, die als Freiheit erscheint. Man kann auch sagen: er lebt in einer sich ver-sagenden Freiheit.

Daß das keine Theorie ist, sondern eine Aussage über die Wirklichkeit des geschichtlichen Menschen, wird an einem Problem deutlich, das wie viele fundamentale theologische Probleme weithin selbst in der Theologie keine Rolle mehr spielt, weil es angeblich nicht konkret ist, obwohl es jeden Menschen und somit alle Gemeinschaft vom innersten her betrifft, nämlich am Problem der Sünde und des Gesetzes. Für Paulus ist das Gesetz zunächst das jüdische als der fixierte und ausgeprägte Anspruch Gottes an den Menschen. Von ihm her kann dann auch das allgemein-menschliche Gesetz der Heiden, das sie von ihrem Herzen her durch das Gewissen kennen, Röm 2, 14 f, gesehen werden. Wir können also sagen, Paulus läßt das Problem der Freiheit an dem Ort sich entfalten, wo das menschliche Leben vor die Anforderungen des Gebotes Gottes gestellt wird. Das sind nicht immer direkte Anforderungen des ausdrücklichen Gebotes Gottes. Das kann auch, und ist es allermeist, jener vielfältige, sich wandelnde, aktuelle, dabei oft verdeckte und verfälschte Anspruch sein, den die Menschen, als einzelne oder als Gesellschaft, und den die Verhältnisse und Situationen an den Menschen erheben. Es kann sogar der Anspruch sein, den die Dinge an mich stellen. Was geschieht nach dem Apostel auf diesen Anspruch hin von seiten des Angerufenen? Was geschieht auf das Gesetz hin? Er, der Mensch, ist jedenfalls angerufen und weiß sich auch allermeist angefordert, mag er sich noch so sehr gegen solchen Anruf verschließen oder gleichgültig und „neutral" verhalten. Er erfährt diesen Anruf als einen Appell an die Freiheit seiner Entscheidung und darin an die Freiheit seiner Freiheit. Doch wie beantwortet er nach Paulus diesen Appell? So – und das wird Röm 7, 7 ff dargelegt –, daß seine Epithymia, d. h. sein Begehren, genauer: sein „Aus-sein auf sich selbst für sich selbst" erweckt wird. Paulus sagt Röm 7, 7 f: „Ich hätte die Sünde nicht erfahren wenn nicht durch das Gesetz. Denn ich hätte das Begehren nicht erfahren, wenn das Gesetz nicht gesagt hätte: Du sollst nicht begehren. Es nahm aber die Sünde die Gelegenheit wahr und verschaffte mir durch das Gebot lauter Begehren." Der Anspruch, der an den Menschen ergeht, ruft also eine Freiheit hervor, die im Begehren den Menschen auf sich selbst aus-sein läßt. Er ruft eine eigen-mächtige und eigen-süchtige Freiheit hervor. Er ruft nicht mehr die ursprüngliche Freiheit auf, die die Freiheit als Gabe und für Gott und den anderen Menschen realisiert, sondern die immer schon durch den Menschen ihm zugute von ihm usurpierte und geleistete Freiheit. Und so kann man sagen: indem das Gesetz (in seinem mich angehenden Anspruch) „an meine Freiheit appelliert, bringt es meine (ursprüngliche und eigentliche) Freiheit zu Fall". Dieses Aussein auf mich selbst für mich selbst, das der Anspruch erweckt, ist allgemein. Es erweist sich konkret auf zweierlei Weise. Entweder läßt sich nach Paulus das Gesetz den an mich ergehenden Anspruch abweisen und ich erfülle es nicht. *Oder* – und es gibt für den Apostel nur dieses Oder – ich gehe auf den Anspruch ein, tue das Gebot, aber zur geheimen oder offenbaren Erfüllung meiner selbst in meiner Eigen-leistung. Einfacher gesagt: entweder handle ich in der Antwort auf den an mich ergehenden Anspruch ungerecht oder ich handle selbstgerecht, entweder erfülle ich den gerechten Anspruch nicht oder nur zum Schein. Ich enthülle nur meine eigenmächtige Selbstsucht. Dabei ist für den Apostel die selbst-gerechte Erfüllung des Gebotes die gefährlichere; denn sie ist die verborgenere Nicht-Gerechtigkeit. Sie verdeckt die in ihr sich vollziehende eigenmächtige und eigensüchtige Freiheit viel mehr als die offene Ungerechtigkeit. Doch im Lichte Jesu Christi bleibt kein Winkel des menschlichen Herzens undurchleuchtet. So sieht Paulus, daß die ursprüngliche Freiheit, die Freiheit für Gott und seine Geschöpfe und Freiheit von mir, damit aber gerade Freiheit zu mir ist, durch den Menschen, wie er geschichtlich vorkommt, immer schon nicht realisiert wird. Er sieht, wie die geschenkte

und als Geschenk im Dank vollzogene Freiheit des Geschöpfes unter
der Hand des geschichtlichen Vor-kommens sich in das Belieben der
Un-gerechtigkeit oder Selbst-gerechtigkeit wandelt. Das schließt nicht
aus, daß es unter den Menschen, wie sie vor-kommen, nicht auch hie
und da selbstloses Handeln gibt und man nicht nur weiß, sondern auch
„tut, was wahr, was ehrbar, was gerecht, was rein, was liebenswert, was
anziehend", Phil 4, 8, ist. Aber das ist im Sinn des Apostels nur noch
ein gelegentliches Aufleuchten der ursprünglichen Freiheit inmitten der
allgemeinen Unfreiheit, ein Nachklang der Geschöpflichkeit inmitten
des Lebens, das sie in seinem Vollzug bestreitet.

Die Unheimlichkeit der usurpierten Freiheit zeigt sich noch in etwas
anderem. Jener Appell an meine nun immer schon selbstsüchtige Freiheit bindet mich nicht nur, un-gerecht oder selbst-gerecht, im Denken,
Wollen und Handeln, von innen her, an mich selber, sondern auch an
meine Welt als eine mir, dem Einzelnen, überlegene und gebietende
Macht. So wie ich mich selbst in der pervertierten Freiheit der Sünde
auf das Gebot hin so oder so als eigenmächtige Größe erhebe, so steht
in ihr auch die Welt in Geschichte und Natur als maßgebende Macht
auf, vgl. z. B. Gal 4, 1 ff. 8 ff. Die elementaren Kräfte des Kosmos, denen ich mich etwa wie die Galater als Göttern unterwerfe, oder die ich,
nachdem sie als Götter entthront sind, zu bewältigen und zu beherrschen versuche, zwingen mich gerade dadurch in ihren Bann. Der Zeit-
geist, der sich vor allem in seiner eigentümlichen Grundstimmung
äußert, bindet mich, ob ich ihm zu widerstehen versuche oder, was
meist der Fall ist, mich ihm anpasse und unterwerfe, an seine Mächtig-
keit und bringt so nicht nur meine ursprüngliche Freiheit, sondern oft
auch meine formale Freiheit zum Erliegen.

Aber beachten wir auch dies: es wird nicht nur die eigene Person des
Menschen durch seine selbst-gefällige Freiheit und ihre eigen-süchtigen
Intentionen ihrem eigentlichen Wesen entfremdet, es wird auch nicht
nur die Welt im Zuge der fundamentalen Selbst-herrlichkeit der geschichtlichen Freiheit des Menschen zum Gefängnis verfremdet, es wird
auch das Gesetz selbst zum Unheil. Es wird ja Antrieb zu eigenmäch-
tiger und eigensüchtiger Freiheit und erweist sich als eine dämonische
Größe, vgl. Gal 3, 19. Das gilt von jeglicher Art von Gesetz, sei es vom
religiösen, sei es vom moralischen, sei es vom gesellschaftlich-sozialen,
sei es vom Gesetz der Entwicklung und des Fortschrittes oder von

irgendeinem der vielen Gesetze, an deren Allmacht und Güte der
Mensch so bereitwillig glaubt und an dessen Erfüllung er so gern das
Heil gebunden sieht. Aber jeder Versuch des Menschen, „durch Beugung
unter das Weltgesetz bzw. die Ausnützung des erkannten Weltgesetzes
die Freiheit aufzurichten, scheitert. Der Verfügungsbereich des Menschen wird dadurch erweitert; aber Konflikt und Selbstzerstörung werden dadurch nicht paralysiert", im Gegenteil: sie werden dadurch ausgelöst.

Sich selber und seiner eigenmächtigen und eigensüchtigen Freiheit
überlassen, seiner fundamental mißverstandenen und mißbrauchten
Freiheit anheimgegeben, verstärkt der Mensch solche faktische Unfreiheit immer von neuem dadurch, daß er die darin liegende Täuschung
nicht durchschaut. Der geschichtliche Mensch meint ständig, er könne
im Vollzug seiner usurpierten Freiheit das Leben verwirklichen. Aber,
sagt Paulus: „die Sünde" – in welcher sich ja die eigenwillige Freiheit,
die eigene Freiheit, vollzieht – „... täuschte mich durch das Gebot ...",
Röm 7, 11. Wer in der Eigen-freiheit auf das Gebot mit Un-gerechtigkeit oder Selbst-gerechtigkeit reagiert – das aber ist die allgemein
menschliche Reaktion – meint, er gewönne oder bewahre darin das
Leben. Wer z. B. sich kritisch über den anderen Menschen erhebt –
„jeder, der richtet", Röm 2, 1 –, sich selber gegenüber aber unkritisch
ist, meint, auf solche Weise die Wahrheit zu fördern. In Wirklichkeit
zerstört die darin liegende Selbst-sucht die menschliche Gemeinschaft
und verdunkelt die Wahrheit. Mit dem fundamentalen Un-dank des
Menschen, der Ursprung und Ausweis der Usurpation der Freiheit ist,
verlor das Herz des Menschen, das die Mitte seines Wesens ist, Licht
und Einsicht und wurden „seine Erwägungen eitel". Sein Denken, kann
man auch sagen, erreichte nicht mehr die offenbare und gültige Wirklichkeit, sondern nur noch ihren Schein. Es ver-eitelt sie in seinem Vollzug. „Sie sagen, sie seien weise und sind Toren geworden", heißt es in
diesem Zusammenhang Röm 1, 22. „Sie vertauschten die Wahrheit
Gottes mit der Lüge", sagt Paulus Röm 1, 25. Zur Freiheit des Menschen, wie er geschichtlich vor-kommt, gehört die Täuschung. Die Freiheit vollzieht sich in ihrer Eigen-sucht und Eigen-mächtigkeit unter
Selbst-täuschung. Alle Freiheit, in der der Mensch sich selbst behauptet,
selbst rühmt, selbst sichert, selbst fördert, kurz: sich selbst erbaut, ist
immer mit der Illusion verbunden, sich selber und die Welt darin zu

gewinnen und zu erhöhen. Doch diese Freiheit macht nicht frei und wahr. Sie ist Freiheit zur Unfreiheit und Unwahrheit.

In ihr bindet sich der Mensch letztlich an den Tod. Im Grunde ist nach Paulus die Sünde – und das ist ja die eigen-mächtige und eigensüchtige Freiheit im Vollzug – auf den Tod aus. Sie hat ihn, die endgültige Zerstörung des Geschöpfes, im Auge und tendiert zu ihm hin, vgl. z. B. Röm 6, 21; 8, 6. Sie trägt sich auch den Tod ein, Röm 6, 21. Sie erntet ihn als ihre Frucht, Röm 7, 5; Gal 6, 8. Sie treibt ihn an, 1 Kor 15, 56. Sie kommt ja in ihm zur Herrschaft, Röm 5, 17.21. Ihre Macht erfüllt und enthüllt sich im Tod. Die Freiheit, in der der Mensch aus ist auf sich selbst für sich selbst, zerstört das für Gott und den Nächsten offene Leben, das *das* Leben schlechthin ist. Sie will es in die eigene Hand nehmen. Damit zerbricht sie es. Solcher Todessinn und solche Todeskraft der vom Menschen an-geeigneten Freiheit hat in der Geschichte des Menschen viele Anzeichen, z. B. die Entpersonalisierung und Formalisierung, die Nivellierung und Sterilisierung des Lebens dort, wo sich die selbst-herrliche Freiheit durchsetzt, ferner der stete Umschlag der eigenmächtigen und eigensüchtigen, der menschlichen Freiheit in die Tyrannis, der eine alte Erfahrung ist und von dem man schon bei Platon Polit. VIII, 10 ff, 555 A ff; 698 A ff, Nomoi III, 14 ff, 698 f, nachlesen kann. Insgesamt aber mag man an die unaufhörliche und allgemeine physische, seelische und geistige Zerstörung denken, die die Geschichte verwest, und gegen die sich die ursprüngliche Schöpfung oft nur mühsam durchhält.

So sehen wir bis jetzt: nach dem Apostel Paulus vollzieht der Mensch als Geschöpf die ihm von Gott gewährte Freiheit in der freien Bindung an Gott und seine Schöpfung. Er vollzieht sie im Dank. Er ver-dankt sich Gott, das ist seine Freiheit. Darin ist er ja von sich weg und zugleich bei sich. So wie er in der Geschichte vor-kommt, hat er immer schon die ihm gewährte Freiheit als die seine für sich in die Hand genommen. Das erweist sich in seiner Antwort auf den ihn ständig direkt oder indirekt angehenden Anspruch Gottes. Das Gebot entzündet ihm nur das Aus-sein-auf-sich-selbst-für-sich-selbst in der Weise der Un-gerechtigkeit oder Selbst-gerechtigkeit. Freiheit ist für den Menschen, wie er vor-kommt, eigen-mächtige und eigen-süchtige Freiheit für sich selbst, in der er freilich nie zu sich kommt. Sie bringt ihm nie ein, was er erwartet. Sie läßt ihn ja in ihrem Vollzug an sich selber, an die Mächte der Welt, an das Gesetz verfallen und letztlich an den ent-täuschenden Tod. Es ist klar, daß sich der Mensch aus dieser Unfreiheit seiner Freiheit nicht durch den Vollzug dieser seiner Freiheit befreien kann. Befreien und d. h. retten kann den Menschen nur die Entbindung seiner Freiheit zu neuer, ursprünglicher Freiheit.

II

Diese Befreiung oder Rettung ist geschehen. Nach dem Apostel Paulus hat *Gott* seine Freiheit noch einmal und endgültig ausbrechen lassen, und zwar mitten in der Unfreiheit und für die Unfreiheit – in Jesus Christus. „Wenn euch der Sohn frei macht, werdet ihr wirklich frei sein", sagt Jesus im Johannesevangelium, 8, 36. „Für die Freiheit hat uns Christus freigemacht", ruft Paulus den galatischen Gemeinden zu, Gal 5, 1. Diese Freiheit kommt nicht mehr aus der Schöpfung, wiewohl deren Freiheit schon darauf angelegt ist und verweist. Sie kommt von weit her. Sie kommt aus der Ewigkeit Gottes selbst her. Sie ist die Erfüllung der ewigen Erkenntnis, Erwählung und Bestimmung der Liebe Gottes zur „Sohnschaft", vgl. Röm 8, 28 f; Eph 1, 4 f; 3, 11 u. a. Sie kommt „durch Jesus Christus" und d. h. sie ist „die Gabe der Gnade in dem einen Menschen Jesus Christus", Röm 5, 15. Als solche ist sie das reine Gewähren von Gottes Gerechtigkeit, Treue und Wahrheit, vgl. Röm 3, 1 ff. 21 ff u. a. Damit ist sie das Unüberbietbare und Unüberholbare, das Abschließende und Endgültige. Der Deus Creator, der durch sein Schöpfungswort unverfügbare Freiheit seiner Schöpfung verfügt, enthüllt sich jetzt als der Deus Salvator, der inmitten des Verhängnisses der Unfreiheit der eigen-willigen Menschengeschichte noch einmal und nun für diese Zeit abschließend Freiheit setzt.

Das geschieht, kann man sagen, in der Freiheit Jesu Christi. Paulus kennt diesen Begriff nicht, aber er kennt die Sache. Denn für ihn ist Jesus Christus der Freie schlechthin – „der Sohn" inmitten der Sklaven, die durch ihn „Söhne" werden können, Röm 8, 29; 1 Kor 1, 9; Gal 4, 4 u. a. Begegnet man ihm, so begegnet man dem Menschen, der immer schon frei ist, weil er sich immer schon freigegeben hat und die Freiheit frei hält. In dem von Paulus übernommenen Christuslied, Phil 2, 5 ff, wird Christus dahin charakterisiert, daß er sein gottgleiches Sein nicht

für sich in Anspruch nimmt und gerade so bewahrt. Das aber erweist
sich darin, daß er sich im Gehorsam gegen Gott den Menschen bis zum
Tod hingibt. Auch Röm 15, 3.7 kommt diese Freiheit des sich Frei-
gebens für Gott und die Menschen zur Sprache. „Auch Christus lebte
nicht sich zu Gefallen, sondern (es ist) wie geschrieben steht: die Schmähungen derer, die dich (scil. Gott) schmähen, sind auf mich gefallen."
„Nehmt einander an, wie auch Christus uns angenommen hat zur Ehre
Gottes." Jesus Christus lebte also nicht sich selbst zu Gefallen, er lebte
nicht sich zugute. Er suchte nicht sich selbst. Er gab sich vielmehr
frei für Gott. Seine Freiheit war sein Gehorsam gegen ihn und seine
Hingabe an ihn bis zu dem, daß er die Lästerungen, die Gott galten,
aus dem Mund und der Hand der Menschen auf sich nahm und darunter am Kreuz starb. Er überließ sich und seine Freiheit Gott, er nahm
die ihm von Gott zugeteilte an. Und so war er frei auch für die Menschen. „Er nahm sie an" in ihren „Schmähungen", den tödlichen Auswirkungen ihrer selbst-süchtigen Freiheit, die durch das Gesetz entzündet waren. Er hielt sie aus, nahm sie ihnen ab und ließ sie in seiner
Freiheit in seinem Tod begraben werden. So erwies sich seine Freiheit,
die von sich absehende, hingebende Freiheit oder Offenheit für Gott
ist, als Freiheit für die Menschen, ihnen zugute. Sie erwies sich m. a. W.
als die Freiheit der Liebe. In ihr gewährte Jesus Christus sich den Menschen, um sie darin zu bergen und ihnen die Selbst-sucht ihrer Freiheit
abzunehmen. In seiner Vergebung – denn nichts anderes ist diese Hingabe – gab er ihnen eine neue Freiheit, seine Freiheit für sie. Damit
ist an diesem Ort der Welt, am Kreuz Christi, die Freiheit als Gabe
wieder erstanden. Hier an diesem Ort ist für uns in neuem Lebensraum, in Christus, die Freiheitsdimension aufgetan, und Freiheit
für uns erreichbar geworden. Hier kann nun die Freiheit, in der
wir uns selbst suchen und meinen, zu Ende sein. Der Sklave ist frei-
gekauft, vgl. 1 Kor 6, 20; 7, 23; Gal 3, 13; 4, 5. Das Diktat des Gesetzes, der bloßen Forderung und Leistung, ist zu Ende. Die Illusion
des Heils aus eigener Freiheit ist erloschen. Die sichere Beute ist dem
Tod entrissen. Nun erfährt in der Freiheit Christi der Mensch die wirkliche Freiheit, in der er nicht mehr an sich fixiert ist, sondern an den
Crucifixus, und so von ihm her die Gabe seiner Freiheit als die seine
empfängt.

Dazu eröffnet sich Jesus Christus im Geist. Dieser ist nach dem

Apostel die Macht und die Kraft der Selbstvergegenwärtigung Jesu
Christi. In der Kraft des Geistes hat Gott Jesus Christus von den Toten
erweckt, Röm 8, 11, im Geist herrscht der von den Toten Erweckte,
2 Kor 3, 17; 13, 4, und zwar so, daß er uns durch ihn in die Herrschaft
seiner Freiheit hineinzieht und mit Freiheit begabt. Die „im Geist"
sind, sind „in Christus", Röm 8, 9: 1. Wenn der Geist „in uns" ist,
ist Christus „in uns", Röm 8, 9 b. 10.11. So vermacht der Geist uns
auch die Freiheit als die uns bestimmende Lebensdimension und -kraft.
Röm 8, 2 kann es heißen: „Denn das Gesetz des Geistes und des Lebens
in Jesus Christus hat dich freigemacht von dem Gesetz der Sünde und
des Todes." Sünde und Tod, die Selbstverfallenheit des Menschen bis
zur letzten Konsequenz, sind das Gesetz, nach dem er in der Geschichte
immer schon angetreten ist, und dem er treu bleibt im Durchsetzen
seiner eigenmächtigen und eigensüchtigen Freiheit. Aber „in Christus"
kann er von neuem eintreten im Ergreifen der von Jesus Christus
am Kreuz erwiesenen und dargebotenen Freiheit, die der Geist überwältigend offenbar macht und nach uns ausgreifen läßt. So kann der
Apostel sagen: „Wo der Geist des Herrn ist, da ist Freiheit", 2 Kor
3, 17, da weht die Freiheit Jesu Christi zu uns heran.

Der Geist aber läßt sie erfahren durch Wort und Zeichen. Das
apostolische Wort in aller seiner Mannigfaltigkeit ist des Geistes Wort
und des Geistes Belehrung, 1 Kor 2, 10 ff, und erweist des Geistes
Macht, 1 Kor 2, 4 f. Des Apostels Dienst ist des Geistes Dienst, der
lebendig macht, weil er die Freiheit Christi eröffnet, 2 Kor 3, 4 ff. Er
steht dem tödlichen Dienst des Gesetzes, der bloßen Forderung, das
die selbstsüchtige und selbstmächtige Freiheit im Menschen entzündet,
entgegen. Das apostolische Wort bis in alle Entfaltungen hinein im
Wort der Kirche ist der konkrete Ruf des Geistes, der Anruf und Zuruf
und Aufruf der Freiheit Christi zur Freiheit. „Ihr aber, Brüder, seid
zur Freiheit gerufen . . .", Gal 5, 13. In diesem Ruf steht nun die Welt.
Sooft wir ihn überhören, so bereit wir ihn verfälschen, so mit leichter
Hand wir ihn mit anderen Rufen vertauschen, er dringt immer wieder
durch und seine Wahrheit, eben die geschenkte Freiheit, bricht immer
wieder hervor und findet immer wieder Fürsprecher, so wie damals in
Galatien der Apostel selbst die Freiheit Christi gegen die Scheinfreiheit
eines dämonischen Gestzes, in dem das Heil liegen sollte, verteidigte.
In diesem Ruf steht die Welt heute wie vor fast zweitausend Jahren,

in ihm hat sie endgültig das immerwährende An-Gebot *der* Freiheit, die frei macht.

Der Geist eröffnet uns die Freiheit Christi für uns aber auch in wirksamen Zeichen. Davon können wir jetzt nicht ausdrücklich reden. Nur die eine Frage müssen wir uns angesichts etwa von Röm 6, 1 ff und 7, 1 ff u. a. stellen: Wissen wir noch, daß wir in der Taufe durch die Kraft des Geistes auf die Freiheit der Gabe Christi versiegelt sind? Wissen wir noch, daß wir deshalb als Getaufte schon von der wieder geschenkten und wiedergewonnenen Freiheit herkommen und also unsere Freiheit, die doch immer nur Freiheit zur Unfreiheit ist, dahingeben können und müssen? Wissen wir noch, daß, bei der Unfreiheit unserer eigenwilligen Freiheit bleiben, ein Anachronismus ist?

III

Doch lassen wir das! Wir müssen ja noch eines erörtern, nämlich dies, wie wir solche nahe Freiheit Jesu Christi ergreifen und auf welche Weise wir sie erweisen können, ohne daß auch sie nun wieder eigenmächtige und eigen-süchtige Freiheit wird. Die Antwort des Apostels auf diese Frage ist eindeutig: im Glauben, in der Liebe und in der Hoffnung. Der Glaube ist für Paulus, kurz gesagt, ein Hören des Evangeliums, unter dem man gehorsam wird. Den Ruf: „Christus hat uns frei gemacht" und alles, was er enthält, im glaubenden Gehorsam anerkennen, das ist der erste Schritt zur Freiheit, vgl. z. B. Röm 6, 17; 10, 16. Aber man kann auch sagen – und beides ist eines –: die erste Bewegung in die Freiheit ist das Sich-Hinwenden zum Geist, vgl. 2 Kor 3, 16 f, das Sich-auf-den-Geist-Einlassen und Von-ihm-führen-Lassen, Röm 8, 14, den Geist, der die von Christus uns erworbene und geschenkte Freiheit erschließt, für unser Leben maß-gebend sein lassen, Röm 8, 4. In solchem anerkennenden Hören des Evangeliums und in solcher Hinwendung zum Geist vollzieht der Glaubende die Übergabe seiner selbst im Denken, Wollen und Handeln an den Christus, der in seiner Freiheit, in seinem Für-uns-Sein, uns die unsere gewährt, nämlich die, daß auch wir uns nun Gott und dem Nächsten hingeben. Damit ereignet sich im Glauben die Ablösung von uns selbst und der Durchbruch durch die Befangenheit unserer eigen-mächtigen und eigensüchtigen Freiheit. Im Glauben, in dem ich mich frei gebe und Gott in Jesus Christus hingebe, gelingt mir der Schritt, nein, der Sprung in die Freiheit als Gottes Gabe, in die glaub-würdige Freiheit Jesu Christi, die sich im Geist aufgetan hat und als offene mich durch das Evangelium verlockt und bedrängt. Im Glauben ereignet es sich, daß ich nicht nur immer mich und das Meine will und so in meiner Freiheit mich und das Meine verspiele. Im Glauben wird es Wirklichkeit, daß ich die Freiheit nicht nur als die meine gebrauche und so zur Unfreiheit werden lasse, sondern daß ich die Freiheit wieder als mir von Gott her kommende liebe und als Freiheit frei lasse.

In solcher Ablösung von mir selbst im Glauben ist es dann möglich, daß ich inmitten täglicher Sorgen sorg-los bin. Ich weiß ja mein Leben allem zuvor in der Freiheit Christi für mich besorgt. Ich weiß ja im Glauben, daß ich mir nicht mehr selber gehöre, 1 Kor 3, 23; 6, 19, und nicht mehr mir selber lebe, sondern Christus, 2 Kor 5, 14 f, so daß ich selbst im Sterben nicht mehr einsam bin und einsam mich behaupten muß, Röm 14, 7 ff. In solcher innersten Abwendung von mir selbst und vertrauenden Zuwendung zum Herrn wird es möglich, inmitten aller Unheimlichkeit des Lebens ohne Angst zu sein. „Ihr habt nicht wieder den Geist von Sklaven empfangen, der sich fürchtet, sondern ihr habt den Geist von Söhnen empfangen, in dem wir rufen: Abba, Vater", Röm 8, 15 f; Gal 4, 6 f. Im Geist, der uns Christi Freiheit zuweht, wissen wir uns adoptiert zum Vertrauen, das sich immer wieder gegen alle möglichen Ängste durchsetzt, vgl. Phil 2, 12; 2 Kor 7, 5 u. a., und sich im Gebet des Geistes, das doch meines ist, ausspricht, vgl. auch Phil 4, 6.

Vor allem kann ich in der Freiheit des Glaubens, d. h. in der Bindung an Christus, der uns die Freiheit in der Vergebung schenkt, auf jeglichen Selbstruhm verzichten, der sich auf meine vermeintlichen oder wirklichen moralischen oder sonstigen Leistungen und Vorzüge stützt, und sich unfehlbar mit der selbstsüchtigen Freiheit einstellt. Paulus haßt dieses „Rühmen", wie er es nennt, weil in ihm der Mensch vom eigenen Ansehen lebt und nicht mehr vom Ansehen Gottes. Der Selbstruhm ist jene Selbst-erbauung, in der sich die eigensüchtige Freiheit sonnt, und die scheinbar das Leben aufbaut, in Wahrheit aber zerstört, vgl. Röm 2, 17.23; 5, 2.11; 1 Kor 1, 29; 3, 21; 4, 7 u. a.

Aber die im Glauben erfahrene Freiheit Jesu Christi macht mich auch frei von der Welt. Die uns nächste Welt sind wir selbst. So ist die Freiheit, in der wir im Glauben stehen, auch Freiheit von jeder

Form der „Epithymia", d. h. des selbst-süchtigen Ausseins auf uns selbst für uns selbst, das z. B. in der geschlechtlichen Unzucht aktuell wird. Es gibt nichts Neues in der Welt. Gerade mit dem ungeordneten sexuellen und pervertierten Begehren war in Korinth, aber auch sonst, vgl. 2 Petr 2, 19, die Parole der Freiheit verbunden, vgl. 1 Kor 5, 1–13; 6, 12–20 u. a. In diesem Zusammenhang prägten die dortigen Enthusiasten das Wort: „Alles ist mir erlaubt", 1 Kor 6, 12; vgl. 10, 23. Aber diese Freiheit ist keine Freiheit, sondern ein sklavisches Verfallensein an mich selbst, vgl. 1 Kor 6, 12 b. „Denn wovon einer überwältigt wird, dessen Sklave ist er geworden", heißt es in solchem Zusammenhang 2 Petr 2, 19 b. Diese Freiheit ist Scheinfreiheit, sie ist Illusion. Sie ist ja eine der vielen, aber sozusagen die banalste Aus-schweifung meines Lebens in das – Nichts.

Unsere Welt sind aber auch die anderen Menschen. Wer zur Freiheit gerufen ist, ist auch von ihnen frei, und zwar grundlegend. Die Freiheit, die sich in Christus Jesus geborgen weiß, läßt uns auch frei sein von der Freiheit, die uns Menschen geben können. Den Sklaven, die ruhig Sklaven bleiben sollen, auch wenn sie frei werden können, ruft Paulus zu: „Ihr seid teuer erkauft, werdet nicht Sklaven der Menschen", 1 Kor 7, 23, nämlich dadurch, daß ihr von ihnen Freiheit erwartet und verlangt. Das nennt ein katholischer Exeget „kleinbürgerlich". In Wahrheit zeigt es nur, wie die Freiheit in Christus alle menschliche Freiheit und Unfreiheit transzendiert und gerade dadurch wirklich frei macht. Damit ist nicht gesagt, daß die Gesellschaft dem Sklaven oder den vielen Sklavenähnlichen in ihr die bürgerliche Freiheit verweigern soll, im Gegenteil. Aber es ist gesagt, daß die Freiheit in Jesus Christus und also die Freiheit schlechthin nicht davon abhängt, ob mir Freiheit von Menschen gewährt wird. Deshalb ist auch eine Identifizierung bürgerlicher Freiheit mit christlicher absurd. „In Jesus Christus" – und das meint in seinem Herrschaftsbereich — „ist weder Sklave noch Freier", heißt es Gal 3, 28; Kol 3, 11. Aber jedes Durchsetzen der Freiheit für mich liefert mich der Unfreiheit aus. In diesem Fall bindet es mich an die Menschen.

Die Welt begegnet endlich auch in ihren Göttern und Mächten, vgl. 1 Kor 8, 1 ff; Gal 4, 1 ff; Röm 8, 38 f u. a. Wer im Glauben die Freiheit gewinnt, weiß, daß es keine „Götter" gibt, sondern nur Gott, den Vater. Es gibt immer nur, das aber oft im hohen Maß, „sogenannte

Götter". Sie haben fast unüberwindliche Macht über die Menschen. Aber sie haben sie nur, weil man sie ihnen gibt. Sie fällt zusammen, sobald der Glaube ihre Nichtigkeit durchschaut und der Glaubende, geborgen in der Freiheit Christi, ihrer nicht mehr bedarf und sie nicht mehr verehrt. Die Götter, die sozusagen Entfaltungen „des Gottes dieses Äons" sind, wandeln sich. Durch den Glauben an Christus wurde die Welt entgöttlicht, sie wurde „weltliche Welt". Aber es ist naiv anzunehmen, daß es nun keine Götter mehr gebe. Gerade die „weltliche Welt" erhebt sich als Gegengott und zwingt ihre Gläubigen in den Staub. Noch nie gab es so viel Glauben an die Welt wie im Zeitalter der „weltlichen Welt". Aber Gott spottet auch dieses Gottes der „weltlichen Welt". Und die etwas von der Freiheit Christi wissen, erkennen, daß auch der Weltgott zu den – „Nichtsen" gehört. So sehen wir: die Freiheit des Glaubens, die in Christus gegeben und im Geist zugängig wird, hat dies Kennzeichen: Sie hält Distanz zur Welt, die wir selber, die anderen Menschen und die Mächte sind. Diese Distanz ist nicht Gleichgültigkeit oder Scheu vor dem Risiko, sondern eine solche, die der Realität des Anbruchs einer neuen Weltsituation, weil der neuen und radikalen Freiheit in Jesus Christus Rechnung trägt. Mitten in die Weltzeit hinein, die Freiheit in der mannigfaltigsten Weise anbietet oder erkämpft, ist *die* Freiheit getreten, die als das Ende aller menschlichen Freiheit einen neuen Anfang, Gottes Freiheit, setzt. Damit ist die Zeit angebrochen, von der der Apostel 1 Kor 7, 29–31 spricht: „Brüder, die Zeit ist zusammengerafft. Darum seien die, die eine Frau haben, als hätten sie keine, und die da weinen, als weinten sie nicht, und die sich freuen, als freuten sie sich nicht, und die da kaufen, als behielten sie es nicht, und die von der Welt Gebrauch machen, als gebrauchten sie sie nicht. Denn das Schema dieser Welt ist im Vergehen." Diese Praxis des „als ob nicht" ist ein Kennzeichen der Freiheit des Glaubens.

Aber sie ist nur die eine Seite der Freiheit des Glaubens. Ja sie wäre überhaupt kein Freiheitserweis, wenn es bei ihr allein bliebe. Die andere Seite ist die: daß die sich von der Welt distanzierende Freiheit, die ja nichts von ihr und für sich will, den anderen Menschen Freiheit gewähren kann. Allein die Freiheit, in der ich von meinem selbstsüchtigen Begehren, von der Gunst der Menschen, von den Drohungen und Versprechungen der Götter frei bin, allein die Freiheit, in der ich nicht *meine* Freiheit suche und so mich immer wieder in Unfreiheit verstricke, kann auch dem anderen Menschen den Freiheitsraum und Freiheitsvollzug ermöglichen. Allein der in Jesus Christus Freie liebt. Allein die Liebe schafft Freiheit. Allein die Liebe ist der energische Erweis der Freiheit. „Ihr seid zur Freiheit gerufen, Brüder, nur laßt die Freiheit nicht zum Antrieb (oder zur Gelegenheit) für das Fleisch (das eigene, selbstsüchtige Dasein) werden, sondern dient einander in Liebe..." Gal 5, 13. Die Liebe ent-spricht der Freiheit und man hält sich in der Freiheit auf, wenn man den Nächsten liebt. Die Liebe allein, und also die im Glauben erwachte Freiheit von mir selbst, sieht überhaupt den anderen Menschen erst unbefangen und in seiner eigentlichen Verfassung. Sie allein, die Agape, durchschaut auch die Verhältnisse und Situationen ohne Illusionen. Allein sie ist, gemäß der Freiheit, deren Exponent sie ist, offen und bereit für die Wahrheit und Gerechtigkeit der Dinge. Allein sie ist sachlich. Sie gebraucht, z. B. den anderen Menschen, dem sie helfen will, nicht als Vorwand für den eigenen Nutzen oder Ruhm oder den Glanz der eigenen Theorie und Utopie, sie beruhigt auch mit ihrem Verhalten nicht ihr eigenes Gewissen, sondern ist in Wahrheit um *ihn* und sonst nichts besorgt, auch nicht um die Durchsetzung irgendeiner gesellschaftlichen oder politischen Heilsdoktrin. Sie allein, die Liebe des Glaubens, gibt ja auch etwas, nämlich den Liebenden selbst. Sie behält nichts zurück, sondern gewährt ungeteilt und ganz. Sie allein fordert nicht, ohne zu geben und weist doch auf den rechten Weg, sie allein richtet nicht, und urteilt doch gerecht. Allein in ihrer Freiheit, die ja die im Glauben empfangene und ergriffene Freiheit Jesu Christi ist, lebt der Mensch nicht mehr „sich zu Gefallen", sondern dem anderen zum Nutzen, „zum Guten", „zur Erbauung", Röm 15, 2. Sie läßt den Menschen zum „Diener aller" werden, soweit es sein Herr erlaubt, und weil er es fordert, 1 Kor 9, 19 ff. Sie allein läßt auch die Arbeit und Mühe für das öffentliche Wohl zum ungeheuchelten und deshalb gerechten Dienst werden. Und so ist sie für die Einrichtung gerechter Wirklichkeit ausschlaggebend und keineswegs der persönliche Eifer oder, wie man gern sagt, das Engagement. Allein sie dient letztlich der Gemeinschaft auch konkret, da sie es mit dem unangenehm Nächsten und nicht nur mit dem angenehm Fernen zu tun haben will. Sie allein, die frei ist von dem die Selbst-sucht provozierenden Gesetz der bloßen Forderung, erfüllt „das Gesetz Christi",

Gal 6, 2, und übernimmt seine Freiheit. Sie allein hat deshalb auch „Parrhesia", wie Paulus mit einem alten politischen und dann human-philosophischen Wort der Griechen die Freiheit und den Freimut der Freigabe des Glaubens in der Liebe nennt.

Diese Freiheit, die in der Liebe waltet, erweist sich vor allem auch darin, daß sie sich aus Liebe begrenzen läßt. In der Freiheit Christi hat nach dem Apostel Paulus der Christ das Recht und die Macht, die Exusia, am Opfermahl für die Götter teilzunehmen. Die Götter sind ja „Nichtse" und „die Erde ist des Herrn und ihre Fülle", 1 Kor 10, 26. Nur eine Grenze für diese erstaunliche Freiheit gibt es: wenn durch mein freies Verhalten das Gewissen – und dazu das falsch orientierte Gewissen! – des Bruders beunruhigt oder gar verletzt wird. Dann gebietet die Liebe, in der die Freiheit lebt, der Freiheit, auf sich zu verzichten. Die echte Freiheit erweist sich zuletzt im Verzicht auf die Freiheit aus Liebe, vgl. 1 Kor 10, 23 f, wofür auch der Apostel selbst ein Beispiel ist, 1 Kor 9. Die falsche Freiheit der in der korinthischen Gemeinde und dann in der Kirche immer wieder auftretenden Doktrinäre und Fanatiker will die Freiheit auf alle Fälle durchsetzen, sie will die grenzenlose Freiheit. Sie will sie vielleicht nicht nur für sich, sondern auch für die anderen. Aber sie verrät ihre Unfreiheit darin, daß es ihr nebensächlich ist, ob sie auch „dem Schwachen", wie Paulus sagt, gut tut. Mag er fallen für die Freiheit, meinen die Gnostiker. Die echte Freiheit läßt sich aber auch durch das Ganze aus Liebe begrenzen. Der „Leib Christi", die Kirche, wird nach dem Apostel durch die Charismen erbaut. Diese sind Gaben und Zeichen der Freiheit in Christus und die Gemeinde soll ihnen Raum geben. Aber die Charismen sind nicht für den Charismatiker da, sondern „zum Nutzen", d. h. „zur Erbauung" der Kirche, 1 Kor 12, 7; 14, 26. Deshalb gehört es zu ihnen als den Gaben der Freiheit des Geistes, daß sie sich in die Ordnung der gottesdienstlichen Versammlung einfügen und die Ordnungs- und Entscheidungsautorität des apostolischen Amtes anerkennen, vgl. z. B. 1 Kor 14, 26–40. Echter Enthusiasmus hat immer die Freiheit, sich begrenzen zu lassen durch den Nutzen des Ganzen und um des Ganzen willen durch das dafür verantwortliche Amt. Denn auch seine Freiheit ist die Freiheit der Liebe. Es gilt in jedem Sinn, was Paulus 1 Kor 10, 32 f sagt: „Gebt keinen Anstoß, weder den Juden noch den Griechen noch der Gemeinde Gottes, wie auch ich in allen Dingen allen zu Gefallen lebe, indem ich nicht meinen Nutzen, sondern den der vielen suche, damit sie gerettet werden." So spricht die Freiheit!

Noch ein Letztes. Die Freiheit lebt auch in der Hoffnung. In der Hoffnung auf sich selber! Die Freiheit ist ein eschatologisches Phänomen, ein Phänomen der in Jesus Christus vor ihr Ende gestellten und stehenden Zeit. Sie ist in der Selbsthingabe Jesu Christi in die Welt eingebrochen und macht sich durch den Geist zugängig. Im Glauben ergreift sie den Menschen und ergreift der Mensch sie und in der Liebe gibt sie ihre Zeichen. Aber als solche ist sie – „in den irdischen Gefäßen", 2 Kor 4, 7, und „in unserer irdischen Zeltbehausung", 2 Kor 5, 1 – erst vorläufig und verhüllt da, abgesehen davon, daß sie auch stets angefochten ist und wir deshalb stets aufgefordert werden müssen, in ihr zu „stehen", Gal 5, 1 b. Im Glauben, der in der Liebe am Werk ist, wie Paulus sagt, Gal 5, 6, ist ihre Doxa und d. i. der erschreckende und tröstliche Glanz der Macht ihrer Wahrheit, noch nicht zu schauen. Aber gerade das läßt uns die Freiheit nun auch erwarten, und den, der in ihr steht, auf sie hoffen und nach ihr seufzen. Wir wissen von ihr. Der Geist hat sie uns im Evangelium zugerufen. Wir haben ihre Stimme im Glauben vernommen und ihr Atem weht in den Werken der Liebe. Gerade das läßt uns immer wieder nach ihr ausschauen. „Auch wir, die wir die Erstlingsgabe, den Geist, haben, auch wir seufzen und warten auf die Sohnschaft, die Erlösung des Leibes", und damit auf die endgültige und offenbare Freiheit, Röm 8, 23.

Doch warten nicht nur die auf sie, die den Geist haben. Auf sie, die Freiheit, warten letztlich alle Menschen samt der Kreatur. Die Menschen, wie sie in der Geschichte vorkommen, kennen nur die eigensüchtige und eigenmächtige Freiheit, in der die ursprüngliche des Geschöpfes nur verstellt erscheint. Aber sie haben das Verlangen nach der ursprünglichen Freiheit nicht verloren. Zeugnis dessen ist nicht nur, daß alle jeweilig errungene menschliche Freiheit nach immer neu zu erringender ausschaut, sondern vor allem auch die von Paulus vermerkte Tatsache, daß die menschliche Geschichte, die von Wehen zu Wehen eilt, von Stöhnen und Klagen begleitet wird. Warum eigentlich? Weil sie ein verborgenes Verlangen nach wirklicher Freiheit hat. Es gäbe weder Schmerz noch Leiden, weder Tränen noch Trauer, wenn die Menschen und die Kreatur nicht ihre Befreiung in der wahren Freiheit ersehnten. Aber wird sie je erfahren? Hören wir noch die

Sätze in Röm 8, 18–22: „Denn ich bin der Überzeugung", sagt der Apostel, „daß die Leiden dieser Zeit nichts bedeuten gegenüber der Herrlichkeit, die sich künftig über uns eröffnen wird. Denn das sehnsüchtige Verlangen der Schöpfung wartet auf die Offenbarung der Söhne Gottes. Denn die Schöpfung ist dem Schein unterworfen worden, nicht aus freien Stücken, sondern um deswillen, der sie unterworfen hat – auf Hoffnung. Denn sie, diese Schöpfung, wird befreit werden aus der Sklaverei der Verwesung in die Freiheit der Herrlichkeit der Kinder Gottes hinein. Denn wir wissen, die ganze Schöpfung seufzt einmütig und liegt in gemeinsamen Wehen bis jetzt." Die Freiheit wird von allen ersehnt. Wo ist sie zu finden? Bei „den Kindern Gottes", ist die Antwort. Und wann? Wenn deren Glorie, der Glanz und die Macht ihrer Freiheit, offenbar werden wird. Die Menschen werden sie nicht finden als Ergebnis eines immanenten Naturprozesses. Sie werden sie auch nicht finden als Resultat ihrer geschichtlichen Entwicklung. Sie werden sie auch nicht finden als Frucht ihrer psychischen und geistigen Eruptionen, ihrer Revolutionen. Diese fressen wie das überständige Beharren nicht nur ihre Kinder, sondern auch ihre Freiheit. Aber die Freiheit wird gefunden werden bei der Schar derer, die sie im Geist und Glauben gehütet haben, in der Liebe zu spüren gaben und in der Hoffnung wachhielten. Sie wird gefunden werden bei den „Söhnen". Von ihnen her wird sie ausbrechen über alle Kreaturen, wann Gott es will. Welche Verantwortung liegt auf den Christen, Hüter der Freiheit für diesen Augenblick für alle Kreatur zu sein! Aber wenn für diesen Augenblick, dann doch schon für jeden Augenblick, für den nächsten, für den jetzigen Augenblick!

II. Das neue Gesetz der Freiheit

Diskurse über Thomas von Aquin aus reformatorischer Sicht

Das Gesetz des Neuen Bundes

ULRICH KÜHN

a) Das neue Gesetz als Gesetz des Geistes und der Freiheit

Thomas unterscheidet grundsätzlich zwei Aspekte am neuen Gesetz: dasjenige, was das Vorzüglichste an ihm ist und seine ganze Kraft ausmacht, und dasjenige, was auf dieses Vorzüglichste hinordnet und aus ihm notwendig folgt.[1] Damit ist schon eine deutliche Rangordnung unter den beiden Aspekten angezeigt: Der erstgenannte hat in der Wesensbestimmung des neuen Gesetzes den eindeutigen Vorrang, ja macht recht eigentlich sein Wesen aus. Und dieser erste und eigentliche Hauptaspekt, der uns in diesem Abschnitt unserer Erörterung beschäftigen soll, besteht in der Gnade des Heiligen Geistes. »Id autem quod est potissimum in lege novi testamenti, et in quo tota virtus eius consistit, est gratia Spiritus Sancti, quae datur per fidem Christi. Et ideo principaliter lex nova est ipsa gratia Spiritus Sancti, quae datur Christi fidelibus.« Wir nehmen in dieser Bestimmung als erstes zur Kenntnis, daß der Begriff »lex nova« auch durch »lex novi testamenti« umschrieben wird, wodurch die von uns vom alten Gesetz her primär erwartete, jedoch der Gedankenfolge bei Thomas entsprechend erst weiter unten zu behandelnde[2] christologische Fundierung ausgesprochen ist; denn »novum testamentum« meint hier, wie bereits auch im SK, das in Christus geschehene Heil der Welt.[3] Das Erstaunliche besteht aber darin, daß Thomas das eigentliche Wesen des neuen Gesetzes in der »Gnade des Heiligen Geistes« sieht, somit also auf die über dem a. 1 der q. 106 stehende Frage »Utrum lex nova sit lex scripta« von hier aus negativ zu antworten wäre. Dieses Verständnis des neuen Gesetzes ist als »die kühnste Gleichung, die je in der Geschichte der Menschheit für die Sphäre des Sittlichen aufgestellt wurde«, bezeichnet worden.[4] Es muß von Anfang an gesagt werden, daß der Begriff »neues Gesetz« in der Sth primär nichts zu tun hat mit einer gesetzlich-geschriebenen äußeren Vorschrift. Es ist

---

[1] [Anm. 378] Zum Folgenden 1 II 106, 1 c.
[2] [Anm. 379] Siehe unten unter c (S. 202ff.) [hier: S. 67ff]
[3] [Anm. 380] Vgl. zum SK oben S. 70f.; dort auch Hinweise zum Verhältnis des Begriffs »nova lex« zur Tradition.
[4] [Anm. 381] *H. Christmann:* Einleitung zu Bd. 14 der DTA, S. (10).

hier vielmehr an die Gnade zu denken, die in extenso von Thomas ja an späterer Stelle abgehandelt wird und die im wesentlichen in einem übernatürlichen der Seele eingegossenen und sie in Richtung auf Gott hin erheben-[193]den Habitus besteht.[5] Und diese Gnade wird als Gnade des »Heiligen Geistes« interpretiert, wobei ihre in Gott gründende Natur und ihr »ungeschaffener« Aspekt herausgestellt und zugleich eine Fülle von biblischen Reminiszenzen wachgerufen wird. Thomas verweist selbst vor allem auf Röm. 8, und wir werden dadurch angeregt, die entsprechenden sehr schönen Ausführungen des Thomas in seinem Römerbriefkommentar zu beachten, die er dort zum Begriff »lex spiritus« (Röm. 8,2) macht. »Lex spiritus« meint nach Thomas einmal den in der Seele wohnenden Heiligen Geist selbst, der den Menschen über das rechte Handeln belehrt und zu ihm hinführt; zum anderen meint es die nächsten und eigentlichsten Wirkungen des Heiligen Geistes im Menschen: den durch die Liebe wirksamen Glauben, der selbst wieder innerlich über das zu Tuende belehrt.[6] Und diese doppelte Auslegung des Begriffes »lex spiritus« nennt Thomas ausdrücklich auch Bestimmungen der »lex nova«. Dabei bringt der zweite Aspekt dieser Auslegung einen für uns noch neuen Gedanken: Das neue Gesetz ist das Gesetz der durch den Geist gegebenen Tugenden Glaube und Liebe, die als Prinzip ethischer Erkenntnis und ethischen Handelns anzusprechen sind.[7] Im Zentrum des neuen Gesetzes steht somit das, was auch im alten Gesetz als oberstes Prinzip deutlich wurde, dessen Erfüllung aber aus dem alten Gesetz selbst unmöglich war.[8]

Versteht Thomas das neue Gesetz seinem eigentlichen Wesen nach als eingegebenes Gesetz, so wundern uns die Stellen nicht mehr, in denen er das neue Gesetz gleichsam als übernatürliche Parallele zum Naturgesetz

---

[5] [Anm. 382] 1 II 110, 2 c.

[6] [Anm. 383] In Rom. VIII, lect. 1: »Quae quidem lex potest dici uno modo Spiritus sanctus, ut sit sensus. Lex spiritus, idest lex quae est Spiritus: lex enim ad hoc datur ut per eam homines inducantur ad bonum ... Spiritus sanctus mentem inhabitans non solum docet quod oporteat fieri intellectum illuminando de agendis, sed etiam affectum inclinat ad recte agendum ... Alio modo lex spiritus potest dici proprius effectus Spiritus sancti, scilicet fides per dilectionem operans: quae quidem et docet interius de agendis secundum illud 1. Joh. 2,27 ... Et haec quidem lex spiritus, dicitur lex nova, quae vel est ipse Spiritus sanctus, vel eam in cordibus nostris Spiritus sanctus facit. Hier. 31,33 ...« (Ed. Parmae 13, S. 75a.).

[7] [Anm. 384] Vgl. auch z.B. 1 II 91, 5 c., wo Thomas sagt, die Erfüllung der Gebote ergebe sich im neuen Gesetz »per amorem, qui in cordibus nostris infunditur per gratiam Christi, quae in lege nova confertur.« Wir meinen Thomas sei, wenigstens in der genannten Römerbriefkommentarstelle, insofern noch ein Stück weitergegangen, als er dort nicht nur die Erfüllung der Gebote, sondern auch die Erkenntnis des zu Tuenden dem Heiligen Geiste bzw. dem Glauben und der Liebe zuschreibt.

[8] [Anm. 385] S. oben S. 178.

ansieht.[9] »On admire ici l'audace du saint docteur: il n'hésite pas à reconnaître à la loi nouvelle un enracinement aussi profond qui celui de la loi naturelle inscrite au coeur de l'homme.«[10] Immerhin ist sofort auch der Unterschied deutlich: Das Naturgesetz belehrt den Menschen zwar über das, was zu tun ist, aber hilft nicht zur Erfüllung, während das neue Gesetz zugleich in der inneren Hilfe zur Erfüllung [194] der göttlichen Erfordernisse besteht.[11] An dieser Stelle wird aber auch im besonderen der Unterschied der Gedanken des Thomas zum neuen Gesetz in der Sth zu denen seiner Vorgänger und zu seinen eigenen früheren Werken deutlich. Es war zwar allgemeine Meinung in der scholastischen Tradition, daß im neuen Gesetz zur Erfüllung der Gebote auch die entsprechende zureichende göttliche Gnadenhilfe gewährt würde – daß aber das neue Gesetz eigentlich eine lex indita sei, wird weder von Petrus Lombardus noch bei den Franziskanern noch auch bei Albertus Magnus gesagt und ist selbst im SK des Thomas noch nicht zu finden; überall heißt es nur, daß das neue Gesetz oder das Gesetz Christi bzw. des Evangeliums, das selbst als eine Sammlung bestimmter schriftlich und mündlich vorliegender Gebote vorgestellt ist (im wesentlichen die Bergpredigt und die Anordnungen über die Sakramente umfassend), die Gnade zur Erfüllung dieser Gebote mit sich bringt und dadurch vor dem alten Gesetz ausgezeichnet ist[12] – aber es bleibt doch letztlich sein Wesen als äußeres Gebot bestehen, und in der Summa fratris Alexandri wird das Gesetz Christi ausdrücklich mit dem menschlichen und dem mosaischen Gesetz als geschriebenes Gesetz der lex naturalis als der eigentlichen und einzigen lex indita gegenübergestellt.[13] Es ist aus den vielen Zitaten bei Thomas offensichtlich, daß er sich in seiner neuen Sicht der Dinge stark Augustin, insbesondere dessen Schrift »De spiritu et littera« verpflichtet wußte, die zwar auch von den anderen Scholastikern herangezogen wurde, bei Thomas aber eben diesen Durchbruch

---

[9] [Anm. 386] 1 II 106, 1 ad 2: »Dupliciter est aliquid inditum homini. Uno modo, pertinens ad naturam humanam: et sic lex naturalis est lex indita homini. Alio modo est aliquid inditum homini quasi naturae superadditum per gratiae donum.« In Rom. VIII, lect. 1: »Sicut spiritus naturalis facit vitam naturae, sic Spiritus divinus facit vitam gratiae« (Ed. Parm. 13, S. 75 b).

[10] [Anm. 387] *R. Guindon*, a.a.O., S. 316 [Roger Guindon: Béatitude et théologie morale chez saint Thomas d'Aquin, Ottawa 1956].

[11] [Anm. 388] 1 II 106, 1 ad 2: »Lex nova est indita homini, non solum indicans quid sit faciendum, sed etiam adiuvans ad implendum.« Vgl. R. Guindon, S. 317.

[12] [Anm. 389] Vgl. *Petr. Lombard.* Sent. III, d. 40, c. 3; Summa fr. Alexandri III-II, Inqu. IV, 1 (Ed. Quaracchi, Bd. 4, Nr. 543 ff.); *Bonaventura* In III. Sent. d. 40, q. 1; *Albertus Magnus* De bono V, 2 ad 16; In III. Sent. d. 40, a. 3; *Thomas* In III. Sent. d. 40, a. 4, sol. II.

[13] [Anm. 390] Summa fr. Alexandri, ebd.

zu der Erkenntnis des Wesens des neuen Gesetzes als lex divinitus indita mit ermöglichte.[14] Von diesem Durchbruch her wird im Innersten eine letzte Gesetzlichkeit im Verhältnis Gottes zum Menschen überwunden: nicht, daß etwa die Moralgebote für den Christen irrelevant wären – daß sie das nach Thomas ausdrücklich nicht sind, wird unten sofort deutlich werden –, aber das Wesentliche besteht jetzt nicht mehr in der durch die Gnade ermöglichten Erfüllung der von Christus äußerlich gegebenen Gebote, sondern das Wesentliche besteht in der inneren freien Bewegung zu Gott hin, die vor allen Geboten und im Grunde letztlich unabhängig von allen Geboten als Geschenk Gottes, als Heiliger Geist den Menschen treibt. Damit bestätigt und vollendet sich eine Beobachtung, die wir bereits bei Betrachtung des SK im Verhältnis zu Bonaventura und dann wieder bei der Betrachtung der ScG machen konnten: Das ethische Ideal des Thomas besteht letztlich darin, daß der Mensch sich selbst Gesetz ist, nicht darin, daß er dem von außen an ihn ergehenden Anspruch Gottes gehorsam ist, wie es bei Bonaventura der Fall war. und dieses »Sich-selbst-Gesetz-Sein« in der liebenden Hingabe an Gott ist der eigentliche Kern dessen, was Thomas in der Sth unter dem »neuen Gesetz« versteht. [195] Wenn daher Thomas mit der gesamten scholastischen Tradition die Frage stellt und positiv beantwortet, ob das neue Gesetz rechtfertige, so ist die bejahende Antwort nun doch vom innersten Wesen und Anliegen des neuen Gesetzes her nicht die völlig gleiche wie die der anderen Scholastiker: Die rechtfertigende Kraft bedeutet für Thomas das innere neue vom Heiligen Geist herrührende »Sich-selbst-Gesetz-Sein«.[15]

Dieser betonte Rückgang auf die innere Geistgewirktheit der Hingabe an Gott im neuen Gesetz hat zur Folge, daß Thomas wiederholt und betont vom neuen Gesetz als vom »Gesetz der Freiheit« spricht. Es ist zu beobachten, daß die Betonung dieses Gedankens erstmalig im Galaterkommentar auftaucht, und man darf vermuten, daß gerade auch die Beschäftigung mit der Heiligen Schrift selbst, insbesondere mit Paulus, Thomas zu seiner Sicht des neuen Gesetzes geführt hat. Es ist eine dreifache Freiheit,

---

[14] [Anm. 391] Vgl. vor allem De spiritu et littera XVII, 29, wo der Heilige Geist als in die Herzen eingegossener das eigentliche Gesetz ist – oder auch die Liebe: »Cum ... ipsa caritas diffunditur in corde credentium, lex est fidei et spiritus vivificans dilectorem« (CSEL 60, S. 183).

[15] [Anm. 392] 1 II 106, 2c.: Principaliter gehört zum neuen Gesetz die »ipsa gratia Spiritus Sancti interius data. Et quantam ad hoc, nova lex iustificat. Unde Augustinus dicit in libro de Spiritu et Littera [c. 17]: ›Ibi‹, scilicet in veteri testamento, ›lex extrinsecus posita est, qua iniusti terrerentur; hic‹, scilicet in novo testamento, ›intrinsecus data est, qua iustificarentur‹.«

die das »Gesetz des Geistes« im Menschen bewirkt. Zunächst wäre die
Freiheit von Sünde und Tod zu nennen, die Thomas im Anschluß an
Röm. 8 als Wirkung des Gesetzes des Geistes beschreibt.[16] Sodann spricht
Thomas an mehreren Stellen davon, daß wir durch das neue Gesetz vom
menschlichen Gesetz und vom alten Gesetz insofern befreit werden, als sie
Zwangscharakter haben.[17] Die weitestgehenden Äußerungen finden wir
aber dort, wo Thomas von der absoluten Enthobenheit des Christen vom
Untertansein unter ein anderes Gesetz spricht.[18] Freilich ist die vom neuen
Gesetz gegebene Freiheit, sofern sie nur als »Freiheit von« einem anderen
Gesetz aufgefaßt wird, sehr einseitig beschrieben – das Entscheidende ist
bei Thomas die Tatsache, daß das Gesetz des Geistes im Menschen durch
die Liebe ihn von selbst das zu Tuende erkennen läßt und zur freudigen
Erfüllung desselben hinführt. »Postquam habemus accessum ad Patrem
per Christum, ut dicitur [196] Rom 5, non instruimur per legem de mandatis Dei, sed ab ipso Deo.«[19] Es wird also von Thomas eine Unterscheidung von Gebot und Gesetz vorgenommen, nach der wir zwar dem Gebot
Gottes auch im neuen Gesetz unabdingbar verpflichtet bleiben, jedoch
nicht in der Form der Gesetzgebung, sondern – wie wir interpretieren dürfen – in der durch den Heiligen Geist im Inneren des Menschen sich vollziehenden Erkenntnis des Gebotes.[20] Und diese Erkenntnis vollzieht sich

---

[16] [Anm. 393] In Rom. VII, lect. 1: »Lex spiritus liberat hominem a peccato et morte; sed
lex spiritus est in Jesu Christo: ergo per hoc quod aliquis est in Christo Jesu, liberatur a
peccato et morte, sic probat. Lex spiritus est causa vitae: sed per vitam excluditur peccatum
et mors quae est effectus peccati: nam et ipsum peccatum est spiritualis mors animae: ergo
lex spiritus liberat hominem a peccato et morte.«

[17] [Anm. 394] 1 II 96, 5 ad 1: »Iusto non est lex posita: quia ipsi sibi sunt lex, dum osten-
dunt opus legis scriptum in cordibus suis, sicut Apostolus, ad Rom. II, dicit. Unde in eos
non habet lex vim coactivam, sicut habet in iniustos.« Vgl. In Rom. II, lect. 3; In Gal. V,
lect. 5 in bezug auf die moralia des alten Gesetzes: nicht »quantum ad obligationem«, sondern »quantum ad coactionem« sind die Christen von ihm frei: »sic justi non sunt sub lege:
quia motus et instinctus Spiritus sancti, qui est in eis, est proprius eorum instinctus: nam
caritas inclinat ad illud idem quod lex praecipit. Quia ergo justi habent legem interiorem,
sponte faciunt quod lex mandat, ab ipsa non coacti …« (vgl. weiter In 2. Cor. III, lect. 3).

[18] [Anm. 395] 1 II 93,6 ad 1: Gal 5,18 kann man so verstehen, daß das Gesetz für die Christen keine Last mehr ist – aber auch noch anders – und das ist jetzt das Neue –: »Alio modo potest etiam intelligi inquantum hominis opera qui Spiritu Sancto agitur, magis dicun-
tur esse opera Spiritus Sancti quam ipsius hominis. Unde cum Spiritus Sanctus non sit sub
lege, sicut nec filius, ut supra dictum est; sequitur quod huiusmodi opera, inquantum sunt
Spiritus Sancti, non sint sub lege.« Vgl. 1 II 96,5 ad 2, wo freilich der Heilige Geist die
Menschen dann freiwillig dazu bringt, dem menschlichen Gesetz sich unterzuordnen.

[19] [Anm. 396] In Gal. II, lect. 6.

[20] [Anm. 397] Die Vorwegnahme der Gedanken, die P. Althaus zu seiner Unterscheidung
von »Gebot und Gesetz« (Berlin 1953) geführt haben, ist bemerkenswert.

in Verbindung mit der Hinwendung des inneren Menschen in der Liebe.
»Nova lex generat affectum amoris, qui pertinet ad libertatem: nam qui
amat ex se movetur.«[21] Wir sehen also, daß das Gesetz des Geistes und der
eingegossenen Liebe nach Thomas das äußere aufgeschriebene und dem
Menschen vorgehaltene Gesetz im Grunde erübrigt. Dabei denken wir natürlich sofort an die bleibende Funktion, die, wie wir sahen, etwa der De-
kalog auch für den Christen hat und fragen, wie sich das mit dem jetzt
Dargelegten verträgt. Wir werden diese Frage im nächsten Abschnitt auf-
greifen, in dem wir sehen werden, daß für Thomas die innerliche Formie-
rung durch die Gnade des Heiligen Geistes und die Liebe zwar das Primäre
und Wesentliche ist, aber nun doch in keinem Falle das einzige Merkmal
des neuen Gesetzes, ja, daß dieses auch eine Fülle von äußeren Vorschriften in den verschiedensten Richtungen umfaßt. Jedoch zeigt die entschlos-
sene Heraushebung des lex-indita-Charakters als des eigentlich primären
Wesenszuges des neuen Gesetzes, daß Thomas seine Auffassung grundsätzlich unterscheiden will von der anderen, die das Verhältnis des Menschen
zu Gott letztlich durch »Satzungen«, äußerliche Forderungen bestimmt
sein läßt; Thomas will das freie Spiel der in sich selbst vollendeten Men-
schennatur vor ihrem Schöpfer und Erlöser – auch an dieser Stelle zeigt
sich die Gesamtneigung der Sth, die Handlungsinitiative wirklich und ehr-
lich auf den Menschen zu übertragen – den Menschen, der geschaffen ist
zum Bilde Gottes und in Freiheit sich ihm zurückschenkt.[22] [sic!]

c) Christus als Erfüller des alten und Urheber des neuen Gesetzes

[203] Es war uns bereits im SK deutlich und hatte uns in der Darstellung
der Auffassung der Sth bestimmend begleitet, daß Christus als eigentlicher

[21] [Anm. 398] In Gal. IV, lect. 8. Vgl. dazu die später liegenden Äußerungen: In Joh. III,
lect. 2,1: als Kennzeichen des aus dem Geist geborenen Menschen gilt: »Primo namque habet libertatem ..., quia Spiritus Domini ducit ad id quod rectum est.« In 1. Cor. II, lect. 3:
»Spiritualis judicat omnia, quia scilicet homo habens intellectum illustratum et affectum
ordinatum per Spiritum sanctum, de singulis quae pertinent ad salutem rectum judicium
habet.«

[22] [Anm. 399] Zugleich mit den biblischen Intentionen kommt hier auch das ethische Ideal
des Aristoteles, ja schon Platos zu tragen, das nicht in äußerer Gesetzlichkeit, sondern in
der inneren Tugend, die des Gesetzes nicht mehr bedarf, liegt (vgl. oben Kapitel II-I,
Anm. 52) [Anm. 52: Eth. Nik. X, 10. Vgl. dazu den Hinweis von *H. Kleinknecht*, daß
sowohl bei Plato wie bei Aristoteles überhaupt das ethische Ideal nicht in der Gesetzesherrschaft, sondern in der inneren Gerechtigkeit, die keines Gesetzes mehr bedarf, liegt (Art.
νόμος, ThWBNT IV, 1942, S. 1025 f.)]

Erfüller und eigentliches Ziel hinter allen Ausführungen des Thomas zum alten Gesetz stand.[23] In gleicher Weise bildet Christus den Grund des neuen Gesetzes, wie aus dem ganzen Traktat q. 106-108 hervorgeht. Er hat sozusagen die Schlüsselstellung zwischen den beiden Gesetzes [sic!] inne, er verbindet sie, führt sie zusammen: Indem er das eine Ende und Ziel bringt, setzt er das andere ein. Van Kol hat also völlig recht, wenn er die Quaestionen über das alte und neue Gesetz als Hauptbeleg für seine These von der christologischen Verfaßtheit der Prima Secundae ansieht.[24] Den Beleg für die Stellung Christi zwischen den Gesetzen finden wir vor allem im a. 2 der q. 107. Hier ist nämlich thematisch von der Erfüllung des alten Gesetzes durch das neue die Rede, praktisch aber wird im wesentlichen von der Erfüllung des alten Gesetzes durch Christus selbst gesprochen, so daß wir hieraus indirekt bereits auf die Bedeutung Christi für das neue Gesetz schließen können. Die Erfüllung des alten Gesetzes geschieht hinsichtlich seines Zieles, die Menschen gerecht und tugendhaft zu machen (also hinsichtlich seines »ad quod«), sowie hinsichtlich seiner Gebote (seines »de quo«)[25] – beides vollbringt Christus.

Hinsichtlich der Gebote erfüllt Christus das alte Gesetz zunächst in seiner [204] Lehre und bezieht sich dabei im wesentlichen auf die Moralgebote – nur wenige Judizialgebote, wie die alttestamentliche Erlaubnis der Ehescheidung, erklärt er, um Mißverständnisse derselben zu zerstreuen.[26] Er legt den wahren, nämlich den inneren Sinn der alttestamentlichen Gebote gegenüber dem äußerlichen Verständnis der Schriftgelehrten und Pharisäer klar, weist Wege auf, wie die Erfüllung dieser Gebote mit größerer Bestimmtheit erfolgen könnte, und fügt zu den Geboten Räte hinzu[27] – Sachverhalte, die wir im vorigen Abschnitt als zum sekundären Aspekt des neuen Gesetzes gehörig kennenlernten, werden also von Thomas auf die Lehre Christi zurückgeführt. Darüber hinaus erfüllt Christus die Gebote des alten Gesetzes in seinem eigenen Leben, und zwar erstreckt sich diese

---

[23] [Anm. 431] Vgl. noch einmal In Rom. X, lect. 1: »Et hoc est quod dicit: Christus enim est finis legis, ad quem scilicet tota lex ordinatur« (Ed. Parmae 13, S. 103 b).

[24] [Anm. 432] *A. van Kol:* Christus‹ plaats' … , a.a.O., S. 104 ff. [Alphons van Kol: Christus' plaats in S. Thomas' moraalsystem. Een onderzoek van de Prima Secundae (Bijdragen-Bibliothek Bd. 1), Roermond-Maaseik 1947]

[25] [Anm. 433] 1 II 107, 2 c.: »In veteri autem lege duo possunt considerari: scilicet finis, et praecepta contenta in lege.«

[26] [Anm. 434] 1 II 108, 3 ad 2 und 3.

[27] [Anm. 435] 1 II 107, 2 c.: »Sua autem doctrina adimplevit praecepta tripliciter. Primo quidem, verum intellectum legis exprimendo … Secundo, adimplevit Dominus praecepta legis, ordinando quomodo tutius obervaretur quod lex vetus statuerat … Tertio adimplevit Dominus praecepta legis, superaddendo quaedam perfectionis consilia … »

Erfüllung teilweise sogar auf Vorschriften der Zeremonialgebote, etwa die Beschneidung, und zwar aus mehreren Gründen: um das alte Gesetz zu bestätigen, um es zu erfüllen, es abzuschließen und seine Hinordnung auf sich selbst darzutun, um den Juden die Möglichkeit zu nehmen, ihn als Übertreter zu verleumden, schließlich um durch die Unterwerfung unter das Gesetz die Menschen von der Knechtschaft des Gesetzes zu befreien.[28] Ferner wollte Christus für die anderen ein Beispiel der Demut geben.[29] Interessant ist dabei jetzt vor allem die soteriologische Dimension der Gesetzeserfüllung Christi, die uns bereits zu der Form der Gesetzeserfüllung durch Christus führt, die nicht die einzelnen Gebote, sondern das eigentliche Ziel des Gesetzes betrifft: denn die Knechtschaft des Gesetzes, aus der die Menschen durch den Gehorsam Christi befreit werden, ist ja eben eine solche, die die Menschen daran hindert, zur Gerechtigkeit zu gelangen, weil das Gesetz Dinge verlangte, deren Erfüllung dem Menschen unmöglich war.[30] Diese Erfüllung nun, die das Ziel des Gesetzes meint, steht für Thomas dem Gewicht nach an erster Stelle innerhalb der Gesetzeserfüllung Christi. Sie betrifft die innere iustificatio des Menschen, die im alten Gesetz zwar beabsichtigt, aber eben nicht erreichbar war, die jedoch im neuen Gesetz, wie wir sahen, den eigentlichen und primären Aspekt bildet.

Wie hat Christus diese Erfüllung des Gesetzes hinsichtlich seines Zieles für alle Menschen vollbracht? Thomas verweist uns auf das Leiden Christi, zu dem die Unterwerfung unter das Gesetz in seinem Leben nach dem letzten oben genannten Aspekt bereits mit gerechnet werden muß. »Lex nova implet veterem legem iustificando virtute passionis Christi.«[31] Durch sein Leiden erfüllte Christus nämlich das alte Gesetz nach allen seinen drei Teilen in seiner letzten Intention: Sofern nämlich erstens die Liebe zu Gott und zu den Menschen, die das Prinzip der Moralgebote ist, tiefstes Motiv des Kreuzesleidens Christi war; sofern [205] zweitens in seinem Kreuzesopfer die figürlichen Zeremonialgebote ihre eigentliche Erfüllung erhielten; und sofern drittens durch die am Kreuz von Christus geleistete satisfactio die Judizialgebote in ihrer schärfsten Form eine übergroße Erfüllung erfuhren.[32]

---

[28] [Anm. 436] III 40,4; vgl. III 37, 1 c.; 3 c.

[29] [Anm. 437] III 37,4.

[30] [Anm. 438] In Gal. III, lect. 4: »Implere totam legem est impossibile ... Ergo nullus est ex operibus legis quin sit maledictus« (Ed. Parmae 13, S. 405 b).

[31] [Anm. 439] 1 II 107, 2 c.

[32] [Anm. 440] III 47, 2 ad 1: »Quia tamen in morte Christi lex vetus consummata est, secundum illud quod ipse moriens dixit Joan. 19: ›Consummatum est‹; potest intelligi quod patiendo omnia veteris legis praecepta implevit. Moralia quidem, quae in praeceptis caritatis fundantur, implevit inquantum passus est ex dilectione Patris [zit. Joh. 14,31] ...

Diese Übernahme der Strafen des Judizialgesetzes, deren erschreckendster Sinn der Fluch ist, den der Kreuzestod bedeutet[33], bildet hinsichtlich seines Vollzuges am Leibe Christi freilich nur die »quasi materia« der satisfactio, als ihr principium ist die von Christus im Leiden bewiesene, die Intention der Moralgebote erfüllende Liebe anzusehen.[34] Da speziell in der satisfactio Christi aber auch die Erfüllung der Zeremonialgebote nach ihrem figürlichen Sinn zu sehen ist, ist sie der im Ganzen bestimmende Sinn der Gesetzeserfüllung durch Christus hinsichtlich des Zieles des Gesetzes.[35] Immerhin ist es interessant, daß die Notwendigkeit der satisfactio für den Menschen nicht vom Moralgesetz als solchen, sondern vom Judizialgesetz her begründet wird: Auf diese Weise ist das Moralgebot von aller Beschränkung auf eine bestimmte heilsgeschichtliche Zeit frei, während die Judizialgebote ja, wie wir sahen, mit Christus zu Ende sind. Hier ist eine Differenzierung gegenüber dem SK zu beobachten.

Indem diese Erfüllung des alten Gesetzes nach seinem Ziel nun den Menschen zugute kommt und damit tatsächlich auch das eigentliche positive Ziel des Gesetzes: ihre innere justificatio, erreicht ist, wird die Erfüllung des alten Gesetzes durch Christus, insbesondere durch die satisfactio seines Leidens, zugleich zur Ursache des neuen, im wirklichen Sinne rechtfertigenden Gesetzes. Zu der an dieser Stelle entscheidenden Frage, inwiefern und auf welche Weise sich dieses »Zugutekommen« vollzieht, bekommen wir freilich im Traktat über das neue Gesetz selbst nur Hinweise, die für sich allein genommen ein völlig unzureichendes, wenn nicht sogar irreführendes Bild von dem tatsächlich bei Thomas vorliegenden Tatbestand bieten. Es heißt nämlich einmal, daß die Gnade des Heiligen Geistes nicht eher gegeben werden konnte, als bis die Sünde vom Menschengeschlecht weggenommen worden wäre[36]: Das satisfaktorische Leiden erscheint hier also lediglich als negative Voraussetzung der Gabe der gratia

et etiam ex dilectione proximi [zit. Gal. 2,20] ... – Caeremonialia vero praecepta legis, quae ad sacrificia et oblationes praecipue ordinantur, implevit Christus sua passione inquantum omnia antiqua sacrificia figurae fuerunt illius veri sacrificii quod Christus obtulit moriendo pro nobis ... [zit. Kol. 2,16 f.] ... Praecepta vero iudicialia legis quae praecipue ordinantur ad satisfaciendum iniuriam passis, implevit Christus sua passione, quoniam, ut in Psalmo dicitur, ›quae non rapuit, tunc exsolvit‹, permittens se ligno affigi pro pomo quod de ligno homo rapuerat contra Dei mandatum.«

[33] [Anm. 441] III 46, 4 ad 3; vgl. zum Ganzen auch In Joh. I, lect. 10, 3.
[34] [Anm. 442] III 14, 1 ad 1.
[35] [Anm. 443] Vgl. allgemein zur satisfactio Christi auch III 48, 2.
[36] [Anm. 444] 1 II 106, 3 c.: »Lex nova sicut dictum est, principaliter est gratia Spiritus Sancti; quae abundanter dari non debuit antequam impedimentum peccati ab humano genere tolleretur, consummata redemptione per Christum.«

Spiritus Sancti. In einem anderen Zusammenhang wird dann, wie wir schon sahen, auf [206] die Einsetzung der Sakramente durch Christus verwiesen als auf Mittel, durch die die Gnade uns gegeben wird.[37] Wenn an zwei weiteren Stellen davon die Rede ist, daß die Rechtfertigung in der Kraft des Leidens Christi gründet[38] und daß wir die Gnade nur durch Christus erlangen[39], so bedürfen gerade diese Aussagen der Interpretation von der Frage her, wie denn der Übergang vom Leiden Christi zur Gnade in uns von Thomas gedacht ist. Wir werden dabei verwiesen auf den Horizont des thomanischen Kirchenbegriffes, dessen Verhältnis zum neuen Gesetz somit als eine Verlängerung des Verhältnisses Christi zum neuen Gesetz anzusprechen ist.

Gesetz und Evangelium I:
Das Evangelium als Verwirklichung der Liebesordnung

[253] Nach Thomas ist Christus nicht Mensch geworden, um eine in sich intakte Natur zu erhöhen, und er wäre nicht Mensch geworden, wenn die Natur des Menschen intakt geblieben wäre, vielmehr ist der Anlaß der Menschwerdung Christi die Sünde des Menschengeschlechtes.[40] Die Sünde besteht aber ihrem tiefsten Wesen nach im Gegenteil von dem, was das Gesetz eigentlich will. Ist principium und höchster zusammenfassender Inhalt des Gesetzes die Liebe zu Gott – wie wir gesehen haben –, so wurzeln die Sünden alle im (ungeordneten) amor sui, der identisch ist mit der superbia.[41] So wäre also das Gesetz im ganzen und im einzelnen Erkenntnismittel für die Sünde. Aber mehr noch: Das Gesetz lehrt zwar, wie der Weg und die Haltung des Menschen vor Gott richtig sein muß, aber es hat – bereits als Naturgesetz – nicht von sich aus die Kraft, das, was es lehrt, selbst zur Erfüllung zu bringen. In dieser Diskrepanz zwischen Lehrinhalt und Wirkungsmächtigkeit auf Grund der Sünde liegt ja, wie wir bereits in der Darstellung an mehreren Stellen sahen, die eigentliche Problematik des Gesetzes nach Thomas und der Punkt, wo es notwendig über sich hinaus-

---

[37] [Anm. 445] 1 II 108, 1 c.; 2 c.

[38] [Anm. 446] 1 II 107, 2 c.

[39] [Anm. 447] 1 II 108, 2 ad 2.

[40] [Anm. 159] III 1, 3 c.: »Cum in sacra Scriptura ubique incarnationis ratio ex peccato primi hominis assignetur, convenienter dicitur incarnationis opus ordinatum esse a Deo in remedium peccati, ita quod, peccato non existente, incarnatio non fuisset.«

[41] [Anm. 160] 1 II 77, 4 c.; 1 II 84, 2 ad 3; vgl. oben Anm. 156 [= dieselbe Stellenangabe]

weist auf den, der es zur Erfüllung bringt. Von der Sünde des Menschen
und der Ohnmacht des Gesetzes her ergibt sich aber die Sinnhaftigkeit der
Systematik des Thomas, die Christus und seinem Werk, das um der Sünde
willen geschehen ist, ihren Platz im Zusammenhang des reditus beim Gesetz zuweist.

Gerade dieser Aspekt der Zuordnung des Christuswerkes zu Gesetz und
Sünde wird wohl von evangelischer Seite kaum bestritten werden. Selbst
K. Barth, für den es ein prius vor Christus schlechterdings nicht gibt, läßt
doch bereits in der Prädestinationslehre Christus als von Ewigkeit her für
die Sünden hingegeben sein;[42] und wenn er auch eine Einordnung des
Werkes Christi in ein »Koordinatensystem« des Gesetzes nicht mitmachen
würde, so finden wir doch auch beim ihm, wenn auch sekundär, die eben
beleuchtete spezielle Beziehung des [254] Gesetzes zum Werke Christi.[43]
Und daß der Tod Christi als fluch- und Sühnetod eine besondere Bedeutung für die Rückführung der sündigen Menschen zu Gott in Glaube und
Liebe hat, wird ein evangelischer Leser Thomas auch abnehmen, es sei
denn, man hält die Vorstellung von Sühne und Genugtuung für die my-
thologische Einkleidung existentieller Tatbestände, worüber jedoch zu diskutieren den Rahmen der Arbeit an dieser Stelle sprengen würde.[44]

Der Gedanke des Thomas dagegen, daß wir des Todes Christi dadurch
teilhaftig werden, daß wir in seinen mystischen Leib eingegliedert werden
und durch die Sakramente die innerlich gerecht machende Gnade empfangen, wird von vielen evangelischen Theologen entschieden abgelehnt. Es
wird zwar häufig übersehen, daß Thomas fast immer zugleich mit den Sakramenten auch vom Glauben spricht, durch den wir Anteil an seinem
Leiden erhalten[45] – das ändert aber nichts daran, daß die durch die Sakramente vermittelte »gratia Spiritus Sancti« nach Thomas das eigentliche
Wesen des neuen Gesetzes und damit der ganzen Ordnung des Neuen
Bundes Gottes ausmacht. Christus und sein Leidenswerk hat den Sinn, für

---

[42] [Anm. 161] *K. Barth:* KD II, 2, S. 177 ff. [Kirchliche Dogmatik, Zollikon/Zürich II, 2
    1959³]
[43] [Anm. 162] Evangelium und Gesetz, S. 28 ff. [Karl Barth: Evangelium und Gesetz, Mün-
    chen 1956²].
[44] [Anm. 163] Es sei nur auf die auch heute noch nicht überholten Bemerkungen J. Schnie-
    winds zu dieser Frage in seiner Auseinandersetzung mit Bultmanns Entmythologisierungs-
    programm hingewiesen (Kerygma und Mythos I, S. 89 f.).
[45] [Anm. 164] S. oben Kap. III, Anm. 467 [Anm. 467: Neben den Sakramenten und
    zugleich mit ihnen erscheint der Glaube als das Mittel, durch das wir Glieder des Leibes
    Christi und seines Verdienstes teilhaftig sind: vgl. III 48, 6 ad 2; 49, 3 ad 1; 49, 5 c. und
    ad 1; 69, 5 c.; 80, 4 ad 4]

uns das neue Leben des Geistes und der Gnade zu verdienen, es in uns zu bewirken, uns so auf den Weg der Liebe zu Gott zu führen und damit, als Evangelium, das Gesetz in uns zur Erfüllung zu bringen.

[259] Mit dem allen ist aber nun doch ein Einwand gegenüber der ganzen Konzeption des Thomas noch nicht zur Ruhe gebracht, der als Wahrheitsmoment hinter den genannten Bedenken gegenüber der psychologischen Konkretisierung der Heilswirklichkeit und starken Betonung der Sakramente und hinter der Betonung und Heraushebung der Relation »Wort und Glaube« liegt. Dieses Wahrheitsmoment läßt sich am Begriff der »iustitia extra nos posita«, wie ihn die Konkordienformel vertritt, besser veranschaulichen als an dessen Derivaten in der modernen Theologie, die fast durchweg aus dem moderenen Person- und Existenzdenken heraus modifiziert sind.[46]

Nach der Konkordienformel liegt das Wesentliche am Heilswerk Christi nicht darin, daß er in Form der Gnade und des Heiligen Geistes uns innerlich umgreift und neu gestaltet, sondern das Wesentliche, unsere eigentliche Gerechtigkeit, liegt jenseits von uns in Christus, wo sie durch keine Sünde von uns getrübt werden kann und die feste Heilsgewißheit ermöglicht. »Obwohl durch den Glauben in den Auserwählten, so durch Christum gerecht worden und mit Gott versöhnet sind, Gott Vater, Sohn und Heiliger Geist, der die ewige und wesentliche Gerechtigkeit ist, wohnet (dann alle Christen sind Tempel Gottes des Vaters, Sohns und Heiligen Geistes, welcher sie auch treibet, recht zu tuen): so ist doch solche Einwohnung Gottes nicht die Gerechtigkeit des Glaubens ... Demnach, weil in unseren Kirchen zwischen den Theologen Augsburgischer Confession be-[260]kannt, daß alle unser Gerechtigkeit außerhalb unser und aller Menschen Verdienst, Werk, Tugend und Würdigkeit zu suchen und allein auf dem Herrn Christo stehet <totam iustitiam nostram extra nos ... quaerendam>, so ist wohl zu betrachten, welchergestalt Christus in diesem Handel der Rechtfertigung unser Gerechtigkeit genennet wird, nämlich, daß ›unser‹ Gerechtigkeit nicht auf die eine oder die andere Natur, sondern auf die ganze Person Christi gesetzt, welcher als Gott und Mensch in seinem ewigen, ganzen, vollkummnen Gehorsam unser Gerechtigkeit ist.«[47]

---

[46] [Anm. 192] Vgl. zum Folgenden *U. Kühn:* Zum Gespräch mit der römisch-katholischen Theologie über die Rechtfertigungslehre, in: Bekenntnis zur Kirche (Sommerlath-Festgabe), Berlin 1961, S. 220 bis 236.

[47] [Anm. 193] SD III, 54 und 55 (Die Bekenntnisschriften der Evangelisch-Lutherischen Kirche, Göttingen 1955, Bd. II, S. 933).

Der erfahrungsmäßige Ansatzpunkt für die Betonung dieses »extra nos«
der Gerechtigkeit liegt im Bewußtsein der bleibenden Verschuldung Gott
gegenüber auch im Stande der Gnade, das Luther selbst zu seiner reformatorischen Neuentdeckung des Evangeliums getrieben hatte. Die eigentlich
theologische Fundierung liegt in der Erkenntnis, daß der Glaube an Christus uns bereits hier und jetzt unter den eschatologischen Freispruch stellt,
der unabhängig ist vom Stande unserer Heiligung, also auch unabhängig
davon, ob die via caritatis in finem von uns schon durchlaufen wäre.[48]
Beide Ansatzpunkte entsprechen aber dem Zeugnis des Neuen Testaments:
Die Vaterunserbitte um die (tägliche) Vergebung der Schuld legt Zeugnis
davon ab, daß auch der im Gnadenstand stehende Christ ständig des Erlö-
sungswerkes Christi bedürftig ist; und eine so zentrale Stelle wie Joh. 3,16
ff. lehrt die Gegenwart des eschatologischen Freispruchs Gottes für den,
der an Christus und seine Gerechtigkeit (extra nos posita) glaubt.[49]

Dieser Gedanke der iustitia extra nos posita mit seinen beiden im Neuen
Testament verankerten Ansätzen fehlt bei Thomas, und dadurch fehlt ein
grundlegender und wesentlicher Aspekt in seiner Konzeption vom Evangelium als dem neuen Gesetz. Das wird auch gerade bei der Lektüre von St.
Pfürtner: Luther und Thomas im Gespräch, eindrücklich. Pfürtner weist
mit Recht darauf hin, daß die Frage des Heils und der Heilsgewißheit bei
Thomas nicht im Rechtfertigungstraktat, sondern im Traktat über die
Tugend der Hoffnung verhandelt wird. Und er nennt einen Artikel aus
diesem Traktat, in dem Thomas die Frage, [261] ob wir als Leute, die un-

---

[48] [Anm. 194] Vgl. SD III, 52 f.: »Es ist auch das unrecht, wann gelehret wird, daß der
   Mensche anderergestalt oder durch etwas anders selig müsse werden, dann wie er für Gott
   gerechtfertiget wird ... Und Pauli Grund ist, daß wir auf eine Weise, wie die Gerechtigkeit, also auch die Seligkeit erlangen, ja daß wir eben darmit, wenn wir durch den Glauben
   gerecht werden, auch zugleich empfangen die Kindschaft und Erbschaft des ewigen Lebens
   und Seligkeit.«
[49] [Anm. 195] Das wird besonders eindrücklich durch den Zusammenhang von Joh. 3,16 ff.
   mit dem auf den Lebensvollzug des Menschen und seine Erneuerung ausgerichteten Abschnitt Joh. 3,1ff. Vgl. R. Bultmann: Das Evangelium des Johannes, Göttingen 1959[16], S.
   95 ff., S. 111 f. Die von Bultmann angesichts von Joh 3,18 gezogene Konsequenz, daß
   demzufolge das Gericht »keine besondere Veranstaltung, die zum Kommen und Gehen des
   Sohnes noch hinzukommt«, sei und daß somit »die naive alte jüdisch-christliche wie gnosti-
   sche Eschatologie preisgegeben« sei (S. 111 f.), läßt sich hingegen nur dann halten, wenn
   man mit B. die dieser Meinung entgegenstehenden Aussagen des Johannesevangeliums, wie
   Joh. 5,28 f. usw., für sekundär hält (Bultmann, S. 196). – Vgl. auch die Auslegung der
   genannten Vaterunser-Bitte durch H. Schürmann: Das Gebet des Herrn, Leipzig 1957, S.
   83: »So beten in der Vergebungsbitte Jünger Jesu, denen schon vergeben ist, um die endgültige Vergebung des Weltgerichts schon für die Gegenwart.« Hier sind beide von uns
   genannten Ansätze vereinigt.

terwegs sind, eine Hoffnungsgewißheit haben, ausdrücklich bejaht.[50] Aber gerade hier wird der Unterschied zur reformatorischen Aussage deutlich, wie Pfürtner ihn doch nicht prägnant genug zu sehen scheint. Es ist zwar keineswegs so, daß die Gewißheit der Hoffnung sich etwa auf ein Datum in uns selbst gründet: nein, entsprechend dem, was wir bei Thomas über die Liebe zu Gott gehört haben, ist die Gewißheit der Hoffnung allein in Gott gegründet. »Spes non innititur principaliter gratiae iam habitae, sed divinae omnipotentiae et misericordiae, per quam etiam qui gratiam non habet eam consequi potest, ut sic ad vitam aeternam perveniat. De omnipotentia autem Dei et eius misericordia certus est quicumque fidem habet.«[51] Ja, es ist sogar von der misericordia Dei die Rede, die Grund der Hoffnungsgewißheit ist. An dieser Stelle liegt jedoch zugleich die Differenz: Die misericordia Dei besteht darin, daß auch derjenige, der den Gnadenhabitus jetzt noch nicht hat, ihn von Gott bekommt, um dann durch ihn Verdienste zum ewigen Leben zu wirken – Thomas antwortet damit auf den Einwand, die Hoffnungsgewißheit scheitere an der Unmöglichkeit zu wissen, ob ich augenblicklich im Besitz der Gnade bin.[52] Die misericordia Dei ist also nach Thomas nicht die Barmherzigkeit, die den Sünder, der vor Gottes Thron steht, um des Verdienstes Christi willen endgültig freispricht. Christi Verdienst hat lediglich die Bedeutung, uns als causa meritoria und causa instrumentalis die Gnade zukommen zu lassen, durch die wir auf den Weg der Gottesliebe gebracht werden. Und auch im Endgericht hat das Erlösungsleiden Christi nur eben diese Bedeutung: Ursache unserer gnadenhaften Eingliederung in Christus zu sein, auf Grund deren dann Christus von Gott das Richteramt übertragen bekommt.[53] – Mit dieser Bedeutung, die Christus und sein Werk im Heilshandeln Gottes nach Thomas allein hat, hängt es auch zusammen, daß der Gedanke der Gegenwart des eschatologischen Freispruchs bei Thomas fehlt – Pfürtner unterscheidet mit vollem Recht von der »Hoffnungsgewißheit« die »Erfüllungsgewißheit«, die bei Thomas nicht da sei[54] –: denn die uns auf Grund von Christi Verdienst zuteil gewordene Gnade ist auf Bewährung und Lebenshingabe an Gott hin gegeben, während die Gegenwart des eschatologi-

[50] [Anm. 196] Sth 2 II 18, 4.
[51] [Anm. 197] Ebd., ad 2.
[52] [Anm. 198] Ebd., obj. 3; vgl. 1 II 112,5.
[53] [Anm. 199] Vgl. Suppl. 90, 1, wo es im Zusammenhang mit der Erlösung durch Christus um die Heilung und Verbesserung des Menschen geht, die als solche die Grundlage des gerechten Gerichtes abgibt.
[54] [Anm. 200] St. Pfürtner, a.a.O., S. 100 [Stephanus Pfürtner: Luther und Thomas im Gespräch. Unser Heil zwischen Gewißheit und Gefährdung, Heidelberg 1961]

schen Freispruchs Gottes logisch notwendig die bedingungslose Allgenug-
samkeit des Kreuzesopfers »extra nos« als seine Voraussetzung erfordert.

Das Fehlen des Gedankens der »iustitia extra nos posita« bedeutet demnach praktisch, daß das Gottesbild des Thomas nicht bis zum Letzten von
der in Christi Leiden offenbaren Barmherzigkeit durchdrungen ist. Wir
sagen bewußt nur: »nicht bis zum Letzten«; denn es ist keineswegs so, daß
im Gottesverhältnis des Menschen nach Thomas Christus keinen Platz
hätte. Die Freundschaftsliebe zwischen Gott und Mensch ruht ja, wie wir
sahen, in nichts anderem als in der Gnadengabe durch Christus und sein
Leiden. Und wir erlauben uns auch kein Urteil darüber, ob nicht in der
persönlichen Frömmigkeit des Thomas die Chri-[262]stus-Barmherzigkeit
die Gottesvorstellung bis zum Letzten durchdrungen hat. In der theologischen Reflexion jedoch fehlt dieser letzte Vollzug: daß auch der Freund
Gottes nur durch das transparente Blut und Leiden Christi vor Gott bestehen kann – und nicht allein durch den die Liebe bewirkenden Gnadenhabitus –, diese Einsicht hat erst die Reformation wieder ans Licht gebracht.

Freilich sehen wir auch in dieser Frage keinen eigentlichen Gegensatz
zwischen Thomas und den Erkenntnissen der Reformation, als vielmehr –
zumindest in den Fragen der »Theologie des Gesetzes« – eine Weiterführung, Ergänzung und Vervollständigung des von Thomas Ausgeführten;
wie ja umgekehrt auch Thomas uns in der Frage der Bedeutung des
Heilswerks Christi Wirklichkeiten ins Gedächtnis zurückruft, die zu vergessen einen schweren Schaden für die evangelische Theologie und
Frömmigkeit bedeuten würde.

Wir haben somit – zusammenfassend können wir es jetzt sagen – in diesem Abschnitt den ersten bei Thomas vorliegenden Aspekt des Problem-
komplexes »Gesetz und Evangelium« erörtert und sind zu einer doppelten
Feststellung gekommen: 1. Wenn Thomas das Evangelium als Verwirklichung des vom Gesetz gemeinten Liebesweges zu Gott durch die Gnade
des Heiligen Geistes interpretiert, so steht er damit auf neutestamentli-
chem Boden. Das »Gesetz des Geistes in Christo Jesu« (Röm. 8) in seiner
Gottesgewirktheit, Freiheit und seinem Drang zur Hingabe ist der völlig
legitime Leitgedanke, um den sich die Aussagen über das Heilswerk Christi
und die gesamte Theologie des Gesetzes, ja die ganze Ethik des Thomas
gruppieren. 2. Die Reformation hat insofern über Thomas in echter Weise
hinausgeführt, als sie das Gottesbild noch konsequenter von Christus her bestimmte und insofern die Funktion des Evangeliums selbst nicht in der Neuschöpfung des Geistesmenschen aufgeht, wie es bei Thomas der Fall ist,
sondern zugleich und darüber hinaus Grund der Barmherzigkeit Gottes

ist, die auch den vollkommensten Christen ständig mit der auch ihm notwendigen Vergebungsbereitschaft gegenübersteht und erst von daher wirkliche Heilsgewißheit vermittelt. An dieser Stelle wird also die »Theologie des Gesetzes« gleichsam nach vorn gesprengt: Christus ist nicht nur Wiederhersteller des Liebesweges zu Gott, der im Gesetz gemeint ist. Wir können uns diese Problematik am Verdienstbegriff noch einmal verdeutlichen: Die Liebe dieses Lebens zu Gott tendiert zu einer vollendeten Erfüllung in der ewigen Gottesschau hin, die ihr Gott als Gnadenlohn zuerteilt. Dieser Gnadencharakter des Lohnes ist begründet in der metaphysisch unendlichen Größe Gottes dem Menschen gegenüber, die jedoch nicht ausschließt, daß kraft fester Zusage Gott die Liebeshingabe des Menschen als meritum de condigno wertet. Hier ist die Durchkreuzung des meritums durch die ständige Schuld des Menschen nicht in Betracht gezogen und ebensowenig die Notwendigkeit der vergebenden Gnade Gottes im Endgericht, die von keinem meritum eines Menschen, sondern allein vom meritum des Opfertodes Christi ausgehen kann. Es ist zweifellos richtig, daß Gott auch unsere Liebe belohnt, die wirkliche Ehrung Gottes und Hingabe an ihn ist und die in der Erlösung durch Jesus Christus und in der gratia Spiritus Sancti wurzelt, und insofern ist auch gegen das System des »reditus« zu Gott als solches kein Einwand zu erheben. Nur muß immer bedacht bleiben, daß diese Liebe niemals auf den Deus nudus trifft, der, wenn er nach dem strengen Maßstab seiner Gerech-[263]tigkeit richten wollte, auch dem liebenden Christen mit seinem Zorn begegnen müßte; daß diese Liebe vielmehr dem Gott begegnet, vor dem Christus steht und ständig um vergebende Gnade auch für die bittet, die sich ganz an Gott in Liebe verschwenden.

Evangelische Anmerkungen zum Problem der Begründung der moralischen Autonomie des Menschen im Neuen Gesetz nach Thomas

ULRICH KÜHN

Die folgenden Anmerkungen stellen Gedanken dar, die teilweise bereits mündlich in den Verhandlungen während der Studienwoche des Thomas-Institutes im Januar 1973 geäussert wurden. Es ist ein hocherfreuliches Zeichen ökumenischen Geistes, dass ein evangelischer Teilnehmer an diesem Symposion die Möglichkeit hatte, in allem Freimut seine Anfragen und Überlegungen zu artikulieren. Wenn auf diese Weise in verstärktem Masse Thomas als gemeinsames Erbe der abendländischen Christenheit Geltung gewinnt — wie ja seit längerem bereits die Luther-Forschung von katholischen und evangelischen Theologen und Historikern gemeinsam betrieben wird —, so dürfte darin ein weiterer wichtiger Faktor gegenseitigen Verstehens der (noch getrennten) Kirchen und ihrer Theologien zu sehen sein.

I.

Mit dem Begriff « Neues Gesetz » unternimmut Thomas eine zusammenfassende Interpretation des Evangeliums (¹). Die Abhandlung über das Neue Gesetz (S. th. 1 II 106-108) muss innerhalb der Summa theologiae geradezu als der einzige Traktat angesehen

---

(¹) Vgl. 1 II 106, 1 obj. 1: « Lex enim nova est ipsum Evangelium »; 108, 1 obj. 1: « Lex enim nova est Evangelium regni ». Beide Sätze sind, obwohl sie in den Einwänden zu finden sind, eindeutig als von Thomas selbst *bejahte* Voraussetzungen der dort formulierten Argumente anzusehen.

werden, in welchem sich Thomas zusammenhängend und thematisch über sein Verständnis des Evangeliums äussert. Umso schwerer wiegt deshalb die Interpretation durch den Begriff « Neues Gesetz ». Mit Hilfe dieser Interpretation — die freilich schon vor Thomas üblich war — war der Einbau dieses Traktats in den Gesamttraktat über das Gesetz (1 II 90-108) möglich. Damit ist aber ein ethischer bzw. moraltheologischer Kontext gegeben, der für das Verständnis der Quaestionen 106-108 grundlegend ist. Der Traktat über das Gesetz ist nämlich eine Abhandlung über « principia exteriora actuum » (1 II 90 prol.), und zwar speziell über das zum Guten bewegende Prinzip: Gott selbst, der zu diesem Zwecke neben der Gnade (1 II 109-114) auch das Gesetz als Instrument verwendet. Damit ist die ethische bzw. moraltheologische Zielsetzung der Gesamtabhandlung angesagt, die — trotz seiner Besonderheit innerhalb der anderen Gesetzesarten — auch für die Behandlung des Neuen Gesetzes durch Thomas massgebend ist.

Notwendigerweise muss deshalb die Frage nach der moralischen Autonomie des Menschen bei Thomas gerade auch im Blick auf den Traktat über das Neue Gesetz erörtert werden; ja dieser Traktat erweist sich deshalb für diese Fragestellung als besonders fruchtbar, weil seine eigentliche Aussage gerade in der Begründung einer besonders vollendeten Form moralischer Autonomie gesehen werden kann. Jedoch sind daneben kritische Rückfragen unabweisbar, die an dieses Verfahren des Thomas zu stellen sind. Kann das Evangelium in diesem Kontext, mit dieser Zielsetzung und in dieser Begrifflichkeit sachgemäss zur Sprache kommen? Wird es nicht durch diese Einordnung in den moraltheologischen Zusammenhang von vornherein seines spezifischen Charakters beraubt, wenn dieser gerade nicht in erster Linie in der Begründung einer neuen Moral, sondern in der rettenden — auch und gerade vom Verwiesensein auf das eigene moralische Tun rettenden — Tat des Erbarmens Gottes zu sehen ist? Wer von der reformatorischen Tradition herkommt, wird die Rede des Thomas vom Evangelium als dem « Neuen Gesetz » nicht hören können, ohne sofort der radikalen Unterscheidung von Gesetz und Evangelium zu gedenken, die für Luther Kriterium einer sachge-

rechten Theologie überhaupt gewesen ist [2]. Und er wird nicht
nur entsprechender Antithesen bei Paulus eingedenk sein — etwa
derjenigen von Werken und Glauben Röm. 4, 1 ff., sondern er
wird auch Aussagen der Verkündigung des synoptischen Jesus
vor Augen haben wie etwa die Seligpreisungen der Bergpredigt
oder den Einladungsruf Jesu Mt. 11, 28-30 oder das Gleichnis vom
verlorenen Sohn.

Nun muss man sich gewiss hüten, an dieser Stelle falsche Fronten aufzurichten. Natürlich begründet das Evangelium sowohl nach
dem Zeugnis des Neuen Testaments wie nach Luther ein neues
spezifisches Ethos. Und sogar für die Redeweise vom neuen « Gesetz » kann sich Thomas auf das Neue Testament berufen: Paulus
spricht Röm. 3, 27 vom « Gesetz des Glaubens » und Röm. 8, 2 vom
« Gesetz des Geistes » (vgl. 1 II 106, 1 c.). Die Verkündigung Jesu,
speziell die Bergpredigt, hat in der Proklamation des Willens
und Gebotes Gottes einen ihrer entscheidenden Züge. Die paulinische Rechtfertigungsbotschaft mündet unmittelbar in ethische
Mahnungen ein. Und nach Luther ist der Glaube, den er den
Werken entgegensetzt, zugleich ein « lebendig, geschäftig, tätig
mächtig Ding..., dass unmöglich ist, dass er nicht ohne Unterlass
sollte Gutes wirken. Er fragt auch nicht, ob gute Werke zu tun
sind, sondern ehe man fragt, hat er sie getan und ist immer
im Tun » [3]. Es kann Thomas also nicht bestritten werden, dass er
im Rahmen der Begründung der Ethik dem Evangelium einen entscheidenden Platz einräumt. Man sollte hier keinesfalls billige
Polemik treiben, sondern sich bemühen, der durch den moraltheologischen Kontext bei Thomas getroffenen Entscheidung erst einmal
gründlich nachzudenken [4].

Jedoch muss man dann doch fragen, ob nicht in der Art, wie
Thomas das Evangelium in die allgemeine Lehre vom Gesetz einbe-

---

[2] Vgl. W.A. 7, 502, 34: « Pene universa scriptura totiusque Theologiae
cognitio pendet in recta cognitione legis et Evangelii ». Ähnlich auch W.A. 18,
680, 28.

[3] W.A., D.B. 7, S. 10.

[4] Vgl. dazu meinen Beitrag zu dem demnächst im Kösel-Verlag München
erscheinenden Gedenkband « Thomas von Aquin 1274 - 1974. Eine Vergegen-
wärtigung seines Denkens » (hsg.v. L. Oeing-Hanhoff).

zieht, die Gefahr liegt, dass das eigentlich Entscheidende und allem Gesetz, ja aller Moral Entgegenstehende des Evangeliums verdeckt wird. Sicher hat Thomas die Andersartigkeit des Neuen Gesetzes als Gesetzes des Geistes eindrucksvoll und durchaus biblisch fundiert gelted gemacht. Hier ist tatsächlich ein ausserordentlich kühnes Analogieverfahren in der Verwendung des Begriffes « Gesetz » zu beobachten ([5]). Aber würde nicht möglicherweise auch der Ansatz einer christlichen Moral noch anders aussehen, wenn jene Einordnung und die damit verbunden Abblendung vermieden würde?

Dass auch bei Thomas selbst noch andere Aussagen möglich sind und andere Aspekte sichtbar werden, zeigt ein Vergleich mit S.c.G. IV, 22. Thomas kommt hier ebenfalls auf die Begründung der christlichen Moral durch die Gabe des Heiligen Geistes zu sprechen. Aber einmal ist der Rahmen hier ein anderer: Thomas kommt im Gesamtzusammenhang der Trinitätslehre, speziell der Lehre vom Heiligen Geist zu unserem Fragenkomplex. Dies hat zweitens zur Folge, dass Thomas die Gesetzes-Terminologie vermeidet. Stattdessen spielt das Modell der Freundschaft und der Liebe die entscheidende Rolle, das bereits im vorangehenden Kapitel (IV, 21) zur Erläuterung der Wirkung des Geistes herangezogen worden war und das ausdrücklich von der johanneischen Rede von der Liebe Gottes (1. Joh. 4, 10 u. 16) und von den zu Jesus Gehörigen als seinen Freunden (Joh. 15, 15), nicht aber vom aristotelischen « amor amicitiae » hergeleitet wird (vgl. Ed. Marietti Nr. 3577, 3578). Der Vorteil dieses Denkmodells gegenüber demjenigen des Gesetzes dürfte in jedem Falle der sein, dass personale Kategorien jetzt viel stärker im Spiel sind, ohne die eine sachgemäss Rede vom Evangelium schwer denkbar ist. Hinzu kommt aber noch ein dritter bemerkenswerter Unterschied zu Thomas' Ausführungen in der Summa theologiae. Das Thema « Hinbewegung des Menschen zu Gott durch den Heiligen Geist » wird in S.c.G. IV, 22 nicht sofort und nicht einmal in erster Linie als moralische Hinordnung beschrieben. Vielmehr besteht die Wirkung des Geistes zunächst darin, dass es zur kontemplativen Gemeinschaft mit Gott

---

([5]) Vgl. H. M. Christmann, Einleitung zu Band 14 der Deutschen Thomas-Ausgabe, Heidelberg-Graz 1955, S. (10).

kommt — es sei nämlich der Freundschaft am meisten eigentümlich,
sich zum Freunde hinzuwenden und mit ihm zu verkehren (Nr. 3585).
Sodann sei es Eigenart der Freundschaft, sich an der Gegenwart
des Freundes zu erlaben, über seine Worte und Taten sich zu
trösten, in ihm Tröstungen gegen alle Ängste zu finden, weshalb
wir in Bedrängnissen zu den Freunden Zuflucht nehmen. « Demzufolge haben wir durch den Heiligen Geist » — der uns ja zu Freunden Gottes macht — « Freude an Gott und Tröstung gegen alle
Widerwärtigkeiten und Anfeindungen der Welt » (Nr. 3586). Erst
an dritter Stelle nennt Thomas als Eigenart der Freundschaft die
Übereinstimmung mit dem Willen des Freundes — im Blick auf
Gott also mit dessen Geboten. Deshalb « gehört es zur Liebe, mit
der wir Gott lieben, dass wir seine Gebote erfüllen » (Nr. 3587).

Das Bemerkenswerte an diesen Ausführungen ist einmal, dass
vor der moralischen Zurüstung als Wirkung des Heiligen Geistes
neben der Kontemplation auch die Freude an Gott und der Trost,
den wir bei ihm finden, genannt ist. Hier kommt in Sicht, dass
auch nach Thomas das Evangelium mehr ist als lediglich die Ermöglichung eines neuen christlichen Tuns. Dabei wäre gewiss noch
im einzelnen über Grund und Art dieses Trostes in der Sicht des
Thomas und über das Verhältnis dieser Gedanken zur biblischen
und zur reformatorischen Rede von Trost und Heil nachzudenken,
was aber die Bedeutung dieser Gedanken im Kontext des Thomas
keineswegs mindern soll. Und das zweite Bemerkenswerte liegt
darin, dass die Begründung der Moral in personalen Kategorien,
als Inbegriff der Willenseinheit von Gott und Mensch gedacht ist,
die als Freundschaft durch den Heiligen Geist konstituiert wird.
Darauf wird noch zurückzukommen sein. Jedenfalls scheinen hier
zentrale biblische Sachverhalte besser als im Traktat der Summa
theologiae über das Neue Gesetz ins Licht gerückt worden zu sein.

II.

Die an den Traktat der Summa theologiae über das « Neue
Gesetz » insgesamt gestellten Fragen können durch weitere Beobachtungen illustriert werden.

1) So fällt einem von der reformatorischen Tradition her-
kommenden Leser beispielsweise die Rolle auf, die im Zusammen-

hang des Evangeliums als des Neuen Gesetzes dem Wort zuerkannt
wird. Die folgenden Beobachtungen sind hier aufschlussreich.
1 II 106,1 wird die Frage erörtert, ob das. Neue Gesetz ein
geschriebenes Gesetz sei, und dabei wird die Unterscheidung
eines « potissimum » im Neuen Gesetz von den « quasi secundaria »
eingeführt (106,1 c.). Das « potissimum » und also die « tota virtus »
des Neuen Gesetzes stellt die « ipsa gratia Spiritus sancti » dar, die
den Gläubigen zuteil wird. Als « quasi secundaria » im Neuen Gesetz
nennt Thomas Dinge, die auf die Gnade des Heiligen Geistes vor-
bereiten, und solche, die zum Gebrauch dieser Gnade anleiten.
Gemeint sind auf der einen Seite die Gegenstände des Glau-
bensbekenntnisses, auf der anderen Seite die moralischen Gebote.
In diesem Zusammenhang und im Blick auf die hier ins Auge
gefasste Vorbereitung und Auswirkung der Gnade meint nun
Thomas: Darüber müssen die Gläubigen in Wort und Schrift (verbis et scriptis) belehrt werden. Von den « verba » ist also erst bei
den zweitrangigen Dingen im Neuen Gesetz die Rede, und zwar im
Sinne einer durch sie geschehenden Information und Instruktion.

Etwas anders stellen sich die Dinge in 108,1 c. dar. Hier
ist im Anschluss an Joh. 1,14 ff. von Christus als dem fleischgewordenen Wort (« Verbum ») die Rede. Aus ihm fliesst uns die
Gnade zu, und zwar durch « opera sensibilia », durch sichtbare,
von Menschen zu vollziehende Handlungen. Thomas denkt dabei
an die Sakramente des Neuen Gesetzes wie Taufe und Eucharistie.
Er bereitet damit seine Ausführungen über die Sakramente im
dritten Teil der Summa theologiae vor (III 62 ff.), wo die Sakramente dann als « instrumenta separata » des göttlichen Gnadenhan-
delns erscheinen — im Unterschied zur Menschheit Christi als
dem « instrumentum coniunctum » (III 62,5 c.).

Angesichts dieses zweifachen Tatbestandes drängt sich die
kritische Frage auf, ob Thomas der Wort-Qualität des Evangeliums
als Zuspruch und Verheissung, wie sie im Neuen Testament verliegt,
hinreichend Rechnung getragen hat. Dies ist offensichtlich nicht
der Fall, obwohl das, was etwa in I 34,3 und in II 45,6 über die
operative Bedeutung des göttlichen Wortes gesagt worden ist,
durchaus in dieser Richtung hätte ausgebaut werden können und
sich dabei die Rede von Christus als dem fleischgewordenen Wort

(108, 1 c.) als Anknüpfungspunkt geeignet hätte [6]. Das von Menschen gesprochene Wort kommt im Traktat über das Neue Gesetz
lediglich als Informationsinstrument für vorbereitende und nach-
bereitende « secundaria » des Neuen Gesetzes in Betracht, nicht
aber als Gottes Tat-Wort in Menschenmund. Damit ist aber zugleich das personale Wesen des Heilshandelns Gottes im Evangelium (seine Gestalt als Bund Gottes mit dem Menschen bzw. seine
Wort-Antwort-Struktur) zugunsten der Verstellung einer Art zu-
sätzlicher Kraftausrüstung des Menschen an die Seite gedrängt.

Auch in diesem Zusammenhang tritt freilich die bereits oben
beobachtete Unterschiedlichkeit zwischen der Summa theologiae
und der Summa contra Gentiles ins Blickfeld. Wenn in S.c.G.
IV, 22 das Werk des Heiligen Geistes vom Modell der Freundschaft
her ausgelegt wird, so sind in dieser Redeweise — wie wir sahen —
von vornherein stärkere personale Implikate enthalten, als das
beim Denkmodell « Gesetz » der Fall ist. Damit wäre an und für
sich auch eher als in der Summa theologiae eine Reflexion auf
das Evangelium als Wort-Geschehen zu erwarten. Jedoch findet
man eine solche Reflexion allenfalls in Ansätzen. Wo etwa bereits
in IV, 21 (Nr. 3578) über die Eröffnung der Freundschaft zwischen Jesus (bzw. Gott) und den Seinen — unter Bezugnahme auf
Joh. 15,15 — gehandelt wird, findet Thomas, dass es das Eigentümliche einer Freundschaft sei, das einer seinem Freunde seine
verborgenen Dinge offenbart, und dies wiederum sei ein Aspekt
der Einheit der Herzen, die Freunde verbindet. Sicherlich wird
Thomas mit solchen Andeutungen dem noch nicht gerecht, was
vom biblischen Zeugnis her über das Wort Gottes als heilsstif-
tendes Ereignis zu sagen wäre, jedoch ist deutlich, dass das
Denkmodell der Freundschaft von seiner personalen Anlage her
für die biblische Rede vom Wort wesentlich offener ist als das
Denkmodell des Gesetzes.

2) Auffällig und bemerkenswert ist einem heutigen Leser etwa
auch die Weise, in der Thomas in der Summa theologiae (1 II

---

[6] Ist es Zufall, dass innerhalb der Christologie der Abschnitt über die
Lehre Christi (III 42) besonders unbefriedigend bleibt? — Vgl. zum ganzen
Problem auch die Untersuchung von Thomas Bonhoeffer, Die Gotteslehre des
Thomas von Aquin als Sprachproblem, Tübingen 1961.

108, 1 obj. 1 und ad 1) vom « Reiche Gottes » spricht. « Das Reich
Gottes besteht hauptsächlich in innerem Tun » (108, 1 ad 1) — eine
solche Bestimmung hat neutestamentlich gesehen allenfalls einen
gewissen Anhalt an der Redeweise des Paulus Röm. 14, 17, auf
die sich Thomas auch ausdrücklich bezieht. Dass das Reich Gottes
in der Verkündigung der Urgemeinde weithin eine zukünftige
Grösse ist, der wir in Hoffnung entgegensehen, wird der Sache
nach — ohne es vom Begriff « Reich Gottes » her zu entwickeln —
in unserem Zusammenhang von Thomas 106, 4 c. ad 1 in Erinnerung
gerufen. Jedoch wird Thomas dem Charakter des Reiches Gottes
als des eschatologischen Einbruchs der Nähe Gottes in Verkündigung und Person Jesu jedenfalls in der ausdrücklichen Verwendung dieses Begriffs nicht gerecht. Wieder zeigt sich, wie im Evange-
liumsverständnis der Summa theologiae das Moment der personalen
und dynamischen Zuwendung zurücktritt zugunsten der Vorstellung
der Zuführung einer übernatürlichen, von Gott kommenden Kraft,
die zu neuem Tun befähigt.

3) Schliesslich kehren die Aspekte, die wir bisher beobachten
konnten, auch dort wieder, wo Thomas vom Neuen Gesetz als dem
« Gesetz der Freiheit » spricht. Der 2. Einwand von S. th. 1 II
108, 1 führt Röm. 8, 2 und 2. Kor. 3, 17 als biblische Belege für
die Meinung an, dass im Neuen Gesetz als dem Gesetz des Geistes
und der Freiheit keine äusseren Werke geboten und verboten sind.
Demgegenüber geht die Argumentation der Entgegnung (ad 2) von
Aristoteles aus: « Frei ist, wer Ursache seiner selbst ist ». Der
Heilige Geist nun — so meint Thomas — sei ein « interior habitus nobis infusus », der, wie jeder ander habitus, der der Natur des
Menschen entspricht, eine Form der Eigenwirksamkeit des Menschen darstellt, also zum freien ungezwungenen Handeln führt und
dennoch das Sachgemässe, nämlich das der Gnade Entsprechende,
zu tun anleite. Das Neue Gesetz ist somit « Gesetz der vollkommenen Freiheit » (Jak. 1, 25), weil es Anlass und Kraft ist, das vom
Willen Gottes her Sachgemässe freiwillig zu tun. Wiederum fallen
— hier also bei der Begründung christlichen Freiheit — die personalen Kategorien aus. Freiheit wird im Sinne einer naturontolo-
gisch- beschreibbaren, von innen her gesteuerten neu geschenkten
Selbstwirksamkeit verstanden, die durchaus vergleichbar ist etwa

mit dem Instinkt der Tiere oder sonstigen gesetzmässigen Abläufen in der aussermenschlichen Natur.

Auch an dieser Stelle ist jedoch ein Vergleich mit S.c.G. IV, 22 lehrreich. Wie in S. th. 1 II 108, 1 ad 2 steht auch hier am Anfang der Erörterung zum Freiheitscharakter christlichen Handelns der Hinweis auf den oben zitierten Aristoteles- Satz (Nr. 3588). Bei der Anwendung des aus ihm Gefolgerten auf die « inclinatio », die der Mensch durch den Heiligen Geist erhält, fällt jedoch der Begriff der Liebe, der diese « inclinatio » prinzipiell aus naturhaft-automatichen Abläufen heraushebt. Der Heilige Geist bewegt uns dergestalt zum Handeln, « dass er unser willentliches Handeln bewirkt, sofern er uns zu solchen macht, die Gott lieben. Also werden die Söhne Gottes frei vom Heiligen Geist zum Handeln angeleitet aus Liebe, nicht knechtisch aus Furcht ». Dieser hier im Zusammenhang der Freiheit auftauchende Begriff der Liebe war kurz vorher, zu Beginn des Abschnittes über die moralische Bedeutung des Heiligen Geistes (Nr. 3587), vorbereitet worden durch den Gedanken, dass « es wesenhaft und eigentlich zur Freundschaft gehöre, mit dem Freunde in dem, was er will, übereinzustimmen » und also — im Blick auf Gott — seine Gebote aufgrund der Liebe zu ihm zu erfüllen. Der (aristotelische) Aspekt der Selbstwirksamkeit, der in S. th. 1 II 108, 1 ad 2 der alleinige Aspekt zur Erläuterung der Freiheit blieb, wird in S.c.G. IV, 22 demnach ergänzt und konkretisiert durch die personalen Kategorien der Freundschaft und der Liebe und der darin gründenden willentlichen Übereinstimmung. Der Gedanke der moralischen Autonomie des Menschen ist hier gewissermassen personal unterwandert. Nicht einfach der ist frei, der in sich eine übernatürliche Kraft hat, sondern derjenige, dessen Herz und Wille und Verstand sich mit dem Herzen und Willen des Herrn und Schöpfers identifiziert hat. Für Thomas ist solche Übereinstimmung bedingt durch die « inclinatio », die der Heilige Geist bewirkt — wir müssen demgegenüber wohl fragen, ob Gabe und Wirkung des Heiligen Geistes nicht geradezu als identisch zu denken sind mit jener Bewegung des Herzens zu Gott und der willentlichen Übereinkunft mit ihm. Vor allem aber drängt sich die grundlegende Frage auf: Kann man hier, wo Thomas über die Summa theologiae hinausgehend sich auf biblische Kategorien einlässt, wirklich noch von moralischer « Autonomie » des Menschen sprechen? Und muss nicht geurteilt werden, dass gerade in diesem über eine «Autonomie» des Menschen hinausweisenden Aspekt eine besonders wichtiger Beitrag zur gegenwärtigen Verhandlung des Autonomie-Problems liegt?

4) Im übrigen ist es aber auch nicht unwichtig festzustellen, dass es bei Thomas tatsächlich auf *beiden* Wegen — dem der Summa theologiae und dem des Summa contra Gentiles — zu einer Überwindung eines primär an Gesetzesvorschriften orientierten Moralismus kommt. Darin liegt gerade die Kühnheit, mit der Thomas den auf das Evangelium angewandten Begriff des « Gesetzes » umgedeutet hat (unbeschadet der oben aufgewiesenen Probleme, die dennoch bei diesem Begriff bestehen bleiben). Thomas stand hier ja vor dem gleichen Problem wie später die Reformatoren: Wie kann die Überwindung eines blossen Handelns nach Vorschriften gedacht werden, ohne damit einen ethischen Libertinismus zu kreieren? Es geht — in lutherisch-reformatorischer Terminologie — um den berühmten «tertius usus legis», den Gebrauch des (geschriebenen, kodifizierten) Gesetzes für den Christen. Obwohl sich dieser Brauch in der lutherischen Tradition schliesslich durchgesetzt hat, ist in den Auseinandersetzungen um ihn doch klar geworden, dass es sich bei solchem Gebrauch um eine nachträgliche Hilfsfunktion für die vom Geist und der Gnade bewegten Menschen unter den Bedingungen dieser Welt handelt. Des Eigentliche ist die Befreiung durch das Gnadenwort Gottes und die Gabe des Heiligen Geistes — hier liegt strukturell die gleiche Zuordnung von Hauptsache und Zweitrangigem wie bei Thomas vor.

* * *

Zusammenfassend wird man fragen müssen, ob es eine in jeder Hinsicht günstige Entscheidung des Thomas war, sein Evangelium-Verständnis in der Summa theologiae im Zusammenhang des Traktats über das Gesetz und damit als Teil der Moraltheologie vorzulegen. Gewiss gibt diese Entscheidung uns mancherlei zum Nachdenken auf. Es wurde aber deutlich, dass wesentliche Züge

des Evangeliums auch bei Thomas besser sichtbar werden, wenn
er dieselben Fragen innerhalb eines anderen Kontextes und zumal
der Trinitätslehre abhandelt und sich ihm schon von daher die
Nötigung zu personalen Kategorien stärker ergibt. Eine weiter-
gehende Vermutung bestünde darin, dass in der Abhandlung in der
Summa theologiae ein gegenüber der Summa contra Gentiles ver-
stärkter Einfluss des Aristoteles wirksam ist, der gerade hier
seine — von der Reformation doch wohl mit Recht kritisch hervorgehobenen — problematischen Züge sichtbar werden lässt. Jedenfalls ist der Vergleich der Texte aus den beiden grossen Summen
des Thomas Anlass, sich erneut Gedanken zu einer sachgemässen
Hermeneutik von Thomastexten zu machen, und er gibt dazu nicht
uninteressantes Material an die Hand.

III. Die Freiheit eines Christenmenschen

Zur reformatorischen Theologie

Christliche Freiheit

Hans Joachim Iwand

1. *Worin besteht christliche Freiheit?* – Die Reformatoren haben sich allesamt, nicht nur Luther, eine bestimmte, auch theologisch [85] genau formulierte Vorstellung von der christlichen Freiheit gemacht. Diese ist aber
dem modernen Bewußtsein so fremd geworden, daß wir ihre Eigentümlichkeit uns neu werden verdeutlichen müssen. Ich wähle dafür zunächst
aus der Schrift: »Urteil über die Mönchsgelübde. 1521«[1] einen Abschnitt,
der die Überschrift hat: »Was christliche Freiheit ist«.[2] Hier fällt ein Dreifaches auf. Erstens: Die christliche Freiheit betrifft das Gewissen des homo
religiosus, also des Menschen, der an Gott glaubt und unter seinen Geboten lebt. Sie wird nicht etwa außerhalb des Heilswillens Gottes, nicht einfach als Freiheit des homo naturalis entwickelt. Sie ist sozusagen die Frage
an den »Christenmenschen«, ob er auch wisse, was seine durch Jesus
Christus ihm vermittelte Freiheit sei. Die christliche Freiheit ist nicht eine
»auch«, sondern »nur« bei den Christen anzutreffende Freiheit. Daher jener
Eingangsspruch zu der Schrift: »Von der Freiheit eines Christenmenschen.
1520«[3]: »Daß wir gründlich mögen erkennen, was ein Christenmensch sei
und wie es getan sei um die Freiheit, die ihm Christus erworben und gegeben hat«[4]. Worin besteht denn nun diese Freiheit? Sie besteht in einer Lösung der Gewissen, als ob einer kommt – nur ER ist dazu berufen –, der
die conscientia zu lösen vermag aus ihrer Bindung an die opera und sie dafür an etwas ganz anderes »bindet«, wenn man das noch binden nennt,
nämlich an eben dies Sein eigenes opus! Die Bindung, die ich übernehme,
ist nichts anderes als die Bindung an die Tat des Befreiers! »Christliche
Freiheit oder Evangelische Freiheit ist also die Freiheit des Gewissens,
durch die das Gewissen von den Werken befreit wird, nicht daß keine getan werden, sondern daß man sich auf keine verlasse.« Das Gewissen ist
keine »Kraft des Handelns«, sondern eine »Kraft des Urteilens«. Und nun
ist eben dies die Tat Christi, daß er unser Gewissen befreit hat, »befreit von
den Werken«, und zwar dadurch, daß er durch das Evangelium lehrt (hier
wurzelt der reformatorische Begriff von »doctrina«!), »auf keine Werke zu

---

[1] [Anm. 56] WA 8,573–669 (De votis monasticis iudicium. 1521) = BoA 2, 188–298.
[2] [Anm. 57] WA 8,606ff. = BoA 2,225ff.
[3] [Anm. 58] WA 7,3–38 = BoA 2,1–27.
[4] [Anm. 59] WA 7,20,25ff. = BoA 2,11,2ff.

vertrauen, sondern allein [86] seine Barmherzigkeit anzunehmen (praesumere)«[5]. – Hier müßte man eine Untersuchung einschieben darüber, inwiefern eigentlich das menschliche Gewissen sich immer auf Werke stützt, inwiefern also jene »Kraft des Urteilens« sich immer bezieht auf das, was »ich getan habe«. Das ist dem Menschen »angeboren«, ist seine natürliche Religion. Keine Aufklärung, kein Leichtsinn, kein Nietzschesches »Jenseits von Gut und Böse« kann ihn davon befreien. Das Gewissen inkliniert von Haus aus auf die opera! Diese Inklination umwandeln, hier eine Wendung herbeiführen, das heißt dem Menschen die Freiheit bringen, und zwar Freiheit im spiritualen Sinne: »Also sehen wir, daß an dem Glauben ein Christenmensch genug hat, bedarf keines Werkes, daß er fromm sei. Bedarf er denn keines Werkes mehr, so ist er gewißlich entbunden von allen Geboten und Gesetzen. Ist er entbunden, so ist er gewißlich frei. Das ist die christliche Freiheit, der einzige Glaube, der da macht, nicht, daß wir müßig gehen oder übel tun können, sondern wir keines Werkes bedürfen, zur Frömmigkeit und Seligkeit zu gelangen«[6]. Gewissen heißt jetzt im höchsten Sinne etwas ganz Neues und Anderes. Es ist das Vermögen, zu »unterscheiden und zu urteilen zwischen den opera Christi und den eigenen«. Von ihm gilt: »Christi opera apprehendit« (Es ergreift Christi Werke)[7].

Diese Freiheit ist nun zweitens nicht nur eine dem Menschen gegebene Möglichkeit, sondern sie ist ein Gebot. »Diese Freiheit ist nämlich göttlichen Rechtes.«[8] Sie ist evangelische Freiheit: »Diese hat Gott festgesetzt. Er wird sie weder widerrufen noch kann er gegen sie irgendetwas« (nämlich ein votum!) »annehmen, noch ist es dem Menschen gestattet, sie durch irgendeine kleinste Satzung zu verletzen«[9]. Wir sind also nicht nur in unserer eigenen Existenz befreit von allen »opera«, das heißt von einer von da ausgehenden Wertung, sondern mit dieser Freiheit sind zugleich alle Gebote und Satzungen »entrechtet«, die Menschen als verbindlich zum Heil [87] aufgerichtet haben: Menschensatzungen (Mt 15; Mk 7) und die »Elemente der Welt« (Gal 4,3; Kol 2,8). Gott kann diese einmal mit dem Evangelium proklamierte Freiheit nicht zurücknehmen. Von da aus stürzt Luther das ganze System der »vota« und der »consilia«, sie haben jetzt keine Notwendigkeit mehr vor Gott, sie sind lediglich nach dem Nutzen zu beurteilen, den sie für die Erziehung und die Gemeinschaft haben.

---

[5] [Anm. 60] WA 8,606,30ff. = BoA 2,226,26ff.
[6] [Anm. 61] WA 7,24,35ff. = BoA 2,14,38ff.
[7] [Anm. 62] WA 8,607,4f. = BoA 2,227,2f.
[8] [Anm. 63] WA 8,613,9 = BoA 2,234,10.
[9] [Anm. 64] WA 8,613,9ff. = BoA 2,234,10ff.

Der Mensch ist insofern frei, als er – eben dank dieser seiner evangelischen Freiheit – mit den Ordnungen umgehen kann als ihr Herr! »Ich sah Knechte auf Rossen und Fürsten zu Fuß gehen wie Knechte« (Pred 10,7). Es hieße göttliches Recht aufheben, wenn man diese Ordnungen neben dem Evangelium wieder im religiösen Sinne verbindlich machen wollte: »Es ist nicht weniger Sünde, die von Gott gesetzte Freiheit zu verletzen, als gegen irgend ein anderes Gebot Gottes zu sündigen«[10].

Nun aber tritt drittens das Merkwürdige hinzu, was nicht zu entbehren ist, daß diese Freiheit nicht einfach zu säkularisieren ist: »Die evangelische Freiheit herrscht allein in den Dingen, die sich zwischen Gott und dir selbst ereignen, nicht in dem, was zwischen dir und deinem Nächsten geschieht«[11]. Ist hier eine Lücke in der Freiheitsbestimmung der Reformation? Der Nächste will mich nicht so frei stellen wie Gott, »weil dein Nächster nicht dir anbefohlen (zugesprochen) hat, los und frei zu sein, wie Gott tut«[12].

2. *Willensfreiheit und unfreier Wille.* – Luther hat schon sehr früh in kühnen Thesen den in der ausgehenden Scholastik besonders hervorgehobenen Begriff der Willensfreiheit (liberum arbitrium) angegriffen und verurteilt. Nicht als ob er nicht mit ihm groß geworden wäre. Aber wie auch sonst bei entscheidenden theologischen Grundbegriffen, tritt eines Tages bei Luther hier eine Wendung ein, hinter die er nie mehr zurückgegangen ist. Er gab damit einer Welt- und Lebensauffassung den Abschied, die ein in sich geschlossenes Ganzes bildet. Er reparierte nicht einen Punkt des alten Systems, um das Übrige bestehen zu lassen bzw. zu erhalten, wie das die Absicht [88] seines späteren Gegners in dieser Sache, des Erasmus von Rotterdam, war, sondern er erschütterte damit das Fundament, auf dem das bisherige Lehrsystem gründete. Es ist kein Zufall, daß unter den ersten von der römischen Kirche verurteilen Sätzen Luthers Leugnung der Willensfreiheit war. Und es ist wohl ebenso alles andere als zufällig, daß der humanistische Flügel, der sich um Erasmus bildete und der zunächst der Reformation freundlich gegenüberstand, hier den entscheidenden Punkt der Auseinandersetzung suchte und fand und wir in diesem Streit zwischen Luther und Erasmus bereits die Kräfte der sogenannten Gegenreformation sich erheben sehen. Denn in diesem Kampf um seine Lehre vom »unfreien Willen« stand Luther nicht nur in der Auseinandersetzung mit der Welt von gestern, sondern auch mit der von morgen. Er hat ohne Frage Eras-

---

[10] [Anm. 65] WA 8,613,41ff. = BoA 2,235,12f.
[11] [Anm. 66] WA 8,615,28f. = BoA 2,237,13f.
[12] [Anm. 67] WA 8,615,36f. = BoA 2,237,23f.

mus weithin überinterpretiert, er sah in ihm den Sprecher einer Weltanschauung, die den Menschen »zum Herrn aller Herren und zum Gott aller
Götter« machen würde. Große theologische Entscheidungen stehen immer
»zwischen den Zeiten«: sie sind revolutionär und reaktionär zugleich, sie
machen damit deutlich, daß es für die Wahrheit keine Möglichkeit der
Tradierbarkeit gibt, daß der Gipfel, auf dem sie sichtbar wird, zu beiden
Seiten abfällt und daß die Weise, Wahrheiten in der Höhenluft der Offenbarung »weiterzugeben«, ein geheimnisvoller und im tiefsten kontingenter
(zu-fälliger) Prozeß ist. Es ist anders, als man sich das vorstellt, wenn man
ein Lehrbuch der Dogmengeschichte in die Hand nimmt, das eher einem
Naturkundemuseum ähnelt, wo man Kenntnisse sammelt, aber nicht jenem dogmatischen Geschehen selbst in der offenen Feldschlacht, wo es um
Erkenntnis geht. Das eben war Luther geschenkt in seiner immer noch
denkwürdigen und aufregenden Auseinandersetzung mit dem Haupt der
Humanistenschule; und zuweilen hat man den Eindruck, der Reformator
habe etwas davon gerochen, daß Erasmus den Nietzsche-Menschen, den
Menschen »jenseits von Gut und Böse«, in seinen Lenden trug. Darum
sein blitzender Zorn, sein leidenschaftliches Hindurchstoßen durch alle
Vorbauten und Vorwände, bis er den entscheidenden Punkt traf, an dem
das Übel sitzt. Er hat alles andere im Sinn, als hier eine Lanze für das »Ich-
Du-Verhältnis« zu brechen. Er hat ebensowenig ein Steigbügelhalter für
den Determi-[89]nismus sein wollen, wie das den auch ihm freundlich gesonnenen Theologen des 19. Jahrhunderts erschien, er hätte wohl auch
einige Zurückhaltung geübt der Ehre gegenüber, die ihm Arthur Schopenhauer erwies, als er ihn unter die Zeugen seiner Auffassung von der
Willensunfreiheit reihte[13]. Luthers Lehre vom unfreien Willen (servum
arbitrium) ist nicht abzulösen von der Entdeckung der Gnade Gottes in
Jesus Christus. Sie ist nur die Freilegung des Zugangs zu ihr. Er mußte die
Lehre vom freien Willen aus dem Wege räumen, weil sonst das Licht, das
von Christus ausging, ihn, den wahren, ganzen Menschen, den verlorenen
Menschen, nicht erreicht. Es ist die Lehre vom unfreien Willen nichts anderes als eben jener klare und reine Spiegel dessen, was Gott in Jesus Christus getan hat. Der freie Wille gehört zu den Lichtern, mit denen sich die
gottferne Menschheit die Nacht, in der sie wandelt, ein wenig erhellt. Den
unfreien Willen erkennen heißt, daß der Tag angebrochen ist (Röm 13,12)
und wir in seinem Lichte sehen, wie es um den Menschen steht, der Tag
Jesu Christi in der Botschaft seines Evangeliums. Darum, wenn man die

---

[13] [Anm. 68] A. Schopenhauer, Die Welt als Wille und Vorstellung, I.Bd., Kap. 70, vorletz-
ter Absatz, auch II.Bd., Kap. 48.

Lehre vom unfreien Willen isoliert, wenn man daraus eine dem Determinismus verwandte Theorie macht, dann muß man die innerste Beziehung
dieser Erkenntnis auf die Erkenntnis Gottes lösen, man muß sie aus ihrem
theologischen Zusammenhange herausreißen, wie eine Blume, die man
von der Wurzel trennt. Sie wird bald welken.

Um durchzubrechen zur christlichen Freiheit muß die Fiktion der Willensfreiheit weggeräumt werden. Die Willensfreiheit – also die Wahlfreiheit des Menschen zwischen Gut und Böse – ist die Grundtäuschung des
Menschen über sich selbst. Der Mensch hat nicht zwei Möglichkeiten vor
sich, sondern nur eine Wirklichkeit, nämlich die seines unentrinnbaren,
faktischen, durch nichts rückgängig zu machenden Verlorenseins. Wenn
wir also der Gnade Gottes anhängen, wenn wir aus ihr leben, können wir
nicht zugleich weiter in der Fiktion der Willensfreiheit verharren, als läge
bei uns die Entscheidungsfreiheit für oder gegen Gott. Die Entscheidung
liegt nicht beim [90] Menschen, sondern sie liegt bei Gott. Sie in Gottes
Hand zurückzugeben, aus dem Traum unserer Möglichkeiten in die Un-
abänderlichkeit unserer Wirklichkeit hinübertreten, das heißt Abstand-
nehmen vom freien Willen. Der freie Wille ist ein Prädikat Gottes, sagt
Luther gegen Erasmus, es muß Gott restituiert werden. Des Menschen
Wille ist nur dann »frei«, wenn er ein von Gott und seiner Verheißung
bewegter, von daher in seiner Richtung bestimmter Wille ist. Ein sich
selbst bestimmender Wille ist eben schon ein von Gott abgefallener, ein die
Freiheit als Raub an sich reißender Wille. Von daher muß man es vielleicht verstehen, daß Luther einen solchen Willen dann vom Teufel her
bestimmt und gelenkt sein läßt. Das berühmte Bild vom Menschen als
Reittier, das bald von Gott, bald vom Teufel geritten wird[14], ist insofern
mißverständlich, als es so aussehen könnte, als ob der Wille hier wie da
derselbe wäre und bliebe, lediglich die Herrschaft wechselte. Das ist nicht
gemeint. Sondern der Teufel kann nur den von Gott gelösten, den vermeintlich freien Willen lenken, kann den Mißbrauch der Freiheit zur
Sünde vollziehen, den ja der Mensch von Haus aus nicht will, aber die
Herrschaft Gottes über den Willen ist nicht Strafe und Usurpation, sondern echte Zuordnung, die auch in der Natur des Willens angelegt ist[15].

---

[14] [Anm. 69] Zu dem Bilde vgl. in Luthers Schrift »Vom unfreien Willen« WA 18,635,17ff.
= BoA 3,126,23ff. – Vgl. auch die Anmerkung in der BoA.
[15] [Anm. 70] Vgl. zu obigen Darlegungen auch die »Theologische Einführung« von H.J.
Iwand zu der Ausgabe von M. Luther, Ausgewählte Werke, Ergänzungsreihe, 1. Bd.: »Vom
unfreien Willen«, hg. v. G. Merz u. übers. v. B. Jordahn, München 1954, S.253–264.

Libertas christiana und libertas ecclesiae

ERNST WOLF

Man hat Luthers Traktat De libertate christiana – Von der Freiheit eines Christenmenschen – als Protest gegen die Klerikalisierung der Welt im Namen der papalistischen libertas ecclesiae verstanden; gewiß z. T. mit Recht. Und man hat im Zusammenhang einer teils aufklärerischen, teils idealistischen Deutung des eben dadurch mißbrauchten deutschen Titels der Schrift mit ihr das »protestantische Prinzip« der individuellen Freiheit proklamiert gesehen; sicher mit Unrecht. Der Titel des Traktats hat für Luther selbst nicht die Bedeutung eines Programms, einer Parole in protestantischem Sinn, sondern er ist nichts anderes als die überkommene, schulmäßige Formulierung des Themas, das wir heute etwa mit »christliche Ethik« oder »Christliche Sozialethik« überschreiben würden. Im selben Jahr wie Luthers Schrift erschien posthum ein Traktat De Libertate christiana des etwa 1475 verstorbenen Gründers und Leiters des Augustinerkanonissenkosters Thabor bei Mecheln, Johann Pupper von Goch. In den Jahren 1552/1555 arbeitete der General des Augustinerordens und tridentinische Reformtheologe Girolamo Seripando an einem dialogischen Traktat De iustitia et libertate christiana in unmittelbarer Auseinandersetzung mit Luther. Zunächst also bedeutet auch hier, in diesem theologischen Traktat, auch bei Luther, libertas etwa so viel wie »Stand«, libertas christiana mithin den Christen-Stand in der Welt, d. h. das Besondere christlichen Daseins in der Welt und seine Aufgaben[1]. Ein Vergleich jener beiden katholischen Traktate mit demjenigen Luthers würde wohl deutlicher heraustreten lassen, wie Luther eines der zentralen und wichtigen Themen christlicher Lehre auf dem Boden seiner neuen reformatorischen Erkenntnisse abhandelt und wie er dabei für den Christenstand in der Welt die Freiheitslehre des Paulus in vollem Umfang und ganzer Tiefe erneuert.

---

[1] [Anm. 23] In Calvins Institutio allerdings gilt Kap. 19 des 3. Buchs, De libertate christiana, Freiheiten in einer gewissen Verselbständigung gegenüber dem Ganzen des christlichen Daseins, nämlich a) der Freiheit des Gläubigen von der Gesetzesgerechtigkeit; b) der Freiheit des Gottesgehorsams eines freien Gewissens; c) der Freiheit gegenüber den Adiaphora. Und es wird sich später z.T. von hier aus der Freiheitsbegriff der Moderne im Zusammenhang mit den »Menschenrechten« entwickeln.

Den Grundgedanken formuliert ein etwas späteres Predigtwort: »Also [137] bleibet der Glaube der Täter und die Liebe bleibt die Tat«[2]. Hier wird nicht dem Nomismus der Werkerei die »Gesinnung der Person« gegenübergestellt, wie die herkömmliche protestantische Auffassung meint[3]. Luther ist kein Mystiker und auch nicht ein Philosoph der Innerlichkeit. Sondern *das* wird behauptet: Subjekt des christlichen Handelns in der Welt in der Glaube selbst, d. h. Christus selbst, der die persona des »neuen Menschen« ist. Statt der Frage, wie ein im Glauben gehorsamer Mensch beschaffen sein müsse, steht hier die Frage, wo der Mensch zu finden sei, der im Glauben gehorsam ist. Die Antwort lautet entsprechend dem, daß – nach einem Wort von K. Barth – Joh. 8,12 »Ich bin das Licht der Welt« die authentische Auslegung zu Matth. 5,14 ist: »Ihr seid das Licht der Welt.« Wenn schon libertas auch hier zunächst in mittelalterlichem Sinn zur formalen Bezeichnung des »Standes« beibehalten ist, so wird doch die christliche Freiheit nicht in Anspruch genommen zur Legitimierung und Qualifizierung, zur Sicherung und Überhöhung dieses Standesprivilegs eines Christenmenschen, sondern sie wird als der schöpferische Grund erkannt, der den Christenstand als Wirklichkeit trägt. Damit aber verliert der »Stand« den Charakter eines statisch verstandenen Privilegs und gerät selbst hinein in die Bewegtheit, in das kontingente, von Entscheidungen bestimmte Geschehen des Glaubensgehorsams.

Der erste Teil der Schrift Luthers gilt der Frage nach dem Werden des Christenmenschen, nach Herkunft und Vorgang, nach der Geschichte des Ereignisses »Christenmensch«: qua nam ratione iustus, liber, vereque Christianus, hoc est spiritualis, novus, interior homo fiat (6,17)[4]. Er hebt an beim Wort Gottes und beim Glauben als dem alleinigen heilsamen und wirksamen »Gebrauch« des Wortes Gottes (salutaris et efficax usus verbi Dei, 7,32). Das Wort Gottes aber ist die neue und rechte Christusverkündigung, die da predigt, daß Christus »dir und mir Christus sei«, daß er das »in uns wirke, was von ihm gesagt wird und was er selbst heißt« (18,9). Von daher wird der Glaube geboren und bewahrt[5]. Der Glaube allein aber

---

[2] [Anm. 24] WA 17 II, 98, Fastenpostille 1525.

[3] [Anm. 25] *Th. Siegfried,* Das protestantische Prinzip in Kirche und Welt. 1939, S. 155.

[4] [Anm. 26] Zitiert nach Seite und Zeile der handlichen Ausgabe von J. Svennung = Kleine Texte f. Vorlesungen u. Übungen, hrsg. v. H. Lietzmann, Nr. 164, 1932.

[5] [Anm. 27] Haec autem fides nascitur et servatur ex hoc, si praedicetur, quare Christus venerit quid attulerit et dederit, quo usu et fructu acceptandus sit. Hoc fit, ubi recte docetur Christiana libertas, quam ex ipso habemus, et qua ratione omnes Christiani reges et sacerdotes sumus, in quo omnium domini sumus et quicquid egerimus coram deo placitum et acceptum esse confidimus ... 18,11.

»rechtfertigt« vor Gott, d. h. er allein ermöglicht das im paulinisch-christlichen Freiheitsproblem zur entscheidenden Frage gewordene Bestehen des Menschen vor Gott, und zwar in einer radikalen »Verwandlung« des Menschen, deren Ergebnis der [138] »neue Mensch« ist. Der Glaube macht 1. den Menschen »wortförmig« und darin zum Freien, d. h. die christliche Freiheit wird durch den Glauben bestimmt, der bewirkt, daß die in ihm Befreiten weder des Gesetzes noch der Werke bedürfen zur Erlangung des Heils (haec est Christiana illa libertas, fides nostra, quae facit, non ut ociosi simus aut male vivamus, sed ne cuiquam opus ist lege aut operibus ad iustitiam et salutem 11,3). – Der Glaube schafft 2. Wahrheit und Gerechtigkeit, reddens Deo suum (12,9), indem er Gott als Gott anerkennt, das erste Gebot erfüllt, wobei Gott umgekehrt uns »um solchen Glaubens willen« die Wahrheit und Gerechtigkeit unseres Gottesverhältnisses schenkt. – Und der Glaube verbindet schließlich 3. durch seine intercessio – ein juristischer, kein mystischer oder personalistischer Begriff, mit dessen Hilfe Luther das alte Bild des Güterabtauschs aus der Brautmystik nun streng nach dem Schema des Eherechts und damit als ein »objektives« Geschehen nachzeichnet – die Seele mit Christus zu einer unauflöslichen Einheit (12,18ff.). Von diesen Wirkungen des Glaubens her sind wir alle in Christo Priester und Könige (15,17), durch diese regalis potestas Herren über Tod, Leben, Sünde usw. (16,30), völlig in der Freiheit des spirituale imperium. Dieses königliche Priestertum des Glaubens, in dem der Christenmensch omnium dominus est liberrimus, nulli subiectus (5, 20), bedeutet die grundsätzliche Entklerikalisierung der Welt (wie denn Luther auch bei der Frage nach dem Unterschied zwischen »Kleriker« und »Laien« mit Nachdruck die höchst »profanen« Bezeichnungen für den gemeindlichen Dienst im NT. geltend macht, 17,10ff.). Diese Entklerikalisierung begründet ein neues Verhältnis zur Welt, das durch den freien Dienst der selbstlosen Liebe an ihr, der Welt, das durch den Vollzug der Heiligung bestimmt ist: ἐλεύτερος γὰρ ὢν ἐκ πάντων πᾶσιν ἐμαυτὸν ἐδούλωσα (1. Kor. 9,19): d. h. »der Ausweis der Freiheit vom Gesetz geschieht im Vollzug des Gesetzes der Freiheit«, wie wir hörten; der Christenmensch ist »dienstbarer Knecht aller«, omnium servus officiosissimus, omnibus subiectus (5,22). »Heiligung« ist nach reformatorischem Verständnis der Nenner für das christliche Dasein, für das Leben »als Christ« in dieser Welt. Sie hat die Rechtfertigung zur Voraussetzung und das Leben in dieser Welt zur Bedingung und Grenze und geschieht im Vollzug des Glaubensgehorsams, im Nachvollzug der Selbstentäußerung Christi. Sie ist gleichsam der Raum oder der Vorgang, in dem (nach einem schönen Wort

Melanchthons zur Frage des christlichen Gehorsams und der »guten Werke«) Christus selbst »in unserer Schwachheit seine Vollmacht proklamiert« (in nostra imbecillitate declarat potentiam suam), der Ort, an dem die politia Christi regnum suum ostendentis coram hoc mundo sich vollzieht (Apologie IV, 189f.). Die Form solchen Handelns heißt Liebe, und zwar als die Erfüllung des Gesetzes der Freiheit; nicht Liebe als »innerliche Gunst«, als das velle alicui bonum, als Gesinnung, sondern Liebe als das Tun, dessen Täter »der Glaube und die Person« ist. Es »bleybt der glaub der thetter und die liebe bleibt die that« (WA 17 II, 98); noch genauer: dilectio est plenitudo legis formaliter, fides autem est plenitudo legis effective (WATR V, 5822).

[139] Auf zweierlei kommt es Luther noch an: 1. So wie Adam im Paradies es nicht nötig hatte, durch sein Werken gerecht zu werden, sondern vor Gott ganz »freie«, d. h. nur durch das Wohlgefallen Gottes angeordnete, durch keinerlei zwingenden Zweck und keinerlei eigenes Interesse bestimmte Werke zu tun hatte, so gilt das auch von den Werken des Christenmenschen: sie sind darum völlig freie, weil sie nicht Ausdruck der Sorge um das Selbst und sein Heil sind, weil sie eben nicht zum Zweck der Gewinnung und Erhaltung der Gerechtigkeit vor Gott, zum Zweck des Bestehens vor Gott, der Erwerbung der libertas christiana geschehen, die ja dem Christenmenschen in vollem Maß zugesprochen ist um Christi willen (21,1ff.). Und 2.: die handelnde Person ist eigentlich Christus selbst. Damit ist der Christenmensch unmittelbar in die Selbsthingabe Christi hineingenommen: dabo itaque me quendam Christum proximo meo (27,29). Luther wagt die kühne Behauptung, daß der Christenmensch darin und darum eben »Christ« ist, sofern und weil er dem anderen zum Christus wird. Phil. 2,5ff., von der alten Kirche dogmatisch zur Begründung der Zweinaturenlehre auf das Problem der gottmenschlichen Person Christi bezogen, wird von Luther unmittelbar auf den Christenmenschen in der Welt ausgelegt (26,25ff.). Wahrhaft christliches Leben ist der freie Nachvollzug der Selbsterniedrigung Christi, ist als Leben im Glauben efficax ... per dilectionem, hoc est, cum gaudio et dilectione prodit in opus servitutis liberrimae, qua alteri gratis et sponte servit, ipsa abunde satura fidei suae plenitudine et opulentia (26,6). Das ist der Überschwang des Glaubens, in dem sich die überschwängliche Freiheit im selbstlosen, sorgenfreien Dienen bekundet, ut simus mutuum Christi et Christus idem in omnibus, hoc est vere Christiani (28,22). Heiligung ist so das Zeugnis des Glaubenswiderfahrnisses, des neuen Lebens und die Bewährung des Christenstandes. Mit einem Wort Kierkegaards: »In der kämpfenden Kirche Christi sein heißt,

seinen Christenstand in seiner Umwelt bewähren, die das Gegenteil von christlich ist«[6]. Man kann es auch so ausdrücken: »Der Christ wird durch seine Bindung an Gott aus der Bindung an die Welt gelöst – und dann wird er der Welt wiedergegeben ... Aber die Stellung, die er dann zu den allgemeinen menschlichen Lebensverhältnissen bekommt, ist nicht dadurch gekennzeichnet, daß er zwar in ihnen wie vorher lebt, aber mit dem Unterschied, daß er die Welt jetzt nicht mehr ganz ernst nimmt, sondern dadurch, daß er die Welt in einer Hinsicht noch ernster nimmt als vorher, nämlich als den Ort, an den er von Gott gestellt ist, um Gottes Willen zu verwirklichen, aber wohlgemerkt, den Willen Gottes, der von anderer Art ist als die Gestalt dieser Welt, und der deswegen den, der ihm gehorcht, in einen Gegensatz zur Welt führt«[7]. Freilich wird dieser Gegensatz nicht als Weltfeindlichkeit mißverstanden werden dürfen, sondern als das Wissen darum, daß diese Welt aufbewahrt wird auf das [140] Gericht, daß sie der Königsherrschaft Christi unterworfen ist, daß der Christ zugleich auf das kommende Gottesreich wartet.

All das geschieht in einer vorurteilslosen und nüchternen Begegnung des Christen mit der Welt als seinem Arbeitsfeld, besser: als der Stätte, an der er durch sein Dasein das Zeugnis der Freiheit abzulegen hat, nicht in einer gnostischen Verachtung der Welt, oder in einem selbstbezogenen Rückzug aus ihr, sondern in der *Solidarität* mit der Welt als der Schöpfungswelt Gottes. Der Christ weiß sich solidarisch mit der Welt, für die Christus gestorben ist, aber er bezeugt ihr durch seine Freiheit den an sie ergehenden Ruf zur Freiheit, er nimmt sie so mit auf seinen Weg von der Unfreiheit zur Freiheit der Kinder Gottes. – Darum gibt es hier aber auch ein eindeutiges »Nein« zu allem, was etwa unter dem Namen einer »christlichen Weltanschauung« oder einer naturrechtlich gedachten »christlichen Weltordnung« diese Freiheit umfälschen sollte zu einem neuen Gesetz, das darum nicht weniger gesetzlich wäre, weil es sich »christlich« nennt.

(IV.)

Die libertas christiana in dem umrissenen paulinisch-reformatorischen Verständnis steht zu jeglicher libertas ecclesiae, die sich anspruchsvoll der Freiheit Christi bemächtigt, im Verhältnis der radikalen Kritik. Denn die libertas christiana allein ist der Grund für eine echte Freiheit der Kirche: dafür nämlich, daß die Kirche als die freie Gemeinde ihres Herrn handelt, daß

---

[6] [Anm. 28] Einübung im Christentum 1850, zit. nach Söe, Christliche Ethik. 1949, S. 183.
[7] [Anm. 29] Söe, a.a.O. S. 183.

sie also nicht das Ihre sucht, sondern was Christi ist, Gottes Ehre; das geschieht, wenn die Kirche ihren Auftrag immer besser, treuer, einfältiger und
fröhlicher ausführt. Der Auftrag der Kirche aber, »in welchem ihre Freiheit
gründet, besteht darin, an Christi Statt und also im Dienst seines eigenen
Wortes und Werkes durch Predigt und Sakrament die Botschaft von der
Freien Gnade Gottes auszurichten an alles Volk« (6. Barmer These).

Das Verhältnis von libertas ecclesiae und libertas christiana kann aber
niemals dies sein, daß jene die Voraussetzung dieser wäre. Es ist ein Irrtum
zu meinen, daß die politische Freiheit der Kirche die Bedingung sei für die
Freiheit des Christenlebens. Vielmehr lebt die echte, von Anspruch auf
und Sorge um Selbsterhaltung und Sicherung ihres Bestandes nicht verworrene Freiheit der Kirche von der libertas christiana, d. h. von der Freiheit des Evangeliums. Die Freiheit der Verkündigung darf nicht preisgegeben werden, sie kann aber auch nicht erzwungen werden, sie ist vielmehr
unter allen Umständen wahrzunehmen, und das geschieht weithin auch
dadurch, daß die libertas christiana die libertas ecclesiae kritisch bewacht.
Innerhalb dieses kritischen Verhältnisses der libertas christiana zur libertas
ecclesiae und nur hier bewegt sich auch das »prophetische Amt« der Kirche: in ihm wendet sich nicht, wie man gemeinhin meint, die Kirche im
Namen Gottes gegen die Welt im allgemeinen – das geschieht durch die
Predigt des Gesetzes und die Handhabung der Kirchenzucht –, sondern im
prophetischen Amt wendet sich die libertas christiana jeweils kritisch gegen
die Verweltlichung der Kirche selbst. Die verweltlichte Kirche, gerade auch
die durch die politische [141] Parole der »Freiheit der Kirche« verweltlichte Kirche, ist der eigentliche Adressat der prophetischen Mahnung. So
wie das Drohwort, das der Prophet des Alten Bundes als Wort des Herrn
aussprechen muß, sich gegen das abtrünnige Volk Gottes richtet. Das Kriterium des munum propheticum ecclesiae ist der Vollzug der Selbstkritik
der Kirche, ist das Bußwort an die Kirche, ist die ständige Reformation der
Kirche von der freien Gnade her, indem die Kirche als Magd und Botin
Christi ihren Auftrag ausrichtet an alles Volk.

Die Kirche bedarf zu jeder Zeit solcher Einsicht. Denn die Frage nach
ihrer wahren Freiheit ist ihr bei jeglichem Handeln in der Welt und an ihr
neu gestellt. Ich deute das nur durch zwei »Fälle« an: ist es Ausdruck echter Freiheit der Kirche, wenn sie, nicht um Christi willen, sondern wegen
der abendländisch-christlichen Kultur und wegen der sogenannten christlichen Elternrechte vom Staat die Bekenntnisschule (nicht nur die Freiheit,
selbst Schulen errichten zu dürfen) fordert als die eben ihrem Kulturkreis
angemessene und seine Christlichkeit sichernde Form der Schule? Erweist

sie sich in solcher Forderung als die wahrhaft freie Dienerin ihres Herrn für die Welt? – Ziemt es der Kirche Christi, als die auch die EKD sich bekennt, gemeinsam mit der römisch-katholischen Kirche dem Parlamentarischen Rat in Bonn, der in Erkenntnis seiner beschränkten Vollmacht die Regelung des Verhältnisses zu den Kirchenwesen den Ländern überlassen wollte, »kirchliche Forderungen« an das Grundgesetz anzumelden, um u. a. die Anerkennung des Reichskonkordats von 1933, die Garantierung der Staatsleistungen an die Kirchen und die Aufnahme des Elternrechts in das Grundgesetz zu erreichen und so auch von da aus die Konfessionsschule zu erzwingen? Diese Fragen müssen auch dann gestellt werden, wenn man die Sorge und Verantwortlichkeit der leitenden Männer der verschiedenen Kirchenwesen für diese Institutionen durchaus respektiert, das Gewicht eines überkommenen geschichtlichen Bestandes als Verpflichtung gelten läßt. Aber die Forderung von Rechten, die damit ausgesprochen wird, ist nur sinnvoll auf dem Hintergrund jenes Verhältnisses von Kirche und Staat, in dem man im Mittelalter von einer christlichen Gesamtordnung der abendländischen Welt aus gedacht hat und libertates gegen libertates abgrenzte und aushandelte. Der Kampf um Privilegien ist jederzeit der Ausdruck für ein Mißverständnis der Freiheit der Kirche gewesen – und zugleich ein Ausdruck dessen, daß man den Verheißungen, die Gott seiner Kirche gegeben hat, nicht ernstlich glaube. Libertas christiana und libertas ecclesiae können an dieser Stelle in das Extrem der Spannung treten: Glaube und Unglaube! Das Ringen um die Freiheit der Evangeliumsverkündigung, das allein den legitimen »Freiheitskampf« der Kirche ausmacht, muß jederzeit der Versuchung widerstehen, zum glaubenslosen Machtkampf um eine sich absolut setzende »Freiheit der Kirche« zu werden, in der die Herrschaft der Kirche begehrt wird. Immer wieder hat sich im Abendland auch die Kirche hineinbegeben in die »Pervertierung der Freiheit zu Privilegien«, die E. Heimann einmal[8] als das Verderbnis des Westens [142] der »Pervertierung der Gleichheit ins Kollektiv« als dem Verderbnis des Ostens gegenübergestellt hat. Aber – so urteilt er – unsere Pervertierung der Freiheit zu Vorrechten ist »geradezu die Achse, um die sich alles dreht«. Die Kirchen des Westens sind davon nicht ausgenommen. Ihre Freiheitsparole ist hineinverstrickt in diese ganze Schuld. Entnommen ist ihr die Kirche dort, wo sie ihrem Auftrag treu ist, wo sie mit der Predigt von der freien Gnade, von der Freiheit in Christus den entscheidenden Beitrag zur wahren Freiheit des Menschen leistet. Darum ist die

---

[8] [Anm. 30] U.S.A. and U.S.S.R. = Christianity and Crisis, 1948.

libertas christiana nicht nur der Grund und die Mitte, sondern auch die sichernde Grenze einer rechten libertas ecclesiae, und insofern bedeutet die reformatorische Anmeldung der »Freiheit eines Christenmenschen« den Protest gegen den widergöttlichen Zwang der politischen »Freiheit der Kirche« im spätmittelalterlichen Papsttum. Dieser Protest darf nicht preisgegeben werden, wann immer er in anderer geschichtlicher Situation gefordert ist. »Ihr seid teuer erkauft, werdet nicht der Menschen Knechte« (1. Kor. 7,23)!

Der in Befreiung befindliche Mensch

Die Überwindung von Sünde und Tod

GERHARD EBELING

[Martin Luther: Disputatio de homine (1536): These 23: <homo est creatura Dei> nec nisi per filium Dei Christum Iesum liberanda (si credat in
eum) et vitae aeternitate donanda.

<Der Mensch ist Gottes Geschöpf> das nur durch den Sohn Gottes
Christus Jesus zu befreien ist (sofern es an ihn glaubt) und mit der Ewigkeit des Lebens zu beschenken.]

a) Die Zeit der Befreiung

Ein Fundamentalproblem der Glaubenssprache wird durch die Frage berührt, welche Verbalform dem Heilsgeschehen angemessen ist. Das hier von
Luther gewählte Gerundivum: <Homo est creatura Dei> liberanda et vitae
aeternitate donanda, bringt ein Dreifaches zum Ausdruck: die Passivität –
der Mensch kann es sich nicht selbst verschaffen –; die Notwendigkeit, die
verbunden mit einer Negation zugleich den Charakter der Ermöglichung
annimmt – der Mensch bedarf der Befreiung und kann ihrer durch
niemand anderen als durch Christus zuteil werden –; sowie schließlich die
Unabgeschlossenheit des Geschehens – diese Befreiung des Menschen ist
noch im Gange. An jeder dieser Aussageintentionen setzen Zweifel und
Widerspruch ein: daß doch auch der Mensch mitwirken müsse, daß doch
auch andere Helfer und Tröster in Betracht kämen, sofern es solcher überhaupt bedarf, und daß – darauf sei jetzt besonders [149] geachtet – durch
Christus selbst doch alles vollbracht sei, weshalb allein die perfektische
Aussage angemessen wäre, nicht die Verbform der unvollendeten Handlung. Bei Luther findet sich beides: Das Gerundivum wird in Th. 33 noch
einmal aufgenommen und begegnet ganz ähnlich am Anfang der 4. Thesenreihe zu Rm 3,28: Homo iustificandus intelligitur homo peccator, a peccatis
suis liberandus[1]. Aber auch die perfektische Redeweise findet sich in entsprechend gewagten Aussagen: »Die ganze Welt ist von Sünden und Tode
durch jenen einen Menschen befreit. Und Gott sieht die ganze Welt als ge-

---

[1] [Anm. 193] WA 39,1;84,2f (1536). Vgl. LuSt [= *G. Ebeling:* Lutherstudien] III,282f.

reinigt an. Wenn jeder glaubte, dann sähe Gott nichts als lauter Gerechtigkeit. Und wenn Sünde zurückbliebe, sähe er sie nicht.«[2] Oder: »Wenn du
es recht ansiehst, sind alle Menschen heilig.«[3] Aber auch in solchen Aussagen ist der Widerspruch präsent, das Angefochtensein durch all das, was
sich unübersehbar an Wirklichkeit aufdrängt. Jene perfektischen Glau-
bensaussagen sind darum ebenfalls nur als Äußerung in dem Kampf, der
bis zum Tode währt, ernstgenommen. Sie sind darum auch nicht von der
fortdauernden Fürbitte Christi beim Vater zu trennen[4]. Es ist eine Eigentümlichkeit der Theologie Luthers, [150] daß sie, ohne dem »ein für allemal« des Christusgeschehens Abbruch zu tun, davon nur in Hinsicht auf
die Situation der Anfechtung reden kann. Denn nicht bloß *auch* der
Christ, sondern gerade er befindet sich im Angefochtensein. Er ist nicht etwa
als Christ über die theologische Definition des Menschen hinaus. Wie erst er
im prägnanten Sinne zum Sünder wird, so auch er erst in erkennbarer
Weise zu dem homo theologicus, als der jeder Mensch hier definiert wird.

b) Die Art der Befreiung

Luthers Theologie ließe sich wohl auf den Generalnenner einer »Theologie
der Befreiung« bringen, allerdings in einem äußerst kritischen Verhältnis
zu dem, was sich heute so nennt. Es ist eine geistliche Sache, wie er zu Gal
5,1 ausführt, nicht eine libertas politica, ob man sie nun der Obrigkeit ver-

[2] [Anm. 194] WA 40,1;437,9–438,4 (Gal. Vorl., 1531): Lex venit: Invenio peccata omnium
hominum in illo; hin mit yhm vnd gekreuzigt! Hoc facto totus mundus liberatus a peccatis
et morte per illum unum hominem. Et deus videt totum mundum purgatum. Si omnis
crederet, tum nihil videret deus nisi meram iustitiam. Et si peccatum <Dr. korr.: peccati re-
liquiae> remanerent, tum non videret. WA 41;725,32–34 (Pred., 1536): Perfecta liberatio
in se, sed non in hominibus. Ideo so sollen uns halten, ut neben dem predigen lachen, danken, tantzen, anhalten mit beten, ut heufflin gros werde, ut erlosung grosser werde.
[3] [Anm. 195] WA 37; 220,15,15–21 (Pred., 1533): Si in me iacent peccata, non iacent, quia
venit David filius, cui imposita mea et totius mundi peccata … Ideo si recte inspicis, omnes
homines heilig. Prius omnes homines peccatores, ipse solus Sanctus. Iam econtra. S. auch
221,40f.
[4] [Anm. 196] So deutet Luther im Tractatus de libertate christiana (WA 7;56,28–30) das
priesterliche Amt Christi auf sein anhaltendes Wirken in spiritualibus, per quae in coelis in-
visibili officio pro nobis interpellat apud deum, ibique se ipsum offert et omnia facit, quae
sacerdotem facere oportet … <Hebr. 6f>. WA 37;24,26–25,2 (Pred., 1533, zu Joh 19,34):
Sanguis Christi est ipse thesaurus, precium et satisfactio pro peccatis nostris, qui persolvit
omnes nostros reatus damnationis etc. Hic sanguis semper clamat pro nobis coram deo:
Gnade, gnade, vergib, vergib, Ablas, ablas, vater, vater. Sic sine intermissione clamat sanguis
Mediatoris Christi ita, ut pater non possit non esse misericors nobis miseris peccatoribus,
quia nullum peccatum videre potest, sed tantum sanguinem Christi, quod conspersi sumus.
Dis blut ist der gulden gnaden rock, da mir wir fur Gott tretten, das er uns nicht anders ansehen kan, denn als weren wir Christus selber, voller gerechtickeit, heiligkeit, unschuld …

dankt oder ihr abtrotzt; auch nicht die libertas carnis, die des Teufels ist und nur ein Trugbild des Gefangenseins von ihm. Positiv gewendet: »Es ist die Freiheit von dem Gesetz, den Sünden, dem Tode, der Macht des Teufels, dem Zorn Gottes, dem Jüngsten Gericht. Wo? Im Gewissen, so daß ich in dem Sinne gerecht bin, daß Christus der Befreier ist und zu Befreiten macht, nicht fleischlich, nicht politisch, nicht diabolisch, sondern theologisch, d. h. nur im Gewissen. Sie ist unbegreiflich, während die übrigen Freiheiten nur ein Tropfen, ein Bißchen Freiheit sind, verglichen mit der Herrlichkeit theologischer Freiheit ... Das ist die größte Freiheit, befreit werden von Gottes Zorn in Ewigkeit.«[5] Eine Freiheit des Gewissens also in ganz anderem Sinn als beim Postulat der Gewissensfreiheit[6]. Luther täuscht sich nicht darüber, in welchem Maße diese christliche Freiheit ungefragt ist, sofern sie nicht begrüßt wird als libertinistisch mißverstandene Freiheit vom Gesetz. Dennoch kann er behaupten: »Wir sehen es vor Augen, daß die ganze Welt sich abplagt, aus Sünde und Tode herauszukommen.«[7] Die geistlich verstandene Freiheit rührt an das wie auch immer verdeckte Grundproblem der Menschheit. Die Verbindung mit der Verheißung ewigen Lebens sichert in unserer These dieses geistliche Verständnis von Freiheit. Ohne die Aussicht auf ein anderes Leben bleibt einem die heilige Schrift verschlossen[8]. [151]

c) Der Grund der Befreiung

Nicht ein Ideal jenseits der Gefangenschaft ist der Grund der Befreiung – das ließe die Gefangenen an den Mauern sich nur wundreiben. Die Befreiung entspringt einem freiwilligen Hineinkommen in das Gefängnis, um von innen her die Bresche zu schlagen. Hier hat Luthers Christologie ihre Mitte. Sünde und Tod werden nicht fortgenommen, gleichsam weggezaubert. Indem Christus ungeschuldet die Sünde in ihrer Universalität (»die

---

[5] [Anm. 197] WA 40,2;3,5–4,3 (Gal.Vorl., 1531). S. Anm. 68 sowie § 62,3 [Anm. 68: LuSt. III,165–169. WA 40,2;3,5–10 (Gal. Vorl., 1531): <Gal 5,1> Est libertas a lege, peccatis, morte, a potentia diaboli, ira dei, extremo iudicio. Ubi? in conscientia, Ut sic iustus sim, quod Chritus sit liberator et reddat liberos, non carnaliter, non politice, diabolice, sed theologice i. e. tantum in conscientia. Et hec est incomprehensibilis, ut ceterae libertates sint stilla, guttula ad maiestatem theologicae libertatis: Esse liberum ab ira dei, deum non esse iratum nec fore inaeternum iudicem sed faventem.]

[6] [Anm. 198] Vgl. LuSt III,114.123.355–389.

[7] [Anm. 199] WA 45;60,10f (Pred., 1537).

[8] [Anm. 200] WA 41;344,20–22 (Pred., 1535): Non est possibile, ut scriptura intelligatur, qui non credit resurrectionem mortuorum, scriptura est ei ferrea et habet aereum murum.

Sünden der ganzen Welt«[9]) und den Tod in seiner eschatologischen Dimension als den letzen Feind auf sich nimmt, wird er beiden zum Todfeind. In diesem duellum mirabile[10] wird Christus – so wagt Luther in paradoxen Inversionen zu sagen – zum peccatum peccati, zur mors mortis, zum diabolus diaboli, zur captivitas captivitatis[11]. So vollzieht sich der Durchbruch zur Befreiung für alle. Wie schwer diese Sprache auch nachvollziehbar sein mag, sie zeigt doch in aller Deutlichkeit dies an: Sünde und Tod sind nur durch ein stellvertretendes Aufsichnehmen zu überwinden, nicht durch Verharmlosen und Verschweigen, sondern durch das Offenbarwerden ihrer Macht und ihrer Ohnmacht in einem. Deshalb erstreckt sich das Christusgeschehen in die tiefste Tiefe und die höchste Höhe. »Nicht tiefer konnte er herunterfahren, nicht höher hinauf; denn nichts ist tiefer denn die Hölle, nichts höher denn die rechte Hand Gottes.«[12] [152]

d) Die Wirklichkeit der Befreiung

Die Fortsetzung des letzten Zitates lautet: »Beides hat er versucht ‹erfahren›, beides werden wir auch lernen und versuchen müssen, wenn anders wir ihm nachfolgen wollen.«[13] Das bedeutet nicht etwa, daß wir das Werk Christi nach seinem Vorbild fortzusetzen hätten. Es heißt nur, daß wir unser irdisches Leben im Blick auf Christus zuendeleben müssen mit all den Höhen und Tiefen, die dabei zu durchschreiten sind. Wir haben dieses Leben weiterhin zu bestehen und können es bestehen kraft der Gemeinschaft mit ihm als ein Leben in der Taufe bis zu deren Vollendung im leiblichen Sterben[14].

---

[9] [Anm. 201] WA 37;412,2–5 (Pred. 1534): Solt man den nicht lieb haben und jm nicht trawen, qui aufert peccata et diligit mundum cum omnibus peccatis, quae sunt innumerabilia? Ein iglicher Mensch kan sein eigen sunde nicht zelen, quis peccata totius mundi numeraret?

[10] [Anm. 202] Bezogen auf den Kampf Christi mit der lex, in Auslegung von Gal 4,4f; WA 40,1;564,5–570,3 (Gal.Vorl., 1531). Daraus 565,2–6: Ibi duellum mirabile et fit mirabilis victoria. Ibi amittit lex ius suum et dicit Christus: Vos, lex, maxima tyranna, Regina super omnes homines, quid feci, quod non accusatis, damnatis? Ergo halt den hals her! Qui venit ergo ad me, huic est mortua, eum strangulavi. 566,1–4: Er ‹Christus› hat sich geschlossen in eundem carcerem, tyrannidem, servitutem legis et dominata ei lex, subiecit eum irae et non debebat; peccavi lex, ibi damnatur eterne mortis, quia hoc peccatum legis, quod fecit in Christum, est irremissibile. 567,5–7: Ideo habens Christum non habet legem etc. Nun sunt verba levia: nun fuit tantum civiliter sub lege sed theologice, sed passus summum usum legis …

[11] [Anm. 203] Des Todes Tod (s. Kap. X Anm. 145) [= G. Ebeling: Des Todes Tod. Luthers Theologie der Konfrontation mit dem Tode, ZThK 84/1987], 172–179.187–189.

[12] [Anm. 204] WA 23,704,2–4 (Pred., 1527).

[13] [Anm. 205] 704,4–6.

[14] [Anm. 206] WA 2;728,10–16 = BoA 1;186,19–25 (Serm. v. d.Taufe, 1519): Die bedeutung, und sterben odder ersauffen der sund, geschicht nit vollkomen, yn dißem leben, biß

Ungleich wichtiger als erkennbare Anzeichen von Heiligung sind dabei die Glaubensurteile über die trotz allem uns noch anhaftende Sünde und über den trotz allem noch zu erleidenden Tod. Beides ist durch Christus entmächtigt, so sehr wir daran auch noch zu tragen haben. Allerdings: Die Sünde ist aufgehoben, das Gesetz abgeschafft, der Tod vernichtet! Jedoch in scholastischen Kategorien gesagt: nicht formaliter oder substantialiter. Sünde, Gesetz und Tod sind noch da und am Werk. Vielmehr relative, und das meint wörtlich: in dem Bezogensein auf Christus, im Glauben an ihn[15]. Was denn nun die wahre Wirklichkeit sei, das ist eine Frage an den Glauben. Am Tode demonstriert: Dank Christi Tod ist der meine nur noch ein gemalter Tod[16]. Und [153] kraft der Auferstehung Christi bin ich schon zur Hälfte aus dem Grab heraus[17]. Je größer der Glaube, desto schwächer der Tod[18]. So läßt uns Christus an seinem Sieg teilhaben[19]. Dank ihm sind wir selbst nicht nur ebenfalls Sieger, sondern sogar Herren über Sünde und Tod[20].

der mensch auch leyplich sterb und gantz vorweße zu pulver. Das sacrament odder tzeychen der tauff ist bald geschehen, wie wir vor augen sehen, aber die bedeutung, die geystliche tauff, die erseuffung der sund, weret die weyl wir leben, und wirt aller erst ym tod volnbracht, da wirt der mensch recht yn die tauff gesenckt, und geschicht, was die tauff bedeut. WA 6;535,17–19 = BoA 1;469,30–33 (De capt., 1520): Intelligis ergo, quicquid in hac vita gerimus, quod ad mortificationem carnis et vivificationem spiritus valet, ad baptismum pertinere, et quo brevis a vita absolvimur, eo citius baptismum nostrum impleamus …

[15] [Anm. 207] WA 39,1;356,31–34 (5.Th. R. gg. Ant., 1538): 48. Relative enim, non formaliter aut substantialiter est peccatum sublatum, lex abolita, mors destructa. 49. Et hoc totum propter Christum in hac vita, donec occurramus in virum perfectum, in plenitudine Christi <Eph 4,13>.

[16] [Anm. 208] WA 23;714,7–13 (Pred., 1527): Darumb hat Christu durch seinen unschuldigen tod unsern tod uberwunden, Gleuben wir ynn yhn, so müssen wir sterben, bescharret werden und verfaulen, das forteil aber haben wir, das unser zeitlicher tod ein gang ist zum ewigen leben, so ist der tod, den wir leiden müssen, kein rechter tod mehr, sondern nur ein gemalter tod, und das macht der tod Christi, der unsern tod gefangen hat, Das heist recht den tod mit dem tod uberwinden und gifft mit gifft vertreiben …

[17] [Anm. 209] WA 36;562,6f (Pred., 1532): Omnes, qui credunt in Christum, habent in capite die helfft resurrectionis. 581,5f: Ideo dextero pede schon ex sepulchro.

[18] [Anm. 210] WA 42;256,27–30 (Gen.Vorl,, 1535/45): Credentibus enim mors non est mors, sed somnus quidam. Nam cum terror, stimulus et vis illa mortis abest, non potest dici mors. Quanto igitur maior fides est, tanto mors est imbecillior; Quanto autem fides minor est, tanto mors est acerbior.

[19] [Anm. 211] WA 37;30,25–31,2 (Pred., 1533): … ista persona est deus et homo und hat ein sieg erlangt in sua persona, quae est eterna, et ea sol mein <sein>, modo in eum credam et agnoscam eum pro tali persona, quae haec fecit.

[20] [Anm. 212] 361,9.23 (Pred., 1534): Ideo non solum los a peccato, morte, sed etiam domini … Ideo non solum victores, sed et domini. Auch 360,9–12: s. Kap. XII Anm. 116 [WA 37; 360,9–12].

Gesetz und Freiheit bei Luther

WILFRIED JOEST

Das Gesetz wird da, wo im Evangelium das Kommen der Welt Gottes bezeugt wird, zum Ausdruck des konkreten Einbruchs der oberen in die untere Wirklichkeit. Es bezeichnet gleichsam die Auftreffstellen der kommenden Welt in diesem Äon, bestimmte Punkte, an denen sich das Neue gegen das Alte verwirklichen will. Dabei gewinnt es sein doppeltes Gesicht entsprechend der Spaltung, die das Ich des Menschen im Widerstreit der beiden Welten erfährt.

1. Solange der Christ in dieser Welt ein Sünder bleibt, sofern er also im Augenblick des Kampfes gleichsam noch auf der Frontseite dieses Äons steht, bleibt das Gesetz ihm feindliches, richtendes und tötendes Wort.

2. Sofern der Christ aber eben im Augenblick des Kampfes auch glaubend in Christus sich birgt und in Ihm auf die andere Seite der Front gestellt ist, wird das Gesetz – eben dasselbe Gesetz – zu dem Wort, das sein eigenes Wesen und Wollen ausspricht und an jenen konkreten Auftreffstellen zur Verwirklichung in den Bereich des »Fleisches« hineinruft[1]. Die Weise, wie er als *neuer* Mensch dem Gesetze folgt, schränkt seine Freiheit im Glauben nicht ein, sondern bestätigt sie und bringt sie erst recht in die Wirklichkeit hinein.

Das Gesetz als Paraklese – keine Einschränkung
der *hilaritas* und *spontaneitas* des Glaubens

Diese Ergebnisse sind nun zu bewähren, indem wir sie an der Reihe jener Merkmale entlang überprüfen, die wir im ersten Abschnitt dieser Untersuchung als »Sperrzone« zwischen dem Leben unter dem Gesetz und dem Leben im Evangelium erkannten. Das erste jener Merkmale hatte gelautet: Unter dem Gesetz herrscht Zwang und Druck von außen, und seine Früchte

---

[1] [Anm. 282] Auch E. Seeberg (a. a. O. S. 414f. [Luthers Theologie. Bd. I: Die Gottesanschauung. 1929]) beobachtet diese doppelte Weise, wie das Gesetz dem Christen begegnet. Dem neuen Menschen sagt es nicht, was er soll und muß, sondern was er ist und immer mehr und bestimmter sein darf: »Aus der Forderung wird eine Offenbarung; aus dem Schrecken wird eine Gabe, die Richtung weist; aus der Anklage wird ein Trost ... Davon ist die andere Aufgabe des Gesetzes zu unterscheiden.« Der Christ ist auch Fleisch; »und eben diese fleischliche Natur auch des Christen macht es notwendig, daß das Gesetz weiter gepredigt werde, und daß es weiter auch im Wiedergeborenen sein ursprüngliches Amt des Anklagens und Zerstörens ausübe.«

sind – offen oder geheim – Widerwille und Auflehnung. Unter dem Evangelium herrscht Freiheit, und ihre Früchte sind hilaritas und spontaneitas. Nun ist zu fragen, ob nicht da, wo Luther dem Evangelium ein parakletisches Amt des Gesetzes zugesellt, wein Schritt hinter jene Grenze zurückgetan und die freie Unmittelbarkeit und Freudigkeit des Glaubens gehemmt wird.

Die Antwort ist weithin schon in unseren bisherigen Ergebnissen enthalten. Das Gesetz ist die von außen zwingende Fremdmacht nur so lange, als der Mensch als das in sich geschlossene Ich, als das seiner selbst und seiner Handlungen mächtige ethische Subjekt im Gegenüber von Gott verharren will. Nun aber wird im Glauben an das Evangelium jenes Ich gespalten und gleichsam sich selbst weggenommen. Der Glaubende wird [110] auf die Seite Gottes, und das heißt: auf die Seite des Gesetzes herübergeholt. Christus ist das »ethische Subjekt« des Gehorsams geworden, mit dem der Christ dem Gesetze gehorcht. Der Geist ist es, der in ihm den facta carnis widersteht, die das Gesetz verurteilt[2]. Und so gewiß er selbst, der Christ, zuinnerst und aktiv, hilari et prompta voluntate, an diesem Geschehen beteiligt ist, so wenig er dabei ein magisch Besessener und Getriebener wird, so gewiß ist er in all dem nicht mehr bei sich und mit sich allein, sondern ganz bei Christus und ganz im Geiste. Er ist aus seinem Eigen-Sein herausgenommen, er wird von seinem Ich, das in sich selbst vor Gott – und das heißt immer: gegen Gott – etwas sein möchte, geschieden. Ja, noch mehr: Er wird seinem eigenen Ich als Kämpfer entgegengeschickt[3]. Der Stachel, den das Gesetz als exactio dem Menschen bedeutet, der in sich selbst bleiben will, trifft den Menschen nicht mehr, der in Christus ist. Er wird vielmehr zur Waffe, die seine eigene Sache führt. Der Glaube haßt sein Fleisch[4]; er verfolgt die Sünde aus Liebe und büßt sie mit Lust[5]; er ist in steter Begierde, sie zu töten; ja, er eilt in fröhlicher Bereitschaft dem Sterben entgegen, das ihn ganz von ihr scheiden wird[6]. Und darum kann es nun auch heißen: Er liebt und begehrt das Gesetz[7]. Er hält es für ein auserlesenes und köstliches

---

[2] [Anm. 283] W[A]. LVI, 78,5f.: »Quicumque enim spiritu Dei aguntur, hi sunt filii Dei, ut sunt, qui ex hilari et prompta voluntate i. e. charitate agunt contra facta carnis.« W. 39 I, 526,5ff. (Christus spricht:) »Addam tibi spiritum sanctum, qui faciet te militem, etiam in corde tuo ingentes et inenarrabiles clamores ciet adversus peccatum.«
[3] [Anm. 284] W. LVI, 366,14ff.: »Spiritu Dei agi‹ est libere, prompte, hilariter carnem i. e. veterem hominem mortificare, i. e. omnia contemnere et abnegare, que Deus non est, etiam se ipsos ... sponte relinquere bona et obviam amplecti mala. Quod est non nature, sed spiritus Dei opus in nobis.«
[4] [Anm. 285] W. 39 I, 394, 14ff.
[5] [Anm. 286] W. VII, 345, 20f.
[6] [Anm. 287] W. II, 731, 7f.
[7] [Anm. 288] W. II, 502, 8ff.; 560,22ff.; 528,30ff.; W. 39 II, 134, 6f.; 26f.

Geschenk, das er um nichts in der Welt entbehren möchte, ja, das er, wenn es ihm nicht gegeben wäre, sehnlichst begehren würde[8].

Dies Liebhaben und Begehren des Gesetzes ist das vollendete Gegenteil jedes ethischen Pflichtfanatismus und jeder asketischen Selbstpeinigungslust. Luther steht hier weder bei den Heroen des Mönchtums noch bei Kant. Die Liebe zum Gesetze, die er meint, liegt nicht in der Verlängerungslinie einer mühsam kämpfenden Pflichtgesinnung, sondern sie kommt aus einer allem Pflicht-erfüllen gerade entgegengesetzten Richtung in unser Leben herein. Sie ist nicht in allmählicher Sublimierung aus dem Muß-Gehorsam gegenüber dem Gesetze heraus entwickelt, sondern gerade aus der Befreiung von allem gesetzlichen Gehorchen-müssen geboren:

»Nunquam eo pervenitur operando et laborando, quia operibus et laboribus non impletur, sed desperando de operibus et laboribus. Non enim delectare potest lex ante sui impletionem sed post impletionem. Cum autem operarii id agant operibus suis stulti, ut eam impleant et nunquam de se desperent, necessario fatigantur et laborant frustra. Donec enim apud se inveniunt, quod exactrici legi persolvant, operari ac per hoc inquieti esse et legem odisse non cessant. Ita lex eos exhaurit et fatigat, donec consumat eos in aeternum. Qui autem impotentiam suam experti et insuperabilem legis exactionem confessi de se desperant et ad Christum, unicum legis impletorem, confugiunt, audientes et credentes in eum, ut qui finis est legis ad iustitiam omni credenti – quisquis talis est, hic ante omnia opera sua et sine ulla lege, gratis hac humilitate et fide sua accipit spiritum sanctum, qui non operibus, sed suae virtutis [111] gratia sola accendit novam et dulcem concupiscentiam charitatis et odisse facit concupiscentiam lege prohibitam, quo facto vonluntas iam in aliam mutata intuetur legem domini videtque, eam id ipsum praecipere et prohibere, quod ipsa spiritu succensa et cupit et amat. Ita fit, ut legem sibi per omnia ad votum respondentem non possit non amare« (W. V, 559,1–18).

Dieser den Operationes in Psalmos entnommene Gedankengang faßt in vollendeter Klarheit zusammen, wie Luther das »prompte et hilariter« des Glaubens mit dem Gehorsam gegen das Gesetz zusammenschaut. Als

---

[8] [Anm. 289] W. V, 558, 19ff.: »Veniente autem spiritu, qui amorem praecepti accendit, non modo non contemnitur aut oditur, sed inter praeciosissima et electissima habetur. Tunc enim vere fit praeceptum Domini electum, ita ut pro nulla re mundi nolint ipsum esse positum, ac si positum non esset, summe optarent poni.« Ebda. Z. 31ff.: »Amantes autem, qui cupiditates foedissimas esse ducunt, nihil habent electius et praeciosius praecepto Domini, quod tam foedas res non modo ostendat aut testetur, sed etiam penitus prohibeat et non esse iubeat. Delectantur enim esse eas prohibitas rigidissime et contrarias res esse exactas instantissime.« Vgl. auch W. II, 537, 14ff.

Obersatz wird zunächst sehr deutlich festgestellt: *Liebe* zum Gesetz kann es nur geben durch die totale *Befreiung* vom Gesetze hindurch. Solange das Gesetz etwas von uns einfordert, was wir noch nicht haben, bleibt es der Feind, der uns quält und erschöpft bis zur völligen Auszehrung. Solange wir durch Gesetzes-Gehorsam etwas werden wollen, was wir noch nicht sind, betreiben wir eine Sisyphusarbeit, die nur mit der Verzweiflung enden kann. Nur das *erfüllte*, nicht das *zu erfüllende* Gesetz können wir liebhaben und begehren. Christus ist und bleibt der einzige Erfüller des Gesetzes – aber nun nicht so, daß seine Erfüllung uns die unsrige erspart, sondern so, daß er uns in sein Erfüllen hineinnnimmt: An Christus glauben heißt seinen Geist empfangen. Der Geist aber »accendit novam et dulcem concupiscentiam charitatis et odisse facit concupiscentiam carnis«. Wo unsere *Prätention*, dem Gesetze gehorchen zu können, gestorben ist, da – sind wir nicht etwa von der Notwendigkeit des Gehorsams dispensiert, sondern – da ist die *Kraft* der Erfüllung in uns geboren. Wo wir unser Ich, und zwar gerade unser *ethisches*, Gehorsam leistendes, Pflicht erfüllendes, sich selbst überwinden wollendes Ich an Christus verloren haben, da ist uns ein anderes Ich gegeben: ein Ich, das sich selbst überwunden *hat*, das auf der anderen Seite *steht* und darum carnem mortificare kann und muß nicht in asketischer Selbstzerreißung, sondern aus eigenstem Lebenstrieb. Da ist uns die gelöste Freude am Gesetze gegeben, – an einem Gesetze, das nicht mehr gegen, sondern mit uns ist. Es bleibt auch nun eine Askese, aber sie ist von der Askese des ethischen Rigoristen durch einen Abgrund geschieden. Denn diese bleibt in all ihrer Stellungnahme gegen das eigene Selbst überspannt von dem einen Ich, das sich ethisch behaupten will. Darum kann die mortificatio, die hier geübt wird, nur Qual und Unlust bedeuten, ja, sie wird im letzten Grunde nie anders als geheuchelt und gelogen sein. Im Glauben aber ist jener überwölbende Ichbogen gesprengt; nun kann ein *neues* Ich gleichsam in freier Feindschaft dem alten entgegentreten. Wer zuerst und zuletzt auf der Seite des Siegers geborgen ist, der erst ist frei zum wirklichen Kampfe gegen sich selbst. Ihm ist es gegeben, Askese zu üben nicht mehr im Widerspruch, sondern in Einheit mit jener hilaritas jenseits aller mühsamen Selbstüberwindung, die Luther dem Glauben zuschreibt.

[112] Es bleibt eine letzte Frage: Hat Luther mit dem Glauben, den er ex instinctu[9], sine praemeditatione[10], ohne Lesen und Wählen[11] das Rechte

---

[9] [Anm. 290] W. 17 I, 231,5.
[10] [Anm. 291] W. XIV, 111, 32.

tut, der sich selbst Dekaloge machen kann, die klarer sind als der mosaische, nicht doch noch etwas Anderes und Höheres gemeint als die Haltung des Christen, der mit freudiger Zustimmung dem Gesetze – immerhin noch dem vorgegebenen, gesagten und gehörten *Gesetze* – gehorcht? Wenn schon die hilaritas des Glaubens in solchem Gehorsam ungebrochen lebendig sein kann – ist auch seine spontaneitas in ihm bereits voll verwirklicht? Oder stehen wir mit dem, was Luther vom parakletischen Amt des Gesetzes zu sagen hat, doch noch bei einer Vorstufe, der ein Letztes fehlt, einem Gehalten- und Gebundensein, das erst noch der vollen Freiheit harrt?

In der Tat scheinen manche Aussagen in diese Richtung zu weisen: »*In futuro* enim est, ut plene Deo vivamus et lege mortui simus.«[12] »In *futura* autem vita non habebimus legem, sed erimus iusti et sancti sicut angeli.«[13] »Cum *resuscitabimur,* (lex) abolebitur simpliciter, non docebit nos nec quicquam a nobis exiget.«[14] Das könnte so verstanden werden, als sei jene hilaritas des Gehorchens, sofern sie es noch mit dem *Gebot* zu tun hat und diesem Gebot gehorcht, eben darin etwas Vorläufiges, über dem eine noch höhere Freiheit steht: die erst in der futura vita eintretende spontaneitas, die nun wirklich keines Gesetzes mehr bedarf. Aber andererseits sagt Luther von dieser futura vita, und zwar in unmittelbarem Zusammenhang mit der zuletzt zitierten Stelle, in ihr werde das Menschengeschlecht wieder eingesetzt: »*in amissam* illam innocentiam et *oboedientiam legis iucundam, quae erat in Paradiso.*«[15] Und von Adam heißt es: »Cum primus conditus esset, non solum ei lex possibilis, sed etiam iucunda erat. Hanc oboedientiam, quam requirebat lex, summa voluntate ac laetitia animi praestabat, et quidem perfecte.«[16] Der fröhliche Gehorsam, der jetzt und hier im »Regieren des eigenen Leibes« und im »Umgehen mit Leuten« zu üben ist, wird also – gewiß auf andere, für uns jetzt unvorstellbare Weise – auch in der Vollendung geübt werden, wie er schon im Anfang geübt wurde. Er gehört nicht nur in den status viatorum, sondern auch in den Ur- und Endstand hinein. Der Christ hat, indem er ihn übt, hier nicht weniger, als er in der Vollendung haben wird und als Adam im Paradies gehabt hat. Luther empfindet offenbar keinen Abstand zwischen dem, was er oboedientia iucunda nennt, und der spontanen Freiheit des Glaubens. Es sei denn, daß

[11] [Anm. 292] W. 10 I 1, 295, 3; vgl. Holl, Luther, S. 234 [Karl Holl: Gesammelte Aufsätze zur Kirchengeschichte, Bd. I: Luther. 2. und 3. Aufl. 1923].
[12] [Anm. 293] W. II, 498, 37f.
[13] [Anm. 294] W. 39 I, 510, 14f.
[14] [Anm. 295] Ebda. 375, 2f.
[15] [Anm. 296] Ebda. 375, 4f.
[16] [Anm. 297] Ebda. 364, 10ff.

diese oboedientia, solange wir im irdischen Leben stehen, ihren *Stoff* gleichsam am Kampf gegen den alten Menschen hat, der *dann* nicht mehr sein wird[17]. Aber oboedientia wird auch dann noch sein, wenn dieser Kampf zu Ende gekämpft ist; und Freiheit ist auch hier schon mitten im Kampf. Beides, das freudige Hören und Erfüllen des Gebotes und die Unmittelbarkeit und Freiheit des Glaubens, liegt also grundsätzlich in eins.

[113] Wir erinnern uns nun jener »offenen Stelle« in Luthers Aussagen über die spontaneitas des Glaubens, die uns schon zu Beginn unserer Untersuchung aufgefallen war und uns davor gewarnt hat, hier schlechthin die Entgegensetzung einer instinkthaft-unbewußten gegen eine willentlich-beflissene Haltung zu sehen. Was Luther mit jener spontaneitas meint, steht jenseits solcher psychologischen Unterscheidungen und Alternativen. Sie bedeutet für ihn kein mystisches Ineinander von Mensch und Gott, aus dem mit gleichsam schlafwandlerischer Sicherheit das Rechte sich von selbst ergäbe. Vielmehr bleibt auch in ihr ein letztes Gegenüber bestehen. Aber es ist nicht mehr ein Gegenüber der feindlichen Spannung, sondern der seligen Übereinstimmung[18]. Nicht darin besteht die Freiheit des Christen, daß er des Wortes Gottes nicht mehr bedarf, sondern dies ist die Krone seiner Freiheit, daß er dieses Wort hören und zu ihm ein innerstes Ja sprechen darf. Der Christ ist nicht mehr Person-gegen-Gott. Aber das heißt nicht, daß er in Gott unterginge, sondern daß er nun *für* Gott und *aus* Gott Person sein darf. Seine spontaneitas ist Unmittelbarkeit nicht blinden Getriebenseins, sondern persönlich-freier Bejahung. Das Gesetz, das ihm gleichsam den Stoff zu solcher Bejahung darbietet, schränkt seine Freiheit nicht ein, sondern entbindet sie zur Wirklichkeit[19].

[17] [Anm. 298] Vgl. die eigentümlich doppelte Beleuchtung, in der die Dienstbarkeit des externus homo in De lib. christ. erscheint. Auf die Frage, warum der Glaube nicht von jeglichem Dienste befreit sei, antwortet Luther zunächst: »Sic haberet res ista, si penitus et perfecte interni et spirituales essemus, quod non fiet nisi in novissimo die« (W. VII, 59,28ff.). Hier scheint es so, als sei das Dienen und Gehorchen eine irdische Notwendigkeit, die am jüngsten Tag aufgehoben wird, und also eine voläufige Einschränkung der vollen libertas christiana. Kurz danach aber erläutert Luther das Verhältnis von Freiheit und Dienst mit dem Stande Adams im Paradies: »Debent opera hominis christiana per fidem ... non alio loco haberi quam opera fuissent Adae et Evae in Paradiso ... quae fuissent opera vere liberrima ... « (W. VII, 61,2). Also liegt doch wohl nicht im Empfangen des praeceptum und in der iucunda obedientia als solcher das vorläufige und einschränkende Moment, sondern in der Richtung des praeceptum und der obedientia auf die mortificatio carnis.

[18] [Anm. 299] Vgl. E. Seeberg a. a. O. S. 199: »Das Gesetz bleibt, aber es hat eine neue Form gefunden in der die alte Form des »Du sollst« aufgehoben ist, wenn auch der Inhalt ... bleibt. So können und müssen Herz und Gesetz in der Liebe zum Gesetz eins werden.«

[19] [Anm. 300] Gegen *Holls* Feststellung, nach Luther sei die Freiheit vom Gesetze die wahre Sittlichkeit (a. a. O. S. 222), wahres sittliches Handeln gebe es erst dann, wenn das Gute instinktmäßig als die einzige Möglichkeit ergriffen werden (ebda. S. 234), macht *Hußfeldt*

Das Gesetz als Paraklese – keine Wiederaufrichtung des Leistungsprinzips

Nun erinnern wir uns des zweiten jener Merkmale, durch die wir das Leben unter dem Gesetze vom Leben des Glaubens geschieden fanden: Das Gesetz fordert aktive Leistung – der Glaube ist reines Empfangen von Gott; und gerade darum *ist* er die Gerechtigkeit, die das Gesetz nicht erreicht. Denn im Empfangen wird Gott als der alleinige Wirker und Geber des Guten geehrt und damit das erste Gebot, das Gebot aller Gebote, erfüllt. Wieder haben wir zu fragen, ob Luther nicht mit dem, was er über das Gesetz als Paraklese sagt, hinter jene Grenzlinie zwischen Leisten und Empfangen zurückgeht in ein Gebiet, das er mit der Erkenntnis des Glaubens als Gegenpol aller menschlichen activitas grundsätzlich verlassen hatte.

Luther selbst richtet in der Galater-Vorlesung 1531 bei der Auslegung von Gal. 5,13ff. eine ähnliche Frage an Paulus: Hat der Apostel hier, wo er vor dem Mißbrauch der Freiheit warnt und den Dienst der Liebe fordert, seine »superior disputatio de fide« vergessen, nimmt er das Wort vom Empfangen der Gerechtigkeit allein durch den Glauben zurück?

Von Gal. 5,16 her wird die Antwort gefunden. Das »ambulate spiritu«, das dort steht, ist ja die große Überschrift, die umfassende Klammer für alle apostolischen Mahnungen. Nun kann Luther feststellen:

»Non igitur oblitus est caussae iustificationis, nam cum iubet eos spiritu ambulare, manifeste negat opere iustificare, quasi dicat: [114] Cum de impletione legis loquor, non hoc volo, quod lege iustficamini, sed hoc doco, quod duo contrarii Duces sunt in vobis, Spiritus et Caro. Deus suscitavit in corpore vestro rixam et pugnam. Spiritus enim cum carne luctatur et vicissim caro cum spiritu. Hic nihil exigo a vobis neque enim plus potestis praestare, nisi ut sequentes ducem Spiritum resistatis Duci Carni« (W. 40 II,81, 33ff.)

(Studien zum Problem des Gesetzes usw. [Studien zum Problem des Gesetzes in der Theologie Luthers. Diss. Kiel 1939], S. 66f.) geltend, Luther lehre den terius usus legis – und zwar nicht erst gegen die Antonomer, sondern schon 1520 im Sermon von den guten Werken. Das Handeln des Christen ergebe sich also für ihn nicht instinktmäßig und ohne Weisung. Die christliche Freiheit sei nicht Gegebenheit und Quelle, sondern Aufgabe dieses Handelns. Die völlige Autonomie im Sinne Holls sei ein letztes Ideal, nicht die erreichte Form des Christenstandes. Dazu ist kritisch zu sagen, daß jenes Handeln, das nicht instinktmäßig und ohne Weisung geschieht, bei Luther nicht eine vorläufige Stufe des Christ-seins ist, hinter der die völlige Freiheit ein ideales Fernziel bliebe. Vielmehr liegt das Handeln auf Weisung im Sinne der obedientia iucunda für ihn mit der völligen Freiheit in eins, und zwar im Ur- und Endstand ebenso wie im irdischen Wirken des Christen.

Wieder liegt in dem »Subjektwechsel«, der im Glauben geschieht, der Ansatzpunkt, von dem aus alles gesehen werden muß. Mit der Sprengung des ethischen Subjektes ist auch die Verbindung von Gesetzesgehorsam und Leistung gesprengt. Das Aktionszentrum dieses Gehorsams ist nicht mehr das Ich des Menschen im Gegenüber von Gott, sondern der Geist, der die *Führung* ergriffen hat. Darum sind die Taten, die nun geschehen, keine Leistungen, die der Mensch für Gott zu vollbringen hat und die er als vollbrachte sich zuschreiben könnte. Sie sind vielmehr die Taten des Geistes, die ihn, den Menschen, gleichsam in ihren Dienst stellen. Sofern der Christ im Glauben lebt, ist er in diesen Taten der Mitgenommene und Geführte – sofern er im »Fleische« lebt, ist er in ihnen der Bekämpfte und Ertötete. Auf keinen Fall ist er in ihnen der Leistende, [sic!] Das Gebot, das zu ihnen ruft, lautet also: Du sollst dich von Gott zu *seinem* Tun mitnehmen lassen. Wo diesem Gebot gehorcht wird, da ist Gott der Täter, wir aber das Instrument. Unsere Aktivität dabei – so kann Luther gelegentlich fast überspitzt formulieren – ist die Aktivität des Schwertes, das von einem Andern geführt wird[20].

Wo Luther inhaltlich auf die Werke des neuen Gehorsams eingeht, betont er dementsprechend besonders ihre passive Seite. Es ist etwa daran zu denken, wie er das dritte Gebot über die unmittelbare Beziehung auf das Halten des Feiertages hinaus stets so auslegt, daß es die Feier von unsern Werken überhaupt gebietet und uns den Werken Gottes mit uns stillhalten lehrt[21]. Der Imperativ des christlichen Lebens lautet für ihn immer wieder: Du sollst Gottes Tun mit dir *erleiden*! Das aber heißt – weit entfernt von allem bequemen Quietismus: Du sollst dir von Gott *wehe tun lassen*[22]! Die eigenen Werke können ja nur so zur Ruhe gebracht werden, daß sie bekämpft und getötet werden. Gott bekämpft und tötet sie in dem, was er uns an Leid und Unglück widerfahren läßt wie in dem, was er uns selbst im Kampf gegen das Fleisch tun heißt[23]. Sich in Gottes Tun hineinnehmen lassen bedeutet hier konkret: Sich das Kreuz, das Gott schickt, mit – fast möchte man sagen: aktiver Freude gefallen lassen. Sich selbst da weh tun, wo Gott dazu ruft und führt – nicht in großartigen und nach außen glänzenden asketischen Programmen, die man selbst aufstellt, sondern gerade da, wo und nur so weit, wie *Gott* in diesem Augenblick sein Werk der Übung an uns treiben will. Die Passivitas, die so der aktiv-selb-

---

[20] [Anm. 301] W. V, 177,21–27
[21] [Anm. 302] W. VI, 244,3 ff.; W I, 436,16 ff.
[22] [Anm. 303] W. VI, 244,14 ff.
[23] [Anm. 304] Ebda. Z. 27 ff.

ständigen sittlichen Lebensführung entgegengesetzt wird, ist eine Passivitas sehr herber Art – weit entfernt von allem Leistungsstreben, aber ebenso weit entfernt von einem sanften Ver-[115]sinken in kontemplativer Ruhe. Der Ton liegt in ihr nicht auf dem Entbundensein von eigenem Tun, sondern auf dem bejahenden Sich-widerfahren-lassen von Gottes Tun. Und eben indem dieses Sich-widerfahren-lassen ein bejahendes und wollendes ist, ist in ihm auch ein Moment der Aktivität verborgen; einer Aktivität freilich, die von der vita activa unter dem Gesetze dadurch unterschieden ist, daß sie nicht mehr auf die Selbstbehauptung des »ethischen Subjektes«, sondern auf die Behauptung Gottes gegen das eigene Ich gerichtet ist.

Nicht anders ist es dort, wo Luther die Werke des Glaubens nach der positiven Seite beschreibt. Es geht ja in ihnen nicht nur darum, den Abbau des eigenen Willens und der eigenen Werke zu erleiden, sondern auch darum, mit der Tat dem Nächsten zu dienen. Noch stärker scheint hier in das Empfangen von Gott, das Wirken-lassen des Geistes ein Moment des eigenen Wirkens hineinzugehören. Aber Luther betont stets: Dieses Wirken sucht nicht Lohn und Verdienst, sondern es geschieht gratuito affectu[24]. Es ist ein Wirken selbstvergessener Sachlichkeit im höchsten Sinne. Soweit dabei dem *Menschen* activitas zukommt, ist diese gleichsam anonym geworden. Wohl tut er etwas; aber das ist ein Tun, bei dem weder die Qualität der Tat noch er selbst als der qualifizierte Täter, sondern nur noch das Ziel der Tat: die Ehre Gottes und die Notdurft des Nächsten, vor Augen steht; ein Tun, das darum von aller gesetzlichen Leistung grundsätzlich verschieden ist.

Luther kehrt mit dem, was er von dem parakletischen Amt des Gesetzes sagt, also nicht zum Prinzip aktiver Leistung zurück. Der Imperativ dieses Gebotes lautet ja: Du sollst in Leiden und Handeln dich von dir selbst lösen und in Gottes Tun hineinstellen lassen. Er bleibt damit von dem Indikativ des Alleinwirkens Gottes umfaßt. Auf der anderen Seite ist die Passivität, zu der hier gerufen wird, keine kontemplative Ruhestellung, auch kein willenloses Sich-treiben-lassen. Wieder erinnern wir uns der »offenen Stelle«, die wir im ersten Abschnitt dieser Arbeit in Luthers Aussagen über die passivitas des Glaubens fanden und die uns hinderte, in der Entgegensetzung gesetzlichen und evangelischen Lebens die Abwertung des aktivistischen zugunsten eines quietistischen Lebensideales zu finden. Schon dort sahen wir die Alternative »selbstbewußtes Handeln – passives Getrieben-

---

[24] [Anm. 305] W. V, 169,1–5: » ... ut homo operibus suis exutus discat in solum deum fidere et opera bona facere iam non sibi tamquam merita quibus praemium quaerat, sed gratuito et libero spontaneoque affectu placendi deo ... «

werden« gesprengt und ahnten, daß Luther ein Drittes, Höheres meint: Ein Tun, das nicht Leistung ist, weil es von dem reflektierten Wissen um sich selbst befreit ist, und das dennoch wirkliches konkretes Tun ist[25].

[25] [Anm. 306] C. *Stange* ist in seinen an Luther orientierten ethischen Abhandlungen bei der falschen, im Grunde rationalen Alternative stehen geblieben: entweder aktives Leisten und Verdienen oder passives Empfangen. Er sieht das Wesen der reformatorischen im Gegensatz zu aller rationalen Ethik darin, daß an Stelle des Strebens und Tuns das Stille-Halten und Empfangen tritt. Vgl. folgende Sätze aus »Die Heilsbedeutung des Gesetzes« [abgedruckt in: Stange, Studien zur Theologie Luthers. 1928]: »Das Wesen des natürlichen Menschen findet darin seinen Ausdruck, daß er immer etwas sein und etwas gelten will ... Der natürliche Mensch sieht den sittlichen Willen als einen fordernden Willen an, und es kommt ihm dabei gar nicht zum Bewußtsein, daß es Hochmut ist, zu meinen, Gott könne vom Menschen etwas fordern« (62). » ... als ob überhaupt der Mensch imstande sei, Gott gegenüber etwas zu leisten. Als ob es nicht vielmehr selbstverständlich sei, daß den Willen Gottes immer nur Gott selbst erfüllen kann, aber niemals der Mensch« (62/63). Gott »will nicht, daß wir für ihn etwas tun, er will an uns etwas tun« (70). Hier sind Kerngedanken Luthers aus ihrer inneren Bewegtheit herausgerissen und in ein statisches System gebracht. – Luther, das sahen wir, ging es in der Tat darum, daß unsere activitas an ihren Nullpunkt geführt werde. Aber an einen Nullpunkt, der nun und immer wieder zum Quellpunkt einer neuen Bewegung wird, die gerade umgekehrt unserer natürlichen Bewegungsrichtung verläuft, die aber dennoch, und nun erst recht, Bewegung, Tun, Leben ist. Gott will nicht, daß wir für ihn etwas tun, er will an uns etwas tun – gewiß. Aber sein Tun an uns macht uns dazu lebendig, daß nun auch wir mit ihm, in ihm etwas tun. Das hat Stange übersehen: die aktive passivitas des Glaubens, die *oberhalb* der psychologischen Alternativen liegt, weil sie unbedingt sui generis ist, hat er nicht erkannt. Die Folgen seiner kurzschlüssigen Auswertung lutherischer Grundgedanken werden besonders sichtbar, wo er auf das Verhältnis von Mensch zu Mensch zu sprechen kommt: » ... daß wir zu persönlicher Gemeinschaft mit ihnen (den Menschen) nicht gelangen durch das, was wir ihnen tun oder sind, sondern durch das, was wir von ihnen empfangen. Das sittliche Ideal des Christentums unterscheidet sich von dem sittlichen Ideal des natürlichen Menschen dadurch, daß es grundsätzlich den sittlichen Wert nicht in dem Tun oder in den Leistungen des Menschen sieht, sondern in seiner Fähigkeit, von anderen zu nehmen und sich geben zu lassen. Während sich der natürliche Mensch einbildet, dem Anderen etwas sein zu wollen, lernen wir Gott gegenüber, daß die persönliche Gemeinschaft von der Fähigkeit und Willigkeit des Nehmens abhängt« (73). Hier wird man in der Tat, wie *Thieme* (»Der Geist der lutherischen Ethik in Melanchthons Apologie« [1931], S. 6) kritisch bemerkt, an das »Geben ist seliger denn Nehmen« des Neuen Testamentes erinnert, zu dem die zitierten Sätze in einen merkwürdigen Widerspruch treten.
Wenn aber Thieme dieser »hyperevangelischen« Ethik gegenüber nun eine Lanze für den Begriff der Leistung bricht und zu dem Satze kommt: »der Glaube soll den neuen Gehorsam *leisten*« (a. a. O. S. 32), so scheint mir auch dies mindestens terminologisch bedenklich. Die Überwindung der Sicht Stanges darf nicht in einer wenn auch noch so sublimierten Verlängerung der natürlich-ethischen Grundrichtung, sondern sie muß in deren Umkehrung gesucht werden. Jener Passivitätsethik kann keineswegs so gewehrt werden, daß man sie nach der Seite des menschlichen Leistens hin *unter*bietet, sondern nur so, daß man sie nach der Seite der Aktivität Gottes hin *über*bietet. Sie geht – verglichen mit Luther – nicht zu weit, sondern sie bleibt auf halbem Wege stehen. Gott schenkt nicht weniger, sondern mehr, als Stange meint: nämlich nicht dies, daß man für Gott nichts mehr zu tun braucht, sondern dies, daß man in Gottes Tun Mit-Täter sein darf.

Nun kennen wir das Geheimnis jenes Höheren, Dritten, das mit psychologischen Etikettierungen und Entgegensetzungen nicht mehr zu fassen ist. Es ist wiederum nichts anderes als was auch die spontaneitas des Glaubens und das Hören des Willens Gottes im Worte zusammenband: Im Glauben an Christus ist der Mensch von seinem Subjekt-sein im Gegenüber von Gott befreit (– nur auf dem Boden jenes eigenständigen Subjekt-seins hat ja die Alternative Aktivis-[116]mus – Quietismus überhaupt einen Sinn –), und er ist dennoch in seinem Person-sein nicht ausgelöscht. Bedeutete die spontaneitas des Glaubens auf dem Boden dieser Tatsache: zu Gottes Willen Ja sagen dürfen, so bedeutet seine passivitas nun: Gottes Taten mit-wollen und mit-tun dürfen. Sofern das Gesetz zu solchem Mit-wollen und Mit-tun ruft, und ihm wiederum gleichsam den Stoff und die Möglichkeit zur Verwirklichung darbietet, ist es nicht eine Einschränkung der Alleinwirksamkeit Gottes zugunsten einer nun doch noch notwendig gewordenen Leistung des Menschen, sondern es enthüllt diese Alleinwirksamkeit in ihrer ganzen lebendigen und lebendig machenden Kraft. Denn der Zuspruch dieses Gesetzes lautet nicht: Gott hat dir viel getan – nun muß du auch etwas tun!, sondern: Gott gibt dir *alles* in seinem Wirken – auch dies, daß du selbst wirken darfst[26].

---

[26] [Anm. 307] Es wäre in diesem Zusammenhang auch an den Exkurs über »facere theologice« und »facere moraliter« in der Galater-Vorlesung 1531 (W. 40 I, 409–422) zu erinnern. Das Ausgangsproblem ist dort, ähnlich wie in der zu Eingang dieses Abschnitts zitierten Erwägung zu Gal. 5,13, die Frage, ob nicht die apostolischen Imperative das »sola fide« wieder entkräften. Luther antwortet: Es ist zu unterscheiden zwischen den Stellen, wo die Schrift vom Glauben »absolute et abstractive« redet, und denjenigen, wo das vom Glauben Gewirkte und wesentlich mit ihm Zusammenhängende mitgenannt wird. Zum Glauben aber gehört das Wirken – der Glaube ist wirksame und wirkende Kraft. Jene Imperative reden nicht weniger vom Glauben als es die Sola-fide-Stellen tun; sie reden aber so von ihm, daß sie das zu ihm gehörende Werk besonders in den Vordergrund stellen. Andererseits bleibt das Werk stets vom Glauben und das heißt: vom Empfangen des Werkes Gottes umschlossen – »est ergo fides Fac totum in operibus« – und gerade darum von allem ethischen Menschenwerk ganz verschieden. »In theologia plane fiunt nova vocabula et acquirunt novam significationem« (W. 40 I, 418, 16f.). Das facere, von dem die apostolischen Imperative reden, ist facere theologice und nicht facere moraliter. Es gehört im Evangelium und Glauben zusammen und ist dem Gesetz entgegengesetzt.

Politia Christi

Das Problem der Sozialethik im Luthertum[1]

ERNST WOLF

Man ist heute – weithin wenigstens – gewohnt, die entscheidende »Errungenschaft« der Reformation, ihr eigentliches Erbe in der »Lehre« zu sehen, in dem recte docere evangelium und im pure administrare sacramenta. Zum Selbstbewußtsein der Reformation aber und zu ihrem Anspruch, »in und von« der Kirche Jesu Christi zu sein, gehört noch ein Drittes, das dem reinen Wort und dem rechten Brauch der Sakramente durchaus gleichgeordnet ist. Luther selbst hat es immer wieder betont: »Unsere Kirche ist von Gottes Gnaden der Aposteln Kirche am nähesten und ähnlichsten; denn wir haben die reine Lehre, den Katechismus, die Sacrament recht, wie es Christus gelehret und eingesetzt hat, auch wie man Welt- und Hausregiment brauchen soll« (WA Tr 4, 4172). In den Schmalkaldischen Artikeln, also neben jener in ihrer Gelegentlichkeit bezeichnenden Tischrede in einer wohlüberlegten »Denkschrift«, lautet es nicht anders: »denn unser Kirchen sind nu durch Gottes Gnaden mit dem reinen Wort und rechtem Brauch der Sakrament, mit Erkenntnis allerlei Ständen und rechten Werken also erleuchtet und beschickt, daß wir unserhalben nach keinem Concilio fragen und in solchen Stücken vom Concilio nichts Bessers zu hoffen noch zu gewarten wissen« (Bek. Schr. 411, 20). Worum es dabei geht, und inwiefern sich gerade auch darin die in der Rechtfertigungslehre formulierte neue Christuserkenntnis auswirkt, läßt die Gegenüberstellung zweier Sätze zunächst ahnen: Thomas von Aquino: »Ridiculum est enim secundum virtutes politicas Deum laudare, ut dicit philosophus in 10. Ethic., cap. 8.« (S Th I q 21 a 1 ad 1) – Luther: »Omnes ordinationes creatae sunt dei larvae, allegoriae, quibus rethorice pingit suam theologiam: sol alls Christum in sich fassen« (WA 40 I, 463).

Für »politia Christi« kann man im modernen Sprachgebrauch vorläufig einsetzen: »christliche Sozialethik«; »Sozialethik« meint dabei aber nicht

[1] Vortrag auf der Tagung der Kirchl. Theol. Arbeitsgemeinschaft für Deutschland und der Gesellschaft für Evangelische Theologie, Bad Boll, 24. Juni 1947; in seinem ersten Teil eine Umarbeitung meines in dem ökumenischen Sammelband »Kirche, Bekenntnis und Sozialethos« (Genf 1934) S. 52–79 abgedruckten Berichts auf der theologischen Studientagung in Genf, August 1932, »Zur Sozialethik des Luthertums«.

nur die grundsätzlich-normative Regelung der Beziehungen des einzelnen Menschen zu seinen Mit- und Nebenmenschen – davon handeln alle lutherischen Ethiken zumindest unter dem Titel [215] der Liebe in ihren Tugendlehren –, sondern »Sozialethik« ist bestimmt durch die Anerkennung des Vorhandenseins und der sittlichen Verbindlichkeit gewisser gesellschaftlicher und die Gesellschaft betreffender Anordnungen und Einrichtungen in der Menschheit; und als »christliche Sozialethik« ist der damit umschriebene Aufgabenkreis im besonderen gekennzeichnet 1. durch das Problem des Verhältnisses zwischen Reich Gottes und sozialer Welt; 2. durch die wirkliche Kirche in den Kirchentümern als Subjekt des sozialethischen Handelns; 3. durch die Stellung dieses Handelns im Rahmen einer »Interimsethik« zwischen Schöpfung und Vollendung. Sofern nun das Reich Gottes, das regnum Christi, nach der Auffassung Luthers wesentlich zusammenfällt mit der »remissio peccatorum zwischen got et homines et inter homines quoque« (WA 15, 724, 3), ist die »Sozialethik« hier nicht ein Teil der Ethik neben einer »Individualethik«, sondern sie hat dem zu entsprechen, daß der Christenmensch nur im Zusammenhang der Gemeinde existiert und gedacht werden kann, daß Kirche im Licht des regnum Christi und remissio peccatorum dasselbe bezeichnen (vgl. WA 28, 182)[2].

[216] Damit ist der Ort einer lutherischen Sozialethik ziemlich umfassend angegeben. Wenn gleichwohl bis heute es noch keine echt und überzeugend durchgeführte »Sozialethik« des Luthertums gibt, so hat das seinen Grund darin, daß die reformatorischen Ansätze hiezu alsbald »individualistisch-quietistisch« mißverstanden wurden, und daß die z. T. hiehergehörigen Gedanken Luthers im einzelnen in ihrer weithin eben zeitbedingten Gestalt zu einer den Problemen der Gegenwart immer ferner rückenden Sozialtheorie zusammengestellt wurden. Dennoch fehlt es nicht, namentlich seit dem ersten Weltkrieg, an Bemühungen innerhalb des deutschen Luthertums, eine »lutherische Sozialethik« zu gewinnen und sie als einen Beitrag zur Überwindung der Nöte des ganzen gesellschaftlichen Daseins zu gestalten. [...]

[230] Eine lutherische Sozialethik darf sich aber andererseits nicht hinter eine existenzialistische Verbiegung der Erkenntnis von der Kontingenz der Rechtfertigung und der Berufung des einzelnen Christen zurückziehen, denn einmal gehört die Gemeinschaft der Kirche als einer der die Sozialethik wesentlich bestimmenden Faktoren zum Wort der Berufung

---

[2] [zu Anm 2. Anm. d. Hg.: es folgt eine längere Anmerkung zu Eino Sormunen, Die Eigenart der lutherischen Ethik (Annales Acad. Scient. Fennicae B XXIX, 1, 1934)].

hinzu, und sodann hat die lutherische Sozialethik, wenn auch nicht nach
einem allgemeingültigen Ideal, so doch nach den allgemeinen, den einzelnen in der Gesellschaft betreffenden Zuständen und nach den in ihnen
laut werdenden konkreten Aufgaben zu fragen, sofern eben Beruf gerade
auch das Hineingestelltwerden in den Zusammenhang dieser Welt bedeutet unter dem allgemeinen Gebot des gehorsamen Gottesdienstes und
darum von den Lebensformen des weltlichen Daseins her immer bezogen
auf das Reich Christi und umgekehrt. Was heißt das?

II.

Das sozialethische Handeln macht im eigentlichen Sinne die »*Heiligung*«
für Luther aus. Was er darüber in dem Traktat »De libertate christiana«,
d. h. über die »christliche Ethik« ausführt, hat die Apologie mit dem bereits genannten Satz zusammengefaßt: evangelium »praecipit, ut praesenti-
bus legibus obtemperemus, sive ab ethnicis, sive ab aliis conditae sint, *et
hac obedientia caritatem iubet exercere*« (XVI, 3, vgl. IV, 189ff.). Man darf
das freilich nicht mißverstehen, indem man etwa von da aus als sozialethisches Grundprinzip den »Dienst am anvertrauten Leben«[3] oder, unter
dem Titel des »Schöpfungsglaubens«, das »Verantwortlich-je-an-den-An-
dern-gebunden-sein«[4] ableitet; und es ist auch noch keine scharfe Erfassung dessen, worum es Luther hier geht, wenn man, z. T. gewiß richtig,
formuliert: Luther habe »dem Evangelium seine Bedeutung gegeben für
die Menschheit: wohin es kommt, deckt es den Sinn des Zusammenlebens,
das Ziel der Ge-[231]schichte auf in Familie, Beruf, Volk und Staat,
›erfüllt‹ es den Torso des natürlichen Sittengesetzes zum Ganzen ... das
bedeutet, daß uns das Evangelium mit neuem Nachdruck in diese Lebensordnungen hineinstellt: in ihnen und nur in ihnen kann der Mensch Gott
dienen, jeder andere Dienst fällt unter das Verdikt der selbstgewählten,
gottfremden Frömmigkeit, jede natürliche Ordnung aber ist geheilt und
geheiligt durch den evangelischen Glauben«[5]. Das Entscheidende ist, daß
im Bereich der »Heiligung« der Christenmensch – gewiesen an diese Welt

---

[3] [Anm. 32] P. Althaus, Luther und das öffentliche Leben = Zeitwende 1946/47, 129ff., dazu
E. Wolf, Zur Selbstkritik des Luthertums, 126, Anm. 30.

[4] [Anm. 33] F. Gogarten, Politische Ethik, 1932, 167ff.; ders.: Die Schuld der Kirche gegen
die Welt, 1929, 35: »Das, was wirklich ein Stand ist, das ist so geordnet, daß alles, was ein
Mensch in ihm tut, dem anderen zunutze geschieht, durch dessen Anspruch er ist, was er in
seinem jeweiligen Stand ist.«

[5] [Anm. 34] E. Kohlmeyer, Die Geschichtsbetrachtung Luthers = Arch. Ref. Gesch. 37,
1940, 166f.

als den Ort seiner Bewährung – seine Bestimmung erfüllt als »Mitarbeiter Gottes«. Diese Mitarbeiterschaft aber schließt den völligen Verzicht auf das anspruchsvolle, gegen Gott gesetzte »feci«, auf den »schöpferischen Selbstand« des Menschen ein. »Das ist vitium humanae naturae, quod non putat creationem et dona, sed vult ein feci draus machen« (WA 47, 857). Daraus folgt, daß es für den Christenmenschen kein »privates« Dasein gibt[6]. Die ganze Heilige Schrift zeige: »quod nullus sanctus unquam extiterit, qui non versatus fuerit vel in Politia, vel Oeconomia« (WA 40 III, 207, 30; Ausl. d. 127. Ps). Der Christenmensch ist völlig beansprucht als instrumentum für Gottes Handeln in der Welt und an ihr.

Den Bereich dieses Handelns im gesellschaftlichen Dasein des Menschen hat Luther innerhalb der für ihn und die Reformation kennzeichnenden Umformung der übernommenen Vorstellung des corpus christianum durch den Gedanken vom *triplex ordo hierarchicus* zu umschreiben versucht. Und die Grundlagen gleichsam dieses Handelns durch die ihm eigentümliche Unterscheidung von *geistlichem* und *weltlichem Regiment*, die durchaus etwas anders ist als die zu Unrecht als Vorbild erachtete augustinische Entgegensetzung von civitas Dei und civitas terrena[7].

Auf dem Grund dieser beiden Gedanken werden die beiden Hauptprobleme der Sozialethik, der »Heiligung«, der instrumentalen coperatio cum Deo erst richtig erfaßt, nämlich

1. der Charakter des Christen als »*Weltperson*« innerhalb des lutherischen Berufsgedankens; und

2. die *iustitia civilis* als Aufgabe gerade auch des homo iustificatus.

[232] Mit jenen beiden Leitgedanken – triplex ordo hierarchicus, Unterscheidung von geistlichem und weltlichem Regiment – und diesen beiden Aufgaben – »Weltperson« und Verwirklichung der iustitia civilis – sind die Grundlinien und die gestaltenden Fragestellungen einer lutherischen Sozialethik angegeben. Sie sind noch im einzelnen zu verdeutlichen:

a) *Die Lehre von den drei ordines*, »Ständen« oder später »Hierarchien« taucht bei Luther schon frühzeitig auf (Sermon von dem Sakrament der Taufe 1519, WA 2, 734) und hat im großen Bekenntnis vom Abendmahl

---

[6] [Anm. 35] Vgl. E. Wolf, Die christliche Existenz in der Gesellschaft, S. 8ff.; ders.: Der Dienst des Einzelnen. Theol. Studien (K.Barth), Nr. 40, Zollikon 1953.

[7] [Anm. 36] Vgl. dazu W. Kamlah, Christentum und Geschichtlichkeit. 1951, 184ff.; A. Adam, Der manichäische Ursprung der Lehre von den zwei Reichen bei Augustin, ThLZ 77, 1952, 385–390.

(1528, WA 26, 504) und im großen Katechismus (beim vierten Gebot unter dem Titel der dreierlei Väter, 1529, WA 30 I, 155) bezeichnenden
Ausdruck gefunden. Vor allem auch in »Von den Conciliis und Kirchen«
(1539, WA 50, 652), wo wohl zuerst von »Hierarchien« gesprochen wird,
und am grundsätzlichsten in einer Disputation aus dem gleichen Jahr
(vom 9. 5. 1539, WA 39 II, 34). In dieser Lehre erfolgt in einer Weise, deren Bedeutung Luther durchaus bewußt ist[8], die reformatorische Umge-
staltung und Entklerikalisierung der mittelalterlichen Gesellschaftsauffas-
sung als deren Überwindung auf dem Grund der gemeinsamen Idee des
corpus christianum und z. T. mit Hilfe der (zunächst polemischen) These
vom allgemeinen Priestertum der Gläubigen.

Die drei »Grundordnungen« des sozialen Lebens innerhalb der Christenheit: Ehe, Obrigkeit und Kirche oder: Familie und Wirtschaft, Staat, Kirche sind Stiftungen Gottes, die er in einer auch den Menschen einleuchtenden »Sachgemäßheit« verordnet hat, indem er sie mit dem Menschen
»mitgeschaffen« hat (WA 40 III, 222f., Ausl. zu Ps 127). »Es ist in der Sache der Vollausdruck der Gottesvernunft der Liebe, die der Christ in den
drei Hierarchien in der Welt erkennt«[9]. In ihnen vollzieht sich die Selbst-
durchsetzung des regnum Chrsti wider die Welt in der Welt, wobei die eine der drei Hierarchien, die »Kultkirche«, Gott am bewußtesten und im
besonderen im Vordergrund hält und deshalb auch den geistlichen Namen
trägt; daher ist sie auch relativ am stärksten »christlich« verpflichtet. Alle
drei stehen aber auch immer zugleich, in einem, bestimmend über jedem
einzelnen Christenmenschen; ein jeder gehört in einer seinem »Beruf« entsprechenden Weise jeder der drei Hierarchien an[10], und jede von ihnen hat
von Gott her [233] ihren unmittelbaren Dienst an der communio sanctorum; alle drei sind sachlich »gleichwertige«, das heißt unter Abweisung der
mittelalterlichen Scheidung des weltlichen und geistlichen Standes gleich-

---

[8] [Anm. 37] Vgl. die Zitate am Beginn dieser Darlegungen!

[9] Anm. 38] F. Kattenbusch, Die Doppelschichtigkeit in Luthers Kirchenbegriff, 1928,
117ff.; W. Elert, Morphologie des Luthertums II, 54ff.; Köstlin, Luthers Theologie II, 2,
1901, 303ff.; K. Köhler, Die Altprotestantische Lehre von den drei kirchlichen Ständen =
Z. f. Kirchenrecht 21, 1886, 99ff.; E. Uhl, Die Sozialethik Joh. Gerhards. 1932, 22ff.; E.
Wolf, Selbstkritik des Luthertums, a. a. O. S. 120ff.; Olsson, Melanchthon und die alt-
lutherische Lehre von den drei kirchlichen Ständen. Från skilda tider 1938.

[10] [Anm. 39] Zu Ps 127: »Est autem eo magis necessaria haec doctrina, quod omnes vel in
Politia vel Oeconomia sumus. Etsi enim non sis maritus, tamen necesse est te esse in aliqua
Oeconomiae parte. Nam aut es filius, aut servus, aut habes liberos, servos, vicinos, aut alia
quadam conditione in domo vel societate hominum es. Caveri autem non potest, quin
multa molesta tibi accidant. Discendum ergo est, quomodo in istis vitae gerendibus sit
versandum, unde ista sint et quis eorum finis esse debeat. »WA 40 III, 210.

wertige »Helfer« Gottes, aber eben darin larvae und nur larvae, »Masken«
göttlichen Handelns, ja ausgesprochenermaßen auch »Larven« der Kirche:
»Oportet enim Ecclesiam in mundo apparere. Sed apparere non potest, nisi
in larua ... At tales laruae sunt Maritus, politicus, domesticus, Iohannes,
Petrus, Lutherus, Amsdorffius etc.« (WA Br 9, 610, 47; an Amsdorf, Febr.
1542). Das darf nicht übersehen werden. Keine hat die andere zu ver-
dammen (WA 29, 598). Und sie sind derart auf den Dienst an der
menschlichen Gemeinschaft bezogen, daß im Fall spürbaren Bedürfnisses
sogar eine freie Bewerbung um ein nicht versorgtes »Amt« dem Christen
geboten ist (WA 11, 255); auch das darf nicht übersehen werden! Sofern
innerhalb ihrer jeder Christ in die im Bereich der vita christiana, der
»Heiligung«, zu vollziehende »cooperatio cum Deo« unter der Voraussetzung der Rechtfertigung tritt, gelangt in ihnen auch die Idee des allgemeinen Priestertums der Gläubigen zu ihrer von Luther gegen die Klerikalisierung der Welt gemeinten Intention zu entsprechender grundsätzlicher
Ausgestaltung[11]. Sie sind der jeweils besondere Ort geordneten Dienstes für
Gott an der Welt. Es handelt sich zuletzt bei diesen »wider den Teufel«
(WA 50, 652, 14) geordneten »drey Ertzgewalt«, deren Gesetz das
»natürliche Recht« ist, um die auf das Kommen des Reiches Gottes gerichteten und unauflöslich miteinander verbundenen Funktionen (insofern ist
»Ertzgewalt« der zutreffendere Ausdruck vor »Hierarchie« oder gar
»Stand«) der Kirche, des Staates und der Ökonomie. In ihnen sind daher
die »weltlichen« Größen von Staat und Wirtschaft, ist der »weltliche
Stand« der katholischen Gliederung des corpus christianum grundsätzlich
nicht sich selbst überlassen oder als bloßes Erziehungsobjekt dem »geistlichen Stand« zugewiesen, sondern unmittelbar auch dem Anspruch des
Wortes Gottes *auf sein ganzes Leben* unterstellt.

b) Die viel erörterte und viel mißdeutete Unterscheidung von *geistlichem* und *weltlichem Regiment*[12] darf bei [234] Luther nicht so verstanden
werden, als sei jenes Ausdruck für Gottes Güte, dieses Ausdruck für seine
Gewalt, sondern sie sind *beide* Ausdruck der Liebe, die dem Menschen von

---

[11] [Anm. 40] Vgl. dazu jetzt H. Storck, Das allgemeine Priestertum bei Luther. Th. Ex. heute
    NF 37, 1953.
[12] [Anm. 41] Vgl. dazu G. Törnvall, Geistliches und weltliches Regiment bei Luther. Studien
    zu Luthers Weltbild und Geschichtsverständnis. 1947; Herm. Diem, Luthers Predigt in
    den zwei Reichen = Theol. Existenz heute NF 6, 1947; Harald Diem, Luthers Lehre von
    den zwei Reichen. 1938; als Text: M. Luther, Von der Menschwerdung des Menschen.
    Eine akadem. Vorlesung über den 127. Psalm, hrsg. v. G. Gloege. 1940. Bei der Korrektur
    erscheint: F. Lau, Luthers Lehre von den beiden Reichen. 1953; eine wertvolle Zusam-
    menstellung der Probleme im Licht der heutigen Diskussion.

Gott erwiesen wird. Es ist auch nicht so, daß etwa das weltliche Regiment des »Schwertes« gegenüber dem geistlichen des »Wortes« durch den Sündenfall bedingt sei. »Ergo cum conditae sint Politiae et Oeconomiae, cum leges et artes divina ordinatione cum homine *concreatae* sint …« (WA 40 III, 222). Von daher ist das weltliche Regiment eine »sanctitas generalis«, d. h. es steht ebenfalls unter der Gnade Gottes. Der Sinn jener Unterscheidung von geistlichem und weltlichem Regiment ist zuletzt die Sicherung der Einheit Gottes in Schöpfung und Erlösung, und zwar gegenüber der ständigen Bedrohtheit der Güte der Schöpfung durch den Menschen[13]. Daher fährt Luther fort: »… natura fere his abutitur in eo, quod dicit: Ego faciam, ego gubernabo et perducam ista dona in hunc finem, quaeram inde meam voluptatem, gloriam pacem etc. Hac praesumptione Deus summe offenditur, quare non addit successum, et merito«. (WA 40 III, 223). Es handelt sich dabei um eine Bedrohtheit durch den Menschen im besonderen: »in demonibus manserint naturalia integra, in hominibus corrupta« (WA 40 I, 293). Dahinter steht die für Luther bezeichnende Antwort auf die Frage nach dem »Ursprung« der Sünde: er gibt sie in einer Auslegung von Röm 5, 12: »actualia enim omnia per diabolum intrant et intraverunt in mundum, sed orginale *per hominem* unum« (Ficker II, 141; WA 56, 310). D.h.: »das Dasein der Sünde in der Welt ist nicht eine Gegebenheit, in die der an sich unschuldige Mensch hineingeworfen ist, sondern ist vielmehr der Reflex dessen, daß der Mensch und seine Geschichte der Welt ihr Gesicht gibt«[14]. Damit enthüllt sich der anthropologische Aspekt auf die Lehre von den beiden Regimenten. Die katholische Sozialethik setzt an der antiken Anthropologie, am Begriff des animal sociale an, das durch das Evangelium seiner übernatürlichen Vollendung in der civitas dei entgegengeführt wird. Die Anthropologie ist hier konstitutiv für die Sozialethik[15]. Bei Luther wirkt sie als kritisches Prinzip, sofern sie die Erkenntnis einschließt, daß der »natürliche Mensch« [235] die ständige Bedrohung der Schöpfung selbst ist, dadurch, daß er sein will »wie Gott«,

---

[13] [Anm. 42] Dem entspricht etwa das, was in K. Barths Zuordnung von »Christengemeinde und Bürgergemeinde« (1947) als zweier konzentrischer Kreise den gesuchten gemeinsamen Mittelpunkt ausmacht. Daher ist es töricht, hier den Verdacht auf »analogia entis« zu äußern.

[14] [Anm. 43] Vgl. H. J. Iwand, »Sed orginale per hominem unum« = Evang. Theol. 1946, 38.

[15] [Anm. 44] Vgl. dazu E. Wolf, Der Mensch und die Kirche im katholischen Denken, unten [sc. E. Wolf, Peregrinatio I] S. 325ff.; ders., Menschnwerdung des Menschen, Ev. Theol. 6, 1946/47, 4–25; ders., Naturrecht und Gerechtigkeit, Ev. Theol. 7, 1947/48, 233–257; ders., Das Problem des neuen Menschen im Protestantismus, Ev. Theol. 11, 1951/52, 344–351.

durch den Anspruch des »feci«, durch die Anmaßung, »concreator« zu
sein[16]. Eben dadurch ist die Welt, sind die homines in mundo schuldig
geworden als Sünder. Hierin bekundet sich überall der dem Christen
eröffnete Blick auf die Schöpfung von der Welt her in der Richtung:
»omnia bona – sed sunt in abusu«! Und von daher erweist sich das aktuale
»Tun« von Sünde als ein »Erleiden«. Denn es ist »die Sünde als Akt, also
als irreparables Ereignis, als perfectum, für den Menschen und die
Wirklichkeit seines Lebens ein Übel (malum) und eine Strafe (poena) und
wird so als ›ignominia hominis‹ von Gott gewollt ... gerade im Tun er
Sünde begreift der Mensch, daß er nicht frei ist ... «[17].

Die Paradoxie des Daseins des vor Gott diesem Zustand entnommenen
Gerechtfertigten in dieser Welt, zu der jenes »Erleiden« der Sünde
weiterhin wesentlich gehört, das auf dem »Eintritt« der Sünde in die Welt
»per hominem unum« gründet, soll durch die Unterscheidung der beiden
Regimente in einer Gesamtschau ebenfalls beleuchtet und erhellt werden.
Darin ist zugleich der Trost Gottes eingeschlossen, der seinen Erwählten
vor der konkreten Wirklichkeit ihrer irdischen Existenz zuteil wird. Und
ausgeschlossen ist jede den Menschen in die Verzweiflung, die Resignation
oder in die Vermessenheit treibende »moralische« Beurteilung seiner paradoxen Lage, der Spannung zwischen »Christperson« und »Weltperson«.

c) So wie die Unterscheidung der beiden Regimente auch dem dient, die
Einheit Gottes im Werk der Schöpfung und der Erlösung zu »sichern«,
entsprechend verwehrt es die Beziehung des Menschen auf die beiden
Regimente, aus der Unterscheidung von »*Christperson*« und »*Weltperson*«
eine ethische Verschiedenheit, eine doppelte Moral zu folgern. Die
»Christperson« wird nicht – wie nach scholastischer Lehre – durch einen
inneren habitus konstituiert, sondern durch ein Ereignis, das Hören des
Wortes, den auditus fidei. Das effektive Moment des christlichen Lebens
hat einen Ausgangspunkt im geistlichen Regiment, dem »Regiment mit
dem Worte selbst«, dem »Hörreich«, wird also nicht in den Menschen hin-
einverlegt. Daraus folgt, daß das christliche Leben nicht »aktiviert« wird
und werden darf, indem menschliche Initiative und Eigenständigkeit als
mitbestimmend gedacht werden. Dem Grundschema katholischer Theologie als Lehre von der cooperatio hominis cum Deo gerade im Bereich der
»christlichen Existenz«, der Rechtfertigung und ihrer Begründung, tritt
hier gegenüber der Hinweis darauf, daß der Christenmensch als solcher in

---

[16] [Anm. 45] Vgl. oben S. 234 [hier: 125] das Zitat aus WA 40 III, 223 und dazu die im
Wortspiel gezogene Folgerung (222): »Wenn da hin kompt, werden feces draus!«
[17] [Anm. 46] H. J. Iwand, a. a. O. S. 34ff.

unaufhörlicher Beziehung zum wirksamen Wort Gottes als der Quelle und dem Grund seines Seins und Lebens zu denken ist, so daß er in seinem Selbstzeugnis immer wieder Zeugnis ablegt vom Wort Gottes. Gegen das [236] »operando« dort steht das »audiendo« hier. Analoges gilt für die »Weltperson«: gegen den habitus-Gedanken – es wäre hier der habitus des animal sociale – wird der Christ als »Weltperson«, in seinem auf die Welt gerichteten Leben, vom weltlichen Regiment her bestimmt, also sofern es nicht nur um seine »individuelle« Gottesbeziehung – die »Christenperson« – geht, sondern um sein Dasein »im Stande«. Allerdings ist auch dieses eine Gottesbeziehung, sofern der »Stand« Ausdruck ist für Gottes Walten in der Schöpfung, in das der Christ als »Mitarbeiter« Gottes hineingestellt wird. Luther ist jedoch daran gelegen, die Unterscheidung der beiden »Personen« zu wahren und dennoch die Trennung in geistlichen und weltlichen »Stand« abzuwehren. Diese ruht auf der Lehre von dem durch das sacramentum ordinis dem geistlichen Stand zugeteilten geistlichen habitus, gegenüber dem »natürlichen« habitus des animal sociale. Nicht eine habitus-Theorie, sondern der Blick auf die Welt als Schöpfung (und Gott als ihren Schöpfer) ist hier, bei Luther, der Ausgangspunkt für die Bestimmung des christlichen Lebens in der Welt. »Der primäre Inhalt der Weltperson ist, daß das Leben des Christen in der Welt sich auf ein göttliches Leben gründet, nämlich das Leben, das Gott selbst in seiner Schöpfung, in ihren Ständen und Ämtern lebt«[18]. In dieses Leben wird er als cooperator Dei hineingewiesen, in sein »Amt«, seinen »Beruf« hineingestellt; es ist in seinen Gestaltungen nicht die Folge menschlichen Tuns, sondern zunächst der Ort eines gottgewollten Handelns. Denn auch die irdische Gerechtigkeit soll sich der Mensch nicht zurechnen. Der Christ steht als »Christ- und als Weltperson« unter zwei verschiedenen Regimenten – d. h. sein Dasein in der Welt ist unter dem Doppelaspekt von Rechtfertigung (fides Christi) und Heiligung (Mitarbeiter Gottes), geistlichem und weltlichem Regiment, zu begreifen von der Einheit Gottes als seines Schöpfers und Erlösers aus. »Gerade um Gottes Werk in der Schöpfung als ein apriorisches Element in das christliche Leben einordnen zu können, scheidet Luther zwischen zwei Berufen oder ›Personen‹ bei einem Christen. Es wäre deshalb verfehlt, wenn man aus den erwähnten Distinktionen den Schluß ziehen wollte, daß Weltperson die Abgrenzung einer Sphäre im Leben eines Christen wäre, die nicht mit dem Glauben zusammengehörte. Luther beabsichtigt mit dieser Scheidung nicht, ein

---

[18] [Anm. 47] Törnvall, a. a. O. S. 171.

Gebiet von einem anderen zu trennen, sondern die zwei ›Personen‹ sind im
Gegenteil seine Instanz *gegen* die Abtrennung einer weltlichen Sphäre vom
christlichen Leben im übrigen«[19]. Auch hinter der »Schöpfung« steht
Christus; und *in* ihr richtet er sein Reich auf. Nicht zwischen »geistlichem« und »weltlichem« Regiment verläuft die Grenze, sondern zwischen
regnum Christi *in* beiden und regnum diaboli, dem für den Christen er-
kennbaren abusus der göttlichen bona, *gegen* beide. Weltliches Regiment
Gottes schließt in sich, daß nur der Christ die Schöpfung als Schöpfung
Gottes erkennt [237] und durch den Dienst aus Glaubensgehorsam in ihr,
als »Mitarbeiter«, sie als solche anerkennt; darin kommt der Christenmensch gegenüber der Schöpfung in jenen Zustand, der ihm von Anbeginn an zugedacht ist, indem er nun wirklich Gerechtigkeit übt als Gerechtigkeit Gottes, weil und sofern er auf seine »Gerechtigkeit«, d. h. auf
seine »Werke« und »Verdienste« vor Gott verzichtet. »Si enim crederent, se
esse Dei creaturam, et Deum esse creatorem, nunquam opponerent ei
merita, seu opera … « (WA 43, 178). Es geht um das Bekenntnis: »Tu es
creator et instrumentum ego« (WA 40 III, 214), das sich auf die »bürgerliche Gerechtigkeit« bezieht und ihr gleichsam den Charakter von Gerechtigkeit »gibt«.

d) Die *iustitia civilis* nämlich ist – in einem Doppelaspekt der Gerechtigkeit entprechend demjenigen der beiden Regimente – nicht minder
»wirkliche Gerechtigkeit« als die iustitia christiana. Auch sie hängt zusammen mit der Rechtfertigung. Denn die Gerechtigkeit Christi, die dem Gerechtfertigten als iustitia aliena zugerechnet wird, erstreckt sich über ihn
hinaus. In dem »Christus pro nobis« – und Christus ist keine »persona pri-
vata«, wie die Scholastiker meinen – sieht Gott »totum mundum purgatum« (WA 40, I, 436ff.). Von da aus gilt der Satz: »omnes ordinationes
creatae sunt dei larvae, allegoriae, quibus rethorice pingit suam theologiam: sol alls Christum in sich fassen« (WA 40 I, 483, 9). »Obwohl« – so
stellt m. E. mit Recht Törnvall in diesem Zusammenhang fest[20] – die »iustitia civilis also per se vitiosa ist, ist sie dennoch eine Gerechtigkeit, da ja
Christi Gerechtigkeit so weit ausgedehnt wird, daß sie auch für die
Ordnungen in der Welt gilt. Das Gerechtigkeitsmoment in der iustitia civilis ist also kein anderes als Christi Gerechtigkeit, angewandt auf das weltliche Regiment. Auf diese Weise ist iustitia civilis nichts neben der iustitia
christiana und nichts für sie fremdes, sondern hat im Gegenteil eine or-
ganische Verbindung mit ihr. Die iustitia civilis darf auf der anderen Seite

---

[19] [Anm. 48] Törnvall, a. a. O. S. 171.
[20] [Anm. 49] Törnvall, a. a. O. S. 150.

nicht von der geschaffenen Welt geschieden werden, denn gerade sie ist es, welche die Schöpfung heiligt. Und umgekehrt gehört die geschaffene Welt Christus zu. Sie soll als ein Gewand um Christus verstanden werden. Diese bei Luther oft wiederkehrende Betrachtungsweise legt nahe, daß die iustitia civilis zu der christlichen Gerechtigkeit gehört und nicht von ihr getrennt werden darf. Die Art der Beziehung zwischen Christus und der Schöpfung, auf die Luther eigentlich abzielt, kann am besten mit der Gerechtigkeitskategorie ausgedrückt werden. Durch sie wird es nämlich klar, daß die iustitia civilis, nachdem sie eine wirkliche Gerechtigkeit ist, nicht anders als im Zusammenhang mit der christlichen Gerechtigkeit gesehen werden kann. Sie ist weder eine iustitia naturalis im Sinne der Scholastik noch eine disciplina externa, sondern die Gerechtigkeit selbst, hineingestellt in den Zusammenhang der menschlichen Ordnung«. In dem Abschnitt »Vom Gesetze« macht Luther in den Schmalkaldischen [238] Artikeln besonders deutlich, daß es seinem Wesen und seinen differenten »Ämtern« nach gerade dem Verhältnis des Menschen zu Gott in seinem Verhältnis zu den Mitmenschen gilt. Wenn das »suum cuique« der Grundbegriff der sozialen Gerechtigkeit ist[21], dann wird es inhaltlich von daher zu bestimmen sein; damit ist aber diese Bestimmung des »suum« jeder menschlichen Willkür entzogen, und umgekehrt enthüllt sich gerade an den menschlichen Bestimmungen jenes »suum« sein gottloser Anspruch auf die Würde eines concreator, sein Verrharren auf der Linie der Werkgerechtigkeit.

Indem nun die Werkgerechtigkeit nicht als Mißbrauch, sondern als Ausdruck der iustitia civilis frühzeitig angesehen und von ihr aus die »äußere Ordnung« neben und alsbald unter die iustitia christiana gestellt wurde, ist der für Luther kennzeichnende Doppelaspekt der Gerechtigkeit verlassen worden. Weltliche Sphäre und christliches Leben treten auseinander. Die zum Pietismus hinüberführende Lehre vom tertius usus legis[22] und die in der Orthodoxie aufkommende Scheidung zwischen revelatio generalis und revelatio specialis führen zu einer Degradierung der iustitia civilis. Sie nähert sich der Ungerechtigkeit. Und christliche Sozialethik wird von hier aus bestenfalls noch in der Entfaltung eines »relativen Naturrechts« begründet. Die iustitia civilis ist dann nicht mehr wie die iustitia christiana Gegenstand des Glaubens und nicht mehr der besondere Ort seiner Bewäh-

[21] [Anm. 50] Vgl. E. Brunner, Gerechtigkeit. Zürich, 1943.
[22] [Anm. 51] Vgl. R. Bring, Gesetz und Evangelium und der dritte Gebrauch des Gesetzes in der luth. Theologie = Zur Theol. Luthers, Aus der Arbeit der Luther-Agricola-Gesellschaft in Finnland. I. Helsinki 1943, 43ff.; dazu jetzt auch W. Joest, Gesetz und Freiheit. Das Problem des Tertius usus legis bei Luther und die neutestamentliche Parainese. 1951.

rung. Die »guten Werke« werden problematisch, weil sie wieder vom Schein der Werkgerechtigkeit bedroht sind. Luther aber »wil die guten Werck haben, aber sie sollen nicht die herrlichen Göttlichen jdiomata tragen, das sie gnug thun für die sünde« (WA 50, 597). Und das Glaubensleben gerät in die Gefahr einer Ethisierung mit spiritualistisch-individualistischer Tendenz, einer Reduktion auf die christliche Gesinnung, weil der Gerechtigkeitscharakter der geschaffenen Welt von Christus gelöst wird. Hier gilt die Mahnung: »... darumb verstehe hie die eusserlich gerechtigkeit fur der welt, so wir uns gegen ander hallten, das dis kurtz und einfeltig die meinung sey von diesen worten: Das ist ein rechtschaffen selig mensch, der jmer anhelt und mit allen krefften darnach strebt, das es allenthalben wol zugehe und jderman recht thue...« (WA 32, 318, 35).

Gewiß steht hinter der iustitia civilis »natürlich Recht«, aber ihre sanctitas hat sie nicht von irgendeiner Naturrechtsideologie her, auch nicht von einer solchen der »Schöpfungsordnung«, sondern aus ihrer Zusammengehörigkeit mit der iustitia christiana, die als Gerechtigkeit Gottes in Christus »für uns« Wirklichkeit geworden [239] und in ihrer Wirksamkeit offenbart ist. Sie ist weder die Vorstufe für die iustitia christiana noch ihre Folge, sondern in ihr vollzieht sich die Verwirklichung der Gerechtigkeit Gottes durch seine Gerechtfertigten im Bereich der »Stände« als das Geschehen jener »guten Werke«, in denen sich das regnum Christi gegenüber der Gewalt des Teufels »in nostra imbecillitate« durchsetzt[23]. Darin besteht die »Nachfolge« Christi, mit deren Vollzug der Christenmensch »die Rechtfertigung und also die Gerechtigkeit des geschöpflichen Seins« erkennt[24].

Die Sozialethik tritt so zuletzt unter den Nenner der »guten Werke«, d. h. sie ist Aufgabe des Glaubensgehorsams in dieser Welt, Auftrag der christlichen Freiheit zu Werken der Heiligung. Der Glaubensgehorsam nimmt die Welt ernst in ihrer Weltlichkeit; er weiß darum, daß in den »weltlichen Geschäften« sich das Kommen des Reiches Gottes vollzieht. Er sagt Ja zur Welt, weil er die drohende Gefahr des Mißbrauchs der Welt zur Entscheidung gegen Gott kennt. Die Gefahr eines solchen Mißbrauchs spürt er auch im sozialethischen Programm: es droht aus dem hier und jetzt geforderten »Mitarbeiter« Gottes wieder einen Mitschöpfer zu machen[25]. Der Glaubensgehorsam sagt andererseits Nein zu jeder überheblichen Nichtachtung der Welt, wie sie z. B. schon in einem pietistischen

---

[23] [Anm. 52] Vgl. Apologie IV, 189ff., Bek.Schr. 197f.
[24] [Anm. 53] Vgl. K. Barth, Kirchl. Dogmatik III 1, 1945, 443.
[25] [Anm. 54] Zum »Mitarbeiter« Gottes vgl. auch E. Wolf, Sola gratia, oben [sc. E. Wolf, Peregrinatio I] S. 128f.

Verständnis des tertius usus legis sich anmeldet. Er steht auch kritisch gegenüber allen dazwischenliegenden Wertungen der Welt und den durch sie bestimmten Versuchen, das sozialethische Problem zu lösen. Hinter der Betonung der christlichen »Gesinnung« und »Persönlichkeit« sieht er den Rückfall in eine umgeformte habitus-Theorie mit einem ihr entsprechenden Begriff der Liebe; hinter den Lösungsversuchen mit Hilfe der Idee der Schöpfungsordnung taucht für ihn eine Sozial- und Kulturphilosophie auf, die aus der Freiheit des Christenmenschen ein verfügbares Prinzip mit heimlichen Schöpferanspruch zu machen bereit ist; und auch die Regeln einer göttlichen Pädagogik könnten dazu verleiten, die Weltlichkeit der Welt doch nicht ganz ernst zu nehmen und den Gedanken der Gerechtigkeit demjenigen der Liebe unterzuordnen, das Widerfahrnis der Rechtfertigung aus dem Rang einer neuen Schöpfung zu dem vorzüglichsten Mittel einer übergreifenden Erziehung herabzusetzen, jenem Synergismus eine Tür zu öffnen, der gerade durch die Gedanken um den triplex ordo hierarchicus, um die beiden Regimente, um Weltperson und iustitia civilis nach allen Seiten hin abgeriegelt werden sollte, damit das christliche Dasein in der Welt sich in seiner ganzen Nüchternheit und Vorläufigkeit ausschließlich als politischen Gottesdienst bezeuge.

Solcher Gottesdienst bekundet zugleich die Freiheit gegenüber ideologischen Bindungen irgendwelcher Ordnungs- oder Liebesethik; er kann in wirklicher Freiheit die Elemente auch des weltlichen [240] Selbstverständnisses des Menschen samt seinen philosophischen Begriffen handhaben, sie an ihren richtigen Ort stellen und so erst wahrhaft gebrauchen. Es handelt sich um ein neues, nunmehr wirklich freies Aufnehmen jenes Tuns, das Luther für das regnum rationis dahin beschreibt: »In externis illis autem, hoc est in politicis et oeconomicis rebus, homo non est servus sed dominus illarum corporalium rerum. Ideo impie fecerunt Sophistae, quod dicta ista politica et oeconomica traxerunt in Ecclesiam. Regnum enim rationis humanae longissime separandum est a spirituali Regno«[26]. Und solcher gehorsame Gottesdienst weiß auch um die Grenze der Liebe, d. h. um ihre

---

[26] [Anm. 55] WA 40 I, 239; die unmittelbar voraufgehenden Sätze lauten: »Ultra posse viri non vult Deus ulla requiri. Bona quidem sententia est, sed in loco dicta, scilicet de politicis, oeconomicis et naturalibus, Ut si ego existens in regno rationis rego familiam, aedifico domum, gero magistratum et facio, quantum possum vel quod in me est, ibi sum excusatur. Hoc enim regnum habet suos terminos, ad quod etiam proprie pertinent ista dicta: Facere quod in se est, vel: facere quantum possum. Sed Sophistae ea trahunt in regnum spirituale in quo homo nihil aliud potest quam peccare, ›Est enim venundatus sub peccatum‹.« – Vgl. dazu auch E. Wolf, Rechtfertigung und Recht, in: Kirche und Recht. Ein vom Rat der EKD veranlaßtes Gespräch über die christliche Begründung des Rechts. 1950, 24f.

Tendenz – als menschliche Liebe – auf eigenwillige, »schöpferische«
Sentimentalität: »Und wenn ich kunt alle wellt selig machen auff eynen
tag und were nicht gottis wille, sollt ichs doch nicht thun. Also soll ich
auch widder segenen noch wol thun noch yrgent eyn liebe ertzeygen
yemand, Gott woll es denn und heysse es, das also der liebe mas gegen den
nehisten sey Gottis wortt. Gleych wie das erste gepott eyne mas ist aller
ander gepott, das ich mag widder die gepot ynn der andern tafel
todschlagen, rauben, wyber und kinder weg furen, vater und mutter
ungehorsam seyn, wo es Gottis ehre und wille ist« (WA 17 II, 54, 67)[27].

---

[27] [Zu Anm. 56 Anm. d. Hg.: Es folgt in Anm. 56 ein kritischer Nachtrag zu H. Thielicke:
»Kirche und Öffentlichkeit. Zur Grundlegung einer lutherischen Kulturethik« (1947).]

Nachfolge-Ethos und Haustafel-Ethos

Luthers seelsorgerliche Ethik*

OSWALD BAYER

Martin Luther hatte nur eines zu sagen: Ihr seid zur Freiheit berufen! Dieses eine, die zu – gesagte Freiheit, hat Luther in den verschiedensten Formen, bei den verschiedensten Gelegenheiten, zu ganz verschiedenen Menschen, zu einzelnen und zu Gruppen, geredet und geschrieben. Entsprechend sind die Quellen – in der Weimarer Ausgabe insgesamt über hundert große Bände – eine ganze Bibliothek verschiedenartigster Texte: Vorlesungen zur Auslegung alt- und neutestamentlicher Bücher (*Luther* war seinem Beruf nach Doktor und Professor der Heiligen Schrift), Predigtnachschriften, Streitschriften, Trostschriften, Vorreden – vor allem zu den Schriften der Bibel –, Briefe, Disputationsthesen, Tischreden, Fabeln, Lieder. Sie erfreuen, belehren, ermahnen, trösten, schelten und schimpfen. Es finden sich grobe, bissige und ironische, aber auch zarte Töne – je nachdem, wem das Wort zuzuteilen ist: den Verstockten, die aufzurütteln sind, oder aber den in ihrem Gewissen Geängsteten und Verwirrten[1], den Gelehrten, die nur lateinische Schriften ernst nehmen, den Ratsherren aller Städte deutschen Landes[2], dem christlichen Adel deutscher Nation[3] oder aber dem „Papsttum zu Rom, vom Teufel gestiftet"[4]; *Luther* wußte zu unterscheiden.

So verschieden die Adressaten sind, so verschieden die Arten der Rede und Anrede, so verschieden die literarischen Formen, so verschieden sind auch die Themen und Sachprobleme, zu denen Luther Stellung nahm. Sie betreffen das religiöse Leben nicht nur in dem Sinne, in dem wir es von anderen Lebensbereichen zu unterscheiden oder gar zu trennen gewohnt sind, sondern in dem Sinne, in dem es auch das gesamte soziale Leben umfaßt und durchdringt: das häusliche, schuli-

---

*) Unter dem Titel „Luther als Ethiker" am 10. November 1983 im Rahmen der Feier des Lutherjubiläums der Ev.-theol. Fakultät in Tübingen sowie am 20. April 1985 in Tutzing bei einer gemeinsamen Tagung der Ev. Akademie Tutzing und der Kath. Akademie in Bayern vorgetragen. Im Zusammenhang der Veröffentlichung der Referate dieser Tagung erscheint der Vortrag auch im Verlag Friedrich Pustet in Regensburg 1986 (Titel des Bandes: „Zwei Kirchen – eine Moral?").

1 Vgl. Pro veritate inquirenda et timoratis conscientiis consolandis conclusiones (1518); WA 1,629–633.
2 An die Ratsherren aller Städte deutsches Lands, daß sie christliche Schulen aufrichten und halten sollen (1524); WA 15,27–53.
3 An den christlichen Adel deutscher Nation von des christlichen Standes Besserung (1520); WA 6,381–469.
4 Wider das Papsttum zu Rom, vom Teufel gestiftet (1545); WA 54,195–299.

sche, wirtschaftliche, politische Leben in allen seinen Dimensionen. Dementsprechend hat *Luther* zu Ehe, Familie, Kindererziehung, Schule und Bildung geschrieben – etwa, daß man, was damals keineswegs selbstverständlich war, Kinder zur Schule halten soll,[5] und daß die schon genannten Ratsherren aller Städte deutschen Landes Schulen einrichten sollen, um den Eltern bei der Erziehung ihrer Kinder zu helfen;[6] die Schule ist für *Luther* erweitertes Elternhaus und keineswegs in erster Linie Sache des Staates. Stellung genommen hat *Luther* zu Fragen der Wirtschaftsethik, die in der Situation des ökonomischen Übergangs vom Feudalismus zum Kapitalismus besonders drängend geworden waren – zum Wucher, Zinsnehmen und zu den Handelsgesellschaften, kurz: zur Kapitalbildung[7]. Der Allgemeinheit am bekanntesten sind seine Stellungnahmen zu den im engeren Sinne politischen Fragen, wie weit man der weltlichen Obrigkeit Gehorsam schuldig sei[8] und ob Kriegsleute auch in seligem Stande sein können[9], sowie seine Schriften im Zusammenhang des Bauernkrieges[10]. Weniger bekannt sind seine Thesen zum Widerstandsrecht; aber auch zu diesem Problem hat er Stellung genommen.[11]

Verschiedene Adressaten, verschiedene Formen der Rede und Anrede, verschiedene Probleme und Themen! Eines aber ist in allem gleich: In allem ist *Luther* Seelsorger – auch als Ethiker.

Luther als Ethiker ist durch und durch Seelsorger

Luther geht es nicht um eine objektive und wertneutrale Beobachtung und Beschreibung menschlichen Verhaltens und Handelns. Es geht ihm auch nicht vornehmlich darum, richtiges Verhalten und Handeln vorzuschreiben, zu sagen, was man zu tun habe; es geht ihm nicht in erster Linie darum, Appelle an die Mitmenschen zu richten und dabei vorauszusetzen, daß sie im Grunde freien Willens sind.[12] Seine ethische Bemü-

---

5 Eine Predigt Martin Luthers, daß man Kinder zur Schule halten solle (1530); WA 30 II,517–588.
6 S. o. Anm. 2.
7 Ein Sermon von dem Wucher (1519); WA 6,3–8, später aufgenommen und weitergeführt. Vgl. vor allem: WA 6,36–60.
8 Von weltlicher Obrigkeit, wie weit man ihr Gehorsam schuldig sei (1523); WA 11,245–281.
9 Ob Kriegsleute auch in seligem Stande sein können (1526); WA 19,623–662.
10 Ein Brief an die Fürsten zu Sachsen von dem aufrührerischen Geist (1524); WA 15,210–221. Ermahnung zum Frieden auf die zwölf Artikel der Bauernschaft in Schwaben (1525); WA 18,291–334. Wider die räuberischen und mörderischen Rotten der Bauern (1525); WA 18,357–361. Ein Sendbrief von dem harten Büchlein wider die Bauern (1525); WA 18,384–401, um nur die wichtigsten Schriften zu nennen.
11 De tribus hierarchiis: ecclesiastica, politica, oeconomica et quod Papa sub nulla istarum sit, sed omnium publicus hostis; in der WA unter folgendem Titel eingeführt: Die Zirkulardisputation über das Recht des Widerstands gegen den Kaiser (Matth 19,21) vom 9. Mai 1539; WA 39 II, 39–91.
12 Vgl. die wiederholte Bezugnahme auf den „freien Willen": Matth 18–24 in Predigten ausgelegt (1537–1540), Das neunzehnte Kapitel WA 47, (337–364) 342,3–20; 344,6–11,32–36; 345,16 f.

hung geschieht vielmehr als Seelsorge. Sie betrifft den ganzen Menschen in seiner Leiblichkeit und umfassenden Sozialität, die in ihrer Verkehrung durch menschliche Selbstherrlichkeit und die dieser genau entsprechenden Verzweiflung gezeichnet sind. So kann auch die Krise, in der wir heute stehen, nicht allein mit sozialen, ökonomisch-ökologi-'schen und politischen Mitteln überwunden werden, weil sie eben mit menschlicher Selbstherrlichkeit und Verzweiflung zu tun hat, also – gebrauchen wir das mißverständliche, aber unentbehrliche Wort – mit der Sünde. Die Erkenntnis der Sünde und die Erfahrung ihrer Vergebung aber sprengen jede dem Menschen von Natur aus mögliche Lebensführung, also jede Moral und damit auch jedes Verständnis der Ethik als Theorie menschlicher Lebensführung.[13] *Eine auf Sünde und Vergebung bezogene Ethik möchte ich seelsorgerliche Ethik nennen.*

Zu Beginn seiner nicht zufällig aus Predigten erwachsenen Schrift „Vom ehelichen Leben"[14] verrät *Luther* die seelsorgerliche Absicht seiner Stellungnahme, die auch sonst überall mit Händen zu greifen ist:

> „Ich fange an, wiewohl mir grauet und ich nicht gerne vom ehelichen Leben predige, weil ich fürchte, daß, wenn ich's einmal recht anrühre, wird mir's und andern viel zu schaffen geben. Denn die Sache ist durch päpstliche ... Gesetze so schändlich verwirrt und jammervoll geworden (dazu haben sich durch die Nachlässigkeit der geistlichen wie der weltlichen Obrigkeit so viele greuliche Mißbräuche und irrige Fälle darin begeben), daß ich nicht gern drein sehe noch gern davon höre. Aber: angesichts der Not hilft kein Scheuen; ich muß daran, die elenden, verwirrten Gewissen zu unterrichten ..."[15]

Leichtsinnige und träge Gewissen brauchen das Gesetz; sie müssen aufgerüttelt werden, indem ihnen die Forderung eingeschärft wird. Aber die verwirrten, geängsteten und schwermütigen Gewissen zu befreien, ihnen zur Klarheit und Gewißheit zu verhelfen – das kann nicht dadurch geschehen, daß man Regeln, Normen, Gesetze einbleut und Strafen androht. Ihnen kann nur durch das Evangelium geholfen werden, durch die durch Jesus Christus geschehene und von ihm selber in seinem Wort und Mahl ausgeteilte und mitgeteilte Befreiung. *Luther* stimmt – so darf man sein ganzes Werk der von ihm gelegentlich selbst so bezeichneten[16] „Reformation" zusammenfassen – in den Freiheitsruf des Apostels Paulus ein, der an die Galater schreibt: „Ihr aber seid zur

13 Gegen T. Rendtorff: Ethik. Grundelemente, Methodologie und Konkretionen einer ethischen Theologie, Bd. 1, 1980 (Theologische Wissenschaft Bd. 13/1), 11. Vgl. jedoch dens.: Vom ethischen Sinn der Verantwortung, in: Handbuch der christlichen Ethik, hrsg. von A. Hertz u. a., Bd. 3 (Wege ethischer Praxis), 1982, 117–129.
14 Vom ehelichen Leben (1522); WA 10 II,275–304.
15 Ebd.; 275,2–9, Text modernisiert. Vgl.: Ob Kriegsleute auch in seligem Stande sein können (s. Anm. 9): „Auf daß nun, soviel an uns ist, den schwachen, verzagten und zweifelnden Gewissen geraten werde und dem Gedankenlosen bessere Unterrichtung bekomme, habe ich in Eure Bitte eingewilligt und dieses Büchlein zugesagt." (WA 19,623,20–22; Text modernisiert.)
16 Vgl. Luthers Vorrede zu: Von Priesterehe des würdigen Herrn Licentiaten Stephan Klingebeil (1528); WA 26,(528–533)530 f, bes. 530,7 f. (vgl. 531,26 f.). 28–34.

Freiheit berufen! So besteht nun in der Freiheit, zu der uns Christus befreit hat und laßt euch nicht wiederum in das knechtische Joch zwingen" (Gal 5,1).

Luther hat diesen neutestamentlich-paulinischen Ruf zur Freiheit erneuert, vollmächtig und sprachmächtig neu zur Geltung gebracht: Ihr seid zur Freiheit berufen!

Ihr seid zur Freiheit berufen!

Viele Zeitgenossen *Luthers* haben diesen Ruf sofort mit Begeisterung aufgenommen, haben aber nicht immer gehört und ernst genommen, was der Ruf zur Freiheit einschließt und wie der Satz aus dem Galaterbrief weitergeht: „Ihr seid zur Freiheit berufen, doch sehet zu, daß ihr durch die Freiheit dem Fleisch [= der Selbstsucht] nicht Raum gebt, sondern: Durch die Liebe diene einer dem andern. Denn alle Gesetze werden in einem Wort erfüllt, nämlich in diesem: Liebe deinen Nächsten als dich selbst" (Gal 5,13 f.).[17]

Luthers Ruf zur Freiheit fand dann wieder im Zeitalter der Aufklärung Anklang. Von *Gotthold Ephraim Lessing* wurde im Streit mit dem lutherischen Hauptpastor *Goeze* in Hamburg *Luther* so beschworen:

> „Luther, du! – Grosser, verkannter Mann! Und von niemandem mehr verkannt, als von den kurzsichtigen Starrköpfen, die, deine Pantoffeln in der Hand, den von dir gebahnten Weg, schreyend aber gleichgültig daher schlendern! – Du hast uns von dem Joche der Tradition erlöset: wer erlöset uns von dem unerträglichern Joche des Buchstabens!"[18]

Diese und viele ähnliche Stimmen lassen fragen: War *Luther* Bannerträger der neuzeitlichen Freiheit, geistiger Vorkämpfer der französischen Revolution, wie *Hegel* und wie dies, gebrochen freilich, auch *Karl Marx*[19] meinte? War *Luther* ein Revolutionär oder ein Konservativer? Von ihm gilt ja wie von kaum einem anderen: „Von der Parteien Gunst und Haß verwirrt, schwankt sein Charakterbild in der Geschichte."[20] In der DDR zum Beispiel galt Luther vor zwanzig Jahren noch als „Fürstenknecht"; heute – wenigstens im Jubiläumsjahr 1983 – gilt er fast als „Genosse"[21].

17 Vgl. De votis monasticis Martini Lutheri iudicium (1521); WA 8,(573–669)669,21–23.
18 G.E. Lessing: Eine Parabel – Nebst einer kleinen Bitte, und einem eventualen Absagungsschreiben an den Herrn Pastor Goeze, in Hamburg. 1778. Unveränderter photomechanischer Nachdruck der 3. von Fr. Muncker durchgesehenen und vermehrten Auflage der Ausgabe K. Lachmanns von G. E. Lessings sämtlichen Schriften, 13. Bd., 1897, 102,4–9. (Vgl. H. Bornkamm: Luther im Spiegel der deutschen Geistesgeschichte, 2. Aufl. 1970, 201 f.). In ähnlicher Weise hat Hegel Luther gerühmt: „Erst mit Luther begann die Freiheit des Geistes." G.W.F. Hegel, Vorlesungen über die Geschichte der Philosophie, SW 19. Bd., hrsg. von H. Glockner, 3. Aufl. 1959, 254f.
19 Vgl. O. Bayer: Marcuses Kritik an Luthers Freiheitsbegriff, in: ders., Umstrittene Freiheit. Theologisch-philosophische Kontroversen (UTB 1092) 1981, 28 f.
20 Fr. Schiller: Wallensteins Lager, Prolog.
21 Vgl. P. Hölzle: Vom Fürstenknecht zum Genossen? Martin Luther im Kulturerbe der DDR, in: Ev. Komm. 16/83, 595–597.

Was ist *Luther* nun: Fürstenknecht oder Genosse? Revolutionär oder Konservativer? Tritt er für die Freiheit ein oder für Law and Order? Für den Stand oder für den Wandel? Für die Subjektivität oder die Institution?

Selbst wenn allgemein erkannt und anerkannt wäre, daß *Luther* mit seiner ganzen Theologie und in ihr mit seiner Ethik nichts als Seelsorger ist – Seelsorger aber, was sich ebenfalls keineswegs von selbst versteht, als Ausleger des im Umgang mit der Bibel gehörten und gelernten Wortes Gottes als des Rufes zur Freiheit – selbst dann bliebe angesichts der verschiedenen Adressaten seiner Schriften, ihrer verschiedenen Formen, der darin behandelten verschiedenen Probleme und Themen, der verschiedenen Arten und Weisen, in denen *Luther* in den vergangenen Jahrhunderten und in unserer Zeit aufgenommen oder abgelehnt wird, die Frage: Ist in all seinen verschiedenen Stellungnahmen eine Mitte zu finden? Läßt sich ein Hauptton hören, so, daß uns zum Verständnis *Luthers* und zu unserem eigenen Verständnis, das wir im Zusammenhang des Hörens auf ihn bilden, eine Orientierung gelingen könnte?

Schlüsseltexte

Zu einer solchen Orientierung muß man auf jene Luthertexte achten, in denen *Luther* selbst die Zusammenhänge seines Redens, Denkens und Wollens deutlich gemacht hat, wie in der Schrift „Von der Freiheit eines Christenmenschen"[22], in der Gesamtanlage des Kleinen und des Großen Katechismus[23], in seinem „Bekenntnis" von 1528[24] und in den „Schmalkaldischen Artikeln"[25]. Aus solchen Texten läßt sich ersehen, wie es dazu kommen konnte, daß *Luther* – um nur dieses eine Alternativschema zu nennen – den einen als Revolutionär, den andern jedoch als Konservativer erschien; vor allem aber lassen sich aus solchen Texten die gängigen Alternativen überwinden.

Ein solcher Schlüsseltext ist eine – wiederum nicht zufällig aus Predigten erwachsene – Thesenreihe für eine Disputation, die am 9. Mai 1539 an der Wittenberger Universität stattfand.[26] Die Zuordnung von akademischer Disputation und Gemeindepredigt ist bezeichnend: Was *Luther* in der Stadtkirche jedem predigte, das hatte auch die Prüfung durch die Gelehrten an der Universität nicht zu scheuen. Was im Hörsaal und was in der Kirche geschieht, ist zwar nicht dasselbe, aber

---

22 Von der Freiheit eines Christenmenschen (1520); WA 7,20–38.
23 Der Kleine Katechismus (1529); WA 30 I,243–425 = BSLK, 501–541; Der Große Katechismus (1529); WA 30 I,125–238 = BSLK, 545–733.
24 Vom Abendmahl Christi. Bekenntnis (1528); WA 26,499–509.
25 Die Schmalkaldischen Artikel (1537 bzw. 1538); WA 50,192–254 = BSLK, 407–468.
26 Zirkulardisputation über Matth 19,21 (9. Mai 1539); WA 39 II,39–91 (s. Anm. 11). Vgl. Matth 18–24 in Predigten ausgelegt (1537–1540), Das neunzehnte Kapitel; WA 47,337–364 (s. Anm. 12).

genau aufeinander bezogen; dabei tritt im Hörsaal die Form der Anrede zurück und die Form der Aussage vor.

Die besagten Thesen repräsentieren den historischen und systematischen Angelpunkt von *Luthers* Ethik wie kein zweiter Text; sie sind freilich erstaunlicherweise in der Forschung ihrer Bedeutung entsprechend nicht gewürdigt worden – erst recht nicht in der allgemeinen Lutherrezeption.[27] In ihnen verflechten sich in kunstvoller Weise die Motive und Figuren, die sonst nur locker oder gar nicht miteinander verbunden auftreten und die Aufmerksamkeit jeweils so auf sich sammeln, daß nach der Verträglichkeit von Freiheit und Dienst, Freiheit und Institution, Subjektivität und Sozialität gefragt wird.

Wir achten im folgenden auf die wichtigsten Aspekte der genannten Thesen. Sie repräsentieren den Sachzusammenhang, der mit den Begriffen der „Dreiständelehre" und „Zwei-Reiche-Lehre" zu diskutieren wäre. Doch läßt sich die Sache auch ohne diese Begriffe darstellen. Ich möchte nicht in den Irrgarten der modernen Rezeption der „Zwei-Reiche-Lehre" hineinführen, sondern möglichst ein Stück weit aus ihm herausführen.

Die Wahrheit der Mönchsgelübde

Luthers Leistung als Ethiker läßt sich in folgende These fassen: *Luther hat die in den Mönchsgelübden verkehrte Wahrheit neu zur Geltung gebracht: die Wahrheit der Armut, der Keuschheit und des Gehorsams.* Was ist evangeliumsgemäße Armut?[28] Was ist evangeliumsgemäße Keuschheit?[29] Was ist evangeliumsgemäßer Gehorsam?[30] Es gibt keine ethischen Themen und Probleme, die in diesen Fragen nicht enthalten wären. In der Frage nach der Armut liegt die Frage nach Eigentum, Besitz, Arbeit; es ist die Frage nach der ökonomischen Dimension der Welt und unseres Lebens. In der Frage nach der Keuschheit geht es um Sexualität, Ehe und Familie – um die in die Arbeit zwar unablösbar verflochtene, von ihr aber doch zu unterscheidende Mitmenschlichkeit im Bezug auf die mit der Differenzierung der Geschlechter gegebene elementare menschliche Bedürftigkeit und Angewiesenheit.

Um die Mitmenschlichkeit geht es auch beim Gehorsam, wenn der Mensch dadurch Mensch ist, daß er angeredet ist und deshalb hören und antwortend selbst reden kann; der Mensch ist Gehör. Aber dies läßt ihn auf alle Mitgeschöpfe bezogen sein und auf den, der ihn durch die Geschöpfe anredet, auf Gott. So bezeichnet das Wort „Gehorsam" den Grund-Stand des Menschen vor Gott, aber auch seinen Stand in

---

27 Monographisch behandelt wurde sie m. W. nur von R. Hermann: Luthers Zirkulardisputation über Matth 19,21 (LuJ 23, 1941, 35–93, wieder abgedruckt in: ders., GSt zur Theologie Luthers und der Reformation, 1960, 206–250).

28 Zirkulardisputation (s. Anm. 11); Thesen 17–20; 40,7–15.

29 Ebd., These 10, vgl. Thesen 89 f.; 39,20–22; 44,1–4.

30 Ebd., Thesen 31–50, vgl. Thesen 82 f.; 40,38–41,40; 43,26–29.

der Welt und vor sich selbst – „in der Welt" heißt: im Bereich des
Rechts und seiner sozialen wie politischen Verfassung im weitesten
Sinn bis hin zur Verantwortung für die Mitgeschöpfe.

Mit den drei Mönchsgelübden sind also alle Bereiche des Gottes–,
Welt– und Selbstverhältnisses angesprochen. Sinnvollerweise können
wir uns jetzt nur auf einen dieser drei Bereiche konzentrieren. Wir
wählen den, von dem *Luther* in seinen Disputationsthesen von 1539
ausgeht: den Bereich der Armut.

Radikale Nachfolge

Die Disputationsthesen und die von ihnen aufgenommenen Predigten
gehen aus von der uns allen wohl vertrauten Begegnung Jesu mit dem
reichen Jüngling, wie sie im Matthäusevangelium erzählt ist. Jesus
spricht zu dem Jüngling, der von sich sagt, alle Gebote gehalten zu
haben von Jugend auf: „Willst du vollkommen sein, so verkaufe alles,
was du hast, und gib's den Armen, so wirst du einen Schatz im Himmel haben; und komm' und folge mir nach!" (Mt 19,21) Es geht um
den vollkommenen Gehorsam, um die ganze Erfüllung des Willens
Gottes, um die radikale Nachfolge.

Franz von Assisi hatte einst dieses Wort gehört und war zum Bettel-
mönch geworden. Von ihm und seinem Orden her ist die „franziskanische Armut" der Geschichte und auch unserem Leben als Frage einge-
brannt. *Franz von Assisi* ist uns eine anziehende und liebenswürdige
Gestalt. Es gibt gerade heute, angesichts der ökologischen Krise, viele
Christen und auch viele Nichtchristen, denen sein Leben zu denken
gibt. *Luther* aber greift in seiner Predigt den so liebenswürdigen Franziskus an – und zwar in einer Schärfe, die uns befremdet: „Es ist Sankt
Franziskus ein guter Gesell gewesen, aber grob: in der heiligen Schrift
ungelehrt und unerfahren. Denn weder er noch seine Brüder haben
diese Regel Christi recht gehalten."[31] Warum? Weil sie als Bettelmön-
che statt von eigener Hände Arbeit von dem lebten – leben mußten,
wenn sie am Leben bleiben wollten –, was andere durch ihre Arbeit
erworben haben und besitzen. „Es ist ja Heuchelei und Lüge, daß sie
vorwenden, sie verkauften und verließen alles, denn sie müssen ja leben
– ob nun von dem, was ihnen von anderen gegeben wird oder von
dem, was sie durch sich selbst erwerben (...). Aber indem sie essen,
trinken, sich bekleiden und wohnen, verkaufen sie ganz gewiß nicht
alles, sondern haben und gebrauchen sie alles."[32] „Das ist ja ein ganz
glänzender Einfall, müßig und sicher von fremden Gütern zu leben!
Und aus der Armut oder dem ‚Alles verlassen' machen sie dasselbe,
was sonst gemeinhin ‚besitzen' heißt."[33] „Wenn sie also im mönchi-

---

31 Matth 18–24 in Predigten ausgelegt (s. Anm. 12); 338,15–17. Text modernisiert.
32 Zirkulardisputation (s. Anm. 11); Thesen 11–13 (mit Auslassungen, eigene Übersetzung); 39,23–28.
33 Ebd., These 14; 40,1–3.

schen Sinne alles verlassen und verkaufen wollen, müssen sie aus dieser Welt heraus gehen."[34] Sie müßten sich das Leben nehmen. Dann hätten sie alles verlassen. „Sie müßten dorthin auswandern, wo man nicht lebt, ißt, trinkt, sich kleidet, wohnt, um so wahrhaft alles zu verlassen. Denn das Leben: was du lebst, issest, trinkst, was du anhast, der Ort, die Stunde und ähnliches: alles, was du in Gebrauch hast, sind dein – eben durch den Gebrauch."[35]

Mit derselben Schärfe, in der *Luther* gegen die Bettelorden redet, bedenkt er in derselben Predigt auch die heuchlerische Bedürfnislosigkeit der Existenz des Kynikers *Diogenes* in der Tonne.[36]

Luther urteilt also, daß wir nicht sein können, ohne zu haben – nicht sein können, ohne Raum, Luft, einen Ort, einen Leib und Zeit zu haben. Die Alternative „Haben oder Sein?" besteht also nicht etwa schlechthin;[37] wir werden darauf zurückkommen.

Luthers Überlegung greift, wie wir sehen, an die Wurzeln des Menschseins, ja des Seins dieser Welt überhaupt; im nüchternen Bezug darauf bedenkt er die Nachfolge. In der Auseinandersetzung mit seiner eigenen mönchischen Vergangenheit[38] – zudem in einem Bettelorden – geht es nicht um eine beliebige Frage, sondern um das Herzstück des christlichen Glaubens und Lebens: um die Nachfolge Jesu Christi in Raum und Zeit, um das Christsein in der Welt.

Das Mönchtum, nicht zuletzt sich auf die Geschichte vom reichen Jüngling berufend, sah die Nachfolge in dem Versuch, die Gelübde der Armut, Ehelosigkeit und des absoluten Gehorsams einzuhalten. Dazu – sagt *Luther* – müßten die Mönche und Nonnen aus dieser Welt desertieren, was sie doch nicht können: denn sie haben Häuser, die Klöster, in denen sie wohnen; sie haben zu essen, zu trinken, sie haben Kleidung.[39]

Mönche und Schwärmer

Den Mönchen und Nonnen setzt *Luther* die Wiedertäufer zur Seite, die er „Schwärmer" nannte.[40] Das waren Menschen, die sich zunächst auf *Luther* beriefen, Christen, aus der Reformation hervorgegangen, die mit ganzem Ernst, in aller Konsequenz und Radikalität ein Leben in der Nachfolge Jesu Christi führen und nur nach der Bergpredigt leben wollten. Sie lehnten den Eid ab und den Kriegsdienst, manche auch die Ehe; sie waren nicht bereit, ein politisches Amt zu übernehmen. Chri-

34 Ebd., These 17; ebd., Z. 8 f.
35 Ebd., Thesen 18 f.; ebd., Z. 10–13.
36 Vgl. Matth 18–24 in Predigten ausgelegt (s. Anm. 12); 360,9–27.
37 E. Fromm: Haben oder Sein. Die seelischen Grundlagen einer neuen Gesellschaft, 1976, trägt dem in dem Abschnitt über „Existentielles Haben" (ebd. 87 f.) Rechnung.
38 Vgl. Matth 18–24 in Predigten ausgelegt (s. Anm. 12); 349,32–35.
39 Vgl. die Zirkulardisputation (s. Anm. 11); Thesen 17–19; 40,8–13. Vgl. weiter Matth 18–24 in Predigten ausgelegt (s. Anm. 12); 352,18–353,8.
40 Vgl. Matth 18–24 in Predigten ausgelegt (s. Anm. 12); 345,26–33.

sten dürften keine bürgerlichen Pflichten übernehmen, wenn sie wahre Christen sein und ihrem Herrn wirklich nachfolgen wollen.[41]

Gegen dieses von *Luther* so genannte Schwärmertum der Wiedertäufer nimmt *Luther* genauso Stellung wie gegen das Mönchtum. Die Schwärmer und das Mönchtum – das sind seine beiden Gegner, zur Linken und zur Rechten. *Luthers* Theologie und mit ihr seine Ethik sind ohne die kritische und polemische Wendung gegen diese beiden Gruppen und das von ihnen wahrgenommene Verständnis der Nachfolge nicht zu verstehen. Für *Luther* entsprechen sich beide genau, so sehr sie sich untereinander feind sein mögen. Seinen eigenen Weg sieht er – wie er selber sagt – als „Mittelbahn"; ich will „weder zur Rechten noch zur Linken" stürzen.[42]

Eine solche Mittelbahn ist freilich nicht breit. *Luthers* Weg ist vielmehr eine gefährliche Gratwanderung. Man darf sich nicht wundern, daß dieser Weg *Luthers* theologisch-gedanklich und praktisch-existentiell von wenigen nur verstanden wurde und nie populär geworden ist. Denn er ist nicht leicht zu verstehen, erst recht aber nicht leicht zu leben.

Bevor wir *Luthers* Weg nachdenken, müssen wir uns vor Augen halten, daß ihm – und uns – die Aufgabe, die er angepackt und auf seine Weise zu denken und zu leben versucht hat, schon vom Neuen Testament her gestellt ist. Kein Christ erfindet sie; sie stellt sich ihm, wenn er Christ sein will.

„Wanderradikalismus" oder „Haustafelethos"?

Im Blick auf die Worte Jesu, die in radikale Nachfolge rufen – mit der Zumutung, alles zu verlassen, keinen Ort zu haben, da man das Haupt hinlege, also kein Haus zum Übernachten – sprechen manche Neutestamentler von „Wanderradikalismus"[43]. Man habe diesen Wanderradikalismus und damit die Nachfolge in der späteren Gemeinde nicht mehr gelebt, sondern sei „bürgerlich" geworden, habe sich in dieser Welt eingerichtet. Man verweist dazu auf die vor allem im Kolosser- und Epheserbrief zu findenden Mahnungen an die Männer und an die Frauen, an die Eltern und an die Kinder, an die Herren und an die Knechte in ihrem Verhältnis zueinander; dies sind die zuerst von *Martin Luther* und nach ihm heute noch in der theologischen Wissenschaft so genannten „Haustafeln". Denn diese Mahnungen – „Ihr Männer, liebet eure Frauen ..."; „Ihr Väter, reizet eure Kinder nicht zum Zorn! ..." (Kol 3,18–4,1; Eph 5,21–6,9) – lassen sich auf einem Plakat, auf

---

41 Vgl. CA 16; BSLK, 70 f.
42 Wider die himmlischen Propheten, von den Bildern und Sakrament (1525); WA 18,(62–214)112,33 ff.
43 Vgl. etwa G. Theißen: Wanderradikalismus. Literatursoziologische Aspekte der Überlieferung von Worten Jesu im Urchristentum, in: Studien zur Soziologie des Urchristentums (WUNT 19), 1979, 79–105 = ZThK 70, 1973, 245–271.

einem Tafeldruck in der Wohnstube aufhängen, so daß jeder Hausgenosse seine Lektion lernen kann und weiß, wie das Leben im Hause geordnet sein soll, wie man miteinander umzugehen hat. Hier im Hause haben diese Mahnungen ihren Sinn, buchstäblich ihren Ort. Für einen, der kein Haus, keine Wohnung, kein Eigentum, keine Frau und keine Kinder hat, können sie ja nicht gelten.

Nun kommen manche Neutestamentler zu dem Ergebnis, daß das Leben in der Nachfolge, im Wanderradikalismus, nicht zu vereinbaren gewesen sei und nicht zu vereinbaren sei mit dem Leben im Haus; man könne nur eines von beidem ergreifen: entweder das Leben im Haus oder aber das Leben in der Nachfolge. Nachfolge ohne Haus und Haus ohne Nachfolge!

Angesichts dieser Beurteilung wird deutlich, was *Luther* als Ethiker geleistet hat. Man kann es ganz kurz so zusammenfassen: Er hat die Alternative von Haus und Nachfolge nicht gelten lassen und deshalb seine Wanderung auf dem Grat versucht. Ich meine, daß er der Sache nach und zugleich auch historisch recht hat und deshalb jene angesprochene Sicht mancher Neutestamentler und die entsprechende Sicht eines Sozialgeschichtlers immerhin vom Range eines *Ernst Troeltsch*[44] unzutreffend sind.

Schon der Zusammenhang der Worte des irdischen Jesus stellt die Aufgabe einer anderen Wahrnehmung als der einer Trennung von Haus und Nachfolge. Derselbe, der aus Haus und Familie heraus in die Nachfolge ruft, schärft die Verpflichtung gegenüber den Eltern und die Unscheidbarkeit der Ehe ein. Wie geht das zusammen? Oder hat sich Jesus selbst widersprochen? Diese Frage ist im Blick etwa auf das Nebeneinander von Lk 14,26 f. und Mk 7,9–13 nicht einfach von der Hand zu weisen.

„Wenn jemand zu mir kommt und haßt nicht seinen Vater, Mutter, Frau und Kinder, Schwestern und Brüder, dazu auch sein eigenes Leben, der kann nicht mein Jünger sein. Wer nicht sein Kreuz trägt und mir nachfolgt, der kann nicht mein Jünger sein." (Lk 14,26 f.) Das ist die eine Seite: Nachfolge in radikalster Ausprägung, „Wanderradikalismus".

Andererseits wird Mk 7,9–13 eingeschärft: Mose hat gesagt, du sollst deinen Vater und deine Mutter ehren. Wer Vater und Mutter flucht, der soll des Todes sterben. Ihr aber – und nun folgt das eindrückliche „Korban"-Wort Jesu: Wenn ihr das Vater und Mutter Geschuldete umwidmet, umfunktioniert in eine vermeintlich radikale Nachfolge, wenn ihr das, was ihr den Eltern schuldet (und man darf fortfahren: was ihr Frau und Kindern, Brüdern und Schwestern schuldet) – wenn ihr das Gott geben wollt, dann handelt ihr radikal gegen den Willen Gottes.

44 Vgl. E. Troeltsch: Die Soziallehren der christlichen Kirchen und Gruppen, 1912; bes. 420–426, 967–975.

Vergleichen wir diese beiden Jesusworte, dann drängt sich doch die
Frage auf: Widerspricht sich denn nicht beides? Schließt sich denn
nicht beides aus? Das Mönchtum jedenfalls hat so geurteilt.

Allein schon aus dem Vergleich der beiden zitierten Jesusworte, dem
keiner entrinnen kann, der Christ und Theologe sein will, ergibt sich
die Aufgabe, die *Luther* als Ethiker in Atem gehalten hat: nämlich das
Leben im Haus, in der Welt, der Welt der Arbeit, Familie, Politik –
dieses Leben im „Haus" zusammenzuhalten und zu durchdringen mit
dem Leben in der Nachfolge auf den Ruf Jesu Christi hin, und das
heißt für *Luther*: mit dem Gehorsam des ersten Gebotes, Gott über alle
Dinge zu fürchten, zu lieben und ihm zu vertrauen.[45] Es ist *Luthers*
große Leistung, das Problem, das in der Kirchengeschichte verschiedene Lösungen gefunden hatte, in unüberbietbarer Schärfe formuliert
und die nötigen Bestimmungen angemessen zur Geltung gebracht zu
haben.

Erste und zweite Tafel

Luther unternimmt seine Gratwanderung, indem er den Gehorsam der
ersten Tafel der zehn Gebote (erstes bis drittes Gebot) unterscheidet
vom Gehorsam der zweiten Tafel (viertes bis zehntes Gebot). Geht es
um die erste Tafel, um die Geltung des ersten Gebotes, dann ist alles zu
verlassen und alles zu leiden: „Nehmen sie den Leib, Gut, Ehr, Kind
und Weib, laß fahren dahin!"[46]

Wem von uns wäre nicht schon beim Singen dieses Satzes aus dem
Lied „Ein feste Burg ist unser Gott" ein tiefes Erschrecken gekommen
– so, daß man manchmal gerade diese Zeilen ausläßt, sie nicht mitsin-
gen kann. Man ist zutiefst erschrocken, beunruhigt über die Radikalität, die aus einem solchen Wort, aus einem solchen fast unheimlichen
Glauben und Vertrauen allein auf Gott und sein Wort spricht: Nehmen
sie den Leib, Gut, Ehr, Kind und Weib, laß fahren dahin; Gott aber
und seine Zusage können sie nicht nehmen!

Hören wir ein längeres Stück aus *Luthers* Predigt, damit wir seine
Gratwanderung besser verstehen:[47]

> „Komm und folge mir nach ... Wenn wir das Himmelreich dadurch könn-
> ten erlangen, daß man Geld und Gut wegwürfe, so würde es nicht lange
> währen, ... daß man nicht mehr Essen und Trinken haben würde. Das hat
> Christus nicht getan. Er hat nicht alles verkauft. Sondern gegessen und
> getrunken, hat Kleider gehabt. Und was ihm gegeben wurde, das hat er
> angenommen. Judas ist Säckelmeister gewesen; er hat [das Geld] andern

---

45 Kleiner Katechismus, BSLK, 507,42 f.
46 EKG 201,4. Vgl. die Zirkulardisputation (vgl. Anm. 11); These 21; 40,16 f. Vgl. dazu
    auch Luthers Vorlesung über die Stufenpsalmen (1532/33); WA 40 III,62 f., bes. die
    Beziehung der Selbstvorstellung Gottes (62,4 f.) auf die zweite Tafel des Dekalogs
    (62,12–14 und 63,4–6).
47 Matth 18–24 in Predigten ausgelegt (s. Anm. 12); 353,10–354,15. Text modernisiert.

Armen auch mitgeteilt. Und Brot haben sie behalten für den nötigen
Bedarf. Wenn deshalb des Herrn Christi Meinung die wäre, die Sankt
Franziskus träumt, so müßte man sagen: ... Wenn man alles verkaufen
soll, warum behältst du alles? Deshalb ist Paulus auch ein Handwerks-
mann gewesen, ein Teppichmacher. Bei den Meistern seines Handwerks ist
er zur Herberge eingekehrt und hat sein Brot mit [eigenen] Händen verdient. Das wäre ja eitel Torheit" gewesen von Paulus, wenn Franziskus
recht hätte. „Darum ist die Meinung dieses Gebotes [Komm und folge mir
nach!] geistlich zu verstehen ...: Das Herz soll von den Gütern unterschieden werden – so, daß du Gott höher achtest ... und, wenn es nötig
wird, nicht allein alles verkaufst, sondern ... um seinetwillen auch Leib
und Leben lässest ...
Wie? wird jetzt einer sagen, soll ich mich selbst an einen Baum hängen?
Oder mit einem Messer mir die Kehle durchstechen und mich selber töten?
Nein, dein Leben sollst du lieb haben. Aber wenn [entweder] Gott sollte
verleugnet werden, der das Leben gegeben hat, oder aber dir das Leben
sollte genommen werden, so sollst du das Leben verleugnen. Denn ich soll
nichts so sehr lieben wie Gott und sprechen: Eh' ich meinen Gott verleugnen wollte, so will ich eher mein Leib und Leben darüber lassen."
So muß man das Wort verstehen, „das Christus von der rechten ... Erfüllung der Gebote Gottes redet ... Sonst [aber] sollen Eheleute beisammen
bleiben; Vater und Mutter sollen die Kinder auferziehen und sollen nicht
voneinander weglaufen. Wenn aber ein Tyrann käme und spräche: Ver-
leugne Gott und sein Wort oder laß dir alles nehmen, was du hast, oder
wenn Vater und Mutter ihre Kinder an der Seligkeit hindern wollen, dann
soll man dem Tyrannen, [dann soll man] Vater und Mutter ... alles hin-
fahren lassen, ... damit man Gottes ... Gnade behalte und sagen: Gott hat
mir Vater und Mutter, Geld und Nahrung gegeben, soll ich's um Gottes
Willen verlieren, so fahre es hin! Trifft dich ein solcher Zwang aber nicht,
kannst du bei Weib und Kind, Vater und Mutter und deinen Gütern bleiben und mußt dabei Gott nicht verleugnen, dann gönnt dir Gott Weib,
Kind, Güter und auch dein Leben wohl. Dann soll ich bei meinem Weibe
bleiben und wir zwei ein Fleisch sein. [Dann sollen wir in der Welt leben]
und der Obrigkeit untertan sein. Dann soll ich nicht hingehen und ein
Messer nehmen und mir die Kehle abstechen. Das wäre falsch verstanden.
Sondern [nur], wenn Gottes Sache ansteht, soll man Vater, Mutter, Bruder, Schwester verlassen."⁴⁸

So redet *Luther* in der Predigt. Und in den entsprechenden Thesen
heißt es dann in der Unterscheidung der ersten Tafel der Zehn Gebote
von der zweiten Tafel: Im Ruf zur Nachfolge redet Christus davon,

> „alles um der ersten Tafel, um des Bekenntnisses, der öffentlichen Sache
> des Glaubens, willen zu verlassen und zu verkaufen. In der Sache der
> ersten Tafel [,Ich bin der Herr, dein Gott, du sollst keine anderen Götter
> neben mir haben'] nämlich muß jene eine köstliche Perle des Himmelrei-
> ches festgehalten und gekauft werden, während alles andere zu verkaufen
> und alles zu verlassen und zu verlieren ist. Dann nämlich ist das, was du in
> der zweiten Tafel für dieses Leben rechtmäßig hast und besitzest, um der

48 Ende des Anm. 47 nachgewiesenen Zitats.

ersten Tafel, d.h. um des ewigen Lebens willen, freudig zu verlieren. Außerhalb der Sache der ersten Tafel und des Bekenntnisses zu Gott aber ist alles zu erwerben, zu erhalten, zu verteidigen und zu verwalten. Denn wir sind gehalten, der zweiten Tafel zu gehorchen, d.h. nach göttlichem und natürlichem Recht den Leib und dieses Leben zu hegen, zu nähren, zu schützen und zu verwalten. Wenn jemand außerhalb der Sache der ersten Tafel oder des Bekenntnisses für die Seinen nicht sorgt, so verleugnet er den Glauben und ist schlimmer als ein Ungläubiger. Christus sagt: Die Gott zusammengefügt hat, soll der Mensch nicht scheiden. Das bedeutet: Wenn jemand in diesem Fall die Seinen verläßt und das Seinige verkauft, so sündigt er zugleich über die zweite Tafel hinaus auch gegen die erste."[49] Er gehorcht Gott nicht.

Alles ist loszulassen; alles ist zu behalten – je nach Blickrichtung. Diese Dialektik ist schwer zu denken und noch schwerer zu leben. Und doch bedeutet sie wohl die hilfreichste Orientierung im Blick auf das Herzstück des christlichen Glaubens und Lebens.

Evangeliumsgemäße Armut

In der den Thesen vorausgegangenen Predigt wird das Problem von Loslassen und Behalten am Beispiel des Umgangs mit Geld und Gut entfaltet. Die Frage ist: Was meint Christus, wenn er sagt, daß ein Reicher nicht ins Himmelreich kommen kann? Der Reiche, der nicht ins Himmelreich kommen kann, ist allein der, der nicht nach Gott fragt, indem er sein Vertrauen auf Geld und Gut setzt.[50] Christus nennt ihn

> „einen gottlosen Menschen, dem der Pfennig lieber ist als alles andere. Er hält ihn für seinen Abgott und Herrn, ehrt und verehrt ihn, wie das alle Geizwänste tun, die eher einen armen Menschen ließen Hungers sterben, als daß sie ihm einen einzigen Pfennig zu geben übers Herz brächten"[51].

Der Reiche, der nicht in das Reich Gottes kommt, ist der Reiche, der dem Mammon dient. Deshalb, sagt *Luther*, wird im Evangelium nicht der reich genannt, der viel Geld und Gut hat, sondern allein der, der sich auf sein Geld und Gut verläßt. Dazu beruft sich *Luther* auf Psalm 62,11: „Fällt euch Reichtum, Geld und Gut zu, so hängt euer Herz nicht daran! Denn Reichtum ist Gottes Gabe. Man soll sie nicht wegwerfen, sondern Gott dafür danken und sie christlich gebrauchen."[52] Wenn man das fertig brächte, daß man des Geldes und Gutes, des Ackers und Kornes, des Hauses und Hofes brauchen könnte als Gottes Gabe und andern davon weitergeben, so wäre es uns ohne allen Schaden. Und wenn wir so unsere Güter genießen könnten, so wäre es gut. Aber wir machen einen Abgott daraus, setzen unser Vertrauen auf die

49 Zirkulardisputation (s. Anm. 11), Thesen 21–27; 40,16–31. Text in eigener Übersetzung.
50 Vgl. Matth 18–24 in Predigten ausgelegt (s. Anm. 12); 355,36 f.
51 Ebd.; Z. 37–40. Text modernisiert.
52 Ebd.; 356,27–29. Text modernisiert. Zum folgenden vgl.: ebd.; 356,37–357,1.

Kreatur und nicht auf den Schöpfer und kommen deshalb nicht ins Himmelreich. „Unmöglich, daß Gott und der Mammon zugleich in des Menschen Herz sind. Wenn Gott drinnen ist, so muß der Abgott auswandern; willst du gerettet werden, darfst du nur einen Gott haben. So fordert es das erste Gebot."[53]

Auffällig ist das große Gewicht, das *Luther* nicht nur in dieser, sondern in vielen anderen Predigten dem Geiz beimißt. Der Geiz ist für ihn das Unnatürliche schlechthin", Sünde, in der herauskommt, daß der Mensch sich abschließt und undankbar lebt, weil er von dem, was er empfängt, nichts weitergibt und damit aus dem Prozeß des Gebens und Nehmens herausfällt, sich von dem Leben als Kommunikationsprozeß selbst abschnürt. Im Geiz sieht *Luther* die Bewegung des Selbstabschlusses, der Verkrümmung in sich selbst zu einem Ende in dämonischer Tiefe gekommen; „der Teufel heißt die Leute, dies zu tun"[55]. Im Geiz kehrt sich der Mensch, in seiner Undankbarkeit sich versteifend, von seinem Schöpfer ab, schließt sich in sich selber ein und verschließt sein Ohr, sein Herz und seine Hand zugleich auch dem Nächsten. Das ist das Gegenteil zu jenem Haben, ohne das menschliches Sein nicht ist und dessen Verständnis sich aus der paulinischen Frage ergibt, die *Luther* der Sache nach aufnimmt: „Was hast du, das du nicht empfangen hast?" (1. Kor 4,7)

Von solchem Haben sich bestimmen zu lassen, heißt in evangeliumsgemäßer Armut zu leben. Was hast du, das du nicht empfangen hast? Diese Frage ändert die Blickrichtung von uns, die wir zu den Reichsten der Erde gehören. Mit unserem Herzen verändert sich unser Sein und Haben und damit die Verteilung der Güter dieser Erde.

Die von der paulinischen Frage bewirkte Wahrnehmung und Aufgabe kann hier nur angedeutet werden. Es ging darum, die im Mönchsgelübde der Armut verkehrte Wahrheit herauszustellen, wie sie Luther neu zur Geltung gebracht hat – in der scharfen Dialektik seiner Thesen wie in der Seelsorge seiner Predigt, der diese Dialektik und mit ihr die ganze theologische Wissenschaft dient.

Evangeliumsgemäße Keuschheit

Wie der Geiz verkehrter Umgang mit dem ist, was man zum Leben haben muß, also die Verkehrung des Guten, Lebensdienlichen und Lebensfördernden, so ist die Unkeuschheit der verkehrte Umgang mit der Geschlechtskraft, verkehrter Umgang mit dem, was uns Gott zur Freude eingepflanzt hat und was nach Gottes Urteil über seine Schöpfung sehr gut ist. Und wie die rechte Armut keine krampfhafte und heuchlerische Verleugnung des Habens ist, so ist die rechte Keuschheit

---

53 Ebd.; 357,2–5. Text modernisiert.
54 Vgl. ebd.; Z. 12.
55 Ebd.; Z. 19 f. Text modernisiert.

keine krampfhafte und heuchlerische Verleugnung des Geschlechts-
triebs, sondern sein guter Gebrauch – in der gegenseitigen Liebe und
ehrenden Anerkennung.

Die Wahrheit des Mönchsgelübdes der Keuschheit hat *Luther* im
Lob der Ehe gelebt, gepredigt und durch den Katechismus die folgenden Generationen gelehrt: „Wir sollen Gott fürchten und lieben, daß
wir keusch und züchtig leben in Worten und Werken und ein jeder sein
Gemahl lieben und ehren."[56] Dazu darf man sich von Gott berufen wissen – ebenso wie zur Ehelosigkeit in frei bejahter Enthaltsamkeit, zu
der man, wie *Luther* sagt, „von sich selber Lust hat", „des Berufs desto
besser zu warten"[57], also um des Dienstes willen. Für Ehelose wie für
Eheleute gilt: Ihr seid zur Freiheit berufen!

Evangeliumsgemäßer Gehorsam

Dieser Ruf zur Freiheit macht auch die Wahrheit des Gehorsams aus.
Lebt der Mönch seinen Regeln zufolge „nicht nach eigenem Urteil",
sondern „nach dem Urteil und Befehl eines andern", ihm gehorchend
und „nicht eigenen Wünschen"[58], so hat *Luther*, mit *Karl Marx* zu
reden, die Mönche und „Pfaffen in Laien verwandelt, weil er die Laien
in Pfaffen verwandelt hat"[59]; die Wahrheit des Gehorsams betrifft
jeden. *Luther* bringt die im Mönchsgelübde des Gehorsams verdun-
kelte Wahrheit zum Leuchten, daß der Mensch nur als Horchender
Mensch ist, nur dann Mensch ist, wenn er ganz Ohr ist – wie es die
Plastik Ernst Barlachs darstellt. Der Mensch ist dadurch Mensch, daß
er angeredet ist und deshalb hören und antwortend selbst reden kann,
aber auch muß, sich ver-antworten muß. In diesem seinem Gehör ist er
frei – zwar nicht rein spontan, aber auch nicht rein rezeptiv, sondern
beides zugleich: zwischen Vorgabe und Aneignung, Empfangen und
Überliefern.

So ist Gehorsam die Grundstruktur unseres Umgangs miteinander,
unserer Kommunikationsfähigkeit, unserer Sozialität, des politischen
Miteinanders bis hin zu einer Weltinnenpolitik. Daß dabei die Gratwanderung, von der die Rede war, besonders schwierig ist, liegt jedem

---

56 Auslegung zum sechsten Gebot, Kleiner Katechismus, BSLK, 509,1–5.
57 Matth 18–24 in Predigten ausgelegt (s. Anm. 12); 337,11 f.
58 Regula sancti Benedicti, cap. 5,12; CSEL75,36: „Ut non suo arbitrio viventes vel
   desideriis suis et voluptatibus oboedientes, sed ambulantes alieno iudicio et imperio in
   coenobiis degentes abbatem sibi praeesse desiderant." Vgl. die Übersetzung von P.
   Fr. Faeßler in: Die großen Ordensregeln (Lectio spiritualis 12), hrsg. von H.U. von
   Balthasar, 1974, 199 f.: „So leben sie nicht nach eigenem Gutdünken und folgen nicht
   ihren persönlichen Neigungen und Gelüsten, sondern wandeln nach dem Urteil und
   Befehl eines andern, verbringen ihr Leben im Kloster und wünschen, unter einem
   Abte zu stehen."
59 K. Marx: Zur Kritik der Hegelschen Rechtsphilosophie. Einleitung, in: ders., Die
   Frühschriften, hrsg. von S. Landshut, 1968, 217.

vor Augen. Es gibt aber zu ihr keine Alternative. Die Nachfolge gilt im Haus der Welt; vom Haus gelöst, wird sie schwärmerisch und mönchisch.

Zusammenfassung

Luthers Leistung als Ethiker und Seelsorger liegt darin, daß er die in den Mönchsgelübden verkehrte Wahrheit der Armut, der Keuschheit und des Gehorsams wieder zur Geltung gebracht hat.

Er brachte sie in der Sprache der Disputation, der Predigt und des Katechismus zu Gehör, indem er in aller Schärfe die erste Tafel der Zehn Gebote auf die zweite und die zweite Tafel auf die erste bezog – besonders eindrücklich im Kleinen Katechismus, in dem die Erklärung jeweils das erste Gebot aufnimmt: „Wir sollen Gott fürchten und lieben, daß wir ..." Das erste Gebot im strengen Sinne „Du sollst keine anderen Götter haben neben mir" steht nicht als Gebot in sich selbst, sondern ist die Kehrseite des reinen Evangeliums, der von der Selbstherrlichkeit und Verzweiflung befreienden und in Zweifeln gewißmachenden Zusage: „Ich bin der Herr, dein Gott!"

Autorität und Freiheit[1]

ALFRED DE QUERVAIN

Vielleicht ist es doch gut, an dieser Stelle sich klarzumachen, worin das heute herrschende Freiheitsbewußtsein und Freiheitsprinzip sich unterscheidet von der Freiheit, für die Calvin kämpft. Wer heute die Anerkennung eines Glaubenssatzes oder die Befolgung eines moralischen Gebotes verweigert, wer es als unzulässig erklärt, daß die religiösen und moralischen Anschauungen anderer für ihn autoritative Geltung haben sollten, der protestiert im Namen der angegriffenen Individualität. Er verteidigt sich selbst, sein eigenes seelisches Leben, seine persönliche Entwicklung, sein religiöses und sittliches Urteil, die Spontaneität seines Geistes gegen die Herrschaft des Gewordenen, des [71] Gegebenen. Er will entscheiden, er *selbst*, und er will auch wirklich entscheiden, um eine Lösung ringen, und nicht einfach sie fertig schon hinnehmen aus fremder Hand. Die Sehnsucht nach Wahrhaftigkeit ist da Leitmotiv. Das Primäre ist die individuelle Lage, die persönliche Verantwortung, die eigen erworbene Sittlichkeit und Religion, und daneben die Auseinandersetzung mit den Gegebenheiten, auf die wir stoßen, die uns umgeben, die uns erdrücken. Christliche Freiheit ist dann Wahrung der Entwicklung und der wohlerworbenen Rechte der religiösen Persönlichkeit gegenüber den Machtansprüchen der Organisationen, Institutionen, gegenüber Familie und Kirche, Staat und Sittlichkeit in ihrem Erstarrungszustand oder auch in ihrer gereifteren geschichtlichen Erfahrung, die sie den Einzelnen gegenüber vertreten.

Calvins Ausgangspunkt ist doch wohl ein anderer. Nicht das ist ihm Problem, wieweit die christliche Freiheit sich durchführen läßt, so daß der Mensch, der verantwortungsvolle Mensch nicht einem anderen Willen zu folgen braucht, sondern das ist sein Anliegen, daß der Mensch nicht frevelhaft sich an Gottes Stelle setze und regiere, wo doch der Heilige allein reden und führen darf. Frevelhaft ist es, daß die Kirche, statt den Sünder auf Gottes rechtfertigende Gnade hinzuweisen, ihm eine Leiter zum Himmel baut, ihm Pflichten diktiert, daß Einrichtungen dieser Welt den Menschen an sich zu binden suchen, statt ihm zu Gott zu helfen. Das ist der Verrat der Kirche und ihrer Diener, die herrschen wollen, statt Zeugen

---

[1] [Anm. des Autors:] Die Stellenangaben geschehen nach der 59 bändigen Calvin-Ausgabe aus dem Corpus Reformatorum.

der frohen Botschaft zu sein, das ist die Gottlosigkeit aller menschlichen
Autoritäten, daß sie es mit Gott nicht ernst nehmen. Freilich ist es auch
ein Spielen mit dem *Menschen*, eine Verachtung seiner Berufung und der
Gnade, die ihm zuteil geworden ist. Und darum soll der Christ auch für
diese Freiheit kämpfen und diesen Autoritäten sich widersetzen. So stünde
also doch Calvin in derselben Front wie der heutige Freiheitsenthusiast?
Nein, auf alle Fälle zunächst, nein: die Begründung der Freiheit und der
Sinn des Kampfes sind hier und dort verschieden. Vielleicht darf [72] man
sagen, daß für Calvin das Wort Freiheit noch etwas Göttliches an sich hat,
so daß man es nicht in das alltägliche Schlachtgewühl hineinbrüllen kann.
In seiner Verwendung ist es vor Trivialitäten bewahrt. Freiheit ist etwas
Transzendentales, es weist zurück auf Gott, und es hat Bezug auf den, der
berufen ist, der glaubt. Es gehört also zum neuen Menschen.

So dünkt uns vielleicht dieser dritte Abschnitt über die christliche Freiheit bei Calvin etwas armselig im Vergleich mit der Fülle der Gedanken,
die an dieser Stelle heute auftauchen. Wenn wir aber auch mehr zu reden
wissen von den unendlichen Schwierigkeiten und zahllosen Konflikten, so
ist damit noch nicht bewiesen, daß er das Problem nicht in ganz anderer
Tiefe erfaßt hat. Für ihn ist Freiheit keine allgemeine Forderung, sondern
Glaubenssache. Als Freier handeln, das heißt im Glauben handeln, und der
Glaube will nichts anderes als Gott die Ehre geben. Diese Freiheit vermag
vieles hinzunehmen, was uns heute unerträglich erscheint, was unseren
Protest herausfordert, den Protest unseres Selbst gegen Schranken, die
ihm, wie es uns scheint, ohne Berechtigung gesetzt sind. Sie verträgt sich
mit einer Auffassung des Lebens, die nicht allzuviel Rücksichten auf den
Einzelnen und seine individuellen Bedürfnisse, auch seine religiösen
nimmt, wie das in dem unerbittlichen strengen Genf der Fall war. Diese
Freiheit ist andererseits von unheimlichen Radikalismus, indem sie auch
über unser Selbst hinweggeht, den Betrug dieses sogenannt autonomen
Menschen aufdeckt, indem sie über jegliches Gesetz dieser Welt und über
jede Bindung hinweg Gottes Urteilsspruch anruft.

Möhler zitiert in seiner »Symbolik« mit Entsetzen folgendes Wort von
Luther: »Wenn im Glauben ein Ehebruch begangen werden könnte, es
wäre keine Sünde.« Der, der so spricht, ist kein Immoralist, kein Mensch,
der das Joch eines Moralgesetzes nicht mehr zu ertragen vermochte; auch
kein Verteidiger der individuellen Freiheit, der eben nach seinem eigenen
Gesetz, nach seiner freien Überzeugung leben will. [73] Denn für Luther
ebenso wie für Calvin ist der Glaube doch immer Gehorsam gegenüber
Gott; Glaube heißt *ihm* in allen unseren Taten die Ehre geben. Auch in

diesem Falle – wenn er überhaupt eintreten könnte – würde es sich um
Gehorsam handeln und nicht um eine Unterwerfung unter unsere Natur,
nicht um ein Nachgeben unseren Wünschen, nicht um die Wahrung unserer »persönlichen Freiheit«. So sagt Luther: »Wenn man nu Solchs predigt (die Gerechtigkeit, die aus dem Glauben allein kommt), so fährt die
Vernunft zu und saget: Ei, wenn das wahr ist, so darf ich kein gut Werk tun;
fallen also die groben Köpfe drauf und machen aus dem christlichen Wesen eine fleischliche Freiheit, meinen, sie mögen tun, was sie wöllen. Denen begegnet hie S. Peter, und kompt ihnen vor und lehret wie man christliche Freiheit allein gegen Gott müsse brauchen. Denn da ist Nichts mehr
noth denn der Glaube, daß ich Gott sein Ehr gebe, und ihn für meinen
Gott halte, daß er gerecht, wahrhaftig und barmherzig sei, solcher Glaube
macht uns frei von Sünde und allem Übel.« Überwiegt aber vielleicht doch
bei Luther die Dankbarkeit dessen, der, vom Urteil der Menschen befreit,
auf Gottes Barmherzigkeit allein angewiesen ist, so unterstreicht Calvin die
Ehre Gottes, die Aufrichtung seiner Autorität, die Anerkennung seiner
Majestät, die in diesem Kampf gegen menschliche Satzungen zum Aus-
druck kommt. Wo vom Glauben die Rede ist, da spricht er eben auch von
Gehorsam; beides gehört zusammen, ist untrennbar verbunden, so wie
Glaube und Wort Gottes. An dieser Bezogenheit des Glaubens auf Gottes
Wort dürfen wir nicht vorbeigehen, wollen wir verstehen, was ihm christ-
liche Freiheit ist.

»Da der Geist des Frommen nirgends anders als in Gottes Wort Ruhe
finden kann, so müssen alle vom Menschen erfundenen Gottesdienste und
alle Werke, die in den Gehirnen der Menschen ihren Ursprung haben,
zunichte werden; denn wenn Paulus alles verdammt, was nicht aus dem
Glauben kommt, so verwirft er eben alles, was [74] nicht auf Gottes Wort
sich gründet und darin gebilligt ist.«[2] Der Glaube ist also ein bestimmter
Glaube, er ist kein abstraktes Vermögen, das von seinem Inhalt sich loslö-
sen ließe. Calvin denkt also nicht daran, daß der Glaube einmal Gottes
Wort in der Heiligen Schrift widersprechen, daß zwischen beiden eine
Kluft sich auftun könnte. Wie sollte auch ein Konflikt entstehen, wenn
darin wirklich Gott spricht und der vom Geist Erleuchtete, der Gläubige –
also nicht der historisch Interessierte oder der Kritiker oder der Bibelapo-
loget oder der Wundersüchtige – darin forscht und eine Antwort auf seine
Frage sucht? Wo Gott nichts Bestimmtes befohlen hat, da ist der Christ
nicht gebunden – schließt Calvin auf Grund seines Schriftverständnisses.

[2] [Anm. 40] Kommentar zu Röm. XV, 23.

Aber ist da nicht die Gefahr, daß doch irgendwie die Bibel als ewig gültiger Moralkodex aufgefaßt wird? Und damit wird gerade ihre Autorität geschwächt, weil in einzelnen Dingen der Christ doch wieder selber entscheiden muß. Freilich »im Glauben«, aber dann doch ohne Bindung. In diese Sackgasse müssen die Vertreter einer Bibelorthodoxie, die Verfechter der Verbalinspiration geraten, ohne einen Ausgang finden zu können. So viel muß uns aber doch bei Calvin klargeworden sein, daß sein dialektisches Verständnis der Schrift und des Glaubens ihn nicht wehrlos diesem biblischen Dogmatismus ausliefert. Dieses Lutherwort, das Möhler erwähnt, wäre in dieser Fassung bei Calvin kaum denkbar. Diese glaubensvolle Paradoxie liegt dem ferner, der in Jesus Christus auch den Vollender des Gesetzes sieht. Und doch treibt er keine Moral, keine Buchstabenvergötterung.

In seiner »Unterweisung in der christlichen Religion« finden wir im Grunde keine christliche Ethik, auch keine biblische. Es fehlt ganz ein System des christlichen Lebens nach der Bibel, was ein Biblizist zu schreiben doch verpflichtet wäre. Calvin spricht vom Kreuztragen und von der Betrachtung des ewigen Lebens und von dem Verhältnis des Christen zur Obrigkeit. Was er von den Zehn Geboten sagt – ihr Sinn [75] wird erst in Christus offenbar, erklärt er selbst –, liefert keine inhaltlich bestimmte Ethik. Also auch da kein evangelisches Gesetz! In seinen Predigten aber finden wir Trost und Aufrichtung, Ermahnung und Strafe, Wegweisung und Belehrung. Er beleuchtet die Lage des wirklichen Menschen, die Lage, die Not und die Hoffnung dieser Gemeinde, zu der er mitgehört. Nicht zeitlose, ewige Wahrheiten sind da ausgesprochen; denn Gottes Wille in seinem Wort ist so konkret, daß er keiner Verallgemeinerung fähig ist. So konkret lautet auch die Frage nach ihm; so konkret muß auch die Verkündigung sein. Indem der Einzelne und die Gemeinde sich immer neu unter Gottes Wort stellen, bleiben sie davor bewahrt, aus der Schrift ein Moralsystem herauszulesen. Sie behalten ihre Freiheit und sind doch gebunden – durch das Wort.

[76] (Die Kirche) Wenn Freiheit und Autorität so radikal genommen werden, ist nicht ihre Kraft eigentlich geleugnet? Ist nicht ihre Wirkung in Frage gestellt? Ist nicht die Auflösung des Lebens, das Aufkommen eines religiösen Anarchismus eine unausbleibliche Folge? Das sind die Einwände, die immer wieder erhoben werden. Calvin weiß etwas von einer sichtbaren Freiheit und von einer konkreten Autorität; es ist die Freiheit, die innerhalb der christlichen Gemeinde verwirklicht, die Autorität, die in der Kirche wirksam ist. So haben wir nun von der sichtbaren Kirche zu reden.

»Wir müssen auf der einen Seite glauben an eine unsichtbare Kirche, die Gott allein kennt; auf der anderen Seite müssen wir uns treulich zu der sichtbaren Kirche halten und ihre Gemeinschaft pflegen.«[3] Überall wo Gottes Wort rein verkündigt wird und Gehör findet, wo die Sakramente nach Christi Einsetzung verwaltet werden, da ist die sichtbare Kirche. Und es soll keiner sich von ihr fernhalten. Das sagen Luther und Calvin. Wird freilich das, was ihre Grundlage ist, preisgegeben, verraten, dann verschwindet die sichtbare Kirche. Sie kann nur bestehen da, wo der Gottesdienst rein bleibt, d. h. wo Gott als der Quell aller Gerechtigkeit, Heiligkeit, Weisheit, Wahrheit, Macht und Güte, als der Quell des Lebens und des Heils anerkannt wird. Immer von neuem erweist sich die befreiende Macht dieser Verkündigung, wenn sie das menschliche Leben unter das Gericht des Wortes rückt, das schärfer ist als jedes zweischneidige Schwert. Da denkt die Kirche nicht daran, ihr eigenes Leben zu be-[77]wahren. Sie steht und fällt mit dem Zeugnis, das ihr anvertraut ist. Dienst am göttlichen Wort ist nicht Menschendienst, nicht Pflege menschlicher Bedürfnisse, nicht religiöse Anregung, sondern göttlicher Auftrag eines Sterblichen und Sündigen an die Menschen, die zur Gotteskindschaft berufen sind.

[3] [Anm. 41] Inst. IV. 1,7 (Müller 493).

Calvin

HANS JOACHIM IWAND

Entwurf der Lehre vom Gesetz

1536 schreibt der 26jährige Calvin in Genf seine erste Institutio, eine kurze Darstellung des gesamten christlichen Glaubens. Anerkannterweise ist sie nach Luthers Katechismus entworfen, sie beginnt also mit der Entfaltung des Gesetzes, geht dann über zum Glauben, fährt fort mit dem Gebet und den Sakramenten und endet – freilich darin eigentümlich – mit der Lehre von der libertas christiana. In diesem letzten Stück behandelt er das Leben der Christen in den beiden Reichen, im Reiche Christi – das heißt in der Kirche – und in der Welt unter guten bzw. bösen Obrigkeiten.

Sehen wir uns nun die Lehre vom *Gesetz* an, so müssen wir zunächst eine weitgehende Übereinstimmung mit all dem feststellen, [363] was wir bisher gelernt haben. Calvin geht aus von der Erbsünde des Menschen: »quicunque ex Adam nascimur, omnes ignorantes Dei sumus, et expertes, perversi, corrupti, omnisque boni inopes«[1]. Gott urteilt nicht nach dem Augenschein, sondern sieht das Herz an, so daß auch da, wo wir ein tugendhaftes Leben führen, »interior tamen ille animi affectus in suis sordibus ac obliqua perversitate manet«[2]. Die »splendida sanctimoniae facies« ist eitel hypocrisis; denn das Trachten und Dichten des menschlichen Herzens ist böse. Das erinnert sehr an den primären Ansatz Melanchthons von den Affekten, die dem Willen nicht Folge leisten. Und doch ist etwas anders: Calvin geht, obwohl er mit den berühmten Worten der cognitio Dei ac nostri beginnt, doch weniger von der Psychologie aus, sondern von Genesis 1 und 3, von dem Gegensatz eines zum Genuß der ewigen Seligkeit geschaffenen Wesens, das durch den Fall um diese seine Bestimmung gebracht wurde. Dadurch ist der Mensch ein »anderer«, ein »fremder« geworden: alienus factus est. Aber er verwahrt sich sofort dagegen, diesen Zustand im Menschen als »entschuldbar« anzusehen: »non tamen desinimus id ipsum debere, quod praestare non possumus, quando enim Dei creaturae sumus, ejus

---

[1] [Anm. 2] »Alle, die wir aus Adam geboren sind, sind ohne Kenntnis und Erfahrung Gottes, verkehrt, verderbt und zu allem Guten unfähig« (Institutio 1536, Op. sel. I, S. 38).
[2] [Anm. 3] »Dennoch verharrt jener innere Affekt des Herzens in seinem Schmutz und völliger Verkehrtheit« (ebd.).

honori et gloriae servire debeamus, ac ejus mandatis morem gerere«[3]. Das ist ein zwar sehr einfacher, aber für Calvins spätere Lehre von der Schöpfung, dem freien Willen und dem Gesetz doch äußerst wichtiger Grundansatz. Calvin anerkennt einen freien Willen soweit, als der Mensch »unentschuldbar« ist. Das *Gebot* erinnert ihn also an seine zwar verlorene, aber immerhin ihm doch wesenhaft zukommende *Freiheit.* Nicht so, als ob es einen neutralen Willen gebe (das lehnt er ab), sondern so, daß damit die Verantwortung des Menschen garantiert ist und er selbst das *Recht* der Strafen ein-[364] sieht, die auf der Übertretung des Gesetzes stehen. Später wird Calvin diesen Gedanken in einer besonderen Weise ausbauen: gerade im Blick darauf, daß Gott alle Dinge bestimmt – also im Blick auf seine providentia – kommen dem Menschen die Fragen, ob Gott gerecht ist, der soviele unbegreifliche Dinge zuläßt, zumal im Blick auf die Verstockten und Verworfenen. Aber da ist nun das *Gesetz* aufgerichtet, damit wir unsere Fragen nach Gottes *justitia* hierher richten! Die Frage nach Gottes Gerechtigkeit im Blick auf den Weltlauf stößt auf einen stummen Gott, auch Calvin spricht (wenn auch selten) von dem Deus absconditus (I, 17) – aber der *Wille* Gottes ist uns nahe, und wir brauchen nach dem Worte des Mose dazu nicht über die Wolken fahren. »clamat Moses voluntatem Dei non procul in nubibus, vel in abyssis quaerendam esse, quia familiariter in lege exposita est«[4]! Wer also nach dem Willen Gottes fragt, weiß, wo er ihn findet. So begegnet uns die *justitia* Dei, die uns so oft unbegreiflich bleibt (und Calvin ist dieser Unbegreiflichkeit nirgends ausgewichen), in der *lex* – hier wird sie »familiariter«, vertraut, entfaltet. Es liegt sozusagen ihrer Explikation bereits die Voraussetzung zugrunde, daß Gott mit seinen Kindern redet! Das Gesetz ist also *Offenbarung* des Willens Gottes! Niemand kann sagen, er kenne ihn nicht.

Und zwar ist der Sinn des Gesetzes, daß Gott und seine Gerechtigkeit der Inbegriff aller unserer Taten und Gedanken wäre. Also auch hier wird das Gesetz wiederum auf das erste Gebot zurückgeführt: »frustra igitur novas operum formas ad demerendum Deum tentari, cuius legitimus cultus

---

[3] [Anm. 4] »Dennoch erlischt nicht unsere Verpflichtung zu eben dem, was wir nicht leisten können, weil wir nämlich Gottes Geschöpfe sind und seiner Ehre und Herrlichkeit dienen und nach seinen Geboten wandeln sollten« (ebd.).
[4] [Anm. 5] »Mose ruft aus, der Wille Gottes sei nicht fern in den Wolken, auch nicht im Abgrund zu suchen, weil er im Gesetz verständlich ausgelegt ist« (Institutio 1559, Op. sel. III, S. 204).

sola constat oboedientia«[5]. Es geht um die perfecta oboedientia, und diese
wird bestimmt durch die *Vorschrift* des göttlichen Wohlgefallens. Stellen
wir uns also den Menschen vor, selbst in sich voller Irrtum und Ignoranz,
was Gott und seine Verehrung angeht, mitten in einer Welt, die eben
diesen Willen Gottes ihm als abyssus, als Abgrund unerschöpflicher Fragen
[365] und quälender Zweifel erscheinen läßt – da mitten drin leuchtet das
Gesetz auf als die uns zugewandte Gerechtigkeit Gottes, die wir begreifen
können, wenn anders wir uns von ihm ergreifen lassen! Das Gesetz ist wie
eine Zufluchtstätte, eine dem Menschen und seinem Willen zugewandte
Gnade Gottes, damit er im Tun desselben *lebe* – nicht durch das Tun, aber
im Tun. Erst auf dem Hintergrund des unbegreiflichen Gottes wird die
Gnade faßbar, daß Er uns in dieser Welt – trotz unserer eigenen Sünde
und Verlorenheit – anspricht und uns für sich haben will, daß er uns seine
Gerechtigkeit kundmacht.

Man sieht schon daran, daß Calvin mit dem *Gesetz* eine bestimmte *Hoffnung* verbindet. Es ist sozusagen der Lichtschein, in dem sich das Volk
Gottes sammelt. Hier lohnt es sich zu fragen. Hier werden wir zugleich als
Hörer *und* Täter des Gesetzes in Anspruch genommen. Man findet in
diesem Gesetz jene Gerechtigkeit, die er dann perfectio vitae nennt. Es
geht also in der lex um das Leben – und zwar um jenes so vollkommene
Leben, das von Gott in Ewigkeit bestehen wird. Diesem Leben gelten die
promissiones. So ist das Gesetz auch hier ein »speculum«, in quo peccatum
et maledictionem nostram cernere et contemplari liceat[6]. Dabei hat es
auch die Zustimmung der lex naturae bzw. der conscientia. Aber führend
ist dieser Begriff hier nicht, er ist nur bestätigend. Das Gewissen ist der
»innere Zeuge dessen, was wir Gott schuldig sind«. Freiheit ist also nur zu
gewinnen in der Übernahme dieses Schuldig-Seins!

Wir verwirren uns die Freiheitsfrage immer wieder dadurch, daß wir sie
von der einzigen *realen* Möglichkeit, frei zu sein, trennen. Wir möchten
die Freiheitsfrage an sich entscheiden – wie es die Philosophie tat – aber
Calvin entscheidet sie, darin wiederum paulinisch, in dem untrennbaren
Zusammenhang mit Schuld. Ich erkenne die Schuld am *Gesetz*, und insofern konstituiere ich eben damit meine *Freiheit*. Das Gesetz traut mir etwas
zu, spricht mir etwas zu, was ich zwar nicht kann und vermag, was aber

---

[5] [Anm. 6] »Vergebens ist es, neue Arten von Werken zu ersinnen, um damit vor Gott ein
Verdienst zu erwerben, dessen einzige rechtmäßige Verehrung im Gehorsam besteht«
(Op. sel. III, S.347).
[6] [Anm. 7] »Ein Spiegel, in dem wir unsere Sünde und Verdammung sehen und betrachten
können« (ähnlich Op. sel. III, S.332).

doch in Beziehung auf *mich* gemeint und gesagt ist. So begegnen wir *Gott*
[366] mit dem Bekenntnis unserer Schuld: Was wir allein nicht können –
und eben diese Einsicht ist Calvin so wesentlich –, das werden wir nun mit
ihm vermögen!

Damit kommen wir zu dem zweiten Charakteristikum, das uns bei
Calvins Lehre von Gesetz auffällt. Eigentlich kommt er ja schon von
Christus her, wenn er vom Gesetz spricht. Es hat nur eine sehr begrenzte
Funktion inmitten einer in Jesus Christus erfolgten Erwählung und in ihm
zu vollziehenden Heiligung. Es ist »zwischen eingekommen«. Es ist nicht
das prius und ebenso nicht das zu gestaltende Prinzip. Sondern früher als
das Gesetz ist der Abrahambund, und Mose setzt eigentlich in seinem Amt
als Gesetzgeber nur fort, was Gott bereits im Abrahambund begonnen hat.

»Ex continua illa, quam retulimus, serie colligere licet, Legem non ideo
post mortem Abrahae quadringentis circiter annis fuisse superadditam, ut
electum populum a Christo abducere; immo ut suspensos teneret animos
usque ad ejus adventum, accenderet etiam ejus desiderium, et in expecta-
tione confirmaret, non longiore mora deficerent. Legis nomine non solum
decem praecepta, quae pie justeque vivendi regulam praescribunt, intelligo,
sed formam religionis per manum Mosis a Deo traditam. Neque enim
datus Moses legisiator, qui benedictionem generi Abrahae promissam ab-
oleret, immo videmus, ut passim revocet in memoriam Judeis gratuitum
illud foedus cum patribus eorum percussum.«[7] Das Gesetz ist also in seiner
Intention von Gott aus schon einbezogen in den Bundesschluß, es ist nicht
gegeben, »quae populum veterem in se retineret, sed quae foveret spem
salutis in Christo usque ad ejus adventum«. [367] Es ist also ein Mittel
Gottes, um die Seinen auf Christus hinzuführen. Alles, was es tut, muß
Christus uns näher bringen. Alles, was das Gesetz wirkt, ist eigentlich
schon im Dienste Christi gewirkt.

---

[7] [Anm. 8] »Aus jener langen Reihe von Zeugnissen, die wir brachten, ist zu ersehen, daß das
Gesetz etwa 400 Jahre nach dem Tode des Abraham hinzugefügt worden ist, nicht um das
erwählte Volk von Christus wegzuführen, sondern vielmehr um sein Herz bis zu dessen
Ankunft in Erwartung zu halten, seine Sehnsucht zu entzünden und es im Warten zu stär-
ken, damit es nicht infolge des langen Verzugs abfiele. Unter Gesetz verstehe ich nicht nur
die zehn Gebote, welche die Richtschnur für ein frommes und gerechtes Leben bieten,
sondern die Gestalt der Gottesverehrung, die durch die Hand des Mose von Gott überge-
ben wurde. Auch ist Mose nicht zum Gesetzgeber eingesetzt worden, um den Segen, der
dem Geschlecht Abrahams verheißen wurde, zunichte zu machen. Wir sehen vielmehr, daß
er immer wieder den Juden jenen Gnadenbund ins Gedächtnis zurückruft, der mit ihren
Vätern geschlossen war« (ebd. S. 326).

So regiert der Begriff der *electi* – und zwar einer von Anbeginn der Welt her geltenden electio in Christus – die Lehre vom Gesetz, und darum kann Calvin dann sehr klar und ohne theologische Zweideutigkeit sagen: »quod talem ejus participationem adepti, ut simus adhuc in nobis stulti, ipse nobis coram Deo sapientia est; ut peccatores simus, ipse est nobis justitia; ut immundi simus, ipse est nobis sanctificatio; ut infirmi simus, ut inermes et satanae expositi, ipsi tamen data est potestas in coelo et terra, ut pro nobis satanam conterat et inferorum portas confringat; ut corpus mortis adhuc nobiscum circumferamus, ipse tamen nobis vita est.«[8] Das Fundament, welches das Gesetz freilegt, indem es das falsche Fundament unseres Lebens einreißt, ist mit dem Satz gegeben: »quod omnia illius nostra sunt et nos in eo omnia, *in nobis nihil*«[9]! Das Gesetz stellt also fest und stellt es heraus, um was für eine Partnerschaft es sich bei diesem Gnadenbund (Abraham) handelt: »neque bonorum operum laudem ... inter Deum et hominem partimur, sed totam integram et illibatam Domino servamus«[10]. Darum muß jedes Vertrauen auf das eigene Tun Gottes Ehre mindern und darum auch dieses Tun herabsetzen. So dient das Gesetz, gerade indem es unser Unvermögen zum Guten dartut, der *Demut*, es ist die unentbehrliche Erziehung, damit wir im Glauben bleiben. Von hier aus [368] rechtfertigt sich dann auch die Bezeichnung *Evangelium und Gesetz*, die zwar so nicht direkt bei Calvin steht, aber deren Sinn dadurch gesichert ist, daß Calvin das Gesetz im Zusammenhange mit dem längst vor ihm geschlossenen *Bund* entwickelt. Es gehört in dieselbe Thematik und zeigt, wie anders Calvin als Melanchthon nun auch in der konkreten Auslegung der Gebote vorgeht, daß er die zweite Tafel ganz von der ersten her interpretiert. Das heißt eben nun nicht mehr von der lex naturalis oder der analogia entis ausgehen, sondern er sagt umgekehrt: die erste Tafel hat die höhere Würde – darum, wer sie nicht hält, wird die zweite schon gar nicht halten: »Primum sane justitiae fundamentum est Dei cultus«. Denn: »quo

---

[8] [Anm. 9] »Solchen Anteil an ihm haben wir erlangt: Sind wir auch in uns noch töricht – er selbst ist vor Gott unsere Weisheit. Sind wir Sünder - er selbst ist unsere Gerechtigkeit. Sind wir unrein – er selbst ist unsere Heiligung. Sind wir schwach, wehrlos und dem Satan preisgegeben – ihm selbst ist dennoch die Gewalt im Himmel und auf Erden gegeben, daß er für uns den Satan zertrete und die Pforten der Hölle zerbreche. Tragen wir noch den Leib des Todes mit uns herum – er selbst ist doch unser Leben« (Inst. 1536, Op. sel. I, S. 63).

[9] [Anm. 10] »Alles, was sein ist, ist unser, und wir sind in ihm alles, in uns nichts« (ebd.).

[10] [Anm. 11] »Auch teilen wir nicht das Lob der guten Werke ... zwischen Gott und den Menschen, sondern wir bewahren es dem Herrn ganz unverletzt und unverkürzt« (ebd. S. 65).

everso, reliqua omnia justitiae membra, velut divulsi collapsique aedificii partes, lacera et dissipata sunt«[11].

Auch die äußere Anordnung entspricht dieser neu gefundenen Einsicht: die eigentliche Lehre vom Gesetz wird von der ersten Stelle weggenommen und eingeschoben in das zweite Buch, das vom *Mittler* handelt (De cognitione Dei redemptoris). Voran steht, daß der verlorene Mensch in Christo die Erlösung suchen müsse, dann folgt jene These (cap. VII), wonach das Gesetz das Volk über sich hinausführe und jetzt erst wird die »Lex moralis«, d. h. die vollständige Erörterung des Dekalogs [sic!]. Darauf folgt ein weiteres Kapitel, das deutlich zu machen sucht, was nun im Unterschied zum Gesetz *Evangelium* ist. Wenn auch Christus durch das Gesetz bereits den Juden bekannt war, so hat erst das Evangelium freigegeben – das Evangelium ist promissio – so stark, daß Calvin sagen kann: »Nec vero aliter Christo fruimur, nisi quatenus eum amplectimur promissionibus suis vestitum!«[12] Und er spricht von der diabolica imaginatio des Servet, »qui dum magnitudinem gratiae extollere vult ... promissiones in totum abolet, quasi finem simul cum lege acceperint. Obtendit fide Evangelii nobis afferri promissionum omnium complementum. Quasi vero nulla sit inter nos et Christum [369] distinctio«[13]. Gewiß, die plenitudo der geistlichen Gaben wird uns »in Evangelio« zuteil, aber »fruitio tamen sub custodia spei semper latet, donec corruptibili carne exuti transfiguremur in ejus qui nos praecedit gloriam«!

Von da aus kann er dann geradezu Evangelium und Gesetz begrifflich aufs klarste unterscheiden: »Quo fit ut habitet ipse quidem in cordibus nostris, et tamen ab ipso peregrinemur: quia per fidem ambulamus, et non per aspectum«[14].

So kommt Calvin zu jenem bitteren Gemälde, das ihm so oft verdacht worden ist, daß das Leben des Menschen in der Welt nichts ist als ein »Hauch oder ein Schatten« (was werden unsere modernen Existentialisten

---

[11] [Anm. 12] »Die vornehmste Grundlage der Gerechtigkeit ist gewiß die Verehrung Gottes.« »Ist diese zerstört, so sind alle Stücke der Gerechtigkeit wie die auseinandergerissenen und zerbrochenen Teile eines Gebäudes völlig zerstört« (Institutio 1559, Op. sel. III, S. 352).

[12] [Anm. 13] »Nur soweit haben wir Anteil an Christus, als wir ihn mit seinen Verheißungen bekleidet erfassen« (ebd. S. 401).

[13] [Anm. 14] »Servet, der die Größe der Gnade hervorheben will, ... und deshalb die Verheißungen gänzlich abtut, als ob sie mit dem Gesetz zusammen ihr Ende erreicht hätten. Er behauptet, mit dem Glauben an das Evangelium würde uns die Erfüllung aller Verheißungen zuteil. Als ob zwischen Christus und uns kein Unterschied wäre!« (ebd. S. 400).

[14] [Anm. 15] »So kommt es, daß er zwar selber in unseren Herzen wohnt und wir dennoch ›fern von ihm wallen‹, weil wir ›im Glauben und nicht im Schauen‹ wandeln« (ebd. S. 401).

dazu sagen, die sich doch bemühen, diesen Hauch zur Basis der Erkenntnis zu machen?). »Vitam humanam fumi vel umbrae instar esse.« Wer das vergißt, wer also diesem »Staube« Unsterblichkeit zuschreibt – »immortalitatem nobis in terra constituimus« – der hat sozusagen im Grundansatz das *neue* Leben verfehlt. Zum neuen Leben gehört der »contemptus mundus«, oder wie er auch sagen kann: »ut assuescamus ad praesentis vitae contemptum, indeque ad futurae meditationem excitemur«[15].

Ohne diesen Grundaffekt können wir die *Lex Dei* nicht lieben! »si effertur funus aliquod, vel inter sepulcra ambulamus, quia tunc oculis obversatur mortis simulachrum, egregie, fateor, *de vitae huius vanitate* philosophamur«[16]! Wo wir das nämlich vergessen, die Vergänglichkeit dieses Lebens, da gleiten wir zurück in die [370] Täuschung, als ob dieses Leben ewig wäre. Hier bricht jener gewaltige Klang auf, der uns aufruft, realistisch zu sein und *Zeit* und *Ewigkeit* zu unterscheiden. Es gibt eben ein Vergessen dieses Unterschiedes, ein typisches Kennzeichen allen Heidentums:

»Neque enim mortis tantum, sed mortalitatis quoque ipsius obliti, acsi nullus unquam de ea rumor ad nos pervenisset, in supinam terrenae immortalitatis securitatem revolvimur«[17].

So kann Calvin mit jener unerhörten Tapferkeit alle Illusionen zerbrechen, als wären wir hier auf Erden zu einem ruhigen und friedlichen Leben berufen:

»Tum ergo demum rite proficimus crucis disciplina, ubi discimus hanc vitam, quum in se aestimatur, inquietam, turbulentam, innumeris modis miseram, nulla ex parte plane beatam esse: omnia quae aestimantur ejus bona, incerta, fluida, vana, multisque admixtis malis vitiata esse: atque ex eo simul constituimus, nihil hic quaerendum aut sperandum quam certamen: attollendos in caelum oculos, ubi de corona cogitamus«[18].

---

[15] [Anm. 16] »Wir sollen uns an die Verachtung des gegenwärtigen Lebens gewöhnen und so zum Trachten nach dem künftigen gereizt werden« (ebd. Bd. IV, S. 179).

[16] [Anm. 17] »Wenn ein Leichenzug uns begegnet oder wenn wir zwischen Gräbern einhergehen, tritt uns das Bild des Todes vor Augen und da - das gebe ich zu - philosophieren wir über die Eitelkeit dieses Lebens« (ebd. S. 172).

[17] [Anm. 18] »Nicht nur den Tod, sondern sogar unsere Sterblichkeit vergessen wir, als ob nie eine Kunde davon zu uns gelangt wäre, und wir wenden uns wieder zu der oberflächlichen Sicherheit einer irdischen Unsterblichkeit zurück« (ebd. S. 172).

[18] [Anm. 19] »Erst dann schreiten wir in der Zucht des Kreuzes recht voran, wenn wir lernen, daß dies Leben, wenn man es an sich betrachtet, unruhig, stürmisch und auf vielfache Weise elend, dagegen in keiner Weise wirklich glücklich ist, daß alles, was man als Güter dieses Lebens schätzt, unbeständig, flüchtig, eitel und mit vielen Übeln vermischt und verdorben ist; und darauf ziehen wir zugleich den Schluß, daß hier nichts zu suchen oder

Es fallen also alle jene »Bilder«, »Wünsche« und »Hoffnungen« auf einen in sich geordneten, ruhigen und wohlstabilierten Kosmos weg, die uns bei Melanchthon so bedenklich stimmen konnten, und anstatt dessen tritt nun hier jenes freie Geltenlassen der Unruhe und Qual dieses trügerischen Lebens, das in sich selbst keine Mitte und in seiner Intention keine Beständigkeit hat. Der großartige Realismus des Glaubens, der, was geschieht, als von Gott her vorbestimmt ansehen kann, sich nicht fatalistisch beugt, sondern darin die *Erziehung* zum Heil und zu ewiger Seligkeit sieht, kündigt [371] sich an. Wie ein unbesiegliches Heer zieht die Schar Chrsti durch die Todeswelt dem Leben entgegen, unbestechlich weder zur Rechten noch zur Linken wankend – zur Rechten, das hieße, daß man die Dinge des Lebens nur noch auf ihren »Nutzen« ansähe und so ihre Schönheit, ihre schöpfungsmäßige »Zwecklosigkeit« (vgl. Hiob!) nicht verstünde! Oder daß man in maßloser Leidenschaft sich ganz an sie verlöre. Nein, sie sind uns an den Weg gestellt, daß wir eine Erquickung hätten bei unserer Wanderung nach dem oberen Jerusalem. Das »Haben, als hätten wir nicht«, der eigentliche Inbegriff der »libertas Christiana« bei Calvin, leuchtet hier deutlich auf.

Dieses Leben ist beides: wie ein Vorspiel des wahren Lebens. Es übt uns im Kampf, damit wir im Glauben zu stehen lernen. Und es erquickt uns mit den beneficia Dei, damit wir nach jener wahren und vollkommenen Offenbarung trachten, die uns die stabilitas vitae bringen wird.

»Sic enim Dominus ordinavit, ut qui olim coronandi sunt in caelo, certamina prius in terris obeant, ne triumphent nisi superatis belli difficultatibus, et parta victoria. Deinde altera: quod variis beneficiis divinae benignitatis suavitatem delibare in ea incipimus: quo spes ac desyderium nostrum acuatur ad plenam ejus revelationem expetendam.«[19]

So ist das neue Leben unter dem Kreuz verborgen. Die nova vita ist die uns nahekommende Kraft der Auferstehung.

---

zu erwarten ist als Kampf und daß wir unsere Augen zum Himmel erheben müssen, wenn wir auf eine Krone sinnen« (ebd. S. 171).

[19] [Anm. 20] »So nämlich hat es der Herr angeordnet, daß die, welche einst im Himmel gekrönt werden sollen, zuvor auf Erden Kämpfe bestehen, damit sie nicht triumphieren, ohne die Schwierigkeiten des Krieges bestanden und den Sieg errungen zu haben. Ferner: unter mannigfachen Wohltaten fangen wir in diesem Leben an, die Süßigkeit der Güte Gottes zu schmecken, damit unsre Hoffnung und Sehnsucht geschärft werden zur Erwartung ihrer vollen Offenbarung« (ebd. S. 173).

Das neue Leben

[382] Wir würden den Begriff der »nova vita« gründlich mißverstehen, wenn wir meinten, das neue Leben sei ein anderes Leben im Unterschied zu dem Leben, das wir jetzt führen. Sondern das Neue am Glauben ist das Leben. Das hat nun Calvin im 3. Buche seiner Institutio mit einer Deutlichkeit ausgemalt, die sich unvergeßlich jedem einprägt, der das einmal gelesen hat. Das *Leben* ist das Neue, insofern kommt auch der Begriff der regeneratio zu seinem eigentlichen biblischen Recht:

»Quis nostrum jactet se sua justitia Deum provocasse, quum prima nostra ad bene agendum potentia ex regeneratione fluat? Ut enim natura conditi simus, citius ax lapide oleum quam ex nobis opus bonum exprimetur.«[20]

Es ist also keine Rede davon, daß das Gesetz einen Anknüpfungspunkt in uns hätte – etwa bei dem freien Willen oder einer Geneigtheit zum Guten –, sondern *erst* muß der Mensch von neuem geboren werden durch die Barmherzigkeit Gottes, bevor ihm das Gesetz zum Leben verhilft. »Hac confessione omni justitia usque ad minimam particulam hominem spoliamus, donec sola misericordia in spem vitae aeternae regeneratus fuerit«[21].

Es ist zu sehen, wie auch Calvin – ähnlich wie Luther – die Anfechtung an diesem Punkte heraufziehen sieht, daß man sich nicht *ganz* der Barmherzigkeit Gottes überläßt, daß man nicht ausschließlich *Sünder* durch die reine *Gnade* gerecht gesprochen werden läßt! Nur wenn alles, was wir tun – so sagt er – gründlich und grundsätzlich »abgebaut« ist, kann Gott gegeben werden, was sein ist. So allein kann Gott Gerechtigkeit von uns her widerfahren. Diese primäre Geltung der vocatio Dei und seiner electio ist der Inbegriff des Gnadenbundes, in dem wir von neuem geboren [383] werden: »Ejusmodi foederis, quod primam nobis esse cum Deo conjunctionem constat, si misericordia Dei nititur, nullum relinquitur justitiae nostrae fundamentum«[22].

---

[20] [Anm. 48] »Wer von uns will sich brüsten, er habe Gott durch seine Gerechtigkeit angereizt, da doch von Anfang an unser Vermögen zu gutem Handeln erst aus der Wiedergeburt fließt? Wie wir nämlich von Natur beschaffen sind, ist es leichter, aus einem Stein Öl heraus zu pressen als aus uns ein gutes Werk« (Op. sel. IV, S.224).

[21] [Anm. 49] »Durch dies Bekenntnis nehmen wir dem Menschen jede Gerechtigkeit bis zum geringsten Stücklein, bis er allein aus Barmherzigkeit zur Hoffnung des ewigen Lebens wiedergeboren ist« (ebd. S. 224).

[22] [Anm. 50] »Wenn sich dieser Bund, der unbestreitbar unsere erste Verbindung mit Gott ist, auf Gottes Barmherzigkeit stützt, dann bleibt für unsere Gerechtigkeit kein Fundament« (ebd. S. 225).

Es ist demnach der reine Gnadenbund, daß Gott sich mit uns verbunden hat. Wir sind keine synergistischen *Partner*, sondern sind sein *Geschöpf* – zu neuem Leben. So kann Calvin den ausgezeichneten Satz formulieren: »Maneat ergo illud, principium nostrae salutis esse quandam velut a morte in vitam resurrectionem: quia ubi propter Christum nobis datum est in eum credere, tunc incipimus demum transire a morte in vitam«[23].

Das Gesetz im Sinne der meditatio vitae bedeutet nichts anderes, als daß wir die Brücke, den Steg gefunden haben, um aus dem Tode ins Leben hinüberzugehen – nachdem wir von neuem geboren sind. Man muß einmal einen Augenblick innehalten und bedenken, was das heißt. Hier ist die Gefahr Melanchthons vermieden, daß die lex naturae das offenbarte Gesetz in sich aufnimmt. Denn die *lex naturae* führt eben bestenfalls zur Idee einer »Wiederherstellung der schöpfungsmäßigen Ordnungen«, aber nie und niemals führt sie uns heraus aus dem Totenreich ins Leben. Sie führt zurück in die alten Bindungen – die »Elemente der Welt« – aber nie und nimmer führt sie zu jener *libertas Christiana*, die zu diesem transire a morte untrennbar hinzugehört. Sie – und das ihr zugehörige Gesetzesverständnis – führt zu der Anerkennung der bestehenden Gewalten in der Welt in einem positivistischen Verständnis derselben, niemals aber zu jenem Einblick dahin, daß sich in diesen Mächten und Gewalten die Tyrannei des Todes an uns auswirkt. Die lex naturae lehrt uns nicht, auf *Hoffnung* zu leben, während dieser Ansatz das *Gesetz* ganz und gar als einen Weg der Hoffnung, des Kommenden, des im Verhältnis zum Gegenwärtigen Neuen und Revolutionären kennzeichnet.

[384] »transire a morte ad vitam!« Das Leben also ist das Kommende, der Tod das Gegenwärtige. Nicht wie die Ordnung der Natur lautet: das Leben sei gegenwärtig, der Tod stehe uns bevor. So kommt es dann bei Calvin zu jenem viel angefochtenen Kapitel III, 9: »De meditatione futurae vitae«, das sich wie notwendig jener meditatio Legis zuordnet. Das Gesetz kann nur das Leben sein, wo wir uns aus dieser Welt und ihrer Todesordnung herauslösen und trennen. Das Kapitel jener meditatio vitae futurae ist sozusagen das Schiboleth, ob wir auch ganz und gar begriffen haben, daß Gesetz Gottes – *nicht* die Eingliederung in diesen Kosmos, sondern in die *communio sanctorum* bedeutet. Hier, hier liegt der entscheidende Unterschied. Hier sind wir gefragt, ob wir Realisten oder Idealisten sind. Reali-

---

[23] [Anm. 51] »Dies bleibe also bestehen: Der Anfang unseres Heils ist gleichsam eine Auferstehung vom Tod zum Leben, denn erst, wenn es uns um Christi willen geschenkt ist, an ihn zu glauben, dann erst fangen wir an, vom Tod ins Leben hinüberzugehen.« (ebd. S. 226).

sten – das heißt, daß wir nicht nur ganz ernst machen mit dem Satz, daß
der Mensch *Sünder* ist, sondern ebenso, daß wir im *Totenreich* leben. Es ist
ein geradezu großartiger Gedanke Calvins, das Totenreich nicht – wie die
Heiden es machen – in die Zeit herauszurücken, die kommt, sondern den
Menschen die Augen aufzutun und zu zeigen, daß wir alle bereits in diesem
Reiche leben, die Todeslinie aufzuzeigen, die alles Leben hier durchzieht!
So nahe wie der *Tod* uns kommt, so nahe ist uns darum auch – durch die
Barmherzigkeit Gottes – das *Leben*.

Calvin kann geradezu die Alternative aufstellen: »aut vilescat nobis terra
oportet, aut intemperato amore sui vinctos nos detineat«[24]. Jawohl –
Selbstliebe hängt also aufs engste zusammen mit der Einschätzung dieses
Lebens. Calvin weiß etwas von dem Hunger nach Leben – und davon, daß
wir dabei den Tod statt des Lebens schmecken. Wir genießen in allem
Genuß sozusagen substantialiter den Tod – er sitzt als der bittere Geschmack in dem, was wir Leben nennen, während im *Kreuz* das Leben auf
uns wartet und wir es dort haben und gewinnen können.

Wir haben in der vorigen Stunde jenes berühmte und viel angefochtene
Kapitel aus der Institutio herangezogen, in dem Calvin das Leben in dieser
Welt unter die meditatio futurae vitae stellt. Von daher gesehen erscheint
es denn auch nicht anders als ein Reich, [385] in dem der Tod herrscht. Es
ist inquieta, innumeris modis misera, nulla ex parte plane beata. Alle Werte
dieser Welt – die bona – und incerta, fluida, vana, multisque admixtis
malis vitiata. Darum kommt er zu dem großartigen Schluß: »nihil hic
quaerendum aut sperandum quam certamen«[25]. Ist es nicht so, als ob man
schon etwas vernähme von dem Marschtritt, der durch die reformierten
Psalmengesänge geht, von jener großen und entschlossenen Tapferkeit, die
weiß, daß wir alle hier keine bleibende Statt haben und uns rechtzeitig
daran gewöhnt, erhobenen Hauptes durch eine wüste Welt hindurchzu-
ziehen – sozusagen vor uns nichts anderes als die Feuerflamme des Wortes
Gottes, das uns diese Nacht erleuchtet: »attollendos in caelum oculos, ubi
de corona cogitamus!«[26]

Das Gesetz ist also der Kommandostab des Herrn, der sein Volk leitet –
der Marschbefehl Gottes, der uns heißt hinausgehen aus der Todeswelt ins
Leben: »principium nostrae salutis esse quandam velut a morte in vitam resurrectionem. Quia ubi propter Christum nobis datum est in eum credere,

---

[24] [Anm. 52] »Entweder muß uns die Erde unwert sein oder sie hält uns in maßloser Liebe
gefangen« (ebd. S. 171).
[25] [Anm. 53] S. Anm. 19 [hier Anm. 18]
[26] [Anm. 54] S. Anm. 19 [hier Anm. 18]

tunc incipimus demum transire a morte in vitam.«[27] Darum die scharfe, an die Propheten angelehnte Kritik an aller äußeren Heiligkeit, aber auch an allen eigenen Werken. Denn allein die Reinheit Christi bedeckt unsere Unvollkommenheiten – velut sepultae conteguntur –, so daß wir nicht ins Gericht kommen. Der alte Mensch muß vergehen, damit uns die Güte Gottes in den Frieden der Seligen »cum novo Adam« aufnimmt. Weil dies Leben nur als Kampf recht geführt wird, bleibt der Friede ein Preis und Ziel der jenseitigen neuen Auferstehungswelt.

Es ist eine Täuschung, zu meinen, daß dies Leben »ultimam bonum metam in se contineret«. Vielmehr will unser Dasein angesehen sein sub specie aeternitatis, das heißt ein Doppeltes: einmal so, daß Gott uns übt in vielen und schweren Leiden, damit wir nicht triumphieren, es sei denn nach siegreichem Bestehen seiner Widerwärtigkeiten, und zweitens: daß Gott uns hier schon einen Vorgeschmack seiner Güte und Barmherzigkeit gibt, so daß wir nach der vollen und ganzen Offenbarung seiner Herrlichkeit trachten. Erst dann, [386] wenn uns klar geworden ist, daß es ein munus divinae clementiae ist, daß wir dies irdische Leben leben, erst dann, wenn wir dessen eingedenk und dankbar sind, können wir ohne Gefahr falscher Perspektiven »herabsteigen« und seinen elenden Zustand erwägen: »ad considerandam miserrimam ejus conditionem«[28]. So nimmt er dann das platonische Weltbild auf und sagt:

»Si migratio e mundo est in vitam ingressus, quid aliud mundus quam sepulchrum? in ipso manere quid aliud quam in morte demersum esse: Si liberari a corpore est asseri in solidam libertatem, quid aliud est corpus quam carcer?«[29] Wenn wir in diesem Leben aushalten, dann nicht, weil es so schön ist oder so genußreich, sondern – wieder ist da das militärische Bild – »parati quoque simus ad arbitrium Domini in ea manere«[30]. Es ist also ein besonderes Lebensgefühl, das hier als Hintergrund des Ganzen deutlich wird: ein »contemptus vitae praesentis«, ein »taedium«, wie er sagt, aber frei von allem Murren und Klagen: »procul ab omni murmure et impatientia«. Es ist hier wie in keiner anderen reformatorischen Ethik der Grundsatz durchgehalten, daß dieses Ethos ein eschatologisches ist, daß die Auferste-

---

[27] [Anm. 55] S. Anm. 51 [hier Anm. 23]

[28] [Anm. 56] Op. sel. IV, S. 173.

[29] [Anm. 57] »Wenn das Auswandern aus der Welt der Eingang ins Leben ist, was ist dann die Welt anders als ein Grab? Was das Verweilen in ihr anders als ein Versunkensein im Tode? Wenn die Befreiung vom Leibe bedeutet, in wahre Freiheit versetzt werden, was anders ist dann der Leib als ein Kerker?« (ebd. S. 174).

[30] [Anm. 58] »Wir sollen auch bereit sein, nach dem Willen Gottes in ihm zu bleiben« (ebd. S. 174).

hung, d. h. die Hoffnung des wahren Lebens in ihr die Glaubenden regiert.
Aber es wird zugleich ein klarer Strich gemacht durch alles, was wir Menschen *Glück* nennen, wir haben keinen Anspruch darauf, so wenig wie der
Soldat in der Schlacht. Das ist der tiefere Sinn dessen, was Calvin unter
libertas Christiana versteht – unter jenem für ihn so wichtigen Begriff.

Halten wir einen Moment an zur Besinnung: Jeden, der aus der lutherischen Theologie und seiner Lehre von Gesetz und Evangelium herkommt,
muß diese Auffassung des irdischen Daseins befremden. Sie klingt plato-
nisch, sie scheint die Leiblichkeit zu verachten, die Welt nur als Stätte der
Bewährung anzusehen und das [387] Glück auf Erden zu negieren. Und
doch ist da ein Moment, das uns aufhorchen läßt: nämlich die Frage, ob
nicht Calvin ernst damit macht, daß Sünde und Tod zusammengehören.
So wie der eben nicht aus Christus gewonnene Optimismus den Menschen
überschätzt und nicht zu sehen vermag, daß er von Natur nicht Gott lieben und ihm allein dienen kann, so könnte doch derselbe Optimismus
auch das irdische Leben falsch einschätzen. Der Mensch, bei dem die
Sünde nur ein Akzidenz ist – und die Welt, bei der der Tod nur ein
Grenzfall ist, gehört das beides nicht zusammen? Wie kommt es denn, daß
Heidegger mit seiner Philosophie des Todes solchen Erfolg gegenüber dem
idealistischen Weltbild hatte, war hier nicht in der Tat eine Lücke, die auch
die lutherische Theologie nicht gesehen hatte: Was nützt es uns, wenn wir
die Lehre von der Sünde radikal entfalten, aber die Realität des Todes ein-
klammern? Wird damit nicht unser ganzes Ethos »personalistisch«?, d. h.
wir theologisieren, wo es um die *Person* des Menschen geht, aber wir philosophieren – und zwar eben idealistisch, aufklärerisch –, wo es um die
Welt, um den Begriff mundus geht. Calvins Theologie hat diese Lücke
geschlossen, eben indem er das Gesetz auf die Auferstehung bezog, also
keine Ordnung unseres irdischen, sondern unseres himmlischen Daseins.
Wie kann die Todeswelt überhaupt eine andere als eine temporäre, eine
sozusagen vorübergehende, immer gebrechliche, nie grundsätzliche Ordnung haben? Kraft der Auferstehung von den Toten sind aber die Frommen dieser Welt und ihrer Gesetzmäßigkeit, die auf Vergänglichkeit lautet, entnommen. Sie gehen »hindurch«, sie gebrauchen sie, »als hätten sie
sie nicht«, sie sind *frei*, und ihr Leben ist verborgen bei Gott.

So wird nun auch der Tod genötigt, den Frommen zu dienen. Der
Glaube wird leidenschaftlich danach trachten, was die Natur furchtbar
findet: »an non ardenter fides expetere coget quod natura reformidat«[31]. Es

---

[31] [Anm. 59] »Muß dann nicht der Glaube heiß ersehnen, wovor die Natur zurückschreckt?«

gehört ohne Frage zu den großen Leistungen dieser Theologie, daß sie dem Tod seinen Stachel nimmt. Der Tod muß dem Leben dienen. Wer den Tod fürchtet, der steht für Calvin noch hinter denen, die aus den großen Philosophen den Gleichmut der [388] Seele gewonnen haben. Er nennt sie »timiduli animi« und erklärt kategorisch: »Hoc tamen habeamus constitutum, neminem bene in Christi schola profecisse, nisi qui et mortis et ultimae resurrectionis diem cum gaudio exspectet«[32].

Es ist seltsam zu sehen: So wie das Gesetz für Calvin seinen Schrecken verliert – natürlich nur bei den Glaubenden –, so verliert ihn auch der Tod. Er ist eigentlich nicht mehr der »letzte Feind«, sondern er ist der Freund, der die letzte Fessel löst, die uns hier noch aufhält. Calvin beendet diese Betrachtung mit jenem großartigen Schluß, den ich Ihnen in der Übersetzung vortragen möchte:

»So ist es ohne Zweifel: die Nation der Gläubigen muß, solange sie auf Erden wohnen, den Schafen gleichen, die zum Schlachten bestimmt sind, damit sie Christus, ihrem Haupte, gleichgestaltet werden. Sie wären höchst bedauernswerte Geschöpfe, wenn sie nicht in ihrem Geist zum Himmel erhoben überwänden, was auf Erden ist, und den gegenwärtigen Stand der Dinge durchschritten zu höherem Ziel. Umgekehrt – wenn sie erst einmal ihr Haupt erhoben haben über alles Irdische, mögen sie dann sehen, wie die Gottlosen blühen in Macht und Ehren, wie sie im höchsten Frieden leben, wie sie im Glanz und Luxus aller Dinge sich brüsten, wie alle Genüsse ihnen zuströmen – wenn sie zudem noch zerschlagen werden von ihrer Gesetzlosigkeit, Schmähungen ertragen müssen von ihrer Grobheit, ausgeplündert werden von ihrer Habsucht, von ihrer sonstigen Zügellosigkeit zerquält werden – sie werden sich ohne Wanken auch in diesen Leiden bewähren! Denn jener Tag wird ihnen unablässig vor Augen stehen, da Gott seine Gläubigen in das Reich seines Friedens aufnehmen wird, da er abwischen wird alle Tränen von ihren Augen, da er sie kleiden wird mit dem Gewande der Herrlichkeit und der Freude, da er sie weiden wird im unaussprechlichen Glück seiner Freuden, da er sie entrücken wird in die Gemeinschaft seiner Höhe, da er sie würdigen wird der Teilnahme seiner Seligkeit ...

[389] Dies ist unser einziger Trost: wenn der genommen würde, dann müßte entweder unser Geist verzagen oder abgleiten durch die hinfälligen

---

[32] [Anm. 60] »Doch halten wir dies fest: daß keiner in der Schule Christi rechte Fortschritte gemacht hat, der nicht mit Freuden den Tag seines Todes und der letzten Auferstehung erwartet« (ebd.).

Tröstungen dieser Welt zu seinem eigenen Ende. Wie auch der Prophet es bekennt, daß er fast gestrauchelt wäre, da er das Glück der Gottlosen sah, bis er ging ins Heiligtum und auf das Ende der Guten und Bösen schaute. Um es mit einem Satz zu sagen: tunc demum triumphat in pectoribus fidelium crux Christi de Diabolo, carne, peccato et impiis, si oculi in resurrectionis potentiam convertentur«[33].

Machen wir uns klar, was das heißt! Das bedeutet, daß Calvin den *Lohn*gedanken wieder aufnimmt, oder besser, daß er ihn für das christliche Heiligungsleben wieder kräftig in den Vordergrund rückt. Und zwar wird in genauer Abgemessenheit die verborgene, aber wahre Herrlichkeit der Frommen gegen die offenbare, aber trügerische der irdisch Mächtigen und Glücklichen gesetzt. Es gibt eine *Ruhe* für dieses wandernde Gottesvolk auf Erden und eine [390] Gerechtigkeit, die alle irdische Ungerechtigkeit ausgleicht. *Lohn* und ebenso *Strafe* werden unzweideutig als *Ziel* gesetzt. Es wird also ein Reich der Seligen und ein ebensolches der Verdammten wiederum sichtbar und greifbar – während die personalistische Ethik in *jedem* Lohngeanken bereits einen Verrat an der Lauterkeit der Motive sieht.

---

[33] [Anm. 61] »Sic est sane: totam fidelium nationem, quandiu terram inhabitant, oportet esse tanquam oves mactationi destinatas, quo Christo capiti suo conformentur (Rom. 8. g. 36). Deploratissimi ergo essent nisi in caelum mente erecta, superarent, quicquid in mundo est, et praesentem rerum faciem traiicerent (1. Cor. 15. c. 19). Contra, ubi semel caput supra omnia terrena extulerint, etiamsi videant florentes impiorum opes et honores, si alta pace frui, si rerum omnium splendore ac luxu superbire, si deliciis omnibus affluere cernant: si praeterea eorum improbitate pulsentur, si contumelias ab eorum fastu sustineant, si avaritia expilentur, si alia quavis libidine vexentur: non difficulter se in talibusquoque malis sustinebunt. Erit enim sub oculis dies ille, quo Dominus in regni sui quietem fideles suos recipiet, absterget ab eorum oculis omnem lachrymam, stola gloriae et laetitiae ipsos induet, deliciarum suarum inenarrabili suavitate pascet, in suae altitutidinis societatem evehet, denique foelicitatis suae participatione dignabitur ...

... Haec profecto unica est nostra consolatio: quae si auferatur, aut necesse erit despondere animum, aut vanis mundi solatiis in exitium nostrum delinire. Siquidem et Propheta sibi vacillasse pedes confitetur, dum in praesenti impiorum prosperitate reputanda nimium immoratur: neque potuisse aliter consistere quam dum sanctuarium Dei ingressus, ad novissimum piorum ac malorum finem convertit oculos (Psal. 73. a. 2). Ut uno verbo concludam: Dann erst triumphiert in den Herzen der Gläubigen das Kreuz Christi über den Teufel, Fleisch, Sünde und der Gottlose, wenn sich ihre Augen auf die Kraft der Auferstehung richten« (ebd. S. 176f.).

Frei aus Glauben*[1]

Das Vermächtnis der Reformation

GERHARD EBELING

I. Reformation und Freiheit

Vergangene Geschichte überliefert sich der Gegenwart auf zwei Wegen: durch die weiterwirkenden Folgen und durch die ursprünglichen Zeugnisse. Auch die Reformation ist für uns zunächst einfach da durch all das, was während viereinhalb Jahrhunderten aus ihr hervorgegangen ist und was nun unmittelbar oder mittelbar die heutige Zeit bestimmt: nämlich durch den Protestantismus, dessen Kirchentum und Theologie, Frömmigkeit und Ethos, samt den unermeßlichen Ausstrahlungen, Metamorphosen und Zerfallsprodukten im allgemein religiösen, kulturellen, politischen und sozialen Leben. Doch daneben erreicht uns, wenn wir es uns Zeit und Mühe kosten lassen, die Stimme der Reformation selbst. Vor allen Folgeerscheinungen, die sie hervorgerufen hat, gebührt ihr der Vorrang. Denn nur dort, am Ursprung, finden wir das eine bleibende Vermächtnis der Reformation, das der vielfältigen geschichtlichen Erbschaft, die sie hinterlassen hat, überlegen ist.

Dieses Vermächtnis der Reformation habe ich – so knapp und genau wie möglich – in die Losung gefaßt: „Frei aus Glauben". Freiheit – das ist das Vermächtnis der Reformation. Und zwar: Freiheit, die weder illusionär noch gewaltsam ist, weil sie dem Glauben entspringt, und das heißt: dem Frieden mit Gott.

Es ist nicht selbstverständlich, die Reformation statt bloß als ererbte Vergangenheit als Vermächtnis an die Gegenwart aufzufassen, die der Zukunft zugewandt ist. Daß aber solches Vermächtnis der Reformation

---

* SgV 250, 1968.
[1] Anläßlich der Vierhundertfünfzigjahrfeier der Reformation in Tübingen, Münster, Celle und Bochum vorgetragen.

im Ruf zur Freiheit bestehe, erregt vollends Bedenken, Anstoß und
Widerspruch. Darüber wollen wir uns von vornherein Rechenschaft
geben.

Ist überhaupt die Freiheit Sache der Reformation? Im Zeitalter | der
Aufklärung und des Idealismus wurde dies von den führenden Köpfen
mit größter Entschiedenheit bejaht und in äußerster Weite verstanden.
Lessing wünschte sich in seinem Streit mit der Orthodoxie Luther als
Richter: „Luther, du! – Grosser, verkannter Mann! Und von niemandem
mehr verkannt als von den kurzsichtigen Starrköpfen, die, deine
Pantoffeln in der Hand, den von dir gebahnten Weg schreyend, aber
gleichgültig daher schlendern! Du hast uns von dem Joche der Tradition
erlöset. Wer erlöset uns vom unerträglichern Joche des Buchstabens!
Wer bringt uns endlich ein Christenthum, wie du es itzt lehren würdest,
wie es Christus selbst lehren würde! Wer? Wer – –"[2] „Geist ist das
Wesen des Lutherthums", so äußert sich Herder, „wie Geist das Wesen
des Christenthums ist; freie Überzeugung, Prüfung und Selbstbesinnung;
ohne diesen Geist der Freiheit ist oder wird alles Leichnam. Die
Rechte, die Luther hatte, haben wir alle; lasset uns dieselben so aufrichtig,
fest und groß wie er üben."[3]. Nach Goethe haben wir es Luther
und der Reformation zu danken, daß wir „frei geworden" sind „von
den Fesseln geistiger Borniertheit"[4]. Fichte nennt gar Jesus und Luther
die „heiligen Schutzgeister der Freiheit", deren Werk als dritter Kant
vollendet habe[5]. Und Hegel, dem die Weltgeschichte „der Fortschritt
im Bewußtsein der Freiheit"[6] ist, bestimmt „das Moment des Insichseyns
des Geistes, des Freiseyns, des Zusichselbstkommens" als „das

---

[2] G. E. LESSING, Das Absagungsschreiben (an Herrn Pastor Göze in Hamburg),
1778. Sämtliche Schriften, hg. v. K. LACHMANN, 3. Aufl. hg. v. F. MUNCKER, 13, 1897,
102. Lessing spielt wohl auf das Sprichwort an: „Doctor Luthers Schuhe sind nicht
allen Dorfpfaffen gerecht." S. auch H. BORNKAMM, Luther im Spiegel der deutschen
Geistesgeschichte, (1955) 1970², 201.

[3] J. G. HERDER, Von der Gabe der Sprachen am ersten christlichen Pfingstfest,
1794. Sämmtliche Werke, hg. v. B. SUPHAN, 19, 1880, 52. S. auch BORNKAMM 212.

[4] J. W. GOETHE, Gespräche. Gesamtausgabe, begr. v. W. FRHR. V. BIEDERMANN,
neu hg. von F. FRHR. V. BIEDERMANN, 4, 1910, 443, vom 11. 3. 1832. S. auch BORNKAMM 218.

[5] J. G. FICHTE, Beitrag zur Berichtigung der Urteile des Publikums über die Französische
Revolution, 1793. Sämmtliche Werke, hg. v. I. H. FICHTE, 6, 1844, 104.
S. auch BORNKAMM 220 f.

[6] G. W. F. HEGEL, Die Vernunft in der Geschichte. Einleitung in die Philosophie
der Weltgeschichte, 1830. Auf Grund des aufbehaltenen handschriftlichen Materials
neu hg. v. G. LASSON, Phil. Bibl. Felix Meiner 117 a, 1917, 40.

Princip der Refor- | mation" [7]. „Dieß ist der wesentliche Inhalt der
Reformation; der Mensch ist durch sich selbst bestimmt frei zu seyn." [8]
Ihm folgend hat Ferdinand Christian Baur den kirchen- und weltgeschichtlichen Rang der Reformation in der Statuierung der „Freiheit
des Subjekts" und der „Autonomie des Staats" gesehen: „Eins mit Gott
und ebendamit seiner Seligkeit gewiß kann sich demnach der Mensch
auf dem Standpunkt des protestantischen Princips nur wissen, wenn er
sich auch in sich selbst frei weiß, und sich im Staat in die Sphäre
einer vom Absolutismus der Kirchen freien Existenz hineingestellt
sieht." [9]

Seit der Mitte des 19. Jahrhunderts wurden diese Stimmen plötzlich
spärlicher und verstummten schließlich ganz. Innerhalb des Protestantismus selbst waren Töne dieser Art zwar noch lange darüber hinaus
zu hören, doch klang es zunehmend unsicher oder unecht. Die Theologie
und das kirchliche Bewußtsein haben sich dann endlich so sehr von
solcher Deutung der Reformation distanziert und ihr entfremdet, daß
Äußerungen von jener erfrischenden Originalität heute wieder einmal
zitiert zu werden verdienen.

Um so mehr, als nun entgegengesetzte Parolen eine starke Suggestiv-
kraft ausüben. Ich meine nicht die mit Recht behutsam abwägenden
historischen Urteile über die schwer zu fixierende Stellung Luthers und
der Reformation im Zwielicht von Mittelalter und Neuzeit. Es geht
vielmehr um das Aufkommen eines Freiheitsverständnisses, an dem gemessen die Reformation, wie Nietzsche formuliert, „als ein energischer
Protest zurückgebliebener Geister" erscheint, „welche die Weltanschauung des Mittelalters noch keineswegs satt hatten und die Zeichen seiner
Auflösung, die ausserordentliche Verflachung und Veräusserlichung des
religiösen Lebens, statt mit Frohlocken, wie sich gebührt, mit tiefem
Unmuthe empfanden". Nur | durch den „Zufall einer ausserordent-
lichen Konstellation der Politik" blieb Luther erhalten. „Ohne dies
seltsame Zusammenspiel der Absichten wäre Luther verbrannt worden
wie Huss – und die Morgenröte der Aufklärung vielleicht etwas früher

---

[7] G. W. F. HEGEL, Vorlesungen über die Geschichte der Philosophie, 1833. Sämtliche Werke, hg. v. H. GLOCKNER (Jubiläumsausgabe), 19, 1959³, 262. S. auch BORN-
KAMM 231.

[8] G. W. F. HEGEL, Vorlesungen über die Philosophie der Geschichte, 1837. Sämtliche Werke, hg. v. H. GLOCKNER (Jubiläumsausgabe), 11, 1949³, 524. S. auch BORN-
KAMM 235.

[9] F. CHR. BAUR, Die Epochen der kirchlichen Geschichtsschreibung, 1852, 258 f.

und mit schönerem Glanze, als wir jetzt ahnen können, aufgegangen."[10]
Auf dieser Bahn weiß ein Soziologe und Kulturkritiker unserer Zeit,
Alexander Rüstow, bei seiner universalgeschichtlichen Ortsbestimmung
der Gegenwart der Reformation keinen andern Platz anzuweisen als
zusammen mit der Gegenreformation auf der Seite der Unfreiheit – als
„Wiederverfinsterung" und „Rückfall in äußerste Mittelalterlichkeit",
„gegen jene große Freiheitsbewegung, die sich, antiken Ursprungs, in
Renaissance und Aufklärung verkörpert"[11]. Wie auf Nietzsche beruft
er sich dafür auf Thomas Mann: es könne kaum noch ein ernsthafter
Zweifel daran sein, daß „die Reformatoren eher als rückfällige Typen
und Sendlinge des Unglücks zu betrachten sind"[12].

Die Reformation hat jedenfalls in dem Maße mit der Sache der Freiheit zu tun, daß der extreme Pendelausschlag im Freiheitsverständnis
der letzten zwei Jahrhunderte an der Stellung zur Reformation abzulesen ist. Die Frage nach dem Vermächtnis der Reformation reißt uns
deshalb unvermeidlich in den Streit um die Freiheit. Doch wo in diesem
Streit haben wir als Erben der Reformation unsern Platz? Sicher nicht
bei einer der soeben zitierten Parteien. Sie beide haben offensichtlich,
wenn auch der Weise und dem Grad nach ganz verschieden, das „frei
aus Glauben" verfehlt.

So aktuell nun in der Tat die Auseinandersetzung um die Freiheit
ist – *stellt denn diejenige Freiheit, um die es in der Reformation ging,
überhaupt noch ein akutes Problem dar?* Man denke an die greifbaren,
jedermann sich aufdrängenden Erscheinungen: an die Befreiung aus
römisch-katholischer Kirchengewalt, nämlich der sakramentalen Mitt-
lerrolle der Priester, der Lehr- und Regierungsautori- | tät der Hier-
archie, gipfelnd in der unbedingten Oberhoheit des Papstes. Man denke
ferner an die Befreiung aus dem Netz religiöser Pflichtleistungen, all
dessen, was man als Christ an Glaubensüberlieferung hinnehmen, an
Urteil und Entscheidung sich abnehmen lassen, an Frömmigkeitszere-
moniell vollziehen muß. Man denke schließlich an die Befreiung zum
schlicht Natürlichen und Vernünftigen im öffentlichen Umgang mit
den weltlichen Dingen, in der eigenen Lebensführung sowie in den
äußeren kirchlichen Formen. All das ist doch im Gefolge der Reforma-

---

[10] Fr. Nietzsche, Menschliches, Allzumenschliches. Ein Buch für freie Geister,
1878, Nr. 237. Werke 1 (= I. Abt. Bd. 2), 1906, 224 f. S. auch Bornkamm 306 f.

[11] A. Rüstow, Ortsbestimmung der Gegenwart. Eine universalgeschichtliche Kul-
turkritik, Bd. 2. Weg der Freiheit, 1952, 303.

[12] AaO 227. Das obige Zitat steht bei Thomas Mann, Doktor Faustus, 1947, 140.

tion zunächst im Protestantismus und dann vollends, trivialisiert durch die Aufklärung, für die Allgemeinheit zu Selbstverständlichkeiten geworden. Wo ist Freiheit in dieser Hinsicht noch ein Problem, ein Gegenstand des Ringens, ein Erlebnis der Befreiung, ein Grund zum Danken? Allenfalls im Bereich des Katholizismus selbst. „Die Katholiken hätten Gründe, Lutherfeste zu feiern" [13], meinte Nietzsche ironisch im Hinblick auf den Antrieb zu innerkatholischer Selbstbesinnung und Reform im 16. Jahrhundert. Man könnte dies erneut im Blick auf die Vorgänge im heutigen Katholizismus sagen. Daß vor, auf und nach dem jüngsten Konzil in überraschender Weise die „Freiheit in der Kirche" zum Thema wurde und daß die katholische Theologie auf ihre Weise Luther zu entdecken beginnt, ist doch, in größerem Zusammenhang bedacht, etwas, wofür die Zeit wahrhaftig reif ist.

Das unterstreicht aber nur den Eindruck, daß, was die Freiheit betrifft, die wirklichen Nöte und Fragen heute an ganz anderer Stelle brennen. Auf der einen Seite sind wir Zeugen erschreckender Zustände von Unfreiheit und Ohnmacht in totalitären Systemen, unter der Herrschaft von wirtschaftlichen Interessengruppen und sozialen Mechanismen sowie infolge eines unentwirrbaren Knäuels von Zwangsabläufen und Zwangsvorstellungen. Auf der andern Seite beunruhigt uns tief, wie vorhandene Freiheit verstanden, gebraucht und vertan wird. Kann man nach der einen Richtung hin nicht leidenschaftlich genug die Sache der Freiheit vertreten, so sieht | man sich der andern Front gegenüber genötigt, Anwalt von Autorität und Disziplin, Ordnung und Gesetz zu werden.

Was hilft in dieser Situation die Erinnerung an den Freiheitskampf der Reformation? Müssen wir uns nicht, erschrocken über dessen endliche Folgen, eher der entgegengesetzten Parole verschreiben und darauf sehen, daß der entfesselten Freiheit aus dem Glauben heraus und um des Glaubens willen wieder Schranken gesetzt und Bindungen auferlegt werden, und zwar in und außerhalb der Kirche? Doch haben wir uns nicht erst recht zu fragen, ob denn *die* Freiheit, wie sie die Reformation verstanden hat, überhaupt noch existiert? Sind denn die Kirchen heute Hort der Freiheit? Sie versichern es zwar dogmatisch, – aber sind sie es faktisch? Weil wir *als Protestanten* der Reformation gedenken, wollen wir nicht mit Fingern auf die andern zeigen, sowenig wir

---

[13] Fr. Nietzsche, Ecce homo, 1888. Werke 15 (= II. Abt. Bd. 7), 1911, 111. S. auch Bornkamm 312.

freilich umgekehrt dem Slogan recht geben können, daß die Gegenreformation zu Ende und darum auch die Reformation zu Ende sei[14].
Haben wir doch reichlich Gegenreformation innerhalb des Protestantismus selbst.

Wie steht es denn bei uns mit der Erkenntnis und der Praktizierung
evangelischer Freiheit? Die Symptome der *Befreiung,* die durch die
Reformation erfolgte, sind nicht Garanten der Freiheit, die die Reformation meinte. Ein Geist der Enge und Ängstlichkeit, ein Geist der
Gewohnheit und Selbstzufriedenheit, ein Geist der Werkerei und Be-
triebsamkeit und mancherlei verwandte Geister gehören doch zumindest mit unter die vertrauten Hausgeister evangelischen Kirchentums.
Und vielleicht erscheint uns deshalb die Freiheit, die die Reformation
meinte, als eine heute so wenig akute Sache, weil wir sie ausschließlich
in dem Bilde der Kämpfe des 16. Jahrhunderts vor Augen haben, aber
darum eben auch in dem erstarrten Zustande, den die Lava jenes
Vulkanausbruchs schon lange angenommen hat. Verrät nicht der Anschein, das Freiheitsproblem brenne heute an ganz anderer Stelle, daß
uns über der Erbschaft des 16. Jahrhunderts das Vermächtnis der Reformation verlorengegangen ist? Das „frei aus Glauben" erscheint ab-
gestanden, weil es nicht mehr da ist, oder da nur noch als Asche, nicht
mehr als Feuer. |

Und hier liegt die eigentliche Schwierigkeit. *Wie kann Freiheit überhaupt vermacht werden?* Es können wohl freiheitliche Verhältnisse geschaffen und vererbt werden. Aber wie sie dann gebraucht werden, läßt
sich nicht verfügen und durch sie selbst sicherstellen. Der Geist droht
zum Buchstaben, der Glaube zum Werk, das Evangelium zum Gesetz
zu werden. Das weist auf das zentrale Sachthema der Reformation,
betrifft aber zugleich das Geschick der Reformation selbst. Im Begriff
der Freiheit ist beides aufs engste ineinander verschlungen: die Sache
der Reformation und das Problem, wie sie zum Gegenstand des Vermächtnisses werden kann.

Freiheit ist ebensowenig wie das Evangelium, Glaube und Geist
Gegenstand von Anordnung, Instruktion und Wissensaneignung. So-
sehr Lehren und Lernen dazu gehören, ist doch Evangelium etwas anderes als reine Lehre, Glaube etwas anderes als christliche Gedanken,
Geist etwas anderes als die Idee des Geistes und desgleichen auch Freiheit etwas anderes als bloßes Reden von Freiheit. Evangelium ist

---

[14] JOHN A. T. ROBINSON, Eine neue Reformation?, 1965, 14.

Inbegriff eines Ereignisses, das weitergeht, nämlich der Erscheinung Jesu. Darin gründend sind Glaube und Geist etwas, was sich ereignet. Ebenso ist es mit der Freiheit.

Vermächtnis von Freiheit müßte darum *Ermächtigung* zur Freiheit sein. Also auch nicht bloß dies, daß etwas weggenommen wird, so daß frei sein hieße: los von etwas, leer von etwas sein. Freiheit ist vielmehr Gabe, so daß frei sein heißt: voll sein von, erfüllt sein von, hingerissen sein von dem, dem wir uns verdanken. Wirkliche Freiheitserfahrung geht immer zusammen mit einer irgendwie gearteten Begeisterung. So allgemein gefaßt, ist es allerdings eine mehrdeutige Erscheinung. Die Reformation hat sie in dem Sinne eindeutig bestimmt: Das Evangelium – Luther sagt: „ein fröhlicher Anblick Christi“, „ein gut Geschrei... von Christo“ [15] – ist es, was Glauben eröffnet, heiligen Geist verleiht und so zur Freiheit ermächtigt. |

Dies als Vermächtnis an uns ernst nehmen heißt, es auf die heutige Welt beziehen, die von einer tiefen Freiheitskrise aufgewühlt und über der Frage zerstritten ist, was denn in Wahrheit zur Freiheit ermächtigt.

II. Luthers Verständnis von Freiheit

Dazu ist nun allerdings erforderlich, genau zu erfassen, was „frei aus Glauben“ besagt. Stärker noch, als dies vom Worte „Glauben“ gilt, ist das Wort „Freiheit“ durch Luther plötzlich mit neuer Macht in Umlauf gekommen. In bestimmter Hinsicht hat er es erst wieder entdeckt [16], indem er zur Quelle des christlichen Gebrauchs des Wortes „Freiheit“ durchstieß und neu erfaßte, wo im Leben die Freiheit ihren wahren Ort hat.

Natürlich war auch im Mittelalter von Freiheit die Rede. Vom Griechentum her ist „Freiheit“ eines der Urworte abendländischer Geschichte [17]. Und erstaunlicherweise war dann, vom Alten Testament

---

[15] 9; 554, 19–22 (1521): Daß Euangelium heist nichs anders dan eyn froliche Botschafft, nichtes anders ist darinne dan ein frolicher anplick Christi, dardurch er die hertzenn frolich macht und sterckt vorzcagte gewißen. 10, 3; 400, 4 (1522). WADB 6; 2, 23–4, 11 (1522).

[16] Vgl. K. RAHNER, Die Freiheit in der Kirche, in: Schriften zur Theologie 2, 1956², 95: „Paulus hat von der Freiheit des Christen gesprochen. Dann war davon nicht mehr viel die Rede. Luther hat dieses Thema zu einem reformatorischen Kampfruf gegen die römische Kirche gemacht.“

[17] R. BULTMANN, Die Bedeutung des Gedankens der Freiheit für die abendlän-

herkommend, Paulus in der Lage, dieses dem griechischen Geist ent-
sprungene Wort „Freiheit" in Anspruch zu nehmen, um der ganzen
antiken Welt, Griechen und Nichtgriechen, deutlich zu machen, was es
heißt, daß Jesus der Herr und der Glaube an ihn das Heil ist. Die
Spannungen zwischen griechisch-hellenistischer und biblisch-christlicher
Freiheitstradition sind in die christianisierte Zeit[18] eingegangen, wurden aber darin nicht ausgetragen, sondern neutralisiert. Und so verlor
das Freiheitsproblem seine ursprünglichen Konturen. |

Dementsprechend beschränkte sich die Erörterung der Freiheit im
Mittelalter[19] auf zwei Schwerpunkte: einen metaphysischen und einen
geschichtlichen Problemaspekt.

Im ersten ging es um das Verhältnis von Freiheit und Notwendigkeit
überhaupt. Mit der Willensfreiheit schien das Menschsein des Menschen
auf dem Spiel zu stehen. Sie mußte in erster Linie gegen die erdrückende
Übermacht des göttlichen Willens sichergestellt werden. Das hatte weit-
reichende Auswirkungen auf die Gotteslehre, insbesondere das Verständnis göttlicher Allmacht und Vorherbestimmung, sowie auf die
Gnadenlehre, nämlich wie der Mensch auch im Heilsgeschehen verantwortlich tätiger Mensch bleiben könne unbeschadet des Primats der
göttlichen Gnade.

Daneben beschwört nun aber das kirchenpolitische Schlagwort „Freiheit der Kirche" einen ganz anderen Problemaspekt. Um ihn richtig zu
verstehen, muß man sich vergegenwärtigen: Es handelt sich um ein uns
sehr ferngerücktes Verständnis von Freiheit auf dem Grunde einer
Rechtsordnung und eines Machtgefüges. Freiheit wird hier konkret als
Teilhabe an bestimmten Privilegien, aber eben darum auch als Ein-
gefügtsein in einen bestimmten Herrschaftsbereich. Und ferner muß
man sich an den Kampf zwischen geistlicher und weltlicher Gewalt,
Papsttum und Kaisertum, erinnern. In dieser großen Auseinandersetzung wurde die hierarchische Herrschaftsordnung des Klerus als die

---

dische Kultur, Glauben und Verstehen II, 1952, 274–293. M. POHLENZ, Griechische
Freiheit. Wesen und Wert eines Lebensideals, 1955. R. BULTMANN, Der Gedanke der
Freiheit nach antikem und christlichem Verständnis, 1957. E. FUCHS, Art. Freiheit I.
im NT, RGG³ II (1958), 1101–1104. D. NESTLE, Eleutheria. 1. Teil: Die Griechen,
HUTh 6, 1967.

[18] Zu diesem Ausdruck vgl. meinen Aufsatz: Das Verständnis von Heil in säkularisierter Zeit, Kontexte, hg. v. H. J. SCHULTZ, 4, 1967, 5–14, bes. 6 f.

[19] G. TELLENBACH, Libertas. Kirche und Weltordnung im Zeitalter des Investiturstreits, 1936. H. GRUNDMANN, Freiheit als religiöses, politisches und persönliches
Postulat im Mittelalter, HZ 183, 1957, 23–53.

„Freiheit der Kirche" gegen die Rechtsanmaßungen der Laien in der Kirche durchgesetzt und verteidigt.

Diese beiden Schwerpunkte mittelalterlichen Freiheitsverständnisses: die Willensfreiheit und die Freiheit der Kirche, sind typischer Ausdruck einer Christianisierung des antiken Freiheitsverständnisses. Für den Griechen war die menschliche Willensfreiheit kein Problem. Der Mensch ist frei durch die Vernunft, die ihn das Gute erkennen und erstreben läßt. An sie kann er sich im Kampf gegen Irrtum und Leidenschaften halten. Das christliche Denken dagegen kreist um das Verhältnis des Menschen zu Gott, um Sünde und Gnade. Es bekommt | deshalb viel stärker das Problem des Willens in den Blick, bemüht sich aber zugleich um dessen Einfügung in das antike Menschenbild. Das zwingt zur Frage nach der Willensfreiheit. Ähnlich steht es mit dem Begriff der „Freiheit der Kirche". Hier ist das antike politische Freiheitsverständnis, das in umgreifender sozialer Ordnung gründet, verchristlicht. Die Kirche als Ordnungsgefüge repräsentiert nun aber die göttliche Vollmacht in einer Weise, daß für die einzelnen Glieder der Kirche der Gesichtspunkt der Freiheit gar nicht mehr in den Blick kommt.

In beiden Fällen dient das Freiheitsverständnis dem Heilsinteresse in mittelalterlich-katholischer Ausprägung. Das Thema der Willensfreiheit handelt von einer allgemeinen anthropologischen Vorbedingung des Heils. Die Freiheit der Kirche garantiert die rechte Verwaltung des Heils. Und die Frömmigkeit konzentriert sich zunehmend auf das Interesse an der Freiheit von Strafen [20]. Wie fern bleibt das alles vom paulinischen Verständnis der Freiheit als der Heilsgabe selbst. Dieser von Paulus angeschlagene Ton hat während anderthalb Jahrtausenden auffallend wenig Resonanz gefunden. Und wo dennoch etwas davon anzuklingen scheint, wurde die Reinheit und Tiefe des paulinischen Freiheitsverständnisses nicht gewahrt.

Erst auf diesem geschichtlichen Hintergrund erkennen wir das Einzigartige an Luthers Schrift „Von der Freiheit eines Christenmenschen" [21]. Sie erschien im Spätherbst des Jahres 1520. Der gewaltige

---

[20] Vgl. die 44. These Luthers in der Disputatio pro declaratione virtutis indulgentiarum vom 31. 10. 1517 (1; 235, 24 f): Quia per opus charitatis crescit charitas et fit homo melior, sed per venias non fit melior sed tantummodo a pena liberior.

[21] Die deutsche und die lateinische Fassung (Tractatus de libertate Christiana): 7; 1–38. 39–73. Von neuen Separatausgaben seien nur erwähnt: M. Luther, Von der Freiheit eines Christenmenschen (Wittenberg, Joh. Grunenberg, 1520), mit Nachwort v. E. Wölfel, Quellen zur Geschichte des Humanismus und der Reformation in

Angriff auf das römische Sakramentsverständnis in der Schrift von |
der babylonischen Gefangenschaft der Kirche ging unmittelbar voraus,
die Verbrennung des kanonischen Rechts und der Bannandrohungs-
bulle folgte bald danach. Mitten in dieser extremen Kampfsituation
entstand, frei von aller Polemik, unter betonter Berufung auf Paulus,
jene schlichte „Summa eines christlichen Lebens" [22], eine elementare
Rechenschaft über das, worum es in dem ganzen Kampf eigentlich geht,
nämlich die Freiheit als Inbegriff des Evangeliums.

Wie bedeutungsvoll ist schon ein historischer Einzelzug, der diese
Schrift betrifft. Luther stellt einen Sendbrief an Leo X., den Mediceer-
papst, voran. Die Reformation begegnet unter dem Stichwort „Freiheit"
der Renaissance. Es klingt wie eine Ironie der Geschichte, daß schon
der Vater dieses Papstes, der klassische Vertreter der Florentiner
Renaissance Lorenzo Medici, Adressat humanistischer Schriften „Von
der Freiheit" wurde, die ihn als Unterdrücker der Bürgerfreiheit an-
klagten [23]. Die Beziehung von Renaissance und Freiheit entbehrt jedenfalls nicht einer gewissen Fraglichkeit.

Und noch eine zweite historische Einzelheit: Einige Monate später,
im Frühjahr 1521, erschien in Antwerpen ebenfalls eine Schrift mit dem
Titel „De libertate christiana" [24]. Der Verfasser Johann Pupper von
Goch, aus dem Kreis der sogenannten Devotio moderna, war schon seit
mehreren Jahrzehnten verstorben [25]. Aber ein niederländischer Anhänger Luthers [26] publizierte nun das handschriftlich überlieferte Werk

---

Faksimile-Ausgaben, hg. v. B. WENDT, 4, o. J. Martin Luthers Tractatus de libertate
Christiana 1520, hg. v. J. SVENNUNG, Kleine Texte f. Vorl. und Übungen, begr. v.
H. LIETZMANN, hg. v. K. ALAND, 164, 1948². Dazu: W. MAURER, Von der Freiheit
eines Christenmenschen. Zwei Untersuchungen zu Luthers Reformationsschriften
1520/21, 1949.

[22] 7; 11, 8–10: Es ist eyn kleyn büchle, ßo das papyr wirt angesehen, aber doch
die gantz summa eyniß Christlichen leben drynnen begriffen, ßo der synn vor-
standenn wirt.

[23] H. GRUNDMANN (s. o. Anm. 19) 23 f.

[24] De libertate Christiana prestantissimi Viri, Domini Ioannis Pupperi Gocchiani,
1521, Bibliotheca Reformatoria Neerlandica VI, 1910, 41–225.

[25] Das Todesjahr ist vermutlich 1475.

[26] Cornelius Grapheus. Über ihn J. N. BAKHUIZEN VAN DEN BRINK in RGG³ II,
1826: „Humanist, Dichter, Stadtsekretär von Antwerpen, einer der frühesten An-
hänger Luthers in den Niederlanden." Im Juni 1521 erhielt Albrecht Dürer bei seinem
Aufenthalt in Antwerpen von Cornelius Grapheus ein Exemplar von Luthers Schrift
„Von der Babylonischen gefengknuß der Kirchen" geschenkt. Vgl. Bibl. Ref. Neerl.
VI, 4.

und fügte nicht nur eine kühne Vorrede[27] hinzu, die | ihn mit der
Inquisition in Konflikt brachte, sondern glich auch den Titel dem
Lutherschen Vorbild an. Ursprünglich lautete er „Von der Freiheit der
christlichen Religion"[28]. Das Buch ist aus einem Streit um den Sinn der
Mönchsgelübde hervorgegangen und vertritt die These, das evangelische Gesetz werde nicht unter dem Zwang eines Gelübdes, sondern
allein aus der Freiheit der Liebe heraus wirklich erfüllt[29]. Und diese
Freiwilligkeit des Heiligen Geistes sei die übernatürliche Steigerung
der natürlichen Willensfreiheit[30]. Also trotz scheinbarer Nähe zu Luther
welch tiefe Differenz! Denn für Luther gehört die Parole von der
Freiheit eines Christenmenschen untrennbar zusammen mit der Be-
hauptung, „daß der freie Wille nichts sei"[31]. |

---

[27] Bibl. Ref. Neerl. VI, 35–39. Die Vorrede ist auf 29. März 1521 datiert. E. WOLF
gibt als Erscheinungsjahr versehentlich 1520 an: Libertas christiana und libertas
ecclesiae, EvTh 9, 1949/50, 127–142, ebd. 136. Die Vorrede des Grapheus zeigt deutlich Spuren der Kenntnis von Luthers Tractatus de libertate Christiana, z. B. die
Anspielung auf die Teilhabe der Christen an der königlichen und priesterlichen
Vollmacht Christi und in diesem Zusammenhang die Wendung cohaeredes Christi:
Bibl. Ref. Neerl. VI, 36. Vgl. 7; 56, 15 ff, bes. 57, 29.

[28] Bibl. Ref. Neerl. VI, 41: Incipit tractatus de libertate christianae religionis
V. patris D. Iohannis Pupper de Goch... Auch in der Schrift selbst begegnet nur diese
Wendung, nicht libertas christiana. Man beachte, daß im Mittelalter religio (neben
der allgemeinen Bedeutung von Religion) vornehmlich die monastische Lebensweise
als den Stand der Vollkommenheit meint.

[29] Die Verpflichtung durch das Gelübde führt zum actus necessitatis, das Wirken
des Heiligen Geistes zum actus libertatis: Bibl. Ref. Neerl. VI, 51. Vgl. ferner z. B.
55: Ad hanc libertatem vocati estis, vt sub Christiana religione nihil agatis sub
angaria necessitate, sed vt per charitatem spiritus cum promptitudine voluntatis omnia
agere studeatis Vt inquam non necessaria obligatio, sed voluntaria libertas spiritus
quam charitas operatur vos moveat ad bonum operandum. Vgl. CH. TRINKAUS,
Humanist Treatises on the Status of the Religious: Petrarch, Salutati, Valla, in:
Studies in the Renaissance. Vol. XI. Publications of the Renaissance Society of
America. New York 1964. Diesen Hinweis verdanke ich H. A. OBERMAN.

[30] Vgl. dazu die Gedankenführung des zweiten Buches, das von der Willensfreiheit als natürlicher und übernatürlicher handelt: Bibl. Ref. Neerl. VI, 96–181.

[31] So der Titel der Übersetzung von Luthers Schrift De servo arbitrio (1525) durch
Justus Jonas (1526). 18; 551–787. Deutsche Übersetzung von BR. JORDAHN mit einer
theologischen Einführung von H. J. IWAND in: Martin Luther, Ausgew. Werke, hg. v.
H. H. BORCHERDT und G. MERZ, Erg. Reihe Bd. 1, 1954. Vgl. H. VORSTER, Das
Freiheitsverständnis bei Thomas von Aquin und Martin Luther, 1965. In meinem
Buch: Luther. Einführung in sein Denken, 1965, Kap. XIII: Freiheit und Unfreiheit,
239–258.

Uns werden starke Spannungen zugemutet, wenn wir uns in Luthers Freiheitsverständnis vertiefen.

Die auffallendste und härteste ist eben die, daß so unüberbietbar schroff dem menschlichen Willen die Freiheit abgesprochen und zugleich so überwältigend reich von Christus her dem Menschen Freiheit zugesprochen wird.

Dazu kommt als zweites eine Spannung in der Begründung der Unfreiheit des Willens: Einerseits ist es die Sünde, die den Willen versklavt, anderseits ist es Gott selbst, dem gegenüber der Wille schlechterdings ohnmächtig ist.

Und endlich ist auch die christliche Freiheit von einer inneren Spannung bestimmt, die Luther auf die berühmte Formel gebracht hat: „Ein Christenmensch ist ein freier Herr über alle Dinge und niemand untertan. Ein Christenmensch ist ein dienstbarer Knecht aller Dinge und jedermann untertan."[32] Das ist die genaue Umschreibung dessen, was Paulus 1. Kor 9, 19 sagt: „Wiewohl ich allen gegenüber frei bin, habe ich mich allen zum Knecht gemacht." Der Sinn käme noch schärfer heraus, wenn man übersetzte :„*Weil* ich allen gegenüber frei bin, habe ich mich allen zum Knecht gemacht." Denn hier geht es nicht um Einschränkung der christlichen Freiheit, sondern gerade um deren Vollzug in der Zusammengehörigkeit von Freiheit und Dienst. Darum sollte man auch nicht gleich von „Paradoxie" reden. Es ist kein widersprüchlicher, sondern ein völlig zusammenstimmender Sachverhalt, nicht Mißklang, sondern Einklang, daß Freiheit dies beides miteinander ist und daß nur in dem Miteinander von beidem Freiheit ist.

Und wie hier so gilt es auch von den vorerwähnten Spannungen. Man soll sich da nicht bei Widersprüchen beruhigen, über sie ärgern oder etwa an ihnen berauschen. Was Luther mit all den widersinnig klingenden Aussagen meint, wird nur dann erfaßt, wenn man sie auf den einen, grundeinfachen Sachverhalt bezieht und zurückführt, dem sie entspringen, dahin also, wo die Sache der Freiheit im Leben ihren wahren Ort hat. |

Man befindet sich von vornherein auf falscher Spur, wenn man die Frage der Freiheit auf das Thema der Wahlfreiheit des Willens einengt. Setzt man Freiheit einfach gleich Wille, so ist sie ein selbstverständlicher Besitz des Menschen. Sie kann dann zwar von außen her oder durch Mißbrauch beeinträchtigt werden, jedoch dem Kern nach nicht ver-

---

[32] 7; 21, 1–4 (1520).

lorengehen, solange der Mensch zurechnungsfähig ist. In dieser psychologischen und moralischen Hinsicht stand auch für Luther die Willensfreiheit außer Zweifel.

Freiheit wird aber für den Menschen viel radikaler zum Problem. Geht man schon vom Willen aus, so muß man die Frage nach dessen Freiheit scharf stellen als die Frage nach seiner Macht. Hat der Wille Macht über sich selbst? Ist er nicht immer schon so oder so bestimmter Wille? Wer bestimmt den Willen? Natürlich der Mensch, möchte man antworten, als wollendes Subjekt. Aber wie bestimmt sich der Mensch? Ist er frei in bezug auf sich selbst? Gehört er sich selbst? Diese Frage hat deshalb Gewicht, weil der Mensch wesenhaft nicht fertig ist. Macht er sich selbst fertig, und steht ihm das Urteil über sich selbst zu?

Wir sehen: In der Freiheitsfrage meldet sich die Gottesfrage an. Wird aber Gott ernst genommen, dann gehört der Mensch Gott. An ihm hat er seinen Schöpfer und seinen Richter. Daß er Gott gegenüber frei sei, wäre gottlos über Gott und Mensch gedacht und bedeutete in Wahrheit tiefste Unfreiheit. Denn der allein sich selbst überantwortete Mensch muß etwas tun, was er nicht kann: nämlich sich selbst das Urteil sprechen. Das treibt ihn in die Unfreiheit der Überforderung und der Selbsttäuschung. Sich selbst gehören wollen heißt sich selbst verlieren. Wer dagegen bejaht, daß er nicht sich selbst, sondern Gott gehört, der ist gerade darin frei und so erst wirklich er selbst.

So ist die Freiheitsfrage mit der Gottesfrage zur Heilsfrage verflochten. Es wäre heillos und sinnlos, vor Gott nicht ganz und gar auf Gott angewiesen sein zu wollen. Und alles wäre gut für den, der Gottes gewiß sein darf. Denn er wäre frei von der Sorge um sein Heil, frei von sich selbst.

Den Ort der Erfahrung dieser Freiheit nennt Luther Gewissen. | Die Freiheit des Christen versteht er nicht als Willensfreiheit, sondern als Gewissensfreiheit[33]. Das klingt für uns sehr seltsam und mißverständlich. Unter Gewissen versteht man heute meist die innere moralische Urteilsinstanz und unter Gewissensfreiheit, daß die Umwelt dem Menschen das Recht einräumt, sich nach jener inneren Urteilsinstanz zu richten. Mit der Relativierung aller Normen ist der Begriff des Gewissens für unser Empfinden etwas sehr Fragwürdiges geworden und gilt gar als Ursache oder Rechtfertigung der Auflösung aller objektiven Bindungen. Die tiefe Andersartigkeit von Luthers Gewissensverständ-

---

[33] 8; 575, 27 f (1521): Conscientia liberata est, id quod abundantissime est liberari.

nis sollte freilich nicht dazu verleiten, jeden inneren Zusammenhang
mit dem verflachten neuzeitlichen Gewissensbegriff abzustreiten. Doch
davon kann jetzt nicht die Rede sein.

Für Luther ist Gewissen primär das innere Gehör des Menschen,
sozusagen der empfindlichste und entscheidende Nerv seines Person-
seins, wo sich entscheidet, was bei ihm ankommt, sich durchsetzt und
über ihn Macht gewinnt, und zwar so, daß es die Gestalt eines Urteils
hat, das ihn selbst trifft: nicht bloß was er tun soll oder was er getan
und nicht getan hat, sondern vor allem und eigentlich was er ist, wo er
ist, wohin er gehört. So verstanden, kann das Gewissen gute oder böse
Geister beherbergen, Gott oder dem Teufel gehören und ist tatsächlich
das Schlachtfeld von beiden. Wie kann dann aber noch von Freiheit des
Gewissens die Rede sein, wenn es, so oder so, ein Bestimmtsein, geradezu
ein Besessensein ist?

Luther nennt ein Kriterium. Fremdherrschaft, Versklavung bedeutet
für das Gewissen alles, was dem Menschen einflüstert, er könne mit
irgend etwas, was in seiner Macht liegt und was darum Gegenstand
seines Handelns ist, über sich selbst, über das, was er letztlich ist und
gilt, verfügen. Daß der Mensch sein eigener Herr und Richter sei, ist
die offensichtliche Unwahrheit des meist tief verborgenen Unglaubens.
Dieser Unglaube ist darum der Selbstwiderspruch, die Selbstentfremdung, die Unfreiheit des Menschen, der nicht will, daß Gott Gott sei;
also das, was die Sprache der Bibel | Sünde nennt. Der Mensch ist nicht
daheim, nicht im Frieden, wenn er in dieser Weise des Selbstwider-
spruchs, der Selbstentfremdung, der Unfreiheit auf sich selbst ver-
krümmt ist, auf der Suche nach sich selbst oder richtiger: auf der Flucht
vor sich selbst. Freiheit dagegen bringt dem Gewissen allein das, was
den Menschen von sich selbst frei macht: der Freispruch durch seinen
Herrn und Richter, welcher Haß durch Liebe überwindet und nichts als
den Glauben fordert, den er schenkt.

Die Frage nach dem wahren Ort der Freiheit kann so, wie es soeben
geschah, nur von Jesus Christus her beantwortet werden. Und das Bisherige kommt erst dann zu seiner Wahrheit, wenn man sich klarmacht,
warum er, Jesus, der Ort der Freiheit ist. Er ist nicht der bloße Her-
kunftsort einer Freiheitsidee. Er ist vielmehr das befreiende Ereignis
von Freiheit, in das der Glaube uns hineinzieht, indem er uns mit
Christus verbindet und ihm allein das Gewissen überläßt. So ist der
Mensch im Gewissen mit Christus gleichsam verheiratet. Das alte Symbol der Gemeinschaft von Bräutigam und Braut, das im Mittelalter die

„Freiheit der Kirche" rechtfertigte[34], gilt nun für die Verbundenheit jedes Christenmenschen mit Christus[35]. „Denn in dem, was den Glauben betrifft, ist jeder Christ für sich Papst und Kirche."[36]

Luther redet damit nicht einem in sich versponnenen Individualismus das Wort. Sonst hätte er sich die ungeheure Last seines Kampfes in der Öffentlichkeit ersparen und die Kirche sich selbst überlassen können, um seine private Frömmigkeit im Winkel zu pflegen. Weil das Gottesverhältnis nach Luther *so* unerbittlich ernst ist, daß vor Gott jeder unvertretbar als er selbst angegangen ist, erwächst gerade dem Einzelnen der Auftrag und der Mut, Verantwortung in der Welt zu übernehmen. Die Gemeinschaft mit Christus ist darum alles andere als ekstatische Vereinigung in sublimierter Erotik. Christus gehört ins Gewissen als das freisprechende Wort Gottes. Das ist die Weise, wie er seine Herrschaft ausübt. Seine Vollmacht voll- | zieht sich darin, daß er an seiner Vollmacht teilgibt. Er erweist seine Freiheit, indem er andere frei macht.

Christus als der Ort der Freiheit bestimmt darum erst die wahre Art der Freiheit. Ihr Wesen ist Vollmacht. Luther erläutert sie als die Verbindung von priesterlicher und königlicher Vollmacht[37]. Er will damit die beiden Dimensionen, in denen Freiheit notwendig ist, unterscheiden und so sie in rechter Weise aufeinander beziehen und ungetrennt beieinander halten. Christus läßt uns alle durch den Glauben Könige und Priester sein. „Wer mag nun ausdenken die Ehre und Höhe eines Christenmenschen? Durch sein Königreich ist er aller Dinge mächtig, durch sein Priestertum ist er Gottes mächtig."[38] Die Freiheit hat es also zugleich mit Gott und mit der Welt zu tun. Was die Kraft seines Willens betrifft, ist der Mensch allerdings Gott gegenüber schlechterdings ohnmächtig und unfrei. Jedoch kraft des Glaubens wird der Mensch, der dies bejaht, weil er sich von Gott bejaht weiß, frei zu Gott und macht von dem Recht Gebrauch, vor Gott zu treten und Gott alles zu sagen. Eben dies verleiht ihm königliche Freiheit der Welt gegenüber. Denn dem, der glaubt, muß alles zum Besten dienen. Doch wie Christus selbst seine königliche Vollmacht in der Knechtschaft ausübte – und gerade darin offenbarte er seine göttliche Herrlichkeit –, so gibt der Glaube Freiheit und Vollmacht zur Liebe, zu einer Hingabe an den Mitmenschen, in der „einer des andern Christus wird"[39].

---

[34] Vgl. G. Tellenbach (s. o. Anm. 19) 153.
[35] 7; 54, 31 ff (1520).   [36] 5; 407, 35 ff (1519/21).   [37] 7; 56, 15 ff (1520).
[38] 7; 28, 14–16 (1520).   [39] 7; 66, 27 (1520).

Zusammen mit dem Hinweis auf das Gewissen und auf Jesus Christus gilt also, daß die Welt der Ort der Freiheit ist. Das führt in einen breiten Strom der Erfahrung, der jedoch einer einzigen Quelle entspringt. Wer Gott gehört, ist in Freiheit gesetzt. Er braucht sich um sich selbst, um sein Heil, nicht zu sorgen. Nicht die anklagende Stimme der Schuld, nicht die Angst vor Leiden, Einsamkeit und Tod, nicht die zur Verzweiflung treibende Peitsche des Unerledigten, nicht die Verführung zu selbstzufriedener und vermessener Selbsteinschätzung – keine dieser vertrauten und fluchbeladenen Erfahrungen kommt gegen jene Freiheit eines Christenmenschen auf. | An solchem anfechtungsvollen Widerstand bewährt sie sich vielmehr als Freiheit.

Gewiß, Freiheit wird in der Welt auf viele, sehr verschiedenartige Weisen bedroht und vorenthalten, verfälscht und zerstört. Wie denn auch die Freiheit selbst vielgestaltig ist. Doch der Mensch ist als Person *einer*. Deshalb hat auch die Freiheit letztlich *eine* Wurzel und dementsprechend *eine* Grundgefährdung. Was da an empfindlichster Stelle verborgen geschieht, hat größte Auswirkungen im öffentlichen Geschehen. Dem Kampf um die Freiheit an all seinen Fronten ist man nur dann wirklich gewachsen, wenn man unentwegt die Grundgefährdung der Freiheit im Auge behält: die Verwirrung des Gewissens durch eine den Menschen versklavende Nötigung.

Nun bestimmt freilich solcher Freiheitsverlust schon immer die Situation des Menschen. Darum gibt es Freiheit letztlich nur als Befreiung. Sich jener recht verstandenen Freiheit der Gewissen anzunehmen, ihnen zur Freiheit zu helfen und sie in der Freiheit zu bewahren, hielt Luther für die entscheidende Aufgabe. Alle Negativposten in der Bilanz des Reformationsgeschehens vermochten für ihn das Eine nicht aufzuwiegen: die Wiederentdeckung der christlichen Freiheit. Gilt die Unterwerfung unter den Papst als heilsnotwendig, so muß durch ein klares Nein dazu die Freiheit als das einzig Heilsnotwendige bezeugt werden.

Der Glaube, der diese Freiheit ist, ermächtigt nun aber zur Liebe. *So* tritt er im Bereich des Handelns als Freiheitsmacht in Erscheinung. Und zwar bekommt man die christliche Freiheit an bestimmten Kennzeichen zu spüren. Sie meinen nicht eine Art christlichen Parteiverhaltens. Im Gegenteil, sie widersprechen allem Parteidenken und stellen einen Test dar, an dem jede Freiheitsäußerung auf ihre Wahrheit zu prüfen ist.

Freiheit äußert sich *in freiwilligem Dienen*. Und wo sie mit Mitteln der Herrschaft umgeht, gebraucht sie sie dazu, der Freiheit des Dienens Raum zu geben.

Freiheit äußert sich *in reiner Freude.* Was mit Bitterkeit getan wird und Bitterkeit erzeugt, was nicht von Herzen kommt und darum auch nicht zu Herzen gehen kann, beengt, statt Freiheit zu geben. |

Freiheit äußert sich *in unverkrampfter Offenheit allem gegenüber.* Der Mensch, den der erste Psalm selig preist – so sagt Luther erläuternd –, ist nicht gesetzlich gefangen, sondern frei gegenüber jeder Zeit, jedem Werk, jedem Ort, jeder Person[40]. Da er nichts für sein Heil braucht, wird ihm in dieser Hinsicht alles indifferent[41]. Um so mehr vermag er nun aber wahrzunehmen, was an der Zeit ist, und läßt sich dabei durch nichts blenden.

Freiheit äußert sich *in der Geduld mit den Unfreien.* Die Rücksicht auf die Schwachen war schon für Paulus[42] und dann wieder in der Reformation[43] die entscheidende Probe auf das Verständnis der Freiheit. Aus bestimmten Verhaltensweisen von Freiheit ein neues Gesetz zu machen, einen Terror der Freiheit aufzurichten, bedeutet Vergewaltigung des Gewissens. Wer aber das Gewissen anderer mit Füßen tritt, hat das Recht verwirkt, sich auf Freiheit zu berufen. Wer in Freiheit stark ist, wird dem Schwachen ein Schwacher, um ihm aus seiner eingebildeten Stärke zu wahrer Freiheit zu helfen.

Freiheit äußert sich endlich *in dem ehrlichen Eingeständnis unserer eigenen mannigfachen Unfreiheit.* Wer in Wahrheit frei ist, überspielt nicht illusionär die Realitäten. Ohne deren bindende und einschränkende Wirkung würde Freiheit gar nicht konkret, sondern verlöre sich ins Unbestimmte. Er ist sich erst recht darüber im klaren, daß ihm Freiheit nicht zukommt als eigenständiger Besitz, sondern als Gnade, die zum Glauben befreit, und darum als Freiheit, die aus Glauben lebt.

*III. Die Gegenwartsbedeutung des Vermächtnisses
der Reformation*

Wer diese Kennzeichen wahrer Freiheit, nämlich Dienst, Freude, Offenheit, Geduld und Ehrlichkeit, näher bedenkt, wird wohl manches zu ergänzen, zu fragen und einzuwenden finden, in dieser oder jener Hinsicht vielleicht auch zum Widerspruch gereizt sein. Er wird aber schwerlich behaupten können: Wenn *damit* das Vermächtnis | der Re-

---

[40] 5; 38, 30 f (1519/21).   [41] 6; 206, 33 ff (1520).

[42] Rm 14, 1 ff. 1. Kor 8, 9 ff.

[43] Vgl. besonders Luthers Invocavit-Predigten 1522: 10, 3; 1 ff.

formation in Zusammenhang stehe, dann habe es sich erledigt und rede hoffnungslos an dem vorbei, was heute not ist. Jene Stichworte rühren durchaus an etwas, worüber auch unsere gründlich veränderte Zeit nicht selbstverständlich verfügt, worauf sie aber ebensowenig etwa verzichten könnte, als handele es sich um Antiquitäten. Auch für uns ist es lebenswichtig, daß im menschlichen Miteinander die Freiwilligkeit des Dienens, eine von Herzen kommende Freude, unverkrampfte Offenheit nach allen Seiten hin, echte Toleranz und nüchterne Wahrhaftigkeit Platz greifen. Und es ist deutlich: Dies alles ist eine Frage der Freiheit, der Befreiung von Mächten, die den Weg dazu versperren.

Jedoch: Vermag das Vermächtnis der Reformation noch oder wieder in *der* Weise zur Freiheit zu ermächtigen, daß es gegen die heutigen Ursachen von Unfreiheit aufzukommen vermag? Wer sich auf die Reformation beruft, kann dieser Frage nach dem „Beweis des Geistes und der Kraft" nicht ausweichen.

Der Unterschied der Zeiten liegt auf der Hand. Die Reformation richtete sich gegen die Verwandlung des Evangeliums in die Herrschaft religiöser Gesetze, gegen die Verkehrung des Reiches Christi, das ein Reich der Freiheit ist, in eine babylonische Gefangenschaft. Heute scheint das nur noch die anzugehen, denen die christliche Tradition am Herzen liegt, also eine schwindende Minderheit. Die Neuzeit hat auf anderem Wege als durch den evangelischen Glauben die religiöse Gesetzesherrschaft abgeschüttelt oder steht im Begriff, diesen Emanzipationsprozeß zu vollenden. Doch damit ist sie keineswegs der Herrschaft des Gesetzes überhaupt entronnen. Die Aufklärung, die Kant – durchaus mit Recht – als den „Ausgang des Menschen aus seiner selbst verschuldeten Unmündigkeit" rühmte [44], hat bisher trotz aller Revolutionen nicht das Reich der Freiheit heraufgeführt. Psychologische und soziologische Analysen leben geradezu von dem Phänomen der Unfreiheit [45]. Und die Symptome der | Kulturkrise, in die wir hineingeraten sind, deuten auf eine Krise im Bewußtsein der Freiheit.

Wenn nur das wirklich befreiend sein kann, was einen ganz erfüllt, so spricht einiges dafür, daß eine vorherrschende Ursache von Unfreiheit heute in dem Mangel an dem, was echte Hingabe hervorzurufen

---

[44] I. KANT, Beantwortung der Frage: Was ist Aufklärung?, 1783. I. KANT, Werke, hg. v. W. WEISCHEDEL, VI, 1964, 53 ff.
[45] Ein Beispiel unter vielen: H. MARCUSE, Triebstruktur und Gesellschaft, Bibl. Suhrkamp 158, (1955) 1967.

vermag, oder gar in der Angst vor der Freiheit besteht. Doch wo das Empfinden davon, begreiflich genug, sich in Protestaktionen Luft macht, häufen sich die Phänomene der Ekstase und der Intoleranz, Anzeichen eines Enthusiasmus, der wohl auf andere Art, aber nicht weniger als sein Gegner, unfrei und voller Gesetzlichkeit ist.

Die reformatorische Losung „Frei aus Glauben" kann allerdings nur dann heute hilfreich werden, wenn sie zur Losung eines Aufbruchs in eine neue Geschichtsphase des Christentums wird.

Der Protestantismus kann und soll seine Herkunft aus den Entscheidungen des 16. Jahrhunderts gewiß nicht verleugnen und vergessen. Er würde gerade dem heutigen Katholizismus einen schlechten Dienst erweisen, wenn er sich nicht mit aller Strenge auf das Vermächtnis der Reformation besänne, das jetzt an der Schwelle neuer ökumenischer Auswirkung steht. Doch es wäre eine Frucht der „Freiheit aus Glauben", wenn wir lernten, den ererbten Gegensatz der Konfessionen dem Feuer der gegenwärtigen Situation christlicher Weltverantwortung auszusetzen.

Es herrscht zwar der Verdacht, gerade das Vermächtnis der Reformation gebe nicht die Freiheit, sich auf unsere Zeit einzulassen. Man meint, die Losung „Frei aus Glauben" proklamiere den Rückzug auf das rein Religiöse, in die Innerlichkeit und auf den Einzelnen. Sie gehe darum an dem entscheidenden Zug des gegenwärtigen Zeitalters vorbei. Doch meine ich, gerade das seien die Stellen, von denen aus, wenn wir sie nur recht bedenken, die Freiheit des christlichen Glaubens neu in Erscheinung tritt und befreiend wirksam wird.

Das Vermächtnis der Reformation ruft uns dazu auf, die Freiheit aus Glauben als Frömmigkeit zu leben.

Ich greife dieses vielgeschmähte Wort „Frömmigkeit" auf, um vor der Verflüchtigung des Glaubens in die Gestaltlosigkeit zu warnen. | Man spricht heute so viel von der Mitmenschlichkeit und Weltlichkeit des Christen. Das ist recht, sofern man darüber nicht die Quelle verläßt und aus dem Auge verliert, aus der die Freiheit zu wahrer Mitmenschlichkeit und Weltlichkeit entspringt. Diese Freiheit hängt nun einmal schlechterdings an dem befreienden Ergriffensein durch Gott, das wir Jesus verdanken. Hören und Empfangen, Einkehr in die Stille und andächtige Sammlung sind darum Lebenselement der Freiheit des Glaubens.

Die Freiheit tritt nicht als etwas Zweites zur Frömmigkeit hinzu. Es geht vielmehr um eine Frömmigkeit, welche Frucht der Freiheit und

somit voll des Geistes der Freiheit ist. Sie frönt nicht dem Leistungs-
prinzip, weder in religiöser, noch in säkularisierter Form. Sie läßt sich
Zeit zum Nachsinnen und zum Entspannen, zum Danken und Bitten.
Sie hat Freude am Ernst, und ihr ist es ernst mit der Freude. Sie ver-
bindet Pflicht und Muße zu höherer Einheit. Sie vergewaltigt nicht sich
selbst und andere durch ein uniformierendes Gesetz, sondern lebt die
Freiheit des Glaubens, wie es dieser entspricht, in Vielgestaltigkeit.
Denn jeder ist hinzugerufen. Darum sollen wir als Christen nicht
Zäune errichten, sondern Mauern überspringen. Unser königliches
Priestertum wird zur Karikatur, wenn es nicht anderen Mut und Lust
macht, sich auf solche Freiheit einzulassen, die, gerade weil sie von
Gott kommt, so grundmenschlich ist.

*Das Vermächtnis der Reformation ruft uns ferner dazu auf, die Frei-
heit des Glaubens im Denken einzuüben.*

Rechter Glaube hat vorm Denken sich nie gefürchtet, vielmehr dazu
angetrieben und Mut gemacht. Die großen Zeiten der Kirchengeschichte
waren immer solche, in denen der Glaube die Begegnung mit den
stärksten geistigen Mächten der Zeit wagte und dabei sich in ein sprach-
schöpferisches Geschehen hineinbegab. Der Glaube gibt die Freiheit, in
der Weise bei der Wahrheit zu bleiben, daß die Wahrheit immer neu
erlitten und erstritten wird. Darum macht der Glaube geschichtsoffen.

Die ganze Kirchengeschichte ist freilich auch durchzogen von dem
Kleinglauben, der der Theologie mit tiefstem Mißtrauen gegenüber-
steht. Ja, weithin steht die Theologiegeschichte selbst im Banne des |
Kleinglaubens, der nichts wagt, weil er nicht liebt. Angesichts der Rolle,
die die Theologie für die Reformation der Kirche gespielt hat, ist es
beschämend, daß die evangelische Christenheit heute über der Aufgabe
zerrissen ist, die Freiheit aus Glauben im Denken einzuüben. Man kann
der Reformation nicht gedenken, ohne angesichts dieser Verkrampf-
ungs- und Zersetzungserscheinung im Protestantismus mit besonnener
Ruhe darauf zu dringen, daß alles geschehe, um im Innern, und das
heißt schlicht: in Kopf und Herz zugleich, der Verwirrung zu wehren.
Mündigkeit ist eine Frage der inneren Reife, der Urteilsfähigkeit.

Das Problem ist aber, wohlgemerkt, nicht nur dies, wie der wahrhaftig nicht unverschuldeten Unmündigkeit in den christlichen Gemeinden gewehrt werde. Die sogenannte mündige Welt, mit der wir es heute
zu tun haben, leidet selbst unter einer verhängnisvoll partiellen Mündigkeit. Die Christen schulden ihr kaum etwas so sehr wie den Erweis
eines Denkens aus der Freiheit des Glaubens.

Das Vermächtnis der Reformation ruft uns schließlich dazu auf, die Freiheit des Glaubens auch mit der Tat zu verantworten.

Um in der Gesellschaft verantwortlich tätig zu sein, bedarf es mehr, als daß man seine äußeren Pflichten erfüllt und sich den Gegebenheiten anpaßt. Schon dazu, aber wieviel mehr erst recht zu einem gegebenenfalls notwendigen unkonventionellen Verhalten, zu einem Schwimmen gegen den Strom der öffentlichen Meinung, braucht es Menschen von starker innerer Unabhängigkeit und Gewißheit. Und wenn ihr Tun heilsam sein soll, bedarf es selbstloser Hingabe. Was vermögen nicht Menschen, die von Angst frei und voll Liebe sind!

Die Einsicht, daß die Verhältnisse den Menschen bilden, steht heute hoch im Kurs. Was daran wahr ist, soll man in der Tat bis in die letzten Konsequenzen hinein wahrnehmen und dem Rechnung tragen. Wie sollte man dann nicht aber weiterschreiten zur Einsicht, daß nichts hilft, als die Verhältnisse menschlich zu bilden [46]. Dafür | tragen wir alle Verantwortung. Verantwortung trifft unvertretbar den Einzelnen in seiner Beziehung zur Umwelt. Indem aber der Glaube mit der Verantwortung vor Gott zu tun hat, macht er frei zur Verantwortung für die Welt. Die Menschlichkeit der Verhältnisse hat daran ihr Maß, ob sie Freiheit gewähren. So zielt die Frage erneut auf den Einzelnen: wie denn der Mensch instand gesetzt wird, gewährte Freiheit recht zu gebrauchen. Eine Gesellschaft, die es mit der Freiheit ernst meint, sollte dem Raum geben, was nicht im Bereich des politisch Manipulierbaren liegt, nämlich daß der Unfreiheit an der Wurzel gewehrt werde.

Dann wird man aber, wenn nicht heillose Verwirrung entstehen soll, unterscheiden müssen zwischen der Sache politischer Freiheit und der Freiheit des Glaubens. Wer eins gegen das andere ausspielt, hat beides nicht begriffen. Und wer diese Unterscheidung nicht wahrhaben will, der verantworte das etwa vor einem hoffnungslos Kranken oder vor einem KZ-Häftling in der Todeszelle oder vor einem schuldbeladenen Gewissen und sage: Ich weiß nur von *einer* Freiheit; die kommt für dich aber nicht in Betracht, und so überlasse ich dich deinem Schicksal. Die Freiheit des Glaubens ist gewiß nicht auf solche Situationen beschränkt, kommt dort aber in aller Einsamkeit besonders tröstlich zum

---

[46] So im Schlußsatz der Rede von E. BLOCH, Widerstand und Friede, anläßlich der Verleihung des Friedenspreises des deutschen Buchhandels 1967, Börsenblatt für den deutschen Buchhandel 23, 1967, 2466: „... Und wenn die Verhältnisse die Menschen bilden, so hilft nichts als die Verhältnisse menschlich zu bilden ...“

Leuchten. Das hat dann unerwartete Ausstrahlungen weit darüber hinaus bis in alle Bereiche des Lebens.

Man hat mit Recht von der Kulturbedeutung der Reformation[47] gesprochen. Sie leitet sich von der Losung „Frei aus Glauben" her. Doch wenn wir diese Losung als Vermächtnis an uns verstehen, dürfen wir uns nicht beruhigen bei der Kulturbedeutung, die die Reformation einst gezeitigt hat. Wir müssen das „Frei aus Glauben" in neuer gesellschaftlicher Situation von Grund auf neu sich auswirken lassen. Nur so, der Zukunft zugewandt, bleiben wir dem Vermächtnis der Reformation treu.

---

[47] K. HOLL, Die Kulturbedeutung der Reformation, 1911 und 1918, in: Ges. Aufs. zur Kirchengeschichte I. Luther, 1927, 468–543.

IV. Christliche Freiheit und Freiheit des Menschen

»Freiheit« im Diskurs über »Neuzeit« und »Moderne«

Christliche Freiheit für die ›freie Welt‹

ERNST WOLF

I.

„Der Westen" – sagt F. Karrenberg in seinem Buch „Gestalt und Kritik des Westens"[1] – „ist überzeugt, daß ihm vor allem die Verteidigung der menschlichen Freiheit aufgetragen ist" – und dieser Westen biete nun unter der Parole Freiheit heute insbesondere „Idee und Praxis einer ‚sozialen Marktwirtschaft'" an, dazu auch, durchaus mit der Idee der Freiheit motiviert, aber bei näherem Zusehen diese Freiheit zumindest nach der Seite des Verfügens hin praktisch ausklammernd, das Angebot des „Eigentums für alle". Weiterhin auch politische Freiheit, zumindest als Möglichkeit, „frei zu wählen". „Freie Wahlen" sind heute ja zu einem beinahe mythischen Begriff geworden.

Immerhin ist diese „westliche Freiheit", selbst wenn man sie nur als „Freiheit wovon" beurteilt, doch auch als positive Angelegenheit zu werten, auch wenn sie als „nur" individualistisch angesehen wird. Auch die Koalitionsfreiheit, um die die Arbeiterschaft lange gerungen hat, gehört zu dem, was hier unter Freiheit gemeint und empfunden wird.

Gegenüber dem Einwand, „die politische Freiheit, so positiv sie im übrigen zu schätzen sein mag, sei keine Form der Verwirklichung der in Christus gegründeten Freiheit"[2], und im Blick auf die Grenzsituation, daß der Christ als Christ, und dann wesentlich im Leiden, auch unter widrigsten äußeren Verhältnissen leben könne, werden zum Schluß von Karrenberg zwei sozialethisch belangvolle Forderungen aufgestellt: a) Der christliche Beitrag zum Freiheitsproblem dürfe sich nicht erschöpfen in der Kritik anderer Freiheitsideen; b) „Er sollte eine Hilfe bieten dort, wo die Freiheit unzureichend begründet oder schlecht, d. h. selbstherrlich, ‚absolut' und rücksichtslos gehandhabt wird"[3]. Es wird hier also im großen ganzen nach dem christlichen Beitrag zu dem Umgang mit den unter uns umgehenden „westlichen" Freiheitsideen und

---

[1] Beiträge zur christlichen Sozialethik heute. 1959.
[2] Mit Bezug auf *W. Pannenberg*, Christlicher Glaube und menschliche Freiheit, in: Kerygma und Dogma 4, 1958, S. 258.
[3] *Karrenberg*, a. a. O. S. 83.

den irgendwie auch verbrieften Freiheitsrechten gefragt, die beide auch sowohl rechtliche Verpflichtungen wie moralische Pflichten der Freiheit gegenüber in sich schließen. Drei Sonderfragen seien herausgehoben:

1. Kann z. B. ein Christ dem Satz von K. Jaspers[4] zustimmen: „Die Selbstbehauptung der Freiheit ist nicht möglich ohne die Bereitschaft zum totalen Opfer, in dem die Menschheit zugrunde gehen würde" – so konsequent richtig dieser Satz innerhalb eines idealistisch-liberalen Menschenbildes sein mag, für welches das Haben von Freiheit grundlegend ist, nämlich Haben von jener Freiheit, die „dem Bewußtsein eigener Würde, unverlierbaren menschlichen Ranges und Selbstseins" gemäß ist; von jener Freiheit, in deren Sinn (wie Th. Dehler gelegentlich formuliert) „der liberale, der selbstdenkende, aus dem Selbstvertrauen der Vernunft verantwortlich handelnde Mensch" eben Mensch ist; Haben von jener Freiheit, deren Katechismus etwa Kants „Grundlegung zur Metaphysik der Sitten" darstellt, und die R. Maier auf dem Parteitag der FDP in Reutlingen 1959 philosophisch reichlich unexakt „die Ideologie der Liberalen" genannt hat. Wie steht, so fragen wir also, der Christ zu einer so oder so *„ideologisierten"* Freiheit?

2. Was kann der Christ für die Wirklichkeit der Freiheit tun, die, mehr oder minder weltanschaulich verzerrt, von einer Ideologie der Freiheit gemeint oder betroffen ist? Oder die hinter dem ideologisch aufgearbeiteten Begriff der Freiheit steht? Bei diesem Begriff der Freiheit meint der „Westen" im wesentlichen die Freiheit der Persönlichkeit, die gleichgesetzt wird mit der Freiheit zur ungehinderten Entfaltung des Individuums nach den Regeln der Vernunft. Der materielle Inhalt dieser Persönlichkeitsfreiheit ist daher nicht näher bestimmt. Dieser Freiheitsbegriff begegnet, verfassungsrechtlich garantiert, auch im Bonner Grundgesetz. Er wird zugleich aber auch als Freiheit in der Gemeinschaft verstanden, und zwar a) als bürgerliche Freiheit, aus eigenem Wollen und eigener Verantwortung zu leben; b) als politische Freiheit der Teilnahme an der Ordnung des Staates und an der politischen Macht der Gemeinschaft. Beide gehören zusammen, denn eine Teilung des Freiheitsbegriffes in eine persönlich-private oder moralisch-innerliche und eine politische, juristisch-äußerliche könnte nur zur Rechtfertigung verschiedener Verkürzungen und Einengungen der Freiheit mißbraucht werden.

---

[4] Die Atombombe und die Zukunft des Menschen. 1958.

Diese unklare und weithin interessenbestimmte Verwendung des Freiheitsbegriffes innerhalb der liberalen Freiheitsidee, für die Persönlichkeitsfreiheit der Oberbegriff für die bürgerlichen und politischen Freiheiten ist, kann so zu Konflikten innerhalb der Freiheitsidee führen, wenn z. B. ein im Namen der „Freiheit der Persönlichkeit" erlassenes Ehrenschutzgesetz die konkrete Freiheit der Presse knebeln sollte oder wenn die abstrakt gefaßte Freiheit der Meinungsäußerungen, eine unverbindliche „Redefreiheit", als Ventil zugelassen wird, aber dann doch im Namen angeblich bedrohter Freiheit beschnitten wird, wo diese Redefreiheit als potentielle politische Tathandlung in Erscheinung tritt. Den politischen Witz hat selbst die Unfreiheit der Diktatur als Scheinausdruck von Freiheit in gewissen Grenzen noch geduldet[4a]. Kurz: Die ideologisierte Freiheit stellt die wirkliche Freiheit in verschiedenster Weise immer wieder in Frage. Was aber *kann* – und was *soll* – der Christ für die *wirkliche* Freiheit tun? Im besondern auch auf dem Feld der Mitgestaltung der Gesellschaft?

3. Die neuzeitlichen Freiheitsrechte und die mit ihnen sich verbindenden Freiheitsideologien sind nicht zuletzt eine Frucht der Predigt des Evangeliums, im besonderen Maße seit der Reformation. Kann dann aber der Christ der These zustimmen, daß dieser als „freie Welt" bezeichnete Komplex die unabdingbare Voraussetzung christlicher Existenz sei? Daß sozusagen die wohlgeratenen oder auch mißratenen Kinder die Bedingung des Daseins ihrer Eltern seien? Anders gewendet: Darf sich „das Christentum", darf die evangelische Botschaft es sich gefallen lassen, zur *Legitimation* von Recht und Selbstbehauptungsdrang der „westlichen Welt" als der „freien" in Dienst genommen zu werden?

Damit sind drei Fragenkomplexe zum Thema des christlichen Umgangs mit den unter uns umgehenden „westlichen" Freiheitsideen skizziert. Der Versuch, sie zu beantworten, muß etwas weiter ausholen.

[4a] Oder wenn, wie es mit der McCarran-Act 1961 geschehen ist, eine Partei dadurch „außer Gesetz" gestellt wird, daß ihre Anhänger genötigt werden, sich als „Agenten einer ausländischen Macht" registrieren zu lassen.

II.

Die „abendländische Freiheit", soweit sie sich heute liberal und christlich versteht, sieht als ihre Mitte die Glaubens- und Gewissensfreiheit an und – wenigstens soweit sie sich liberal versteht – die antiklerikale Freiheit von Autoritäten. Diese Freiheiten scheinen wesentlich in der Reformation erkämpft worden zu sein. Luther in Worms gilt seit langem als der Heros dieses Durchbruchs zur Freiheit. In der Tat geht es ja auch in der Reformation um die Freiheit des Glaubens und *darin* um die Freiheit des Gewissens gegenüber dem Zwang der römischen Gesetzlichkeit. Die „Unterweisung der Gewissen zur Freiheit" ist das oft so formulierte Ziel reformatorischer Verkündigung. Darin begegnet sich diese mit der theologischen Predigt des Apostels Paulus – freilich in einer anderen historischen Situation, nämlich in der Auseinandersetzung mit der in der Geschichte der Kirche und des christlichen Europa seit den ersten nachchristlichen Jahrhunderten wieder eingetretenen und mannigfach ausgestalteten Umformung und Verderbung der evangelischen Freiheitsbotschaft. Was heißt das nun im einzelnen?

1. In der *Neuzeit* hat die hier gemeinte Umformung evangelischer Freiheitsbotschaft die Gestalt der „Religion der Menschenrechte" gewonnen. Sie will Freiheit und Würde des Menschen sichern, ist ihrerseits ein Produkt des „Geistes der Humanität", ein sehr charakteristischer Ausdruck des abendländischen Humanismus, der – auch in seiner emanzipierten und säkularisierten Gestalt – die christliche Erziehung des Abendlandes durch die Verbindung von Antike und Christentum nicht ableugnen kann. Ebensowenig den Einfluß germanisch-rechtlicher Elemente. Als historisches Faktum gehört diese Religion der Menschenrechte – ebenso wie ihr Mißbrauch – eben zu jenem „Geist der Humanität".

So wie er hinter den Menschenrechten des 18. und den Grundrechten des 19. und 20. Jahrhunderts steht, wesentlich rationalistisch und individualistisch, geht es ihm um Sicherung der freien Entfaltung der Persönlichkeit durch „negative Freiheitsrechte". Wie immer diese im einzelnen entfaltet werden, es handelt sich bei ihnen wesentlich um „Rechte des einzelnen gegen den Staat", durch die der Anspruch auf eine staatsfreie Sphäre gesichert werden soll. In diesem Sinn definiert man die „echten Grundrechte": „Nur ein Staat mit verfassungsmäßig anerkannten Grundrechten kann ein Rechtsstaat genannt werden, weil die Einzelpersönlichkeit ihren Wert unabhängig vom Staat besitzt und behaupten darf"[5]. Vielleicht wird damit nicht mehr gesagt, als daß diese sogenannten Grundrechte vorstaatliche Rechte sind, eine Auffassung, die im Unterschied zur Weimarer Verfassung das GG zu teilen scheint. Aber auch wo man Grundrechte als vom Staat verliehene positiv-rechtliche Befugnisse ansieht, steht bei der allgemeinen Vorstellung eben der Schutz des Individuums gegenüber dem Staat im Vordergrund. Daher konnte man für den Covenant-Entwurf der UN-Kommission zu einer Bill of Rights, einer Grundrechte-Erklärung für alle Menschen, auf dieser Linie vorschlagen, sich auf Artikel zu beschränken, nach denen das Individuum vor dem Staat geschützt werden soll[5a]. Im Hintergrund steht auch hier die Tendenz auf Verwirklichung naturrechtlich postulierter Rechte im Bereich des öffentlichen und des Völkerrechts[6]. Die „freie Entfaltung der Persönlichkeit", auf die z. B. auch Art. 2 GG einem jeden das Recht zuspricht, ist vermutlich in diesem Sinne Ausdruck jenes humanistischen Individualismus, des Ausgehens vom einzelnen, von *seiner* Freiheit und *seiner* Würde. Allerdings übersieht man gern, daß die Menschenwürde, weil sie „unverzichtbar" ist, der Verfügung des Menschen entzogen ist, daß man also nicht mit dem Bonner Kommentar zum GG sagen kann, daß sie „in dem Menschen selber ruht, der allein Hüter über sie ist und sie selbst nur ablegen kann"[7]. Gerade diese Kommentarbemerkung läßt erkennen, wie mit alledem nur ein bestimmtes, durch den humanistischen Glaubenssatz vom Menschen gestaltetes Stück abendländischer Freiheitsidee festgehalten ist, eine im Grunde abstrakte Konzeption, die weder den „wirklichen" Menschen noch die „wirkliche" Freiheit erreicht hat. Eben von da aus wird dieser „Geist der Humanität", immer noch Mitte der „westlichen" Freiheit mit ihren Postulaten der Würde des Menschen auf dem Hintergrund und im Rahmen der Menschenrechtsidee, zum Gegenstand immer wieder erneuten Nachfragens in der ganzen Reichweite und Variationsbreite der gegenwärtigen philosophischen und theologischen Besinnung auf den Menschen. Das Bild dieser

---

[5] Bericht der ersten Sitzung zum Thema Grundfragen des Rechts in der Ev. Akademie Hemer, 21.–29. Mai 1949, S. 5.

[5a] Auf dieser Linie liegt auch die 1961 vom Sozialausschuß der Vollversammlung der Vereinten Nationen gebilligte Deklaration über die Freiheit der Gedanken und der Meinungsäußerung für die gen. Bill of Rights.

[6] *U. Scheuner*, Naturrechtliche Strömungen im heutigen Völkerrecht, Z. f. ausländ. öff. Recht u. Völkerrecht XIII, 1951, S. 612.

[7] Vgl. dazu *Erik Wolf*, Recht des Nächsten, 1958, S. 47, Anm. 15.

Diskussion braucht hier im einzelnen nicht nachgezeichnet zu werden. Die Positionen sind mannigfaltig.

Gemeinsam ist ihnen allen die geschichtliche Erfahrung eines Versagens der humanistischen Ideale in der jüngsten Vergangenheit, im besonderen im politischen Bereich. Der Unterschied zwischen ihnen liegt wesentlich in der Stellungnahme zu diesem Versagen, ob man es nämlich ernst nimmt, oder ob man es zu ignorieren sucht. Aber auch wo man das Versagen ignorieren möchte, kann man heute jedoch etwa Schillers Mahnruf an die Verantwortlichen: „Der Menschheit Würde ist in eure Hand gegeben! Bewahret sie!" nicht mehr so einfachhin nachsprechen. Man wird aber auch bei aller Skepsis ihm gegenüber nicht an der Frage nach seinem Wahrheitsgehalt vorbeigehen dürfen. Hinter dem Wort von der „Würde der Menschheit" steht Schillers Freiheitsidee.

Es entspricht der Mahnung, die Würde des Menschen zu wahren, der Satz, daß der Mensch „frei" sei, auch wenn er in Ketten geboren ist, also jene Idee sittlicher Freiheit, die sich mit der Autonomie der Vernunft, der schöpferischen Freiheit der Gedanken, der reinen Innerlichkeit des Ich verbindet, die sich in der Geschichte verwirklichen soll. Diese spezifisch deutsche Rezeption der rational-egalitären Freiheitsidee der französischen Revolution umschreibt der weitere Satz: „Verbreitung reinerer, sanfterer Humanität, die höchstmögliche Freiheit der Individuen bei des Staates höchster Blüte, kurz der vollendetste Zustand der Menschheit, wie er in ihrer Natur und in ihren Kräften als erwirkbar angegeben liegt"[8]. Dieser Satz darf darum nicht als reine Schwärmerei gewertet werden, weil gerade auf dem Hintergrund der „physischen Möglichkeit der Freiheit", wie die französische Revolution sie gebracht habe, mit ihm die Aufgabe umschrieben ist, eben diese Freiheit moralisch zu ergreifen und sittlich zu bewältigen. Zugleich weiß Schiller darum, daß die geistlich-sittliche Existenz gesunder materieller Lebensbedingungen bedarf: „Zu essen gebt ihnen, zu wohnen. Habt ihr die Blöße bedeckt, gibt sich die Würde von selbst."

Darin steckt aber nun freilich das utopische Moment in dieser Anschauung von Freiheit und Würde, nämlich in diesem so zuversichtlich ausgesprochenen „von selbst". Wieder handelt es sich um eine Manifestation des Glaubens der Humanität. Aufklärerische und idealistische

---

[8] Vgl. dazu auch *Carlo Antoni*, Der Kampf wider die Vernunft. Zur Entstehungsgeschichte des deutschen Freiheitsgedankens, 1959.

Motive des abendländischen Humanismus sind hier in klassischer Form
ausgesprochen. Der bürgerliche Mensch der Moderne erscheint hier im
Licht der Freiheitsideologie des christlichen Abendlandes, die durch ein
Idealbild vom Menschen bestimmt ist: Der Mensch als das durch Vernunftbesitz und Willensfreiheit ausgezeichnete, von da her als Individualität zu begreifende und zu respektierende Wesen. Es ist die
Anthropologie der Tradition des christlichen Naturrechts. Antike und
christliche Überlieferung haben sich hier in einer überaus fruchtbaren,
aber doch auch verhängnisvollen Weise miteinander verbunden, indem
die evangelische Botschaft von der in Christus geschenkten Freiheit des
Menschen – eine Botschaft, mit der das Evangelium in der Tat vor-
gefundene gesellschaftliche Zustände auch revolutioniert hat – ausgelegt wurde durch das, was antike Philosophie von dem Menschen
und von seiner Freiheit zu sagen wußte.

2. Das führt nun in der geschichtlichen Besinnung zurück auf jene
der evangelischen Freiheitsbotschaft der Reformation und ihrer als-
baldigen humanistischen Umwandlung entsprechende Situation, in der
diese Botschaft ursprünglich erklingt.

Ganz allgemein heißt in der Umwelt des Neuen Testaments frei
sein: „unabhängig von anderen selbst über sich verfügen", ἐλεύθερον
τὸ ἄρχον ἑαυτοῦ. Dieser Begriff von Freiheit ist am Gegenbild der
Unfreiheit des Sklaven gewonnen, die das Charakteristikum einer als
selbstverständlich betrachteten Institution in der Wirklichkeit der griechischen Polis ist. Es handelt sich zunächst also ganz unproblematisch
um die Freiheit der „politisch" Freien innerhalb der staatlichen Lebenswirklichkeit. ᾿Ελευθερία „ist im Griechentum primär ein politischer Begriff"[9]. Nach Aristoteles ist sie Kennzeichen staatlichen Lebens,
steht innerhalb seines νόμος, innerhalb der den Staat durchwaltenden
Vernünftigkeit, deren Intaktheit, deren εὐνομία Voraussetzung ist für
den Bestand der Freiheit. Von da aus erscheint in den großen Staats-
lehren des klassischen Griechentums die Demokratie als diejenige
Staatsform, in der die Freiheit sich am besten gestalten läßt, weil sie
allen Bürgern grundsätzlich die gleichen politischen Rechte, den gleichen zur Freiheit gehörigen Anspruch des Herrschens zuerkennt und
auch ermöglicht. Aber indem sie so grundsätzlich das Höchstmaß politischer Freiheit gewährt, ist eben darin zugleich die schärfste Bedrohung ihres eigenen Bestehens eingeschlossen, denn das durch die Demo-

---

[9] *H. Schlier* in Th. Wörterb. z. NT II, 484.

kratie geförderte Individuum bedroht durch die geweckte und gestärkte
Freiheit seines eigenen νόμος die εὐνομία der Polis. „Unmittelbar auf
diese Freiheit folgt dann wohl die andere, daß man der Obrigkeit
nicht mehr gehorchen mag . . .“; die alte und verfluchte Titanennatur
bricht durch[10].

Die politische Freiheit erstreckt sich aber auch auf die Unabhängigkeit der Polis innerhalb der zwischenstaatlichen Beziehungen. In den
unaufhörlichen innergriechischen Kämpfen nach den Perserkriegen
wird so „Freiheit“ mehr und mehr zum Schlagwort einer „nationalistischen“ Außenpolitik. Mit dem Zusammenbruch der hellenischen
Demokratie wendet und wandelt sich der politische Freiheitsbegriff im
Hellenismus zum weltanschaulichen. Die Struktur bleibt jedoch erhalten. Das jetzt mehr oder minder apolitische Individuum versteht
sich kosmopolitisch; an die Stelle des politischen, zugleich die Gottheit
der Polis repräsentierenden νόμος ist jetzt das mit Zeus oder dem
Schicksal gleichgesetzte Gesetz der φύσις, der Natur, der Welt getreten.
Die „freie“ Begegnung mit dem Kosmos ist identisch mit dem Rückzug
in die Innerlichkeit des Individuums, das eben darin erlebt, daß es
„göttlichen Geschlechts“ ist. Es ist klar, daß die Vermittlung dieses
individuellen Freiheitsanspruches und Freiheitsgefühls mit dem ewigen Weltgesetz und der unbezwinglichen Schicksalsmacht nur dialek-
tisch in einem vernunftgemäßen amor fati erfolgen kann. Die Lebens-
formel des ὁμολογουμένως τῇ φύσει ζῆν, des Lebens in Übereinstimmung mit der Natur, bedeutet so zugleich eine Loslösung von der
„Welt“, bedeutet die Freiheit der Bedürfnislosigkeit und die Freiheit
von den πάθη, von dem Andrang der Dinge. Jener primär politische
Aspekt der Freiheit ist zurückgetreten, sofern der radikale Individualismus des bloßen Mensch-Seins den Unterschied zwischen Herren und
Sklaven, zwischen politisch Freien und politisch Unfreien grundsätzlich durchgestrichen hat. Die ἐλευθερία, die jetzt mit dem erstrebten
„Frieden der Seele“, mit ἀταραξία und ἀπάθεια gleichgesetzt ist, lebt
in der Resignation eines „eingebildeten“ Herr-Seins seiner selbst, eines
dem Anschein nach vollkommenen, auch das Recht zum Selbstmord
einschließenden Verfügens über sich selbst: „Frei ist“ – so sagt z. B.
Epiktet –, „wer lebt, wie er will, der nicht zu zwingen, nicht zu hindern, nicht zu vergewaltigen ist, dessen Entschließungen sich nicht aufhalten lassen, dessen Begehrungen ans Ziel gelangen, dessen Auswei-

---

[10] Platon, Leg. III 701b/c, zit. nach Schlier.

chungen nicht ins Unglück geraten"[11]. Die Überwindung des Schick-
sals geschieht kraft solcher Freiheit und zum Gewinnen solcher Freiheit
durch eine willentliche Preisgabe, durch eine gewollte, vernünftige,
„logische" Einordnung in die Gesetzmäßigkeit des Alls, des Zeus. Das
ist der breitere Hintergrund des Freiheitsverständnisses in der spätantiken Umwelt des Neuen Testaments. Innerhalb seiner begegnet der
Freiheitsanspruch, das Freiheitsbewußtsein der Gnosis. Sie sind diesem
hellenistisch-stoischen Freiheitsdenken gegenüber revolutionär, obwohl
auch hier die Struktur des ἐλεύθερον τὸ ἄρχον ἑαυτοῦ prinzipiell beibehalten wird. Für die stoische Theologie war die Planetenwelt rein-
ster Ausdruck der ewigen, vernünftigen, göttlichen Gesetzmäßigkeit
des Kosmos, wodurch das Schicksal, obwohl unentrinnbar, den Charakter der Vorsehung bekam, die εἱμαρμένη zur πρόνοια wurde. Für
den Gnostiker ist die Planetenwelt die Welt der feindlichen Mächte;
als „Götter der Welt" werden die Planetengeister zu „Widergöttern
des eigentlichen (fernen) Gottes"[12]; sie fordern die schroffste Auflehnung des akosmischen Freiheitsbewußtseins des Menschen heraus, der
in seinem Wesentlichen, nämlich dem πνεῦμα, dem „Geist", jenem
fremden, gegenweltlichen Gott gehört. Die Revolution gegen den Kosmos, die es dem gnostischen Menschen verwehrt, sich diesem Kosmos
einzuordnen, spiegelt sich in der gnostischen Ethik, die alle bisherigen
politischen Werthaltungen, die ganze gültige bürgerliche Moral und
Ordnung negiert und bekämpft und in neuen Formen, in gnostischem
Asketismus sowie in gnostischer Gemeindeethik *dieser* Welt die Welt
des neuen, des anderen, fernen, fremden Gottes entgegenstellt, schran-
kenlos und verächtlich „frei" gegenüber den „Ordnungen" der demi-
urgischen Welt, libertinistisch oder völlig zurückgezogen gegenüber der
innerweltlichen Öffentlichkeit des staatlichen und gesellschaftlichen
Daseins. Der Gnostiker ist in solcher Freiheit nicht nur Herr seiner
selbst, sondern auch Herr der Welt.

Paulus scheint einer derartigen Haltung in der korinthischen Gemeinde begegnet zu sein. Er gibt ihr zu (1. Kor 3, 21 ff.):

πάντα γὰρ ὑμῶν ἐστιν
εἴτε κόσμος εἴτε ζωὴ εἴτε θάνατος.
εἴτε ἐνεστῶτα εἴτε μέλλοντα,
πάντα ὑμῶν ...

[11] IV, 1, 1.
[12] *H. Jonas*, Gnosis und spätantiker Geist, 1934, S. 161.

„Alles ist euer..." – aber die also Angeredeten gehören nicht mehr sich selbst – ὑμεῖς δὲ Χριστοῦ, Χριστὸς δὲ θεοῦ –, sie sind Christi. Und später sagt Paulus es ihnen, offenkundig im Blick auf gnostisch-libertinistische Ausschweifungen, ausdrücklich: οὐκ ἐστὲ ἑαυτῶν, „ihr gehört euch nicht selbst" (1. Kor 6, 19). Sie sind Christusgläubige, und der Glaubende ist als ἀπελεύθερος κυρίου, als von Christus Befreiter (1. Kor 7, 22), ein δοῦλος Χριστοῦ, ein Knecht Christi.

Auf dem Hintergrund des bisher Gesagten bedarf das paulinische Freiheitsverständnis keiner besonderen Erläuterung mehr. Es genügen einige Hinweise. Daß der Christ Christus gehört, ist nicht die Grenze seiner Freiheit über alles, sondern nennt den Grund dafür, daß nun wirklich alles ihm gehört. Er hat sich nicht zur Gewinnung oder Wahrung seiner Freiheit, seines ἄρχον ἑαυτοῦ dem νόμος seines Ich, dem νόμος der Polis oder dem νόμος der φύσις eingeordnet, er hat auch nicht in gnostischer Weise all diese νόμοι übersprungen und unter seine Füße getreten, sondern er ist von Gott in das Leben, in die Freiheit Gottes selbst hineingenommen. Seine Freiheit ist von Gott geschenkte Freiheit und insofern eine eschatologische Wirklichkeit. Diese Freiheit, „in der der Glaube die ζωή und damit sich selbst gewinnt"[13], wird von Paulus beschrieben als die Freiheit von der Sünde (Röm 6, 18–23), vom Gesetz (Röm 7, 3 f.; 8, 2; Gal 2, 4; 4, 21–31), vom Tode (Röm 6, 21 f.; 8, 21); und das heißt nun im Blick auf das ἄρχον ἑαυτοῦ: als Freiheit von der Ich-Sucht, vom Selbst-Sein-Wollen, von der Sorge. Sie ist Ausdruck eines Freigesprochen-Seins und als Begriff gestaltet durch das Gegenüber von Sünde und Gerechtigkeit. Sie existiert in dem neuen, mit der Formel ἐν Χριστῷ bezeichneten Dasein, ist also als das „neue Leben" identisch mit der ὑπακοὴ πίστεως und erweist sich im Tun eben dieses Glaubensgehorsams. Denn so wie die Befreiung von der Sünde geschehen ist durch den Gehorsam Christi, so gilt im Neuen Testament die Gleichung zwischen Freiheit und Gehorsam gegen Gott.

Dahinter steht die Erkenntnis, daß der Mensch auch und gerade dort, wo er, auf welchem Wege immer, sei es im Rückzug auf die Innerlichkeit, sei es im Verfügen über die ihn bedrohenden Mächte, sich selbst in die Hand zu bekommen versucht, eben nicht frei ist. Für die Erkenntnis des Glaubens ist (mit Bultmann formuliert) „jedes Selbst-sich-in-die-Hand-bekommen... nur ein Weg, das *verfehlte* Dasein zu ergreifen", da das Leben des Selbst seinen alleinigen Grund

[13] *R. Bultmann*, Theologie des Neuen Testaments. 1953, S. 327.

in dem Leben in und aus Gott hat. Die Ordnung des „neuen Lebens",
eben in der Freiheit, zu der uns Christus durch seine Selbsthingabe
(Gal 3, 13; 4, 4) „freigemacht" (Gal 5, 1) hat, heißt „Gesetz Christi"
(Gal 6, 2), ein Gesetz, das der Jakobusbrief (1, 25) als das „vollkommene Gesetz der Freiheit" gegenüberstellt dem mit dem Fluch be-
ladenen Gesetz des alten, des selbst-sein-wollenden Menschen. Das
endlose Gesetz der ἐπιϑυμία als der Leidenschaft zum Lebenwollen
(Röm 7, 7) war das Organ der Zwangsherrschaft der Sünde und des
Todes. Das „Organ" der Freiheit ist jetzt der auch zum Leiden bereite
Glaubensgehorsam, und zwar als Vollzug des Gesetzes der Freiheit, als
das Handeln der Liebe. Denn nur die Freiheit liebt, und nur das Frei-
gemachtsein vom Selbst, von der Ich-Sucht, läßt dem Ruf in die Nächstenschaft, zu einem „selbstlosen" Dienen, wirklich gehorchen[14]. „Gerade nicht im Bei-sich-selbst-sein, sondern im Bei-dem-andern-sein
gewinnt der Christ seine Freiheit"[15]. Alle in dieser Freiheit geschehenen
Werke zielen auf die Gerechtigkeit Gottes und damit auf das ewige
Leben ab (Röm 6, 22). „Das unter dem Zuspruch des Geistes ... seiner
Selbst-sucht im Glauben entnommene Dasein wirkt diese Freiheit aus
in Werken, die dem Nächsten das Leben ermöglichen, von dem es selbst
lebt: das Leben, das die Liebe Gottes in Christus gewährt"[16]. – Diese
Freiheit lebt zufolge ihrer Gebundenheit an Christus im scheinbaren
Verzicht auf die Freiheit selbst: ἐλεύϑερος γὰρ ὢν ἐκ πάντων πᾶσιν
ἐμαυτὸν ἐδούλωσα (1. Kor 9, 19). Aber die Vollmacht der christlichen
Freiheit gerade auch dazu, die Vollmacht des πάντα μοι ἔξεστιν, des
„alles steht mir frei" (1. Kor 6, 12), ist die Unabhängigkeit von allen
weltlichen Ansprüchen und Urteilen, „die Freiheit von allen menschlichen Konventionen und Wertmaßstäben"[17]. Darum können auf der
einen Seite die Warnung, nicht der Menschen Knechte zu werden
(1. Kor 7, 23), und auf der anderen Seite die Mahnung, einander zu
dienen (Gal 5, 13), und zwar durch die Liebe (διὰ τῆς ἀγάπης), nicht
nur widerspruchslos beieinander stehen, sondern sinnvoll und notwendig: jener erste Satz wehrt der Mißachtung, dieser andere dem Mißbrauch des Geschenkes der Freiheit aus der Freiheit Gottes.

---

[14] Vgl. dazu *E. Fuchs*, Die Freiheit des Glaubens. Römer 5–8 ausgelegt, 1949.
[15] *Schlier* a. a. O. S. 497.
[16] a. a. O. 499; vgl. dazu auch den Gedanken vom „Recht des Nächsten", wie ihn
Erik Wolf in seinem gleichbetitelten rechtstheologischen Entwurf (Philos. Abh. XV,
1958) entwickelt.
[17] *Bultmann*, a. a. O. S. 339.

In der Stoa war die Unfreiheit die „Beeinträchtigung des reinen Selbstseins durch solches, was seiner Natur nach nicht unbedingt in meiner Hand ist, ... durch Äußeres"[18], durch die Natur, und mit der Forderung des ὁμολογουμένως τῇ φύσει ζῆν, eines Lebens in Übereinstimmung mit der „Natur", sollte ein Maximum an Freiheit im Minimum an Abhängigkeit gewonnen werden. Das reine Sichbeschränken auf sich selbst ist hier die Freiheit. Meiner Selbst kann ich absolut sicher sein. Gerade hier, an diesem unbeeinträchtigten, genügsamen Sich-selbst-Haben setzt das christliche Freiheitsproblem an: Diese Selbstgenügsamkeit ist das sündhafte Versagen des auf sich selbst gestellten Menschen vor Gottes Anspruch, vor der Frage, ob man vor Gott bestehen könne, vor jener Frage also, die der Mensch mit der Flucht vor Gott beantwortet, weil er dem Bekenntnis vor Gott ausweichen muß. „Te enim mihi absconderem, non me tibi" – damit durchleuchtet Augustin[19] einmal diese Weigerung, sich vor Gott zu bekennen; Gott soll für mich nicht existieren. Es ist ein Ausweichen vor der allein möglichen Antwort, nämlich vor dem Nein, auf die Frage, ob der Mensch vor Gott ohne Gott etwas vermöge.

3. Der schroffe Gegensatz zwischen der Freiheit, die der Mensch in Selbstverantwortlichkeit sich selbst gewinnen möchte, *seiner* Freiheit als Ausdruck *seines* Herrseins, und der Freiheit, die er ohne Aufhebung seiner Verantwortlichkeit als Gnadengeschenk Gottes empfängt, durchzieht das ganze abendländische Ringen mit der Freiheitsidee[20]. Denn die Auseinandersetzung des Apostels Paulus mit der stoischen Freiheitslehre ebenso wie mit der gnostischen hat nicht verhindert, daß die Freiheitsbotschaft des Evangeliums von diesen anderen Freiheitslehren sozusagen mit Beschlag belegt worden ist. Von geschichtlich unabsehbarer Tragweite wurde dabei die Verknüpfung der evangelischen Freiheitsbotschaft vor allem mit der stoischen Freiheitslehre. Sie wurde zum Fundament für die ganze abendländische Freiheitsauffassung im Rahmen einer christlichen Weltanschauung und in den verschiedenen säkularisierten Gestalten dieser Weltanschauung. Daß der Mensch als Mensch wesenhaft durch Vernunftbesitz und Freiheit bestimmte Persönlichkeit sei, daß er als solche Persönlichkeit seine Würde habe, daß

---

[18] *H. Jonas,* Augustin und das paulinische Freiheitsproblem, 1930, S. 10.
[19] Conf. X, 1.
[20] Für die reformatorischen Grunderkenntnisse zum Freiheitsproblem vgl. vor allem die zahlreichen Darlegungen *H. J. Iwands,* besonders den Aufsatz: Die Freiheit des Christen und die Unfreiheit des Willens, in: Solange es „heute" heißt, Festgabe R. Hermann, 1957, S. 132–146.

er in dieser Würde und auf Grund von ihr der Partner Gottes sei, daß
mit dem allen natürliche und unverletzliche Rechte dem Menschen
gegeben sind – das macht die Grundstruktur des abendländischen,
christlich-humanistischen freien Menschenbildes aus. Das ist bereits eingangs angedeutet worden.

Wendet sich die Frage der Verwirklichung dieses Bildes zu, dann
rückt immer wieder, mannigfaltig abgewandelt, ein Problem in den
Vordergrund, nämlich wie die Freiheit des Menschen und die Freiheit
Gottes zusammenzudenken seien, wie die Freiheit des Menschen als
sittlicher Persönlichkeit von Gottes Gerechtigkeit vorausgesetzt und
gefordert sei, und wie auf der anderen Seite die Freiheit Gottes gegenüber Ansprüchen und Forderungen innerhalb einer Partnerschaft zwischen Mensch und Gott „gesichert" werden könne. Die anderen viel-
verhandelten Fragen nach dem Verhältnis von Freiheit und Natur-
notwendigkeit z. B., von Freiheit und Geschichte, von individueller
Freiheit und Staat, weisen auf jenes Grundproblem zurück. Die Versuche, sie zu beantworten, verraten mehr oder minder deutlich eine
Erinnerung daran, daß in diesem ganzen Komplex abendländischer
Überlieferung der Freiheitsbegriff der evangelischen Botschaft eine nie
ganz auszuräumende Komponente bildet. Dabei kommt man kaum
über formale Bestimmungen hinaus, meist negativer Art, und nicht
selten wird der Freiheitsbegriff zum Mythos. Im besonderen, wenn es
sich um das Problem der Freiheit innerhalb des Bereichs des Politischen
handelt. Man arbeitet mit dem Freiheitsbegriff, indem man Freiheits-
ideale postuliert, aber man ist ihm gegenüber zugleich in einer tiefen
Unsicherheit. Das verrät etwa die abgrenzende Sicherung, die z. B.
dort, wo es sich nicht um „paktierte Grundrechte", sondern um allgemeine Menschen- und Freiheitsrechte handelt, sozusagen in einem
Atem erklärt, daß die Freiheit nicht angetastet, aber auch, daß sie nicht
mißbraucht werden dürfe. Vor der Aufgabe gesetzgebender Bewältigung etwa der Freiheit der Meinungsäußerung oder der Lehre zeigt
sich das aufs deutlichste. Die Proklamation der Freiheit geht so Hand
in Hand mit einer unverhüllten Angst vor ihr. Aber man wird diese
Angst ernst nehmen müssen, weil sie zu dem hier herrschenden Freiheitsbegriff notwendig hinzugehört. Von der Freiheit der Emanzipation ist der Weg zu einem existentialistischen Nihilismus nicht allzu
weit. Die Verteidigung von Freiheiten kann so die Kehrseite sein einer
stets neu versuchten Selbstbehauptung des Menschen vor und gegenüber Gott.

III.

„Kein Mensch bekämpft die Freiheit;
er bekämpft höchstens die Freiheit des anderen..." (Karl Marx)

Im Bereich des abendländischen Ringens mit der Freiheitsidee ist damit freilich nur eine Seite dieses Ringens skizziert. Die Freiheit, die der Mensch in Selbstverantwortlichkeit – je als der einzelne, als die species eines allgemeinen genus „Mensch" – sich selbst gewinnen möchte, seine Freiheit als Ausdruck seines beanspruchten Herr-Seins, tritt immer wieder unter die kritische Anfrage von jener Freiheit her, die der Mensch ohne Aufhebung seiner Verantwortlichkeit als Gnadengeschenk Gottes empfängt. Aber die Bezeugung dieser Freiheit und das mit diesem Zeugnis notwendig verbundene Eintreten für die „Freiheit des Evangeliums" verbindet sich auch immer wieder mit anderen Motiven einer „Verteidigung der Freiheit". Die Reformation hat ihre Freiheitsforderung gegen die Klerikalisierung der Welt gerichtet, theologisch die Freiheit von der Gesetzesherrschaft proklamiert und damit auch praktisch die Freiheit der Gewissen für das Leben im Glaubensgehorsam in der Welt geltend gemacht, vor allem aber als Freiheit der Evangeliumsverkündigung mit der Konsequenz der Glaubens- und Kultusfreiheit. Das germanisch-mittelalterliche Erbe eines ständischen Freiheitsbegriffes wirkt dabei insofern noch nach, als die „Freiheit eines Christenmenschen" für Luther primär den rechten Christenstand im Sinne eines privilegierten status in der Welt meint, in dem sich das christliche Leben nach dem paulinisch verstandenen „Gesetz der Freiheit" konkret vollziehen soll; das germanisch-mittelalterliche Erbe einer ständischen Fassung der Freiheit wirkt sodann auch nach in der Bejahung einer ständischen Fassung der sittlich-religiösen Freiheitsrechte (z. B. beim ius reformandi) im konfessionspolitischen Ringen. In einer damals schon deutlich empfundenen Spannung dazu stehen die „schwärmerischen" Folgerungen aus der reformatorischen Freiheitsbotschaft mit ihrer mit dem Offenbarungsbegriff verknüpften, individualistischen Auffassung der Gewissensfreiheit, z. T. auch gegenüber der Schriftoffenbarung. Hier meldet sich bereits eine Emanzipationstendenz. Und nicht zuletzt von hier aus erfolgt dann die besondere Heraushebung der „Gewissensfreiheit" als Grundrecht mit den daran anknüpfenden verfassungsrechtlichen Konsequenzen schon im 17. Jahrhundert. „The dictate of the conscience" wird zu einem typi-

schen Verfassungsbegriff der nordamerikanischen Kolonien. Die gei-
stesgeschichtlich von daher stammende „liberty of conscience" in den
amerikanischen Verfassungen nach der Unabhängigkeitserklärung 1776
ist der Sache nach im Grunde Kultusfreiheit der Kirche, verstanden als
Individualrecht, das allen Menschen zusteht. Diese „Freiheit" soll
innerhalb der Schranken allgemeiner Ordnung „ways of God's wor-
ship" von staatlicher Einflußnahme freihalten. Als solches verfassungsmäßig garantiertes Grundrecht ist sie älter und weiter als die rechtliche
Fassung der Gewissensfreiheit auf dem Kontinent. Auch weiter als in
der französischen Erklärung der Menschenrechte vom 26. 8. 1789, die
nur das Recht einer „religiösen Meinungsfreiheit" sichert und dann
mit dem Trennungsgesetz von 1905 gleichsam zum Bekenntnis des
laizistischen Staates wird, der „sich von der Kirche" trennt, nachdem
Napoleon in seinem Konkordat von 1801 die Kultusfreiheit garantiert
hatte.

In Deutschland verläuft die Entwicklung seit der Reformation viel
langsamer und viel stärker an jenen Ansatz gebunden, der Gewissensfreiheit wesentlich als Glaubens- und Kultusfreiheit fordert. Der vielfach gewundene Weg vom Augsburger Religionsfrieden über den west-
fälischen Frieden bis hin zur preußischen Toleranzpolitik und dem allgemeinen Landrecht soll hier nicht verfolgt werden. Wenn aber das
preußische allgemeine Landrecht (1794) den Glauben und „inneren
Gottesdienst", und zwar als individuelle Religiosität im Sinn der
Aufklärung spiritualisiert, freistellt, so zeigt sich hier gerade wiederum
jene mit dem Freiheitsbegriff des Evangeliums in Spannung stehende
stoisch-rationale Individualisierung. Gewissensfreiheit wird aus Haus-
andacht – so noch in anderen deutschen Territorien des 18. und des
beginnenden 19. Jahrhunderts, auch in Österreich – zur Denkfreiheit,
die im Interesse der Sicherung des Staates nun neue Schranken nötig
macht und ebenso neue Freiheitsbestimmungen außerhalb des forum
internum. Kein Wunder, daß innerhalb der Säkularisierung der Gewissensfreiheit die aus der Religionsfreiheit stammenden individuellen
Freiheitsrechte des Liberalismus (Eigentums-, Vereins-, Veröffent-
lichungs-, z. T. Unterrichts-Freiheit) dann auf die Kirche übertragen
werden und so auch vor das Problem der Gewissensfreiheit als innerkirchliches Grundrecht führen[21].

---

[21] Vgl. *R. Smend*, Glaubensfreiheit als innerkirchliches Grundrecht, in: Mensch und
Staat in Recht und Geschichte. Festschr. f. H. Kraus, 1954.

IV.

Diesen individualistischen Abstraktionen bzw. reinen Formalismen
der Freiheit stellt der Blick auf die neutestamentliche Freiheitsbotschaft
das konkrete Existieren in Freiheit gegenüber. Es wird hier nicht auf
den Menschen an sich, sondern auf die Bedingungen seines wirklichen
Daseins reflektiert, nicht auf seine Innerlichkeit, sondern auf seine
Wirklichkeit. Dahinter steht die Erkenntnis, daß der Mensch auch und
gerade dort, wo er, auf welchem Wege immer, sei es im Rückzug auf
die Innerlichkeit, sei es im Verfügen über die ihn bedrohenden Mächte,
sich selbst in die Hand zu bekommen versucht, daß er gerade dort nicht
frei ist. Für die Erkenntnis des Glaubens ist, wie bereits festgestellt,
„jedes Selbst-sich-in-die-Hand-bekommen nur ein Weg, das verfehlte
Dasein zu ergreifen". Denn das wirkliche Existieren des Menschen ist
sein Existieren in der Mitmenschlichkeit. Mit Erik Wolf rechtstheologisch formuliert: Zum Grundrecht der Personalität tritt notwendigerweise die Grundverfassung der Solidarität[22]. Diese solidarische
Mitmenschlichkeit wird aber nicht – humanistisch – aus dem Wesen
des Menschen abgeleitet, etwa daraus, daß (wie die Stoa bereits lehrte)
alle Menschen gleich und darum einander verwandt sind, sondern
das Leben in der Mitmenschlichkeit ist die Bedingung dafür, daß der
Mensch als Mensch zu seinem Wesen gelange. „Menschlichkeit ist
Mitmenschlichkeit. Was nicht Mitmenschlichkeit ist, ist Unmenschlichkeit."[23] Mitmenschlichkeit meint aber das verantwortliche Dasein in
der freien Begegnung mit je dem anderen. Die verantwortliche Begegnung ist Dienst in Freiheit und Freiheit im Dienst. Freiheit ist so der
Verzicht auf das Bei-sich-selbst-Sein, auf die Selbstbehauptung; denn
die Betätigungsform der Freiheit, die ihr wesentlich und nur ihr eigen
ist, ist die Liebe als handelnder Vollzug der Anerkennung des anderen
in seiner Freiheit und seiner Ehre. Daher gehört zur Freiheit die Einschränkung und zur Liebe der Realismus. Der dienstgebundenen Freiheit entspringt die Ehre oder die Würde des Menschen. Die Ehre unter
Menschen kommt an den Tag, wenn sie sich darin treffen, daß sie für
und durch den Dienst füreinander beansprucht sind. Nur das Handeln
im gebotenen Dienst ist ehrenhaftes Handeln. In den damit andeu-
tungsweise umschriebenen Sachverhalt kann sich ein subjektivistischer

---

[22] In „Recht des Nächsten".
[23] *K. Barth*, Humanismus (Theol. Studien 28). 1950, S. 8.

Freiheitsbegriff des nachchristlichen abendländischen Humanismus erfahrungsgemäß nicht einfügen; erfahrungsgemäß, sofern die Feststellung des Versagens eines solchen Humanismus sich nicht leugnen läßt.
Man könnte geradezu im Rückblick auf die geistesgeschichtliche Entwicklung fragen, ob nicht anstelle der Verbindung mit der spätantiken
individualistischen Freiheitsidee eine Verbindung des christlichen Freiheitsgedankens mit der ursprünglichen, politischen Konzeption der
Freiheit im Griechentum sachgemäßer, sozusagen wirklichkeitsnäher
wäre. Dort handelt es sich um die für das Wohl der Polis grundlegende Freiheit in der Gemeinschaft staatlichen Daseins, in der konkreten Mitverantwortung für das Ganze. Der Ansatz der griechischen
Freiheitsidee und die auf das himmlische Politeuma bezogene biblische
Freiheitsbotschaft scheinen zumindest formal Gemeinsamkeiten aufzuweisen. Aber freilich, ganz abgesehen davon, daß sich Geschichte
nicht konstruieren und daß sich das Ergebnis geschichtlicher Entwicklungen nicht durch rückläufige Bewegung zu gewissen Anfangspunkten
korrigieren läßt, eine bloße Addition der griechisch-politischen und der
ihr verwandt erscheinenden Züge der christlichen Freiheitsauffassung
würde nichts helfen. Sie könnte allenfalls die dämonische Macht des
menschlichen Verlangens nach Autonomie, die auch jener griechischen
Freiheitsidee als ihr Schatten folgt, nur eingrenzen, nicht überwinden.
Gerade jenes Verlangen hat ja die Weiche von der politischen zur sub-
jektiv-individualistischen Freiheit gestellt, den Staat zur Totalisierung
und die Freiheit zum Rückzug in die Innerlichkeit gezwungen.

Vielmehr gewinnt all das, was über Freiheit im Zeugnis der christlichen Botschaft gesagt worden ist und was sich zum Teil in einer Analyse des erfahrbaren Daseins zu bestätigen scheint, sein Wesen erst vor
der Frage nach der Herkunft von Freiheit und Würde und nach der
Instanz, der gegenüber die Verantwortung wahrzunehmen ist, vor der
Frage also nach dem Wirklichkeitsgrund der Mitmenschlichkeit. Und
hier wird – unausweichlich – auf Gott verwiesen, auf den Gott des
biblischen Zeugnisses! Wenn Paulus den Korinthern sagt: „Ihr aber
gehört Christus“, so ist damit nicht die Grenze ihrer Freiheit über alles
bezeichnet, sondern der Grund dafür genannt, daß nun wirklich alles
ihnen „gehöre“. Nicht im Sinne eines toten Besitzes, sondern eines verantwortlichen Verfügens. Das heißt also im Sinn der Ausübung von
Freiheit. Es ist ein Ausüben von Freiheit in Freiheit und aus der geschenkten Freiheit Gottes. Diese Freiheit wird, insofern der Mensch an
ihr geschenkweise Anteil erhält, beschrieben als Freiheit von der Ich-

Sucht, vom Selbst-Sein-Wollen und von der Sorge (von der Sünde
also); positiv als Gehorsam gegen Gottes Gebot, als Berufung zum
selbstlosen Dienst, zu der Ehre als Mitarbeiter Gottes in der Welt und
für sie und vor allem in jener Mitmenschlichkeit, die von daher dem
Glauben erfahrbare Wirklichkeit wird, daß Gott in Christus seine
Mitmenschlichkeit offenbart und wirksam gemacht hat und macht, daß
er eben damit das Wesen des Menschen im Spiegelbild enthüllt.

„Freiheit ist stets Angebot zur Lebensführung, nie aber das Leben
selbst, und nie wird sie gewahrt in prinzipiellem Widerspruch zur Unfreiheit" – alle Anti-Haltungen sind Selbstbindungen! –, „sondern in
der aktuellen, jeweils wahrgenommenen Befreiung von Unfreiheit"
– und also auch von Anti-Haltungen –. „Darum verkündigt die Kirche
‚Wo der Geist des Herrn ist, da ist Freiheit' (2. Kor 3, 17). Die Kontinuität der Freiheit besteht in ihrer Bewährung, nicht in ihrer Ideo-
logisierung"[23a].

Da das Evangelium die Freiheit anbietet „als eine von Gott gewollte
Weise des Menschseins", verwehrt es jeden Versuch einer weltanschaulichen Beschlagnahme der Freiheit, verwehrt es auch die „vernunft-
raubende" Gleichsetzung von Politik und Ideologie.

Es gehört zu dieser Freiheit auch – und hier wird sie vielleicht am
deutlichsten – die Freiheit von allen menschlichen Wertsetzungen in
dem Sinn, daß sie keine letzten Werte mehr sein können. Sie gehören
in den Bereich des Vorletzten[24], sind dort gewiß in angemessener
Weise zu respektieren, aber sie dürfen niemals zum Gesetz werden.

Aber das sind Aussagen des Glaubens – und man pflegt weithin
solche Aussagen als „wirklichkeitsfremd", als „unrealistisch" anzusehen. Daß sie das Gegenteil davon sind, wird jedoch an dem Protest
gegen sie evident, an dem lauten Nein des Menschen zum „Humanismus Gottes". Es gehört zur Nüchternheit des Menschenbildes der Bibel,
daß es dieses Nein als signum der Unmenschlichkeit des Menschen, als
Zeichen des Verlustes seiner Menschlichkeit beurteilt. Für sie hat der
Mensch, der *seine* Freiheit gegen die Freiheit Gottes setzt, *seine* Würde
gegen Gottes Ehre, *seine* Selbstverantwortung gegen die Verantwortung vor Gott, die ja nur im dienenden Handeln in der Mitmenschlichkeit geübt wird, für sie hat dieser Mensch Gott und sich selbst und

---

[23a] *Fr. W. Marquardt*, Kirche der Menschen (unterwegs 14). 1960, S. 80.
[24] Im Sinn *D. Bonhoeffers*, vgl. dazu m. Aufsatz: Das Letzte und das Vorletzte,
in: „Mündige Welt" IV, 1962.

die Welt verloren. Darum ist Atheismus, der ja nur als Postulat möglich ist, immer wieder auch das Signal der Unmenschlichkeit.

Handelt es sich hier, bei diesem Zeugnis über die Freiheit im Dienst der Mitmenschlichkeit unter dem Aspekt der Verantwortung für den Menschen vor Gott, in der Anerkennung dessen, daß der Mensch von Gott und für ihn geschaffen ist, um Aussagen christlichen Glaubens, so gilt doch zugleich, daß der Christ dieses Verständnis bezeugt auch als etwas, das den Nichtchristen betrifft und angeht. Allerdings, es bleiben Aussagen christlichen Glaubens; sie werden nicht zu beweisbaren oder demonstrierbaren Sätzen und vor allem nicht zu Rezepten.

In der kritischen Auseinandersetzung mit abendländischen Freiheitsideen und Freiheitsideologien gelangt man von da aus zunächst zu Abgrenzungen. Daher wird auch die Antwort auf die drei eingangs gestellten Fragen im wesentlichen durch die genauere Bestimmung solcher Abgrenzungen zu versuchen sein.

1. „Wie steht der Christ zu einer so oder so ‚ideologisierten‘ Freiheit"?: Das christliche Freiheitsverständnis verwehrt es, Freiheit als individuelle Innerlichkeit zu begreifen, der die Welt im Prinzip gleichgültig ist, also auch etwa im Sinn eines mönchisch-asketischen Lebensideals. Vielmehr meint libertas christiana die Freiheit für den je anderen, für die Welt, im Nachvollzug des Gehorsams Christi, und das heißt auch in der Nutzung aller sich bietenden noch so geringen Chancen für den einzelnen zur verantwortlichen Mitgestaltung des gesellschaftlichen Lebens, gerade weil so viel davon fortschreitend an Organisation delegiert wird.

2. „Was soll der Christ für die ‚wirkliche‘ Freiheit tun?": Das christliche Freiheitsverständnis verwehrt es, vor den „Mächten" zu kapitulieren, sich hinter das „Gesetz der Dinge" zurückzuziehen. Freiheit kann von Verantwortlichkeit nicht getrennt werden, und christliche Freiheit ist Verantwortlichkeit aus Glauben. Der Glaube aber weiß um die Entmachtung der „Mächte". Freilich, das „Gesetz der Dinge" scheint uns immer stärker zu sein als die Kraft des Glaubens, denn wir wollen nun einmal nicht wahrhaben, daß jenes „Gesetz der Dinge" (der Politik, der Wirtschaft, der angeblichen Zwangsläufigkeit der Geschichte, der geradezu geforderten Unversöhnlichkeit von Ost und West) in seiner zur Resignation verführenden Starrheit von uns erfunden ist, um uns die Verantwortlichkeit abzunehmen. Entsprechendes gilt von der Frage des Machtgebrauchs. Hier droht die

Bindung durch Machtbesitz, hier heißt Freiheit: selbstloser Gebrauch der Macht zur Sicherung des Lebens in Menschlichkeit.

Das christliche Freiheitsverständnis kennt kein „Haben" von Freiheit. Freiheit ist nicht privater Besitz. Vielleicht läßt sich von hier aus jene Paradoxie des „Privateigentums" als Kriteriums des liberalen Freiheitsverständnisses in einer tieferen Schicht begreifen: daß nämlich der ungehinderte Vorgang unbeschränkter Eigentumsbildung jeweils andere dieser bürgerlichen Freiheiten bedroht. So führen z. B. Privilegien aus Eigentum zur Verpflichtung auf bestimmte Verhaltensnormen und bedrohen damit die zugleich geforderte individuelle Entfaltung der Persönlichkeit[25].

3. „Darf ,das Christentum' es sich gefallen lassen, beliebig und selbstverständlich zur Legitimation von Recht und Selbstbehauptungsdrang z. B. der ,westlichen Welt' als der ,freien' in Dienst genommen zu werden?":

Das christliche Freiheitsverständnis verwehrt es aber auch, ein ideologisches Freiheitsprogramm mit dem Anspruch auf weltanschauliche Bindung aufzustellen. Es verwehrt infolgedessen auch, die evangelische Freiheitsbotschaft zu identifizieren mit christlich-abendländischen Freiheitsparolen. Sie gehen freilich in großem Umfang noch heute zu Lasten und zur Verantwortung der Christenheit. Ihre pauschale Ablehnung wäre daher nicht nur utopisch, sondern auch pharisäisch. Aber unter dem entscheidenden Mahnwort der apostolischen Feststellung: „Ihr gehört Euch nicht selbst" wird das christliche Glaubenszeugnis von der wirklichen Freiheit auch heute von Fall zu Fall auf heilsame Selbstkritik dringen müssen, auf Selbstkritik, die je nach den Bereichen des Lebens in Gesellschaft ihre besondere Gestalt gewinnen wird. Derjenige des Rechts rückt dabei in den Vordergrund, denn was wir meinen, wenn wir heute von „freier Welt" sprechen, läßt sich grundlegend nur auf dem Gebiet des Rechts, in der Bewältigung des Verhältnisses von Recht und Macht, relativ gestalten, wobei das Menschsein des Menschen den Richtpunkt bilden muß.

Im Blick auf ihn, den Menschen, gewinnen daher die neueren rechtsphilosophischen Bemühungen z. T. den Charakter einer positiven Selbstkritik gegenüber dem Zweckdenken des Positivismus, dem naturrechtlichen Rationalismus und dem ihn überhöhenden rechtsphilosophischen Idealismus, aber auch gegenüber dem existentialistischen Hu-

---

[25] Vgl. meinen Aufsatz: Eigentum und Existenz, Z. f. ev. Ethik 1962, S. 1 ff.

manismus, nämlich dort, wo diese Bemühungen den Schritt zu einer rechtstheologischen Grundlegung, geleitet durch die biblische Erhellung des Wesens des Menschen, vollziehen. Dann erst wird der „wirkliche" Mensch zum Richtpunkt der Erwägungen. Den Grundriß eines solchen „Umdenkens" hat Erik Wolf mit seinem kühnen Entwurf „Recht des Nächsten" in einer dem Theologen einleuchtenden Weise vor einigen Jahren vorgelegt; für manche, auch für Theologen, zunächst etwas befremdlich, aber zu wiederholtem Nach- und Überdenken herausfordernd. Den Ort dieses wegweisenden Entwurfes auf dem Hintergrund des abendländischen Humanismus und seiner Freiheitsidee möchte dieser skizzenhafte Beitrag deutlich machen, in völligem Einklang mit dem für Fragestellung und Lösungsversuch in „Recht des Nächsten" grundlegenden Satz: „Nicht, wo in gedanklicher Entfernung ein abstraktes Bild vom Menschen gesucht, sondern wo in konkreter Nähe der lebendige Nächste im Menschen gefunden und für *ihn* entschieden wird, kommt soziales Dasein von Grund aus in Ordnung" (15). – Was die evangelische Botschaft unter Freiheit des Christen versteht, das ist in der Tat, rechtstheologisch formuliert, durch die von Erik Wolf herausgearbeiteten Kategorien der von Gott gesetzten „grundrechtlichen" Personalität und der von Gott gebotenen und ermöglichten „Grundverfassung" der Solidarität bruderschaftlicher Christokratie präzise bestimmt, eben durch die damit umschriebene, die Wirklichkeit des Daseins konstituierende Gottzugehörigkeit des Menschen.

Der kontroverse Grund der Freiheit

Zum Gegensatz von Lutherenthusiasmus und Lutherfremdheit in der Neuzeit

GERHARD EBELING

Freiheit ist stets mehr oder minder kontrovers, weil in sich selbst gefährdet. Aber keine Freiheitskontroverse ist so komplex und weiträu-[381]mig wie die, welche durch Luther entbrannt ist. Um einer möglichst klaren Konfrontation mit der Neuzeit willen orientieren wir uns an drei ineinandergreifenden Fragen: dem Verhältnis der Freiheit zur Sünde, zum Gewissen und zum Ethischen. Jedesmal soll sich in gebotener Kürze der Reflexionsgang von der Position der Neuzeit auf Luther und seine Beziehung zur mittelalterlichen Tradition hinbewegen und von da wiederum zurück in unsere Zeit.

1. Verhältnis der Freiheit zur Sünde

Das neuzeitliche Freiheitsverständnis negiert trotz aller inneren Divergenzen nahezu einhellig den Begriff der Sünde – mit Ausnahme von Hegel, der in lutherischer Tradition weiß und bejaht, daß ohne die Lehre von der Erbsünde das Christentum nicht die Religion der Freiheit wäre[1]. Doch entzündete sich gerade an Hegel Kierkegaards Widerspruch gegen eine spekulative Verflüchtigung des Sündenverständnisses[2]. Davon und von anderen Außenseitern der Neuzeit, die ungewöhnlich hellhörig für Luther waren, wie Zinzendorf oder Hamann, kann hier aber nicht weiter die Rede sein. Dem breiten Strom der Moderne entsprach es, Sünde zu moralisieren

---

[1] [Anm. 47] *G.W.Fr. Hegel*, Grundlinien der Philosophie des Rechts, § 18 Zusatz, Jub. Ausg. 7,70: »Die christliche Lehre, daß der Mensch von Natur böse sey, steht höher wie die andere, die ihn für gut hält; ihrer philosophischen Auslegung zufolge ist sie also zu fassen. Als Geist ist der Mensch ein freies Wesen, das die Stellung hat, sich nicht durch Naturimpulse bestimmen zu lassen. Der Mensch, als im unmittelbaren und ungebildeten Zustande, ist daher in einer Lage, in der er nicht seyn soll und von der er sich befreien muß. Die Lehre von der Erbsünde, ohne welche das Christenthum nicht die Religion der Freiheit wäre, hat diese Bedeutung.« Vgl. *J. Ringleben*, Hegels Theorie der Sünde. Die subjektivitäts-logische Konstruktion eines theologischen Begriffs, 1977.
[2] [Anm. 48] Vor allem in: Die Krankheit zum Tode (1849), Ges. Werke, übers. von *E. Hirsch*, 24. und 25. Abt.

und sie so der menschlichen Freiheit zu integrieren, infolgedessen aber das
Wort »Sünde« seines religiösen Sinnes zu entleeren und unbrauchbar zu
machen. Als konsequent erscheint dann die Umkehrung christlicher
Lehre: Der Sündenfall gilt nun als der Anbruch der Freiheit[3], Sündenge-
fühl als die irrige Verursachung von Unfreiheit. Nietzsche nennt gar das
Christentum selbst das peccatum originale[4] oder in engerem Rahmen: den
Protestantismus das peccatum originale der deutschen Philosophie[5]. Daß
Luther die Erbsünde so hochspielte und den christlichen Glauben auf die
Rechtfertigung des Sünders reduzierte, gibt bei Dilthey[6] und Troeltsch[7]

---

[3] [Anm. 49] *Fr. Schiller*, Etwas über die erste Menschengesellschaft nach dem Leitfaden der
mosaischen Urkunde (1790), in: Schillers Werke, Nationalausgabe 17. Bd., Hist. Schriften
1. Teil 1970, (398–413), 319f. Zitiert samt weiteren Nachweisen in LuSt II,2 [= *G. Ebeling:* Lutherstudien Bd. II: Disputatio de homine, 2. Teil]; 306f.

[4] [Anm. 50] *Fr. Nietzsche*, Der Antichrist (1888), 61 (s.o. Anm. 9) [Kritische Gesamtausgabe
hg. von G. Colli und M. Montinari], VI, 3; 249, 21.

[5] [Anm. 51] *Fr. Nietzsche*, Der Antichrist (1888), 10 (s.o. Anm. 9) [Kritische Gesamtausgabe, hg. von G. Colli und M. Montinari], VI, 3; 174, 13–15.

[6] [Anm. 52] *W. Dilthey*, Weltanschauung und Analyse des Menschen seit Renaissance und
Reformation, in: *Ders.*, Ges. Schriften III, 1923³, 517: »Die Voraussetzung Luthers ist und
bleibt die mittelalterliche, franziskanische: Gottes Anspruch an die Heiligkeit menschlichen
Lebens; nicht in seiner natürlichen Leistungsfähigkeit wird der Mensch betrachtet, sondern
unter dem Gesichtspunkt dieses göttlichen Anspruches. Paulus und Augustin garantieren
gleichsam die Christlichkeit dieses Anspruches. Aus ihm entspringt nun die Lehre von der
allgemeinen Sündhaftigkeit der Menschen, von ihrer völligen Unfähigkeit zum Guten.
Diese Lehre wird beständig genährt durch die Konflikte zwischen einer Heiligkeitsmoral
und den rohen unbändigen Sitten des Zeitalters. Fürsten, Ritter und Bauern jener Tage
fanden sich in ihr wieder. Ihre Ergänzung lag dann in der Lehre von der Rechtfertigung allein durch den Glauben. Auch diese Lehre ist aber dem heutigen Menschen gänzlich fremd
und vermag nur geschichtlich verstanden zu werden. Auf niemanden von uns drückt der
Widerstreit zwischen göttlichen Heiligkeitsansprüchen und unserem Handeln.«

[7] [Anm. 53] *E. Troeltsch*, Die Bedeutung des Protestantismus für die Entstehung der modernen Welt, (1906) 1928⁵, 14f (im Blick auf das Wesen der modernen Kultur): »Es fällt
die Lehre von der absoluten erbsündigen Verderbung der Menschheit und die Verlegung
des Lebenszweckes in das aus diesem Verderben erlösende himmlische Jenseits. Dann gewinnen alle Mächte des Diesseits einen gesteigerten Wert und eine erhöhte Eindrucksfähig-
keit, dann fällt der Lebenszweck in steigendem Maße dem Diesseits und seiner idealen Gestaltung zu.« 40f: »... der Mythus vom Sündenfall und der Weltverfluchung ist in ihr <der
modernen Welt und Kulturempfindung> praktisch wirkungslos geworden.« 84f (im Blick
auf die moderne Kunst): »Der Augustinismus des abendländischen Systems, zu dem der alte
Protestantismus wesentlich gehört, weicht damit einer neuen Geistesmacht, die für immer
die moderne Welt vom Altprotestantismus scheidet. An diesem Punkt ist die Scheidung am
deutlichsten. Gewiß tauchen auch in der modernen Welt die Ideen des Erlösungsbedürfnis-
ses, der Jenseitigkeit und des Übersinnlichen wieder auf, und wird weder Immanenz noch
Optimismus ihre ewige Losung sein. Gewiß wird auch sie das künstlerische Element wieder
anderen Deutungen unterziehen. Aber ein Rest der poetischen Weltverherrlichung wird ihr
immer verbleiben und zu den protestantischen Dogmen wird sie sicherlich nicht zurück-
kehren.« Vgl. ferner 16, 33, 42 und 50.

den Ausschlag dafür, ihn als Vertreter eines [382] extremen Augustinismus dem Mittelalter zuzurechen. Aber das ist eine Halbwahrheit, die den tiefen Umbruch an eben diesem Berührungspunkt unterschätzt.

Die mittelalterliche Frömmigkeit und die scholastische Lehre legen das Hauptgewicht auf die Aktualsünden und deren Spezifizierung[8]. Das ist die Basis der Beichtpraxis. Die Erbsünde bleibt demgegenüber vornehmlich von theoretischer Bedeutung. Auf sie als das peccatum radicale konzentriert sich dagegen das Sündenverständnis Luthers. Das ist etwas anderes als Radikalisierung in dem gängigen Sinne eines skrupulösen Rigorismus. Das System sündiger Akte, differenziert nach ihrer Erkennbarkeit und Einschätzung, verliert für Luther an Bedeutung. Handelt es [383] sich dabei doch nur um Folgewirkungen der Sünde, nicht um die Sünde selbst. Sie ist unerkennbar, nur zu glauben, in jeder Version Verstoß gegen das erste Gebot, ihrem Wesen nach Unglaube, Gott nicht Gott sein lassen. Der Preis für diese Konzentration scheint der Verlust des Konkreten zu sein. Genau hier liegt aber die entscheidende Wende. Das Concretum der Sünde ist nach Luther der Sünder, nicht die einzelne Tat. Das will einem Denken schwer eingehen, dem die philosophische Definition des Menschen als animal rationale[9] selbstverständliche Voraussetzung ist, in die sich auch die theologischen Aussagen einzufügen haben. Hier gilt das Sein des Menschen als unproblematisch. Die Frage ist nur, wie es sich im Handeln verwirklicht. Der Täter wird dann zum Resultat seiner Taten.

Nun weiß die Scholastik zweifellos, mit Nuancierungen im einzelnen, daß der Mensch auf Gottes Gnade angewiesen ist. Nach Verlust der Urstandsgnade kann er aus seinen mehr oder weniger angeschlagenen natürlichen Kräften seine übernatürliche Bestimmung nie erreichen. Aus dem geistlichen und ewigen Tode rettet ihn allein die durch Christus erworbene Gnade, so jedoch, daß sie als dem Menschen eingegossene virtus ihn nun instand setzt, seine Heiligung als Vervollkommnung mit zu verwirklichen, in entsprechender Betätigung des liberum arbitrium. Von diesem so einleuchtenden Konzept her erscheint es unsinnig, weil unmenschlich, wenn Luther auch im Getauften noch das peccatum radicale wirksam sieht[10], so

---

[8] [Anm. 54] Zum folgenden vgl. meinen Aufsatz: Theologie zwischen reformatorischem Sündenverständnis und heutiger Einstellung zum Bösen (1973), in: WG III [= *G. Ebeling: Wort und Glaube III*, 1975] (173–204) 179–194. Ferner o.S. 74–98 und 286–295.

[9] [Anm. 55] S. LuSt II, 1 u. 2. [= *G. Ebeling:* Lutherstudien Bd. II: Disputatio de homine, 1. und 2. Teil]

[10] [Anm. 56] WA 8; 91, 35f (Rat. Lat. conf., 1521): Ita peccatum in nobis post baptismum vere peccatum est naturaliter …

daß der Christ zwar kraft göttlichen Zuspruchs für gerecht erklärt, zugleich aber aus sich selbst heraus Sünder ist, also allein aus Glauben gerecht, während selbst das gute Werk, vom Glauben abgesehen, Sünde ist[11]. Der sogenannte freie Wille des Menschen ist dann in Wahrheit ein servum arbitrium[12], während liberum arbitrium strenggenommen ein Gottesprädikat ist[13]. Entsprechend wird dagegen die libertas [384] christiana aufs höchste gepriesen[14], nicht als restaurierte Willensfreiheit des Menschen, sondern als Befreitsein von sich selbst aus der Verkrümmung auf sich selbst, als das Versetztsein in Christus, als das Ja zur schlechthinnigen Abhängigkeit von Gott.

Das ist nicht eine Spielart mittelalterlicher Theologie, vielmehr an entscheidender Stelle sogar von Augustin unterschieden[15]: eine gewiß durch viele Traditionselemente befruchtete und von der Umbruchszeit des aus-

---

[11] [Anm. 57] WA 8; 93, 18f: ... Omne opus bonum esse peccatum, nisi ignoscat misericordia. Dazu die eindrückliche Argumentation 79, 19–28: s.o. S. 95 Anm. 73. [WA 8; 79, 19–28 (Antilat., 1521): Si est opus bonum sine peccato et absque omni vitio, potest ipse stare cum debita humilitate coram deo et dicere hoc modo: ›Ecce domine deus, hoc opus bonum per tuae gratiae auxilium feci, non est in eo vicium aut peccatum ullum, nec indiget tua misericordia ignoscente, quam super eo nec perto, deinde volo, ut iudicio tuo verissimo et strictissimo ipsum iudices. In hoc enim gloriari coram te possum, quod nec tu possis illud damnare, cum sis iustus et verax, imo nisi teipsum neges, non damnabis, certus sum, non iam opus misericordia, quae remittat debitum in isto opere, sicut oratio tua docet, evacuata hic est utique, sed tantum iustitia, quae coronet‹.]

[12] [Anm. 58] WA 18; 636, 4–6 = BoA 3; 127, 2–4 (De sevro arb., 1525): Quare sequitur, liberum arbitrium sine gratia Dei prorsus non liberum, sed immutabiliter captivum et servum esse mali, cum non possit vertere se solo ad bonum. 10–13 = 9–13: Itaque dicere, liberum arbitrium esse et habere vim quidem, sed inefficacem, est id, quod Sophistae vocant oppositum in adiecto, ac si dicas, liberum arbitrium est, quod liberum non est. Sicut, si ignem frigidum et terram calidam dixeris.

[13] [Anm. 59] 636, 27–32 = 127, 29–35: Sequitur nunc, liberum arbitrium esse plane divinum nomen, nec ulli posse competere quam soli divinae maiestati. Ea enim potest et facit (sicut Psal. <135(134), 6> canit) Omnia quae vult in coelo et in terra. Quod si hominibus tribuitur, nihilo rectius tribuitur, quam si divinitas quoque ipsa eis tribueretur, quo sacrilegio nullum esse maius possit.

[14] [Anm. 60] WA 5; 407, 42–408, 3 (Op. in ps., 1519/21): Vide ergo, quam omnia sunt libera nobis per fidem et tamen omnia serva per charitatem, ut simul stet servitus libertatis et libertas servitutis, quod nulli quicquam debemus, nisi ut diligamus invicem. WA 7; 57, 18–23 (De lib. chr., 1520): Haec est enim ardua et insignis dignitas veraque omnipotens potestas, spirituale imperium, in qua nulla res tam bona, nulla tam mala, quae non in bonum mihi cooperetur, so modo credidero. Nulla tamen mihi opus est, cum sola fides sufficiat ad salutem, nisi quod fides in ea virtutem et imperium libertatis suae exerceat. Ecce haec est Christianorum inaestimabilis potentia et libertas.

[15] [Anm. 61] Vgl. dazu W. Mostert, Sünde als Unterlassung. Bemerkungen zur Hermeneutik des Verhältnisses von Sünde, Gesetz und Wirklichkeit, in: Verifikationen (s.o. Anm. 2) [Verifikationen, FS G. Ebeling, hg. von E. Jüngel, J. Wallmann, W. Werbeck, 1982, 91–119], (295–315) 300 ff.

gehenden Mittelalters nicht unbeeinflußte und dennoch ungewöhnlich urwüchsige Neubesinnung auf das zentral Christliche. Ihre Tragweite enthüllt sich erst im Verlauf der Konfrontation mit der Neuzeit, man möchte sagen: je später, desto deutlicher. Entgegen dem vorherrschenden Eindruck treten nun, mit Luther verglichen, zwischen Mittelalter und Neuzeit bestimmte Kontinuitäten in Erscheinung: Die alte Definition als animal rationale bleibt das selbstverständliche Grundmuster der Anthropologie. Die Willensfreiheit wird weiterhin als metaphysisches Problem erörtert und so fast ausnahmslos bejaht. Der Mensch wird grundlegend als Täter verstanden und ist seinem Sein nach verdeckt hinter seiner Selbstverwirklichung. Und entsprechend dominiert die ethische Perspektive. Die Kontinuität dieses Denkmodells verschwindet allerdings hinter der augenfälligen Gegensätzlichkeit zwischen seiner religiös, wie es scheint, gebändigten Gestalt und seiner säkularistischen Entfesselung. Aber es spricht nicht wenig dafür, die Neuzeit relativ bruchlos aus dem Mittelalter hervorgehen zu sehen, in stufenweiser Eruption und schleichender Erosion seiner Hauptelemente. Heute steht uns ein weit fortgeschrittenes Stadium der daraus erwachsenen Krise vor Augen: die [385] Absurdität abstrakter Freiheit als eines Gegenstandes der Angst[16] und einer Legitimation des Terrors[17]; die Bewußtmachung, ja Erzeugung von Zwängen durch die freie Wissenschaft des autonomen Menschen; die nahezu völlige Verdrängung der Frage nach der Quelle der fehlenden Freiheit zum rechten Gebrauch vorhandener Freiheit; endlich die verhängnisvolle Illusion, der Wurzel des Bösen durch eine gesteigerte Aktion beizukommen, die doch nur ein weiterer Trieb aus derselben Wurzel ist. Was Luther zu denken gibt, gewinnt an all dem eine unerwartete Resonanz: Täte der Mensch nicht besser daran, die Ursache seiner Unfreiheit statt außerhalb seiner in sich selbst zu erkennen und den Grund seiner Freiheit statt in sich selbst außerhalb seiner?

---

[16] [Anm. 62] *E. Fromm*, Die Furcht vor der Freiheit, 1966.

[17] [Anm. 63] *H. Lübbe*, Freiheit und Terror, in: Freiheit. Theoretische und praktische Aspekte des Problems, hg. von *J. Simon*, 1977, 115–135. Dort wird auf eine Kapitelüberschrift in Hegels Phänomenologie des Geistes hingewiesen, Jub.Ausg. 2, 449: »Die absolute Freiheit und der Schrecken«. Ebd. 453: »Kein positives Werk noch That kann ... die allgemeine Freiheit hervorbringen; es bleibt ihr nur das negative Thun; sie ist nur die Furie des Verschwindens.« 454: »Das einzige Werk und That der allgemeinen Freiheit ist daher der Tod, und zwar ein Tod, der keinen innern Umfang und Erfüllung hat, denn was negirt wird, ist der unerfüllte Punkt des absolut freien Selbsts; er ist also der kälteste plattteste Tod, ohne mehr Bedeutung, als das Durchhauen eines Kohlhaupts oder ein Schluck Wassers.«

2. Verhältnis der Freiheit zum Gewissen

So entschieden sich die Neuzeit, vermeintlich um der Freiheit des Menschen willen, von Luthers Sündenverständnis distanziert hat, so sehr erscheint sie dem Reformator verpflichtet in Sachen der Gewissensfreiheit. In der langen Geschichte des Gewissensbegriffs seit der Antike[18] taucht die Wortverbindung Freiheit des Gewissens zum ersten Mal, wenn ich recht sehe, bei Luther auf[19] und hat sich als ein Hauptleitwort im Frei-[386]heitskampf der Neuzeit bis in die Idee der Menschenrechte hinein ausgewirkt. Es wäre gewiß verfehlt, Luther zum Urheber dieser Entwicklung zu erklären. Aber bei aller Reserve gegenüber dem dahin neigenden

[18] [Anm. 64] *H. Reiner*, Art. Gewissen, HWPh 3, 1974, 574–592. Dort weitere Literaturangaben. Ferner die Sammelbände: Das Gewissen als Problem, hg. von *N. Petrilowitsch*, WdF LXVI, 1966. Das Gewissen in der Diskussion, hg. v. *J. Blühdorn*, WdF XXXXVII, 1976.

[19] [Anm. 65] Dies hat m.W. bisher nicht gebührend Beachtung gefunden, nicht einmal in den monographischen Untersuchungen über Luthers Gewissensbegriff. Zu diesem Thema zuletzt: *K.-H. zur Mühlen*, Reformatorische Vernunftkritik und neuzeitliches Denken. Dargestellt am Werk M. Luthers und Fr. Gogartens, 1980, vor allem 93–115. Ebd. 104, Anm. 253 weitere Literaturangaben. Auf das Außerordentliche an Luthers Begriff der Gewissensfreiheit weist am deutlichsten *E. Hirsch*, Lutherstudien I, 1954, 156 hin: »Eben weil der Glaube … im Herzen und Gewissen lebt, bedeutet er nun etwas geradezu Unerhörtes, das die Frömmigkeit und Theologie vor Luther auch nicht von ferne gestreift hat, nämlich Gewissensfreiheit.« Vgl. auch *K. Holl*, Die Kulturbedeutung der Reformation (siehe oben Anm. 10) [1911/1918, in: Ders., Ges. Aufsätze zur Kirchengeschichte, I. Luther, 4. und 5. Aufl., 1927, 468–543], 473f: »Mochte Luther es im übrigen noch so scharf bekämpfen, daß aus dem religiösen Verhältnis, aus der ›Freiheit eines Christenmenschen‹, Folgerungen für politische oder wirtschaftliche Freiheitsrechte gezogen wurden – er sah darin eine Trübung, einen Mißbrauch der Religion zu selbstsüchtigen Zwecken –, das eine mußte er doch unweigerlich aufstellen, daß die Freiheit des Gewissens, das Recht auf persönliche Überzeugung in religiösen Dingen, etwas schlechthin Unantastbares sei. Hier mußte er es dem einzelnen sogar zur Pflicht machen, sich jedem Druck, der von außen her kam, wenigstens soweit sein Inneres dabei berührt werden sollte, schlechthin zu widersetzen.« Zum Aufkommen der Wortverbindung libertas conscientiae bei Luther bedürfte es noch genauerer Nachforschungen. Vgl. die Angaben bei *Hirsch*, aaO 156, Anm. 1. Die früheste mir gegenwärtige Stelle ist WA 8; 606, 30–39 = BoA 2; 226, 25–36 (De votis mon., 1525 [recte: 1521]): Haec quaestio movetur, ut videamus naturam libertatis Christianae. Est itaque libertas Christiana seu Euangelica libertas conscientiae, qua solvitur conscientia ab operibus, non ut nulla fiant, sed ut in nulla confidat. Conscientia enim non est virtus operandi, sed virtus iudicandi, quae iudicat de operibus. Opus eius proprium est (ut Paulus Roma. 2 <15> dicit) accusare vel excusare, reum vel absolutum, pavidum vel securum constituere. Quare officium eius est, non facere, sed de factis et faciendis dictare, quae vel ream vel salvam faciant coram deo. Hanc igitur Christus liberavit ab operibus, dum per Euangelium eam docet nullis operibus fidere, sed solius sua misericordia praesumere. – Eine Behandlung des Themas in weiterem Zusammenhang: *B. Hamm*, Martin Luthers Entdeckung der evangelischen Freiheit, ZThK 80, 1983, 50–68.

Luther-Enthusiamus von der Aufklärung über den Idealismus bis hin zum Kulturprotestantismus kann nicht bestritten werden, daß das Vorbild Luthers bei der Prägung und Durchsetzung der modernen Idee der Gewissensfreiheit eine erhebliche Rolle gespielt hat: Vor dem höchsten irdischen Forum allein auf sich gestellt, verweigert er den Gehorsam mit der doppelten Berufung auf das Gewissen: »da mein Gewissen in den Worten Gottes gefangen ist« und »weil es gefährlich und unmöglich ist, etwas gegen das Gewissen zu tun«[20]. Daß hier zweimal argumentiert wird [387] mit Wendungen entschiedener Verneinung von Freiheit: »gefangen« und »unmöglich«, läuft keineswegs dem zuwider, daß diese Szene zu einem erstrangigen Paradigma dafür geworden ist, wie Gewissensfreiheit bewiesen wird. Seinem Gewissen unbedingt zu folgen und sich völlig mit ihm in Deckung zu befinden, ist der Natur der Sache nach ein Akt höchster Freiheit. Darüber besteht Konsens. Jedoch an eben dieser Stelle meldet sich eine tiefe Differenz zwischen der Neuzeit und Luther an. Schon dies fällt auf: Gewissensfreiheit wird hier nicht als ein Recht gefordert, sondern als eine Macht gelebt. Daß ohne Rechtsschutz das Gewissen aufsteht[21], ereignet sich freilich je und je einmal und kann nicht als für Luther spezifisch beansprucht werden. Auch das Bekenntnis, seinem Gewissen nach in Gottes Worten gefangen zu sein, macht das Entscheidende noch nicht eindeutig. Gegenüber dem Gewissensverständnis der Neuzeit, dem Inbegriff autonomer Freiheit, klingt es wie eine gesteigerte Variante mittelalterlicher Heteronomie, wenn die absolute Autorität statt der Kirche allein der Bibel zufällt. Was dazu geführt hat, daß sich bei Luther Gewissen und Freiheit paaren, muß am Kontrast zum Gewissensverständnis der Tradition verdeutlicht werden.

[20] [Anm. 66] WA 7; 838, 4–8: Nisi convictus fuero testimoniis scripturarum aut ratione evidente (nam neque Papae neque conciliis solis credo, cum constet eos et errasse sepius et sibiipsis contradixisse), victus sum scripturis a me adductis et capta conscientia in verbis dei, revocare neque possum nec volo quicquam, cum contra conscientiam agere neque integrum sit. Dazu *K.-V. Selge*, Capta conscientia in verbis Dei, Luthers Widerrufsverweigerung in Worms, in: Der Reichstag zu Worms von 1521, hg. v. *Fr. Reuter*, 1971, 180–207. Die Satzkonstruktion ist unklar. Selge läßt entgegen WA mit et einen neuen Satz beginnen und versteht capta conscientia in verbis Dei als Ablativus absolutus. Ich halte es für wahrscheinlicher, daß victus sum scripturis ... und capta <est> conscientia ... zu lesen, also das Hilfsverb des ersten Satzteils im zweiten Satzteil in veränderter Form zu ergänzen ist, wie auch die Wittenberger, Jenenser und Erlanger Ausgabe konjiziert haben: captaque est (siehe App. z.St.). Dann begänne mit dem unverbunden anschließenden und dadurch stark hervorgehobenen revocare ein neuer Satz, der geradezu die Gestalt einer conclusio hat, zu der victus sum ... und capta <est> conscientia ... den Ober- und Untersatz bilden.
[21] [Anm. 67] Vgl. den Titel des Bildbandes: Das Gewissen steht auf. 64 Lebensbilder aus dem deutschen Widerstand 1933–1945, gesammelt von *Annedore Leber*, 1954.

Aufs äußerste vereinfacht, sind wie in der Antike so auch im Mittelalter
zwei Momente für das Gewissen bestimmend: die Ausrichtung auf die Tat
und die Orientierung am Gesetz, an einer Norm, wie auch immer sie gear-
tet und geortet sein mag. Aus den vereinten Funktionen des Zeugen, Klä-
gers und Richters ergibt sich von Fall zu Fall in böses oder gutes Gewissen.
Davon ist wohl die Person als Adressat berührt: durch den Gewissensbiß
alarmiert, das Verfehlte zu korrigieren; vom zufriedenen Gewissen er-
mahnt, im Tun des Rechten fortzufahren. Eben deshalb aber kann es kein
endgültiges Gewissensurteil über die Person geben. An diesem Punkt freilich weicht die herkömmliche christliche Sicht von dem antiken, philosophischen Gewissensverständnis ab. Im Falle einer Tod-[388]sünde berührt
das Urteil das Sein des Menschen[22]. Aus dem Gnadenstand gefallen, bedarf
er sakramentaler Absolution, um so das böse Gewissen loszuwerden.
Durch Werke der Buße wird es nicht kompensiert, jedenfalls nicht was die
Schuld betrifft, und auch nur begrenzt in bezug auf die verdiente Strafe.
Bezeichnenderweise spielt aber innerhalb scholastischer Bußlehre der Gewissensbegriff eine relativ untergeordnete Rolle. Seinen eigentlichen Ort
behält er in der Anthropologie des animal rationale[23].

Ganz anders bei Luther. Und damit hängt eine fundamentale Veränderung jener herkömmlichen Grundstruktur des Gewissens zusammen. Statt
auf die Tat ist es auf die Person ausgerichtet, statt am Gesetz am Evangelium orientiert. So klingt es freilich nach einem bloßen Austausch von
Faktoren. Es wandelt sich aber die Gewissenssituation als ganze in einen

[22] [Anm. 68] Die begriffliche Differenzierung innerhalb der scholasitischen Bestimmung des
peccatum mortale läßt sich hier nicht ausbreiten. Nach Thomas v. A. (S.th. 1, II q. 72 a.5
crp.) hängt der Unterschied von peccatum mortale und peccatum veniale an der Art der
dadurch entstandenen inordinatio, die im Falle der Todsünde das principium ordinis selbst
betrifft. Unde quando anima deordinatur per peccatum usque ad adversionem ab ultimo
fine, scilicet Deo, cui unimur per caritatem, tunc est peccatum mortale: quando vero fit
deordinatio citra aversionem a Deo, tunc est peccatum veniale. Wie schwierig freilich die
Handhabung dieser Unterscheidung in bezug auf den einzelnen sündigen Akt ist, tritt bei
Johannes Gerson in aufschlußreicher Weise ans Licht, worüber Johannes Altenstaig, Voca-
bularius theologiae 1517, fol. CLXXXIV[vb] folgendermaßen referiert: Verum de quolibet
actu inordinato discernere in particulari, quando sit peccatum mortale vel quando sit veniale, difficillimum est propter infinitas circumstantias actus variantes. Unde circa hoc ve-
nerabilis et doctissimus Johannes Gerson Cancellarius Parrhisiensis in libro De vita animae
plurimum laboravit et multas regulas ad discretionem hanc consequendam utilissimas tra-
didit; nec tamen (ipso teste) ad sufficientem discernendi certitudinem pervenit.

[23] [Anm. 69] Dazu vor allem *E. Hirsch* (s.o. Anm. 65) [hier Anm. 19], 11–108, *und K.-H.
zur Mühlen* (s.o. Anm. 65) [hier Anm. 19], 93–97.

Streit zweier Wahrheiten um das Gewissen[24]. Nicht nach Art des üblichen Gewissenskonflikts, welcher Pflicht der Vorrang gebühre. Viel-[389]mehr als das Widereinander zweier Urteile Gottes über denselben homo peccator: des Nein und des Ja zu ihm. Die Herrschaft des Gesetzes über das Gewissen wird nicht durch das Evangelium als eine nova lex abgelöst, auch nicht etwa emanzipatorisch aufgelöst, im Gegenteil so vertieft, daß vor Gott das Gewissensurteil nie an der Tat haften bleibt, sondern stets die Person ganz trifft. Denn jede Sünde ist ihrem Wesen nach Todsünde[25]. Setzt sich jedoch im Gewissen gegen die Herrschaft des Gesetzes das Evangelium durch – und das geschieht durch das Wort der Verheißung nur in ständiger Überwindung der Anfechtung –, so wird das Gewissen befreit. Allein solch freies Gewissen ist nach Luther gutes Gewissen[26]. Es beruht nicht auf einer Tat des Menschen, sondern auf der Versöhnungstat Gottes. Der Neuzeit ist dies nicht weniger fremd und anstößig als dem Mittelalter. Verbindet doch beide dieselbe einlinige Gewissenskonzeption im Zeichen des Gesetzes. Daran ändert sich durch den berechtigten neuzeitlichen Kampf gegen Fremdbestimmung zugunsten von Selbstbestimmung grundsätzlich nichts. Stand doch sogar im Zentrum schon der scholastischen Lehre vom Gewissen die Vorstellung von einem untrüglichen Kompaß im Menschen selbst auch nach dem Fall[27]. Ausschlaggebend ist, daß das am Gesetz orientierte Gewissen an die Freiheit des Menschen appelliert, sie also voraussetzt und sie zur Selbstverwirklichung verpflichtet. Auf diesem vermeintlichen Heilsweg des Gesetzes scheitert der Mensch freilich ständig. Das gilt unabhängig vom Wandel der Zeit und wird durch ihn nur den Erscheinungsformen nach modifiziert. Der Neuzeit mangelt es je länger desto weniger an Symptomen dafür. Sie sollten aufmerken lassen auf das jederzeit unzeitgemäße Angebot, das jedoch stets an der Zeit ist: dem Tun

---

[24] [Anm. 70] Gesetz und Evangelium (Christus) kämpfen um die Herrschaft im Gewissen, z.B. WA 40,1; 505,13–506,2 (Gal. Vorl., 1531): Lex illustrat conscientiam ad mortem, ad peccatum, odium dei, infernum, iudicium dei. Das ist lex dei, quia ante legem sum securus, non curo peccatum. quando lex venit, ostendit meum peccatum, iudicium 558, 7f: in conscientia faciamus eam <sc. legem> diabolum, extra <sc. conscientiam> deum, quia conscientia non debet habere legem ... 213,11–214,7: ... legem pone in veterem hominem, Auff den Esel, non auff das kneblin, in azino; conscientia nihil habeat commercii cum lege, oneret azinum: conscientia habet suum sponsum, thalamum, ubi Christus debet solus regnare. Ad conscientiam pertinet unicus et solus Christus ...

[25] [Anm. 71] WA 39,2; 225,7 (Prom. Disp., 1543): Omne peccatum sua natura est mortale.

[26] [Anm. 72] WA 20; 718,19f (Vorl. 1 Joh, 1527): ... fides nihil aliud quam bona conscientia.

[27] [Anm. 73] Darauf zielte die Lehre von der synteresis, s.o. Anm. 69 [hier Anm. 23]. Vgl. auch LuSt II,2; 226 bei und mit Anm. 62.

des Menschen die Besinnung auf das Sein vorzuordnen, das Tätigsein dem
Gewährtsein unterzuordnen, und was nur empfangen werden kann, aber
auch tatsächlich von Generation zu Generation weitergegeben wird: den
Frieden und die Freiheit des Gewissens, die Voraussetzung und Begrenzung aller sinnvollen Verwirklichung sein zu lassen.

[390] 3. Verhältnis der Freiheit zum Ethischen

Ist nicht aber auch Luther auf seinem Weg, die Freiheit des Christenmenschen zu proklamieren, gescheitert? Nicht nur in seiner Zeit, sondern auch
und erst recht in und an der fortschreitenden Neuzeit? Von den vielen
Aspekten, unter denen sich diese Frage stellt, dominiert im Urteil der Neuzeit eindeutig der ethische. Hat sich doch das Christliche weithin in das
Ethische zurückgezogen und dieses die Stelle des Glaubens eingenommen,
zunehmend mit dem Schwerpunkt in der politischen und gesellschaftlichen Weltverantwortung und beladen mit dem Anspruch, aber auch den
Aporien profaner Soteriologie. Diese Entwicklung, die auf die Theologie
ansteckend gewirkt hat, ist nur zu verständlich angesichts der entfesselten
menschlichen Tatkraft, gegen deren katastrophale Folgen nun erneut mit
aller Kraft zur Tat geschritten werden muß. Wie sich diese Aufgabe einer
Weltveränderung sozusagen in zweiter Potenz mit Freiheit als dem
Grundmotiv der Neuzeit reimt, bildet den Kern dieser Problematik. Dabei
verbinden sich Engagement und Emanzipation, asketischer Verzicht und
Libertinismus, soziales Pathos und Egoismus verschiedenster Art oft zu
kruden Mischungen von Freiheit und Unfreiheit[28].

Nach Luther wird in diesem Kontext so gut wie nicht mehr gefragt. Er
hat vollends unter ethischem Gesichtspunkt ausgespielt, seitdem das bürgerliche Ethos, soweit es sich auf ihn berief, in Deutschland ein tragisches
– oder muß man sagen: ein unrühmliches – Ende genommen hat. Die
zentralste Kritik, die in unserem Jahrhundert an Luther theologischerseits
geübt worden ist, behauptet eben sein Versagen in ethischer Hinsicht. Karl
Barth hat in böser Zeit mit seinem vielleicht bösesten Wort seine Anklage
so formuliert: »Das französische und das englische, das holländische und
das schweizerische Volk sind gewiß auch keine ›christlichen‹ Völker. Es
leidet aber das deutsche Volk an der Erbschaft eines besonders tiefsinnigen
und gerade darum besonders wilden, unweisen, lebensunkundigen Heiden-

---

[28] [Anm. 74] Vgl. D III [= *G. Ebeling:* Dogmatik des christlichen Glaubens III, 1979], 180–
184: Das Geschick der Freiheit in der Moderne.

tums. Und es leidet an der Erbschaft des größten christlichen Deutschen: an dem Irrtum Martin Luthers hinsichtlich des Verhältnisses von Gesetz und Evangelium, von weltlicher und geistlicher Ordnung und Macht, durch den sein <des deutschen Volkes> natürliches Heidentum nicht sowohl begrenzt und beschränkt als vielmehr ideolo-[391]gisch verklärt, bestätigt und bestärkt worden ist.«[29] An diesem Zitat interessiert jetzt nur, daß dezidiert für Irrtum erklärt wird, und zwar im Blick auf die politischen Folgen, was nach Luthers eigenem Urteil die um des Evangeliums willen notwendige theologische Fundamentalentscheidung ist. Im übrigen konzentrieren wir uns jetzt allein auf Luther selbst – und zwar als universalen christlichen Theologen und nicht in der so mißverständlichen und verhängnisvollen Verengung zum »größten christlichen Deutschen« – und lassen alles beiseite, was sich geschichtlich an ihn angehängt hat.

Halten wir ihn noch einmal gegen die Zeit, aus der er kam, so zeigt sich mit aller Klarheit: Nach Paulus hat erst Luther Freiheit zum zentralen theologischen Thema gemacht[30] und steht damit auch seither nahezu einsam da[31]. Die schweren Enttäuschungen darüber, daß die geistliche Freiheit, der er die Bahn brach, zu fleischlicher Freiheit mißbraucht wurde, hat ihn nie zu Retraktationen veranlaßt. Freiheit blieb bis zuletzt sein Lebensthema. Daraus leitet sich auch sein neues Verständnis des Ethischen her. Das befreite Gewissen revolutioniert die Motivation: Der Glaubende bedarf keiner guten Werke für sich selbst; er ist in ihnen frei zum Dienst für andere. Das befreite Gewissen hat dadurch aber auch umwälzende materialethische Folgen: Der Vorrang religiöser Werke fällt dahin; der Christ

---

[29] [Anm. 75] *K. Barth*, Ein Brief nach Frankreich (Dez. 1939), in: *Ders.*, Eine Schweizer Stimme 1938–1945, (108–117), 113.

[30] [Anm. 76] In meinem oben Anm. 34 genannten Aufsatz 314 [*G. Ebeling:* Frei aus Glauben. Das Vermächtnis der Reformation; im vorliegenden Band S. 175]. Zu der dort zitierten Äußerung von K. RAHNER wäre zu sagen, daß die Aufnahme des Freiheitsthemas durch Luther als »Kampfruf gegen die römische Kirche« weit unterschätzt ist.

[31] [Anm. 77] Wenn daneben auf *K. Barth* zu verweisen ist, so in einer sachlichen Differenz zu Luther. Deren Kennzeichnung durch die folgende Formulierung erscheint mir allerdings theologisch fragwürdig (*D. Schellong*, Karl Barth als Theologe der Neuzeit, ThExh 173,57): »... das Stichwort ›Freiheit‹ <hat> ... in Barths Theologie eine Bedeutung erlangt ... wie in keiner Theologie davor oder daneben. ›Freiheit‹ ist der positive Zentralbegriff der Neuzeit; als solcher <!> wurde er von Barth aufgenommen. ... Der inzwischen erreichten historischen Stufe entsprechend muß Barth dabei den noch vorwiegend an der Innerlichkeit des Einzelnen orientierten Freiheitsbegriff der Reformation hinter sich lassen.« Anders, aber in der Durchführung nicht minder problematisch, die These von *Fr.-W. Marquardt* (Martin Luther und Karl Barth: in tyrannos, Berl.Theol.Zeitschr. 1, 1984, <275–296> 275): »Beide waren Theologen der Freiheit. Aber keiner von beiden scheint das gewollt und betrieben zu haben, was wir heute eine ›Theologie der Befreiung‹ nennen.«

ist zu allem frei, was jeweils notwendig ist[32], ohne [392] Zwang von Vorschriften und so, daß der heilige Geist auch im geringsten weltlichen Tun
am Werke ist[33]. Das blieb nicht Theorie, sondern hat die Welt verändert.
Wenn etwas dafür spricht, Luther primär der Neuzeit zuzuordnen, dann
eben gerade seine Ethik, jedenfalls sozusagen einige ihrer Buchstaben,
wenn auch kaum ihr Geist. Zu unterstellen, seine Theologie der Freiheit
wäre ethisch folgenlos und nur eben deshalb so folgenschwer gewesen,
zeugt von Geschichtsblindheit. Daran bessert sich auch dann nichts, wenn
die Kritik den individualethischen Aspekt ausklammert und sich auf das
Politische beschränkt. Individualethik gab es für Luther gar nicht. Das
Moralische war für ihn eo ipso das Zivile, das Politische. Auch das ist un-
mittelalterlich an ihm; vor allem aber die Orientierung des Politischen an
der Funktion, die Gott um der Sünde willen zur Erhaltung der Welt dem
Gesetz zugewiesen hat[34]. Das Evangelium hingegen ist ein anderer Umgang Gottes mit der Sünde und nicht das Instrument, mit dem politisch
die Welt zu regieren ist. Freilich wird nur vom Evangelium her der politische Brauch des Gesetzes recht erkannt und das Politische als weltliches
Ding nicht gottlos verstanden und verwaltet, sondern dem Schöpfer gemäß. Die evangelische Freiheit ist nicht politische Freiheit, wohl aber ermöglicht sie den rechten Umgang mit politischer Freiheit, um diese politische Freiheit vor dem dem Verfall in fleischliche Freiheit zu bewahren[35].

---

[32] [Anm. 78] WA 5; 38,27–32. 39,5f = AWA 2; 49,7–12. 17–19 (Op. in ps., 1519/21): ›In
tempore suo.‹ <Ps 1,3> O aureum et amabile verbum, quo asseritur libertas iustitiae Christianae! Impiis stati sunt dies, stata tempora certa opera, certa loca, quibus sic inhaerent, ut,
si proximus fame esset moriturus, non ab illis divelli possint. At beatus hic vir liber in
omne tempus, in omne opus, in omnem locum, in omnem personam. Utcumque sese
obtulerit casus, tibi serviet: quodcumque invenerit manus eius, hoc faciet ... estque vere vir
omnium horarum, omnium operum, omnium personarum et imagine sui patris omnia in
omnibus et super omnia.

[33] [Anm. 79] WA 40,1; 348,1–5 (Gal. Vorl., 1531): ... spiritus est, quicquid in nobis fit et
geritur per spiritum; Caro, quicquid secundum carnem et extra spiritum. ergo omnia
officia et fructus spiritussancti: alere prolem, diligere uxorem, obedire magistratui sunt
fructus spiritus. Apud Papistas sunt carnalia, quia non intelligunt, quid creatura.

[34] [Anm. 80] Vgl. meinen Aufsatz: Usus polticus legis – usus politicus evangelii (1982), UmL
[= *G. Ebeling:* Umgang mit Luther, 1983] 131–163.

[35] [Anm. 81] WA 40,2; 2,9–3,9 (Gal. Vorl., 1531): Non est libertas, qua Cesar potest
liberare, Ut Cesar coactus dare Papae Romam et alias terras, Immunitates. Das ist Civilis
libertas, ubi quis eximitur ab oneribus. Carnis libertas est diaboli, quo potissimum regit in
orbe terrarum, ubi homnines faciunt, quod <volunt>. ... Das ist libertas, qua diabolus eos
liberaverit. De ista nihil ad nos, quamquam totus mundus quaerat libertatem carnis. Nec
dicimus de libertate politica, sed alia, quae maxime invisa diabolo, quae est, qua nos Christus ›liberos fecit‹, ist besser quam: ›liberavit‹. Est libertas a lege, peccatis, morte, a potentia
diaboli, ira dei, extremo iudicio. Ubi? in conscientia, Ut sic iustus sim, quod Christus sit

Luthers Äußerungen und Verhalten [393] nach heutigen demokratischen Ideen zu messen, wäre töricht. Von der Freiheit des Wortes hat er jedoch auch in politischer Hinsicht nach allen Seiten hin einen Gebrauch gemacht, wie er nicht nur damals neu war, sondern auch heute ungewöhnlich ist.

Luthers sogenannte Zweireichelehre gilt als die Wasserscheide zwischen Mittelalter und Neuzeit. In ihr kulminiert anscheinend das augustinisch-mittelalterliche Beieinander von Geistlichem und Weltlichem, schlägt aber um in die Trennung beider mit dem schließlichen Effekt, daß dem einen, einzigen Reich rationaler Wirklichkeit das Religiöse als Getto inkorporiert ist. Deshalb wird heute der Zweireichelehre Luthers[36] an dem Wirklichkeitsverlust und Bedeutungsschwund des Christlichen Schuld gegeben. Ungeachtet der Penetranz des äußeren Anscheins ist aber wiederum auf eine eigentümliche Gemeinsamkeit von Mittelalter und Neuzeit auch an diesem Punkt zu achten, während Luther weder dem einen noch dem andern Zeitalter konform ist. Vor ihm wie nach ihm herrscht die doppelte Tendenz, jene nun einmal im Leben nicht zu leugnende Dualität einerseits durch Institutionalisierung auf verschiedene Personen zu verteilen und so voneinander zu trennen, andererseits durch einseitiges Übergewicht – sakral oder säkularistisch – zu vermischen. Beides – das Trennen wie das Vermischen – ist allzu menschlich. Kein Wunder, daß es auch unter extrem veränderten Bedingungen immer wieder durchschlägt. Für das rechte Unterscheiden dagegen ist ein theologisches Urteilsvermögen erforderlich, wie es selten anzutreffen ist. Die Richtschnur war dabei für Luther die Freiheit des Gewissens. Dementsprechend ist die Unterscheidung der zwei Reiche in jedem Christen als in dem Schnittpunkt beider akut und in Gott selbst begründet, in der Doppelgestalt seines Wortes als Gesetz und Evangelium, in seinem zweifachen Verhalten dem Sünder gegenüber: seiner Leben erhaltenden vorläufigen Toleranz und seiner endgültigen Gnade, die durch den Tod hindurch ewiges Leben schafft. Davon zugunsten unserer verworrenen Zeit zu lernen, ist eine noch unausgeschöpfte Möglichkeit.

---

liberator et reddat liberos, non carnaliter, non politice, diabolice, sed theologice i.e. tantum in conscientia. Et haec est incomprehensibilis, ut ceterae libertates sint stilla, guttula ad maiestatem theologicae libertatis ...

[36] [Anm. 82] Vgl. meine früheren Äußerungen dazu: Die Notwendigkeit der Lehre von den zwei Reichen (1960) WG I [= G. Ebeling: Wort und Glaube I, 1967³], 407–428. Leitsätze zur Zweireichelehre (1972), WG III [= ders.: Wort und Glaube III, 1975], 574–592. Zum Begriff »Ein-Reich-Lehre« : Die Toleranz Gottes und die Toleranz der Vernunft (1981), UmL (101–130) 125.

[394] Als »zweier Zeiten Schlachtgebiet« ist Luther wohl seinem historischen Kontext nach beschrieben. Damit ist aber nicht die strittige Sache selbst bestimmt, die in Luther zur Sprache gekommen und durch ihn für die Nachwelt zum Text geworden ist. Gegenüber Erasmus hat Luther den angeblich freien Willen als das Reittier geschildert, um dessen Besitz und Lenkung Gott und Satan miteinander streiten[37]. Damit hat er eine Metapher aufgegriffen, mit der sich die Scholastik das Miteinander von freiem Willen und Gnade harmonisch zusammenreimt: Roß wie Reiter haben je ihren Anteil an der Erreichung des Ziels[38]. Das leuchtet auch der Neuzeit mehr ein, als was Luther daraus machte: daß jeder Mensch zweier Mächte Schlachtgebiet sei. In dieser Tiefe konnte er freilich das Humanum nur deshalb erfassen, weil er durch den Deus humanus ergriffen war, von dem er in nochmaliger Wandlung jenes Bildes sagt: »Christus thront bereits auf unserem Willen. Und der trägt ihn heiter dank seiner Gnade, gehorcht ihm gern und dient ihm frei.«[39] Solche fröhliche Freiwilligkeit, solche reine Humanität erwächst aus dem Grunde der Freiheit, an den Luther die Neuzeit erinnert.

---

[37] [Anm. 83] WA 18; 635,17–22 = BoA 3; 126,23–28 (De servo arb., 1525): Sic humana voluntas in medio posita est, ceu iumentum, si insederit Deus, vult et vadit, quo vult Deus, ut Psalmus <73(72),22f> dicit: Factus sum sicut iumentum et ego semper tecum. Si insederit Satan, vult et vadit, quo vult Satan, nec est in eius arbitrio ad utrum sessorem currere aut eum quaerere, sed ipsi sessores certant ob ipsum obtinendum et possidendum.

[38] [Anm. 84] G. Biel, Coll. II dist. 27 q. un. a. 3 dub. 2: Et potest poni exemplum: Cursus equi per certam viam ad certum terminum est ab equo et sessore dirigente equum. Principalius quidem ab equo quantum ad substantiam motus et eius velocitatem. Sed inquantum directus per talem viam ad hinc terminum principalius est a sessore dirigente. Et potest cursus equi plus placere inquantum ducit sessorem per hanc viam ad illum terminum quam inquantum est motus quidam cautae velocitatis ... Ita in proposito voluntas est quasi equus liber et gratia quasi sessor per modum naturae inclinans ad obiectum per modum determinatum ...

[39] [Anm. 85] WA 7; 473,34–36 (Enarr. ep. et euang., 1521): ... Christus iam sedet super voluntatem nostram, quae per gratiam eius hilariter eam portat, libenter obedit, gratuitoque servit.

Der Protestantismus
und die Ambivalenz der Moderne

Wolfgang Huber

Nicht nur Philosophie ist »ihre Zeit, in Gedanken erfaßt«.[1] Vielmehr gilt dies auch von allen bedeutenden theologischen Entwürfen; es gilt ebenso von den großen geschichtlichen Formationen des Christentums. Auch der Protestantismus enthält spezifische Antworten auf die Zeit seiner Entstehung und Wirksamkeit. Er ist eine neuzeitliche Gestalt des Christentums; in Übereinstimmung und Widerspruch ist er in besonderer Weise mit der Welt der Moderne verbunden.

Noch neuere konfessionsvergleichende Untersuchungen empirischer Art haben das bestätigt. Gerhard Schmidtchen hat die Affinität zwischen Protestantismus und Modernität vor zwei Jahrzehnten so charakterisiert: »Politisch, wirtschaftlich und kulturell neigt die protestantische Bevölkerung Deutschlands dazu, die jeweils modernen Verwirklichungen des Daseins und die neuen politischen Offerten aufzugreifen. Das merkt man zum Beispiel an der Bereitwilligkeit protestantischer Frauen, eine neue modernere Rolle zu übernehmen. Sie finden dabei die volle Unterstützung der protestantischen Geistlichen. Protestantische Frauen probieren gern neue Produkte aus, protestantische Männer gern neue politische Ideen. Die protestantische Theologie selbst unterliegt der Anziehungskraft des Modernen«[2].

Die geschlechterspezifischen Zuspitzungen, die Schmidtchen seinen Beobachtungen gibt, mögen auf sich beruhen. Wichtiger ist die Feststellung, daß die hier nur sehr oberflächlich beschriebene positive Beziehung zwischen protestantischer Glaubensweise und Modernität durch eine [30] tiefe Ambivalenz geprägt ist. Die besondere Anpassungs- und Leistungsbereitschaft der Protestanten, die von der Soziologie seit Max Weber immer wieder analysiert wurde, verbindet sich mit einem eigentümlichen Hang zur Selbstdestruktion; er äußert sich am deutlichsten in einer erhöhten

---

[1] *G. W. F. Hegel*, Grundlinien der Philosophie des Rechts, Vorrede (Theorie-Werkausgabe 7, Frankfurt 1970, 26).
[2] *G. Schmidtchen*, Gibt es eine protestantische Persönlichkeit?, Zürich 1969, 36; vgl. ausführlich *G. Schmidtchen*, Protestanten und Katholiken. Soziologische Analyse konfessioneller Kultur, Bern 1973.

Suizidgefährdung von Protestanten.[3] So sehr sie zu gesellschaftlichen Höchstleistungen im Dienst der Modernität im Stande sind, so gefährdet ist ihre persönliche Balance im Fall des Mißlingens und der Enttäuschung. Für den Protestanten ist nicht nur charakteristisch, daß er »in der Rechtfertigung mit einem Schlage alles gewinnen« kann[4]; seine Persönlichkeitsstruktur ist zugleich dadurch bestimmt, daß er im Scheitern mit einem Schlage alles zu verlieren vermag. Seine Offenheit für Neues verdankt der Protestantismus der Tatsache, daß er in der radikalen Konzentration auf die Rechtfertigung allein aus Gnade zugleich den Charakter eines »chronischen Bildersturms«[5] trägt; diesem Bildersturm fallen oft auch die symbolischen Stabilisierungen zum Opfer, die Menschen in der Krise des Scheiterns zum Überleben brauchen.

So erweist sich auf den ersten, von außen kommenden Blick der Protestantismus als ein durchaus ambivalentes Phänomen. Ambivalent, zwiespältig ist aber auch die Moderne. Denn auch von ihr gilt, daß die unvergleichlichen Produktivkräfte, die sie entfesselt hat, sich mit Kräften der Destruktion unlöslich verknüpfen. In den größten Entdek-[31]kungen der Moderne liegt zugleich deren größte Gefahr; Kernenergie und Gentechnologie sind dafür die herausragenden Exempel.

Zu Beginn des 20. Jahrhunderts wurde die Frage nach dem Verhältnis von Protestantismus und Moderne in genetischer Hinsicht gestellt. Max Weber und Ernst Troeltsch fragten danach, was der Protestantismus zum Entstehen der modernen Welt und zur Durchsetzung ihrer eigentümlichen Form von Rationalität beigetragen hat. Am Ende des 20. Jahrhunderts reicht diese genetische Fragestellung nicht mehr aus. Gefragt werden muß vielmehr zugleich, was der Protestantismus beitragen kann, um die Ambivalenz der Moderne zu bestehen. Deshalb liegt das Gewicht der folgenden Überlegungen nicht auf der – durchaus lohnenden – Aufgabe,

---

[3] Darauf hat schon *E. Durkheim* in seiner Studie über Selbstmord aufmerksam gemacht: Le Suicide. Etude de sociologie, 1897, Nouvelle Edition Paris 1960. Max Weber und Ernst Troeltsch haben auf diese Beobachtungen Durkheims in ihren Protestantismus-Studien keinen Bezug genommen.

[4] *E. Troeltsch*, Die Soziallehren der christlichen Kirchen und Gruppen, 2. Neudruck der Ausgabe 1922, Aalen 1965, 777.

[5] *C. G. Jung*, Über die Archetypen des kollektiven Unbewußten, in: Gesammelte Werke IX/1, Olten/Freiburg 1976, 13–51 (23): »Die Entwicklungsgeschichte des Protestantismus ist ein chronischer Bildersturm. Eine Mauer um die andere fiel. ... Wir wissen, wie im Großen und Kleinen, im Allgemeinen und im Einzelnen, Stück um Stück zerfiel, und wie die jetzt herrschende, erschreckende Symbolarmut zustande kam. ... Der protestantische Mensch ist eigentlich in eine Schutzlosigkeit hinausgestoßen, vor der es dem natürlichen Menschen grauen könnte.«

Max Webers These über die Bedeutung der protestantischen Ethik für die Durchsetzung der kapitalistischen Produktionsweise einer weiteren Analyse zu unterziehen.[6] Ihr Schwerpunkt liegt vielmehr in dem Versuch, Strukturmerkmale der Moderne zu erfassen (I) sowie ihre gegenwärtige Krise zu beschreiben (II) und den heute diskutierten Antwortversuchen nachzugehen (III). Die Frage, inwiefern sich diese Antwortversuche auch im Protestantismus spiegeln (IV) führt zu einem Blick auf die Auffassungen, die unter den Bedingungen der Moderne vom Prinzip des Protestantismus entwickelt wurden (V). Die Frage, welche Konsequenzen ein protestantisches Verständnis von Freiheit für die Orientierung in der Krise der Moderne haben kann, bildet den Abschluß (VI).Über den fragmentarischen Charakter des folgenden Versuchs mache ich mir keine Illusionen. [31]

I

Strukturen der Moderne

Von »Neuzeit« und von »Moderne« ist in vielfältig schillernden Zusammenhängen die Rede. Wann sie begonnen haben, ist ebenso umstritten wie die Frage ihres Endes. Vor vier Jahrzehnten wurde das »Ende der Neuzeit« angesagt[7]; heute wird die »Postmoderne« ausgerufen.[8] Doch solche Abschiedsstimmen nötigen um so mehr zur Klärung der Frage, was mit der Neuzeit und was mit der Moderne gemeint sei. Die Begriffsgeschichte als solche fördert die Klärung nicht.[9] Das kann man schon daran sehen, daß

---

[6] Vgl. *M. Weber*, Gesammelte Aufsätze zur Religionssoziologie, Bd. I, Tübingen 1972[6]; *M. Weber*, Die protestantische Ethik, hg. von J. Winckelmann, Bd. I (Aufsätze Webers) und II (Kritiken und Antikritiken), München 1965; aus der umfangreichen Literatur insbesondere: *S. N. Eisenstadt*, Die protestantische Ethik und der Geist des Kapitalismus. Eine analytische und vergleichende Darstellung, Opladen 1971; *G. Seyfarth / W. M. Sprondel* (Hg.), Seminar: Religion und gesellschaftliche Entwicklung. Studien zur Protestantismus-Kapitalismus-These Max Webers, Frankfurt 1973; *W. Schluchter*, Religion und Lebensführung, 2 Bände, Frankfurt 1988.
[7] Paradigmatisch sind *Romano Guardinis* Tübinger Vorlesungen über das »Ende der Neuzeit« von 1947/48, erschienen 1950; vgl. deren Charakterisierung durch *Michael Theunissen*: Falscher Alarm, in: Frankfurter Allgemeine Zeitung, 3. März 1977, 19.
[8] Die beste deutsche Zusammenfassung bietet *W. Welsch*, Unsere postmoderne Moderne, Weinheim 1988[2]; dazu die instruktive Textsammlung: *W. Welsch* (Hg.), Wege aus der Moderne. Schlüsseltexte der Postmoderne-Diskussion, Weinheim 1988.
[9] Vgl. *H. U. Gumbrecht*, Modern, Modernität, Moderne, in: Geschichtliche Grundbegriffe 4, Stuttgart 1978, 93–131; *R. Koselleck*, ›Neuzeit‹. Zur Semantik moderner Bewegungsbegriffe, in: ders., Vergangene Zukunft. Zur Semantik geschichtlicher Zeiten, Frankfurt 1979, 300–348.

die deutschen Substantive »Neuzeit« und »Moderne« späte Schöpfungen sind; 1838 beziehungsweise 1887 sind sie zum ersten Mal nachgewiesen.[10] Einem verbreiteten Sprachgebrauch folgend, will ich mit dem Begriff der Neuzeit jene Epoche bezeichnen, die durch Renaissance und Reformation eingeleitet wird, den Begriff der Moderne aber für die Strukturen reservieren, die sich im nachkonfessionellen Zeitalter ausbilden und mit der Aufklärung, den Revolutionen in Amerika und Frankreich sowie der Industrialisierung gesellschaftsprägend werden.

Die Neuzeit setzt mit einer Befreiung *durch* die Religion ein; die Moderne dagegen versteht sich als Befreiung *von* der Religion. Die Neuzeit beginnt mit einer Entdeckung [33] der menschlichen Subjektivität, die ihre Kraft aus der Erkenntnis Gottes empfängt: »Wir werden vor Gott gerecht aus Gnade um Christi willen allein durch den Glauben«[11]. Die Moderne beginnt mit einer Entdeckung der menschlichen Subjektivität, die sich dem Selbstand des Menschen gegenüber Gott und Welt verdankt: »Aufklärung ist der Ausgang des Menschen aus seiner selbst verschuldeten Unmündigkeit«[12].

Zwischen Reformation und Aufklärung liegt jene Veränderung Europas, die den ungeplanten, aber höchst wirksamen kirchen- und weltgeschichtlichen Folgen der Glaubensspaltung zu verdanken ist. Der Säkularisierungsschub, der von der Reformation ausging, lag in erheblichem Umfang in den politischen Auseinandersetzungen begründet, die sich aus ihr ergaben. Sie zog eine Serie von konfessionellen Bürgerkriegen nach sich, die an Grausamkeit die Auseinandersetzungen des »finsteren« Mittelalters weit überragten. Die Blutbäder der Hugenottenkriege, die Verwüstungen des Dreißigjährigen Kriegs, die Brutalitäten der englischen Revolutionskriege und der Unterwerfung Irlands zwangen zu der Einsicht, daß die Ordnung des Gemeinwesens nicht länger auf die Religion gestützt werden konnte.[13] Denn diese verbürgte keineswegs gesellschaftlichen Frieden, sondern bot den Anlaß für mörderische Zwietracht. Der rechtlichen und politischen Ordnung mußte eine Grundlage verliehen werden, die vom Bekenntnis-

---

[10] Belege bei *Koselleck*, 303; *Gumbrecht*, 120f.
[11] Confessio Augustana IV (BSLK, Gütersloh 1982[9], 56).
[12] *I. Kant*, Beantwortung der Frage: Was ist Aufklärung?, in: Kant-Studienausgabe, hg. von W. Weischedel, Bd. VI, Wiesbaden 1964, 53.
[13] Das Gewicht dieser Zusammenhänge hebt zuletzt auch hervor: *W. Pannenberg*, Christentum in einer säkularisierten Welt, Freiburg u. a. 1988, 20ff.

stand unabhängig war und Geltung beanspruchte, auch wenn es Gott nicht geben sollte (»etiamsi daremus ... non esse Deum«).[14]

Die Konfessionsspaltung brachte die Idee zum Verblassen, daß religiöse Homogenität die unerläßliche Bedingung für den Bestand politischer Einheit darstellt. Die Grundla-[34]gen der politischen Ordnung wurden nun in einem Naturrecht gesucht und gefunden, das mit den Mitteln der menschlichen Vernunft allein erkannt werden sollte. Soweit in diesem Zusammenhang von Religion noch die Rede war, handelte es sich um eine natürliche Religion, die der Offenbarung und der kirchlichen Vermittlung nicht bedurfte. Die Grundbegriffe von Religion und Moral, von Recht und Politik wurden in der allen gemeinsamen »Natur« des Menschen verankert.[15] Die Autorität des Staates wurde nicht länger auf eine göttliche Existenz zurückgeführt, sondern aus dem Gedankenexperiment eines Naturzustandes hergeleitet, in dem die Menschen kraft freien Entschlusses durch einen Gesellschaftsvertrag ein politisches Gemeinwesen begründeten. Die wissenschaftliche Forschung wurde aus den Fesseln eines vorgegebenen Weltbildes befreit; der experimentelle Nachweis entschied über die Wahrheit wissenschaftlicher Aussagen. Ihr Wert aber bemaß sich nicht zuletzt an ihrer technischen Nutzbarkeit: »Was in der praktischen Verwendung am nützlichsten ist, das ist auch in der Wissenschaft das Wahrste«[16]. So konnten wissenschaftliche Erkenntnisse von einer Form des Wirtschaftens in den Dienst gestellt werden, die auf rationalen und möglichst effektiven Einsatz von Mitteln gerichtet war.

Der Veränderungsprozeß, der mit dem reformatorischen Beginn der Neuzeit anhebt und mit der gesellschaftlichen Durchsetzung der Moderne zum Ziel kommt, trägt umfassenden Charakter. Die Emanzipation von der kirchlich verwalteten Religion verbindet sich mit der Rationalisierung aller Lebensbereiche. Es handelt sich nicht nur um einen politischen, sondern auch um einen kulturellen, nicht nur um einen ökonomischen, sondern auch um einen religiösen Vorgang. Der entscheidende Beitrag von Max Weber zu einer [35] Theorie der Moderne ist gerade darin zu sehen, daß er diese Dimensionen nicht voneinander isoliert, sondern zueinander

---

[14] *H. Grotius*, De iure belli ac pacis libri tres (1625), Washington 1925, Prol. 11.

[15] Vgl. *W. Dilthey*, Das natürliche System der Geisteswissenschaften im 17. Jahrhundert, in: Gesammelte Schriften II, Stuttgart/Göttingen 1960, 90–245.

[16] *F. Bacon*, Novum Organum (1620), Stuttgart 1963, II. 4: »Quod in Operando utilissimum, id in Sciendo verissimum«. Vgl. *L. Krüger / B. Thöle*, Empirismus, in: TRE 9, 561–576 (562f).

in Beziehung gesetzt hat. [17] Das Interesse, das sich aus der von Weber eröffneten Perspektive an den Begriff der Moderne knüpft, liegt darin, daß nach den Gründen und der Gestalt des okzidentalen Sonderwegs gefragt wird: also nach jener besonderen Lebensauffassung und Gesellschaftsformation, deren weltgeschichtliche Bedeutung im Zeitalter des Imperialismus und der Weltkriege deutlich vor Augen tritt. Als bestimmend für diesen okzidentalen Sonderweg lassen sich im Anschluß an Weber vier Dimensionen benennen: die Schlüsselfunktion der Wissenschaft, die kapitalistische Organisation des Wirtschaftsprozesses, die rationale Gestalt des neuzeitlichen Staates und das Ethos der rationalen Lebensführung. In ihnen zeigt sich der »spezifisch geartete ›Rationalismus‹ der okzidentalen Kultur, der das Zeitalter der Moderne heraufführt und prägt« [18]. In aller Kürze will ich diese vier Dimensionen erläutern.

Am deutlichsten drückt sich das moderne Rationalitätsbewußtsein in dem neuen Selbstverständnis der *Wissenschaften* aus. Deren paradigmatischer Fall kann nicht länger die Philosophie oder gar die Theologie sein. Denn ihre Aufgabe besteht nicht mehr darin, in der *theoria* das allen Dingen inhärente *telos* zu erkennen, sondern auf Grund empirischer Beobachtungen kausalanalytisch Wirkungen und die für sie notwendigen Ursachen zu erforschen. Es ist gerade die Ersetzung des teleologischen Prinzips in der Betrachtung der Natur durch das Kausalitätsprinzip, welche den systematischen Ausbau der menschlichen Herrschaft über die Natur erst möglich macht. Dieser Autonomie der Wissenschaften [36] korrespondiert eine neue Autonomie der Künste. Die »Querelle des anciens et des modernes« führt schon zu Beginn des 18. Jahrhunderts zu dem Resultat, daß Kunst nicht an den normativen Anspruch antiker Vorbilder gebunden ist, sondern ihren eigenen Inventionen vertrauen kann. Denn wie in der Entwicklung der Wissenschaften der Gegenwart der Vorrang vor der Vergangenheit zukommt, so verdient auch die Perfektion der Künste in der eigenen

[17] Die vielleicht dichteste Formulierung dieses Zusammenhangs findet sich in Max Webers nachgelassenen Münchener Vorlesungen: *M. Weber*, Wirtschaftsgeschichte. Aus den nachgelassenen Vorlesungen, hg. von S. Hellmann und M. Palyi, München 1924, 303f; vgl. zu diesem Text: *D. Henrich / C. Offe / W. Schluchter*, Max Weber und das Projekt der Moderne, in: Chr. Gneuss / J. Kocka (Hg.), Max Weber. Ein Symposion, München 1988, 155–183.
[18] So die Vorbemerkung, in: *M. Weber*, Gesammelte Aufsätze zur Religionssoziologie, Tübingen 1972⁶,11.

Zeit den Vorrang vor den künstlerischen Hervorbringungen der Vergangenheit.[19]

So bildet die Moderne von Anfang an ein spezifisches Verhältnis zur Zeit aus: Der Dynamik der fortschreitenden Zeit entspricht ein Handeln, das sich am Ziel des Fortschritts orientiert.[20] Erfolgreich ist dieses Konzept insbesondere in der systematischen Unterwerfung der Naturkräfte unter die Herrschaft des Menschen und in ihrer profitablen wirtschaftlichen Nutzung. Dem *Rationalismus der Wissenschaft* korrespondiert in der Moderne der *Aktivismus ökonomischer Tätigkeiten. Wirtschaftliches Handeln* richtet sich nun darauf, knappe Ressourcen so effektiv einzusetzen, daß sich daraus der größtmögliche individuelle Nutzen ergibt. Gerade die Verfolgung des eigenen Vorteils, so heißt die Devise, kommt auch dem kollektiven Nutzen am meisten zugute. Der Arbeitsprozeß wird unternehmensweise organisiert; der einzelne Betrieb wird unter rationalen Gesichtspunkten geführt; die Schranken zwischen Binnen- und Außenmoral werden aufgehoben.

[37] Mit diesen ökonomischen Veränderungen geht eine grundstürzende Umwandlung des *Politikverständnisses* einher. Die Herrschaft von Menschen über Menschen gilt nun nicht mehr als naturgegeben, sondern als das Resultat eines Vertrages, den die Bürger auf der Basis grundsätzlicher Gleichheit miteinander abgeschlossen haben. Die Freiheitsbeschränkung, die sich aus dem Zusammenschluß zu einem politischen Verband unweigerlich ergibt, ist also selbstverfügt, nicht etwa von Natur her bereits vorgefunden. Mit diesem Versuch, die Konstitution politischer Herrschaft auf der Basis der Freiheit und Gleichheit der Menschen zu denken, beansprucht die Theorie des Gesellschaftsvertrags universale Geltung. Der Universalismus erweist sich also als eines der tragenden Charakteristika des neuzeitlichen Verständnisses von Politik. Er aber steht und fällt mit der Anerkennung einer unbedingten und unveräußerlichen Würde jeder ein-

---

[19] Vgl. *H. R. Jauß,* Ästhetische Normen und geschichtliche Reflexion in der »Querelle des Anciens et des Modernes«, in: *Ch. Perrault,* Parallèle des Anciens et des Modernes en ce qui regarde les arts et les sciences (1697), Neudruck München 1964, 8ff; *Gumbrecht,* 99ff.
[20] Vgl. insbesondere *R. Koselleck / Chr. Meier,* Fortschritt, in: Geschichtliche Grundbegriffe 2, Stuttgart 1975, 351–423; *W. Lienemann / I. Tödt* (Hg.), Fortschrittsglaube und Wirklichkeit, München 1983; *W. Huber,* Fortschrittsglaube und Schöpfungsgedanke. Überlegungen zur Verantwortung der Wissenschaft, in: ders., Konflikt und Konsens. Studien zur Ethik der Verantwortung, München 1990.

zelnen menschlichen Person, jedes Individuums. *Universalismus* und *Individualismus* korrespondieren einander.[21]

Jede derartige Beschreibung drängt auf die Frage hin, worin denn der Einheitspunkt, das treibende Motiv, der entscheidende kausale Faktor oder die alles bestimmende Interpretationskategorie für die Moderne zu sehen sei. Jeder Antwort auf diese Frage ist freilich das Interesse ihres Autors deutlich an die Stirn geschrieben. Die einen sehen in der Selbstreflexion des autonomen Subjekts das entscheidende Grundmotiv; sie folgen jener Diagnose, die Wilhelm von Humboldt in eindrücklicher Prägnanz so formulierte: Die Menschen der Antike »waren bloß, was sie waren. Wir wissen noch, was wir sind, und blicken darüber hinaus. Wir haben durch Reflexion einen doppelten Menschen aus uns gemacht«[22]. Die anderen deuten die Konstitutionsbedingungen der Neuzeit vom Prozeß der Kapitalakkumulation aus. Die einen betrachten die Moderne als ein kulturelles Phänomen [38] und sehen sie aus der Perspektive der menschlichen Lebenswelt[23]; die anderen betrachten die Moderne als ein ökonomisches Phänomen und betrachten sie aus der Perspektive des gesellschaftlichen Systemzusammenhangs.

Am wirkungsvollsten war während der letzten zwei Jahrhunderte jedoch eine Konzeption, die auf ihre Weise die Aspekte von Lebenswelt und System zu verbinden suchte und den Prozeß der Moderne unter der *Leitidee des Fortschritts* zusammenfaßte. Für diese Deutung liegt das Spezifische der Moderne gerade in ihrer Flüchtigkeit[24], im beständigen Übergang vom Alten zum Neuen, vom Schlechteren zum Besseren. Dieses neuzeitliche Fortschrittsbewußtsein ist davon überzeugt, daß der Übergang zum Neuen und Besseren nicht auf die Leitsektoren von Wissenschaft und Technik beschränkt bleiben darf, sondern auf die Bereiche von Politik und Kultur übergreifen muß.

Die Aufklärung konzipiert den Fortschritt deshalb als eine Aufgabe, der sich die Menschen bewußt stellen müssen. Der Ausgang aus der selbstver-

---

[21] Vgl. zu Rationalismus, Aktivismus, Universalismus und Individualismus als den vier Kennzeichen der Moderne: *R. Münch*, Die Kultur der Moderne, Frankfurt 1986, Bd. 1, 165ff.

[22] *W. von Humboldt*, Ansichten über Ästhetik und Literatur, hg. von F. Jonas, Berlin, 1880 (3.4.1803).

[23] Daran orientiert sich auch weitgehend der normative Begriff der Moderne, den Jürgen Habermas entwickelt hat: vgl. *J. Habermas*, Die Moderne – ein unvollendetes Projekt (1980), in: ders., Kleine politische Schriften I–IV, Frankfurt 1981, 444–464; *J. Habermas*, Der philosophische Diskurs der Moderne, Frankfurt 1985.

[24] »La modernité, c'est la transition, le fugitif, le contingent«: *Ch. Baudelaire*, Le peintre de la vie moderne, in: Oevres complètes, ed. Y.-G. Le Dantec, Paris 1961, 1163.

schuldeten Unmündigkeit vollzieht sich nicht von selbst; er muß gewollt und gegen Widerstände durchgesetzt werden. Doch die Erfahrung, daß die Erweiterung wissenschaftlicher Kenntnisse und technischer Fähigkeiten mit eigengesetzlicher Gewalt Fortschritt ermöglicht und verbürgt, führt zum Verblassen dieses kritischen Fortschrittsbegriffs. Der Fortschrittsglaube bleibt zurück. Besonders verhängnisvoll an ihm ist die Vorstellung, daß Fortschritte im gesellschaftlichen Zusammenleben der Menschen sich nach denselben Gesetzmäßigkeiten vollziehen, von denen auch die Natur bestimmt ist. Wenn man die »gesellschaftliche Physik« richtig erkennt, hat man auch keine [39] Mühe, den beständigen gesellschaftlichen Fortschritt zu planen.

Der Fortschrittsgedanke bestimmt in der Moderne das *Ethos der Lebensführung*. Es beruht auf rationaler Planung und zielstrebiger Expansion. Die Handlungsnormen des modernen Subjekts sollen von heteronomer Bestimmung frei sein; die Frage nach der Universalisierbarkeit von Normen wird zum entscheidenden Kriterium für die Begründbarkeit der Moral. In der Kunst suchen viele einen Ausdruck für solche Maßstäbe persönlicher Lebensführung: die Künste sollen der inneren Erfahrung der modernen Subjektivität frei von Konventionen und Zwängen Ausdruck geben.

II
Die Krise der Moderne

Das Projekt der Moderne verdient Respekt – und zwar nicht nur dann, wenn man ihm (wie Jürgen Habermas) einen normativen Sinn gibt, der sich kritisch und kontrafaktisch gegen die geschichtliche Entwicklung der letzten zwei Jahrhunderte wendet. Es verdient auch dann Respekt, wenn man (im Gefolge Max Webers) die leitenden Ideen herauszuarbeiten sucht, die diese geschichtliche Entwicklung in ihrem faktischen Verlauf gesteuert haben. Ich bin in den vorstehenden Überlegungen dem zweiten Weg gefolgt und habe den Sinn des Projekts der Moderne in vier Hinsichten erläutert: in seiner Bedeutung für Wissenschaft, Ökonomie, Politik und Lebensführung. In allen vier Hinsichten aber läßt sich nun auch beschreiben, worin die Ambivalenz, ja schärfer: worin die Krise der Moderne besteht.

Nicht nur außerordentliche Ereignisse wie Kriege, kollektive Verbrechen und Völkermorde haben in unserem Jahrhundert den Glauben an den Fortschritt desavouiert. Sondern die alltäglichen Auswirkungen der wissenschaft-

lich-technischen Entwicklung und ihrer industriellen Nutzung wecken
Zweifel an der Vernünftigkeit des Fortschritts. Der Modernisierungsprozeß, der das größtmögliche Glück der [40] größtmöglichen Zahl verhieß,
führt als seine Schattenseite die größte Gewalt gegen Natur und Menschengattung mit sich, die die Geschichte bisher kannte. In ihm sind Verheißungen und Gefährdungen so ineinander versponnen, daß es unmöglich ist,
die Chancen zu gebrauchen, den Gefährdungen aber aus dem Weg zu
gehen. Nicht nur die außerordentlichen und analogielosen Katastrophen
dieses Jahrhunderts sind ein Anlaß zum Umdenken; Auschwitz und Hiro-
shima sind ihre wichtigsten Namen. Sondern höchsten Alarm müßten
auch die alltäglichen und normalen Katastrophen auslösen, die mit unserer
Art wissenschaftlich-technischer Zivilisation ganz unvermeidlich verbunden sind; Bhopal und Seveso, Harrisburg und Tschernobyl sind dafür zu
symbolischen Namen geworden.[25]

Das Rationalitätsideal der modernen *Wissenschaft* steht in einem ganz
eigentümlichen Kontrast zu der Blindheit für die Folgen, die sie heraufführt. Wer der modernen Wissenschaft Verantwortung für ihre Folgen ab-
verlangt, sieht sich sofort mit dem Einwand konfrontiert, diese Folgen ließen
sich allenfalls für einen kurze Zeitstrecke abschätzen, die Folgen der zweiten und dritten Generation aber seien unvorhersagbar.[26] Er sieht sich zum
andern dem Argument ausgesetzt, die Verantwortung für die Anwendung
wissenschaftlicher Erkenntnisse liege nicht beim Wissenschaftler, sondern
bei der Gesellschaft. Jede Forderung nach einer Selbstbegrenzung der Wissenschaft sei deshalb verfehlt.[27] Doch was ist das für eine Wissenschaft,
die sich Handlungen mit unabsehbaren Folgen zutraut, die Verantwortung für diese Handlungen aber als-[41]bald auf einen Öffentlichkeit
abwälzt, der sie zugleich fachliche Inkompetenz bescheinigt? Es ist jedenfalls eine Wissenschaft, die durch ein höchst zwiespältiges Verhältnis zur
Vernunft gekennzeichnet ist.

In ähnlicher Weise zeigt sich die Krise des Rationalitätsmodells, das
heutigem *wirtschaftlichem Handeln* zugrunde liegt. Die Rationalität der
Wissenschaft verbindet sich mit einer irrationalen Gewalt gegen die Natur.

---

[25] Vgl. die eindrückliche Analyse von *Ch. Perrow*, Normale Katastrophen. Die unvermeidbaren Risiken der Großtechnik (amerikanisch 1984, deutsch 1987), Frankfurt 1989.
[26] Scharf wird dieser Zustand in einem Kommentar glossiert, den Horst Afheldt der Jahresta-
gung 1988 der Vereinigung Deutscher Wissenschaftler hat angedeihen lassen: *H. Afheldt*,
Verantwortung für die Wissenschaft?, in: VDW intern 79, 1989, 10f.
[27] Vgl. die These von der »Verantwortung der Öffentlichkeit für die Wissenschaft« bei *K. M.
Meyer-Abich*, Wissenschaft für die Zukunft, München 1988, 151ff.

Das Sterben europäischer Wälder und der durch die internationale Schuldenkrise forcierte Raubbau an den tropischen Regenwäldern, das Ozonloch in der Atmosphäre und drohende Klimaverschiebungen bilden die massivsten Beispiele für die irrationalen Folgen ökonomischer Rationalität. Die Effektivität des Marktmechanismus unterhöhlt, wenn er sich selbst überlassen bleibt, die Grundlagen, auf denen er beruht. Die Steigerungsinteressen des *homo oeconomicus* sind mit dem Interesse am Fortbestand der außermenschlichen Natur und dem Überleben der Gattung Mensch keineswegs identisch. Die Gewalt gegen die Natur, die von diesen Steigerungsinteressen ausgelöst wird, verbindet sich mit einer eigentümlichen Gewalt gegen Menschen: mit der Gewalt struktureller Ungerechtigkeit. Ihre deutlichsten Beispiele liegen in dem dauerhaft hohen Umfang von Arbeitslosigkeit in einem Land wie der Bundesrepublik einerseits, dem verschärften Gegensatz zwischen den Lebensbedingungen in den Industrieländern und im Armutsgürtel der Erde andererseits.

Auch das *politische Projekt* der Moderne ist durch eine Spannung gekennzeichnet, deren lebensgefährlicher Charakter unserer Generation vor Augen getreten ist. Die rationale Organisation des Nationalstaats mit verfassungsmäßiger Grundlage, verläßlichen Gesetzen und berechenbarer Administration (so weit von all dem wirklich die Rede sein kann) verbindet sich mit einer massiven Irrationalität der internationalen Beziehungen. Während in der nördlichen Erdhalbkugel die Abwesenheit des Krieges durch Gewaltdrohungen unvorstellbaren Ausmaßes gesichert werden soll, wird die südliche Hemisphäre zum Ort massenhafter, nicht enden wollender Kriege. Während die Industriestaaten nicht [42] wissen, wie sie die Abfälle ihres Reichtums ›entsorgen‹ sollen, suchen andere in eben diesen Abfällen nach dem, was sie brauchen, um ihr Leben fristen zu können. Das große Friedensprogramm, mit dem die Vereinten Nationen nach dem Zweiten Weltkrieg ins Leben gerufen wurden, ist von seiner Verwirklichung noch immer weit entfernt: Vereinbarter und institutionalisierter Gewaltverzicht sowie umfassender Schutz der Menschenrechte sind noch immer Programmsätze, deren Realisierung aussteht. Erst wenn sie verwirklicht wären, könnte aber von einer Rationalität der politischen Verhältnisse auf der Erde die Rede sein.

Schließlich gibt der zwiespältige Modernisierungsprozeß keine umfassende Antwort auf die Probleme persönlicher *Lebensführung*. Er läßt den einzelnen mit der Frage nach dem Sinn des Lebens allein; das Versprechen einer kohärenten Deutung der Wirklichkeit löst er nicht ein. Er nimmt traditionalen Bindungen ihre Kraft, ohne neue anzubieten; er macht das

Selbst des Menschen heimatlos.[28] Gesellschaftliche Differenzierung und Bürokratisierung lassen den einzelnen zum Opfer anonymer Machtkomplexe werden. Das Prinzip bürokratischer - und insbesondere: computerisierter - Gleichbehandlung abstrahiert von den individuellen Lebenslagen, deren Berücksichtigung doch erst wirkliche Gleichheit ermöglichen würde. Die Lebensgeschichte der einzelnen hat im Gesellschaftssystem keinen eigenständigen Ort mehr; das System »kolonisiert« die Lebenswelt.[29] Der Mensch bewegt sich zwischen den Rollen, die ihm die verschiedenen Subsysteme der Gesellschaft zuweisen. Allenfalls die Familie gilt noch als ein Ort, dem zugemutet werden kann, die Vielfalt von Weltaspekten, mit denen der einzelne [43] lebt, zu integrieren. Doch in aller Regel enttäuscht die Familie solche Erwartungen; gerade durch diese Überforderung wird sie als Lebensform für viele brüchig. Sie kann die Last nicht tragen, die ihr angesonnen wird. Das Vertrauen auf die sinnstiftende Kraft des Fernsehens aber läßt erst recht Ratlosigkeit zurück.

III
Wege aus der Krise

Gibt es Auswege aus der Krise der Moderne? Versucht man, im Bewußtsein der eigenen selektiven Wahrnehmung und mit dem Mut provozierender Vereinfachung, eine Bilanz, so sind in den letzten Jahren vor allem vier Wege begangen oder vorgeschlagen worden:

1. Modernismus oder die Fortschreibung der Vergangenheit

Eben jener Weg, von dem Erhard Eppler immer wieder erklärt hat, er ergebe keine Zukunft mehr, hat sich doch als zukunftsträchtiger erwiesen, als viele von uns vor fünfzehn Jahren dachten. Durchaus erfolgreich wurde ein Zukunftskonzept propagiert, das auf die Fortsetzung des Fortschritts baut.[30]

---

[28] Vgl. die klassischen Beschreibungen im Blick auf drei Phasen der amerikanischen Gesellschaftsentwicklung bei *D. Riesman* u. a., The Loneley Crowd. A Study of the Changing American Character, New Haven 1950; *P. und B. Berger*, The Homeless Mind. Modernization and Consciousness, New York 1973; *R. N. Bellah* u. a., Habits of the Heart. Individualism and Commitment in American Life, New York 1985.

[29] Vgl. *J. Habermas*, Theorie des kommunikativen Handelns, Bd. 2, Frankfurt 1981, 447ff.

[30] Die beiden Bücher von *L. Späth*, Wende in die Zukunft. Die Bundesrepublik auf dem Weg in die Informationsgesellschaft, Reinbek 1985 und von *O. Lafontaine*, Die Gesell-

Es führte zu technologischen Innovationen, wirtschaftlichen Wachstumsraten und weltwirtschaftlichen Erfolgen. Doch es mobilisiert weiterhin die Steigerungsinteressen des *homo oeconomicus*, die mit den ökologischen Erhaltungsinteressen unvereinbar sind; nach wie vor leben die gegenwärtigen Generationen in den reichen Industrieländern auf Kosten der Natur, auf Kosten der Hungernden wie auf Kosten der Lebensbedingungen künftiger Generationen. Dieses Konzept verschärft zugleich die gesellschaftliche Spaltung [44] und die weltwirtschaftlichen Gegensätze. Es enthält keine Antwort auf die Frage nach dem Sinn des individuellen Lebens und nach dem Ziel gemeinschaftlicher Arbeit.

2. Fundamentalismus oder die Rückkehr in einfache Verhältnisse

Auf die Orientierungskrise in der Modernität antwortet ein vielfältig schattierter Fundamentalismus: dem religiösen Fundamentalismus christlicher, jüdischer oder islamischer Prägung steht der Fundamentalismus neuer Sekten und Jugendreligionen gegenüber; neben dem nationalistischen Fundamentalismus die Sehnsucht nach einer Gewißheit jenseits aller Fraglichkeit, nach einem einfachen Orientierungsmuster, in das alle Lebensfragen eingeordnet werden können, nach klaren Symbolen und zeichenhaften Taten. Der Fundamentalismus ist »die im Modernisierungsprozeß erzeugte und in seinen Krisenperioden stets neu belebte Versuchung der Regression in die Geborgenheit und Unmündigkeit«[31]. Der Fundamentalismus entzieht sich der Ambivalenz der Moderne durch eine autoritativ gesicherte Eindeutigkeit. Die unbedingte Anerkennung der Schriftautorität oder eines sakrosankten Weltbilds immunisiert ihn gegen jeden Zweifel. Er ermöglicht die eindeutige Scheidung zwischen Freund und Feind anhand bestimmter Bekenntnisformeln oder Zeichenhandlungen. Er entzieht sein Credo der kritischen Prüfung im Diskurs. Gewiß: er vermittelt dem einzelnen eine stabile Orientierung; doch es ist nicht eine Orientierung für diese, sondern für eine andere Welt. [45]

---

schaft der Zukunft. Reformpolitik in einer veränderten Welt, Hamburg 1988 sind dafür zwei prominente Beispiele.
[31] *Th. Meyer*, Fundamentalismus. Die andere Dialektik der Aufklärung, in: ders. (Hg.), Fundamentalismus in der modernen Welt, Frankfurt 1989, 13–22 (18); vgl. auch *Th. Meyer*, Fundamentalismus - Aufstand gegen die Moderne, Reinbek 1989. Es ist ein besonderes Verdienst von Th. Meyer, daß er für das deutsche Sprachgebiet eine politikwissenschaftliche und philosophische Debatte über den Fundamentalismus in Gang gebracht hat.

3. Postmodernismus oder das Lob der Vielfalt

»Postmoderne« ist im letzten Jahrzehnt zu einem vielfältig und beliebig verwendbaren Schlagwort geworden. Über seine ursprüngliche Anwendung auf die Bereiche von Architektur und Kunst hinaus wurde es in diffuser Weise ideenpolitisch eingesetzt.[32] Davon läßt sich ein präziser, vor allem von Jean-François Lyotard geprägter Sprachgebrauch unterscheiden.[33] Sein Motiv ist nicht die Flucht aus den Erfahrungen der Gegenwart, sondern deren Verarbeitung. Gekennzeichnet aber ist die Gegenwart vor allem dadurch, daß der einzelne völlig gegensätzlichen Eindrücken, Informationen und Ansprüchen zugleich ausgesetzt ist. Im Zeitalter des Flugverkehrs und der Telekommunikation stehen unvereinbare Welten ohne Abstand nebeneinander, ja durchdringen sich. Die Postmoderne ist also »diejenige geschichtliche Phase, in der radikale Pluralität als Grundverfassung der Gesellschaften real und anerkannt wird und in der daher plurale Sinn- und Aktionsmuster vordringlich, ja dominant und obligat werden«[34]. Der Postmodernismus verteidigt diese faktische Pluralität als Konzept. Er plädiert für eine Vielfalt unterschiedlicher Weltverständnisse, Sprachspiele und Lebensformen. Darin sieht er ein Unterpfand wirklicher Demokratie und ein Gegengift gegen alle totalitären Optionen. Er ist nicht am Konsens interessiert, sondern an der »Paralogie«, also an jener Vielfalt des Widerstreitenden, die nicht an den Grenzen der herkömmlichen Logik endet. Postmodernismus sieht es als seine Aufgabe an, die Sehnsucht nach einheitsstiftenden Mythen und Ideen zu durchbrechen, die Struktur radikaler Pluralität zu begründen und in ihrer internen Verfassung zu entfalten. Erst dann hat man die Höhe des Postmodernismus erklommen, wenn man die [46] Unmöglichkeit einheitsstiftender Mythen (beispielsweise der Emanzipation der Menschheit) nicht mehr als Verlust, sondern als Befreiung wahrnimmt.

---

[32] Auch die Kritik von Jürgen Habermas ist weihin an dieser diffusen Fassung orientiert; vgl. insbesondere *J. Habermas*, Die neue Unübersichtlichkeit, Frankfurt 1985.

[33] *J.-F. Lyotard*, Das postmoderne Wissen. Ein Bericht (1979), Graz/Wien 1986; *J.-F. Lyotard*, Der Widerstreit (1983), München 1987.

[34] *Welsch*, Unsere postmoderne Moderne, Weinheim 1988², 5.

4. Unvollendete Aufklärung oder die kritische Weiterführung des Projekts der Moderne

Der postmodernistische Abschied von allen Einheitswünschen und das Lob radikaler Vielfalt sind nur von einer Position aus möglich, die sich über das gelebte Leben erhebt. Sie spiegeln selbst noch einmal den Sieg der Gesellschaft als System über die Lebenswelt der Menschen. Denn ein gesellschaftliches System mag man ruhigen Gewissens deshalb loben, weil es für Pluralität offen ist und vielen Sprachspielen und Lebensformen Raum gewährt. Das ist ein Aspekt des Postmodernismus, dem man gerade derzeit in der Bundesrepublik durchaus mehr Gehör wünschen möchte. Doch für die Lebensorientierung der einzelnen trägt eine solche Auskunft nicht weit genug. Denn ein unter den Bedingungen der Endlichkeit lebender Mensch vermag sich nicht einfach in der unendlichen Vielfalt einzurichten; er muß unter den unbegrenzten Möglichkeiten eine Auswahl treffen, ja dafür vielleicht sogar nach Gründen suchen. Er kann Freiheit nicht mit schlechthinniger Beliebigkeit gleichsetzen. Denn solche Beliebigkeit eröffnet keine Identität. Vielmehr verhindert die einfache Ausdehnung der Prinzipien der Konsumfreiheit auf das Geistige gerade die geistige Bildung der Person.[35] Auch unter »postmodernen« Bedingungen fragen Menschen jedoch nach ihrer unverwechselbaren Identität wie nach dem Grund des Lebens. Sie fragen also, wie unter den Bedingungen moderner Pluralität Freiheit mit Bestimmtheit übereinkommen kann, wie also Selbstbestimmung aus Freiheit möglich ist. Auf diese Frage bleibt der Postmodernismus die Antwort schuldig; denn er versteht [47] Freiheit als Indifferenz.[36] Eben darum wäre es voreilig, das Projekt der Moderne zu verabschieden. Voreilig wäre es auch zu vergessen, was der Protestantismus in dieses Projekt eingebracht hat. Gefragt werden muß, wie das Projekt der Moderne in seiner Krise fortzuführen ist und was der Protestantismus dazu beitragen kann.

---

[35] Vgl. *F.-X. Kaufmann*, Wiederkehr der Religion? Über die Schwierigkeit des Christen in der modernen Kultur, in: EK 22, 1989, 22–26 (25); vgl. *F.-X. Kaufmann*, Religion und Modernität, in: J. Berger (Hg.), Die Moderne – Kontinuitäten und Zäsuren, Göttingen 1986 (Soziale Welt, Sonderband 4), 283–307.

[36] Auf diese Problematik hat in einer Auseinandersetzung mit *Niklas Luhmann* aufmerksam gemacht: *F. Scholz*, Freiheit als Indifferenz. Alteuropäische Probleme mit der Systemtheorie Niklas Luhmanns, Frankfurt 1982.

IV
Protestantische Reaktionen

Mit guten Gründen kann man zunächst feststellen, daß sich unterschiedliche Richtungen im gegenwärtigen Protestantismus mit allen skizzierten Lösungsmustern verbünden. Die Art des *Modernismus*, die »zukunftsfähige Herkunftsbestände« (H. Lübbe) zu sichern sucht, um aus der Fortschreibung der Vergangenheit doch noch Zukunft entstehen zu lassen, bestimmt über weite Teile den volkskirchlichen Protestantismus. Er orientiert sich an einem Leitbegriff (demjenigen der Volkskirche), der auch dort noch Stabilität verspricht, wo diese gar nicht mehr gegeben ist. Er vergewissert sich aufs neue einer einheitsstiftenden Funktion der Religion, die durch die Legitimitätskrise des säkularen Staates eine neue Relevanz erhält.[37]

Zugleich wächst das Gewicht und der Einfluß *fundamentalistischer* Strömungen in den evangelischen Kirchen vieler Länder. Sie verbinden Biblizismus und Bekehrungsgewißheit mit konservativen politischen Optionen und eindeutigen Freund-Feind-Unterscheidungen. Die Frontstellungen die-[48] ses *Fundamentalismus* haben sich wenig verändert, seit die amerikanische Schriftenreihe *The Fundamentals* in den Jahren 1910 bis 1915 der Richtung den Namen gegeben hat.[38] Die Abwehr von theologischem, kulturellem und politischem Liberalismus, die Ablehnung jeder historisch-kritischen Betrachtung christlicher Glaubensdokumente und die These von der Unfehlbarkeit der Bibel, die Bestreitung der Evolutionstheorie und die wörtliche Interpretation der biblischen Schöpfungserzählung, schließlich die Verdammung aller interreligiösen Dialoge und ökumenischen Bestrebungen bilden das Grundmuster, an dem sich die fundamentalistischen Abgrenzungen orientieren. Der Fundamentalismus verbindet eine zeitlos-rigorose Privatmoral mit einer ethikfreien Betrachtung der großen Institutionen von Industrie, Militär und Politik. Der Glaube an die Verbalinspiration der Bibel legitimiert den selektiven Umgang mit der gegenwärtigen Wirklichkeit.

---

[37] Daraus erklärt sich das plötzlich wachsende Interesse an Theorien über Zivilreligion; vgl. die deutschsprachigen Übersichten: *H. Kleger / A. Müller* (Hg.), Religion des Bürgers. Zivilreligion in Amerika und Europa, München 1986; *R. Schieder*, Civil Religion. Die religiöse Dimension der politischen Kultur, Gütersloh 1986; *R. Schieder*, Politische Kultur als Civil Religion?, in: ZEE 32, 1988, 107–118.

[38] Vgl. *N. Birnbaum*, Der protestantische Fundamentalismus in den USA, in: Th. Meyer (Hg.), Fundamentalismus in der modernen Welt, Frankfurt 1989, 121–154; *M. Stöhr*, Fundamentalismus - protestantische Beobachtungen, a. a. O. 231–247.

Darüber, was Fundamentalismus ist, sind die Anschauungen natürlich kontrovers. Ein und derselbe Theologe kann von den einen als Fundamentalist eingestuft, von den anderen für den Postmodernismus in Anspruch genommen werden. Das läßt sich besonders leicht an den kontroversen Urteilen über die Theologie Karl Barths illustrieren. Während die einen in ihr einen Rückfall in vormoderne fundamentalistische Positionen sehen[39], interpretieren andere Barths [49] späte Theologie als »Antwort auf die offene Frage der Postmoderne … , wie man die jeweilige Autonomie der unterschiedlichen Sprachspiele realisieren kann, ohne allen Zusammenhang zu verlieren«[40]. Das ist nur eines der Beispiele dafür, wie neuerdings Fragestellungen des *Postmodernismus* Eingang in die Theologie finden. Andere Beispiele sind die unkritische theologische Verdoppelung von Pluralismustheorien[41] oder das Lob religiöser Vielgestaltigkeit, das alle Traditionen theologischer Religionskritik mit einem souveränen Federstrich beiseite-

---

[39] Dafür wird immer wieder Dietrich Bonhoeffers Kritik an Barths »Offenbarungspositivismus« in Anspruch genommen – in völliger Mißachtung des Umstands, daß Bonhoeffer dieses Urteil im Rahmen der These ausspricht, daß Barth als erster die Aufgabe einer Interpretation des christlichen Glaubens im Horizont der Moderne – nämlich ohne »einen Raum für Religion in der Welt oder gegen die Welt auszusparen« – in Angriff genommen hat: D. *Bonhoeffer*, Widerstand und Ergebung. Neuausgabe München 1970, 306, 312, 359f. Eine Generalisierung des Bonhoefferschen Einwands findet sich insbesondere bei *W. Pannenberg*, Wissenschaftstheorie und Theologie, Frankfurt 1973, 266–277. Daß Barth mit den Mitteln der Moderne deren Legitimität zu bestreiten sucht, ist die These von T. Rendtorff und anderen; vgl. *T. Rendtorff*, Radikale Autonomie Gottes, in: ders., Theorie des Christentums, Gütersloh 1972, 161–181; *T. Rendtorff* (Hg.), Die Realisierung der Freiheit. Beiträge zur Kritik der Theologie Karl Barths, Gütersloh 1975; zuletzt *T. Rendtorff*, Karl Barth und die Neuzeit. Fragen zur Barth-Forschung, in: EvTh 46, 1986, 298–314. Auch aus einer externen Perspektive ist Karl Barth »Antimodernismus« attestiert worden, zuletzt z. B. von *O. Kallscheuer*, Ökumene welcher Moderne? Fünf Nachfragen zur Marschrichtung im antifundamentalistischen Kampf, in: Th. Meyer (Hg.), Fundamentalismus in der modernen Welt, Frankfurt 1989, 62–80 (65 und 76). – Kallscheuer hat an derselben Stelle auch mich unter die theologischen Antimodernisten gerechnet, weil ich in einer Auseinandersetzung mit einem hobbesianischen Staatsverständnis darauf beharrt habe, politische Theologie könne gar nicht vermeiden, den Ordnungsfrieden, den der Staat verbürgt, an einer ihm fremden Wahrheit zu messen (*W. Huber*, Politik der Definitionen. Thomas Hobbes und die neokonservative Staatstheorie, in: Merkur 470, April 1988, 323). Wenn freilich eine solche kritische Beziehung zwischen der Wahrheit des Glaubens und der politischen Wirklichkeit als »theokratische Überformung der politischen Ordnung« gilt, wird es für die Theologie mit einem *solchen* Verständnis der Moderne nur schwer ein Bündnis geben können. Ich würde das bedauern; doch einstweilen tröste ich mich, daß mir Kallscheuers Verdikt noch nicht als repräsentativ erscheint.

[40] *D. Korsch*, Postmoderne Theologie? Ein aktueller Blick auf die Kirchliche Dogmatik Karl Barths, in: ZfDT 4, 1988, 241–258.

[41] Vgl. beispielsweise *F. W. Graf*, Faszination der geschlossenen Kirche. Doch die Zukunft liegt in Öffnung und Vielgestaltigkeit, in: LM 27, 1988, 57–61.

schiebt.[42] Daneben begegnet auch der Vorschlag, die Postmoderne als
kritische Tradentin der christlichen wie der aufklärerischen Tradition zu
begreifen, [50] nämlich als einen Versuch, dem »Grundthema der Freiheit
... auf neue Weise Gestalt zu geben«[43]. Mit diesem zuletzt genannten Vorschlag wird jedenfalls die Fragestellung benannt, um deretwillen protestantische Theologie nicht nur nach der Entstehung der Moderne fragen
kann, sondern sich auch um deren Folgen bekümmern muß. Der Verantwortung für diese Folgen kann sie sich freilich gerade nicht durch das Aus-
rufen der Postmoderne entziehen; vielmehr muß sie im *kritischen Bündnis
mit der Moderne* nach verbindlichen Handlungsorientierungen in der Gegenwart suchen. Sie muß aus dem Projekt der Moderne den Impuls aufnehmen, der nach universalisierbaren Handlungsregeln fragt und gerade
nicht alle Sprachspiele und Lebensformen als gleich gültig stehen läßt.
Doch was kann der Protestantismus zu der Suche nach solchen Orientie-
rungen beitragen?

V

Protestantismus als Prinzip

Der Name des Protestantismus führt auf die »Protestation« zurück, ein
herkömmliches Mittel des alten Reichsrechts; mit ihm versuchten die re-
formatorisch gesonnenen Reichsstände auf dem Reichstag von Speyer
1529, gegenüber der kaiserlichen Religionspolitik den Freiraum für das reformatorische Bekenntnis zu erkämpfen. Als Konfessionsbezeichnung ist
dieser ursprünglich politisch-rechtliche Begriff zunächst von den Gegnern,
und zwar in abwertendem Sinn, verwendet worden. Nach dem Ende des
konfessionellen Zeitalters wurde er zum »weltlichen« Namen für die Anhänger der Reformation. In aller Regel akzentuiert er das reformatorische
Bekenntnis ineins mit seinen politischen Folgen[44]; er ruft in Erinnerung,
daß die in der Reformation er-[51]rungene Freiheit des Glaubens niemals
als bloße innerliche Freiheit zu haben ist. Das Gewicht der Bezeichnung

---

[42] Vgl. verschiedene Arbeiten von *Hermann Timm*, u. a. H. *Timm*, Zwischenfälle. Die religiöse Grundierung des All-Tags, Gütersloh 1986³.
[43] *T. Rendtorff*, Ethik in der Postmoderne: Bildet sich eine neue Diskussionlage?, in: ZEE 32,
1988, 129–131 (131).
[44] Vgl. *Heinz Gollwitzer*, Vorüberlegungen zu einer Geschichte des politischen Protestantismus nach dem konfessionellen Zeitalter, Opladen 1981 (Rheinisch-Westfälische
Akademie der Wissenschaften, Geisteswissenschaften, Vorträge G 253).

wächst im 19. Jahrhundert, als im Zusammenhang mit der preußischen Union »evangelisch« zu einem die innerprotestantische Differenz überwölbenden Sammelnamen erklärt werden sollte. Insbesondere der kirchliche Liberalismus (aber er nicht allein) machte sich nun in bewußter Pointierung den Namen des »Protestantismus« zu eigen; wie vor allem der »Protestantenverein« belegt. Das Eintreten für persönliche Gewissensfreiheit und für religiöse Toleranz, zugleich aber der Einsatz für Fortschritte der politischen und gesellschaftlichen Freiheit waren bestimmende Merkmale dieses protestantischen Selbstverständnisses.[45] Es begriff die evangelische Freiheit nicht nur als gesellschaftsstabilisierende Ideologie, wie man später kritisch feststellte, sondern vor allem als Anstoß zur Weiterentwicklung von Kultur und Politik.

Erst unter den Bedingungen moderner Pluralität stellt sich die Frage nach dem Spezifikum des Protestantismus scharf; erst jetzt wird gefragt, was denn das »Prinzip des Protestantismus« sei. Gegen den Versuch, dieses Prinzip in einem bestimmten Lehrsatz – etwa dem »Dogma von der freien Gnade Gottes« – zu finden, wird gleich zu Beginn des 19. Jahrhunderts Einspruch laut. Johann Philipp Gabler macht geltend, nicht ein Dogma, sondern die »evangelische Freiheit in Glaubenssachen« sei das »höchste protestantische Prinzip«, die »Basis alles Protestantismus«[46]. Gabler verbindet diesen Gedanken der Freiheit in Glaubenssachen – den auch ein reiner Rationalismus vertreten könnte – mit der Autorität der Heiligen Schrift als »einziger untrüglichen Richtschnur unseres Glaubens und Lebens«. Daß der Glaube in der Freiheit des Denkens zu verantworten ist: dieses Grundmotiv [52] bestimmt die Auffassungen vom Protestantismus unter den Bedingungen der Moderne. Von Hegel wird dies auf die knappe Formel gebracht, es sei das eigentümliche Prinzip des Protestantismus, »nichts in der Gesinnung anerkennen zu wollen, was nicht durch den Gedanken gerechtfertigt ist«[47].

Mit dieser Diskussion in den beiden ersten Jahrzehnten des 19. Jahrhunderts erfolgt eine Weichenstellung von weitreichenden Folgen. Auf sie geht die Vorstellung zurück, daß individuelle Freiheit das Prinzip des Pro-

[45] Vgl. E. Wolf, Protestantismus, in: RGG³ Bd. V, Tübingen 1961, 648–661.

[46] Die Rezensionen J.Ph. Gablers über eine Reformationspredigt von F. V. Reinhard, in: Journal für theologische Literatur 1, 1801, 569f, 588 werden zitiert von A. Ritschl, Über die beiden Principien des Protestantismus. Antwort auf eine 25 Jahre alte Frage (1876), in: ders., Gesammelte Aufsätze 1, Freiburg und Leipzig 1893, 234–247 (235).

[47] G. W. F. Hegel, Grundlinien der Philosophie des Rechts, Vorrede (Theorie-Werkausgabe 7, Frankfurt 1970, 27).

testantismus sei. Die Gleichsetzung evangelischer Freiheit mit der Freiheit des bürgerlichen Subjekts hat in dieser Neuformulierung des protestantischen Prinzips in der Frühzeit der bürgerlichen Gesellschaft ihren Grund. Wer heute vom »Ende des Protestantismus« redet, der meint zumeist, daß dieses individualistische Konzept an Relevanz verliert, weil auch seine soziale Grundlage sich auflöst: die nationalstaatlich verfaßte bürgerliche Gesellschaft. Doch um so wichtiger ist die Einsicht, daß die protestantische Form des Christentums sich nicht in dieser bürgerlichen Form erschöpft. Das war schon im 19. Jahrhundert überall dort bewußt, wo man – über den Hinweis auf das Freiheitsprinzip hinaus – nach den inhaltlichen Kennzeichen der protestantischen Glaubensweise gefragt hat.

Denn Hegels Formel für das protestantische Prinzip, daß nichts in der Gesinnung anerkannt werden dürfe, was nicht durch den Gedanken gerechtfertigt sei, hat die Frage keineswegs überflüssig gemacht, welche inhaltlichen Prinzipien den Protestantismus bestimmen. Schleiermacher hat darauf die Antwort gegeben, der Protestantismus mache »das Verhältnis des einzelnen zur Kirche abhängig von seinem Verhältnis zu Christo«, während für den Katholizismus das Umgekehrte gelte.[48] Schleiermachers Nachfolger August Twesten erst hat die Formel eingeführt, die seitdem zu einer [53] Lehrbuchautorität wurde, als stünde sie schon bei den Reformatoren: der Protestantismus sei bestimmt durch das Formalprinzip der Schriftautorität und das Materialprinzip der Rechtfertigung allein aus Glauben.[49] Friedrich Julius Stahl ist es dann gewesen, der diese Art der Fragestellung auf die politischen Wirkungen des Protestantismus übertragen hat. Er hat die Rechtfertigung aus Glauben als politisches Prinzip ausgelegt und daraus zwei politische Folgerungen abgeleitet: das selbständige göttliche Recht der Fürsten und die höhere politische Freiheit der Völker.[50] Dieses Beispiel zeigt, wie der freiheitliche Impuls dieser Auffassung vom Protestantismus alsbald restaurativ und auch nationalistisch umgebogen werden konnte. Diese Ambivalenz des Protestantismus als Prinzip mitsamt ihren verhängnisvollen politischen Folgen hat die dialektische Theologie dazu veranlaßt, alle kulturprotestantischen Kompromisse zurückzuweisen

---

[48] F. D. E. *Schleiermacher*, Der christliche Glaube, 2. Aufl. § 24 (hg. von M. Redeker, Bd. I, Berlin 1960, 137).

[49] A. *Twesten*, Vorlesungen über die Dogmatik der evangelisch-lutherischen Kirche nach dem Compendium des Herrn Dr. de Wette, Bd. 1, Berlin 1826, § 20.

[50] F. J. *Stahl*, Der Protestantismus als politisches Prinzip, Berlin 1853, zusammenfassend 11f; vgl. auch F. J. *Stahl*, Die gegenwärtigen Parteien in Staat und Kirche, Berlin 1863, 381ff.: »Der Protestantismus ist das Prinzip der neuen Weltepoche«.

und den Protestantismus wieder an die »evangelische Wahrheit« zu binden, nach welcher Jesus Christus das eine Wort Gottes ist, das wir hören, dem wir im Leben und im Sterben zu vertrauen und zu gehorchen haben.[51] Die Emphase, mit welcher der moderne Protestantismus die persönliche Freiheit des Glaubens hervorgehoben hatte, bedurfte der erneuerten Bindung an den, von dem erst die Freiheit des Glaubens ihren Grund und ihre Richtung erhält: den einen Christus als das Unterpfand der »Befreiung aus den gottlosen Bindungen dieser Welt zu freiem, dankbarem Dienst an seinen Geschöpfen«[52].

Doch jener Rückbesinnung des Protestantismus auf die [54] ihn bestimmenden »evangelischen Wahrheiten« ging eine Phase konsequenter Historisierung voraus, die ebenfalls keineswegs an Aktualität verloren hat. Es ist Ernst Troeltsch gewesen, der die Frage nach einem (zeitlosen) Prinzip des Protestantismus durch dessen historische Analyse ablösen wollte. Er arbeitete mit der Unterscheidung zwischen Alt- und Neuprotestantismus. Deren Differenz ergibt sich aus dem »Wegfall des landesherrlichen Zwangskirchentums und der darauf aufgebauten religiös bestimmten und staatlich aufrechterhaltenen Kultureinheit«[53]. Freilich bereitet bereits der Altprotestantismus diejenigen Entwicklungen vor, welche die entscheidenden Beiträge auch des Neuprotestantismus prägen werden. Die Verselbständigung der nationalen Staaten und Kulturen; die Befreiung des Wahrheitsbewußtseins und des Erkenntnisstrebens vom Traditionsprinzip und der damit verbundene religiöse Individualismus; schließlich die Beseelung des Systems der natürlichen Berufe mit christlicher Gesinnung: das sind die drei wichtigsten Auswirkungen des Altprotestantismus in den Sphären von Familie, Staat, Wirtschaft und Kultur. Der Neuprotestantismus aber mußte diese Impulse unter den Bedingungen einer Entkirchlichung der allgemeinen Kultur zur Wirksamkeit bringen. Das konnte nur durch »besondere christliche Gruppen« geschehen; in diesem Sinn korrespondiert der Entkirchlichung der Kultur notwendigerweise eine Verkirchlichung des christlichen Glaubens. Dabei steht der im wesentlichen konservativ-reaktionären

[51] So die These I der Barmer Theologischen Erklärung von 1934 (A. Burgsmüller / R. Weth (Hg.), Die Barmer Theologische Erklärung, Neukirchen 1983, 34).

[52] Barmen II (a. a. O. 35).

[53] E. Troeltsch, Protestantismus im Verhältnis zur Kultur, in: RGG[1] Bd. IV, Tübingen 1913, 1912. Vgl. die ausgearbeitete Gestalt der in diesem Artikel knapp zusammengefaßten Gedanken insbesondere in: E. Troeltsch, Die Bedeutung des Protestantismus für die Entstehung der modernen Welt, München 1911[2], Nachdruck Aalen 1963; E. Troeltsch, Protestantisches Christentum und Kirche in der Neuzeit, in: Die Kultur der Gegenwart I/IV, Berlin und Leipzig 1909[2], Sonderdruck 1922.

Ausrichtung des Luthertums und der demokratisch-sozialreformerischen Ausrichtung des Calvinismus die Denkweise des freien Protestantismus gegenüber, der auf eine neue Verbindung des Protestantismus mit der modernen Kultur hofft und an [55] ihr arbeiten will. In resignativem Ton fügt Troeltsch hinzu, daß in dieser Gruppe natürlich die verschiedensten Meinungen und Hoffnungen herrschen.[54] Damit wirft auch seine Darstellung die Frage auf, welcher Grund, welches Kriterium, welches Motiv den Umgang des Protestantismus mit der »modernen Kultur« bestimmen soll. Vor einer Antwort scheut Troeltsch zurück.

So stark er von Ernst Troeltsch beeinflußt ist – im Verständnis des Protestantismus geht Paul Tillich einen anderen Weg. Er unterscheidet zwischen dem Protestantismus als Prinzip und dem Protestantismus als Verwirklichung.[55] Tillichs Ausgangsfrage ist (ganz in der Linie Troeltschs), wodurch der Protestantismus sich als eine spezifische – und zwar eine spezifisch neuzeitliche – Form des Christentums auszeichnet. Zunächst kann man das Spezifikum des Protestantismus in seinem kritischen Impuls sehen: ihn kennzeichnen der Protest gegen die institutionelle Verwaltung der Wahrheit. Er ist insofern die kritische Gestalt des Christentums. Nun muß man jedoch zwischen zwei Arten der Kritik unterscheiden. Der rationalen Kritik, die sich am Maßstab eines durch die Vernunft hervorgebrachten Ideals orientiert, steht die prophetische Kritik gegenüber, die sich an einem Standort jenseits aller Gestaltung, jenseits des Lebens orientiert. Rationale Kritik beruft sich gegenüber den Gestalten geschichtlichen Seins auf die Überlegenheit des Geistes; prophetische Kritik wurzelt »in dem Erschüttertsein des Lebens und des Geistes durch das, was jenseits beider liegt«[56]. Im Protestantismus erscheint eine solche [56] Form der Kritik deshalb als möglich, weil er sich auf eine Bestimmung des Lebens und des Geistes zurückbezieht, die in einem radikalen Sinn als unverfügbar gelten muß: die Bestimmung durch Gnade. Die Gestalt der Gnade ist die Voraussetzung einer prophetischen Kritik, welche die rationale Kritik in sich aufzunehmen vermag. Durch den Gedanken der prophetischen Kritik bahnt Tillich

---

[54] *Troeltsch*, RGG[1] Bd. IV, 1920.

[55] So kann man (mit *Wolf*, RGG[3] Bd. V, 648f) Tillichs terminologisch unschärfere Unterscheidung zwischen kritischem und gestaltendem Prinzip präzisieren. Vgl. den Aufsatz von 1929: *P. Tillich*, Der Protestantismus als kritisches und gestaltendes Prinzip, in: Der Protestantismus als Kritik und Gestaltung, Stuttgart 1962 (Gesammelte Werke VII), 29–53 (auch als Siebenstern Taschenbuch 1966). Im Folgenden greife ich zurück auf *W. Huber*, Prophetische Kritik und demokratischer Konsens, in: ders., Konflikt und Konsens. Studien zur Ethik der Verantwortung, München 1990.

[56] *Tillich*, 30.

sich den Zugang zu jenem Begriff der Theonomie, der zum neuzeitlichen Verständnis von Autonomie nicht einfach im Verhältnis der Konkurrenz, sondern in dem der Begründung steht. Der Gedanke einer Selbstgesetzgebung der menschlichen Vernunft gewinnt seine Tiefe, erfährt aber auch seine Begrenzung von der Einsicht her, daß der Mensch ein über sich selbst hinausweisendes und hinausgehendes, ein durch die Gegenwart der Gnade zur Selbsttranszendenz befähigtes Wesen ist. Diese Selbsttranszendenz geht in keiner Form protestantischer Gestaltung, in keiner Verwirklichung auf; sie ist aber auch nicht ein »Wesen« des Protestantismus, das auf dem Weg der Abstraktion aus seinen Gestaltungsformen abgeleitet werden kann. Sie bildet den unverrechenbaren Grund aller Erscheinungsformen des Protestantischen.

An Tillich anknüpfend, hat Ernst Wolf im Rückgang auf das reformatorische Verständnis des Glaubens diesen Gedanken des protestantischen Prinzips radikaler zu fassen versucht. Den Grund, warum das Wesen des Protestantismus nicht einfach aus dessen Verwirklichungsformen abgelesen werden kann, findet er darin, daß die Selbsttranszendenz des Menschen im Glauben als Widerspruch erfahren wird: als Widerspruch zwischen der radikalen Bestimmungswidrigkeit des menschlichen Wesens vor Gott und der Gnadentat Gottes, in der sich die Bestimmung zu wahrem Menschsein erfüllt. Jeder Versuch, aus den Gestaltungsformen des Protestantismus auf sein Wesen zu schließen, verharmlost die Einsicht in die Bestimmungswidrigkeit der menschlichen Existenz. Doch jede Weigerung, sich durch das protestantische Prinzip zu kirchlichen wie gesellschaftlichen Verwirklichungen veranlaßt zu sehen, sperrt sich gegenüber dem konkret-gesellschaftlichen Sinn, der mit der Einsicht in die menschli-[57]che Bestimmungswidrigkeit wie in die Befreiung aus ihr verbunden ist.

VI
Die Gleichursprünglichkeit von Individualität und Sozialität

Blickt man auf die Entwicklung der Diskussion, wie sie durch die Namen von Ernst Troeltsch, Paul Tillich und Ernst Wolf gekennzeichnet ist, so muß man einen Rückschritt darin erkennen, daß der Protestantismus neuerdings wieder auf seinen Charakter als individualistische Gewissensreligion fixiert wird. Nichts anderes aber geschieht, wenn das wesentliche Moment der Religion im allgemeinen wie des Protestantismus im besonderen allein in der Selbsttranszendenz des (selbstreflexiven) Subjekts gefunden wird. Eben darin aber liegt die Pointe von Trutz Rendtorffs Überlegungen zum Verhältnis von Religion und Moderne. Was dabei die Beerbung Ernst Troeltschs betrifft, so schließt eine derartige Betrachtung vor allem an Troeltschs affirmatives Verhältnis zur Mystik und an die Selbstcharakterisierung seiner Theologie als »spiritualistisch« an.[57]

Das Projekt der Moderne ist für Trutz Rendtorff im wesentlichen durch den Prozeß der Selbstreflexion gekennzeichnet, auf den Wilhelm von Humboldt mit der schon zitierten Metapher vom doppelten Menschen verwies. Kenn-[58]zeichnend für das neuzeitliche Selbstverständnis des Menschen ist also der Schnitt zwischen der unmittelbaren Wahrnehmung dessen, was wir schon immer sind, und der bewußten Stellungnahme zu dem, was wir sind oder werden möchten. Eben in dieser Selbstreflexion, in dieser Fähigkeit zur Differenz zwischen der Unmittelbarkeit des Lebens und der Stellungnahme zu ihm, hat die Freiheit des Menschen ihren Ort. Sie wird als unbedingte, jeder fremden Verfügung entzogene Freiheit begriffen. Die Unbedingtheit dieser Freiheit aber fordert geradezu, daß sie auf keine Begründungen philosophischer oder kultureller, gesellschaftlicher oder politischer Art angewiesen ist. Das Projekt der Moderne kann also »nicht dasjenige in sich aufheben, was die Gewißheit dieses Grundvertrauens hervorruft«[58]. Eben diese »Gewißheit des Grundvertrauens« aber ist – in einer freilich von Rendtorff nicht näher explizierten Weise – begründet in der »Wahrheit des Glaubens, die nicht an Bild und Gestalt einer Institution abgegeben werden kann, sondern nur im Selbstvollzug und Selbstverhältnis des Menschen erfaßt werden kann«[59]. Deshalb verbindet sich bei Rendtorff eine durch und durch affirmative Verhältnisbestimmung von Religion und Moderne mit einer durch und durch innerlichen,

---

[57] In einer nachträglich eingefügten Anmerkung (Anm. 504a) nimmt Troeltsch im Anschluß an die These, Richard Rothe habe den Spiritualismus als das notwendige Ergebnis der Entwicklung des Christentums dargestellt, eine Gruppierung der protestantischen Theologie seiner Zeit vor. In diesem Zusammenhang heißt es: »Die sog. *religionsgeschichtliche Schule* lenkt völlig zum Spiritualismus zurück und ist daher kirchlich ›impotent‹. Meine eigene Theologie ist sicherlich spiritualistisch, sucht aber eben deswegen dem historischen und dem damit verbundenen kultisch-soziologischen Moment Raum zu schaffen. Die Schwierigkeiten eines solchen Unternehmens sind mir natürlich wohlbekannt« (Die Soziallehren der christlichen Kirchen und Gruppen, Tübingen 1922², Nachdruck Aalen 1965, 936). An diese Bemerkung Troeltschs hat Trutz Rendtorff bei seinem Vortrag vor der Ernst-Troeltsch-Tagung im September 1988 angeknüpft.

[58] *T. Rendtorff*, Die Religion in der Moderne – die Moderne in der Religion, in: ThLZ 110, 1985, 561–674 (571).

[59] A. a. O. 572.

am Ort des individuellen Menschen verankerten Fassung des Begriffs der Religion. Oder pointierter: Die Weltlosigkeit der Wahrheit des Glaubens ist die Bedingung für das affirmative Verhältnis zwischen Religion und Moderne. Das führt zu einer Konzeption, nach welcher der Ort des Protestantismus der individuelle Mensch und die Aufgabe des Protestantismus die Apologie der individuellen Freiheit ist.[60]

[59] Trutz Rendtorff erläutert dieses Programm in eindrücklichen Formulierungen. Doch bleibt es nach meiner Überzeugung hinter den Aufgaben zurück, die dem Protestantismus heute gestellt sind. Es bindet sich an eine Auffassung von Freiheit, deren Grenzen uns heute deutlich vor Augen stehen müßten. Es knüpft die Freiheit des Christen an die Individualität des Menschen, anstatt diese Freiheit in der Gleichursprünglichkeit von Individualität und Sozialität zu verankern. Nicht die individuelle, sondern die kommunikative Freiheit aber ist es, die der Protestantismus in der gegenwärtigen Krise der Moderne zur Geltung zu bringen hat. In drei knappen Schritten will ich diesen Gedanken entfalten.

1. In einer Zeit massenhafter Gewalt gegen Menschen wie gegen die außermenschliche Natur muß jedes Reden von Freiheit sich vor dem Faktum verweigerter und zerstörter Freiheit verantworten. Es muß sich auf die Erfahrung der Gewalt einlassen, die heute vornehmlich von Frauen oder von Kindern, von Hungernden oder von den Opfern von Umweltzerstörungen gemacht werden. Jedes Reden von Freiheit muß sich daran auszuweisen suchen, wie es selbst am Harren der Kreatur auf die noch ausstehende »herrliche Freiheit der Kinder Gottes« (Röm 8,18ff) partizipiert. Das »Plädoyer für das Geltenlassen der Freiheit« aber bleibt hinter dieser Aufgabe zurück.

---

[60] Das führt zu folgender Bestimmung des Verhältnisses von Religion und Moderne: Es ist »unendlich wichtig, daß die Kirche als Sachwalterin der Religion heute begreift, daß sie damit zugleich Sachwalterin der Moderne ist, und das genau in dem Sinne, in dem sie mit ihrem Wort und ihren Gedanken dafür einzustehen hat, daß die Freiheit und dignitas des Menschen, aus der die Moderne ihre Kraft zieht, nur dann wahrhaft zur Geltung kommen kann, wenn sie unbedingt gilt. Und dies, unbedingt gelten, kann sie nur am Orte des individuellen Menschen, des Menschen, von dem zu wissen ist, daß er nicht im Vorhandenen aufgeht. Deswegen kann und darf er durch keine Definition, sei es seines Begriffs oder sei es seiner Verhältnisse, abschließend erfaßt, bestimmt und eingeordnet werden, es sei denn durch eine solche Selbstdefinition, zu der er für sich selbst und somit auf von anderen Menschen unbedingte Weise gelangt. Die Kirche ist dafür da, daß das Anheben und das je neue Beschreiten solcher Wege der offenen Menschlichkeit in einer inneren Freiheit geschehen kann, über die niemand verfügt, die die Gabe des Glaubens an die Hoffnung der Neuzeit ist. ... Die Apologetik des Christentums ist in Wahrheit darum eine Apologetik der Freiheit, genauer ein Plädoyer für das Geltenlassen der Freiheit, die den Unterschied ausmacht zwischen dem, was den Menschen zum Menschen macht und dem, was er auf nur vorläufige und korrigierbare Weise selbst daraus machen kann« (ebd.).

Obwohl es die unbedingte Geltung der Freiheit einschärft, vergißt es den
Protest gegen die Zerstörung der Freiheit. Auch wenn man unterscheiden
muß [60] zwischen der unverfügbaren Freiheit, die den Menschen zum
Menschen macht, und den vorläufigen Gestalten, die Menschen ihrer Freiheit geben, so muß man doch auch wissen: wo die vorläufige Gestalt der
Freiheit verweigert wird, dort wird auch der Zugang zur unverfügbaren
Freiheit versperrt.[61] Auch die Berufung auf eine Freiheit, die alles Vorhan-
dene transzendiert, rechtfertigt nicht eine Affirmation des Bestehenden, die
den Protest gegen die Zerstörung der Freiheit vergißt. Christlicher Theologie erschließt sich die Klage über die Zerstörung der Freiheit und der
Kampf um Befreiung von der Einsicht, daß für sie der Ort der menschlichen Freiheit und Würde nicht der *individuelle* Mensch ist, sondern der
eine Mensch am Kreuz. Deshalb ist alle Rede von der Freiheit des Menschen vor der Ohnmacht derer zu bewähren, denen ihre Würde bestritten
und ihre Freiheit geraubt wird. Von einer innerlichen Freiheit des Glaubens kann überzeugend nur dann geredet werden, wenn diese Rede zugleich zu dem Kampf um die äußerliche Freiheit derer beiträgt, denen es
daran fehlt. Es mag schon sein, daß die »Innerlichkeit« bei manchen zu
Unrecht verpönt und verleumdet ist.[62] Doch diesem Schicksal wird sie erst
dann entgehen, wenn die Schönheit des innerlichen Lebens nicht länger als
Kompensation für die Miserabilität der äußerlichen Verhältnisse mißbraucht, sondern als Quelle praktizierter Solidarität erkannt wird.

2. Solange eine protestantische Reflexion der Moderne den Schritt von
der individuellen zur kommunikativen Freiheit nicht vollzieht, bleibt sie
hinter ihren Möglichkeiten zurück. Jürgen Moltmann hat vorgeschlagen,
sich diesen Zusammenhang so zu vergegenwärtigen, daß man die Entwick-
lungsschritte der protestantischen Auffassungen von Freiheit nachvoll-
zieht: Aus dem Rechtfertigungsglauben der Refor-[61]mation entwickelt
sich im Zeitalter der Aufklärung die Religion persönlicher Freiheit und im
Zeitalter der Ökumene die Religion der Gemeinschaft. Zwar bleibt auch
heute die Einsicht in die persönliche Dimension der Freiheit ein hohes Gut;
doch zugleich prägt in unserer Gegenwart die ökumenische Solidarität in
wachsendem Maß das Glaubensverständnis evangelischer Christen.[63] Was

---

[61] Jedenfalls sollte man sich nicht auf Dietrich Bonhoeffers Unterscheidung zwischen den
vorletzten und den letzten Dingen berufen, ohne diesen Zusammenhang zu sehen: vgl. *D.
Bonhoeffer*, Ethik, München 1966[7], 128ff, inbesondere 142ff.

[62] *Rendtorff*, Die Religion in der Moderne - die Moderne in der Religion, 572.

[63] *J. Moltmann*, Freiheit in der Kirche, in: Reformierte Kirchenzeitung 129, 1988, 211–215;
vgl. auch *J. Moltmann*, Was ist heute Theologie?, Freiburg 1988.

Moltmann in einleuchtender Weise als geschichtliche Abfolge darstellt, muß jedoch zugleich auf seinen ursprünglichen Zusammenhang befragt werden können. Der Blick muß sich also noch einmal auf die Reformation zurückwenden mit der Frage, wie ihr Freiheitsverständnis zu deuten sei.

Meine These heißt: Gerade das reformatorische Freiheitsverständnis ist durch die Gleichursprünglichkeit von Individualität und Sozialität gekennzeichnet. Die Reformation versteht Freiheit als kommunikative Freiheit. Will man die Impulse der Reformation in unserer Gegenwart aufnehmen, kann man Freiheit und Solidarität deshalb nicht beziehungslos nebeneinander stellen oder gar gegeneinander ausspielen; man muß sie vielmehr in ihrem unlöslichen Zusammenhang sehen.

Ich will diese These, die an sich eine lange Erörterung erfordert, nur an einem Beispiel aus der Theologie Martin Luthers verdeutlichen. In zwei Sermonen des Jahres 1519 legt Luther sein Verständnis der Taufe und des Abendmahls dar. An den beiden Sakramenten beschreibt er die Konstitution christlicher Existenz. Das tut er in der Form, daß er an der Taufe das individuelle Moment christlichen Lebens, am Abendmahl aber dessen gemeinschaftliches Moment auslegt.

Die *Taufe*[64] ist die Geburt des neuen Menschen und damit zugleich der Beginn eines lebenslangen Neuwerdens. Sie eig-[62]net also diejenige Freiheit zu, die durch keine meiner Taten endgültig verstellt werden kann. Sie verbürgt denjenigen gnädigen, tröstlichen Bund Gottes mit jedem Menschen, durch den die gesamte Lebensgeschichte unter das Urteil der göttlichen Barmherzigkeit tritt. Sie eignet die Freiheit von der Sünde zu, die unter den Bedingungen irdischer Existenz nur durch die tägliche Absage an die Sünde beantwortet werden kann, weil sie sich erst in der Zukunft Gottes in ihrer vollen Herrlichkeit zeigen wird. Die Taufe akzentuiert denjenigen Aspekt der Zugehörigkeit zur weltweiten Christenheit, in dem es um die persönliche Zueignung der Gnade, die Aufnahme der unverwechselbaren, individuellen Person in den gnädigen Bund Gottes geht. Die Taufe symbolisiert die *Individualität aus Freiheit.* Sie spricht eine Würde zu, die weder durch die eigenen Taten noch durch die Machtansprüche anderer geraubt werden kann.

---

[64] M. *Luther*, Ein Sermon von dem heiligen hochwürdigen Sakrament der Tuafe, in: M. Luther, Studienausgabe, Bd. 1, Berlin 1979, 258–269; vgl. die eindringliche Darstellung von Luthers Tauflehre, auch auf Grund anderer Schlüsseltexte, bei G. *Scharffenorth*, Den Glauben ins Leben ziehen. ... Studien zu Luthers Theologie, München 1982, 71ff.

Das *Abendmahl*[65] eröffnet die Vereinigung und ungeteilte Gemeinschaft der Heiligen. Brot und Wein sind Zeichen der »Einleibung« in Christus und seine Heiligen; sie bezeugen die Zugehörigkeit zu dem geistlichen Körper, den Christus mit allen Heiligen bildet. Das Abendmahl begründet eine Gemeinschaft, in der keiner etwas für sich behält, weil alle geistlichen Güter miteinander geteilt werden; sie sind nicht individuelle, sondern gemeinschaftliche Güter. Das Eingeleibtsein in diese Gemeinschaft findet seinen Ausdruck in der vorbehaltlosen, solidarischen Geschwisterlichkeit, von der Jesu Gleichnis vom Weltgericht redet.[66] Sie zeigt sich darin, daß man den Geringsten zukommen läßt, was ihnen um Christi willen gebührt; sie zeigt sich aber auch darin, daß der Leidende seine eigene Hilflosigkeit und Bedürftigkeit in die Gemeinde bringt und Hilfe sucht »bei dem ganzen Haufen [63] des geistlichen Körpers«. »Einer trage des anderen Last, so werdet ihr das Gesetz Christi erfüllen« ist der Grundsatz dieser Sozialität aus Freiheit.[67] Das Abendmahl akzentuiert denjenigen Aspekt der Zugehörigkeit zur weltweiten Christenheit, in dem es um die gemeinschaftliche Zueignung des Heils, die Prägung der Gemeinde durch den gnädigen Bund Gottes geht. Das Abendmahl symbolisiert die *Sozialität aus Freiheit*. Sie trägt den Charakter vorbehaltloser wechselseitiger Solidarität.

Die Gleichursprünglichkeit von Individualität und Sozialität und deshalb die Zusammengehörigkeit von Freiheit und Solidarität sind bei Luther im Leben und Sterben Christi begründet. Sie wird erkennbar zugeeignet in den beiden Zeichenhandlungen, in denen die Leiblichkeit des Glaubens erfahren wird: durch das Wasser, in dem der alte Mensch ersäuft und aus dem der neue herausgezogen wird, durch Brot und Wein, in denen das Leben Christi und sein Sterben in der Gemeinschaft der Glaubenden erinnert werden. Die elementaren, sinnlich erfahrbaren und leibhaft spürbaren Vollzüge des Glaubens versinnbildlichen diejenige Freiheit, in der Individualität und Sozialität unlöslich zusammengehören.

3. Daran gemessen, bewirkte die individualistische Umdeutung der evangelischen Freiheit im modernen Protestantismus eine ungeheure Verarmung; es ist kein Zufall, daß sie sich mit einer Verdrängung der Abend-

---

[65] *M. Luther*, Ein Sermon von dem hochwürdigen Sakrament des heiligen wahren Leichnams Christi und von den Bruderschaften, StA 1, 270–287. An diesem Sermon Luthers knüpft das Kirchenverständnis Dietrich Bonhoeffers in zentralen Aspekten an; vgl. *D. Bonhoeffer*, Sanctorum Communio. Eine dogmatische Untersuchung zur Soziologie der Kirche, hg. von J. von Soosten, München 1986 (DBW 1), 117ff.

[66] Mt 25,40 wird zitiert StA 1, 275, 4f.

[67] Gal 6,2 wird zitiert StA 1, 276, 25f.

mahlsfrömmigkeit verband. Sie ging zugleich mit einem Kirchenverständnis einher, das die Aufgabe der Kirche in der Begleitung und Betreuung der einzelnen sah; die Kirche des modernen Protestantismus trug viele Züge einer Betreuungskirche, in der das Priestertum aller Gläubigen keinen Raum mehr fand. Die ökumenischen Erfahrungen unseres Jahrhunderts eröffnen die Chance der Befreiung aus diesen Verarmungen und Verengungen. Sie lassen uns verdrängte Einsichten der Reformation neu entdecken: das Abendmahl als Einleibung in den geistlichen Körper der Christenheit ebenso wie den Über-[64]gang von der Betreuungskirche zur Beteiligungskirche[68], von der repräsentativen Kirche zur präsenten Kirche[69], von der besitzenden Kirche zur solidarischen Kirche. Die Frage, vor der wir heute stehen, heißt, ob wir aus solchen Ansätzen und Erfahrungen Konsequenzen ziehen, die über den Binnenraum der Kirche hinausweisen und die Krisenphänomene der Moderne zu erreichen vermögen. In vier Dimensionen habe ich diese Krisenphänomene dargestellt: im Blick auf Wissenschaft, Ökonomie, Politik und Lebensführung. Worin liegen, so frage ich zum Schluß, Konsequenzen aus einem neu zu erschließenden Verständnis solidarischer Freiheit für diese vier Bereiche?

Die *Freiheit der Wissenschaft* wird dann vereinbar mit Solidarität, wenn sie die Lebensbedingungen künftiger Generationen genauso ernst nimmt wie die Steigerungsinteressen der jetzt Lebenden. Sie wird dann human, wenn sie sich den Abbau der Gewalt gegenüber der Natur ebenso zum Ziel setzt wie den Abbau der Gewalt gegen Menschen. Sie wird dann verantwortungsfähig, wenn sie Kriterien und Instrumente dafür ausbildet, daß im Bereich der Wissenschaft unterschieden werden kann zwischen dem, was der Mensch kann, und dem, was er tut.

Die *Freiheit wirtschaftlichen Handelns* wird dann vereinbar mit Solidarität, wenn die Ideologie der Moderne verabschiedet wird, nach der die Optimierung des individuellen Nutzens auch dem kollektiven Nutzen am meisten dient. Die Beispiele, die diese Ideologie widerlegen, nötigen dazu, daß neue Rahmenbedingungen wirtschaftlichen Handelns demokratisch festgelegt werden. Zu ihren Maßstäben muß neben der Wirtschaftlichkeit

---

[68] Im Gedanken des Übergangs von der Betreuungskirche zur Beteiligungskirche weiß ich mich mit J. Moltmann verbunden; vgl. *J. Moltmann*, Kirche in der Kraft des Geistes, Neuausgabe München 1988 und *W. Huber*, Kirche, Neuausgabe München 1988.

[69] Das ist eine einleuchtende Ausdrucksweise von Heinz Zahrnt, die Erhard Eppler aufgenommen hat; vgl. *H. Zahrnt*, Warum ich glaube, München 1977, 367 und *E. Eppler*, Wege aus der Gefahr, Reinbek 1981, 228ff.

die Umweltverträglichkeit, die Demokratieverträglichkeit und die internationale Verträglichkeit wirtschaftlichen Handelns gehören.

[65] Der Nachweis *politischer Freiheit* kann heute nicht dadurch schon erbracht werden, daß auf das Funktionieren demokratischer Institutionen innerhalb der einzelnen Staaten verwiesen wird. Die Schlüsselfrage heißt vielmehr, ob es gelingt, die Grundbedingungen von Gerechtigkeit und Frieden im internationalen System durchzusetzen. Faire Austauschbedingungen zwischen Industriestaaten und Dritter Welt und deshalb ein umfassender Schuldenerlaß, eine aktive Friedenspolitik und deshalb drastische Rüstungsreduktionen sind dafür die entscheidenden Signale.

Der Protestantismus muß in der Krise der Moderne zum Verständnis menschlicher *Lebensführung* etwas anderes beitragen als die Apologie der individuellen Freiheit. Sein Beitrag muß auf eine Gestalt menschlichen Lebens zielen, in der solidarische, kommunikative Freiheit wirklich wird. Der Beitrag des Protestantismus zur Theorie der Lebensführung kann mit guten Gründen nicht länger auf das Modell der Konkurrenz bezogen sein, also auf die religiöse Legitimation einer Lebensform, in der die Leistung, mit der ich die andern überflügele, als Beweis meiner Erwählung durch Gott gilt. Der Beitrag des Protestantismus zur Theorie der Lebensführung kann sich statt dessen mit guten Gründen am Modell der Konvivenz orientieren[70], also an der Frage, wie ich die Möglichkeiten, die Gottes tröstlicher, gnädiger Bund mir gibt, in den Dienst gelingenden gemeinsamen Lebens stelle.

Ein Protestantismus, der sich in den Dienst solcher Aufgaben stellt, ist nicht am Ende. Er hat entscheidende Aufgaben vor sich.

---

[70] Vgl. *Th. Sundermeier*, Konvivenz als Grundstruktur ökumenischer Existenz heute, in: W. Huber, D. Ritschl, Th. Sundermeier, Ökumenische Existenz heute, Bd. 1, München 1986, 49–100.

Ethik als Kontroverswissenschaft am Beispiel des Freiheitsbegiffs

OSWALD BAYER

A. EINFÜHRUNG

Das Leben überhaupt und mit ihm auch die Wissenschaft ist nur im Übersetzen: im freien Hören auf das, was vor uns gesagt ist, und im freien Antworten darauf. Auch die Arbeit der Ethik als wissenschaftlicher Disziplin bewegt sich in solchem Spielraum zwischen Hören und Reden, zwischen Empfangen und Überliefern. Es gibt keinen direkten Zugang zur Wahrheit, kein ursprüngliches Denken, das unmittelbar mit dem Anfang anfangen könnte. Die Wahrheit, nach der zu fragen die Wissenschaft von ihren Anfängen her verpflichtet ist, läßt sich nicht in vermeintlich reinem Denken apriorisch erinnern und konstruieren, sondern sich nur in apriorisch zufälligen und aposteriorisch notwendigen Ereignissen sowie in der Auseinandersetzung mit ihnen suchen und finden — finden freilich nur in immer vorläufiger, in immer revidierbarer Weise; denn all unser Erkennen ist Stückwerk.

In dem bezeichneten Spielraum zwischen Hören und Reden, Beurteiltwerden und Beurteilen finden wir uns in dieser Welt nicht in einem Raum prästabilierter Harmonie vor, sondern in einem Streitraum, einem Raum der Kontroversen, im Konflikt der Interpretationen. Wir müssen, nachdem wir gehört haben, ja schon im Hören selbst, Stellung beziehen — nicht endgültig, wie ich schon betonte, vielmehr in einer Weise, die bei allem Ernst und Einsatz der letzten Vorläufigkeit alles Urteilens bewußt bleibt.

Den damit nur ganz kurz angedeuteten Begriff der Ethik als Kontroverswissenschaft möchte ich nun nicht auf der Metaebene der Wissenschaftstheorie entwickeln, wie ich dies an verschiedenem Ort schon getan habe *. Ich möchte vielmehr solche Entwicklung voraussetzen und seine Leistungsfähigkeit gleich paradigmatisch unter Beweis stellen. Dazu wähle ich kein beliebiges Beispiel, sondern eines, von dem angenommen werden darf, daß möglichst viele Zeitgenossen ihre Grundbefindlichkeit und Grundproblematik in ihm erkennen und deshalb daran interessiert sind, mitzudenken und im Konflikt der Interpretationen selbst Stellung zu nehmen. Ich wähle als besagtes Grundthema das Thema der Freiheit.

B. AUSFÜHRUNG

Die leidvolle und schmerzhafte Geschichte der nicht zuletzt aus konfessionellen Gründen geführten Religions- und Bürgerkriege vor allem in Frankreich und England nötigte dazu, jenseits oder diesseits positiver und damit faktisch immer partikularer Konfession nach einem reinen Wesen des Christentums zu suchen: „Luthrisch, Päpstisch und Calvinisch, diese Glauben alle drei / Sind vorhanden; doch ist Zweifel, wo das Christentum dann sei" [1]. Sie nötigte des weiteren dazu, nach einer universalen, alle Menschen vereinenden natürlichen Religion zu fragen — auf alle Fälle aber: nach einem Natur- und Menschenrecht, das gilt, „auch wenn wir annähmen..., daß kein Gott sei" (etiamsi daremus ... non esse Deum" [2]). Dieser lebensnotwendige Rückgang auf Allgemeinmenschliches, das die Geltungsansprüche positiver Bestimmungen zu schlichten und darin vernünftig zu sein beansprucht, spitzt sich am Ende des 18. Jahrhunderts in der Transzendentalphilosophie Immanuel Kants auf einen letzten Punkt zu.

---

* Vgl. bes. *Umstrittene Freiheit. Theologisch-philosophische Kontroversen* (Universitäts-Taschenbücher 1092), Tübingen 1981, vor allem: 152—161 („Kommunikative Urteilsform").

[1] *Friedrichs v. Logau Sämmtliche Sinngedichte*, hg. v. G. Eitner, 1872, Bibliothek des litterarischen Vereins in Stuttgart, CXIII, 246 (Unter der Überschrift „Glauben" im 2. Tausend, im 1. Hundert, Nr. 100).

[2] H. G r o t i u s, *De Jure Belli ac Pacis libri tres...* (1625 [1]), Amstelaedami 1712, VIII.

ɪ

Dieser Punkt, die Mitte der Philosophie Kants, läßt sich im Zusammenhang der drei Fragen erkennen, in deren Ausarbeitung sich für Kant die eine Frage, was der Mensch und die Menschlichkeit des Menschen sei, beantwortet. Sie lauten: Was kann ich wissen? Was soll ich tun? Was darf ich hoffen? [3]. Die erste wird gestellt, um für die zweite den Raum und Ort zu gewinnen. Die Beantwortung der letzten ergibt sich aus der Bearbeitung der zweiten Frage. Diese, mithin die Mitte des Ganzen, findet den Ansatz ihrer Beantwortung im unbedingt, schlechthin gebietenden G e s e t z der „machthabenden" [4] reinen praktischen Vernunft, das als „Faktum der reinen Vernunft" [5] unhintergehbar gilt und das Menschsein des Menschen ausmacht. Das Postulat und Implikat des Gesetzes ist die F r e i h e i t. Zusammen mit dem Gesetz ist sie das Grundthema der Philosophie Kants und darin paradigmatisch das Grundthema der neuzeitlichen Welt in ihrer ethischen und damit fundamentalanthropologischen Verfassung.

Galt, von Platon an, das Hauptinteresse philosophischen Denkens der Einsicht, dem i n t e l l e c t u s, so richtet es sich nun, nachdem lange um die Bestimmung des Verhältnisses von intellectus und v o l u n t a s gerungen worden war [6], auf das durch das Gesetz und die von ihm notwendig vorauszusetzende Freiheit bestimmte Handeln; der Primat kommt jetzt eindeutig dem Willen zu — freilich nicht dem empirisch, sondern dem rein rational bestimmten Willen.

Der Grund des moralischen Handelns ist der vom moralischen Gesetz, dem kategorischen Imperativ, bestimmte Wille, in dem „das höchste und unbedingte Gute allein angetroffen werden kann" und „gegenwärtig ist" [7]. „Es ist überall nichts in der Welt, ja überhaupt auch außer derselben zu denken möglich, was ohne Einschränkung für gut könnte gehalten werden, als allein ein g u t e r   W i l l e [8]. Der gute Wille nimmt

[3] Für Kant läßt sich das „Feld der Philosophie... auf folgende Fragen zurückbringen: 1. Was kann ich w i s s e n?... 2. Was soll ich t h u n?... 3. Was darf ich hoffen?... 4. Was ist der Mensch?... Man könnte alles Anthropologie nennen, weil sich die drei ersten Fragen auf die letztere beziehen"; *Kant's ges. Schriften*, hg. von der Königlich Preußischen Akademie der Wissenschaften (= AA), XXVIII. 2, 1 (*Vorlesungen über Metaphysik, Einleitung*), 1970, 533f. Vgl. Kr. d. r. V. A. 804f.

[4] K a n t, *Über das Mißlingen aller philosophischen Versuche in der Theodizee* (1791); AA VIII, 1923, (255—271) 264, 30.

[5] Kr. d. pr. V., AA V, 1913, (1—163), 31 (55f. Die Seitenzahl in Klammern bezieht sich hier wie im folgenden auf die Originalausgabe von 1787). Vgl. ebd. 55 (96).

[6] Eine wichtige Etappe in der Geschichte dieses Ringens stellt die Philosophie Descartes' dar. Vgl. *Descartes und die Freiheit*, in: O. B a y e r, *Umstrittene Freiheit.. Theologisch-philosophische Kontroversen* (UTB 1092), 1981, 39—65.

[7] *Grundlegung zur Metaphysik der Sitten*, AA IV, 1911, (385—463) 401.

[8] Ebd. 393.

gleichsam die Stelle des anselmischen Gottesbegriffs ein; er ist *id quo
melius cogitari non potest*: das, im Verhältnis zu dem Besseres nicht
gedacht werden kann.

Dieser Ansatz der Ethik und mit ihr der fundamentalanthropolo-
gische Ansatz neuzeitlicher Orientierung, wie sie sich bei Kant zuspitzt,
ist atheistisch, insofern der gute Wille sich in sich selber begründet
sieht. Der gute Wille begründet sich zwar nicht durch sich selbst, da
er den ihn bestimmenden absoluten Imperativ nicht selbst schafft,
sondern als „Faktum"[9] der reinen Vernunft in sich immer schon vorfindet. Aber dieses Faktum ist erklärtermaßen nicht von Gott gesetzt,
wenngleich in der „Bewunderung und Ehrfurcht", mit der es das Gemüt
erfüllt[10], sich vom Staunen des Geschöpfes über den Schöpfer eine
deutliche Spur erhalten hat. Nicht von Gott ist das Gesetz, damit es
nicht um Gottes willen, sondern allein um seiner selbst willen erfüllt
wird. Ist es nämlich des Menschen ureigenes Gesetz, dann kann ihm
keiner entrinnen. Nur durch einen atheistischen Ansatz der Ethik meint
Kant — wie in unserem Jahrhundert Nicolai Hartmann[11] und Jean-Paul
Sartre[12] — die Selbsttäterschaft des Menschen, seine Unentschuldbar-
keit und Verantwortlichkeit festhalten zu können sowie zugleich, Ausdruck tiefster und höchster Humanität, des Menschen Selbstzwecklich-
keit, der die dritte Formulierung des kategorischen Imperativs gilt:
„Handle so, daß du die Menschheit, sowohl in deiner Person als in der
Person eines jeden anderen, jederzeit zugleich als Zweck, niemals bloß
als Mittel brauchst"[13]. Nach Kants Urteil würde der Mensch zum Mittel
der Gesetzeserfüllung erniedrigt, wenn das Gesetz von Gott gegeben
wäre und um Gottes willen erfüllt würde[14]. Nur dann, wenn das moralische Gesetz aus sich selbst evident ist, sind für Kant seine unbedingte
Geltung sowie seine Humanität gewahrt.

Aus demselben Grund, aus dem Kant einen atheistischen Ansatz für
zwingend hält, mithin in der Absicht, die Unbedingtheit der ethischen
Forderung sicherzustellen, besteht er auf deren rein rationaler Güte
und zugleich auf der rein rationalen Güte des durch sie bestimmten
Willens. Diese Reinheit ist wesentlich Reinheit von allem Empirischen,
die durch „ein der C h e m i e ähnliches Verfahren", nämlich durch
„S c h e i d u n g des Empirischen vom Rationalen" erreicht wird; Kant
ist „Scheidekünstler"[15]. Die „Achtung fürs Gesetz" sucht Kant sorgsam

[9] Vgl. Anm. 5.
[10] Kr. d. pr. V. 161 (288).
[11] N. H a r t m a n n, Ethik, 1926, bes. 728—746 (*Anhang zur Freiheitslehre*).
[12] *Programmatisch: L'Existencialisme est un Humanisme*, 1. Aufl., 1946.
[13] *Grundlegung* (s. Anm. 7), 429.
[14] Vgl. bes. Kr. d. pr. V. 131f (237).
[15] Kr. d. pr. V. 163 (291). „Scheidekünstler" ist das damals übliche Wort für
„Chemiker".

aus allem Empirischen herauszuhalten. Wenn sie „ein Gefühl ist, so ist es doch kein durch Einfluß e m p f a n g e n e s, sondern durch einen Vernunftbegriff s e l b s t g e w i r k t e s Gefühl" [16], das, „abgesondert von allem pathologischen Reize und in seiner Reinigkeit, durch bloße Vernunftvorstellung am stärksten erregt" [17]. Die Vereinigung von Empirischem und Rationalem ist allein das Z i e l des guten Willens, nicht aber schon sein G r u n d. Der gute Wille soll zwar im Empirischen wirken, um „das höchste Gut durch Freiheit des Willens hervorzubringen" [18]; er selbst aber ist von allem Empirischen, von Natur und Geschichte, Tradition und Sprache rein.

Diese beiden Abstraktionen, die Abstraktion von Gott sowie die Abstraktion von allem Empirischen, sind ineinander verschränkt und konvergieren [19]. An ihnen hat mit der unbedingten Forderung, dem Gesetz, auch die durch dieses erkannte Freiheit teil [20]. Mit dem Gesetz wird auch die Freiheit nicht als von Gott in sinnlichem Zuspruch gewährt wahrgenommen, sondern rein als Postulat der Vernunft in ihrem inneren Verhältnis zu sich selbst gedacht.

Die Freiheit ist das Grundpostulat, das dem Gesetz als dem „Faktum der reinen Vernunft" [21] zugeordnet ist. Das moralische Gesetz ist, „die r a t i o c o g n o s c e n d i der Freiheit", die Freiheit ist „die r a t i o e s s e n d i des moralischen Gesetzes" [22]. Jeder Mensch urteilt, „daß er etwas kann, darum, weil er sich bewußt ist, daß er es soll, und erkennt in sich die Freiheit, die ihm sonst ohne das moralische Gesetz unbekannt geblieben wäre" [23].

[16] *Grundlegung* (s. Anm. 7), 401 Anm.

[17] *Metaphysik der Sitten*, AA VI, 1914, (203—499), 400.

[18] Kr. d pr. V. 113 (203); bei Kant gesperrt. Parallel dazu spricht Kant von „dem höchsten für uns praktischen d.i. durch unsern Willen wirklich zu machenden, Gute"; ebd. 113 (204).

[19] Erkannt und scharf kritisiert hat diese beiden Abstraktionen und ihre Konvergenz J. G. Hamann, indem er über die *Grundlegung zur Metaphysik der Sitten* im Vergleich mit der *Kritik der reinen Vernunft* folgendermaßen urteilt: „Statt der r e i n e n V e r n u n f t ist hier von einem andern Hirngespinst und Idol die Rede, dem g u t e n W i l l e n" (*Briefwechsel* hg.v. W. Ziesemer und A. Henkel, bisher 7 Bde., 1955—1979, Bd. V, 418, 21f; an Herder am 14.4.1785). Vgl. V, 434, 24—26: „R e i n e V e r n u n f t und g u t e r W i l l e sind noch immer Wörter für mich, deren Begriff ich mit meinen Sinnen zu erreichen nicht imstande bin, und für die Philosophie habe ich keine fidem implicitam." V, S. 448, 25f sagt Hamann von der Vernunft daß er von ihr „ohne E r f a h r u n g und Ü b e r l i e f e r u n g keinen Begriff" habe.

[20] Der rein intelligible Charakter sowohl des Gesetzes wie der Freiheit wurde in der Folgezeit von vielen nicht mehrt behauptet. So ist für Sartre die Grundbestimmtheit des Menschen, das „zur Freiheit verdammt Sein" (a.a.O. (s. Anm. 12)), ein auch empirisches Faktum.

[21] Vgl. Anm. 5.

[22] Kr. d. pr. V. *Vorrede* 4 (5), Anm.

[23] Ebd. 30 (54).

Aus dieser atheistischen Grundlegung heraus postuliert Kant, um
den Gegenstand des guten Willens, das Höchste Gut, konsequent denken
zu können, die Unsterblichkeit der Seele und das Dasein Gottes. Der
Gedanke des Daseins Gottes löst die zwischen Glückswürdigkeit und
Glückseligkeit klaffende „Antinomie der praktischen Vernunft" [24]. „Gott"
ist in diesem Zusammenhang nicht dem Menschen frei begegnendes
Subjekt, sondern „von uns selbst gemachter Begriff" [25] als Ausdruck
moralischer Entschlossenheit und der Weigerung, sich mit dem Lauf
der Welt abzufinden oder gar ihn als vernünftig anzuerkennen. Es „darf
der Rechtschaffene wohl sagen: ich w i l l, daß ein Gott ... sei, ich
beharre darauf und lasse mir diesen Glauben nicht nehmen" [26].

Kants Formulierung der Antinomie der praktischen Vernunft läßt
die Furcht vor dem endgültigen Scheitern des Gerechten, mithin die
Bedrohung durch den Gedanken letztlich erfolglosen gerechten Tuns
spüren, wenn auch Kant selbst keineswegs mit einem sinnlichen Bedürfnis oder Erfahrungen des Leidens, sondern nachdrücklich und
streng allein mit dem reinen „Vernunftbedürfnis" [27] argumentiert.
Gleichwohl brennen unterschwellig Fragen, die keineswegs „rein" vernünftig sind, sondern zugleich auch in Erfahrungen wurzeln: Wird der
Glückswürdige auch des Glücks teilhaftig? Oder prallt er, der Gerechte,
mit seinem Wollen und Handeln am Lauf der Welt ab?

Aus dem Sumpf solcher Bedrohung und Ungewißheit zieht sich Kant
mit dem „als ob" des Daseins eines allmächtigen Gottes, der die frag-
liche Übereinstimmung von Glückswürdigkeit und Glückseligkeit, der
Tugend mit dem Weltlauf herstellen kann und herstellt, mithin die
Antinomie der praktischen Vernunft löst. Aber dieses „als ob" steht ganz
auf dem guten Willen des Menschen; *hoc volo, sic iubeo, sit pro ratione
voluntas* [28]. Die Güte des menschlichen Willens ist kraft des moralischen
Gesetzes klar und gegenwärtig, während wir „mit aller Anstrengung
unserer Vernunft nur eine sehr dunkle und zweideutige Aussicht in
die Zukunft haben" und „der Weltregierer uns sein Dasein und seine
Herrlichkeit nur mutmaßen" läßt [29].

Fassen wir Kants Intentionen, die auf den Willen und die Praxis
zielen und die Freiheit als Grundpostulat implizieren, zusammen. Das

[24] Kr. d. pr. V. V. 113f (204f).

[25] K a n t, *Von einem neuerdings erhobenen vornehmen Ton in der Philosophie*, AA VIII, 1923, (387—406) 401. Parallel dazu ebd.: „Aus dem moralischen
Gesetz... geht nun der Begriff von Gott hervor, welchen uns s e l b s t   z u   m a -
c h e n die praktische Vernunft nöthigt." In welchem Sinne dies gemeint ist, zeigt
Die Religion innerhalb der Grenzen der bloßen Vernunft, AA VI, 1914, (1—202),
168.

[26] Kr. d. pr. V. 143 (258).

[27] Ebd. 143f (259), Anm.; vgl. 143 (258).

[28] Juvenal, Sat. VI.223. Vgl. Kr. d. pr. V. 31 (56).

[29] Ebd. 147 (265f).

Interesse konzentriert sich auf die Frage: Was soll ich tun? Sie erschließt für Kant den anthropologisch umfassendsten Horizont für die Frage nach Gott, die zusammenfällt mit der Frage: Was darf ich hoffen? bzw. Was muß ich notwendig hoffen dürfen? Das Lob des Schöpfers ist damit verstummt; jene „Bewunderung und Ehrfurcht" gilt ja nicht ihm. So steht denn die Klage über den Weltlauf und die Hoffnung auf das Glück nicht im Bezug zum Lob dessen, der alles sehr gut gemacht hat (Genesis 1, 31). Die Güte wird „außen" nirgends wahrgenommen. Ihr Grund und ihre Gegenwart sind innen, „nur dem Verstande spürbar": in dem inneren „unsichtbaren Selbst" des Menschen [30], der in sich den Ruf der unbedingten — nie und nimmer empirischen — ethischen Forderung hört. Und drinnen bildet der Gerechte denn auch in praktischer Absicht notwendig das Postulat des Daseins Gottes.

In diesem Gottespostulat drückt sich eine in sich selbst gegründete moralische Entschlossenheit über das von Kant ins Feld geführte Vernunftbedürfnis hinaus in ihrer Sehnsucht und in ihrem Sinnverlangen aus [31]. Doch im Purismus und der völligen Abstraktion von allem Sinnlichen ist der gute Wille samt seinen Postulaten in der Tat, mit Hamann geredet, ein „Hirngespinst" [32]. Indem mit ihm die unbezweifelbare Gegenwart des Guten behauptet wird, ist er zugleich „Idol" [33], vergöttertes Selbst; dem ihn bestimmenden Gesetz jedenfalls sind Gottesprädikate wie das der Unbedingtheit zugesprochen. Die Kreatürlichkeit der Vernunft ist geleugnet.

Unbedingte Freiheit ist dem universalen Moralgesetz impliziert; sie muß von ihm postuliert werden. In Kants Rede vom Gesetz als dem einzigen „Faktum der reinen Vernunft" erfüllt sich ein zunächst nur hypothetischer und methodischer Atheismus, der in der Naturrechtstradition seit Thomas von Aquin und Gregor von Rimini über Grotius und Pufendorf bis zu Leibniz dazu diente, die Gültigkeit des Naturgesetzes, die Unbedingtheit und Unentrinnbarkeit seiner Verpflichtung sicherzustellen [34]. Kant macht den hypothetischen Atheismus entschieden

---

[30] Ebd. 162 (289); vgl. o. Anm. 16 und 17.

[31] Zum Recht und zur Grenze des Emotivismus, den man gegen Kant ins Feld führen kann, vgl. B. W i l l i a m s, Ethical Consistency (1965), dt. in: D e r s., Probleme des Selbst., Philosoph. Aufs. 1956—72, 1978, 263—296.

[32] S.o. Anm. 19.

[33] Ebd.

[34] Belege für diese These finden sich bei: H. W e l z e l, Naturrecht und materiale Gerechtigkeit, (1951 [1]), 1980 [4], 93—98, 126f, 151 (bes. Anm. 33), vor allem aber 135f; Fazit: „Die Stabilität der moralischen Ordnung soll also notfalls mit der Existenz Gottes erkauft werden!" (136) Wer sich als Theologe in der Transzendentalphilosophie Kants unterbringen möchte, muß freilich die Quadratur des Zirkels demonstrieren, wie nämlich „das Geschaffensein der... endlichen Freiheit unbeschadet ihrer formalen Unbedingtheit gedacht" werden könne (Th. P r ö p p e r, Art. „Freiheit", in: Neues Handbuch theologischer Grundbegriffe, hg. v. P. Eicher, 4 Bde. 1984/85, Bd. I, [374—403] 400).

zum kategorischen. Nur so sieht er die Autonomie des Gesetzes und die
Unbedingtheit der Freiheit gewahrt.

In diesem kategorischen Atheismus sollen die göttlichen Eigenschaften *intellectus* und *voluntas ohne* Gott zur Geltung kommen; Kant weiß
sie eindrucksvoll miteinander zu verbinden: Indem er vom „Faktum"
redet, trägt er dem Voluntarismus Rechnung; indem er dieses Faktum
als einziges Faktum der Zeit und dem Raum entnimmt und· in der
Sphäre des Intelligiblen, der reinen Vernunft, sieht, kommt die platonische Tradition zum Zuge, die bei ihm letztlich herrscht.

II

So sehr der Scheidekünstler Kant im Grundsatz seiner Kritik Empirisches und Rationales trennt, so sehr fordert er die Vereinigung des
Getrennten im *bonum consummatum* der Glückseligkeit. Ebenso ist zu
beachten, daß die grundsätzliche Scheidung allein zur Prüfung eines
Geltungsanspruches vorgenommen wird, keineswegs aber die Konstitution der geschichtlich-gesellschaftlichen Wirklichkeit erklären und
verständlich machen will. Gleichwohl kommt der Vernunft ein un-
abweisbares Bedürfnis zu, sich auf die geschichtlich-gesellschaftliche
Wirklichkeit in deren empirischer Konkretion zu beziehen, um in ihr
und auf sie zu wirken — um „das höchste Gut durch Freiheit des Willens hervorzubringen" [35] sowie, im Rückblick auf schon geschehene Geschichte, eine Spur dieser Freiheit entdecken zu können.

Wir rühren damit an die heikle Frage nach der Nahtstelle, an der
Kant die G r u n d l e g u n g seiner Kritik mit deren A n w e n d u n g
verknüpft. Das Problem der Anwendung und der Veranschaulichung
der Prinzipien der reinen praktischen Vernunft behandelt die *Kritik
der praktischen Vernunft* in dem Abschnitt „Von der Typik der reinen
praktischen Urteilskraft" [36]; was Kant in seinen rechtsphilosophischen,
politologischen, geschichtsphilosophischen und nicht zuletzt religionsphilosophischen Schriften zu konkretisieren sucht, ist nichts anderes als
diese Typik.

Sie leitet vor allem zur Beantwortung der Frage an, wie die rein
intelligible Freiheit, jene *ratio essendi* des moralischen Gesetzes [37], mit

---

[35] Vgl. o. Anm. 18.

[36] Kr. d. pr. V. 67—71 (119—126). Als „Mittelglied der Verknüpfung und des
Überganges" von der Theorie zur Praxis muß „ein Actus der Urteilskraft" bedacht werden: *Über den Gemeinspruch: Das mag in der Theorie richtig sein,
taugt aber nicht für die Praxis* (abgek.: *Gemeinspruch*), 1793; AA VIII, 1923,
(273—313) 275 = Werke in 10 Bde., hg.v. W. Weischedel, Bd. IX, 1970, (125—172)
127.

[37] Vgl. o. Anm. 22.

dem geschichtlich konkret etwa in der Französischen Revolution deklarierten Menschen- und Bürgerrecht der Freiheit[38] und mit den nach dem Grundgesetz der Bundesrepublik Deutschland als positives Recht garantierten Freiheitsrechten[39] zusammenhängt. Wie kann jenes rein intelligible „Gesetz der Freiheit auf Handlungen als Begebenheiten, die in der Sinnenwelt geschehen und also so fern zur Natur gehören, angewandt werden"?[40] Dem „Gesetze der Freiheit (als einer gar nicht sinnlich bedingten Kausalität), mithin auch dem Begriffe des unbedingt Guten kann keine Anschauung, mithin kein Schema zum Behuf seiner Anwendung in concreto untergelegt werden. Folglich hat das Sittengesetz kein anderes die Anwendung desselben auf Gegenstände der Natur vermittelndes Erkenntnisvermögen als den Verstand (nicht die Einbildungskraft), welcher einer Idee der Vernunft nicht ein S c h e m a der Sinnlichkeit, sondern ein Gesetz, aber doch ein solches, das an Gegenständen der Sinne in concreto dargestellt werden kann, mithin ein Naturgesetz, aber nur seiner Form nach, als Gesetz zum Behuf der Urteilskraft unterlegen kann, und dieses können wir daher den T y p u s des Sittengesetzes nennen."[41] Auch äußerste Vorsicht hält Kant nicht davon ab, schließlich zu statuieren, daß der Verstand „ohne etwas, was er zum Beispiele im Erfahrungsfalle machen könnte, bei Hand zu haben, dem Gesetze einer reinen praktischen Vernunft nicht den Gebrauch in der Anwendung verschaffen könnte"[42].

Zum „Beispiele im Erfahrungsfalle" par excellence für das Gesetz der reinen praktischen Vernunft und der mit ihm notwendig zu denkenden Idee der Freiheit wurde dem Verstand Kants die „Revolution eines geistreichen Volkes, die wir in unseren Tagen haben vor sich gehen sehen"[43]. Ein „solches Phänomen in der Menschengeschichte v e r g i ß t s i c h n i c h t m e h r, weil es eine Anlage und ein Vermögen in der menschlichen Natur zum Besseren aufgedeckt hat, dergleichen kein Politiker aus dem bisherigen Laufe der Dinge herausgeklügelt hätte, und welches allein Natur und Freiheit, nach inneren Rechtsprinzipien im Menschengeschlechte vereinigt, aber, was die Zeit

---

[38] Vgl. Art. 1 der Erklärung der Rechte des Menschen und Bürgers von 1789: „Die Menschen werden frei und gleich an Rechten geboren und bleiben es..." (in: W. H e i d e l m e y e r [Hg.], Die Menschenrechte. Erklärungen, Verfassungsartikel, Internationale Abkommen, [1972 ¹] 1977 ², 58).

[39] GG 2, 4, 5, 8, 9, 11, 12.

[40] Kr. d. pr. V. 68 (120f).

[41] Ebd. 69 (122).

[42] Ebd. 70 (123).

[43] Der Streit der philosophischen Fakultät mit der juristischen (Ob das menschliche Geschlecht im beständigen Fortschreiten zum Besseren sei?), in: Der Streit der Fakultäten, 1798; AA VII, 1917, (1—116) 77—94 (Zitat: 85) = Weischedel (s. o. Anm. 36) IX, (261—393) 349—368 (Zitat: 258). Zu Kants Verständnis dieser Revolution als „Evolution": ebd. 87 = 360.

betrifft, nur als unbestimmt und Begebenheit aus Zufall verheißen konnte." [44] „Es muß etwas Moralisches im Grundsatze sein, welches die Vernunft als rein, zugleich aber auch wegen des großen und Epoche machenden Einflusses als etwas, das die dazu anerkannte Pflicht der Seele des Menschen vor Augen stellt, und das menschliche Geschlecht im Ganzen seiner Vereinigung (*non singulorum, sed universorum*) angeht, dessen verhofftem Gelingen und den Versuchen zu demselben es mit so allgemeiner und uneigennütziger Teilnehmung zujauchzt." [45].

Worin nun liegt die epochale Bedeutung der Französischen Revolution als „Geschichtszeichen" [46]? Zwar läßt es der Platonismus der Philosophie Kants nicht zu, Freiheit, Gleichheit und Brüderlichkeit [47] als „verwirklicht" zu betrachten [48]. Denn die alles begründende Freiheit wie das unbedingte Gesetz, durch das sie erkannt wird, können als rein rationale Größen niemals empirisch verifiziert oder gar empirische Wirklichkeit werden [49]. Doch ist durch die Französische Revolution die Idee der Freiheit inmitten des kausal determinierten Raum--Zeit-Zusammenhangs der empirischen Geschichte in besonderer Weise zur Erscheinung gekommen, ein „Phänomen" in der Menschheitsgeschichte geworden, das sich nicht mehr vergißt [50]. „Denn jene Begebenheit ist zu groß, zu sehr mit dem Interesse der Menschheit verwebt und ihrem Einflusse nach auf die Welt in allen ihren Teilen zu ausgebreitet, als daß sie nicht den Völkern bei irgend einer Veranlassung günstiger Umstände in Erinnerung gebracht und zu Wiederholung neuer Versuche dieser Art erweckt werden sollte" [51].

Auf diese Weise nimmt Kant seine „Idee zu einer allgemeinen

[44] Ebd. 88 = 361.

[45] Ebd. 87 = 360.

[46] Ebd. 84 = 357. Vgl. u. Anm. 62.

[47] Vgl. die Behandlung dieser drei Rechte als „Prinzipien a priori" im *Gemeinspruch* (s.o. Anm. 36): AA VIII, 290—296 (Zitat: 290) = Weischedel (s.o. Anm. 36) IX, 145—153 (Zitat: 145).

[48] Vgl. H. Krings, *System und Freiheit*. Ges. Aufs., 1980, 219ff („kritische Analyse des Verhältnisses von Idee und Wirklichkeit der Freiheit").

[49] Wie spröde Kants Vernunftbegriff etwa gegenüber Hegelscher Vermittlung und Verschränkung von Vernunft und Wirklichkeit ist, ist vor allem von H. Marcuse und M. Horkheimer betont worden.

[50] Vgl. o. Anm. 44. Zum Verhältnis der Freiheit als noumenon zur Freiheit als phaenomenon vgl. den Eingangssatz der *Idee zu einer allgemeinen Geschichte in weltbürgerlicher Absicht* (s.u. Anm. 52): „Was man sich auch in metaphysischer Absicht für einen Begriff von der Freiheit des Willens machen mag: so sind doch die Erscheinungen desselben, die menschlichen Handlungen, eben so wohl als jede andere Naturbegebenheit nach allgemeinen Naturgesetzen bestimmt."

[51] AA VII, 88 = Weischedel (s.o. Anm. 36) IX, 361 (*Streit....* s.o. Anm. 43).

Geschichte in weltbürgerlicher Absicht" [52] auf, in der er darlegt, wie die „Idee einer Weltgeschichte, die gewissermaßen einen Leitfaden *a priori* hat", die „Bearbeitung der eigentlichen bloß empirisch abgefaßten Historie" orientieren und organisieren könnte [53], um die Weltgeschichte als Fortschritt der Freiheit [54] zu begreifen. „Es muß irgend eine Erfahrung im Menschengeschlechte vorkommen, die als Begebenheit auf eine Beschaffenheit und ein Vermögen desselben hinweiset, Ursache von dem Fortrücken desselben zum Besseren und (da dieses die Tat eines mit Freiheit begabten Wesens sein soll) Urheber desselben zu sein..." [55].

Worauf das epochale Ereignis der Französischen Revolution als „Geschichtszeichen" hinweist, kann freilich nur erkennen, wer des mit dem Menschsein des Menschen gegebenen moralischen Gesetzes und der von diesem geforderten Freiheit inne ist, sich ihrer „erinnert" [56]. Solcher erinnernden Vernunft aber geht in ehrfürchtigem Staunen auf, daß der Mensch das Wesen ist, das die Dinge der Welt auf den Kopf stellen, sie nach seiner vernünftigen Überlegung in Freiheit einzurichten vermag. Der Mensch ist nicht seinen Trieben und Leidenschaften, nicht seinen Neigungen, nicht positiven Gesetzen, nicht der Sitte und dem Herkommen unterworfen, sondern kann sich alles anders denken. Er kann, im Denken jedenfalls, das Experiment einer *annihilatio mundi* wagen, das Sein aller Dinge revozieren und aus dem Nichts sich alles neu denken; er kann dabei die Dinge auch in einer anderen Weise aufeinander folgen lassen als sie es von Natur aus tun und auf diese Weise nach eigenem Entwurfe Neues hervorbringen. Hatte schon Descartes solche Weltfreiheit in Anspruch genommen [57], sie jedoch auf den naturwissenschaftlichen Bereich beschränkt, so übertrug Hobbes ihre Methode auf den Bereich des Sozialen und erprobte sie in der rein gedanklichen

---

[52] *Idee zu einer allgemeinen Geschichte in weltbürgerlicher Absicht*, 1784; AA VIII, 1923, 15—31 = Weischedel (s.o. Anm. 36) IX, 31—50.

[53] Ebd. 30 = 49. Vgl. Kants Überlegungen zur Frage, „Ob das menschliche Geschlecht im beständigen Fortschreiten zum Besseren sei" (s.o. Anm. 43), in ihrem Gesamtzusammenhang.

[54] In welchem Sinn Kant die Weltgeschichte als Fortschritt der Freiheit versteht, ist vor allem in der *Idee...* (s.o. Anm. 52) sowie im *Streit...* (s.o. Anm. 43) dargelegt.

[55] AA VII, 84 = Weischedel (s.o. Anm. 36) IX, 356. Vgl. die *Idee...* (s.o. Anm. 52): Es kommt „darauf an, ob die Erfahrung etwas von einem solchen Gange der Naturabsicht entdecke" (AA VIII, 27 = Weischedel IX, 45).

[56] Vgl. die *Methodenlehre der reinen praktischen Vernunft*, der es darum geht, daß „dem Menschen ein inneres, ihm selbst sonst nicht einmal recht bekanntes Vermögen, die innere Freiheit, aufgedeckt wird": Kr. d. pr. V. 161 (287). Kant stellt sich damit in die Tradition der platonischen Anamnesislehre (Menon 80 d 5—86 c 3; Phaidon 72 e 3 ff).

[57] Vgl. meine Studie: *Descartes und die Freiheit*, a.a.O. (s.o. Anm. 6), bes. 50 und 42, Anm. 15.

Konstruktion eines Gesellschaftsvertrags. Kant stellt sich in die Tradition dieser „Revolution der Denkart" [58], nach der „die Vernunft nur das einsieht, was sie selbst nach ihrem Entwurfe hervorbringt" [59].

Im schon zitierten Traktat „Vom Verhältnis der Theorie zur Praxis im Staatsrecht" [60] betont Kant, daß zur Geltung des Gesellschaftsvertrags keineswegs ein empirisches „F a k t u m vorauszusetzen nötig" sei; „gleichsam als ob allererst aus der Geschichte vorher bewiesen werden müßte, daß ein Volk, in dessen Rechte und Verbindlichkeiten wir als Nachkommen getreten sind, e i n m a l wirklich einen solchen Actus verrichtet und eine sichere Nachricht oder ein Instrument davon uns mündlich oder schriftlich hinterlassen haben müsse, um sich an eine schon bestehende bürgerliche Verfassung für gebunden zu achten. Sondern es ist eine b l o ß e I d e e der Vernunft, die aber ihre unbezweifelte (praktische) Realität hat: nämlich jeden Gesetzgeber zu verbinden, daß er seine Gesetze so gebe, als [ob] sie aus dem vereinigten Willen eines ganzen Volkes haben entspringen k ö n n e n, und jeden Untertan, so fern er Bürger sein will, so anzusehen, als ob er zu einem solchen Willen mit zusammen gestimmt habe..." [61].

Die epochale Bedeutung der Französischen Revolution liegt darin, daß sie „demonstriert" [62], daß die rechtlichen und politischen Verhältnisse in der Positivität der Gestalt, zu der sie zufällig geworden sind, nicht beharren müssen, daß sie vielmehr zum Besseren geändert werden können. Sie „demonstriert", daß das Handeln inmitten des kausal determinierten Raum-Zeit-Zusammenhangs der empirischen Geschichte einen neuen Anfang in Freiheit setzen kann, indem es sich leiten läßt von der reinen Idee, von der Vorstellung eines Zustandes, in dem die Freiheit aller in gleicher Weise rechtlich gewährleistet ist. Auf diese Weise wird die alte, verkehrte Welt auf den Kopf gestellt und zur Vernunft gebracht. Sie wird insofern auf reines Denken gestellt, als dieses — als reine praktische Vernunft — das Kriterium bildet, an dem das Handeln sich ausrichtet.

[58] Kr. d. r. V. B XII.
[59] Ebd. B XIII.
[60] AA VIII, 289—306 = Weischedel (s.o. Anm. 36) IX, 143—164 (*Gemeinspruch*). Vgl. o. Anm. 47.
[61] Ebd. 297 = 153. Es geht Kant also nicht um eine f a k t i s c h e Zustimmung aller, sondern darum, daß eine Zustimmung aller sich überhaupt d e n k e n läßt, mithin darum, daß sie „möglich" und nicht „unmöglich" ist (ebd.).
[62] Vgl. AA VII, 84 = Weischedel (s.o. Anm. 36) IX, 357 („Geschichtszeichen" als „signum rememorativum, demonstrativum, prognosticon"). „Demonstration" meint in diesem Zusammenhang keinen „Beweis" im Sinne einer Begründung oder Deduktion, die für Kant nur rein rational sein können, auch keinen „Erweis", immerhin aber einen „Hinweis"; das Geschichtsereignis ist „als hindeutend" anzusehen (ebd.). Es kommt „darauf an, ob die Erfahrung etwas von einem solchen Gange der Naturabsicht entdecke. Ich sage: e t w a s W e n i g e s..." (*Idee*... [s.o. Anm. 52]; AA VIII, 27 = Weischedel IX, 45).

Wegen ihrer Normkraft ist für Kant die Idee der Freiheit kein leeres Hirngespinst; was ich in praktischer Absicht zu denken genötigt werde, kann nach Kant nicht ohne Wirkung bleiben. „Die Idee einer mit dem natürlichen Rechte der Menschen zusammenstimmenden Konstitution: daß nämlich die dem Gesetz Gehorchenden auch zugleich, vereinigt, gesetzgebend sein sollen, liegt bei allen Staatsformen zum Grunde, und das gemeine Wesen, welches, ihr gemäß durch reine Vernunftbegriffe gedacht, ein platonisches I d e a l heißt (respublica noumenon), ist nicht ein leeres Hirngespinst, sondern die ewige Norm für alle bürgerliche Verfassung überhaupt und entfernt allen Krieg. Eine dieser gemäß organisierte bürgeriche Gesellschaft ist die Darstellung derselben nach Freiheitsgesetzen durch ein Beispiel in der Erfahrung (respublica phaenomenon), und kann nur nach mannigfaltigen Befehdungen und Kriegen mühsam erworben werden; ihre Verfassung aber, wenn sie im Großen einmal errungen worden, qualifiziert sich zur besten unter allen, um den Krieg, den Zerstörer alles Guten, entfernt zu halten; mithin ist es Pflicht, in eine solche einzutreten" [63].

III

Daß und in welcher Weise „Freiheit" das Grundthema neuzeitlichen Denkens ist, haben wir uns paradigmatisch an der Philosophie Kants deutlich gemacht — zunächst an der Grundlegung (1) seiner Kritik, dann an deren Anwendung (II), mit der er eine umfassende Gemeinsamkeit zu befördern suchte: eine ebenso humane Politik wie politische Humanität; die Idee der Freiheit ist fest verknüpft mit dem Gedanken einer Weltinnenpolitik, die sich um die Herstellung eines, wie Kant hofft [64], innergeschichtlich erreichbaren Weltfriedens müht.

Kant verbindet, sachlich in der Nachfolge Pufendorfs, der die entia physica nicht ignoriert, aber von ihnen die entia moralia unterschieden und mit diesen die menschliche „Würde" zur Geltung gebracht hatte [65],

---

[63] AA VII, 90f = Weischedel (s.o. Anm. 36) IX, 364 (Streit..., s.o. Anm. 43), ausgeführt vor allem in: Zum ewigen Frieden. Ein philosophischer Entwurf (1795); AA VIII, 341—386 = Weischedel (s.o. Anm. 36) IX, 191—251.

[64] Es ist die „Hoffnung, daß nach manchen Revolutionen der Umbildung endlich das, was die Natur zur höchsten Absicht hat, ein allgemeiner w e l tb ü r g e r l i c h e r Z u s t a n d, als der Schoß, worin alle ursprüngliche[n] Anlagen der Menschengattung entwickelt werden, dereinst einmal zu Stande kommen werde." (AA VIII, 28 = Weischedel [s.o. Anm. 36] IX, 47; Idee..., Vgl. ebd. 30 = 49). Vgl. Zum ewigen Frieden (s.o. Anm. 63), 386 = 251 (Schlußabschnitt).

[65] S. P u f e n d o r f, De jure naturae et gentium, libri octo, Lund 1672; erstes Buch. Dazu: W e l z e l, a.a.O. (s.o. Anm. 34), 131—134, zusammenfassend 141: Die im ersten Buch „entwickelte kulturphilosophische Theorie ist ganz auf dem Prin-

das moderne naturwissenschaftliche Denken, für das er in hohem Maße aufgeschlossen ist, mit einem Naturrechtsdenken, das aus Humanität atheistisch ist. Doch geht Kant nicht nur auf die neuzeitliche Situation — der Naturwissenschaft einerseits und der Begründung allgemeiner Humanität jenseits partikularer Konfessionen sowie ebenso partikularer, positiver Gesetze andererseits — ein. Zugleich beantwortet er auf seine Weise das über 2000 Jahre alte Problem der Bestimmung des Verhältnisses von *physis* und *thesis*, von „ideeller" und „existentieller" Naturrechtslehre [66], von rationaler und empirischer Begründung der gesellschaftlichen Ordnung. Das entscheidende Moment seiner Antwort liegt zweifellos in der kritischen Wendung der Idee gegen die positive Wirklichkeit und damit in einer Erneuerung der Philosophie Platons [67].

Die kopernikanische Wende von der objektiven Vernunftmetaphysik zur Anthropologie und Ethik vollzieht Kant so, daß er das Erbe der Vernunftmetaphysik in die Begründung der Ethik aufnimmt. Seine Bedeutung ist deshalb epochal, weil hier gleichsam zwischen Platon und Nietzsche der Atem angehalten wird und für einen Augenblick ein Gleichgewicht zwischen Intelligiblem und Sensiblem erreicht zu sein scheint — freilich so, daß im Bereich der Grundlegung der praktischen Philosophie das rein Rationale allein das Kriterium bildet und keine Vereinigung von Empirischen und Rationalem geduldet wird, die jener Verschränkung von Begriff und Anschauung entspräche, wie sie nach Kants Verständnis der theoretischen Vernunft im Bereich der Erfahrung, in der Erkenntnis dessen, was ist, gilt. Bei dem moralischen Gesetz und der durch dieses Gesetz erkannten Freiheit handelt es sich um eine rein rationale Idee, die als Prinzip und Kriterium, als Kraft der Orientierung wirksam ist. Der Bereich jedoch, innerhalb dessen sich das

---

zip der Freiheit im Unterschied zur Naturkausalität aufgebaut. Dieser anthropologische Begriff der Freiheit wird grundlegend für den sozialethischen und rechtlichen Begriff der Freiheit, den Pufendorf in den folgenden Büchern entwickelt." Zur „Würde": 141f. Nach Welzel (142, Anm. 44) erscheint die dignitas humana „als naturrechtlicher Zentralbegriff" erstmals bei Pufendorf. Er habe „als erster vor Kant... den Gedanken der Würde des Menschen als sittlich - freien Wesens zum Angelpunkt seines naturrechtlichen Systems gemacht und aus ihm die das folgende Jahrhundert bestimmenden Ideen der Menschen- und Freiheitsrechte abgeleitet" (142).

[66] Damit ist die Begrifflichkeit der Zweiertypologie Welzels gebraucht, die dessen Darstellung (s.o. Anm. 34) durchgehend bestimmt und a.a.O. 11 eingeführt ist.

[67] Für das Übergewicht der ideellen Seite ist bezeichnend, daß Kant in dem Abschnitt „Von der Typik der reinen praktischen Urteilskraft" (s.o. Anm. 36) die Gefahr des Empirismus viel höher veranschlagt als die des Mystizismus; „die Verwahrung vor dem Empirismus der praktischen Vernunft" ist „viel wichtiger und anratungswürdiger, weil der Mystizismus sich doch noch mit der Reinigkeit und Erhabenheit des moralischen Gesetzes zusammen verträgt" (Kr.d.pr.V. 71 [125]. Zur Hochschätzung Platons vgl. bes. Kr.d.r.V. A 313ff.

animal rationale als *phaenomenon*, empirisch also, vorfindet, ist nicht in sich selber schon vernünftig. Vernunft kommt also erst durch ein Prüfen, durch das Geltendmachen eines Kriteriums, in die Geschichte; sie steckt jedenfalls nur so in ihr, daß sie immer erst kritisch erwiesen werden muß. Nicht zuletzt auf Kant trifft die Kennzeichnung des neuzeitlichen Denkens überhaupt zu, die Engels gegeben hat: „Religion, Naturanschauung, Gesellschaft, Staatsordnung, alles wurde der schonungslosesten Kritik unterworfen; alles sollte seine Existenz vor dem Richterstuhl der Vernunft rechtfertigen oder auf die Existenz verzichten" [68].

Der Druck, alles prinzipiell zu rechtfertigen und gleichsam von einem Nullpunkt aus neu zu begründen und zu konstruieren, kennzeichnet in der Tat neuzeitliches Denken in seinem Unterschied zu früheren Epochen. „Unser Zeitalter ist das eigentliche Zeitalter der Kritik, der sich alles unterwerfen muß. R e l i g i o n, durch ihre H e i l i g-k e i t, und G e s e t z g e b u n g durch ihre M a j e s t ä t, wollen sich gemeiniglich derselben entziehen. Aber alsdann erregen sie gerechten Verdacht wider sich und können auf unverstellte Achtung nicht Anspruch machen, die die Vernunft nur demjenigen bewilligt, was ihre freie und öffentliche Prüfung hat aushalten können." [69]

IV

Von solcher Forderung der Freiheit ist die christliche Kirche und Theologie aufs tiefste betroffen. Sie kann nicht anders, als sich auf sie einzulassen, weil sie in ihr vielen Momenten ihrer eigenen Geschichte und Sache begegnet — freilich so, daß sie sich in ihr keineswegs nur bestätigt, vielmehr eher in Frage gestellt, ja auch verkannt und verkehrt sieht. So ist es ihr unmöglich, sich in eine Diastase zu Kants Verständnis von Gesetz und Freiheit zu begeben und, ohne Beziehung zu ihm, im Ghetto eines eigenen Sprachspiels zu verharren. Sie kann aber auch nicht, wie es seit etwa zwei Jahrzehnten weithin üblich geworden ist, sich Kants Verständnis umstandslos subsumieren.

Solche Subsumption geschieht in vielen fundamentaltheologischen Entwürfen, nicht zuletzt in jener moraltheologischen Prinzipienlehre, die im Zeichen der Fundamentalmoral steht [70]. Das früher im Schema von Natur und Gnade artikulierte Problem wird in ihr nun als Frage nach der Bestimmung des Verhältnisses von menschlicher und göttlicher Freiheit gefaßt und die Freiheit Gottes als Bedingung der Möglichkeit

---

[68] Fr. E n g e l s, *Anti-Dühring*, in: MEGA 20, 16.
[69] K. d. r. V. A XI, Anm.
[70] Vgl. vor allem: F. B ö c k l e, *Fundamentalmoral* (1977 ¹), 1978 ².

menschlicher Freiheit ausgesagt [71]. In dieser transzendentalen Begründung theologischer Ethik, die freilich den kategorischen Atheismus in Kants Grundlegung gründlich verkennt, trifft sich, wie etwa das *Handbuch der christlichen Ethik* [72] dokumentiert, römisch-katholische Theologie mit neueren Versuchen neuprotestantischer Lutheraner [73], das reformatorische Verständnis der Rechtfertigung im neuzeitlichen Lebenszusammenhang so zur Geltung zu bringen, daß reformatorisches und neuzeitliches Freiheitsverständnis zusammengesehen werden und sich gegenseitig nicht etwa in Frage stellen, sondern stützen [74]. Der dem Menschen Freiheit z u s a g e n d e [75] und von ihm Verantwortung f o r - d e r n d e Gott verblaßt zur Bedingung der Möglichkeit menschlicher Freiheit, so daß „die Aufgabe der Sozialethik in der begründenden und begrenzenden Beziehung der Rechtfertigung auf die Emanzipation besteht" [76].

Mit diesem Konsens aber nicht vereinbaren läßt sich jenes Sünden- und Gnadenverständnis, das durch Luthers Unterscheidung von Gesetz und Evangelium bestimmt ist. Es erlaubt und gebietet, eine Diastase zu Kants Verständnis von Gesetz und Freiheit ebenso zu vermeiden wie eine Subsumption, sich stattdessen in einer M e t a k r i t i k auf Kant einzulassen und damit das Grundthema Freiheit „postmodern" zu behandeln.

In dieser Metakritik wird der kritische Weg zwischen Dogmatismus und Skeptizismus so beschritten, daß dabei die platonischmystischen Momente des Kritizismus ihre Vorherrschaft verlieren und — womit sie freilich verwandelt werden und aufhören, platonische zu sein — sich mit dem Empirischen konstitutiv verschränken. Es ist mit einer Vereinigung von Empirischen und Rationalem auch im moralischen und ästhetischen Bereich zu rechnen und damit mit einer „Erfahrung", die

---

[71] Ebd., bes. 78—92 — auf der Grundlage von: H. K r i n g s , Art. „Gott" in: *Handbuch philosophischer Grundbegriffe*, hg.v. H. Krings, H. M. Baumgartner, Ch. Wild, Bd. III, 1973, (614—641) bes. 632—641.

[72] *Handbuch der Christlichen Ethik*, hg.v. A. Hertz, W. Korff, T. Rendtorff, H. Ringeling u.a. 2 Bde. (¹ 1973), 2. Aufl. 1979; Bd. 3, 1982.

[73] Vgl. bes. *Rechtfertigung im neuzeitlichen Lebenszusammenhang. Studien zur Neuinterpretation der Rechtfertigungslehre*, im Auftrag des Theologischen Ausschusses der Vereinigten Evangelisch-Lutherischen Kirche Deutschlands hg.v. W. Lohff und Ch. Walther, 1974.

[74] Vgl. T. R e n d t o r f f , *Menschenrechte und Rechtfertigung. Eine theologische Konspektive*, in: *Der Wirklichkeitsanspruch von Theologie und Religion. Die sozialethische Herausforderung, Ernst Steinbach zum 70. Geburtstag*, hg.v. D. Henke, G. Kehrer, G. Schneider-Flume, 1976, 161—174.

[75] Vgl. mein Buch: *Schöpfung als Anrede. Zu einer Hermeneutik der Schöpfung*, 1986.

[76] H. R i n g e l i n g , *Rechtfertigung und Sozialethik*, in: a.a.O. (s.o. Anm. 72), (146—160 = d e r s . , *Neue Humanität. Beiträge zur theologischen Anthropologie*, GTB 95, 1975, 79—94), 148 (81).

sich nicht — wie Kant es tut — auf die Erkenntnis dessen, was ist, einschränken läßt.

Weiter ist in solcher Metakritik eine „Erkenntnis" (auch diesen Begriff darf man nicht Kants Definition überlassen, sondern muß ihn ihr entreißen) der Gefährdung und der Ambivalenzen enthalten, die für Kant (als empirisch-kontingente) aus der Grundlegung ausgeschlossen sind.

Daß die Theologie und ihre Ethik sich dem Verständnis Kants nicht einfach subsumieren kann, habe ich schon angedeutet. Sie wird mit ihm zunächst um den Begriff des „Gesetzes" zu streiten haben. Wie kann die Vernunft als Gesetz von soteriologischen Ansprüchen entlastet werden — von Überlagerungen und Überforderungen also, die erdrückend und tötend wirken?

Auf das Feld des Politischen wirkt sich das Evangelium so aus, daß es den Charakter des Gesetzes als der die Welt bewahrenden, sie aber nicht rettenden Macht aufklärt und von der soteriologischen Funktion befreit, die ihr beigelegt worden war und die man sich von ihr versprochen hatte.

Ich nehme Sie damit und im folgenden in die Perspektive hinein, die einzunehmen ein Theologe nicht umhin kann; es ist zudem die Perspektive einer theologischen Tradition, die Ihnen vielleicht recht fremd ist: die Tradition des paulinisch-lutherischen Verständnisses von Gesetz und Evangelium. Ich tue dies bewußt, weil die Anerkennung des jeweils konkreten historischen Apriori zu den Hauptmomenten der Theorie einer Ethik als Kontroverswissenschaft gehört, von der ich in diesem Vortrag ein Beispiel, eine Anwendung gebe.

Ist das bezeichnete historische Apriori des Verständnisses von Gesetz und Evangelium für mich nicht beliebig, dann stellt sich die große und ernste Frage, ob es gelingt, die Einsichten, die sich aus dem paulinisch-lutherischen Verständnis von Gesetz und Evangelium ergeben, so auf die Grundlegung wie auf die Anwendung von Kants Verständnis von Gesetz und Freiheit zu beziehen, daß die beiden Sprachspiele nicht beziehungslos neben-, unter- oder übereinander bleiben, sondern konfliktreich ineinandergreifen, es aber nicht nur zur Feststellung unversöhnlicher Gegensätze, sondern zu Aufklärungen und fruchtbaren, neuen Kombinationen kommt. Schon die genaue Feststellung und Begründung einer Unversöhnlichkeit ist eine Aufklärung; auch ein Widerspruch ist kommunikativ, schafft er doch Klarheit und die Möglichkeit, sich zu beziehen.

Der springende Punkt der Kontroverse liegt darin, daß Kant die reine Vernunft als geltende Norm und als Kriterium allem Geschichtlichen, allem Empirischen und damit auch der Täuschung und Verführung entzogen wähnt; doch eben darin täuscht er sich. Versteht sich die Vernunft selbst als unbedingt, verkennt sie also ihre Kreatürlich-

keit, dann würde sie — entgegen ihrem Wahn, unbedingt zu sein —
zu einem Wetterhahn, der sich bei jedem Wechsel des Windes in eine
andere Richtung dreht, jedenfalls dem Sog eines enthusiastischen Nomismus wie eines antinomistischen Enthusiasmus keinen Widerstand
leistet, sondern ihn verstärkt; ihre Verkehrung wird durch sie selbst
nur noch mächtiger.

Die Kontroverse, die wir damit zu führen begonnen haben, ist von
ihrer paradigmatischen Zuspitzung bei Kant aus auf einen metakritischen Umgang mit der Neuzeit insgesamt auszuweiten. Dabei ist
deutlich zu machen, daß die Neuzeit in ihrer Verallgemeinerung des
Evangeliums antinomistisch ist, zugleich aber zunehmend nomistisch
wird.

v

Schon mit ihrem Namen, in dem sich ihr Selbstverständnis ver-
dichtet, zeichnet sich die Neuzeit durch einen „evangelischen" Zug aus.
Sie begreift sich als unüberbietbar neue Zeit, die im Zeichen der Freiheit steht. Die konkrete christologische Bestimmung des Evangeliums
erscheint dabei unter der Hand verallgemeinert, ist in solcher enthusiastischen Verallgemeinerung aber abstrakt geworden. Das christologische
„Es ist vollbracht!" verwandelt sich in eine immer schon erfolgte Befreiung zu einer Freiheit, die dem Menschen von Natur aus eingeräumt
ist; alle Menschen sind von Natur aus „frei gesprochen" und „mündig"
(Kant: naturaliter maiorennes) [77]. Dabei wird die Überwindung des Gesetzes als prinzipiell schon geschehen vorausgesetzt: Der Mensch ist
frei, gut und spontan. In diesem Sinne ist die Neuzeit antinomistisch.

Was der neue Mensch der Neuzeit immer schon ist, muß er aber
immer erst werden. Das allgemein behauptete Evangelium der Freiheit
stellt den Menschen zugleich unter den Zwang, es, da es ihm von Haus
aus zu eigen ist, selbst einzulösen und zu verwirklichen. Wird die Freiheit aber nicht zugesprochen und mitgeteilt, sondern eignet sie mir von
vornherein selbst, bestimme ich mich selbst zu ihr, dann bin ich als
individuelle und kollektive Subjektivität mit der Erfüllung des mir
selbst gegebenen Versprechens belastet — nicht nur zur Freiheit befreit, sondern zugleich „zu ihr verdammt" (Sartre) [78]; ich d a r f nicht
frei sein, sondern m u ß mich befreien. So ist die Kehrseite des Anti-
nomismus ein Nomismus. Johann Georg Hamann hat ihn als Despo-
tismus der Vernunft, als Zwanghaftigkeit und Gewalttätigkeit nicht

---

[77] K a n t, *Beantwortung der Frage: Was ist Aufklärung?* (1784); AA VIII,
1912/23, (33—42) 33.

[78] S.o. Anm. 20.

nur philosophischer, sondern vor allem politischer Systeme diagnostiziert; kein Lutheraner der Neuzeit hat in so hell- und scharfsichtiger Weise die reformatorische Unterscheidung von Gesetz und Evangelium im Bezug zu den Fragestellungen der Aufklärung — als Zeitgenosse im Widerspruch — zur Geltung gebracht wie er. „Man setze allenthalben, wo Paulus vom Gesetz redet, das Gesetz unsres Jahrhunderts und die Losung unserer Klugen und Schriftgelehrten — die Vernunft: so wird Paulus mit unsern Zeitverwandten reden; und seine Briefe werden nicht mehr einer Trompete ähnlich sein, nach deren Schall sich keiner zum Streit rüstet, weil sie unverständlich das Feldzeichen gibt" [79].

[79] J. G. H a m a n n, *Briefwechsel* (s. o. Anm. 19), Bd. I, 356, 5—9 im Zusammenhang von 355, 32—356, 9 (Text modernisiert) an J. G. Lindnder am 3. 7. 1759.

V. Die sittliche Realisierung der Freiheit

Interpretationen zum 19. Jahrhundert

Reich Gottes und menschliches Handeln

Eilert Herms

August Twesten stellte 1841 anläßlich seiner Ausgabe eines
„Grundrisses der philosophischen Ethik" aus den nachgelassenen Papieren Schleiermachers fest: niemand habe diesen Autor
verstanden, wenn ihm nicht „die Beziehung aller seiner Werke
auf das entwickelte ethische System klar geworden ist"[1]. Dieses
Urteil hat sich der neueren Forschung bestätigt. Die Beschäftigung mit Fragen der Ethik bildet nicht nur den Ausgangspunkt
von Schleiermachers wissenschaftlicher Lebensarbeit, sie bildet
nicht nur das Zentrum seiner reifen Schaffensjahre, sondern es
sind auch seine ethischen Einsichten, denen Schleiermacher selber zunehmend eine organisierende Funktion für den systematischen Zusammenhang aller seiner wissenschaftlichen Arbeiten
auf dem Gebiet der Philosophie und der Theologie zugesprochen hat.

Ich habe mich nun auf das Abenteuer eingelassen, Ihnen in
dieser Stunde im knappsten Umriß den Ausgangspunkt, die
Gliederung und einige Pointen der komplexen ethischen Gedan-
kenwelt Schleiermachers zu skizzieren[2]. Die Themaformulie-

[1] A.a.O., Vorrede, XIV.

[2] Der Vortragstext bietet Ausschnitte aus einer etwas umfangreicheren Studie zum gleichen Thema. Er wird hier ohne jede Erweiterung wiedergegeben.
Auch das Belegmaterial ist knapp gehalten, um die äußerliche Einheitlichkeit
des Bandes nicht zu sprengen. Zur Orientierung des Lesers weise ich darauf hin,
daß sich die vorgetragene Interpretation und ihre Konsequenzen schwerpunkt-
mäßig auf diejenige Darstellung der philosophischen Ethik stützen, die Schleiermacher in seinen großen Akademieabhandlungen von 1819, 1824, 1825, 1826,
1827 und 1830 vorgetragen hat. Sie alle finden sich in: F. Schleiermacher's
Sämmtliche Werke, 3. Abth. Bd. 2, Berlin 1838, 350–495; im folgenden abgekürzt: SW III/2 mit Seiten- und gelegentlich Zeilenzahl. – Die bis heute maßgeb-
liche Ausgabe der Manuskripte von Schleiermachers Vorlesungen zur philosophischen Ethik findet sich im Bd. 2 der von O. Braun und J. Bauer herausge-

rung – Reich Gottes und menschliches Handeln – faßt mein
Ziel ins Auge: Ich möchte zeigen, daß und in welchem Sinne
Schleiermachers Anschauung der positiv qualifizierten, also
sittlichen Form des menschlichen Handelns sich im Begriff des
Reiches Gottes zusammenfaßt.

I.

Vorweg einige Stichworte zum *Ausgangspunkt* und *Verfahren* von Schleiermachers wissenschaftlicher Arbeit an der
Ethik:

Schleiermacher rechnet damit, daß *alle* Wissenschaften einen einheitlichen Ausgangspunkt und ein einheitliches Verfahren besitzen. Sie vollziehen sich sämtlich als „Entwicklung
einer Anschauung"[3], und zwar der Anschauung des menschlichen Lebens in der Welt durch die Selbstanschauung einer
Einzelperson hindurch. Diese Anschauung ist ein einheitlicher
Komplex mit mehreren gleich ursprünglichen inhaltlichen
und formalen Aspekten. Der Entwicklung eines jeden von ihnen ist jeweils eine wissenschaftliche Diziplin gewidmet, so
daß das System der Anschauungsaspekte gleich dem System
der Wissenschaften ist.

Diese an der Spitze aller Wissenschaften überhaupt stehende
Anschauung hat zum *Inhalt:* Das Leben der Welt, verstanden
als universaler Interaktionsprozeß aller Individuen. Dieses Leben stellt sich zunächst durchgehend als *natürliches* Leben dar;
dann aber auch als *ethisches* Leben, welches innerhalb des natürlichen in Erscheinung tritt. Die Differenz zwischen diesen
beiden Lebensformen sieht Schleiermacher darin, daß sich das
natürliche Leben unwillkürlich und willenlos nach dem Naturgesetz vollzieht. Hingegen bringt das ethische Leben seine

gebenen Werkauswahl in 4 Bänden, Leipzig 1913; Teile des Bandes sind inzwischen durch H.-J. Birkner neu herausgegeben worden: Philosophische Bibliothek Meiner, Bde. 334 und 335, Hamburg 1981; der Text wird im folgenden
zitiert als: PhE mit Seiten- und gelegentlich Zeilenzahl.
[3] PhE 82,87 – Zum Gehalt dieser Konzeption und ihrer Problematik vgl. E.
Herms: „Beseelung der menschlichen Natur durch die Vernunft". Eine Untersuchung der Einleitung zu Schleiermachers Ethikvorlesung von 1805/06, in:
Archivio di Filosofia, Bd. 1984.

Gestalten durch die Realisierung von Willensentschlüssen hervor und folgt insofern dem Sittengesetz.

In *formaler* Hinsicht ist alle Anschauung durch zwei relative Gegensätze bestimmt. Erstens ist anschauliches Wissen interindividuell: Anschauung bietet ihren Gehalt jeweils Einzelnen in einer „unübertragbar" eigentümlichen Weise dar; zugleich aber auch so, daß dabei bestimmte Züge des Angeschauten für alle Anschauenden gleich erscheinen und insofern von einem auf den andern „übertragbar" sind. Zweitens ist alles anschauliche Wissen die Synthese von Besonderem und Allgemeinem, so daß sich die wissenschaftliche Entwicklung richten kann entweder auf die allgemeinen, beharrlichen Züge von Angeschautem überhaupt (im begrifflichen, spekulativen Wissen) oder auf ein veränderliches Einzelnes (im empirischen Wissen) oder aber auch – durch die „kritische" Korrelation von Empirie und Spekulation – auf das konkrete *Wesen* eines bestimmten Bereichs der anschaulich gegebenen Realität.

Soweit die inhaltlichen und formalen Aspekte von Anschauung, wie sie der Ausgangspunkt allen Wissens ist. Welche dieser Anschauungsaspekte hat Schleiermacher nun in seiner Ethik entwickelt?

Erstens: Das Material aller Arbeiten Schleiermachers zur Ethik ist die Anschauung des ethischen Lebens, das im Rahmen des natürlichen erscheint und sich als willensgesteuerte Interaktion vollzieht.

Und was zweitens die drei formalen Aspekte dieser Anschauung betrifft, so haben sie *sämtlich* Schleiermachers Interesse auf sich gezogen:

– Die spekulative, rein begriffliche Beschreibung der beharrlichen Züge des ethischen Lebens hat Schleiermacher in seiner „philosophischen Ethik" gegeben. Sie bildet einen Schwerpunkt seines Lebenswerkes.

– Die empirische Beschreibung der Einzelerscheinungen des ethischen Lebens gehört für Schleiermacher in die „Geschichtskunde". Zu ihr hat Schleiermacher zwar Einzelbeiträge geliefert – etwa zur Kirchengeschichte –, aber sie bleibt alles in allem ein Randgebiet.

– Anders steht es mit dem dritten formalen Aspekt der ethischen Anschauung: der Durchdringung ihres empirischen und spekulativen Gehaltes in der methodisch gewonnenen Anschauung desjenigen ethischen Lebens, das Schleiermachers eigene Lebensgegenwart bestimmte. Diese Schleiermacher selbst anschaulich präsente, bestimmte Gestalt des ethischen Lebens war der ethische Prozeß unter der Bedingung des Christentums. Und das konkrete Wesen dieser Gestalt des ethischen Lebens hat Schleiermacher in seiner „Christlichen Sitte"[4] beschrieben.

Wir wollen nun so verfahren, daß wir zunächst Schleiermachers philosophische Ethik in den Blick fassen und dann seine Beschreibung der christlichen Sitte. Aus der Bestimmung des Verhältnisses zwischen diesen beiden Darstellungen des ethischen Lebens wird dann erhellen, daß und in welchem Sinne sich für Schleiermacher die positiv sittliche Gestalt des ethischen Lebens im Begriff des Reiches Gottes zusammenfaßt.

II.

Skizzieren wir also zunächst die Züge von Schleiermachers philosophischer Ethik:

Für Schleiermacher ist anschaulich evident, daß der ethische – Willensentschlüsse realisierende – Interaktionsprozeß vier beharrliche Vollzugsaspekte besitzt; ferner, daß er als derartiger Vollzugszusammenhang unter Bedingungen entspringt und auf ein Ziel tendiert, die nicht in ihm selber gründen und nicht durch ihn selbst realisiert werden.

1. Die *ursprüngliche,* nicht durch ihn selbst gesetzte *Bedingung* des ethischen Prozesses ist das In-Erscheinung-Treten des „begeisteten", zur Realisierung von Willensentschlüssen fähigen Lebens im Rahmen und unter den Bedingungen des bloß natürlichen Lebens. Verschiedentlich hat Schleiermacher dieses In-Erscheinung-Treten des ethischen Lebens in dem Zusammenhang des natürlichen als einen Schritt im Prozeß der Aufstufung von niederen zu höheren Lebensformen beschrieben. Aber dies will er nicht als eine „kosmologische oder metaphysische" Theorie über „das Verhältnis des Sittlichen zu dem lediglich

---

[4] F. Schleiermacher's Sämmtliche Werke, 1. Abth. Bd. 12; im folgenden zitiert als: SW I/12 mit Seiten- und gelegentlich Zeilenzahl.

Natürlichen, oder des Geistigen zu dem lediglich Leiblichen"[5]
verstanden wissen. Er will nur sagen, daß der ethische Prozeß
überhaupt unter Bedingungen existiert, die nicht durch ihn
selbst gesetzt sind. Diese Bedingungen sind zusammengefaßt in
der Tatsache „des Eingetretenseins der Intelligenz" in den Prozeß des natürlichen Lebens mit der „Vernünftigkeit der menschlichen Gattung"[6]. Die Elemente dieser Gattung sind die „intelligenten Einzelwesen"[7], deren Interaktionsweise das Realisieren
eigener Willensziele ist und die daher in ihrer Totalität den
Vollzugsort des ethischen Prozesses ausmachen.

Soviel zu den vorethisch konstituierten Ausgangsbedingun-
gen des ethischen Lebens.

2. Jetzt zum Begriff der beharrlichen Vollzugsaspekte dieses
Lebens selber. Vier derartige Aspekte macht Schleiermacher
namhaft: erstens das *Aussein* jedes intelligenten Wesens auf die
Realisierung eines Gewollten: unter dem Titel der „Tugend";
zweitens die aktive *Realisierung* eines Gewollten: unter dem Titel
der Erfüllung von Pflichten; drittens den Inbegriff des durch
solche Pflichterfüllung *Realisierten:* unter dem Titel des Höchsten Gutes; und viertens die innere Dynamik und *Zielstrebigkeit*
dieses willensgesteuerten Gesamtgeschehens.

2.1. Im „Tugendbegriff" sieht Schleiermacher das ethische
Leben dargestellt „als Kraft, welche in dem einzelnen Leben
ihren Sitz hat"[8]. Sie erscheint als „Fertigkeit" und als „Gesinnung"[9]. Und dies ist die Tugend als eine Bestimmtheit des
Willens: nämlich als der fundamentale Wille zur Tat, zum ethischen Realisieren überhaupt.

Aufgrund der vorethisch konstituierten Existenzverfassung
aller intelligenten Wesen zerfällt nun das ethische Realisieren
überhaupt in zwei komplementäre Klassen von Handlungen:
Ein intelligentes Wesen kann entweder das Sein in sein Denken
hineinbilden, also erkennen oder vorstellen, oder sein Denken

[5] SW III/2 473.
[6] SW III/2 473.
[7] SW III/2 474.
[8] SW III/2 358.
[9] PhE 206. 208. 220. 378 ff. – Derselbe Sachverhalt kommt 1819 zur Sprache,
als Dualität von „belebender" und „bekämpfender Tugend": SW III/2 360.

ins Sein hineinbilden, also wirken oder darstellen[10]. Es kann – wie Schleiermacher in geprägter Terminologie sagt – „symbolisieren" oder „organisieren"[11]. Dementsprechend muß dann auch Tugend die konkrete Gestalt einer Entschlossenheit entweder zum Vorstellen des Naturzusammenhanges oder zum Einwirken auf ihn annehmen; sie muß symbolisierende oder organisierende Tugend sein. Soviel zur ethischen Grundentschlossenheit.

2.2. Die Akte des ethischen Realisierens selber begreift Schleiermacher als die Erfüllung von Pflichten. Diese ergeben sich aus der ethischen Grundintention auf das Erkennen und das Gestalten des Seins. Daher lautet die allgemeinste Bestimmung der ethischen Pflicht: so zu handeln, daß alle Güter – d. h. alle Symbole und Organe – realisiert werden, auf die sich die ethische Grundintention richtet. Nun sieht Schleiermacher, daß diese allgemeine Formel zwar richtig ist, aber zu allgemein. Sie erfüllt weder die Forderung jedes einzelnen ethischen Lebensmoments, im Vorblick aus einem Inbegriff vieler möglicher Handlungen eine bestimmte auszuwählen, noch die Aufgabe, den ethischen Wert von bereits gewählten Einzelhandlungen rückblickend zu beurteilen. Entscheidungskräftigere Pflichtformeln ergeben sich, wenn man weitere Momente der vorethischen Naturbedingungen des Handelns und nicht bloß die Differenz der beiden Handlungsarten – Symbol und Organ – in die Formeln aufnimmt. Hier zieht Schleiermacher nun die Tatsachen in Betracht, daß sich erstens das ethische Wirken als Interaktion eines Individuums mit *Umwelt überhaupt* vollzieht und zweitens des näheren stets mit einer *sozialen* Umwelt.

Aus der ersten Tatsache ergibt sich die Notwendigkeit, daß sich der ethische Wille in jedem Augenblick auf die Balance zwischen den Impulsen des Individuums und den Möglichkeiten seiner Umwelt richtet. Denn was sich im ethischen Leben realisiert, ist jeweils die Wirkungsgemeinschaft des Einzelnen und seiner Umwelt. Und Voraussetzung dafür ist wiederum,

[10] PhE 379; SW III/2 362.
[11] Was in der Tugendlehre als Dualität von „Verstehen" und „Darstellen" behandelt wird, kommt in der Güterlehre als Dualität von „Symbolisieren" und „Organisieren" zur Sprache: PhE 561. 564; SW III/2 476 ff.

daß der Wille des Einzelnen jeweils einerseits etwas für den
einzelnen Wollenden Eigentümliches ist, zugleich aber auch
andererseits etwas ihm und seiner Umwelt Gemeinschaftliches.
Wenn man nun diese beiden Voraussetzungen der Balance zwischen Individuum und Umwelt überhaupt in Rechnung stellt
und darüber hinaus auch den spezifisch sozialen – ebenfalls aus
ethischen Individuen bestehenden – Charakter der ethischen
Umwelt, so ergibt sich folgende bestimmtere Fassung der
Pflichtformel: Pflicht ist die Intention einer doppelten Balance:
Erstens der Balance zwischen Herstellung von Gemeinschaft
und Behauptung von Eigenständigkeit und zugleich zweitens
der Balance zwischen dem unübertragbar eigentümlichen und
dem für alle identischen und insofern übertragbaren Charakter
der Handlungen. In dieser Bestimmtheit ist die Pflichtformel
differenziert genug, um der Forderung jedes Momentes des
ethischen Lebens nach einem selektiven Entwurf einzelner
Handlungen zu genügen.

Wie verhalten sich nun aber alle diese einzelnen Handlungs-
entwürfe und -realisierungen eines Handelnden zu jener Grundentschlossenheit seiner Gesinnung? Schleiermacher beantwortet
diese Frage, indem er das Modell des künstlerischen Handelns
auf das ethische Leben im Ganzen überträgt: Wie der Künstler
durch die Wahl all derjenigen Einzelhandlungen seine Pflicht
erfüllt, die der Verwirklichung seines ursprünglichen Werkent-
wurfs dienen, so besteht die ethische Pflichterfüllung generell in
der Wahl derjenigen Einzelhandlungen, die sich aus dem ursprünglichen – in der Gesinnung fixierten – Willensentschluß als
technische Schritte seiner Realisierung ergeben. Alle Einzelpflichten sind „technische Imperative"[12]. Es gibt keine Pflichterfüllung, die nicht kunstmäßiges und d. h. gekonntes Handeln
wäre. Dies ist eine der – m. E. konkreten und richtigen – Pointen
von Schleiermachers Pflichtenlehre, die bis heute in der ethischen Diskussion (besonders der Theologie) nicht selbstverständlich ist.

Nun kann freilich der Begriff der Pflichterfüllung nur dann
und deshalb als Begriff des technischen Handelns gefaßt werden, wenn und weil Pflichterfüllung im ständigen Bezug auf den

---

[12] SW III/2 406; zur Sache: 383 ff.

bestimmten Inhalt der Gesinnung steht, den sie durch die Wahl geeigneter Einzelhandlungen realisiert. Und damit kommen wir zum dritten beharrlichen Wesensaspekt des ethischen Lebens:

2.3. Dieser dritte Wesensaspekt ist das Resultat des ethischen Prozesses. Schleiermacher behandelt es unter dem Titel des „Höchsten Gutes".

Weil der *Vollzug* des ethischen Lebens im Interagieren aller intelligenten Einzelwesen besteht, kann das *Produkt* dieses Prozesses nur sein, was durch die gemeinschaftliche Interaktion *aller* ethischen Individuen bewirkt worden ist. Und das ist nach allem Gesagten: die Menge all derjenigen möglichen symbolisierenden Akte und organisierenden Akte, die in der Balance zwischen Persönlichkeitsbildung und Gemeinschaftsbildung sowie in der Balance zwischen individuellem und identischem Charakter des Handelns stehen.

Demgemäß ist der Begriff des Gesamtprodukts des ethischen Lebens durch *drei* Distinktionen bestimmt: durch die Distinktion zwischen erkennendem und gestaltendem Handeln, durch die Distinktion zwischen Gemeinschaftsbildung und Persönlichkeitsbildung und schließlich durch die Distinktion zwischen dem nicht übertragbaren und dem übertragbaren Charakter des Handelns.

Weil diese Distinktionen sich nun wechselseitig bestimmen, ergibt sich ein Feld von acht – nicht vier – Handlungsarten: Symbolisierendes Handeln, sofern es der Bildung des Einzelnen dient, entweder unter identischem oder individuellem Charakter; symbolisierendes Handeln, das der Gemeinschaftsbildung dient, entweder unter identischem oder individuellem Charakter; organisierendes Handeln, das der Bildung des Einzelnen dient, entweder unter identischem oder individuellem Charakter; und organisierendes Handeln, das der Gemeinschaftsbildung dient, wiederum entweder unter identischem oder individuellem Charakter.

Soweit die drei beharrlichen Züge des ethischen Lebens, die Schleiermacher in seiner philosophischen Ethik explizit erfaßt hat. Schleiermacher hat immer wieder unterstrichen, daß die Pointe dieser Darstellung darin besteht, daß die Gleichursprünglichkeit der beschriebenen beharrlichen Züge des ethi-

schen Lebens zur Sprache kommt, und d. h. die anschaulich
gegebene Tatsache, daß keiner dieser drei Aspekte ohne die
anderen besteht. Insofern gilt in der Tat, daß der Begriff jedes
einzelnen dieser drei Aspekte jeweils implizit die beiden anderen
einschließt: So wird im *Tugendbegriff* der ethische Sachverhalt
einer Grundentschlossenheit erfaßt, die *wirksam* ist, und die es
deshalb gar nicht gibt ohne realisierende Akte der Pflichterfüllung und ohne deren Realisate als Beiträge zum Höchsten Gut.
Der *Begriff der Pflichterfüllung* erfaßt die Realisierung von Willensentschlüssen, die es gar nicht gibt ohne die sie leitende
Grundentschlossenheit und ohne realisiertes Resultat. Und
ebenso erfaßt der *Begriff des Höchsten Gutes* mit dem Inbegriff
aller Realisate des ethischen Lebens einen Sachverhalt, den es
evidentermaßen ebenfalls gar nicht gibt ohne eine bestimmte
Grundentschlossenheit und ohne eine dieses Wollen realisierende Pflichterfüllung. Erst in diesem Begriff der Einheit von ethischer Grundentschlossenheit, ihrer Realisierung in der Pflichterfüllung und deren Resultieren in den ethischen Gütern ist das
Wesen des ethischen Lebens konkret gedacht. Schleiermacher
hat eigens darauf hingewiesen, daß Gesinnung und Pflichterfüllung notwendig falsch erfaßt werden, wenn nicht zugleich der
Gedanke der Effektivität und Folgeträchtigkeit allen Handelns
festgehalten wird[13]; daß freilich umgekehrt auch der Begriff der
Wirkungen und Folgen des ethischen Lebens falsch wird, wo er
nicht mehr durch die Begriffe von Gesinnung und Pflichterfüllung bestimmt ist[14].

Zunächst ein paar Bemerkungen zur *berichtigenden Funktion
des Begriffs der ethischen Wirkung für die Begriffe von Gesinnung und
Pflichterfüllung.* Schleiermacher hat diese berichtigende Funktion dreifach bestimmt:

Erstens gibt es ohne den Begriff der möglichen Realisate des
ethischen Lebens überhaupt keine klare Erkenntnis des Zieles,
dessen Erreichung die Aufgabe des ethischen Lebens ist. Denn
zunächst bleibt dann der Begriff der ethischen *Gesinnung* ohne
Inhalt und verkommt zum Begriff eines Engagements, das sich
nicht mehr durch seine Gegenstände, sondern nur noch durch

---

[13] SW III/2 447 ff. 461.
[14] SW III/2 383. 409.

Art und Intensität der es begleitenden Emotion identifizieren läßt. Ohne einen inhaltlich bestimmten Begriff der ethischen Gesinnung aber gibt es dann auch keinen gehaltvollen Begriff der ethischen Pflichten mehr.

Zweitens: Während die Begriffe von Gesinnung und Pflicht-erfüllung Aspekte des ethischen Lebens in der Einzelperson beschreiben, erfaßt der Begriff des ethischen Gutes das Resultat, das durch die Wirkungs*gemeinschaft* aller Einzelnen hervorge-bracht wird. Erst dieser Begriff ermöglicht den Einzelnen ihre richtige Selbsteinschätzung: Er läßt erkennen und ertragen, daß jedes individuelle Lebenswerk notwendig fragmentarisch ist, und bewahrt zugleich vor der Verantwortungslosigkeit, die meint, die Lebensführung der Einzelnen sei für die Qualität des Ganzen folgenlos.

Die dritte Korrekturfunktion ist Schleiermacher wohl am wichtigsten gewesen: Der Begriff des ethischen Gutes ist als Begriff des ethischen Produktes zugleich der Begriff der essen-tiellen Wirksamkeit und Folgeträchtigkeit aller Momente des ethischen Lebens. Zwar ist es eine Tatsache, daß kein Einzelner durch sich alleine bestimmen und völlig voraussehen kann, welche reale Wirkung seine gesinnungstreue Pflichterfüllung tatsächlich erzielen wird. Aber dies ändert an der anderen Tatsa-che gar nichts, daß alles ethische Handeln auf jeden Fall effektiv ist, in einem Werk resultiert und zur Gestaltung der Wirklich-keit beiträgt. Während der Begriff der Gesinnung bloß die In-nenseite des Ethischen begreift und der Begriff der Pflichterfül-lung die sich in der Tat bekundende Gesinnungstreue des Ein-zelnen ohne Rücksicht auf die Folgen, erfaßt der Begriff des ethischen Gutes, daß es die Innerlichkeit des Ethischen und eine tathafte Gesinnungstreue in Wahrheit überhaupt nicht gibt ohne Folgen in der Realität, ohne eine durch gesinnungstreue Pflicht-erfüllung ipso actu erfolgte und ihrerseits wiederum folge-trächtige Gestaltung der Wirklichkeit, und zwar der gemeinsa-men, sozialen Wirklichkeit des ethischen Lebens. Das Überse-hen dieses Faktums hat Schleiermacher immer wieder als einen der in seinen Augen schwersten Mängel der Kantischen und Fichteschen Ethik angesprochen. Und er hat es als eine selbst verheerende ethische Folge jeder solchen Ethik der Gesinnung und Pflichterfüllung ohne Rücksicht auf die Folgen angesehen, daß eben damit für alle diejenigen, denen ihr Beruf ein Handeln ohne Rücksicht auf die Folgen überhaupt nicht erlaubt, die Ethik eine belanglose Sache wird. Wo die Konkretisierung der Begriffe „Gesinnung" und „Pflichterfüllung" durch den Begriff der wesentlichen Effektivität und Folgeträchtigkeit des ethischen Lebens ausbleibt, kommt es zum theoretisch abstrakten und praktisch verheerenden Auseinandertreten einerseits einer technischen Praxis, die sich nicht mehr als gesinnungstreue Pflichterfüllung vollzieht und sich nicht mehr auf Beiträge zur Realisierung der deutlich vorschwebenden Gesamtaufgabe des ethischen Prozesses verpflichtet weiß, und andererseits der Haltung einer gesinnungstreuen Pflichterfüllung, die ihren – allerdings dummen – Stolz gerade darin findet, sich die Reflexion auf die faktische Folgeträchtigkeit all ihrer Vollzüge zu ersparen. In Schleiermachers Widerspruch gegen dieses abstrakte Denken steckt also ein erhebliches ideologiekritisches Potential. Und ich kann mir keinen Theologen vorstellen, der diese Pointe von Schleiermachers Begriff des ethischen Lebens verstanden hat und dann noch unverschämt genug ist, auch die *theologische* Reflexion auf die Folgeträchtigkeit des christlichen und kirchlichen Handelns als Ausdruck eines inhumanen Machbarkeitswahnes oder eines banausischen Versessenseins auf den Erfolg verächtlich zu machen.

Soweit die kritische Funktion, die der Begriff des ethischen Werkes für eine nicht verblasene Auffassung von Gesinnung und Pflichterfüllung hat.

Aber auch umgekehrt müssen der *Tugend- und Pflichtbegriff als „Rechnungsprobe"*[15] dafür benutzt werden, *ob die Güterlehre selbst angemessen durchgeführt ist.* Denn nur diejenigen Phänomene des menschlichen Lebens können überhaupt im positiven Sinn als Güter betrachtet werden, die durch eine Interaktion erzeugt werden, in der *alle* Akte *aller* Beteiligten den Charakter von gesinnungstreuer Pflichterfüllung besitzen. Denn allein in den Begriffen von Gesinnung und Pflichterfüllung werden die spezifischen Züge des *Zustandekommens* aller ethischen Wirkungen begriffen. Und deshalb erlauben auch erst diese beiden Begriffe, diejenige Zielstrebigkeit und Dynamik des ethischen Lebens-

---

[15] SW III/2 383 Z. 11 ff. vgl. 460 f.

prozesses zu begreifen, die diesen im Unterschied zum unwillkürlich verlaufenden natürlichen Lebensprozeß auszeichnen.

Damit sind wir beim vierten beharrlichen Wesenszug des
ethischen Prozesses, den Schleiermacher in seiner philosophischen Ethik entwickelt: seiner eigenartigen Zielstrebigkeit
und Dynamik.

2.4. Schleiermachers Begriff der Zielstrebigkeit und Dynamik des ethischen Lebens umfaßt vier Momente:

Erstens: Das ethische Leben kann sich eben als Leben – also als
anschaulich gegebener Interaktionsprozeß – nur durch die *Wirkungsgemeinschaft* aller intelligenten Einzelwesen, also durch das
menschliche Gattungsleben im Ganzen vollziehen. Dieser aber
kann „seine Fülle nur in aufeinander folgenden Lagerungen
vergänglicher Individuen entwickeln"[16]. Es gibt also kein ethisches Leben ohne eine Interaktion der Generationen. Dafür aber
sind Traditionsprozesse wesentlich, und das ethische Leben gewinnt eine generationenübergreifende Zielstrebigkeit genau
und nur so weit, wie diese Traditionsprozesse gelingen.

Zweitens: Das durch das ethische Leben selbst zu realisierende
Telos besitzt einen quantitativen und einen qualitativen Aspekt.
In quantitativer Hinsicht ist der ethische Prozeß auf die Beherr-
schung der ganzen Erde[17] gerichtet. Schleiermacher versteht
darunter die Indienstnahme des bloß natürlichen Lebensprozes-
ses durch den ethischen in dem Umfang, welcher der Wirkungsgemeinschaft der intelligenten Einzelwesen unter den Bedingungen von Raum und Zeit überhaupt möglich ist. In quantitativer Hinsicht zielt also der ethische Prozeß auf eine technische
Zivilisation im globalen Maßstab. Aber die Erreichung dieses
Zieles ist keineswegs garantiert, sondern an qualitative Bedingungen gebunden, deren Erfüllung nicht selbstverständlich ist.

Drittens: Auf die Risiken des Traditionsprozesses hatten wir
bereits hingewiesen. Aber das entscheidende Risiko liegt in
einem anderen Sachverhalt: in der *sittlichen Ambivalenz,* die dem
ethischen Prozeß *als solchem* eignet[18]. Es ist für ihn wesentlich,

---

[16] SW III/2 463 Z. 13 ff.

[17] SW III/2 462 f. (vgl. auch 471); I/12 108. 288. 327. 442.

[18] Das deutliche Hervortreten dieser Ambivalenz ist ein Charakteristikum
der letzten Ethikdarstellung Schleiermachers in den Akademieabhandlungen. In

daß sich am Guten das Böse zeigt, neben die Tugend das Laster
tritt, neben die Pflichterfüllung die Pflichtwidrigkeit, neben das
Gut das Übel, und d. h.: neben die Erreichung des ethischen
Telos seine Verfehlung. Für das ethische Leben ist die Alternative zwischen Sittlichkeit und Unsittlichkeit wesentlich und damit die Möglichkeit seiner Entgleisung aufgrund von Unsittlichkeit. Worin hat dies seinen Grund? Gelegentlich spricht
Schleiermacher von einer Analogie zwischen der ethischen Ambivalenz von Sittlichkeit und Unsittlichkeit und der den Natur-
prozeß beherrschenden Ambivalenz von Gesundheit und
Krankheit. Aber das heißt nicht, daß für ihn die ethische Ambivalenz ein bloßes Naturphänomen wäre, sondern sie ist ein
ethisches Phänomen mit spezifisch ethischen Gründen. Und
diese liegen im Konstitutionsgesetz des ethischen Lebens selber:
Das ethische Leben ist deshalb vor die Alternative des Sittlichen
und Unsittlichen gestellt und von Entgleisung bedroht, weil es
alle seine Resultate nur erreicht *durch* die Realisierung der Willensentschlüsse aller interagierenden Einzelnen hindurch.

Erreicht wird das Ziel des ethischen Lebens unter der Bedingung, daß in ihm die Sittlichkeit die Unsittlichkeit überwiegt.
Diese Sittlichkeit aber besteht in nichts anderem als darin, daß
die Gesinnung der interagierenden Einzelnen sich auf die richtig
gestellte ethische Aufgabe richtet und die aus dieser Willensrich-
tung resultierenden Pflichten auch erfüllt werden. Es fragt sich
also, worin diese positiv sittliche Bestimmung des ethischen
Grundwillens besteht und wie sie zustande kommt.

An dieser Stelle wird für Schleiermacher die *ethische Funktion
des religiösen Bewußtseins,* der Frömmigkeit, sichtbar[19]. Um uns
dies klar zu machen, müssen wir noch einmal auf den ersten
beharrlichen Aspekt des ethischen Lebens zurückblicken: auf die
Tugend. Wir haben gesehen, daß Schleiermacher unter diesem
Titel das grundlegende Aussein des intelligenten Einzelwesens
auf das ethische Realisieren als solches erfaßt. Auch diese ethi-

---

den früheren Darstellungen bleibt sie unbetont. Auch in der Sekundärliteratur
bleibt sie gewöhnlich im Hintergrund.

[19] Hier zeigt sich eine wichtige Akzentverschiebung in Schleiermachers Spätwerk gegenüber seinem Frühwerk. Diese Akzentverschiebung hervorzuheben
und ihre Konsequenzen auszuziehen, ist eine wesentliche Absicht der vorliegenden Arbeit.

sche Grundentschlossenheit steht also unter der Ambivalenz des ethischen Lebens, kann also statt der Gestalt der Tugend auch die des Lasters annehmen. Das aber hat seinen Grund wiederum in einem Strukturmoment der vorethisch konstituierten Existenzverfassung aller intelligenten Einzelwesen: Sie alle existieren als die ursprüngliche Einheit ihres unmittelbaren, für sie selbst schlechthin passiv konstituierten Selbstbewußtseins einerseits und ihres durch ihre aktive Auseinandersetzung mit der sinnlich begegnenden Umwelt reflexiv vermittelten sinnlichen oder gegenständlichen Selbstbewußtseins andererseits. Dabei ist das als Selbstgefühl manifeste unmittelbare Selbstbewußtsein die Möglichkeitsbedingung für das – durch die Reflexion auf die Umweltinteraktion konstituierte – sinnliche Selbstbewußtsein. Insofern spricht Schleiermacher dann auch abgekürzt einerseits vom „höheren" und andererseits vom „niederen" Selbstbewußtsein[20]. Alle intelligenten Einzelwesen existieren dauernd in der Spannung zwischen beiden; aber dabei variiert das Verhältnis, das sich zwischen höherem und niederem Selbstbewußtsein herstellt. Die beiden grundlegenden Alternativen sind: Entweder Dominanz des unmittelbaren Selbstbewußtseins über das sinnliche oder umgekehrt. Und eben aufgrund dieser Alternative zwischen zwei gegensätzlichen Verhältnissen zwischen höherem und niederem Selbstbewußtsein tritt nun auch die ethische Grundentschlossenheit unter die sittliche Alternative von Tugend und Laster: Letzteres ist die Bestimmtheit der ethischen Grundentschlossenheit durch eine Herrschaft des sinnlichen über das höhere Selbstbewußtsein, während der sittlich positive Fall genau umgekehrt in der Bestimmtheit der sittlichen Grundentschlossenheit durch die Herrschaft des höheren Selbstbewußtseins über das sinnliche besteht.

Dies scheint zunächst eine rein *formale* Alternative zu sein, ist aber in Wahrheit eine *inhaltliche*. Denn Schleiermacher nimmt an, daß den intelligenten Einzelwesen ausschließlich durch die jeweilige Bestimmtheit ihres unmittelbaren Selbstbewußtseins die anschaulich gegebene Wirklichkeit als Totalität gegeben ist, die von einem transzendenten Ursprung herkommt und sich auf ein transzendentes Ziel hinbewegt. Es ist das unmittelbare

---

[20] Dieser Gegensatz ist für die Tugendlehre konstitutiv: SW III/2 359f.

Selbstbewußtsein, welches zugleich mit dem Innewerden des transzendenten Grundes der Erscheinungssphäre auch der durchgehenden Einheit und Totalität dieser Sphäre – also ihres Charakters als Welt – inne wird. Während daher im sinnlichen Bewußtsein nur Einzelnes erfaßt und auf Einzelnes bezogen werden kann, ist eine Beziehung des Einzelnen auf das Ganze – sei es in der sittlichen Form der Einordnung des Individuellen in das Ganze oder in der unsittlichen Form der Unterordnung des Ganzen unter das Einzelne – erst aufgrund des Zusammenseins des sinnlichen Bewußtseins mit dem höheren möglich.

Und diese Bestimmtheit des höheren Selbstbewußtseins eines vernünftigen Einzelwesens ist nun für Schleiermacher ihrerseits nichts anderes als die Religiosität dieses Individuums. *Sie* ist es also, die über den Inhalt der Gesinnung entscheidet. Dies tut sie, indem sie über die Überzeugungen der Einzelnen vom Ganzen der Welt (vom Verhältnis zwischen natürlichem und ethischem Leben in ihm, seinem Grund und seinem Ziel) sowie über den Grad der Herrschaft des höheren Selbstbewußtseins über das niedere entscheidet. Und eben damit entscheidet sie ipso facto auch über die reale Sittlichkeit oder Unsittlichkeit des ethischen Lebens.

Betrachten wir nun, *wie* Schleiermachers Überzeugung zufolge diese Entscheidung sich vollzieht. Wie kommt die Dominanz des höheren über das niedere Selbstbewußtsein und damit die richtige inhaltliche Bestimmtheit der ethischen Grundentschlossenheit zustande?

Hier insistiert Schleiermacher zunächst auf einer negativen Behauptung: Kein intelligentes Einzelwesen vermag den Inhalt und damit die Richtung seines grundlegenden Wollens (also seiner Gesinnung) durch sich selbst zu bestimmen. Zwar ist das ethische Leben als ein Willensentschlüsse realisierendes Leben wesentlich frei. Aber seine Freiheit ist nicht eine solche, die die ursprüngliche Bestimmtheit des Wollens setzen könnte, sondern eine solche, die lediglich aufgrund und unter Voraussetzung eines immer schon Bestimmtseins des Wollensinhaltes existiert und lediglich in der Formulierung und Exekution technischer Imperative in Erscheinung tritt. Für das ethische Leben ursprünglich und unhintergehbar ist ein bestimmtes Wollen deshalb, weil dieses Wollen bereits alle Erkenntnismöglichkeiten der ethischen Einzelwesen bedingt[21]. Es gibt keine Erkenntnis des ethischen Lebens für ein intelligentes Einzelwesen, die etwas anderes sein könnte als Erkenntnis der freien Realisierung derjenigen Grundintentionen, die seine Lebensrichtung immer schon bestimmen. Im ethischen Leben selber können also alle Forderungen der Vernunft überhaupt nur unter der Bedingung *erkannt* werden, daß sie bereits das grundlegende Wollen inhaltlich bestimmen. Insofern gibt es für alle ethischen Einzelwesen das kategorische *Sollen* der Vernunft nur unter der Bedingung, daß es bereits zum Inhalt ihres grundlegenden *Wollens* geworden ist, welches die Richtung ihres Freiheitsgebrauches bestimmt[22]. Es kann also keine Rede davon sein, daß die im ethischen Prozeß interagierenden Einzelnen durch ihren eigenen freien Vernunftgebrauch die Sittlichkeit ihrer Gesinnung etablieren und garantieren könnten. – Wie kommt die Sittlichkeit des ethischen Lebens dann zustande?

Hierauf hat Schleiermacher zwei unter sich genau zusammenhängende Antworten gegeben: Erstens gehört bereits zur Existenzverfassung aller intelligenten Wesen die Spannung zwischen höherem und niederem Selbstbewußtsein; also auch das höhere Selbstbewußtsein und die Anteilhabe an dem alle diese Wesen umschließenden Band des Bewußtseins der Vernunft, d. h. die Anteilhabe am κοινὸς λόγος. Aber dieses allgemeine Dasein des höheren Selbstbewußtseins in den intelligenten Wesen begründet nur den ethischen Charakter ihres Lebens, entscheidet jedoch noch keineswegs dessen sittliche Ambivalenz. Und auch diese Entscheidung – das ist der zweite Teil von Schleiermachers Antwort – wird keineswegs durch die ethischen Einzelwesen gefällt, sondern für sie und über sie; nämlich dadurch, daß in ihnen das Übergewicht des höheren Bewußtseins über das niedere gegen das umgekehrte, unsittliche Verhältnis *geschaffen* und zur Wirkung *gebracht* wird.

Und das geschieht in der Weise, in der überhaupt alle großen, generationenübergreifenden Richtungen des ethischen Lebens entspringen: durch das Auftreten von hervorragenden Einzel-

---

[21] Denn alles Erkennen ist Handeln und insofern Vollzug eines Wollens, nämlich des Wissenwollens.
[22] Vgl. SW III/2 407–409.

nen – Schleiermacher nennt sie „große Männer" –, durch die
eine neue Maxime des ethischen Lebens erstmals gemeinschafts-
und traditionsbildend wirkt[23]. Der ausgezeichnete Fall dieses
Vorgangs ist das Auftreten von religiösen Mittlern. Das Wesentliche ihres Wirkens besteht darin, daß die in ihnen lebensbe-
stimmende Herrschaft des höheren Bewußtseins über das niedere – also die in ihnen kräftige Religiosität und sittliche Gesinnung – in ihrer Mitwelt Eindruck macht und wirksam wird[24].
Das πνεῦμα des Mittlers geht so auf seine Partner über, daß es
den ihnen gemeinsamen κοινὸς λόγος eigentümlich modifiziert
und ihm eine spezifische Dominanz über das niedere Bewußtsein verschafft[25]. So vollzieht sich also die Entscheidung gegen
die Unsittlichkeit zugunsten der Sittlichkeit kraft der geistlichen
Wirkung einer religiösen Kommunikation, die dem Inhalt des
höheren Bewußtseins seine willensprägende Kraft verleiht.

Hieraus ergibt sich das *vierte* Moment in Schleiermachers
Begriff von der Zielstrebigkeit des ethischen Lebens: Die *Überwindung* der Unsittlichkeit ist nämlich keineswegs ihre *Ausschal-
tung* oder *Beseitigung*. Und deshalb muß sich nun das ethische
Leben in allen seinen (religiös begründeten) sittlichen Gestalten
wiederum beharrlich in einer Doppelbewegung vollziehen: In
der Doppelbewegung von Ausbreitung und Fortbildung der
Sittlichkeit einerseits und ihres Widerstandes gegen die verblei-
benden Tendenzen der Unsittlichkeit andererseits[26].

Soweit die von Schleiermacher erfaßten beharrlichen Vollzugsaspekte des ethischen Lebens. Es ist das beharrliche Wesen
des ethischen Lebens, sich als die Wirkungsgeschichte gesinnungstreuer Pflichterfüllung zu vollziehen, der als solche eine
sowohl extensive (quantitative) als auch intensive (qualitative)

---

[23] Vgl. dazu Schleiermachers Abhandlung „Über den Begriff des großen
Mannes": SW III/2 73–84.

[24] Vgl. dazu exemplarisch Schleiermachers Glaubenslehre. 2. Aufl. 1830/31.
(Der christliche Glaube nach den Grundsätzen der ev. Kirche im Zusammenhange dargestellt, neu hg. von M. Redeker, 7. = 2. Aufl., Berlin 1960), §§ 103–
112.

[25] So die Darstellung in: SW I/12 303. 313f. 371f. 442.

[26] Diesem beharrlichen Zug des ethischen Lebens hat Schleiermacher am
deutlichsten in der Tugendlehre Ausdruck verschafft, nämlich in der Unterscheidung von „belebender" und „bekämpfender Tugend": SW III/2 360; vgl.
dazu auch: SW I/12 43–45.

Zielstrebigkeit einwohnt und die sich deshalb in der Doppelbewegung der Ausbreitung der Sittlichkeit und der Reinigung von Unsittlichkeit vollziehen muß.

3. Nun haben wir gesehen, daß die vier genannten beharrlichen Vollzugsaspekte des ethischen Lebens ihren Grund in den vorethischen Ursprungsbedingungen des ethischen Lebens haben, die den gesamten ethischen Prozeß dauernd tragen. Und dementsprechend richtet sich für Schleiermacher nun auch die beharrliche Zielstrebigkeit dieses Prozesses auf eine Vollendung, die nicht mehr in ihn selber fällt[27]. Der Begriff dieser Vollendung des ethischen Prozesses ist der Begriff des Reali-

---

[27] Schleiermacher hat besonders in seinen Einleitungen zu den Ethikvorlesungen den Ursprung des ethischen Lebens (d. h. das Hineingetretensein der Vernunft in die Natur) und seine Vollendung (also das Realisiertsein von allem, was durch die mit der Natur geeinte Vernunft realisierbar ist) als Sachverhalte, die dem anschaulich gegebenen ethischen Leben voraus- bzw. über es hinausliegen, aus dem Themenbestand der philosophischen Ethik ausgeklammert. Ich zähle beides hier *insofern* mit zu den in der Anschauung selbst gegebenen beharrlichen Zügen des ethischen Lebens, als zwar in der Tat nicht das Entspringen des ethischen Lebens selber und nicht sein Vollendetsein in die Anschauung des Ethischen fällt, sehr wohl aber die Anschauung des Ethischen auf dieses sein Entsprungensein und sein Vollendetseinwerden verweist. Nur kraft dieser Verweisungsstruktur des anschaulich gegebenen ethischen Lebens besitzt es einen unumkehrbaren Richtungssinn. Es ist nicht so, daß Schleiermacher dieser Richtungssinn des ethischen Lebens (den man insofern „objektiv" nennen könnte, als er nicht erst durch die das erscheinende ethische Leben ausmachenden „subjektiven" Interaktionen der vernünftigen Individuen zustande kommt) nicht vor Augen gestanden hätte. Zu beobachten ist nur – besonders in den Vorlesungen zur philosophischen Ethik – eine Neigung, diesen „objektiven" Richtungssinn aus der Darstellung auszuklammern; und dies unter Hinweis auf die Unanschaulichkeit seiner Terme. Daß diese Begründung stichhaltig ist, wird man bezweifeln können. – In der Christlichen Sittenlehre wird insbesondere auf die eschatologische Dimension des ethischen Prozesses explizit eingegangen. Der Sache nach kann es sich dabei aber nicht um eine Dimension handeln, die dem ethischen Prozeß lediglich unter den Bedingungen seiner Christlichkeit zukommt. Vielmehr liegen die Dinge so, daß es sich hierbei um eine Dimension des ethischen Prozesses im ganzen handelt, die allerdings erst unter der Bedingung seiner Christlichkeit nicht mehr übersehen und verschwiegen werden kann. – Macht man nun damit ernst, daß auch Schleiermachers philosophische Ethik selber unter dieser Bedingung der Christlichkeit (eben des Lebens ihres Autors) entwickelt worden ist, so wird man diese Ursprungs- und Vollendungsdimension des ethischen Lebens im ganzen auch in die Beschreibung von Schleiermachers Sicht der beharrlichen Züge des ethischen Lebens im allgemeinen mit aufnehmen dürfen, ja müssen.

siertseins aller durch den ethischen Prozeß (also durch das Gattungsleben der intelligenten Einzelwesen im Modus gesinnungstreuer Pflichterfüllung) überhaupt realisierbaren Güter. Es ist der Zustand, in dem nichts mehr realisiert werden kann, weil alles Mögliche realisiert ist. Schleiermacher hat diesen Zustand als das „selige"[28] oder „ewige"[29] Leben – und zwar der Gattung und aller Einzelnen – angesprochen. Sofern dieser Zustand derjenige ist, in dem alles Realisierbare realisiert ist, hat Schleiermacher ihn als das reine „Äußerlichsein alles Inneren"[30] bezeichnet. Daß er aber gleichwohl Leben ist, und nicht Tod, das kann nach der Vollendung alles Realisierens nur heißen: er ist die nunmehr selbst wirkungslose, aber genau darin unveränderliche – also *ewige* – „*Darstellung*"[31] *des Realisierten*.

III.

Wir haben damit unseren Überblick über Schleiermachers spekulativen Begriff der beharrlichen Züge des ethischen Lebens abgeschlossen. Wir werfen jetzt einen Blick auf seine Beschreibung des Wesens derjenigen konkreten Gestalt des ethischen Lebens, die der eigentümliche Inhalt der ihm gewährten individuellen Wirklichkeitsanschauung war: also des ethischen Lebens unter den Bedingungen des Christentums.

Alle Frömmigkeit ist eine Bestimmtheit des unmittelbaren Selbstbewußtseins. Als solche ist sie einerseits der Ursprung bestimmter Überzeugungen von der Verfassung der Welt, ihrem Ursprung und ihrer Bestimmung und zugleich andererseits eine dadurch bestimmte Richtung des ethischen Wollens, also der Gesinnung. So auch das Christentum. Es unterscheidet sich von anderen religiösen Überzeugungen dadurch, daß es das Bewußtsein von der durch Jesus Christus vollbrachten Erlösung ist. Gerade als dieses Erlösungsbewußtsein aber ist der christliche Glaube eine im strengen Sinne sittliche Bestimmtheit der ethischen Grundentschlossenheit, also der Gesinnung. Erlösung

---

[28] PhE 501.
[29] SW I/12 508.
[30] SW I/12 533; vgl. auch 49.
[31] SW I/12 508. 600.

ist als Befreiung des Gottesbewußtseins zur Dominanz über das
Weltbewußtsein die Ersetzung *einer* wirksamen Grundrichtung
des Willens durch eine *andere:* der unsittlichen durch die sittliche. Und diese Sittlichkeit ist als die tatsächliche Erfüllung der
Pflichten, die sich aus der sittlichen Bestimmtheit der Gesinnung ergeben, notwendig mehr als eine Sache der bloßen Innerlichkeit; sie ist wesentlich das Äußerlichwerden des Inneren im
Werk[32].

Eine Flut von Mißverständnissen und Angriffen gegen
Schleiermacher erledigt sich durch Einsicht in diese Zusammenhänge.

Und zwar erst recht, wenn man nun auch noch alle Implikationen der weiteren Bestimmung in Rechnung stellt, daß die die
Sittlichkeit begründende Erlösung vollbracht ist durch Jesus
Christus. Denn gerade wegen dieses Ursprungs in der Begegnung mit dem Erlöser ist die Sittlichkeit des christlichen Erlö-
sungsbewußtseins nicht nur keine Sache der bloßen Innerlichkeit, sondern auch keine Privatangelegenheit eines Einzelnen.
Vielmehr gibt es diese Sittlichkeit des christlichen Erlösungsbe-
wußtseins nur als das Ergriffensein eines Menschen durch den
Geist Jesu und damit als das Hineingestelltsein dieses Menschen
in *die* Gemeinde, in der der Geist Jesu kräftig ist. Diese Gemeinde ist die Kirche[33]. Daß der Geist Jesu in ihr kräftig ist, heißt also
auch, daß sie der durch diesen Geist der Erlösung begründete
positiv-sittliche Interaktionszusammenhang ist[34]. Und dies –
die *sittliche* Gestalt der Interaktion – ist er deshalb, weil er die
Gesinnung, den Grundwillen aller von ihm Ergriffenen ausrichtet auf die im Gottesbewußtsein erschlossene Bestimmung des
Lebens der *ganzen* Welt, keineswegs nur der Gemeinde Jesu
Christi. Deshalb kann diese Interaktion nicht eingeschränkt sein
auf die Interaktion der Glaubenden untereinander, sondern muß
auch deren Interaktion mit der noch nicht erlösten Welt ein-
schließen. Weil die christliche Gemeinde das durch den erlösen-
den Geist Jesu begründete sittliche – d. h.: auf die Erreichung der

---

[32] Vgl. Schleiermachers Glaubenslehre, a.a.O. (Anm. 24), §§ 11. 100–112.
[33] Vgl. Schleiermachers Glaubenslehre, a.a.O. (Anm. 24), §§ 115. 121–125;
auch die Belege oben Anm. 25.
[34] Vgl. Schleiermachers Glaubenslehre, a.a.O. (Anm. 24), §§ 107–112.

Bestimmung der Welt im Ganzen gerichtete – Leben ist, deshalb
ist durch sie das ethische Leben der Welt im Ganzen unter eine
neue Bedingung getreten: eben unter die Bedingung der in ihm
– dem christlichen Leben – real existierenden Sittlichkeit, die auf
eine völlige Durchdringung des ethischen Gesamtlebens hinar-
beitet.

Dieses Bild der ethischen Welt unter der Bedingung der real
existierenden – nämlich christlichen – Sittlichkeit hat Schleiermacher in seiner Christlichen Sittenlehre gezeichnet. Man kann
diesen Text nur als einen grandiosen Kommentar zu dem Wort
Jesu Matth. 5,13 lesen: „Ihr seid das Salz der Erde". Denn was
Schleiermacher in seiner Glaubenslehre als christliche Überzeugung über das „Bestehen der Kirche in ihrem Zusammensein
mit der Welt" umrissen hatte[35], das wird in der Christlichen
Sittenlehre nun als ein sittlicher Lebensprozeß so dargestellt, daß
wirklich eingesehen werden kann, welchen gestaltenden Einfluß die Existenz der Kirche als sittlicher Lebenszusammenhang
auf die „Beschaffenheit der Welt"[36] im Ganzen nimmt[37].

Schleiermachers Darstellung dieses realen Prozesses der Sittlichkeit hebt an diesem – entsprechend dem, was wir vorhin
über die beharrlichen Wesenszüge des ethischen Lebens überhaupt erfahren haben – vier Momente hervor:

1. Zunächst muß die *spezifische Funktion* der christlichen Gemeinde für das ethische Gesamtleben erfaßt werden. Dieses
ethische Gesamtleben ist der Inbegriff von allem Welterkennen
(Symbolisieren) und Weltgestalten (Organisieren), über dessen
sittlichen Charakter die ihm zugrundeliegende Gesinnung entscheidet, die durch den in der christlichen Gemeinde lebenden
Geist Jesu ihre spezifisch sittliche Gestalt gewinnt. Die direkte
Funktion des christlichen Lebens ist also Gesinnungsbildung.
Deshalb fällt sie selber nicht in den Bereich des Organisierens,
sondern des Symbolisierens – und zwar desjenigen Vorstellens
und Darstellens, das nicht der Ausarbeitung von theoretischen

---

[35] Vgl. Schleiermachers Glaubenslehre, a.a.O. (Anm. 24). §§ 148–156.

[36] Vgl. Schleiermachers Glaubenslehre, a.a.O. (Anm. 24), Zweiter Teil,
2. Abschn., Überschrift.

[37] SW I/12 217–290 (das „reinigende Handeln" im „bürgerlichen Bereich");
440–501 (das „verbreitende Handeln" in der Öffentlichkeit); 620–705 (das „darstellende Handeln" in der allgemeinen gesellschaftlichen Sphäre).

Reflexionsgestalten des Wissens dient, sondern der Kommunikation der ursprünglichen – Selbstgefühl und -gesinnung bestimmenden – Lebensüberzeugung von Menschen.

Als dieser Prozeß der Gesinnungsbildung kommt das Leben der Gemeinde nicht unter dem Gesetz des Organisierens *und* Symbolisierens in Betracht, sondern es *ist* selbst ein Prozeß des Symbolisierens. Seine Beschreibung kann sich daher auch nur an einer Unterscheidung von Aspekten orientieren, die am Symbolisieren selber hervortreten[38]. Nun will alles Symbolisieren einerseits auf andere *wirken* und zugleich den Symbolisierenden und seine Intentionen *darstellen*. Und dies ist nun die Unterscheidung, an der Schleiermacher seine Beschreibung des gesinnungsbildenden christlichen Kommunikationsprozesses grundlegend ausrichtet: Unter dem Titel des „darstellenden Handelns" der Kirche erfaßt Schleiermacher ihren Gottesdienst[39] und unter dem Titel ihres „wirksamen Handelns"[40] den gesamten übrigen Bereich ihrer Lebensvollzüge, sofern diese der wirksamen Kommunikation des christlichen Erlösungsglaubens und d. h. der christlichen Gesinnung dienen.

Diese Unterscheidung zwischen einem darstellenden und einem wirksamen Handeln in der Kirche kann – wie Schleiermacher selber vielfach anmerkt[41] – mißverstanden werden und ist deshalb nicht ganz befriedigend. Denn einerseits ist auch das darstellende Handeln der Kirche im Gottesdienst ein wesentliches Moment der wirksamen Kommunikation von christlichem Glauben und christlicher Gesinnung, und andererseits gibt es diese nicht ohne das darstellende Handeln des Gottesdienstes. Aber dennoch erlaubt erst diese Unterscheidung Schleiermacher die Artikulation von zwei ebenso subti-

---

[38] Es ist also nicht eine rätselhafte Inkonsequenz, daß für Schleiermachers Darstellung der Christlichen Sittenlehre nicht der Gegensatz von „organisierendem" und „symbolisierendem" Handeln grundlegend ist. Vielmehr verrät sich systematische Konsequenz gerade darin, daß das Leben der christlichen Gemeinde als ein Prozeß des „symbolisierenden" Handelns aufgefaßt wird und seine Darstellung deshalb Distinktionen folgt, die eben nur am symbolisierenden Handeln selber auftreten.

[39] SW I/12 502. 620.

[40] SW I/12 97.

[41] SW I/12 54 f. 391. 526. 530. 531. 599. 603.

len wie theologisch unverzichtbaren Pointen, um deretwillen es
sich lohnt, jene Unbequemlichkeit in Kauf zu nehmen:

Zunächst knüpft Schleiermacher an die Unterscheidung zwischen Wirken und Darstellen den Gedanken eines Darstellens,
das nicht mehr ein Wirken ist. Wir haben bereits gesehen, daß
dieser Gedanke grundlegend ist für Schleiermachers Begriff des
eschatologischen Zustandes der Welt.

Und daß gerade der Gottesdienst als das von dem allgemeinen
wirksamen Handeln der Kirche in der Welt in einem gewissen
Sinne unterschiedene darstellende Handeln der Kirche in Betracht kommt, eben das rückt den Gottesdienst in die Stellung,
das ausgezeichnete eschatologische Symbol des Christentums zu
sein[42].

Soviel zur elementaren Eigentümlichkeit der Praxis der Kirche als einer Praxis der Kommunikation von religiöser Überzeugung und Gesinnung.

2. Diese *eigentümliche* Funktion des christlichen Lebens gelangt nun freilich zur Wirkung ausschließlich im Gesamtzusammenhang des ethischen Lebens der Welt.

Das bedeutet *erstens*, daß es die Kommunikationspraxis der
christlichen Gemeinde nur gibt bezogen auf alle anderen Äuße-
rungsformen des ethischen Gesamtlebens: auf Staat und Wirtschaft, auf die Wissenschaft und auf die freie Geselligkeit.

Und *zweitens* sind es auch diese nichtkirchlichen Bereiche des
ethischen Lebens, an denen das kirchliche Leben selber allererst
seine *wahre Wirkungsmacht* erweist. Das geschieht nicht so, daß
das ethische Leben in Wissenschaft, Staat und Wirtschaft sowie
freier Geselligkeit der kirchlichen Organisation zu inkorporie-
ren und kirchlichen Vorschriften zu unterwerfen wäre, sondern
so, daß die im innergemeindlichen Kommunikationsprozeß gebildete Sittlichkeit der Christen die Qualität ihrer Teilnahme am
gesamten ethischen Prozeß in Wissenschaft, Staat und Wirtschaft sowie freier Geselligkeit bestimmt.

In der Christlichen Sittenlehre stellt Schleiermacher diesen
Wirkungszusammenhang so dar, daß er den „inneren Kreis" der
gemeindlichen Kommunikationspraxis kontinuierlich bezieht
auf den „äußeren Kreis" eines Handelns in Wissenschaft, Staat

---

[42] SW I/12 532 f.

und Wirtschaft sowie freier Geselligkeit, welches durch die in der christlichen Gemeinde erzeugte Frömmigkeit und Sittlichkeit inhaltlich bestimmt ist[43].

3. Es gehört – wie wir gesehen haben – zu den beharrlichen Zügen des ethischen Lebens, daß die Sittlichkeit in ihm nur auftreten kann als dauernde Überwindung der Unsittlichkeit; und dies in der doppelten Form von erstens der Verbreitung von Sittlichkeit dort, wo vorher Unsittlichkeit herrschte, und zweitens als Widerstand gegen das Wiederaufleben einer schon einmal überwundenen Unsittlichkeit. Diese beharrlichen Züge allen ethischen Lebens zeigen sich nun auch an der real existierenden christlichen Sittlichkeit: Sie existiert in der Doppelbewegung eines permanenten Ausbreitungs- und Reinigungsprozesses, der in beiden Fällen sowohl die Kommunikationspraxis der Gemeinde als auch ihr Wirkungsfeld – das sie umgebende ethische Gesamtleben – betrifft[44].

4. Nun ist die in dieser Bewegung stehende christliche Sittlichkeit, die sich in der Kommunikationspraxis der Gemeinde geistlich erzeugt und dann im Ganzen des ethischen Lebens wirksam wird, die zielstrebige Wirklichkeit des *„Reiches Gottes auf Erden"*[45]. Diese Feststellung hat für Schleiermacher zwei Pointen:

Erstens: Was Schleiermacher als ‚Reich Gottes auf Erden' anspricht, ist genau die reinigende und verbreitende, extensive und intensive Wirksamkeit der *christlichen Sittlichkeit* im ethischen Leben. Wörtlich: „Das Reich Gottes auf Erden ... ist nichts anderes, als die Art und Weise des Christen zu sein, die sich immer durch Handeln muß zu erkennen geben."[46] Und dementsprechend kann auch die „Darstellung der Idee des Reiches Gottes auf Erden" nichts anderes sein als die „Darstellung der Art und Weise des Christen zu leben und zu handeln"[47], und zwar in *allen* Lebensbereichen. Wohlgemerkt: nicht die Kirche – weder ihre verfaßte Organisation, noch auch ihre eigentümliche Kommunikationspraxis – macht für sich genommen das Reich

---

[43] Siehe oben Anm. 37.
[44] SW I/12 52 f. 53 f. 97 ff. 291 ff.
[45] SW I/12 12 f. 14. 78. 103. 107. 291 ff. 450. 454. 461.
[46] SW I/12 13.
[47] Ebd.

Gottes auf Erden aus, sondern die spezifische Sittlichkeit der Gesamtinteraktionen jedes einzelnen Christen, die innerhalb der Kommunikation in der Gemeinde geistlich geschaffen wurde und sich als solche (dauernd an und in der Kirche lebend) jetzt im Ganzen des ethischen Lebens – also in Kirche *und* Welt – auswirkt.

Zweitens: Schleiermacher spricht dieses sittliche Leben pointiert als das „Reich Gottes auf *Erden*" an und bringt damit zum Ausdruck, daß es sich bei ihm um das noch unvollendete Leben der Sittlichkeit handelt. Schleiermachers Begriff der beharrlichen Züge des ethischen Lebens zeigt auch, daß es „auf Erden" überhaupt keinen von Traditionsbrüchen nicht bedrohten, gradlinigen Fortschritt der Sittlichkeit gibt, noch gar einen gesellschaftlichen Zustand, in dem die Sittlichkeit vollendet und die „vollkommene Herrschaft des Geistes über das Fleisch"[48] erlangt wäre. Ein Zustand, in dem die Sittlichkeit ihre verbreitende und reinigende Auseinandersetzung mit der Unsittlichkeit endgültig abgeschlossen hat und der insofern vollendet ist, ist nur als ein Zustand „nach dem gegenwärtigen Leben"[49] und „nach dem Ende aller menschlichen Dinge"[50] denkbar. Erst dann – also im „ewigen Leben" – wird die „Seligkeit" der vollkommenen Herrschaft des Geistes über das Fleisch vollendet, die Sittlichkeit aus ihrer Wirksamkeit gegen die Unsittlichkeit herausgetreten und in die vollkommen ungehemmte Selbstdarstellung übergegangen sein. Dies wird ein Zustand sein, wie er gegenwärtig nur vorbildlich – nämlich im Gottesdienst – symbolisiert werden kann: die ewige Darstellung der Herrschaft des Geistes über das Fleisch[51].

---

[48] SW I/12 503.
[49] SW I/12 503.
[50] SW I/12 141.
[51] Vgl. SW I/12 525. 530: Im Gottesdienst stellt sich der Mensch dar als „Organ Gottes"; 533: Dies darstellende Handeln im Gottesdienst weist also auf das hin, was alle Erfahrung übersteigt: „Den vollendeten Zustand des Menschen", in dem das „wirksame Handeln gar nicht mehr stattfindet, sondern *bloß* Darstellung dessen, was ist und immer dasselbe bleibt, reines Äußerlichwerden des Inneren"; 526 f.: Dieses reine Äußerlichwerden des Inneren ist die freie Herrschaft des Geistes über das Fleisch.

IV.

Wir haben damit unseren Überblick über Schleiermachers
Beschreibung der beharrlichen Züge des ethischen Lebens überhaupt und über seine Beschreibung des Wesens der in ihm
auftretenden realen christlichen Sittlichkeit abgeschlossen.

Es ist eine alte Streitfrage, wie sich diese Beschreibung des
christlichen Lebens zu jener spekulativen Theorie verhalte.

Wir sind nun bei unserer Interpretation davon ausgegangen,
daß beide Darstellungen eine auf jeweils verschiedene Aspekte
bezogene Beschreibung ein und derselben Anschauung sind.
Von daher können wir die gestellte Frage nur so beantworten:
Zwar ist der spekulative Begriff der beharrlichen Züge des
ethischen Lebens im allgemeinen der Beschreibung des Wesens
der christlichen Frömmigkeit und Sittlichkeit *der Form nach* –
also logisch – übergeordnet. Aber *der Sache nach* ist die spekulative Theorie nur die abstrakte Darstellung eines konstitutiven
Momentes der Schleiermacher konkret gegenwärtigen und ihn
selbst einschließenden realen christlichen Sittlichkeit, deren Anschauung also das der Sache nach Frühere und Grundlegende ist.
Zugespitzt: Die begriffliche Theorie bringt lediglich Züge zur
Darstellung, die in der geschichtlichen Anschauung einer geschichtlich bestimmten Gestalt des ethischen Lebens impliziert
sind. Während also gilt, daß die spekulative Theorie durch die
Entwicklung einer gegebenen Anschauung gewonnen werden
kann und gewonnen wird, gilt von dem so gewonnenen spekulativen Begriff gerade nicht, daß aus ihm das anschaulich gegebene geschichtliche Leben in seiner Bestimmtheit deduziert
werden könnte. Das hat nun seinen Grund nicht in einem Refle-
xionsdefizit der Schleiermacherschen Spekulation, sondern in
der – gegen mancherlei Verführungsversuche der zeitgenössischen Transzendentalphilosophie schließlich doch festgehalte-
nen – alten Einsicht Schleiermachers, daß die anschaulich gegebene Wirklichkeit (sowohl des natürlichen als auch des ethischen
Lebens) gegenüber jedem Begriff, der den intelligenten Einzelwesen zugänglich ist, schlechterdings kontingent ist. Diese Einsicht und Überzeugung ist es gewesen, die es Schleiermacher
erlaubt hat, an zwei zentralen kosmologischen und anthropologischen Überzeugungen der christlichen Tradition festzuhalten:

Am Schöpfungsgedanken und am Gedanken des servum arbitrium (d. h. am Gedanken der passiven Konstitution der Grundrichtung des menschlichen Wollens überhaupt).

Ist nun aber die spekulative Beschreibung der beharrlichen
Züge des ethischen Lebens im ganzen der Sache nach ein Implikat der – selbst unter christlichen Bedingungen stehenden –
Anschauung des ethischen Lebens unter der Bedingung des
Christentums, dann muß auch *diese konkrete Anschauung des
realen sittlichen Lebens zum sachlichen Interpretationsschlüssel für jene
methodisch abstrahierende Darstellung nur seiner beharrlichen Züge
werden*. Und wenigstens auf eine Konsequenz dieser Sicht
möchte ich hier hinweisen:

Die Interpretationen der philosophischen Ethik Schleiermachers versuchen zwar in der Regel, das Vierer- bzw. Achter-
schema der Güterlehre aus den vermuteten Basisannahmen dieser spekulativen Theorie zu deduzieren. Aber mir ist keine
Darstellung bekannt, die die Frage aufgeworfen oder beantwortet hätte, wie denn das Verhältnis der vier großen Handlungsge-
biete – Wissenschaft, Staat und Wirtschaft, Geselligkeit, Religion und Kunst – untereinander zu bestimmen sei. Solange aber
diese Frage nicht beantwortet ist, kann das Schleiermachersche
Tableau durchaus als Begriff eines bloßen Nebeneinanders dieser Lebensbereiche verstanden und dann zur Rechtfertigung
ihrer wechselseitigen Rücksichtslosigkeit mißbraucht werden.
Erst ein Blick auf Schleiermachers Beschreibung des konkreten
ethischen Lebens unter den Bedingungen der christlichen Sittlichkeit deckt dies als ein fundamentales Mißverständnis auf. Es
ist nicht Schleiermachers Absicht gewesen, die Selbständigkeit
jener Handlungsfelder im Sinne von bloßen Möglichkeiten ethischen Lebens zu behaupten, die zwar erst zusammen das ethische Leben komplett machen, aber unabhängig voneinander
auftreten und sich entwickeln könnten. Vielmehr geht die Intention der Schleiermacherschen Ethik gerade umgekehrt auf die
Erfassung der Einheitlichkeit des ethischen Konstitutionszu-
sammenhanges, der alle begrifflich beschriebenen Handlungs-
gebiete aufeinander verweist. Und zwar in einer *asymmetrischen*
Weise:

Denn nach allem, was wir bisher betrachtet haben, ist offenkundig, daß das ethische Leben in seiner sittlichen Ambivalenz

zwar stets alle vier Handlungsbereiche und ihre gegenseitige Wechselwirkung hervorbringen wird. Aber die Entscheidung dieser Ambivalenz kann eben nicht von jedem dieser Lebensbereiche in gleicher Weise ausgehen, sondern Schleiermachers Einsicht zufolge fällt diese Entscheidung in einem bestimmten Gebiete des ethischen Lebens, und nur in ihm. Dies ist das Gebiet der Religion: Hier und nur hier fällt – und zwar nicht durch menschlichen Willensentschluß – die Entscheidung über die inhaltliche Grundrichtung des ethischen Wollens der intelligenten Einzelwesen. Hier und nur hier entspringt die Kraft zur Erfüllung der aus dem ethischen Grundentschluß folgenden Einzelpflichten. Und schließlich fällt hier und nur hier die Entscheidung über die Sittlichkeit oder Unsittlichkeit aller Resultate des ethischen Lebens.

Schleiermacher hat seine Güterlehre mit dem Hinweis abgeschlossen, daß, weil alle ethischen Lebensgebiete implizit auf die anderen verweisen, auch das ethische Resultat in seiner Vollkommenheit in vierfacher Weise aufgefaßt werden könne: nämlich entweder als vollkommene Rechtsordnung unter dem Begriff des ewigen Friedens, oder als vollkommene Verkehrsordnung unter dem Begriff des goldenen Zeitalters, oder als vollkommenes Reich des Wissens unter dem Begriff der vollendeten Sprachgemeinschaft, oder schließlich als vollendetes religiöses Leben unter dem Begriff des Himmelreiches oder des Reiches Gottes auf Erden[52]. Wir sehen jetzt, daß Schleiermacher selber dies keineswegs so verstanden hat, als seien diese vier Begriffe des Höchsten Gutes allesamt gleichwertig, sondern für Schleiermacher erfaßt allein der Begriff des Reiches Gottes auf Erden die *sittliche* Gestalt des Höchsten Gutes. Denn die Christliche Sittenlehre macht klar, daß dieser Begriff seinerseits den Begriff eines Handelns in Wissenschaft, Politik, Recht und Wirtschaft und freier Geselligkeit einschließt. Der Begriff des Reiches Gottes auf Erden schließt den Begriff der universalen Gemeinschaft der Sprachen, des ewigen Friedens und des goldenen Zeitalters einer vollkommenen Verkehrs- und Wirtschaftsordnung ein, und zwar jeweils den Begriff ihrer positiv-sittlichen Gestalt. Hingegen enthalten umgekehrt die Begriffe der universalen Sprachge-

---

[52] SW III/2 466. 494 f.

meinschaft, des ewigen Friedens und des goldenen Zeitalters in sich keine Gründe für die Entscheidung der sittlichen Ambivalenz des ethischen Lebens. Sie können daher für sich genommen niemals Begriffe des Höchsten Gutes in seiner eindeutigen sittlichen Gestalt sein. Und deshalb hat Schleiermacher auch den Verlauf des menschlichen Gattungslebens, sofern er als *Progreß der Sittlichkeit* gedacht wird, niemals als Wissenschaftsgeschichte, als Wirtschaftsgeschichte oder gar als Staatsgeschichte konzipiert – sondern in sehr präzisem Sinne als Christentumsgeschichte: Nämlich nicht als Geschichte der kirchlichen Organisation, sondern genau als Geschichte des in der christlichen Gemeinde geistlich konstituierten Glaubens, also der christlichen Frömmigkeit. Schleiermacher hat den *Progreß der Sittlichkeit* nicht als das Allgemeinwerden des Bewußtseins der Freiheit gedacht, sondern – dieses einschließend – fundamentaler: als das *Allgemeinwerden der christlichen Frömmigkeit.* Denn wie für Luther der Glaube ein „tätig, schäftig Ding" ist, so ist für Schleiermacher die christliche Frömmigkeit diejenige *wirksame* Gesinnung, die in der Kraft des Geistes Jesu alle Bereiche des ethischen Lebens in Staat und Wirtschaft, in Wissenschaft und im geselligen Leben der Lösung derjenigen ursprünglichen und letzten Aufgabe des ethischen Gesamtprozesses dienstbar macht, die nicht durch diesen Prozeß gestellt, sondern ihm durch seinen vorethischen Ursprung vorgegeben ist. Und worin besteht diese Aufgabe? Darin, dem Lebenswerk aller intelligenten Einzelwesen diejenige *sittliche* – und für Schleiermacher heißt das: *schöne*[53] – Gestalt zu geben, in der es in der Vollendung des ewigen Lebens zu reiner Darstellung gelangen wird[54].

Damit zeigt sich noch einmal: Der Begriff des Reiches Gottes auf Erden ist deshalb der Begriff des Höchsten Gutes in seiner Sittlichkeit, weil er der Begriff derjenigen Gestalt des ethischen Gesamtlebens ist, in der das Bewußtsein von dessen eschatologischer Perspektive richtunggebend wirksam ist. Und dabei ist es ein ganz *bestimmter inhaltlicher Grundzug* dieses eschatologischen Denkens, der es geeignet macht, tatsächlich zum Fundament des ethischen Lebens in seiner Sittlichkeit zu werden.

[53] SW III/2 604. 614. 615.
[54] Vgl. oben Anm. 31.

Dieser Grundzug besteht darin, daß Schleiermacher die *durch* den ethischen Prozeß zu realisierenden Ziele klar unterscheidet von dem durch seinen Ursprung bereits *für* ihn gesetzten Ziel, aber ohne die im Prozeß zu realisierenden Güter gegenüber diesem transzendenten Ziel des Vollendetseins zu vergleichgültigen. Und solche Vergleichgültigung vermeidet Schleiermacher genau dadurch, daß er einen inhaltlich bestimmten Begriff des Eschatons selber wagt: Er denkt das Eschaton als Bewahrung aller menschlichen Werke in ihrer wirkungslosen und darum auch unveränderlichen, ewigen, reinen Darstellung. Diese Perspektive über den ethischen Prozeß *hinaus* ist es, die *ihm selber* Gewicht gibt.

Daher gilt schließlich zugespitzt: Schleiermachers Begriff des Reiches Gottes ist deshalb der Begriff der Sittlichkeit des ethischen Lebens, weil er eben nicht *nur* ein Begriff des „Reiches Gottes *auf Erden*", sondern auch des *ewigen* Reiches Gottes ist. Und als solcher ist Schleiermachers Ethik nicht nur eine großartige Exegese vom Matth. 5,13, sondern vor allem eine in der Theologie überhaupt beispiellose Exegese von Offb. 14,13: „Selig sind die Toten, die im Herrn sterben von jetzt an. Ja, spricht der Geist, sie sollen ruhen von ihren Mühsalen; denn ihre Werke folgen ihnen nach."

Die Bedeutung des Christentums
in der Philosophie Hegels[1]

WOLFHART PANNENBERG

1.

Zu den grundlegenden Bedingungen der neuzeitlichen Lebenswelt gehört die Lockerung der engen Bindungen, die im Mittelalter zwischen Kirche und Gesellschaft bestanden hatten. Will man diesen außerordentlich komplexen, weiträumigen und in verschiedenen Ländern unterschiedlich schnell fortschreitenden Prozeß vereinfachend auf ein einzelnes auslösendes Ereignis zurückführen, so muß sich der Blick auf die Reformation richten, und zwar in erster Linie auf ihre unbeabsichtigten weltgeschichtlichen Konsequenzen: Die abendländische Kirchenspaltung und die in ihrem Gefolge für über ein Jahrhundert die europäischen Nationen lähmenden Glaubenskriege riefen nach einer Emanzipation des Staates und seines Rechtes von den kontroversen Ansprüchen der Konfessionskirchen. Dadurch gewannen die weit in das Mittelalter zurückreichenden Tendenzen zur Ausbildung einer rein weltlichen Kultur einen Boden, auf dem sie sich frei entfalten und sich ihrerseits lösen konnten von den Autoritätsansprüchen der konfessionell zersplitterten Kirchen. Der hier angelegte Zwiespalt von kirchlichem Christentum und moderner Lebenswelt hat sich immer wieder antagonistisch zugespitzt, weil keine der beiden Seiten auf die eine und unteilbare Wahrheit Verzicht leisten konnte. Auf der einen Seite ging es um Emanzipation von kirchlicher Vormundschaft und um Beseitigung kirchlicher Privilegien, auf [79] der anderen Seite um die Selbstbehauptung des kirchlichen Christentums gegen den Geist der Moderne.

Dieser Dualismus von kirchlichem Christentum und moderner Lebenswelt hat das Problembewußtsein Hegels seit den Jahren seines Tübinger Theologiestudiums geprägt. Dabei wußte sich der junge Hegel keineswegs als Anwalt für den Bestand eines kirchlichen Christentums, weder im Sinne orthodoxer Selbstabschließung, noch auch durch Anpassung der

---

[1] [Anm. *] Vortrag beim Hegelkongreß in Stuttgart am 14. Juli 1970, auch in: Archives de Philosophie 33, 1970 (1971) 755–786 (frz.).

religiösen Überlieferung an den Geist der Aufklärung. Hegel konzentrierte sich auf die religiöse Thematik, weil sie ihm unerläßlich schien für eine Lösung der Probleme der modernen Gesellschaft. Von früh an hat Hegel das eigentümliche Wesen der modernen Welt zu tief erfaßt, um mit der radikalen französischen Aufklärung eine Loslösung vom überlieferten Christentum bereits als Emanzipation im Sinne einer Befreiung des Menschen einschätzen zu können. Schon in seinen von Nohl unter dem Titel »Volksreligion und Christentum« herausgegebenen Aufzeichnungen hat Hegel viel mehr das Problem der Gesellschaft selbst als ein religiöses Problem erkannt. Deshalb ist es müßig, bei der Interpretation der Jugendschriften Hegels sein gesellschaftspolitisches Interesse gegen das religiöse geltend zu machen oder umgekehrt. Das Thema der politischen Emanzipation ist selbst in seinem Zentrum ein religiöses: Mit dieser Einsicht unterscheidet sich Hegel nicht nur von der bilderstürmerischen Religionskritik der französischen Aufklärung, sondern auch von den seit der Mitte des 19. Jahrhunderts entwickelten und bis heute dominierenden Versuchen, das Verhältnis von Christentum und Neuzeit durch den Begriff der Säkularisierung zu beschreiben, also als ein Fortwirken ursprünglich christlicher Motive, die aber dabei ihre religiöse Form verloren haben. Hegel hielt gerade die religiöse Form selbst für unverzichtbar im Interesse der gesellschaftlichen Emanzipation. Der Stuttgarter Gymnasiast drückte das so aus, daß der »gemeine Mann« nicht durch Wissenschaften und Künste, sondern nur durch Religion der Aufklärung teilhaftig [80] werden könne[2]. Der Tübinger Theologiestudent sagte es in der Sprache der Moraltheologie Kants: Die Religion gebe »der Moralität und ihren Beweggründen einen neuen erhabenern Schwung«[3]. Einige Jahre später hat sich Hegel kritisch gegen Kants Begriff der Moralität gewendet, und von da an faßte er den Begriff der Religion tiefer als Erhebung »vom endlichen Leben zum unendlichen Leben«, d. h. zu jenem »Geist des Ganzen«, in welchem alles im Leben Getrennte und Entgegengesetzte vereinigt ist[4]. Doch auch die so bestimmte Religion blieb für Hegel mit der politischen Thematik verbunden. So heißt es 1821 in der Religionsphilosophie, die Religion sei das den Staat »für das Tiefste der Gesinnung integrierende Moment«[5]. Da nämlich die

---

[2] [Anm. 1] Dokumente zu Hegels Entwicklung ed. J. Hoffmeister, 1936, 37.
[3] [Anm. 2] Theologische Jugendschriften ed. H. Nohl, 1907, 5.
[4] [Anm. 3] Nohl 347.
[5] [Anm. 4] Grundlinien der Philosophie des Rechts ed. J. Hoffmeister (PhB 124a) § 270, p. 225; vgl. Hegels Vorlesungen über die Philosophie der Religion ed. Ph. Marheineke, Jubiläumsausgabe der sämtlichen Werke Hegels Band 15, 116.

Religion die absolute Wahrheit zu ihrem Inhalt habe, so »fällt auch das
Höchste der Gesinnung in sie … Staat und Gesetze, wie die Pflichten, erhalten in diesem Verhältnis für das Bewußtsein die höchste Bewährung
und die höchste Verbindlichkeit; denn selbst Staat, Gesetze und Pflichten
sind in ihrer Wirklichkeit ein Bestimmtes, das in eine höhere Sphäre als in
seine Grundlage übergeht«[6]. Hegel hat die Wirklichkeit des Staates also
auch noch in der Rechtsphilosophie durchaus als eine endliche und beschränkte angesehen, obwohl ihm der Staat im Prinzip – übrigens ganz im
Sinne der seine Jugendschriften beherrschenden Fragestellung – »göttlicher
Wille als gegenwärtiger, sich zur wirklichen Gestalt und Organisation einer
Welt entfaltender Geist« war[7]. Die Endlichkeit und Beschränktheit der
sittlichen Wirklichkeit des Staates begründet die Notwendigkeit der Religion für den Staat. Das Verhältnis der Religion zum Staat ist dabei keineswegs nur das der höheren Beglaubigung und Rechtfertigung. Es kann [81]
auch kritischen Sinn haben, wie Hegels Äußerungen über diejenigen
Staaten, in denen das christliche Prinzip der Freiheit noch nicht zur vollen
Auswirkung gekommen ist, erkennen lassen. So oder so aber geht das religiöse Bedürfnis aus der Erfahrung der Schranken der politischen Wirklichkeit hervor, und in diesem Sinne konnte Hegel noch in seiner Enzyklopädie 1817 schreiben, Kant habe mit Recht die religiöse Erhebung zum
Glauben an Gott als »aus der praktischen Vernunft hervorgehend« betrachtet[8]. »Die wahrhafte Religion und wahrhafte Religiosität geht nur aus
der Sittlichkeit hervor und ist die denkende d.i. der freien Allgemeinheit
ihres konkreten Wesens bewußtwerdende Sittlichkeit«, wie umgekehrt die
Sittlichkeit selbst nichts anderes ist als »der göttliche Geist als inwohnend
dem Selbstbewußtsein in dessen wirklicher Gegenwart als eines Volkes und
der Individuen desselben« (ebd.). Allerdings ist für Hegel die religiöse Erhebung zu Gott nicht mehr wie für Kant eine bloße Konsequenz oder ein
Postulat (ebd.) aus einer für sich selbst feststehenden Sittlichkeit. Vielmehr
ist »das wahrhaft Sittliche Folge der Religion«, wie es in der dritten Ausgabe der Enzyklopädie 1830 im gleichen Zusammenhang heißt. Darum,
obwohl die religiöse Erhebung ihren »Ausgangspunkt« in der Sphäre der
Sittlichkeit – und das heißt für Hegel immer: im konkreten gesellschaftlichen Leben – hat, ist die religiöse Thematik als »Bewußtsein des absolut
Wahren« doch in sich selbst gegründet und zieht ihre Berechtigung keines-

---

[6] [Anm. 5] Grundlinien der Philosophie des Rechts § 270.
[7] [Anm. 6] Ebd. p. 222.
[8] [Anm. 7] Encyklopädie der Philosophischen Wissenschaften im Grundrisse, ed. J. Hoffmeister (PhB 33), § 552.

wegs nur aus ihrer praktischen Relevanz für Moralität und öffentliche Sittlichkeit. Die Religion hat für Staat und Gesellschaft in der Sicht des reifen Hegel gerade darum fundamentale Bedeutung, weil sie nicht erst durch ihre Funktion und also durch eine ihr äußerliche Nützlichkeit gerechtfertigt werden muß, sondern »die absolute Wahrheit zu ihrem Inhalt« hat. Das sittliche Leben der Gesellschaft und der Staat sind nach der Enzyklopädie so sehr vom religiösen Be-[82]wußtsein des Volkes abhängig, daß Hegel sagen kann: »so lange nicht die wahrhafte *Religion* in der Welt hervortritt und in den Staaten herrschend wird, so lange ist nicht das wahre Prinzip des *Staates* in die Wirklichkeit gekommen.« Platon habe diesen Sachverhalt noch nicht gesehen, weil er noch nicht die subjektive Gesinnung als den Ort der Religion und und ihrer politischen Gesinnung erkannt habe, wie ja überhaupt sein Staat noch »ohne die subjektive Freiheit« konzipiert sei. Die subjektive Freiheit und damit auch die Subjektivität der sittlichen Gesinnung als Trägerin der politischen Relevanz der Religion ist für den reifen Hegel erst die weltgeschichtliche Wirkung des Christentums gewesen.

In Hegels Anfängen liest sich das noch anders. In den frühen Aufzeichnungen über Volksreligion und Christentum heißt es im Gegensatz zu den bestehenden Formen des Christentums von der Hegel vorschwebenden Volksreligion, sie gehe »Hand in Hand mit der Freiheit«[9], und Hegel orientierte sich bei der Ausmalung dieses Ideals nicht am Christentum, sondern am Vorbild der griechischen Religion. Später hat Hegel dagegen die Beschränktheit der griechischen Freiheit hervorgehoben, ihre Abhängigkeit von äußerlichen Umständen, besonders vom Zufall der Geburt und der glücklichen Bewahrung vor der Sklaverei. In der Berliner Einleitung zur Geschichte der Philosophie (1820) schreibt Hegel, die Griechen und Römer wußten »nicht, daß der Mensch als Mensch frei ist«. Erst »in der christlichen Religion kam die Lehre auf, daß vor Gott alle Menschen frei sind, daß Christus die Menschen befreit hat, vor Gott gleich, zur christlichen Freiheit befreit. Diese Bestimmungen machen die Freiheit unabhängig von Geburt, Stand, Bildung usf ...«[10]. Hegel nennt diese mit dem Christentum in die Welt gekommene Freiheit auch »das Prinzip der absoluten

[9] [Anm. 8] Nohl, 27.
[10] [Anm. 9] Vorlesungen über die Geschichte der Philosophie: I. System und Geschichte der Philosophie, ed. J. Hoffmeister, 1940 (PhB 166), 63 vgl. Philosophie der Geschichte ed. F. Brunstäd (Reclam), 1961, 339, 459.

Freiheit in Gott«[11]; denn diese subjektive Freiheit [83] in ihrer von den
äußeren Lebensumständen unabhängigen Gewißheit ist begründet in der
Einheit des Menschen mit Gott, wie sie durch Christus offenbart worden
ist[12]. Weil die durch das Christentum eröffnete Freiheit in der Teilhabe
des Menschen an Gott begründet und so allgemein ist wie der eine Gott
der Gott aller Menschen ist, darum gehören die allgemeine Freiheit des
Menschen als Menschen und das christliche Inkarnationsdogma für Hegel
auf das engste zusammen. Hegels Wendung zu einer positiven Würdigung
des christologischen Dogmas, in dem er nicht wie Kant nur eine Illustra-
tion für einen allgemeinen Sachverhalt der Vernunft gesehen hat, sondern
den treffenden Ausdruck der weltgeschichtlichen Wende, zu der hin und
von der her alle Geschichte datiert, hängt mit der Erkenntnis seiner Verbundenheit mit der Geschichte der Freiheit zusammen. Diese Erkenntnis
findet sich noch nicht in den theologischen Jugendschriften Hegels. Sie begegnet erst in der Phänomenologie des Geistes. Noch dunkel und rätselhaft
deutet sie sich an in dem berühmten Kapitel über das unglückliche Bewußtsein, das des abstrakten Charakters der stoischen und der skeptischen
Freiheit gewahr ist und weiß, daß es seine Freiheit und seine Wahrheit
nicht unabhängig von den Zuständen der Welt haben kann. Das Unglück
dieses Bewußtseins besteht darin, daß es sich getrennt weiß von dem, was
sein Wesen und seine Wahrheit sein könnte. Eigenartigerweise hält sich in
der Hegelforschung bis heute die auf den Linkshegelianismus zurückge-
hende Auffassung, dieser Begriff des unglücklichen Bewußtseins beschreibe
das Christentum mit seinem Jenseitsglauben[13]. Die Religionskritik der
Hegelschen Linken fand im Phänomen des unglücklichen Bewußtseins,
das sein eigenes Wesen als ein fremdes von sich geschieden denkt, das
Modell der Religion überhaupt. Doch für Hegel ist das un-[84]glückliche
Bewußtsein eine geschichtliche Gestalt des Geistes, die er in seinen Anfängen mit der jüdischen Religion, später auch mit dem Geist der römischen

---

[11] [Anm. 10] Philosophie der Geschichte, a. a. O. 459. Freiheit in diesem Sinne »kann nur da
sein, wo die Individualität als positiv im göttlichen Wesen gewußt wird« (ebd. 101).

[12] [Anm. 11] Geschichte der Philosophie I, 245f.

[13] [Anm. 12] So beispielsweise G. Lukacs, Der junge Hegel und die Probleme der kapitalistischen Gesellschaft (1948) Berlin 1954, 546f. Ebenso A. Kojève, Hegel (dt. 1958), 55f.,
62ff., 65 u. ö. Schon R. Haym fand im unglücklichen Bewußtsein »eine Chrarakteristik der
kirchlichen und mönchischen Ethik des mittelalterlichen Christentums« (Hegel und seine
Zeit, 1857, 238). Dagegen hat J. Hyppolite, La Phénoménologie de L'esprit I, 1939, 176–
192 auf den Zusammenhang des »unglücklichen Bewußtseins« bei Hegel mit der jüdischen
Religion hingewiesen (178 Anm. 24).

Kaiserzeit verknüpfte[14] und die durch das Christentum zumindest im Prinzip überwunden ist. Denn das Prinzip des Christentums ist ja nicht die Entzweiung und Trennung des Göttlichen und des Menschlichen, sondern die *Versöhnung*[15] dieses Gegensatzes in der Einheit von Gott und Mensch. Das unglückliche Bewußtsein dauert im Christentum nur insofern noch fort, als der »einfache Inhalt der absoluten Religion«, nämlich die »Menschwerdung des göttlichen Wesens«[16], im christlichen Glauben zunächst nur an der vereinzelten Gestalt Jesu angeschaut und als die Besonderheit seiner Person aufgefaßt, aber noch nicht in ihrer allgemeinen [85] Tragweite erfaßt worden ist; » ... die ganze folgende Geschichte ist erst die Realisation dieser konkreten Freiheit«. In der Kirche der christlichen Frühzeit und des Mittelalters hat »das Licht der unendlichen Freiheit ... noch nicht das Weltliche durchschienen«[17]. Das »religiöse Prinzip, das dem Herzen der Menschen einwohnt«, muß aber »auch als weltliche Freiheit hervorgebracht« werden[18]. Den entscheidenden Schritt dazu hat nach Hegel die Reformation getan. Hegel hat erstaunlich treffsicher den Zusammenhang von Rechtfertigungsglauben und christlicher Freiheit bei Luther erkannt: Indem der Glaubende alle eigene Gerechtigkeit aufgibt, erlangt er im Glauben Anteil an Christus und an seiner Gerechtigkeit und damit Anteil an der Gerechtigkeit Gottes. In Hegels Worten heißt das: »das Subjekt selbst soll ein wahrhaftes werden, indem es seinen partikularen Inhalt gegen die

[14] [Anm. 13] Religionsphilosophie 16, 185ff. 273ff., Philosophie der Geschichte (ed. Brunstäd) 440 und 442ff., wo gegenüber der römischen Welt die positive Bedeutung der jüdischen Erfahrung des unendlichen Schmerzes herausgestellt wird, gegenüber Nohl 260 und 373: Dort gilt die mosaische Religion als »eine Religion aus Unglück und fürs Unglück, nicht fürs Glück, das frohe Spiele will; der Gott zu ernsthaft ... eine Religion des Unglücks, denn im Unglück ist die Trennung vorhanden, da fühlen wir uns als Objekte und müssen zum Bestimmenden fliehen – im Glück ist diese Trennung verschwunden«.

[15] [Anm. 14] Die Versöhnung als Überwindung des unglücklichen Bewußtseins wird innerhalb des Kapitels p. 160 (Phänomenologie des Geistes ed. J. Hoffmeister, PhB 114) und 163 erwähnt. Die späteren Rückverweise auf das unglückliche Bewußtsein, vor allem 523ff. und 533, lassen ebenfalls erkennen, daß dieses Bewußtsein zwar den Ausgangspunkt (»das gemeinschaftliche Geburtswehe« 525) für das Christentum bildet, von diesem selbst aber zu unterscheiden bleibt. Auch die Anklänge an christliche Motive (so 166 oben an die Inkarnation, 169 an den Mittelgedanken) treten in jenem Kapitel nach der späteren Erklärung nur »in der Bestimmung des aus dem Bewußtsein hervorgebrachten und ersehnten Inhalts, worin der Geist sich nicht ersättigen, noch Ruhe finden kann, weil er noch nicht an sich oder als seine Substanz sein Inhalt ist« (533) auf, obwohl der Inhalt der offenbaren Religion dabei »zum Teil schon ... vorgekommen« ist (ebd.).

[16] [Anm. 15] A. a. O. 528.

[17] [Anm. 16] Philosophie der Geschichte, ed. Brundstäd 457, vgl. Vorlesungen über die Philosophie der Religion 16, 145 f., 253ff. u. ö.

[18] [Anm. 17] Vorlesungen über die Philosophie der Geschichte 461.

substantielle Wahrheit aufgibt und sich diese Wahrheit zueigen macht.[19]« Durch Preisgabe der eigenen Endlichkeit und Partikularität gewinnt der Mensch teil an Gott. Was bisher als Besonderheit Christi galt, das ist nun durch den Glauben an ihn allgemein geworden: die Vereinigung des Menschen mit Gott und darin die Freiheit von aller äußerlichen Bindung und Autorität.

In der Vernunftautonomie des aufgeklärten Geistes und in der politischen Freiheit der französischen Revolution hat Hegel Wirkungen des reformatorischen Kerngedankens der christlichen Freiheit erblickt. Dabei hat er den Unterschied nicht übersehen, daß die Freiheit in Gott bei Luther noch gebunden war an eine vorgegebene religiöse Autorität, während die Aufklärung allein die eigene Einsicht und Überzeugung gelten läßt[20]. [86] Aber der Übergang vom reformatorischen Freiheitsgedanken zur vernünftigen und weltlichen Freiheit der Aufklärung erschien Hegel als ein innerlich notwendiger Schritt. Das reformatorische Prinzip der Selbständigkeit des einzelnen im Glauben gegenüber aller menschlichen Autorität mußte zur Vernunftsautonomie der Aufklärung führen. Erst in ihr und in der aus ihr hervorgehenden politischen Freiheit hat die christliche Freiheit der Reformation ihre welthafte Realisierung gefunden. Wiederum hat Hegel durchaus gesehen, daß diese Wirkungsgeschichte des reformatorischen Freiheitsgedankens nicht geradlinig, sondern auf eigentümlichen Umwegen verlaufen ist. Erst die Kirchenspaltung hat die Emanzipation des Staates von der religiösen Autorität der Kirchen ermöglicht, die zum Boden für die gegenüber »den *besonderen* Kirchen« verselbständigte Freiheit des Gedankens und auch der Religion selbst – im Sinne der Toleranz anderen Bekenntnissen gegenüber – geworden ist. So kann Hegel in der Rechtsphilosophie sogar die Kirchenspaltung als eine notwendige Bedingung der Realisierung der christlichen Freiheit deuten: »Es ist daher so weit gefehlt, daß für den Staat die kirchliche Trennung ein Unglück wäre oder gewesen wäre, daß er *nur durch sie* hat werden können, was seine Bestimmung ist, die selbstbewußte Vernünftigkeit und Sittlichkeit. Ebenso

---

[19] [Anm. 18] Ebd. 558.

[20] [Anm. 19] »Luther hatte die geistige Freiheit und die konkrete Versöhnung erworben, er hat siegreich festgestellt, was die ewige Bestimmung sei, müsse in ihm selber vorgehen. Der *Inhalt* aber von dem, was in ihm vorgehen und welche Wahrheit in ihm lebendig werden müsse, ist von Luther angenommen worden, ein Gegebenes zu sein, ein durch die Religion Offenbartes. Jetzt ist das Prinzip aufgestellt worden, daß dieser Inhalt ein gegenwärtiger sei, wovon ich mich innerlich überzeugen könne, und daß auf diesen inneren Grund alles zurückgeführt werden müsse«, ebd. 587. Dazu mit weiteren Belegen K. Löwith, Hegels Aufhebung der christlichen Religion, Hegel-Studien Beiheft 1, 1964, 193–236, bes. 222f.

ist es das Glücklichste, was der Kirche für ihre eigene und was dem Gedanken für seine Freiheit und Vernünftigkeit hat widerfahren können.«[21] Auf diesem Umweg, der in der Perspektive eines heutigen ökumenischen Bewußtseins allerdings wohl kaum noch so vorbehaltlos als in jeder Hinsicht notwendig und glücklich bezeichnet werden dürfte, ist die geistige und politische Freiheit der Moderne aus dem Christentum hervorgegangen. Diese historische Feststellung gewinnt ihr volles Gewicht jedoch erst durch die weitere These, daß es sich dabei keineswegs nur um zufällige [87] historische Anfangsbedingungen einer nunmehr in sich selbst begründeten Wirklichkeit handle. Die Freiheit des sittlichen Staates hat nach Hegel vielmehr auch weiterhin ihre eigentliche Substanz in der christlichen »Freiheit in Gott«[22]. Eine solche Behauptung ist angesichts der vielfältigen Spannungen zwischen dem Geist der Neuzeit und dem traditionellen Christentum alles andere als selbstverständlich. Doch erst mit diesem Gedanken überschreitet Hegel den Umkreis der Theorien, die die Moderne als Emanzipation von ihren christlichen Ursprüngen deuten. Hegel hat zuerst in der Phänomenologie des Geistes die bleibende Bindung der geistigen Freiheit der Aufklärung an den im Glauben bewahrten absoluten Inhalt begründet. Indem die »reine Einsicht« der Aufklärung sich zum Inhalt des Glaubens nur negativ verhält »und ihn noch nicht als sich selbst weiß, verkennt sie sich in ihm« und wird »Unwahrheit und Unvernunft«[23].

Die aufgeklärte Kritik zeigt zwar mit Recht in den Vorstellungen des Glaubens deren Endlichkeit auf[24], aber indem sie überhaupt alle Bestimmtheit, »d. h. allen Inhalt und Erfüllung desselben auf diese Weise als eine Endlichkeit, als menschliches Wesen und Vorstellung begreift, wird ihr das absolute Wesen zu einem Vakuum, dem keine Bestimmungen, keine Prädikate beigelegt werden können«[25], und so gerät die aufgeklärte Kritik des Glaubens in die »Plattheit« und den Widerspruch, daß sie vorgibt, »nur von der Endlichkeit, und zwar sie als das Wahre, und dies Wissen von derselben als dem Wahren als das Höchste zu wissen«[26]. Für Hegel war es dabei von untergeordneter Bedeutung, ob die den Gottesgedanken entleerende Religionskritik ihn in seiner leeren Allgemeinheit bestehen ließ

---

[21] [Anm. 20] Grundlinien der Philosophie des Rechts § 270.
[22] [Anm. 21] S. o. Anm. 10 [hier: Anm. 11]
[23] [Anm. 22] Phänomenologie des Geistes ed. Hoffmeister 389, vgl. 401f.
[24] [Anm. 23] Ebd. 406, vgl. 393.
[25] [Anm. 24] Ebd. 397.
[26] [Anm. 25] Ebd. 400, vgl. Vorlesungen über die Philosophie der Religion 16, 32 f.

und nur das Nichtwissen des Menschen von Gott [88] betonte oder ob sie den Gottesgedanken überhaupt ablehnte. In beiden Fällen handelt es sich um »Gleichgültigkeit gegen die Religion, die man entweder dahingestellt sein und auf sich beruhen läßt oder endlich bekämpft«, und der späte Hegel fügte hinzu: »Das ist die Consequenz seichter Seelen.«[27] Indem so der Verstand das Wissen auf endliche Gegenstände reduziert und das göttliche Wesen des Glaubens in seine endlichen Elemente auflöst, gerät das moderne Freiheitsbewußtsein der reinen Einsicht in eigentümliche Parallele zum unglücklichen Bewußtsein der antiken Welt. Es erleidet »das tragische Schicksal der an und für sich sein sollenden Gewißheit seiner selbst«. Dieses tragische Schicksal der reinen Einsicht besteht darin, daß sie untergeht mit der Negation der ihr Selbstsein tragenden substantiellen Wahrheit: »Es ist das Bewußtsein des Verlustes aller Wesenheit in dieser Gewißheit seiner und des Verlustes eben dieses Wissens von sich – der Substanz wie des Selbst, es ist der Schmerz, der sich als das harte Wort ausspricht, daß Gott gestorben ist.«[28] Hegels berühmtes und oft mißdeutetes Wort vom Tode Gottes formuliert das Ergebnis der Verstandeskritik der Aufklärung am Christentum, das Ergebnis der Verselbständigung der als freie Einsicht sich wissenden subjektiven Freiheit von ihrer geschichtlichen Herkunft aus der christlichen »Freiheit in Gott«. Der Tod Gottes ist für Hegel ein notwendiges Moment der Verwirklichung des Christentums in der subjektiven Freiheit, weil diese subjektive Freiheit zunächst unmittelbar gegen alle Autorität und Überlieferung auftritt. Dabei bezeichnet der Tod Gottes zugleich das Ende einer als abstraktes Jenseits gedachten Gottesvorstellung. Der Tod des Mittlers enthält »zugleich den Tod der *Abstraktion des göttli-*[89]*chen Wesens, das nicht als Selbst gesetzt ist*«[29], in welchem also die im Inkarnationsgedanken enthaltene Einheit von Gott und Mensch noch nicht in ihrer vollen Tragweite gedacht ist, sondern Gott nur in jenem ausschließenden Gegensatz zu Mensch und Welt vorgestellt wird, der seinen Ausdruck im

---

[27] [Anm. 26] Vorlesungen über die Philosophie der Religion 16, 51, vgl. 186f. bes. 187: »Auf jenem inhaltlosen Standpunkt hingegen ist gar keine Religion möglich, denn ich bin das Affirmative, während die an und für sich seiende Idee in der Religion schlechthin durch sich, und nicht durch mich, gesetzt sein muß: es kann also hier keine Religion sein, so wenig als auf dem Standpunkt des sinnlichen Bewußtseins.«

[28] [Anm. 27] Phänomenologie des Geistes 523, vgl. 546. Die Parallele zwischen der Gegenwart und »der Zeit des römischen Kaisertums« begegnet auch – und ausdrücklich – in den religionsphilosophischen Vorlesungen 16, 196 und 354f. Die Wendung vom Tode Gottes erscheint bei Hegel zuerst 1803 am Ende seiner Abhandlung über Glauben und Wissen, PhB 62b, 123f.

[29] [Anm. 28] Phänomenologie des Geistes 546.

unglücklichen Bewußtsein findet. Erledigt ist also für Hegel jener abstrakte Dualismus eines dem Endlichen nur entgegengesetzten (und so seinerseits endlichen) Unendlichen. Aber das Denken Hegels konnte nicht bei der Feststellung des Todes Gottes stehen bleiben, weil der Tod Gottes zugleich den Verlust des Selbstbewußtseins und seiner subjektiven Freiheit bedeuten muß. Die Erkenntnis, daß die subjektive Freiheit des modernen Bewußtseins nicht ohne Gott fortbestehen kann, führt zur Revision der Einseitigkeiten der Religionskritik der Aufklärung. Sie macht nicht rückgängig, was das Recht dieser Kritik ist. Sie gewinnt den konkreten Inhalt der Religion zurück, indem sie die falsche Entgegensetzung des Unendlichen zum Endlichen überwindet und so die Einheit von Endlichem und Unendlichem im christlichen Zentralgedanken der Menschwerdung Gottes und also im Prinzip der subjektiven Freiheit selbst zu Ende denkt.

Das Prinzip der subjektiven Freiheit ist also für Hegel der Grund, weshalb man nicht im Namen dieser Freiheit die christliche Religion in der Weise einer »Säkularisierung« hinter sich lassen kann. Aus demselben Grunde wendet Hegel sich in seiner Enzyklopädie gegen die Trennung von Staat und Religion: Der moderne Staat kann nicht *sittlicher* Staat im Sinne der Verwirklichung der subjektiven Freiheit sein ohne die Grundlage dieser subjektiven Freiheit in der christlichen Religion. Mit einem Seitenblick auf die französische Revolution nennt Hegel es eine »Torheit neuerer Zeit, ein System verdorbener Sittlichkeit, deren Staatsverfassung und Gesetzgebung, ohne [90] Veränderung der Religion umzuändern, eine Revolution ohne eine Reformation gemacht zu haben«[30]. Überhaupt sei es »der ungeheure Irrtum unserer Zeiten gewesen, diese Untrennbaren <nämlich Staat und Religion> als voneinander trennbar, ja selbst als gleichgültig gegeneinander ansehen zu wollen. So ist das Verhältnis der Religion zum Staat so betrachtet worden, daß dieser für sich sonst schon und aus irgendeiner Macht und Gewalt existiere, und das Religiöse als das Subjektive der Individuen nur zu seiner Befestigung etwa als etwas Wünschenswertes hinzuzukommen hätte oder auch gleichgültig sei, und die Sittlichkeit des Staates, d. i. vernünftiges Recht und Verfassung für sich auf ihrem eigenen Grund feststehe«[31]. Ein »ungeheurer Irrtum« ist das, weil der Staat des Bewußtseins der absoluten Wahrheit, das nur die Religion geben kann, als Grundlage seiner Institutionen und der ihn tragenden Gesinnung bedarf. Das bedeutet gewiß nicht, daß der Staat noch einmal an die religiöse Autorität einer Kirche

---

[30] [Anm. 29] Enzyklopädie § 542, p. 460 (Zusatz der 3. Ausg. 1830).
[31] [Anm. 30] Ebd. p. 456.

gebunden werden könnte oder dürfte[32]. Vielmehr hat die Kirche selbst mit dem Freiheitsgedanken der Reformation das Prinzip hervorgebracht, das den Staat gerade als christlichen Staat unabhängig von den besonderen Kirchen macht[33]. Doch diese Selbständigkeit des Staates als *allgemeiner* Boden der Realisierung der christlichen Freiheit gegenüber den »besonderen Kirchen« ist nicht zu verwechseln mit einer Trennung von Staat und Religion überhaupt, die nach Hegels Einsicht nur zur Auflösung des Staates führen könnte.

Zweifellos erfordert nun aber diese Selbständigkeit des sittlichen Staates gegenüber den besonderen Kirchen, wenn sie nicht im Sinne einer Trennung von Staat und Religion überhaupt verstanden werden soll, sondern als Wahrnehmung der vernünftigen *Allgemeingültigkeit* der christlichen Idee der Frei-[91]heit gegenüber der Partikularität der Konfessionskirchen, ein ihr entsprechendes *Bewußtsein* von dieser vernünftigen Allgemeinheit des Christentums. Man wird wohl nicht fehlgehen in der Annahme, daß Hegel darin die Funktion der *Philosophie* im modernen Staat gesucht hat. In diese Richtung weist, daß Hegel gegenüber dem Autoritätsprinzip der Kirchen der »Wissenschaft« zusammen mit dem sittlichen Staat die Form der »Allgemeinheit des Gedankens«, der »selbstbewußten, objektiven Vernünftigkeit« zuerkannte, die der Staat gegen die Subjektivität des bloßen Meinens »in Schutz zu nehmen« habe[34].

Teilt die Philosophie mit dem Staate die Form der Allgemeinheit des Gedankens, so bewahrt sie darin zugleich den substantiellen Inhalt der Religion, ihre Wahrheit, die Hegel von der zeitgenössischen Theologie preisgegeben sah. Die Theologie hat sich unter dem Druck der aufgeklärten Verstandeskritik auf die Subjektivität des Gefühls zurückgezogen und allen Inhalt der Kritik überlassen[35]. Dieser Schrumpfung der Religion auf die

---

[32] [Anm. 31] Über die »Theokratie« hat Hegel geurteilt: »Da ist die Freiheit als subjektive, moralische Freiheit … gänzlich verloren« (Vorlesungen über die Geschichte der Philosophie I ed. Hoffmeister 200).

[33] [Anm. 32] Siehe Grundlinien der Philosophie des Rechts § 270, p. 232f.

[34] [Anm. 33] Ebd.

[35] [Anm. 34] So Hegel in seiner Vorrede zur 2. Aufl. seiner Enzyklopädie 1827, 14f.; ferner Vorlesungen über die Philosophie der Religion 15, 33: »so ist die Religion erkenntnislos geworden und in das einfache Gefühl, in das inhaltlose Erheben des Geistigen zu dem Ewigen zusammengeschrumpft, kann aber von dem Ewigen nichts aussagen, denn alles, was Erkennen wäre, wäre ein Herabziehen desselben in die Sphäre und in den Zusammenhang des Endlichen.« Die Theologie hat »so wenig Inhalt wie möglich, hat mit den Dogmen reine Bahn gemacht und ist auf ein Minimum reduziert worden« (Geschichte der Philosophie, Einleitung 198). So macht das Verstandesdenken der Aufklärung »das

Subjektivität entspricht der »Atheismus der sittlichen Welt«, den Hegel in der Vorrede zu seiner Rechtsphilosophie beklagt hat. Der Rückzug in die fromme Innerlichkeit überläßt zugleich mit dem Verzicht auf das Feld der objektiven Wahrheit auch die gesellschaftlichen Einrichtungen der Gottlosigkeit. Hegel hat den Zusammenhang dieses Rückzuges vor der Aufklärung auf die fromme Innerlichkeit mit dem Pietismus erkannt und die in der pietistischen Frömmigkeit hervortretende Eitelkeit der religiösen Subjektivität auf das schärfste bloßgestellt: Die tatsächliche Position dieser Frömmigkeit »diesseits des leeren Wesens Gottes« sei die »für sich frei und selbständig gewordene Endlichkeit, die sich abso-[92]lut gilt«[36]. Hegel wunderte sich, daß auf diesem Standpunkt »Gott selbst noch Objektivität zugeschrieben« werde, und er hat demgegenüber den Materialismus als konsequenter bezeichnet, der die bloße Subjektivität des frommen Gefühls beim Wort nimmt und daraus die Konsequenz des Atheismus zieht[37]. Das Aufkommen eines christlichen Atheismus in der Theologie selbst hätte Hegel daher nur als Bestätigung empfinden können, als Bestätigung auch seiner Verachtung für die Bereitschaft der Theologie, den Inhalt der Religion aufzugeben, um sich mit der Verstandeskritik zu arrangieren. Da schon zu seiner Zeit »die Grundlehren des Christentums größten Theils aus der Dogmatik verschwunden sind«, konnte Hegel so den nur auf den ersten Blick befremdlichen Anspruch erheben: »Nicht allein, aber vornehmlich ist die Philosophie jetzt wesentlich orthodox; die Sätze, die immer gegolten, die Grundwahrheiten des Christenthums werden von ihr erhalten und aufbewahrt.«[38] Die Philosophie nämlich vermag durch ihre Überwindung des abstrakten Verstandesdenkens die Religionskritik der Aufklärung in ihre Schranken zu weisen und die objektive Wahrheit des Christentums in einer Weise neu zu formulieren, die sich der Verstandeskritik der Aufklärung als überlegen erweist. Gegenüber der Kritik der Aufklärung kann die Wahrheit der Religion nur noch auf dem Felde der Allgemeinheit des Gedankens gerettet werden. Damit zugleich fällt es der Philosophie im Sinne Hegels zu, die Allgemeingültigkeit der christlichen

---

Gemüth, den Himmel und den erkennenden Geist leer und der religiöse Inhalt flüchtet sich dann in den Begriff« (Religionsphilosophie 16, 351 f.).

[36] [Anm. 35] Vorlesungen über die Philosophie der Religion 16, 346 f.

[37] [Anm. 36] Ebd. 15, 68: »Gott ist so ein historisches Produkt der Schwäche, der Furcht, der Freude oder eigennütziger Hoffnung oder Hab- und Herrschsucht. Was nur in meinem Gefühl wurzelt, ist nur für mich, das Meinige, aber nicht sein selbst, nicht selbständig an und für sich.« Man müsse daher zeigen, »daß Gott nicht bloß das Gefühl zur Wurzel hat, nicht bloß *mein* Gott ist«.

[38] [Anm. 37] Ebd. 16, 207.

Religion auch für den Staat zu formulieren. So kommt [93] in Hegels Perspektive der Philosophie in der durch die Aufklärung heraufgekommenen Situation des neuzeitlichen Geistes eine Aufgabe von weltgeschichtlichem Format zu. Dennoch hat Hegel in seinem Alter gesehen, daß die Philosophie für sich allein nicht wirksam den Anspruch vertreten kann, im Unterschied zu den partikularen Kirchen die Allgemeingültigkeit der christlichen Religion schlechthin zu verkörpern; denn die Versöhnung im philosophischen Gedanken ist ihrerseits »nur eine partielle ohne äußere Allgemeinheit«[39], weil beschränkt auf den esoterischen Kreis der Philosophierenden. Das Schicksal der Hegelschen Philosophie ist dazu angetan, dieser Bemerkung verstärkten Nachdruck zu verleihen; denn der Philosophie geht äußere Allgemeinheit offensichtlich sogar im Kreis der Philosophierenden ab. Demgegenüber bildet die Religion durch ihre institutionelle Bindung die Form, die – wie Hegel sagt – die absolute Wahrheit für alle Menschen ist. Inwieweit Hegel durch das Medium des philosophischen Gedankens sich dem Ziel seiner Jugend nähern konnte, dem Ziel einer Reform der Gesellschaft durch Reform der Religion, dies mußte sich daher nicht zuletzt daran entscheiden, wie das Verhältnis seiner Philosophie zur vorhandenen Religion und ihrem Selbstverständnis sich gestaltete.

2.

[...] Die einzige ernsthafte Alter-[110]native zu der von Hegel auf ihren Begriff gebrachten Vorstellungsweise wäre es, das Wesen Gottes selbst aus der absoluten Zukunft der Freiheit[40] zu verstehen, statt es umgekehrt als Vermögen seiner Freiheit zugrunde liegend zu denken. Nur als absolute Zukunft der Freiheit ließe sich Freiheit denken, die nicht der Notwendigkeit einer vorgängigen Wesensnatur unterliegt.

Die theologischen Kritiker Hegels[41] waren sicherlich nicht zu Unrecht der Meinung, daß ausgerechnet der Gedanke der Freiheit – dieser Zentralgedanke Hegels – bei ihm nicht unverkürzt auf den Begriff gebracht worden sei, und zwar weder im Hinblick auf die Freiheit Gottes noch auf die

---

[39] [Anm. 38] Ebd. 356.
[40] [Anm. 93] Dabei gehört absolute Zukunft zum Wesen der Freiheit, weil absolute Freiheit keine Zukunft außer ihr selbst hat und so ihre eigene Zukunft ist.
[41] [Im Vorangehenden werden einige Kritiker, z. B. Friedrich-August G. Tholuck (1799–1877) interpretiert. Diskutiert wird insbesondere deren Vorwurf, der Gottesgedanke der Hegelschen Philosophie sei »pantheistisch«.]

des Menschen: Daß die Freiheit Gottes und die des Menschen einander bedingen, daß somit die Auffassung der einen nicht ohne Folgen für die andere bleibt, das hat sich ja spätestens seit dem 13. Jahrhundert, seit der Auseinandersetzung der christlichen Theologie mit dem lateinischen Averroismus, der denkenden Besinnung eingeprägt. Was in Hegels Begriff der Freiheit sowohl Gottes als auch des Menschen nicht zu seinem Recht kommt, das ist ihre Zufälligkeit[42] im Sinne des aus der Zukunft Zufallenden, ihre Unableitbarkeit aus allem schon Vorhandenen, auch aus dem, was der Wollende selbst schon ist. Mit diesem Moment des Zufälligen hängt auch der Pluralismus der individuellen Realisierung der Freiheit, sowie das selbständige Recht des Historischen gegenüber der logischen Form des Begriffs und die Unabgeschlossenheit alles vergangenen und gegenwärtigen Wesens, sowie seine Verwiesenheit auf eine noch offene Zukunft zusammen, die darum unerläßlicher Horizont für das Verständnis gegenwärtiger Wirklich-[111] keit ist. All das führt auf die zentralen Fragen, ob Geist und Gedanke wirklich ihre höchste Gestalt im Begriff und in der Idee als realisiertem Begriff finden und ob der Begriff schon Subjekt und subjektive Freiheit nur Begriff ist. Wenn Hegel das konkret Allgemeine des Begriffs »die freie Macht« nennt und diese freie Macht des Begriffs dann weiter als die Freiheit der Liebe bestimmt[43], dann wird der Sprung, der Riß im Gedanken unübersehbar, der hier gedanklich nicht Vermitteltes verbal zusammenzwingt; denn die Freiheit der Liebe ist unvorgreiflich; sie übersteigt alle vorgegebenen Identitäten, und die Identität, die sie selbst hervorbringt, ist zwar ihr Ausdruck, aber nie schon ihr voller Begriff, so daß sie auch nicht eingeholt werden kann durch den Begriff. Aller Begriff bleibt hier bloßer Vorgriff[44].

[42] [Anm. 94] Diese Zufälligkeit oder Kontingenz der Freiheit bildet das Wahrheitsmoment des Insistierens der Kritiker Hegels auf der von ihm als abstrakt abgewerteten formellen Freiheit. Gerade im Gedanken konkreter Freiheit müßte dieses Moment der Kontingenz im Akt der Freiheit gewahrt bleiben.

[43] [Anm. 95] Wissenschaft der Logik II, 242.

[44] [Anm. 96] Die Herabsetzung des Begriffs zum Vorgriff bildet nicht etwa nur eine äußerlich gegen das Denken Hegels vorzubringende Antithese. Vielmehr erweisen sich die Hegelschen Gedankenbestimmungen in ihrer dialektischen Natur an ihnen selbst als antizipatorisch. So läßt sich an der Gedankenentwicklung der »Wissenschaft der Logik« zeigen, daß die logischen Bestimmungen die am Schluß der »Phänomenologie des Geistes« gewonnene Idee des absoluten Wissens oder der Wahrheit als Identität von Subjekt und Objekt inhaltlich formulieren, sie jedoch dabei nicht einholen und gerade so über sich hinaustreiben. In der Weise wie das absolute Wissen unmittelbar auftritt – als Sein – hat es noch nicht seine adäquate Gestalt gefunden, und diese Inadäquanz wird der Reflexion auf das in jener anfänglichen Bestimmung faktisch »Gesetzte« offenbar. Damit wird der Weg frei für eine neue Formel des absoluten Wissens, die sich ihrerseits der Reflexion auf das in ihr Gesetzte

[112] Die Selbständigkeit der Freiheit, der Zukunft, der Individualität und des Historischen, damit aber auch des Geistes überhaupt gegenüber dem Begriff, der auch in seiner höchsten Form nur Moment des geistigen Lebens ist, hat Vorbehalte auch gegenüber der Aufhebung der religiösen Vorstellungen in den Begriff, wie Hegel sie proklamierte, zur Folge. Das historisch Zufällige, das den Inhalt der religiösen Vorstellungen jedenfalls des Christentums bildet, läßt sich nicht unverkürzt auf die Identität des Begriffs bringen. Das gilt gerade auch vom Gehalt der Geschichte, der dem Blick wechselnder Zeiten je Verschiedenes zu erkennen gibt und einer noch nicht erschienenen Zukunft noch anderes bedeuten wird als der Gegenwart. Hegels Polemik gegen die Bemühungen um das Historische des Christentums zielte daher zu kurz. Andererseits behält die andeutende Sprache der religiösen Vorstellung gerade wegen ihrer Vorläufigkeit ein vorerst bleibendes Recht, wenn die Wirklichkeit im ganzen noch unabgeschlossen ist und in ihrem logischen Wesen durchaus nicht unbetroffen bleibt von den Zufällen geschichtlicher Zukunft. Nicht zuletzt weil die religiösen Vorstellungen Endgültiges im Modus der Andeutung sagen, vermögen religiöse Überlieferungen den Raum der Freiheit für den einzelnen offenzuhalten und damit die politische Funktion für die subjektive Gesinnung zu erfüllen, die Hegel insbesondere dem Christentum zuerkannte. Allerdings kommt in der traditionellen dogmatischen Gestalt der religiösen Vorstellungen gerade des Christentums diese ihre Vorläufigkeit, ihr andeutend bedeutender Sinn wenig oder gar nicht zum Ausdruck. Schon darum ist dem Urteil Hegels zuzustimmen, daß der Kritik der Aufklärung an den [113] traditionellen Glaubensvorstellungen des Christentums nur dadurch

---

als bloße Antizipation enthüllen wird, die wieder über sich hinaustreibt. Dieser antizipatorische Charakter der logischen Bestimmungen, deren Anfang beim Sein schon »an sich« der Begriff ist (Enzykl. § 238, vgl. § 84), ist Hegel nur darum nicht zum Problem geworden, weil jener Anfang mitsamt dem darauf folgenden »Rückgang in den Grund« ihm von der spekulativen Idee aus als »ihr Selbstbestimmen« erschien (§ 238). Jedenfalls aber liegt auch unabhängig von dieser Selbstdeutung Hegels, die die Abschließbarkeit der Reflexionsbewegung der Logik in der absoluten Idee zur Bedingung hat, die antizipatorische Struktur der logischen Bestimmungen im Gang seiner Logik zutage, und insofern ist das Denken dieser Bestimmungen selbst auf eine Zukunft seiner Wahrheit bezogen, aus der es entspringt, indem es auf sie vorgreift. Das gilt auch noch für die absolute Idee, wenn deren Wahrheit noch nicht mit ihrer logischen Formalität erreicht ist, sondern erst mit ihrer konkreten Entwicklung durch Natur- und Geistesphilosophie bis hin zur Philosophie der Religion. Die logischen Bestimmungen erweisen sich dann letztlich als Vorgriff auf diejenige Wahrheit, die in der Geschichte der Religion thematisch ist. Sie sind freilich von Hegel selbst nicht ausdrücklich so entwickelt worden, sondern zeigen sich so erst einer Reflexion, die die Implikationen der gesetzten Bestimmungen und des Verfahrens ihrer Entwicklung auch gegen das Selbstverständnis Hegels kritisch geltend macht.

zu begegnen ist, daß ihre Wahrheit befreit wird aus der Enge ihrer traditionell dogmatischen Gestalt. Das braucht nicht die Umsetzung der Glaubensvorstellungen in den Begriff im Sinne der Hegelschen Logik zu bedeuten. Es braucht nicht einmal zu heißen, daß die Glaubensvorstellungen auf *ihren* Begriff, auf den Begriff ihrer eigenen Sache gebracht werden müßten oder könnten: Die Endgültigkeit des Anspruchs, die Vorstellungen des Glaubens auf ihren Begriff zu bringen, wird fragwürdig, wenn durchschaut ist, wie wenig die Form des Begriffs der erfahrenen Wirklichkeit gerecht zu werden vermag. Diese Einsicht zeichnet schon eine neue Gestalt des Denkens vor, die der erfahrenen Wirklichkeit besser entspricht als der Hegelsche Begriff, eines Denkens, zu dessen Wahrheit die Reflexion der eigenen Vorläufigkeit ebenso gehört wie die der Tragweite von Zufall und Zukunft im Zeichen der Freiheit. Doch dürfte Hegel auch darin recht behalten, daß nur auf dem Boden der allgemeinen Wahrheit des freien Gedankens die Wahrheit der Religion ihrer selbst noch gewiß werden kann, nachdem die Kritik der Aufklärung das Prinzip der Autorität zerstört hat und am Tage ist, daß die Subjektivität der frommen Erfahrung oder des Glaubensdezisionismus, wenn sie als letzter Gewißheitsgrund des Glaubens genommen wird, den Ruin seiner Wahrheit bedeutet. Die Kritik an Hegels Verengung des philosophischen Gedankens zum Begriff des Begriffs sollte das christliche Denken nicht länger davon abhalten, die durch Hegels Denken eröffnete Möglichkeit für eine neue und positive Verhältnisbestimmung von Christentum und Neuzeit zu erkennen und zu ergreifen. Diese Möglichkeit ist gebunden daran, daß der christliche Glaube mit einer neuen Strenge und Ausschließlichkeit als Religion der Freiheit verstanden wird. Wenn die an Hegels Denken zu übende Kritik sich dahin zusammenfassen läßt, daß die Erfahrung der Freiheit noch tiefer durchdacht werden muß als das bei Hegel geschehen ist, dann folgt auch solche Kritik noch der von Hegel gewiesenen Richtung.

Hegel heute

CHARLES TAYLOR

Der moderne Freiheitsbegriff wird von zwei Seiten bedroht. Einerseits herrscht Verzweiflung über die Verwirklichung der Freiheit, sogar Zweifel, ob das Streben nach Freiheit angesichts des Irrationalen und Elementaren im Menschen überhaupt sinnvoll ist. Andererseits scheint die grundlegende Leere der Freiheit des Selbst, das nur von sich abhängig ist, zum Nihilismus zu führen. Viele philosophischen [sic!] Gedanken waren im letzten Jahrhundert auf dieses Problem gerichtet. Wie kann über einen Begriff des Selbst als Subjekt eines Willens, der von sich selbst abhängig ist, hinausgegangen werden, und wie kann seine Einfügung in die Natur, unsere eigene und die unserer Umgebung, wirklich deutlich gemacht werden, welcher Platz kann der Freiheit eingeräumt werden?

Das bedeutet, daß die freie Aktivität wieder als Reaktion aufgefaßt werden muß, die durch eine Situation hervorgerufen wird, die aufgrund unserer Beschaffenheit als natürliche und soziale Wesen oder aufgrund einer unvermeidbaren Berufung oder Absicht unsere Situation ist. Alle verschiedenen Begriffe situationsbezogener Freiheit haben eines gemeinsam: freie Tätigkeit gründet in dem *Akzeptieren* der uns bestimmenden Situation. Der Kampf um Freiheit, d. h. der Kampf gegen Begrenzungen, Unterdrückung, Entstellungen inneren oder äußeren Ursprungs, wird durch eine Bestätigung dieser bestimmenden Situation als unserer Situation angetrieben. Sie kann nicht als eine Reihe von Grenzen, die überwunden werden müssen, angesehen werden oder als eine bloße Gelegenheit, einen frei gewählten Plan durchzuführen, denn darin wäre all das enthalten, was eine Situation im Rahmen der Vorstellung definierte, die Freiheit als Abhängigkeit von einem Selbst faßt.

Bei der Suche nach einem Begriff der bestimmten, situationsbezogenen Freiheit sind aber auch mechanistische Theorien über menschliches Denken und Verhalten nutzlos. Nach diesen Theorien gehört die freie Tätigkeit tatsächlich in den Rahmen der Natur, denn sie ist ein mögliches Ergebnis eines natürlichen Systems. Diese Auf-[740]fassung ist aber nur auf Kosten der Rückkehr zu einer Freiheitsdefinition vertretbar, die Freiheit für ungehinderte Trieberfüllung hält. Diese Definition ist unangemessen, denn sie läßt es nicht zu, daß wesentliche Unterscheidungen getroffen werden können. Der Begriff einer Freiheit, die in unserer Natur wurzelt, die aber durch unsere eigenen Triebe und unsere begrenzten Hoffnungen zunichte gemacht werden kann, erfordert eine artikuliertere, vielschichtige Theorie menschlicher Motivation. Es ist zweifelhaft, ob eine Theorie, die nur wirkende Ursächlichkeit anerkennt, dem gerecht werden kann. Wir benötigen in unserer Situation den Begriff eines bestimmten Ausgerichtetseins, einer Neigung, die wir entweder bestätigen oder ablehnen, neu interpretieren oder entstellen können. Diese Neigung muß von dem, was wir gewöhnlicherweise Trieb nennen, nicht nur unterschieden werden, sondern es ist außerdem schwer, einzusehen, wie eine solche Neigung in mechanistischen Begriffen erklärt werden könnte, ganz zu schweigen von ihrem Verhältnis zu solchen Trieben.

Reduktive Theorien behaupten, das Problem, das darin besteht, Freiheit auf die Natur zu beziehen, unterdrücken zu können. Tatsächlich können sie ihm aber nicht entgehen. Es kehrt, ohne daß es in diesem Fall zugegeben würde, in der Tatsache zurück, daß die wissenschaftliche Vergegenständlichung der menschlichen Natur ein Subjekt der Wissenschaft voraussetzt, dessen Tätigkeit und dessen Urteile über Wahrheit und Tiefen der Auslegung nicht durch die reduktive Theorie erklärt werden können. Es bleibt ein engelgleicher Beobachter außerhalb des vergegenständlichten Lebensstroms.

Die Tatsache, daß das Problem der Freiheitsbestimmung dringlicher geworden ist, hat vermutlich etwas mit den politischen und sozialen Entwicklungen, die im ersten Abschnitt erwähnt wurden, zu tun. In einer gut funktionierenden Gesellschaft, in der die Ausbeutung der Natur und die Organisation der Gesellschaft zum Zwecke individuellen Nutzens bestimmt zu sein scheinen, ist es ganz natürlich für die Menschen, sich bei sich selbst zu fühlen, weil nämlich ihre Selbsteinschätzung die ist, daß sie als autonome Subjekte damit beschäftigt sind, ihre frei gewählten Wünsche und Absichten zu realisieren. Von einer wissenschaftlichen Perspektive betrachtet, sehen sie sich vielleicht tatsächlich durch Triebe bewegt und sehen ihr Verhalten als Teil eines deterministischen Kausalsystems. Obwohl diese beiden Perspektiven unvereinbar sind, ruft keine von ihnen die Frage nach der Freiheit oder ihrem Verhältnis zur Natur hervor. Die erste Perspektive ist die Perspektive des Subjekts, das die Natur vergegenständlicht; das Subjekt nimmt seine eigene Freiheit für selbstverständlich, wobei seine Ziele durch jenes Erfordernis bestimmt werden, daß es auf der Suche nach individuellem Glück seiner Funk-[741]tion in einem umfassenden Produktionsablauf gerecht werden muß. Nach der zweiten Perspektive wird das Problem des Bezugs der Freiheit auf die Natur von Beginn an un-

terdrückt. Die Freiheit folgt den Trieben und wird selbst durch die Natur
in uns und außer uns bestimmt. Obwohl diese Triebe im Kantischen
Sinne nicht autonom sind, sind sie unzweideutig meine Triebe, solange ich
mich mit meiner eigenen Natur identifiziere.[1]

Wenn die Gesellschaft herausgefordert wird und ihr Gleichgewicht verliert, wenn die radikaleren ›expressiven‹ Bestrebungen nach totaler Freiheit
sich Gehör verschaffen, wenn das soziale und individuelle Leben irrationalen
Kräften zum Opfer fällt – entweder weil die sozialen Mechanismen nicht
gemäß ›rationalen‹ Vorschriften funktionieren (zum Beispiel in der De-
pression) oder weil Neigungen und Hoffnungen in den Vordergrund treten,
die das Rahmenwerk instrumentell-rationalen, gemeinschaftlichen Handelns (zum Beispiel Chauvinismus, Rassismus, Kriegsfieber) bedrohen –,
dann muß der Begriff des autonomen Selbst in Frage gestellt werden. Das
Verlangen nach absoluter Freiheit erzeugt das Problem der Abhängigkeit
vom Selbst in seiner akutesten Form. Die erneute Hervorkehrung und Betonung irrationaler und destruktiver Sehnsüchte stellt die Idee der Autonomie in Frage und unterminiert die Vorstellung einer unzweideutigen
Triebeigenschaft oder, im anderen Falle, unserer unzweideutigen Identifikation mit der in uns begehrenden Natur. Der Geschichtsverlauf hat die
Perspektive Schopenhauers, wie sie uns durch Freud und andere vermittelt
wurde, sehr vertraut und einleuchtend gemacht.

Die kurze Geschichte der phänomenologischen Bewegung macht den
Versuch der Philosophie, eine Wendung in Richtung auf die Bestimmung
der Subjektivität herbeizuführen, sehr deutlich. Husserl beginnt gegen die
Jahrhundertwende damit, die Autonomie des rationalen Subjekts gegenüber dem Psychologismus, gegenüber der Reduktion der Logik auf die
Psychologie, zu verteidigen. Anschließend erforscht er die Strukturen der
Subjektivität. Noch gegen Ende 1920 betrachtet er sich als Erben Descartes‹, zum Beispiel in den *Méditations cartésiennes*. Sein letztes Werk jedoch
wendet sich einem anderen Gegenstand zu und befaßt sich mit der »Lebenswelt« [742] der Einfügung unserer Subjektivität in unsere Situation

---

[1] [Anm. 231] Wir erkennen, weshalb eine Verbindung zwischen dem Akzeptieren der reduktiven mechanistischen Triebbefriedigungs- und Motivationstheorien und der atomistischen,
utilitaristischen, manipulierenden Neigung unserer Zivilisation besteht. Diese Theorien
können die Freiheit, die sich durch unsere Zwänge oder beschränkten Hoffnungen selbst
vereitelt, nicht intellektuell bewältigen. Reduktive Theorien werden eher dann angenommen, wenn das Problem nicht hervorstehend ist, das heißt wenn die Triebe, die die Menschen durch die Gesellschaft zu erfüllen suchen, normal und spontan erscheinen. Entsprechend hat das ›expressive‹ Denken von Rousseau an das Thema der Freiheit, die mit sich
selbst im Widerspruch steht, entwickelt.

als natürliche, körperliche Wesen. Dieser Gedanke wurde von seinen Nachfolgern aufgenommen und weiterentwickelt, unter anderem auch von Heidegger und Merleau-Ponty. Schließlich überlebt nur die Vorstellung des verkörperten Gedankens. Die Phänomenologie selbst, als eine ›Methode reiner Beschreibung‹ der Subjektivität, verschwindet aus der Diskussion.

In der angelsächsischen Philosophie können vielleicht ähnliche Entwicklungen erkannt werden. Hier bestand in den letzten Jahrzehnten ein wachsendes Interesse an der Untersuchung begrifflicher Verbindungen zwischen Gedanken, Gefühlen, Intentionen usw. und ihren körperlichen Ausdrücken und Antezedenzien.

Die wichtigste Entwicklung der Philosophie des zwanzigsten Jahrhunderts ist die Konzentration auf Bedeutungstheorien und Sprachphilosophie; hierin zeigt sich meiner Meinung nach u. a. der Wunsch, einen genaueren Begriff für die besonderen Formen der die Subjektivität konstituierenden Situationsbezogenheit zu erarbeiten.

Die Sprache kann als Vermittler des bewußten, diskursiven Denkens von der Philosophie unter Berücksichtigung verschiedenster Intentionen studiert werden. Charakteristisch für linguistische Untersuchungen im zwanzigsten Jahrhundert ist, daß die Bedeutung selbst zum Problem wurde, das heißt, es geht um die Frage: Was heißt es, daß Worte oder Sprachen oder andere Zeichen Bedeutungsträger sind?

Solange unsere Tätigkeit als Subjekt, die Tatsache, daß wir die Welt wahrnehmen und über sie nachdenken, klar und unproblematisch erscheint, solange ihre Beziehung zu allem anderen, was wir als lebende Wesen tun und fühlen, unkompliziert erscheint, scheint auch die Funktion der Sprache einfach zu sein. Worte beziehen sich auf Dinge, und wir gebrauchen sie, um über die Dinge nachzudenken. Die Worte haben Bedeutung, indem sie auf die Dinge in der Welt oder in unserem Denken hinweisen. Die unproblematische Natur der hinweisenden Beziehung reflektiert die Tatsache, daß die Subjektivität nicht in Frage gestellt wird und daß die Dinge uns in demselben Bewußtsein deutlich erscheinen, mit dem wir sie benennen und beschreiben.

Unsere Auffassung von der Sprache ändert sich, wenn die Tatsache deutlichen Bewußtseins keine Selbstverständlichkeit mehr ist, sondern eher eine bemerkenswerte Leistung, die nur durch Sprache vollziehbar ist. Sprache ist der Vermittler dieser Leistung und wird damit zu einem relevanten Gegenstand der Erörterung, und zwar nicht nur als eine Ansammlung von Begriffen, mit denen die Dinge bezeichnet werden, sondern als das, was die Tätigkeit der Bezeichnung überhaupt erst ermöglicht, was den Bereich deutlichen Erkennens,[743] in dem Dinge ausgewählt und durch Worte festgesetzt werden, untermauert. Nach dieser Perspektive ist Bedeutung nicht nur eine Eigenschaft, die jedes Wort individuell betrifft, sondern die tatsächliche Tätigkeit des Diskurses als eines Ganzen, das gewissermaßen Vorrang hat vor Einzelbestimmungen und -begriffen.

Wenn die Sprache als Vermittler einer bestimmten Bewußtseinsform betrachtet wird, können viele Fragen hinsichtlich ihrer Beziehung zu anderen Bewußtseinsformen, anderen Funktionen und Tätigkeiten, ihrem ›Sitz im Leben‹, entstehen. Es wird nicht mehr für selbstverständlich angesehen, daß das Bezeichnen und Beschreiben der Dinge die wichtigste Funktion der Sprache ist und daß es sich um die paradigmatische linguistische Tätigkeit handelt, auf die alle anderen entsprechenden Tätigkeiten bezogen werden müssen, damit sie erklärt werden können. Andere Tätigkeiten, deren Durchführung ebenfalls ein linguistisches Bewußtsein erfordert – das Beschwören einer Macht, die Ausführung eines Ritus, das Zustandebringen gewisser Sachlagen, die Läuterung unserer Vorstellung, das Errichten einer Kommunikationssphäre –, können mindestens ebenso ursprünglich sein. Die Bedeutung gewisser Begriffe und Ausdrücke kann nur klargemacht werden, wenn wir verstehen, daß sie im Zusammenhang dieser Tätigkeiten geschehen. In diesen Fällen kann die Bedeutung nur dadurch klar werden, daß die Sprache in die Matrix unserer Interessen, Praktiken und Tätigkeiten gestellt wird, daß sie auf unsere ›Lebensform‹ bezogen wird.

Wenn das linguistische Bewußtsein eine Leistung ist, zu der wir von weniger klaren Bewußtseinsweisen aufsteigen, und wenn die Tätigkeiten, die wir mit Hilfe von Sprache und Symbolen ausführen, verschieden sind, gibt es viele Erkenntnistypen und Erkenntnisebenen hinsichtlich der Wahrnehmung der Welt, die in Worten und Zeichen verkörpert werden können. Die Menschen jeder gegebenen Kultur können auf verschiedenen Ebenen wirken, zum Beispiel in der Kunst, der Konversation, dem Ritual, der Selbstentdeckung, der wissenschaftlichen Studie. Im Laufe der Geschichte entstehen neue Begriffe und neue Erkenntnisweisen. Es kann sein, daß unser Denken auf jeder Ebene nur durch sein Verhältnis zu den anderen Ebenen verstanden werden kann. Besonders unser ›höheres‹, klareres Bewußtsein kann immer auf einem Hintergrund des Impliziten und Unreflektierte [sic!] beruhen.

Hier können leicht einige Thesen zeitgenössischer Philosophie erkannt werden. Der späte Wittgenstein hat in seiner Erörterung der Forderungen ostensiver Definition aus den Argumenten für die Priorität der Sprache gegenüber den Einzelwörtern Gemeinplätze gemacht: Er zeigt, wie die Erklärung der Bedeutung auf die Lebensformen verweisen muß. Nach Polanyi ist klares Denken eine Lei-[744]stung, die immer von einem Horizont impliziten, untergeordneten Bewußtseins umgeben ist. Heidegger nennt das linguistische Bewußtsein ›Enthüllung‹, die Schöpfung eines Erkenntnisbereiches, in dem Dinge erscheinen können. Unser Bewußtsein von den Dingen wird nach Heidegger durch unser ›Interesse‹ geformt. Vor kurzer Zeit haben ›strukturalistische‹ Denker die Sprache als ein ›Netz‹ bezeichnet, das ein bestimmtes Bewußtsein von der Welt verkörpert.

Diese Weisen, das linguistische Denken zu verstehen, stellen es in Zusammenhang mit der ›Natur‹, dem Leben des Menschen als verkörpertem, sozialem Sein, wodurch sie eine reduktive Darstellung der Sprache und der Bedeutung durch eine mechanistische Kausaltheorie vermeiden – wie zum Beispiel den Behaviorismus oder den Psychologismus –, die alle Unterscheidungen zwischen verschiedenen Erkenntnisweisen unterdrückt, indem sie sie unsichtbar macht. Sie gehen über die Alternative zwischen reduktiven mechanistischen Theorien und ›engelhaften‹ Auffassungen der Subjektivität als körperloses Denken hinaus. Sie zeigen die Subjektivität in einer Situation. Darin besteht zum Teil die Intention von Denkern wie Polanyi, Heidegger, Merleau-Ponty und anderen ›kontinentalen‹ Denkern. Aber auch in der angelsächsischen Welt ist diese Verbindung in den Vordergrund getreten, denn zeitgenössische Philosophen, die das Thema des Handelns und Fühlens als Eigenschaften verkörperter Ursachen untersuchten, haben viel von den späteren Schriften Wittgensteins übernommen.

Was hat Hegels Philosophie mit dieser zeitgenössischen Wende im Denken zu tun? Grundlegend für Hegels Theorie war das Verkörperungsprinzip. Die Subjektivität gehörte in den Zusammenhang des Lebens, der Natur, der sozialen Praktiken und Institutionen. Hegel betrachtete Sprache und Symbole als Vermittler der Erkenntnis (vgl. Teil V)[2], wobei er am Beispiel der Etappen der Kunst, Religion und Philosophie nachwies, daß den einzelnen menschlichen Entwicklungsstufen unterschiedliche Vermittlungsformen entsprechen.

Hegel gehört in die Entwicklungsreihe, die bis zum zeitgenössischen Sprachverständnis führt. Der Ausgangspunkt des modernen Denkens ist vielleicht Herder, der dem Denken eine radikal neue Richtung gab. Er

---

[2] [Anm. 232] Vgl. dazu eine wichtige Formulierung dieses Sprachbegriffs als Verkörperung der Erkenntnis anstatt als Ansammlung von Zeichen in Phänomenologie, S. 518, » ... die *Sprache,* – ein Dasein, das unmittelbar selbstbewußte Existenz ist.« [zit. nach: *G. W. F. Hegel,* Phänomenologie des Geistes, Werke, hg. von Eva Moldenhauer und Karl Markus Michel, Bd. 3, Frankfurt/M. (1970) 1986]

nahm das Verweisungsverhältnis, demzufolge bestimmte Zeichen mit bestimmten Gegenständen assoziiert werden, nicht mehr für selbstverständlich und konzentrierte sich auf die Tatsache, daß es überhaupt Zeichen gab, auf das linguistische Bewußtsein als bemerkenswertes menschliches Vermögen, das wir nicht angemessen verstehen. Die Sprache ist keine Zeichenansammlung mehr, sondern[745] vermittelt dieses Bewußtsein. Herders Reaktion auf Condillac und die etablierte Sprachtheorie erinnert an manche Gedanken Wittgensteins. Indem er die Sprache als eine Tätigkeit betrachtet, die ein bestimmtes Bewußtsein ausdrückt, versetzt Herder sie in die Lebensform des Subjekts und entwickelt damit den Begriff der verschiedenen Sprachen, der beinhaltet, daß jede einzelne für das Volk, das sie spricht, die seinem Verständnis und Bewußtsein eigentümlichen Vorstellungsinhalte zum Ausdruck bringt.

Diese Einsicht wurde in der Zeit der Romantik entwickelt, und zwar von Denkern, die unter dem Einfluß der Theorie vom Ausdrucksgeschehen standen, zum Beispiel von Humboldt. Sie trat in der letzten Hälfte des neunzehnten Jahrhunderts jedoch fast ganz in den Hintergrund, denn zu dieser Zeit wurden die Vorstellungen der Romantik einer weit verbreiteten mechanistischen Wissenschaftstheorie untergeordnet. Die Beschäftigung mit dem Thema der Bedeutung und die diesbezügliche Unschlüssigkeit kehren gegen Ende des Jahrhunderts zurück, und zwar durch neue Überlegungen über die Wissenschaften vom Menschen, die mit Dilthey beginnen und die das ›Verstehen‹ zu ihrem Ziel machen. Das geschieht als Reaktion auf Freuds revolutionäre Erweiterung des Bedeutungsbegriffs und unter der Wirkung der erkenntnistheoretischen Fragen, die durch neue Entwicklungen in der Physik aufgeworfen wurden und die von Mach und seinen Nachfolgern in Wien untersucht wurden.

Auch Hegel kann dieser, den allmählichen Verfall der alten Theorie bewirkenden Denkrichtung zugeordnet werden; und wenn er auch im einzelnen von ihr abwich, so ist er doch mitverantwortlich für die gegen Ende des Jahrhunderts auftretende Lücke in der Wissenschaftstheorie (vgl. Kap. XVII). Die Herdersche Erörterung der Sprache, die in der zeitgenössischen Philosophie wiedergekehrt ist, betrachtet Sprache als die Tätigkeit, durch die wir ein klares Bewußtsein von den Dingen gewinnen, ein Bewußtsein, das sich immer auf eine zuvor gemachte, unreflektierte Erfahrung bezieht, über diese aufklärt und sie damit umformt. Es handelt sich um die Dimension der Sprache, die Enthüllung genannt wurde (vgl. Kap. XVII) und die ihre eigene Art der Übereinstimmung mit außersprachlicher Erfahrung mit sich bringt. Die Auffassung, die die Sprache als eine Reihe von Zeichen betrachtet, von denen die wichtigsten Verweiseigenschaften besitzen, bildet die andere, die beschreibende, wichtige und einzig relevante Dimension. Hegel gehört zweifellos zur ersten Schule. Nach ihm drücken die verschiedenen ›Sprachen‹ der Kunst, der Religion und des diskursiven Denkens ein Bewußtsein von dem Absoluten aus, das zuerst einmal überhaupt nicht beschreibend ist (in der Kunst) und das niemals nur beschreibend ist, denn die Enthüllung in Religion und Philo-[746]sophie vervollständigt die *Verwirklichung* des Absoluten und *beschreibt* es nicht einfach. Aber trotzdem gibt letzten Endes seine These, daß das Absolute schließlich in begrifflicher Darstellung vollständige Klarheit gewinnen muß, der beschreibenden Dimension den Vorrang. Unser klares Bewußtsein wird nicht mehr von einem Horizont impliziten, unreflektierten Lebens und Erfahrens umgeben, das es getreu wiederzugeben versucht, das aber niemals vollkommen, angemessen und definitiv begriffen werden kann. In der Hegelschen Synthese wird das unklare Bewußtsein vom Anfang selbst zum Teil der Kette begrifflicher Notwendigkeit gemacht. Das Unklare und Unartikulierte besitzt ebenso wie das Äußere und Kontingente eine notwendige Existenz. Das Ungefähre und unvollständig Geformte wird in genauen Begriffen hergeleitet.

Möglich wird der endgültige Sieg begrifflicher Klarheit durch Hegels Ontologie, die These, daß die Grundlage aller Dinge die Idee, die begriffliche Notwendigkeit ist. Begriffliches Denken versucht nicht, eine Wirklichkeit wiederzugeben, deren Grundlagen niemals zweifellos identifiziert werden können, und sie ist auch nicht das Denken eines Subjekts, dessen tiefere Instinkte, Begierden und Hoffnungen niemals vollständig verstanden werden können. Am Grunde der Wirklichkeit und in seinen eigenen Tiefen findet das Subjekt schließlich klare begriffliche Notwendigkeit.

Wenn die Ontologie verblaßt, bleibt die Vorstellung übrig, daß das beschreibende begriffliche Denken vollkommen angemessen und selbstgenügsam ist, daß es sich nicht auf einen Hintergrund impliziten Verstehens stützen muß. Hegel scheint darin ein Verbündeter der Denker der Tradition moderner Subjektivität zu sein, die die Existenz des beschreibenden Diskurses für selbstverständlich halten, denn nach ihrer Auffassung ist nur die beschreibende Dimension für den wissenschaftlichen oder informativen Diskurs relevant, während das Verhältnis von klarem Denken zu unreflektiertem Erfahren nichts mit Bedeutung zu tun hat, sondern nur ein Problem für die (mechanistische, vergegenständlichende) Psychologie sein kann. Diejenigen aber, die versuchen, das linguistische Bewußtsein auf seine Matrix im unreflektierten Leben zu beziehen – nachdem Hegels logische Ontologie abgeschafft wurde –, sind gehalten, davon auszugehen, daß das klare

Denken in einer impliziten Bedeutung der Situation wurzelt, die niemals
vollkommen erfaßt werden kann.

Für die neue, von Herder eingeschlagene Richtung, die sich gegen das
Denken der Aufklärung richtet, stellt sich das Problem des Verhältnisses
unseres linguistischen Bewußtseins zu tieferen, nicht reflektierenden Erfah-
rungsebenen. Indem Hegel die vollständige Klarheit des Geistes über sich
selbst behauptet, schlägt er vor, diese Frage als gelöst zu betrachten. Weil
aber seine Lösung verblaßt,[747] trennen ihn seine weitreichenden Behauptungen hinsichtlich des begrifflichen Denkens von den heutigen Erben
Herders, die davon ausgehen, daß das unreflektierte Erfahren unserer Situation niemals vollkommen verdeutlicht werden kann; Hegel scheint zu jenen
zu gehören, für die dies Problem niemals hätte gestellt werden dürfen.

(4) Hegels Doppelbeziehung zu dieser von Herder ausgehenden Tradition, zu der er in enger Verbindung steht und mit der er doch zugleich
auch uneins ist, verdeutlicht seine Relevanz für die moderne Philosophie.
Seine Schlußfolgerungen sind heute wirkungslos, aber sein philosophisches
Denken hat doch auch heute noch eine große Aussagekraft.

Hegels Philosophie ist ein wichtiger Schritt in der Entwicklung des
modernen Freiheitsbegriffes. Er trug dazu bei, einen Begriff der Freiheit als
totaler Selbsterzeugung zu entwickeln, der in seiner Philosophie zwar nur
für den kosmischen Geist zutraf, aber nur auf den Menschen übertragen
zu werden brauchte, um die Vorstellung von der Freiheit als Abhängigkeit
nur von sich selbst ihrem endgültigen Dilemma zuzuführen. Er spielte eine
wichtige Rolle bei der Verdichtung des Konflikts, den die Diskussion um
den Freiheitsbegriff nach sich zog, denn die absolute Freiheit hat durch
Marx und seine Nachfolger (und das heißt natürlich auch durch Hegel)
eine beispiellose Wirkung auf das politische Leben und die politischen Theorien erlangt. Und eine der Quellen des Denkens von Nietzsche, das die
nihilistischen Konsequenzen aus dieser Idee zog, war die junghegelianische
Revolte der Jahre um 1840.

Hegel war zugleich einer der gründlichsten Kritiker desjenigen Begriffs
der Freiheit, der diese als Abhängigkeit nur vom Selbst definierte. Mit
bemerkenswertem Einblick und großer Voraussicht zeigte er dessen Leere
und potentiell zerstörerische Wirkung. Parodoxerweise half er, diese moderne Lehre zu ihrem extremsten Ausdruck zu führen und gleichzeitig das
Dilemma aufzuweisen, in das wir uns durch diesen Begriff begeben.

Der zeitgenössische Versuch, über dieses Dilemma hinauszugehen, die
Subjektivität dadurch zu bestimmen, daß sie auf unser Leben als verkörperte
und soziale Wesen bezogen wird, ohne sie auf eine Funktion vergegenständ-

lichter Natur zu reduzieren, verweist uns immer wieder auf Hegel. Die moderne Suche nach situationsbezogener Subjektivität ist das Erbe des romantischen Strebens nach einer Synthese zwischen radikaler Autonomie und dem Reichtum an [748] ausdruckshafter Einheit mit der Natur[3] – ein Streben, dem Hegel seiner Meinung nach eine definitive Erwiderung hatte zukommen lassen. Weil die Natur für uns nicht mehr das sein kann, was sie für jene Zeit war, ein Ausdruck geistiger Kräfte, können die Synthesen von damals für uns heute keine Gültigkeit mehr haben. Das Problem, das die damalige Generation beschäftigte, der Versuch, den Gegensatz zu versöhnen, besteht (wenn auch in anderer Form) noch heute. Es scheint ein unverzichtbarer Bestandteil der modernen Zivilisation zu sein, die als Erbe der Aufklärung immer wieder ›expressiven‹ Protest und Forderungen nach absoluter Freiheit wachruft. Die Dringlichkeit, mit der diese Forderungen vorgebracht werden, verleiht der Suche nach einer situationsbezogenen, bestimmten Subjektivität noch mehr Bedeutung. Dieses Bedürfnis wird heute unter der Einwirkung einer ökologischen Krise, auf die das öffentliche Bewußtsein mit starker Anteilnahme reagiert, immer größer. Die Tatsache, daß wir noch immer bemüht sind, Freiheit und Natur miteinander zu versöhnen, zeigt, daß wir die Romantik noch nicht überwunden haben. Auch wenn die Lehren der Romantiker manchmal phantastisch erscheinen mögen, gehören sie doch keineswegs in ein abgeschlossenes Kapitel der Geschichte.[4]

---

[3] [Anm. 233] Eine der tiefen Motivationen von Heideggers Denken besteht darin, über die der Natur feindlichen Haltung der Herrschaft und Vergegenständlichung hinausführen zu wollen, die in unserer metaphysischen Tradition und ihrer Seitenlinie, der technologischen Zivilisation, enthalten ist; eine Existenzweise einleiten (oder wiedererrorbern), in der das höchste Bewußtsein, die Form des ›Den-Dingen-ihren-Lauf-Lassen‹, die ›Entbergung‹, ist. Heidegger behauptet, seine Haltung bei Hegels Freund und Zeigenossen Hölderlin, vielleicht dem größten Dichter der Romantik, vorangekündigt zu sehen.
Es ist daher nicht überraschend, daß Hegel für Heidegger eine wichtige Rolle spielt. Er betrachtet ihn als den Höhepunkt der Tradition der ›Metaphysik‹. Aber er ist mehr als nur Paradigma für das, was Heidegger ablehnt, denn Heidegger übernahm auch viel von Hegel. Besonders beeinflußte ihn die Auffassung des authentischen Bewußtseins als der Rückkehr aus Vergessenheit und Irrtum. <Vgl. Heideggers Interpretation der Einleitung zur Phänomenologie des Geistes, in: Holzwege, Frankfurt/M. 1950, S. 105–192 (Hegels Begriff der Erfahrung)>. Wie bei Hegel, so ist auch Heideggers philosophische Grundthese fest in einem umfassenden Verständnis (und einer umfassenden Kenntnis) der Geschichte der Philosophie verankert. Heideggers Verständnis unterscheidet sich jedoch im Systematischen von dem Hegels, denn er lehnt die Hegelsche Kulmination in der totalen Selbstdurchsichtigkeit der Subjektivität ab. Er sieht darin eher einen extremen und unübertreffbaren Ausdruck der metaphysischen Haltung der Vergegenständlichung.

[4] [Anm. 234] Der wichtigste Denker der Romantik ist wahrscheinlich Hölderlin gewesen. Ebenso wie Hegel, dessen Freund und Studienkamerad er war, suchte er nach einer Einheit mit der Natur, die Klarheit der Selbstbestimmung enthalten würde. Auch seine Götter ka-

[749] Wo die Suche nach einer situationsbezogenen, bestimmten Subjektivität philosophische Form annimmt, wird Hegels Denken einer der unentbehrlichsten Bezugspunkte bleiben. Obwohl seine ontologische Vorstellung nicht mehr die unsrige ist – sie scheint sogar das eigentliche Problem, wie wir es verstehen, zu leugnen – entdecken wir in Hegels Werk doch die gründlichsten und weitreichendsten Versuche, eine Auffassung von verkörperter Subjektivität, vom Denken und von der Freiheit herauszuarbeiten, die allesamt aus dem Lebensprozeß hervorgehen, ihren Ausdruck in den Formen sozialer Existenz finden und sich in ihrem Verhältnis zu Natur und Geschichte selbst erfahren. Wenn der philosophische Versuch, Freiheit zu bestimmen, darin besteht, einen Begriff vom Menschen zu gewinnen, der freies Handeln als Reaktion auf das bestimmt, was wir sind, oder als Reaktion auf eine Aufforderung, die allein von der Natur oder aber von einem Gott an uns ergeht, der jenseits der Natur ist, dann wird dieser Versuch stets auf Hegels kraftvolle und durchdringende Gedankengänge über den verkörperten Geist zurückgreifen, die hinter seinen Schlußfolgerungen stehen.

men nur in menschlicher Subjektivität zu sich selbst, aber sie ruhten nicht auf einer Grundlage des absoluten Geistes. Sie wurden vielmehr vom Menschen, durch die Macht der Poesie und des Gesangs aus dem ursprünglichen Chaos der Elemente ins Licht des Maßes und der Ordnung gebracht.

Hölderlins Werk ist schwer zu interpretieren oder in philosophische Kategorien zu übersetzen. Man spürt den Einfluß des Wahnsinns, noch bevor sein Denken seinen Höhepunkt erreicht hat, so daß es Hegel überlassen blieb, die Gedanken und Einsichten zu entfalten, die sie in Tübingen und Frankfurt teilten. Dennoch ist Hölderlins Werk eine wesentliche Quelle für diejenigen, die sich mit Hegels Zeit vertraut machen wollen.

VI. Gottes Freiheit und menschliche Freiheit

Kontroverspunkte und Entfaltungen im 20. Jahrhundert

Das Geschenk der Freiheit

Grundlegung evangelischer Ethik

KARL BARTH

Vom Geschenk der Freiheit zu reden ist mir aufgetragen – und das im Blick auf die Grundlegung evangelischer Ethik. Die Antwort auf die durch dieses Thema gestellte Frage mag zunächst in drei summarischen Sätzen vorausgeschickt sein. Der erste und der zweite entfalten die Begriffe der *Gott* eigenen und der von Gott dem *Menschen* geschenkten Freiheit. Der dritte zieht die Folgerung im Blick auf die Frage der Begründung der evangelischen *Ethik*.

Der erste lautet: *Gottes eigene* Freiheit ist die Souveränität der Gnade, in der er sich selbst für den *Menschen* erwählt und entscheidet, und also ganz und gar als Gott des *Menschen* der Herr ist.

Der zweite: Die dem *Menschen geschenkte* Freiheit ist die Freudigkeit, in der er Gottes Erwählung nachvollziehen und also als Mensch *Gottes* sein Geschöpf, sein Bundesgenosse, sein Kind sein darf.

Der dritte: Evangelische Ethik heißt Besinnung auf das dem Menschen in und mit dem Geschenk dieser Freiheit *von Gott gebotene Tun.*

I.

Wir fangen damit an, daß wir uns Rechenschaft ablegen von dem, was wir von Gottes *eigener Freiheit* wissen können. Muß ich mich rechtfertigen, wenn ich hier und nicht anderswo und also nicht etwa bei der dem Menschen eigenen oder geschenkten Freiheit einsetze? Die Nachricht, daß man von *Gott* nur reden könne, indem man vom *Menschen* redet, ist auch mir zu Ohren gekommen. Ich bestreite diesen Satz nicht. Er kann, wohl verstanden, das sehr Richtige besagen, daß Gott nicht ohne den Menschen ist. In unserem Zusammenhang: daß wir gerade Gottes eigene Freiheit als seine Freiheit für den Menschen zu erkennen haben, daß wir also von Gottes eige-

ner Freiheit nicht anders reden können als im Blick auf die Geschichte
zwischen ihm und dem Menschen und also nur so, daß von da aus
sofort auch von der dem Menschen geschenkten Freiheit die Rede
sein muß. Der Satz möchte aber, um in diesem Sinn wohl verstanden
zu werden, eines Gegensatzes bedürfen: Man kann vom *Menschen*
nur reden, indem man von *Gott* redet. In dieser Allgemeinheit dürfte
er unter christlichen Theologen wohl ebenfalls unbestritten sein. Es
besteht aber Meinungsverschiedenheit darüber, welcher von diesen
beiden Sätzen an die erste, welcher an die zweite Stelle gehört. Ich
bin entschlossen der Meinung, daß der Satz, den ich eben den Gegensatz nannte, der Hauptsatz ist und also an die *erste* Stelle gehört.
Sollte es wirklich ratsam sein, Gott die Priorität, die in der Seins-
ordnung ihm zuzuerkennen ja niemand sich weigern wird, in der
Erkenntnisordnung abzusprechen: als ob es gar nicht sein könne,
daß sie ihm auch hier zukomme? Ist Gott uns die erste Wirklichkeit,
wie sollte uns dann der Mensch die erste Wahrheit sein? Liest man
auch bei den Vertretern der Gegenmeinung den vielleicht sogar zu
starken Satz: daß es sich in der dem Menschen von Gott geschenkten
Freiheit vor allem um seine Befreiung von sich selbst handle, wie
kommt dann der Mensch dazu, als Denker nun dennoch ausgerechnet bei und mit sich selbst anfangen zu wollen? Sollte in der Methode
christlicher Theologie ausgerechnet der Gottesbegriff nur die Funktion eines Grenzbegriffs haben? Oder nur die Chiffre sein zur Angabe
eines Vakuums, das besten Falles nachträglich und uneigentlich mit
Aussagen über ein Anderes, nämlich über die idealen oder geschichtlichen Bestimmungen der menschlichen Existenz zu füllen wäre? Ist
es denn so selbstverständlich, daß uns der Mensch der von Haus aus
Bekannte, Gott aber der große, problematische Unbekannte ist? Ist
es also ein Gesetz der Meder und Perser, daß wir nur auf Grund von
dem und jenem, was wir vom Menschen zu wissen meinen, nach Gott
besten Falles fragen können? Sollte nicht zu der dem Menschen und
nun speziell dem christlichen Theologen von Gott geschenkten Freiheit – ich werde am Ende dieses Vortrags auf den Punkt zurückkommen – auch das gehören, daß er sich von dieser Zwangsvor-
stellung löse, daß er gerade in umgekehrter Richtung denken darf
und anders als in dieser umgekehrten Richtung gar nicht mehr
denken kann? Ist diese ihm nicht durch Gottes Offenbarung vorge-

schrieben, die ihm doch zuerst und vor allem Gott und nur so und damit auch sich selbst offenbar und bekannt macht? Woher wollten wir denn wissen, daß es so etwas wie Freiheit überhaupt gibt und was sie sein möchte, wenn uns nicht Gottes Freiheit als die Quelle und das Maß aller Freiheit, von ihm selbst uns zugewendet, vor Augen stünde? Wir spekulieren nicht über den Menschen hinaus, wir abstrahieren nicht von ihm und seiner Freiheit, wir suchen und finden vielmehr gerade den konkret, den wirklich freien Menschen, wenn wir *zuerst* nach dem fragen, der des Menschen *Gott* ist: nach dessen *eigener* Freiheit.

Sie ist nicht einfach unbegrenzte Möglichkeit, formale Majestät und Verfügungsgewalt, leere, nackte Souveränität also. So werden wir auch die dem Menschen geschenkte Freiheit nicht verstehen können: eben darum nicht, weil sie, so verstanden, in unversöhnlichem Widerspruch zu Gottes eigener Freiheit stünde – weil sie, so verstanden, identisch wäre mit der falschen Freiheit der Sünde, in der der Mensch in Wahrheit ein Gefangener ist. Gott selbst, als Inbegriff unbedingter Macht gedacht, wäre ein Dämon und als solcher sein eigener Gefangener. Er ist laut seiner Offenbarung in seinem Werk und Wort darin frei, darin die Quelle und das Maß aller Freiheit, daß er der allererst sich selbst erwählende und bestimmende Herr ist. Es ist die ihm eigene Freiheit, in der er auch dem Menschen Freiheit schenkt, laut seiner Offenbarung allererst sein von ihm selbst erwähltes und bestimmtes Sein als Vater und Sohn in der Einheit des Heiligen Geistes. So ist sie keine abstrakte Freiheit. So ist sie auch nicht die Freiheit eines Einsamen. So wird auch die dem Menschen geschenkte Freiheit nicht in irgend einer Einsamkeit vor Gott zu suchen und zu finden sein. In Gottes eigener Freiheit ist Begegnung und Gemeinschaft, ist Ordnung und also Überordnung und Unterordnung, ist Hoheit und Demut, vollkommene Autorität und vollkommener Gehorsam, Gabe und Aufgabe: eben weil und indem sie die Freiheit des Vaters und des Sohnes in der Einheit des Heiligen Geistes ist. So wird auch die dem Menschen geschenkte Freiheit mit der Selbstbehauptung eines Einsamen oder vieler Einsamer und also mit Zerteilung und Unordnung nichts zu tun haben können. In Gottes eigener Freiheit ist Gnade, Dankbarkeit und Frieden. Sie ist die Freiheit des in *diesem* Sinn lebendigen Gottes. In *dieser* Freiheit –

und nicht anders – ist Gott souverän, der Allmächtige, der Herr über Alles.

Und eben in dieser Freiheit ist er, wieder laut seiner Offenbarung, der Gott des *Menschen*. Sagen wir es gleich: Er ist der Gott Abrahams, Isaaks und Jakobs. Er ist es in seiner Freiheit – und also nicht als der vom Menschen ersonnene, gebildete und erhobene, nicht als der von Israel erwählte, wohl aber als der sich selbst für sein Israel und so für den Menschen erwählende, entscheidende, bestimmende Gott. Die bekannten Umschreibungen des Wesens Gottes und insbesondere seiner Freiheit mit den Begriffen des «ganz Anderen», der «Transzendenz» oder des «Unweltlichen» bedürfen mindestens gründlicher Klärung, wenn sie sich nicht auch auf die Bestimmung des Begriffs der menschlichen Freiheit verhängnisvoll auswirken sollen. Sie könnten ja auch einen toten Götzen bezeichnen. Sicher ist, daß sie in ihrer Negativität gerade das Zentrum des christlichen Gottesbegriffs nicht treffen: das strahlende Ja der freien Gnade, in welchem Gott sich dem Menschen damit verbunden und verpflichtet hat, daß er in seinem Sohn selbst israelitischer Mensch und als solcher eines jeden Menschen Bruder geworden ist, menschliches Wesen in die Einheit des Seins mit seinem eigenen aufgenommen hat. Ist das wahr und ist das keine zufällige Geschichtstatsache, sondern in seiner geschichtlichen Einmaligkeit die Offenbarung des vor, über, nach und in aller Geschichte gültigen und mächtigen Willens Gottes, dann ist Gottes Freiheit – wir werden dessen zu gedenken haben, wenn wir auf die Freiheit des Menschen zu sprechen kommen – nicht in erster Linie irgend eine «Freiheit *von*», sondern seine Freiheit *zu* und *für* und zwar konkret: seine Freiheit für den *Menschen*, zur Koexistenz mit ihm, seine Selbsterwählung und Selbstbestimmung zum Herrn des *Bundes* mit ihm, zum Herrn und so zum Teilnehmer seiner *Geschichte*. Der Begriff eines Gottes ohne den Menschen ist dann in der Tat so etwas wie der eines hölzernen Eisens.

In der Freiheit seiner Gnade ist Gott *für* den Menschen in *jeder* Hinsicht, umgibt er ihn von *allen* Seiten, ist er sein Herr, der *vor* ihm ist, *über* ihm, *nach* ihm und also auch in seiner Geschichte, die seine Existenz ist, *mit* ihm. Er ist seiner Geringfügigkeit zum Trotz mit ihm als sein Schöpfer, der es mit ihm, seinem Geschöpf, vollkommen gut gemeint und gemacht hat. Er ist seiner Sünde zum Trotz *mit* ihm als der, der damals in Jesus Christus war und versöhnte die Welt (und in und mit der Welt auch ihn) in gnädigem Gericht mit sich selber, so daß auch des Menschen böse Vergangenheit nicht einfach um ihrer Uneigentlichkeit willen der Durchstreichung verfallen, sondern bei ihm wohl aufgehoben ist. Er ist seinem Sein in der Verderbtheit und Vergänglichkeit des Fleisches zum Trotz *mit* ihm, indem er ihm als der Überwinder von damals durch seinen Geist heute und hier gegenwärtig, Kraft, Aufruf und Trost ist. Er ist seinem Tode zum Trotz *mit* ihm, indem er es ist, der ihm an der Grenze seiner Zukunft als Erlöser und Vollender entgegenkommt, um ihm das Ganze seiner Existenz in dem Licht zu zeigen, in welchem es in seinen Augen von jeher und durch alle Perpetieen hindurch hell gewesen ist. In diesem seinem Sein und Tun mit dem Menschen inauguriert Gott dessen Heilsgeschichte.

Gott ist sicher in anderer Weise auch vor, über, nach und mit allen seinen *anderen* Geschöpfen. Nur daß wir von dieser anderen Weise, von dem, was seine Freiheit für sie bedeuten und wie er auch ihnen Freiheit schenken mag, von der Geschichte zwischen ihm und ihnen wohl dies und das ahnen, aber genau genommen nichts wissen können. Aus seiner Offenbarung und also klar und gewiß ist er uns bekannt als des *Menschen* Gott, in seiner *Menschen*freundlichkeit. Er war und ist es dem Menschen nicht schuldig, sich gerade für ihn zu erwählen und zu bestimmen, gerade ihm freundlich zu sein. Die Vermutung, daß irgendwelche unbeträchtlichste Wesen des außermenschlichen Kosmos solches viel besser verdienen möchten als wir, ist schon wegen ihrer tiefen Erbaulichkeit sicher nicht einfach von der Hand zu weisen. Aber wie dem auch sei: Gott sagt uns, indem sein Sohn *unser* Bruder wurde und ist: daß er gerade *uns* lieben wollte, geliebt hat, noch liebt und wieder lieben wird, daß er sich selbst dazu erwählt und bestimmt hat, gerade *unser* Gott zu sein.

Diese Freiheit Gottes in seinem Sein, Wort und Werk ist der Inhalt des *Evangeliums:* ist das, was die christliche *Gemeinde* in der Welt – indem sie es sich durch das Wort seiner Zeugen sagen läßt – in ihrem Glauben wahrnehmen, auf was sie mit ihrer Liebe antworten, auf was sie ihre Hoffnung und also ihre Zuversicht gründen, was sie der Welt – als der Welt, die diesem freien Gott gehört – verkündigen darf. Das zu erkennen und zu bekennen, ist ihr Vorrecht und Beruf. Indem sie Jesus Christus als das Werk und die Offenbarung der Freiheit Gottes erkennt und bekennt, ist sie selbst eine Gestalt seines Leibes: ist sie Jesu Christi irdisch-geschichtliche Existenzform, ist er mitten unter ihr. Man bemerke aber, daß wir es in ihr, ihrem Wort und Werk bereits mit einem, wenn auch gewiß dem höchsten Akt der Freiheit des *Menschen*, der ihm *geschenkten* Freiheit zu tun haben. Man bedenke und wahre hier also die Distanzen! Die Existenz der christlichen Gemeinde, ihr Glauben, Lieben und Hoffen, ihre Verkündigung gehört wohl zu der in Gottes eigener Freiheit in Gang gesetzten Heilsgeschichte. Sie gehört eben insofern dazu, als ihr Erkennen und Bekennen ein besonderes Werk der dem Menschen im Verlauf dieser Geschichte geschenkten Freiheit ist. Es ist und bleibt aber ein menschliches Werk *menschlicher* Freiheit. Es ist also *nicht* an dem, daß das Werk der Freiheit Gottes erst in und mit diesem Werk menschlicher Freiheit anhöbe, daß es in diesem zu seinem Ziele käme und also gewissermaßen in dieses eingeschlossen wäre. Es ist und bleibt diesem vielmehr überlegen und jenseitig. Es hat dieses Werk menschlicher Freiheit dem der göttlichen gegenüber wie seinen eigenen Anfang, so auch seinen eigenen Gang und seine eigenen vorläufigen und relativen Ziele, die *nicht* zusammenfallen und *nicht* zu verwechseln sind mit dem Ziel der Heilsgeschichte, dessen Setzung wie die Setzung ihres Anfangs das Werk der Freiheit Gottes sein wird. Gottes eigene Freiheit und ihr Werk ist des christlichen Erkennens und Bekennens *Ursprung* und *Gegenstand* und bleibt es. Es ist genug, daß es in dieser *Beziehung* zu Gottes Freiheit geschehen, daß es ihr *Zeuge* sein darf. Jahwe wird und ist mit Israel solidarisch, aber nicht identisch und so auch nicht Jesus Christus als Gottes Wort und Werk mit der Gemeinde, mit ihrem in der ihr geschenkten menschlichen Freiheit zu verrichtenden Werk, mit ihrem Kerygma. Das Haupt wird nicht Leib und der Leib wird nicht Haupt. Der König wird nicht sein Bote und der Bote wird nicht sein König. Es ist genug, daß die Gemeinde und ihr Werk durch Jesus Christus hervorgerufen, geschaffen, geschützt und erhalten wird und daß sie ihn bezeugen darf: daß und wie Er gekommen und gegenwärtig und der Kommende ist, Er damals, heute und dann: *das* Wort und Werk der Freiheit Gottes, seiner allmächtigen Menschenfreundlichkeit.

II.

In dieser seiner eigenen Freiheit *schenkt* Gott dem Menschen *seine*, die *menschliche* Freiheit. Von diesem Gottesgeschenk ist nun zu reden. Wobei wir es für diesmal wagen müssen, die sogenannte *natürliche*, die des Menschen Existenz als solche in ihrer Geschöpflichkeit konstituierende und charakterisierende und andererseits die ihm als die des ewigen Lebens *verheißene* Freiheit zusammen zu sehen mit dem, was man die *christliche*, die ihm trotz und in seiner Sünde, trotz seines Seins im Fleische, trotz seiner Bedrohung durch den Tod, von Gott geschenkte Freiheit nennt. Von dieser ihrer zweiten, mittleren Gestalt her muß ja auf alle Fälle auch jene erste und jene dritte, muß die menschliche Freiheit überhaupt verstanden werden. Denn in ihrer Gestalt als die «Freiheit eines Christenmenschen» ist sie uns durch Gottes Offenbarung bekannt gemacht.

Wir gehen davon aus, daß des Menschen Freiheit das *Geschenk* Gottes, die ihm frei gemachte Zuwendung seiner Gnade ist. Daß der Mensch frei ist, kann in keinem Sinn anders gesagt werden als in der Meinung, daß es ihm von Gott *gegeben* wird, frei zu sein. Des Menschen Freiheit ist Ereignis in jener Geschichte, der Heilsgeschichte, und hört nie auf, das Ereignis zu sein, in welchem der freie Gott es dem Menschen *gibt* und in welchem es der Mensch von ihm *empfängt*, frei zu sein. Darin ist Gott selbst für den Menschen frei, daß er ihm das *gibt:* seinerseits, nicht in göttlicher, aber in seiner menschlichen Weise recht frei zu sein. Was immer in jener Geschichte sonst geschehe: es geschieht im Verfolg, im Rahmen, nach dem Maß (auch unter dem Gericht!) dieser Gnadentat. Von diesem Geschenk des freien Gottes her gesehen, ist der Begriff eines unfreien Menschen ein Widerspruch in sich selbst. Der unfreie Mensch ist das Geschöpf des Nichtigen, die Mißgeburt seines eigenen Hochmuts, seiner eigenen Trägheit, seiner eigenen Lüge. Unmöglich ist von da aus freilich auch der Begriff einer Freiheit, auf die sich der Mensch Gott gegenüber als auf seinen Besitz, als auf sein Recht, berufen könnte. Unmöglich die Vorstellung, daß er sich seine Freiheit selbst zulegen, sie verdienen, erwerben, um irgend einen Preis erkaufen könnte. Unmöglich erst recht die Vorstellung, daß er sie als Gegenspieler Gottes erobern, sie Gott abtrotzen und entreißen könnte. Sein wirkliches

Können hat er nicht und nimmt er sich nicht: er *kann*, indem er es von Gott empfängt und entgegennimmt zu können. Das Ereignis seiner Freiheit ist, von seiner Seite gesehen, das *Ereignis* seiner *Dankbarkeit* für diese Gabe, seiner *Verantwortung* als ihr Empfänger, seiner höchsten *Sorgfalt* im Umgang mit ihr – und vor und über allem: das Ereignis seiner *Ehrfurcht* gegenüber der Freiheit Gottes selbst, der sich ihm mit dieser Gabe nicht in die Hand gibt, wohl aber ihn in seine Hand nimmt. Sonst ist es nicht das Ereignis seiner Freiheit.

Das Geschenk der Freiheit ist aber in dem Ereignis, in welchem es dem Menschen gemacht wird, mehr als ein bloßes Angebot, neben dem dann auch noch andere in Frage kämen. Es ist nicht nur eine ihm gestellte Frage, nicht nur eine ihm gebotene Chance, nicht nur eine ihm eröffnete Möglichkeit. Es wird, indem es gemacht wird, ganz, eindeutig und unwiderruflich gemacht. Es bleibt, was es ist, auch wenn es, in die Hand des Menschen übergehend, verkannt, nicht gebraucht oder mißbraucht und also zu seinem Gericht wird. Wir reden ja von des freien *Gottes* Geschenk. Es versetzt den Menschen nicht in die Situation des Herkules am Scheidewege. Eben aus dieser falschen Situation reißt es ihn vielmehr heraus. Es versetzt ihn aus dem Schein in die Wirklichkeit. Die dem Menschen von Gott geschenkte Freiheit ist freilich Wahl, Entscheidung, Entschluß, Tat – aber das alles echt und also in der rechten Richtung. Was wäre das für eine Freiheit, in der der Mensch neutral wäre, in der seine Wahl, seine Entscheidung, sein Entschluß, seine Tat sich ebenso wohl auf das Unrecht wie auf das Recht richten könnte? Was wäre das für ein Können? Frei wird und ist er, indem er sich selbst in *Übereinstimmung* mit der Freiheit *Gottes* wählt, entscheidet und entschließt. Sie, die die Quelle seiner Freiheit ist, ist auch ihr Maß. Entzieht er sich dieser Übereinstimmung, so kann das nur als das Werk der Arglist des Nichtigen und seines eigenen Unvermögens, nicht aber als das Werk seiner Freiheit verstanden werden. Es ist solches, es ist die Alternative der Sünde in der dem Menschen von Gott geschenkten Freiheit *nicht* vorgesehen, *nicht* inbegriffen, aus ihr *nicht* zu erklären, von ihr her auch theoretisch *nicht* zu rechtfertigen, *nicht* zu entschuldigen. Es gibt gerade in der Freiheit kein *de iure* der Sünde. Der Sünder ist kein freier, sondern ein gefangener, ein versklavter Mann. Im Ereignis echter menschlicher Freiheit geht die Türe zur Rechten auf, die Türe zur Linken zu. Eben das ist es, was dieses Gottesgeschenk so herrlich, aber auch so furchtbar macht.

Als *Gottes* Geschenk kann die menschliche Freiheit mit der Freiheit Gottes selbst in keinem Widerspruch stehen. Daraus folgen die weiteren Abgrenzungen, auf die, als wir von der Freiheit Gottes sprachen, bereits hingewiesen wurde. Wir sagen jetzt unterstreichend: (1) Ein unbestimmtes Offensein für die Wahl irgendwelcher Möglichkeiten, ein Herrentum des Zufalls oder der Willkür kann mit der dem Menschen von Gott geschenkten Freiheit nichts zu tun haben, so gewiß der freie Gott, der sie ihm schenkt, kein blindes Schicksal, kein Despot, sondern der sich selbst in ganz konkretem Sinn erwählende und bestimmende Herr, sich selber Gesetz ist. (2) In irgend einer Einsamkeit des einzelnen Menschen und also ohne seinen Mitmenschen kann und wird sich das Ereignis der menschlichen Freiheit auch nicht abspielen. Gott ist *a se*, er ist aber *pro nobis*. *Pro nobis!* Es ist nämlich wohl wahr, daß der, der dem Menschen Freiheit schenkt, weil er des Menschen Freund ist, dabei auch je *pro me* ist. Ich bin aber nicht *der*, sondern nur *ein* Mensch und auch das nicht ohne meinen Mitmenschen. Ich kann nur in der Begegnung und in der Gemeinschaft mit ihm Empfänger dieses Geschenkes sein. Gott ist nur *pro me*, indem er *pro nobis* ist. Es kann (3) des Menschen Freiheit doch wohl nur sekundär und nachträglich die Freiheit *von* irgendwelchen Beschränkungen und Bedrohungen – sie muß primär eine «Freiheit *für*» sein. Und (4) sie kann nicht wohl als des Menschen Freiheit zu seiner Selbstbehauptung, Selbsterhaltung, Selbstrechtfertigung, Selbsterrettung – und wäre sie die seines Selbst in dessen höchster Eigentlichkeit – verstanden werden. Beides aus demselben Grunde nicht: weil Gott selbst primär «frei *für*» ist – der Vater für den Sohn, der Sohn für den Vater in der Einheit des Heiligen Geistes, der eine Gott für den Menschen als sein Schöpfer, als der Herr des Bundes mit ihm, als der Inaugurator und Vollender seiner Geschichte als Heilsgeschichte. Gott sagt Ja. Nur in und mit diesem Ja verneint er dann auch, erklärt und erweist er sich also auch «frei *von*» allem ihm Fremden und Feindseligen. Und wieder nur in und mit seinem Ja ist er dann auch frei für sich selbst, zu seiner eigenen Ehre.

Die dem Menschen geschenkte Freiheit ist Freiheit in dem so, in dem durch Gottes eigene Freiheit abgesteckten Raum, nicht anders. Und so ist sie *Freudigkeit*. Weil sie das große, so gar nicht selbstverständliche, so ganz unverdiente, von jeder Seite gesehen so wunderbare Geschenk ist, in dessen Empfang der Mensch *Mensch* sein und als solcher immer wieder aufleben darf! Weil sie als dieses Geschenk *von Gott* kommt, unmittelbar aus dem Quell und Ursprung alles Guten, und jeden Morgen neu der Erweis seiner allmächtigen Treue und Barmherzigkeit ist! Weil sie als sein Geschenk ohne Zweideutigkeit ist und *nicht versagen* kann! Weil sie in nichts Geringerem als darin besteht, daß der Mensch in seiner ganzen unüberbrückbaren Verschiedenheit und Entfernung von Gott dessen *Nachahmer* werden und sein darf! Wie sollte Freiheit da nicht Freudigkeit sein? Sicher, der Mensch ist ihr nicht gewachsen. Mehr noch: er ist ihr gegenüber auf der ganzen Linie ein Versager. Es ist ja wahr genug, daß er sie als die ihm in und mit seiner Erschaffung geschenkte und also natürliche Freiheit nicht mehr kennt und andererseits noch nicht kennt als die Freiheit, die ihn am Ziel seiner Geschichte, in der ewigen Vollendung seiner Existenz, erwartet. Und es ist wieder wahr genug, daß er sie auch als die ihm heute durch den gegenwärtigen Heiligen Geist des Vaters und des Sohnes geschenkte Freiheit nur *trotz* Sünde, Fleisch und Tod, *trotz* der Welt, *trotz* seiner Angst in der Welt, *trotz* seiner eigenen weltlichen Art, nur sich selber *zum Trotz* und also als ein von allen Seiten Angefochtener kennen und haben kann. Das ändert aber nichts daran, daß er sie, sofern er sie auch nur ein wenig kennt, kennen und leben darf und muß als eine unvergleichliche und unversiegliche *Freudigkeit*. Und wenn Mancher sie gar nicht – wenn sogar ein Jeder sie manchmal gar nicht zu kennen und zu haben meint, so ändert das wieder nichts daran, daß sie als das auch ihm zugewendete Geschenk Gottes da ist: am Anfang, am Ziel, auch in der Mitte seines Weges, unter allen Umständen auch heute – daß sie bereit ist, auch von ihm gelebt und dann ganz bestimmt als Freudigkeit gelebt zu werden: sei es denn unter Seufzen, aber als Freudigkeit!

Des Menschen Freiheit ist die Freudigkeit, in der er Gottes Erwählung *nachvollziehen* darf. Gott hat sich selbst in seinem Sohn zu des Menschen Gott, Herrn, Schöpfer, Heiland, Hirten und Voll-

ender erwählt und eben damit den Menschen zu seinem Geschöpf,
zu seinem Bundesgenossen, zu seinem Kind, zu *seinem* Menschen.
Sich selbst zum Gott des *Menschen*volkes und also das Menschen-
volk zu *seinem* Volk! Die einem Menschen geschenkte Freiheit ist
die Freudigkeit, in der er diese göttliche Wahl in seiner eigenen Wahl,
Entscheidung, Entschließung und Tat anerkennen und bestätigen,
in der er gewissermaßen ihr Echo oder Spiegel sein darf. Ein Mensch:
inmitten *aller* Menschen auch *er*, sicher nicht als Erster sondern im
Gefolge und in den sichtbaren oder unsichtbaren Spuren vieler Anderer – sicher nicht als Einziger, sondern zusammen mit vielen Bekannten und Unbekannten, vielleicht von Manchen oder doch von Einigen
tröstlich und hilfreich begleitet, vielleicht ein wenig traurig im Nach-
trab hinter vielen Andern, vielleicht auch vielen Anderen voraus und
also vorläufig fast allein, ohne Nebenmänner, auf ganz neuen, un-
gebahnten Wegen. Also sicher nicht nur er: er *auch* für sich, aber
nicht *nur* für sich, sondern in irgend einer lebendigen Beziehung zu
Anderen, er als Glied von Gottes *Volk*, er in Verwirklichung von
dessen Erwählung, er als der jedem Anderen seiner Glieder Verpflichtete – aber als dieses besondere Glied des Volkes Gottes, bei
seinem besonderen Namen gerufen, in seinen besonderen Beziehungen verpflichtet *gerade er!* Indem er in seiner Wahl, Entscheidung,
Entschließung und Tat Dieser sein darf, ist er ein freier Mensch.
Seine Freiheit besteht in der gerade ihm geschenkten Freudigkeit
zum *Gehorsam*. Sie wird in jedem Schritt, in welchem er sie als die
ihm geschenkte Freiheit verwirklicht, sein *Wagnis* sein. Ein Abenteuer auf gut Glück? Nein, das Wagnis der Verantwortung vor ihrem
Geber *und* vor denen, denen sie auch gegeben wurde, auch gegeben
ist, auch gegeben werden soll: das Wagnis des Gehorsams, in wel-
chem es in diesen beiden Dimensionen klar und einfach um jenen
Nachvollzug geht. Darin besteht also der Gehorsam, für den der
Mensch frei werden darf: daß er sich selbst als Glied des Volkes
Gottes *so will*, wie *Gott* ihn will.

Das heißt aber allgemein: als sein *Geschöpf*, in der den Menschen
von anderen Wesen auszeichnenden, jedenfalls unterscheidenden
Bestimmung, Beschaffenheit und Begrenzung *seiner*, der *menschlichen* Natur. Gott will ihn wie alle anderen Menschen und mit ihnen
zusammen in der Hoheit und Niedrigkeit, in dem Reichtum und in

der Armut, in der Verheißung und in der Bedrängnis seiner Menschlichkeit. Es ist wahr, daß er nicht mehr weiß, was das ist: seine
Menschlichkeit. Er ist ja der Gott und damit auch sich selbst, seiner
Natur entfremdete Mensch. Aber der freie Gott hat darum nicht aufgehört, ihn als sein und zwar als dieses sein menschliches Geschöpf
zu wollen und für sich in Anspruch zu nehmen. Und so hat auch der
Mensch nicht aufgehört, dieses Geschöpf und als solches von Gott
beansprucht zu sein. Indem ihm Gott Freiheit schenkt, wird er auch
und zuerst frei dazu, nicht mehr, aber auch nicht weniger als eben
menschlich zu sein. Was immer Gott sonst von ihm will: es wird
auch eine Bestätigung seiner geschöpflichen Natur sein. Und was
immer der Mensch in der ihm von Gott geschenkten Freiheit wählen
wird, er wird es auch in der Wahl einer der ihm durch seine menschliche Natur gebotenen Möglichkeiten wählen müssen. Kann er sich
seines Seins und Tuns als Mensch nicht rühmen, weil die Freiheit
dazu Gottes Geschenk ist, so soll er sich seiner aus demselben Grund
auch nicht schämen. Besondere Künste und Leistungen sind damit,
daß ihm die Freiheit dazu geschenkt ist, nicht von ihm erwartet, wohl
aber, daß er sich nicht zu vornehm dünke und auch nicht zu faul sei,
das, was Gott mit ihm will, indem er Mensch sein darf, seinerseits ernstlich und ganz zu wollen. Es kann nicht fehlen, daß er in diesem
Wollen Gott loben und seinen Nächsten lieben wird.

Gott will aber den Menschen darüber hinaus als seinen *Bundesgenossen*. Es gibt eine *Causa Dei* in der Welt. Gott will das Licht,
nicht die Finsternis, den Kosmos, nicht das Chaos – den Frieden,
nicht die Unordnung. Er will also den das Recht Liebenden und
auch zu seinem Recht kommenden, nicht den Unrecht tuenden und
Unrecht leidenden Menschen, den Geistes- und nicht den Fleisches-
menschen, den Menschen, der ihm und nicht den, der einem anderen
Gesetz verbunden und verpflichtet ist. Er will des Menschen Leben,
nicht seinen Tod. In diesem Willen ist er sein starker Herr, Heiland
und Hirte, begegnet er ihm heilig und barmherzig, übt er Gericht
und Vergebung, verwirft und nimmt er an, verdammt und errettet
er. Es ist hier nicht der Ort, die Gottestat der Versöhnung, auf die
wir damit hinweisen, auch nur in ihren wichtigsten Zügen näher zu
charakterisieren. Das ist sicher, daß Gott auch das Ja und das Nein,
das er in seiner Versöhnungstat spricht, *nicht allein* sprechen, daß

er auch hier nicht ohne den *Menschen* sein, sondern ihn an seiner
Sache beteiligen will: nicht als einen zweiten Gott, sondern als Menschen, aber in seiner Nachfolge, als seinen Mitarbeiter! Er will,
daß er – und das ist die Bedeutung des Bundes für den Menschen –
sein göttliches Ja und Nein als Mensch *mit*spreche. Eben dazu ruft
er ihn auf, indem er sich ihm verbündet. Und eben dazu schenkt er
ihm Freiheit. Die Errettung des Menschen aus der Entfremdung
und Verkehrung, deren er selbst sich schuldig gemacht hat und noch
schuldig macht, und aus der Gefangenschaft und Sklaverei, in die
er damit gefallen ist und die er noch zu erleiden hat, ist das Werk des
freien Gottes ganz allein. Es ist in Jesu Christi Tod ein für allemal
vollkommen geschehen: keiner Nachhilfe und keiner Wiederholung
bedürftig, in seiner Auferstehung – solange die Zeit währt, nur in
ihr, in ihr aber klar und deutlich – offenbar gemacht. Keine Rede
davon, daß es, um wirksam, mächtig und dem Menschen bekannt
zu sein, erst auch des Menschen eigene Tat, in seiner Existenz noch
einmal Ereignis werden müßte. Das heißt aber wieder nicht, daß er
ihm bloß in der Rolle eines applaudierenden Zuschauers beiwohnen
könnte. Hier greift das Geschenk der Freiheit ein. Sie ist auch in
dieser Hinsicht seine *menschliche* Freiheit: mit der Freiheit, in der
Gott in Jesus Christus für ihn ist, nicht zu verwirren. Sie ist aber
auch in dieser Hinsicht die ihm von dem freien Gott geschenkte
Freiheit zu echtem, menschlichem Gehorsam: Im *Glauben* als dem
Gehorsam des *Pilgers*, der den Übergang von der Sünde zur Gerechtigkeit, vom Fleisch zum Geist, vom Gesetz zur Herrschaft des
lebendigen Gottes, vom Tode zum Leben im Blick und in der Zuversicht auf des freien Gottes Tat täglich und stündlich in kleinen,
vorläufigen, bescheidenen, aber bestimmten Schritten an seinem
Ort bestätigen und wahrmachen darf. In der *Liebe* als dem Gehorsam
des *Zeugen*, der diesen Übergang als Gottes für Alle vollbrachte
siegreiche Entscheidung, als das auch ihnen scheinende Licht unter
seinen nahen und fernen Brüdern und Schwestern anzeigen darf.
Solcher Gehorsam ist des Menschen menschliche Antwort auf die
ihm in Jesus Christus zugewendete göttliche Rechtfertigung,
Heiligung, Berufung. Seine Freiheit ist die Freiheit zum Werk solcher
Dankbarkeit. Sie ist in diesem konkreten Sinn: die Freiheit dessen,
den Gott will als seinen Bundesgenossen und den er als solchen

nicht sich selbst überläßt, die «Freiheit eines Christenmenschen».
Mehr als das Werk solcher Dankbarkeit, mehr als Glauben und
Liebe ist nicht von ihm erwartet, aber allerdings auch nicht weniger
und vor allem: nichts Anderes! Denn für den in diesem Werk zu
leistenden Dienst an der *Causa Dei* in der Welt ist er frei gemacht.
Und Gott will den Menschen darüber hinaus als sein *Kind*. Er
will nicht nur den Menschen, der in der Ehrfurcht des Geschöpfs
vor ihm – und in der Dankbarkeit des Bundesgenossen *neben* ihm
existiert. Er will den Menschen, der in der Geborgenheit und Herrlichkeit unmittelbarer Zugehörigkeit zu ihm selbst *bei* und *mit* ihm
Mensch ist. Wir blicken damit in die Zukunft, auf den Menschen
des ewigen Lebens. Als diesen kann sich der Mensch jetzt und hier
noch nicht – auch im Glauben und in der Liebe noch nicht – sehen
und verstehen. Als dieser ist er sich selber zukünftig, erst verheißen,
kann er sich selber erst hoffen. Nicht als ob er dieser nicht schon
wäre! In der Tat des freien Gottes, in Jesus Christus *ist* er Gottes
Kind. Aber noch ist er ja nur Pilger und Zeuge des freien Gottes.
Noch kann er ihn erst anrufen aus der Ferne und aus der Tiefe:
«Unser Vater, der Du bist in den Himmeln!» Noch erkennt er sich
nicht als den, der in der Geborgenheit und Herrlichkeit der Kinder
bei und mit ihm ist. Noch ist er sich selbst und sind ihm auch seine
Mitmenschen, auch seine Brüder und Schwestern in der Gemeinde als
Kinder Gottes rätselhaft – noch ist ihm dieses Ziel des Willens Gottes
mit dem Menschen verborgen und nicht offenbar. Aber die ihm von
Gott geschenkte Freiheit hat eine Dimension, in der sie noch einmal
und ganz neu, entscheidend und abschließend, auch hier eingreift.
Sie ist die Freiheit eben dazu: Gott jetzt und hier schon als unseren
Vater anzurufen – uns gegeben, die wir uns doch als seine Kinder
noch gar nicht sehen und verstehen können! Sie ist also die Freiheit,
vom Ersten, von der uns jetzt und hier schon offenbaren Tat des
freien Gottes her, nach dem Letzten, der Offenbarung ihrer Frucht,
nämlich unserer Geborgenheit und Herrlichkeit als die ihm unmittelbar Zugehörigen auszuschauen: seufzend, aber in allem
Seufzen getröstet und also unentwegt auszuschauen. Sie ist die Freiheit, in dieser Ausschau zu leben, zu leiden, zu sterben, und vorher
und inzwischen, solange es Tag ist: zu wirken, nach jedem Fall auch
wieder aufzustehen, zu arbeiten und nicht müde zu werden. Aber

das hängt daran, daß wir von dieser Freiheit der Ausschau Gebrauch machen. «Jesu, gib gesunde Augen, die was taugen, rühre meine Augen an!» Der Mensch hat die Freiheit zu dieser Bitte. Und in dieser Bitte hat er die Freiheit, auf das große Licht, auf das große Sehen zu hoffen: für die Welt, für die Anderen, für die Kirche, für sich selber. Der Christ ist der Mensch, der von dieser Freiheit Gebrauch macht und also in dieser Bitte und Hoffnung lebt: dem Letzten entgegen, das die Enthüllung des Ersten sein wird.

III.

Wir wenden uns zu der Frage: was von den aufgezeigten Voraussetzungen her zur Grundlegung *evangelischer Ethik* zu lernen ist? Es ist klar, daß wir diese Grundlegung hier nicht vollziehen, sondern nur eben in einigen Strichen skizzieren können.*

Der freie Mensch ist der in einer ganz bestimmten Weise wählende, sich entscheidende und entschließende und demgemäß in Gedanken, Worten und Werken *handelnde* Mensch. Die Bestimmtheit, in der er handelt, folgt aus dem Wesen und Charakter der ihm geschenkten Freiheit. Man kann darum sehr wohl eben seine *Freiheit* das ihm gegebene *Gesetz* oder *Gebot* nennen. Er tut das Gute, wenn sein Handeln dem Imperativ der ihm geschenkten Freiheit entspricht. Er tut das Böse, wenn sein Handeln nicht diesem, sondern einem anderen, seiner Freiheit fremden Gesetz folgt. Aber diese Definitionen bedürfen der Ergänzung. Seine Freiheit, die das Gesetz seines Handelns ist oder nicht ist und also dessen Kriterium darstellt, ist das Geschenk, von dem wir hörten, daß es ihm je in einem *Ereignis* der Geschichte zwischen dem freien Gott und ihm selbst zuteil wird. Das bedeutet: es gibt kein Zurücktreten des Schenkenden hinter sein Geschenk, des Gesetzgebers hinter das Gesetz, es gibt kein Verblassen der Freiheit Gottes hinter der menschlichen Freiheit. Je von ihm kommt vielmehr jeweils die Bestimmtheit und Gestalt, in der die Freiheit dem Menschen Gesetz und Kriterium seines

---

* Wer hier Ausführlicheres zu erfahren wünscht, sei auf I, 2 (§ 22, 3) II, 2 (§ 36-39) und III, 4 der „Kirchlichen Dogmatik" verwiesen.

Handelns ist. *Gottes* konkretem, ja konkretestem *Gebieten* untersteht der freie Mensch, denn je in seinem konkretesten Gebieten bekommt und hat die menschliche Freiheit und also der Imperativ, der an den Menschen ergeht und an dem er gemessen ist, seine jeweils maßgebende Gestalt. Gott ist immer des Menschen Schöpfer, Versöhner und Erlöser und will den Menschen immer als sein Geschöpf, seinen Bundesgenossen, sein Kind. Aber was das für je diesen Menschen und für diesen hier und dort, heute und morgen bedeutet, das entscheidet sich in des freien Gottes freiem Wort, wie es in der Geschichte zwischen ihm und dem Menschen, auch jedem einzelnen Menschen, immer neu gesprochen wird. Im Verhältnis zu diesem seinem gebietenden Wort ist des Menschen Handlung, sein Ethos gut oder böse. Wobei von der göttlichen wie von der menschlichen Freiheit her, so wie wir beide nun verstanden haben, für den Zusammenhang und die Konsequenz und für den Ausschluß aller Willkür und Zufälligkeit dieses Imperativs und Kriteriums gesorgt ist.

Und nun ist unter *Ethik* doch wohl zu verstehen: der wissenschaftlich, aber vielleicht auch ganz primitiv, in engerem oder weiterem Gesichtskreis unternommene Versuch einer Beantwortung der Frage nach Gut und Böse im menschlichen Handeln.

Ethik kann von unseren Voraussetzungen her *nur* evangelische Ethik sein. Es kann also die Beantwortung jener Frage unter keinen Umständen darin bestehen, daß der Mensch sich selber oder Anderen das gebietende Wort Gottes in Form einer von ihm aufgefundenen und aufgerichteten Satzung, deren Inhalt ein Kompendium der ihm gebotenen und verbotenen Handlungen wäre, vorhält, damit er an Hand dieser Satzung darüber befinde, was Gut und was Böse ist. Die Heilige Schrift ist keine solche Satzung und sie kann auch nur mißbräuchlich zur Aufstellung einer solchen gebraucht werden. Der Ethiker kann sich ja weder an die Stelle des freien Gottes, noch an die des freien Menschen, geschweige denn an beide zugleich stellen, er kann ja mit seinem Wort weder das Ereignis des göttlichen Gebietens noch das des menschlichen Hörens und Gehorchens oder Nichthörens und Nichtgehorchens vorweg nehmen wollen. Mit welcher Autorität könnte er – und wäre es in Form von Bibelworten – sagen, was dieser und dieser Mensch in dieser und dieser Stunde

unbedingt tun und lassen soll? Wie müßte er ihn in solcher Anmaßung auch in bester Absicht in die Irre führen! Und was gilt's:
in der Frage nach dem Konkretesten, was Gott von diesem Menschen
heute und hier will, und nach dem Konkretesten seines dem Willen
Gottes entsprechenden Handelns – eben in diesem Konkretesten
fällt aber die Entscheidung zwischen Gut und Böse – müßte und
würde er ihn mit seiner Satzung, und wäre diese noch so spezifiziert,
doch allein lassen – und nun doch nicht mit Gott, sondern mit sich
selbst, mit seinem Gewissen oder mit dem Kairos oder mit seinem
Ermessensurteil als letzter Instanz allein lassen. Gerade indem er
ihm sein Handeln vorschreiben wollte, würde er ihm Steine statt
Brot bieten.

Die Ethik sage doch dem Menschen von Anfang an, daß er es in
der Frage nach dem Guten oder Bösen seines Tuns gerade nicht
mit seinem Gewissen, nicht mit dem Kairos, nicht mit seinem Ermessensurteil, nicht mit irgend einem greifbaren oder ungreifbaren
Natur- oder Geschichtsgesetz, nicht mit irgendwelchen individuellen
oder sozialen Idealen und zu allerletzt mit seiner eigenen Willkür,
sondern als freier Mensch mit dem Willen, Werk und Wort des
freien Gottes zu tun hat! Ethik ist eine *Theorie* des menschlichen
Handelns. Das spricht nicht gegen ihr Unternehmen und seine Notwendigkeit. Aber darum wird es in dieser Theorie allerdings nicht
gehen können, den Menschen mit einem Programm auszurüsten,
in dessen Abwicklung er dann die Aufgabe seines Lebens zu erblicken – oder auch mit Prinzipien, in deren Auslegung, Anwendung
und Exerzitium er dann sein Handeln zu gestalten hätte. Sie kann
und soll ihn aber darauf hinweisen, daß jeder einzelne seiner Schritte
den Charakter einer bestimmten, je immer wieder neuen und besonderen und immer direkten Verantwortung gegenüber dem ihm
immer wieder neu, besonders und immer direkt begegnenden Gott
hatte, hat und haben wird: Entsprechung oder Widerspruch und so
gut oder böse, Betätigung oder Verleugnung und Verlust der ihm
geschenkten Freiheit. Sie kann und soll ihn daran erinnern, daß er
als Mensch Gottes mit dem Gott des Menschen konfrontiert ist –
ihn darauf aufmerksam machen, daß sein Handeln in *diesem* Licht
steht – ihn damit anleiten zur rechten Beurteilung und zur rechten
Wahl der ihm scheinbar in Fülle offen stehenden Möglichkeiten,

von denen doch immer nur eine die wahrhaft mögliche war, ist und
sein wird. Sie kann und soll ihn also als *evangelische* Ethik belehren:
als Ethik der freien Gnade.

Sie wird als solche das Aussprechen unbedingter konkreter
Imperative die Sache Gottes sein lassen, ihren Dienst aber darin
sehen, einzuschärfen, daß und inwiefern des Menschen Leben
durchgehend unter den von Gott ausgesprochenen unbedingten
konkreten Imperativen steht. Nicht daß es nicht auch bedingte
konkrete Imperative gäbe, die ein Mensch dem anderen zuzurufen
hat! Zum Wagnis des Gehorsams in der Begegnung und Gemeinschaft von Mensch zu Mensch und also zum Handeln in der dem
Menschen geschenkten Freiheit gehört zweifellos auch *das* Wagnis,
in welchem Einer den Anderen zu diesem und diesem bestimmten
Tun anzuweisen, einzuladen, aufzurufen, aufzufordern, ihm also eine
bestimmte Entscheidung zuzumuten hat: im Aufblick zu dem freien
Gott, der auch des Anderen Gott, und im Appell an die menschliche
Freiheit, die auch ihm geschenkt ist und also in dem Mut, der gerade aus der Demut vor Gott und dem Nächsten erwächst, in der
solch *bedingtes* Heißen allein recht getan sein kann und in der
Offenheit und Bereitschaft, sich das auch von ihm gefallen zu lassen.
Aber solcher gegenseitige konkrete Aufruf kann nur Ereignis, wird
also die Sache der in der Ethik zu visierenden Praxis, des Ethos, *nicht*
aber – oder eben nur indirekt – die der *Ethik* sein, die ja eben *Theorie*
und nicht Praxis (wenn auch Theorie der Praxis!) ist, deren Problem ja gerade die *Frage* nach dem Ethos, nach Recht und Unrecht
alles und so auch dieses menschlichen Tuns ist. Es dürfte zum Ethos
des Ethikers gehören, daß er als solcher nicht zu viel, nicht Gesetzgeber sein wollen darf.

Ethik ist *Besinnung* auf das dem Menschen in und mit dem Geschenk seiner Freiheit gebotene Tun. Im Vollzug dieser Besinnung
wird der Ethiker nun allerdings auch nicht zu wenig wollen dürfen.
Auch er wolle das, was er soll und kann! Das dürfte sich aber allerdings in dem Hinweis darauf, *daß* des Menschen Leben unter den
von Gott ausgesprochenen Imperativen verläuft, nicht erschöpfen.
Ethische Besinnung soll und kann ausgreifen auf die Frage: *inwiefern* dem so ist? Ist doch weder die Freiheit, in der Gott gebietet,
noch die Freiheit, in der der Mensch ihm gehorchen darf, eine leere

Form. Es haben vielmehr diese beiden Räume, an deren Grenz- und
Berührungspunkt sich alles menschliche Handeln abspielt, je ihre
besonderen, bestimmten Inhalte, Töne und Konturen, an denen sich
die ethische Besinnung orientieren soll und kann. Sie kann und soll
von der Erkenntnis ausgehen, daß der freie Gott, der des freien
Menschen Gebieter ist, auf alle Fälle dessen Schöpfer, Versöhner
und Erlöser ist, und der freie Mensch, nach dessen Verhältnis zu
Gottes Gebot gefragt ist, auf alle Fälle dieses Gottes Geschöpf,
auf alle Fälle sein Bundesgenosse, auf alle Fälle sein Kind. Sie soll
und kann diese Erkenntnis aus ihrer Quelle – und hier greift die
Heilige Schrift ein! – schöpfen, in der Orientierung an ihr immer
wieder erneuern, präzisieren und korrigieren. Sie soll und kann sich
auch in der Geschichte und Gegenwart der christlichen Gemeinde
umsehen, sich durch den Gebrauch, den die Väter und Brüder von
der Freiheit eines Christenmenschen gemacht haben und noch
machen, mahnen, anregen, bereichern, vielleicht auch beunruhigen
und warnen lassen. Sie ist also beim Vollzug ihres Hinweises auf
Gottes maßgebendes und richtendes Wort wahrhaftig nicht ohne
Anhaltspunkte. Ihr Hinweis wird, in jener Erkenntnis Gottes und
des Menschen begründet, Profil haben und nicht in irgend ein
Dunkel, sondern auf den wirklichen Gott, den wirklichen
Menschen und ihre wirkliche Begegnung zeigen. Es wird ihr Fragen,
indem es ein Fragen ist und bleibt, kein Fragen ohne Antwort, sondern, wie indirekt immer, eben doch Zeugnis von Gottes konkretestem Wort sein. Sie kann und soll echte Forschung und echte Lehre
sein: beides gerade darum echt, weil sie ihrem Gegenstand die Ehre
nicht nimmt, sondern läßt, sein eigentliches und letztes Wort selbst
zu sprechen, ohne sich deshalb die Mühe um die vorletzten Worte
zu ersparen, die nötig sind, um des Menschen Denken von allen
Seiten dem Punkt entgegenzuführen, an welchem er, selber ein
Freier, des freien Gottes Wort und in ihm den ihm zugedachten
Befehl, das ihn treffende Gericht, die ihn angehende Verheißung
hören wird.

Soviel, in großer Kürze und Allgemeinheit, zur Frage der Begründung evangelischer Ethik. Unsere Diskussion sollte sich wohl auf das bisher Gesagte konzentrieren, sich nicht durch das vielleicht teilweise etwas Aufregende, was ich jetzt noch beifügen möchte, von unserem eigentlichen Thema ablenken lassen. Ich möchte nämlich nicht schließen, ohne von den angezeigten Voraussetzungen her wenigstens seinen kleinen Ausflug in die *Ethik selbst*, bzw. in das, was man die «*spezielle* Ethik» nennt, unternommen zu haben. Die ernsten Reisen in wichtige Gebiete dieses weiten Feldes werden in den nächsten Tagen unter anderer Leitung stattfinden. Ich wähle – wirklich nur beispielhaft – einen kleinen Bereich, der auch in den Darstellungen der evangelischen Ethik vielleicht gerade darum so selten betreten wird, weil er so nahe liegt. Ich wähle – weil wir hier unter den Auspizien einer «Gesellschaft für evangelische Theologie» versammelt sind – die *Ethik der Theologie selbst und als solcher*, und also die Frage nach dem Ethos des *freien Theologen*. Ist er nicht auch ein Mensch und als solcher des Geschenks der Freiheit in dessen verschiedenen Gestalten teilhaftig? Und sollte das Gebot Gottes, das dem Menschen in und mit diesem Geschenk gegeben ist, nicht auch ihn, sein spezifisches Denken, Reden und Tun angehen? Unter einem «Theologen» soll übrigens nach evangelischer Auffassung nicht nur der Theologieprofessor, Theologiestudent und Pfarrer verstanden sein, sondern jeder Christ, der sich der theologischen Aufgabe der ganzen christlichen Gemeinde bewußt, und willig und fähig ist, sich in irgend einem Maß an der theologischen Arbeit zu beteiligen. Weil wir aber vor Torschluß stehen und wohl etwas müde sein könnten, wird es angehen, wenn ich das Problem nicht mehr in systematischer Abhandlung, sondern etwas gelockert in Form einiger Einzelbemerkungen zur Sprache bringe. Und weil ich heute zur älteren Garde gehöre, mag es nicht unangemessen sein, wenn ich mir dabei im Ton nun doch einen leichten Übergang von der Ethik – ja nicht zu irgendwelchen Imperativen, aber zu einer Art *Admonitio* erlaube.

1. Ein (im nun umschriebenen Sinn des Wortes «frei») freier Theologe wird sich als solcher erweisen in der zu Beginn dieses Vortrags postulierten Willigkeit, Bereitschaft und Fähigkeit, in seinem Denken allezeit *mit dem Anfang anzufangen*, d.h. die Auf-

erstehung Jesu Christi auch als Weisung für seinen Vernunftgebrauch ernst zu nehmen und also immer zuerst von Gott her über den Menschen und dann und so erst vom Menschen her über Gott nachzudenken und zu reden. Es gibt so viel tief ernsthaft, fromm, gelehrt und scharfsinnig unternommene und durchgeführte Theologie, der nur gerade das Oberlicht und damit die Serenität fehlt, ohne die der Theologe ein trüber Gast auf der dunklen Erde und ein unerquicklicher Belehrer seiner Brüder sein muß, dem es im besten Fall immer nur bis zu Beethoven und Brahms ... reicht! Wer nicht mit Gott anfangen will, kann als besinnlicher Mensch nur mit seiner und der allgemeinen Misere, mit dem ihn und die Welt bedrohenden Nichtigen anfangen, mit lauter Sorgen und Problemen. Und eben bei diesem Anfang wird er dann nach kürzestem Kreislauf auch immer wieder endigen. Er bekommt keine Luft und sieht dann wohl seine besondere, ernste Pflicht darin, auch den Anderen keine Luft zu gönnen. Er könnte, was ihm fehlt – bestimmt auch sachlich fehlt – nur eben im Vollzug jener *Wendung* haben. Niemand hat sie einfach hinter sich, so gewiß sie eben nur in der dazu geschenkten Freiheit, im Ereignis des Gehorsams vollzogen werden kann. Sie muß wohl jeden Morgen, vielleicht sogar jede Stunde, angesichts jeder neuen theologischen Aufgabe neu vollzogen werden. Man sollte aber deshalb nicht gleich jammern, daß sie unmöglich sei. Sie ist freilich auch kein dialektischer Trick, den man lernen könnte, und dann nur in munterer Wiederholung anzuwenden brauchte. Ohne jene Anrufung: «Unser Vater im Himmel!» ist sie gewiß nicht zu vollziehen. Es gälte aber eben das einzusehen, daß Theologie in ihrem Grundakt Anbetung ist, Danksagung und Bitte, eine liturgische Aktion. Das alte: *lex orandi lex credendi* ist nicht nur ein frommer Spruch, sondern etwas vom Gescheitesten, was zur Methode der Theologie jemals gesagt worden ist. Es geht auf keinen Fall ohne jene *Wendung*. Von ihr und in ihr lebt der freie und also der rechte theologische Denker und eben in der Anrufung, Danksagung und Bitte, in der sie möglich wird, darf sich der Theologe als Kind Gottes eines freien Denkens befleißigen.

2. Ein freier Theologe kommt dabei ganz gemächlich und fröhlich von der *Bibel* her. Nicht weil es ihm durch irgend eine alte oder neue Orthodoxie eingebläut wäre, daß er von dorther zu kommen habe.

Nicht weil er *muß* also – «kein Mensch muß müssen, und ein Derwisch müßte?» – sondern weil es ihm geschenkt und so erlaubt ist, von dorther zu kommen. Nicht weil er nicht auch andere geistliche und weltliche, ernste und aufregende Bücher (und nicht zu vergessen: die Zeitung) läse und zu schätzen wüßte, aber weil er in der Bibel das Zeugnis vom freien Gott und vom freien Menschen hören und als Schüler der Bibel selber ein Zeuge der göttlichen und der menschlichen Freiheit werden darf. Er kommt nicht von einer Lehre über den Kanon und die Inspiration der Heiligen Schrift her, wohl aber, nicht ohne Inspiration, von der Praxis eines gewissen Umgangs mit der kanonischen Schrift. Sie hat zu ihm geredet und tut es noch. Er hört sie. Er studiert sie: auch analytisch, auch «historisch-kritisch» also, um sie um so besser zu hören. Von ihrer *Analyse* und also von sogenannten «sicheren Ergebnissen» historisch-kritischer Forschung, von sogenannten «exegetischen Befunden», kann er als freier Theologe allerdings *nicht herkommen*. Nicht nur, weil diese, indem sie von 30 zu 30 Jahren und von einem Exegeten zum andern immer wieder andere zu sein pflegen, kein Ort sind, von dem man, wenn es ernst gilt, herkommen kann, sondern weil analytisches Studium der biblischen wie anderen Texte zwar eine *conditio sine qua non* des Hörens auf ihre Aussage ist, als solches aber dieses Hören durchaus nicht garantiert und in sich schließt. Zum Hören kommt es im *synthetischen* Lesen und Studium. Der freie Theologe liest und studiert analytisch *und* synthetisch, nicht in zwei verschiedenen Akten, sondern in einem einzigen. Es geht um die *meditatio*, deren Geheimnis wieder die *oratio* sein wird. Daß der freie Theologe von der Bibel herkommt, will sagen: er kommt von ihrem Zeugnis und so von dieses Zeugnisses Ursprung, Gegenstand und Inhalt her, der durch ihr Zeugnis zu ihm gesprochen hat und den er durch ihr Zeugnis zu sich sprechen ließ. Ob er selbst durchaus in direkter Anführung und Auslegung biblischer Stellen und Zusammenhänge reden wird? Vielleicht oft, vielleicht nicht immer. Die Freiheit, die ihm von des biblischen Zeugnisses Ursprung, Gegenstand und Inhalt her geschenkt ist, kann und muß sich doch auch darin erweisen, daß er auch das unternehmen muß, was er in der Bibel gehört hat, in eigenen Worten zu denken und weiter zu sagen. Ich habe, um das einmal zu veranschaulichen, in diesem Vortrag außer dem Anfang

des Herrengebetes bis jetzt kein einziges Bibelwort direkt angeführt.
Es wäre – nur schon zur Kontrolle, ob man weiß, was man sagt,
wenn man zitiert und auslegt – gut, von der Freiheit dazu öfters und
allen Ernstes Gebrauch zu machen. Im Blick auf die *kirchlich-
theologische* Praxis wäre die Frage zu erwägen: ob dies nicht in der
Predigt (im Unterschied zur Bibelstunde) die Regel sein müßte? Die
Freiheit der Theologie umfaßt nicht nur die Freiheit der *Exegese*,
sondern auch die Freiheit zu dem, was man *Dogmatik* nennt.
Spätestens bei dem Versuch, den Inhalt einer biblischen Schrift oder
gar der Vielfältigkeit der biblischen Zeugnisse zusammenzufassen,
wagt faktisch jeder Exeget den ersten Versuch *dogmatischen* Denkens.
Dogmatik ist die bewußt und grundsätzlich unternommene Rechen-
schaftsablage über den Inhalt des als gemeinsame Aussage aller
biblischen Zeugnisse in Berücksichtigung ihrer Verschiedenheit
Gehörten. Das Ausspielen dieser beiden Funktionen der Theologie
gegeneinander kann immer nur auf einem formidablen Mißverständnis beider beruhen.

3. Ein freier Theologe stellt nicht in Abrede und schämt sich auch
dessen nicht, daß sein Denken und Reden – das gehört zu seiner
Kreatürlichkeit – immer auch einer (vielleicht übernommenen
vielleicht leidlich originellen, vielleicht alten, vielleicht neuen,
vielleicht kohaerenten, vielleicht etwas inkohaerenten) *Philosophie*,
Ontologie, Begrifflichkeit und Sprache verpflichtet ist. Niemand
denkt und redet nur in biblischen Gedanken und Worten: mindestens deren Verknüpfung untereinander, aber auch der Sinn, den sie
in seinem Kopf und Mund haben, wird schlecht und recht seine Zu-
tat sein, ganz abgesehen davon, daß auch die biblischen Autoren
selbst nicht einfach eine himmlische, sondern allerlei irdische
Sprachen gesprochen haben. So wird ein freier Theologe, der ja
nicht einmal ein Prophet oder Apostel ist, bestimmt nicht den Anspruch erheben und damit von den Anderen in Kirche und Welt
sich abheben wollen, daß er vom Himmel oder schlechtweg «vom
Evangelium her» oder – wenn er meint, daß das gleichbedeutend sei:
«von Luther her» zu reden in der Lage sei. Daß er das vielleicht
faktisch tut, das soll er eben nicht sagen, das muß man merken.
Will sagen: redet er Gottes Wort, dann lasse er das Ereignis, aber
nicht Inhalt seiner Behauptung sein. Er redet nämlich auch dann

aus seinem philosophischen Gehäuse heraus und also, für die Anderen mühsam genug, in seinem Jargon, der mit der Sprache der Engel gewiß nicht identisch ist, obwohl die Engel sich gelegentlich auch seiner bedienen mögen. Der freie Theologe wird sich aber von dem unfreien (1) dadurch unterscheiden, daß er sich über diesen Sachverhalt im Klaren ist, daß er (2) seine Begrifflichkeit und Sprache der Kohaerenz der Offenbarung und nicht etwa die Offenbarung der Kohaerenz seiner Begrifflichkeit und Sprache unterwerfen will, daß er also (3) – das Zitat ist unvermeidlich, weil es heute in aller Mund und Ohren ist – Philosoph ist «als wäre er es nicht» und seine Ontologie hat, «als hätte er sie nicht». Er wird sich also z.B. durch keine mitgebrachte Begrifflichkeit verbieten lassen, in jener Wendung zu denken und zu reden, auf die hier zuerst hingewiesen wurde. Er wird seine Ontologie der Kritik und Kontrolle seiner Theologie unterstellen und nicht umgekehrt. Und er wird sich auch nicht durchaus dem philosophischen Kairos, d.h. der jeweils neuesten Philosophie für verpflichtet halten. Den Dank des Hauses Österreich wird er sich damit doch nicht erwerben, und wer weiß, ob er nicht froh ist, gelegentlich auch auf eine ältere, z.B. auf das berüchtigte «Subjekt-Objekt-Schema» zurückzugreifen zu dürfen? Wollten wir einen Augenblick den Idealfall träumen, so wäre zu sagen, daß in der Person des freien Theologen zwar nicht die Theologie in irgend einer Philosophie, wohl aber – was es ja auch geben könnte! – eine freie Philosophie in einer freien Theologie sich wiedererkennen müßte. Gerade der freie Theologe wird aber bedenken, daß er ein Schächer ist, der sich durchaus nicht in diesem Idealfall befindet.

4. Ein freier Theologe denkt und redet in der *Kirche*: in der *communio sanctorum*, deren ordentliche Mitglieder zufällig nicht nur er und seine nächsten theologischen Freunde sind. In der Kirche gibt es kirchliche *Konfessionen:* sogar in der Mennoniten-Kirche ein Schleitheimer Bekenntnis! Warum sollte ein freier Theologe sie als die an seinem Ort nun einmal ihm gegebene Anleitung zum Lesen, zur Auslegung und Anwendung der Schrift nicht respektieren und gern haben? Er hat die Freiheit seines Denkens und Wortes gewiß nicht von ihnen. Er hat sie also auch ihnen gegenüber. Er wird auch sie in aller Ruhe hören. Er wird in derselben Freiheit frei sein, was sie sagen – so er das Zeug dazu hat – besser zu sagen,

und frei dazu, zu anerkennen, daß sie es ihrerseits besser gesagt
haben möchten, als er es sagen könnte, und also frei dazu, in irgend
einer Modifikation dasselbe zu sagen, was sie auch gesagt haben.
In der Kirche gibt es *Väter:* den Vater Luther, den Vater Calvin
und andere Väter. Warum sollte ein freier Theologe nicht auch ihr
Sohn und Schüler sein? Warum sollte er aber der Meinung sein,
durchaus mit ihnen übereinstimmen und solange und so kunstvoll
an ihren Aufstellungen herumdeuten zu müssen, bis Luther nun
gerade mit *ihm* übereinstimmt, sagt, was *er* durchaus sagen möchte?
Warum sollte er nicht auch die Freiheit der Väter respektieren, sie
also sagen lassen, was sie gesagt haben, um dann bei ihnen zu
lernen, was er in seiner Freiheit bei ihnen lernen soll und kann? In
der Kirche gibt es auch *Kirchenleitungen,* hier in Deutschland sogar
in Gestalt von Bischöfen: mit allerlei Macht, auf dem Hintergrund
ihrer eigenen, nicht immer und überall gleich einwandfreien Theologie
in Hirtenbriefen gewaltig zu reden, ferner: zu prüfen, auch wohl ein- und
abzusetzen oder doch zu empfehlen oder nicht zu empfehlen. Warum
sollte der freie Theologe sie nicht mindestens dulden, wie sie in ihrer
milden Klugheit ja auch ihn in der Regel mindestens zu dulden pflegen?
Zu ihrem theologischen Gewährsmann und Handlanger wird er sich
gewiß nicht machen lassen. Er wird aber auch das Odium nicht
scheuen, zu anerkennen und damit zu rechnen, daß auch ein Kir-
chengewaltiger gelegentlich einmal das theologisch Richtige denken
und sagen könnte. Er wird sich doch nicht etwa einen Komplex an-
schaffen, er wird sich doch nicht etwa in ein antikirchenregimentliches
Ressentiment verrennen und dieses Ressentiment wohl gar noch zum
Prinzip seiner Auslegung des halben oder ganzen Neuen Testamentes
erheben? Es geht doch nicht für oder wider die Konfession, für oder
wider Luther òder Calvin, für oder wider die so problematischen
Kirchenleitungen. Das Alles ist das Für und Wider der Sektierer.
Der freie Theologe ist kein Sektierer, weder zur Rechten noch zur
Linken. Er denkt und sagt sein bestimmtes Ja und Nein, aber er
denkt und redet aktiv, nicht reaktiv, als ob seine Freiheit in erster
Linie eine «Freiheit *von*» wäre, und also nicht im Freund-Feind-
Verhältnis. Er liebt die positive Arbeit. Er weiß, daß es um die
Gemeinde geht, um ihre Sammlung, ihren Aufbau, ihre Sendung in
der Welt. Er forscht und lehrt in ihr und für sie: als ihr Glied, das

nun eben diesen Auftrag und hoffentlich auch die Gabe dazu hat. Privatchristentum wäre kein Christentum. Privattheologie wäre keine freie und also überhaupt keine Theologie.

5. Ein freier Theologe arbeitet in *Kommunikation* mit den anderen Theologen: indem er seine Freiheit grundsätzlich auch ihnen zutraut. Er hört und liest sie vielleicht nur in gedämpfter Freudigkeit, aber er hört und liest sie. Er rechnet damit, daß man dieselben Probleme, die er sieht, auch noch anders sehen, sie auch noch anders bearbeiten kann, als er selber. Er kann vielleicht diesem und jenem Anderen wirklich nicht folgen noch sich zugesellen. Er muß ihm, er muß vielleicht Vielen, vielleicht den Meisten der Anderen widerstehen und widersprechen, vielleicht scharf widersprechen. Er teilt nicht die kindische Angst vor der *rabies theologorum*. Er bricht aber den Verkehr – und zwar nicht nur den persönlichen, nicht nur den geistigen, sondern gerade den geistlichen Verkehr mit ihnen nicht ab, wie er ja auch von ihnen nicht einfach fallen gelassen sein möchte. Er glaubt nicht nur daran, daß ihm seine, sondern daß auch ihnen ihre theologischen Sünden, wenn sie solcher sich schuldig gemacht haben sollten, vergeben werden möchten. Er gebärdet sich aber – das gilt auch im Rückblick auf die Theologiegeschichte – überhaupt nicht als der Entdecker und Richter ihrer Sünden. Indem er ihnen in keinem Schritt weicht, den er nicht verantworten kann, bedenkt er die Freiheit Gottes und die Freiheit des Menschen auch im Blick auf sie. Er wartet auf sie und bittet sie, auch auf ihn zu warten. In solchem vielleicht seufzenden, aber unter Tränen lächelnden Warten aufeinander käme es, bemerkbar oder nicht bemerkbar, zu der uns so nötigen, uns weithin so sehr fehlenden theologischen Zusammenarbeit. Ganz abgesehen davon, daß wir es in dieser Haltung nicht nötig hätten, so hart, so bitter, so verächtlich voneinander zu denken und zu reden, uns so sauersüße Rezensionen und so böse Fußnoten zuzuwenden und was ähnliche Werke der Finsternis mehr sind! Ist es uns klar, daß der Begriff des «theologischen Gegners» ein zutiefst profaner und illegitimer ist? Nach meinen Eindrücken haben die angelsächsischen Theologen (von ihren Fundamentalisten vielleicht abgesehen) das, was ich hier die Freiheit zur Kommunikation nenne, viel besser begriffen, als wir Kontinentale. Sie haben sich auch nicht Alle geradezu innig lieb. Aber sie behandeln sich doch als *fellow-*

creatures. Wir tun das nicht immer. Und wir sollten uns in dieser Hinsicht nicht durch unseren – vielleicht doch nur vermeintlich! – größeren Tiefsinn für gerechtfertigt halten.

Die Reihe dieser Bemerkungen wäre fortzusetzen und systematisch zusammenzufassen. Wichtige weitere Punkte wären z. B. das Sein und Denken des freien Theologen im Verhältnis zur *römischen* Gegenkirche oder zu dem jeweils seine Umgebung beherrschenden *politischen* Klima. Aber auf Vollständigkeit war es hier nicht abgesehen. Was ich hier sagte, sollte nur die Anregung sein, über das Geschenk der Freiheit und über die Grundlegung evangelischer Ethik sofort an Hand eines konkreten Beispiels nachzudenken. So breche ich ab und schließe nun dennoch mit einem imperativischen Bibelspruch, zu dem exegetisch und sonst Vieles zu sagen wäre, was nun ungesagt bleibe, nur daß er jetzt eben – nachdem er wohl von Vielen von uns mehr als einmal im Blick auf Andere ausgelegt und angewendet worden ist – in der Zuspitzung gehört werden möchte, in der er gerade uns *Theologen* – uns hoffentlich *freie* Theologen – angehen mag: «Im Übrigen, Brüder – Alles, was wahr, was ehrbar, was gerecht, was rein, was freundlich, was wohllautend ist, wenn es irgend eine Tugend, wenn es irgend ein Lob gibt – dem denket nach ... dann wird der Gott des Friedens mit euch sein!»

Der Freiheitsbegriff als Ortsbestimmung neuzeitlicher Theologie am Beispiel der Kirchlichen Dogmatik Karl Barths

TRUTZ RENDTORFF

»Die Autorität der Freiheit« – diesem Titel eines ökumenischen Sammelwerkes zum II. Vatikanischen Konzil[1] zollte Karl Barth in einer Stellungnahme 1967, im Jahre vor seinem Tode, Bewunderung und Zustimmung. Er schrieb, der Titel sei »ein fast genial zu nennender Einfall: genauso muß das Problem bezeichnet, verstanden und in Angriff genommen werden«[2].

»Die Autorität der Freiheit« – dieser Titel kann als eine thematische Ortsbestimmung der Theologie in der Neuzeit begriffen und verwendet werden. Was immer als Pluralismus oder Antagonismus die heutige theologische Szene belebt oder verwirrt, so koinzidieren die unterschiedlichen und auf ihre Besonderheit gelegentlich auch sehr bedachten Entwürfe der Theologie jedenfalls in der Bestimmung der Aufgabe der Theologie als einer Theorie realer Freiheit.[3] Die *Autorität* der Freiheit, d. h. darum, hier wird ein Thema formuliert, dem sich niemand entziehen kann, das vielmehr auseinanderstrebende Auslegungen der Aufgabe der Theologie gebieterisch vereint. Freiheit als Thema der Theologie – in dieser Richtung Konsens zu suchen, das scheint nicht aussichtslos zu sein: »Wenn die gegenwärtige Theologie überhaupt eine thematische Mitte hat, dann ist das die christliche Freiheit.«[4] *Wie* diese Mitte besetzt, inhaltlich gefüllt, produktiv zur Sprache gebracht wird, das ist die von Begriff und Vorstellung der Freiheit her immer neu geforderte Ortsbestimmung der Theologie. *Daß* sie überhaupt in dieser Richtung und auf diese Mitte hin in Angriff genommen werden muß, ist alles andere als beliebig; sie ist aus Gründen christlicher Theologie historisch wie systematisch zwingend geboten. *Historisch*, und nicht etwa allein und exklusiv dogmatisch! Da sitzt schon ein Stachel gegenüber einer allzu raschen Verständigung. Denn Freiheit ist als geglaubte, in Anspruch genommene, erfahrene und realisierte Freiheit das historische Kontinuum der Christentumsgeschichte und zugleich doch Grund für eine dieses historische Kontinuum transzendierende Kritik. Aber

---

[1] Die Autorität der Freiheit. Gegenwart des Konzils und Zukunft der Kirche im ökumenischen Disput, hg. von Johann Christoph Hampe, München 1977.

[2] Die Äußerung Barths ist auf dem Klappentext des Umschlages zu Band III abgedruckt. Der vollständige Text befindet sich im Karl-Barth-Archiv in Basel.

[3] So Friedrich W. Graf, Freiheit, Ethik. Wiederkehr der Religion, in: Nachrichten der Evangelisch-Lutherischen Kirche in Bayern 36 (1981).

[4] Eberhard Jüngel, Zur Freiheit eines Christenmenschen. Eine Erinnerung an Luthers Schrift, München 1978, 16.

die Kritik gehört selbst zu den historischen Folgen der Freiheit, tritt nicht aus der historischen Kontinuität heraus, sondern bestätigt sie noch im Widerspruch. Das gilt auch in dem komplexen und durch Antithesen bestimmten Verhältnis von christlichem und neuzeitlichem Freiheitsverständnis.

Daß der Freiheitsbegriff der Aufklärung, gerade durch seine Ausarbeitung im Deutschen Idealismus, kontrovers war und geblieben ist, ändert nichts daran, daß er eine zentrale Rolle für das Selbstbewußtsein der Neuzeit spielt. Die entscheidende Frage für die Theologie war und mußte bleiben, ob sie sich von einem Selbstverständnis der Neuzeit, das sich in Autoritätskritik, und d. h. in erster Linie in Kritik der Religion bebildet hatte, auf Dauer abhängig machen konnte, ohne in sich selbst die Position der Kritik theologisch durchzuführen und inhaltlich zu bestimmen. Die Aufklärung konnte, jedenfalls in ihrer deutschen Fassung, gerade darin als Erbe und Erfüllung der Reformation gelten, daß sie sich auf die kritische Freiheit des Glaubenssubjekts berief. Solange diese Brücke begehbar erschien, war die Abhängigkeit der Theologie vom Freiheitsverständnis der Neuzeit durch erkennbare unmittelbare Verwandtschaft ausgewiesen und legitimiert. Sobald aber Ernst Troeltsch mit seiner kritischen Unterscheidung von Alt- und Neuprotestantismus diese Brücke für nicht länger begehbar erklärt, war es nicht ohne Konsequenz, daß die Theologie ihr Freiheitsverständnis auf eigene Füße stellen mußte. Es entsprach also der neuzeitlichen Verfassung der Theologie, wenn in der Theologie eine eigene, individuelle theologische Fassung des Freiheitsbegriffs entwickelt wurde, die dem Anspruch und der Reichweite des neuzeitlichen Freiheitsbegriffes gleichrangig und kompatibel zu sein versuchte. Man muß den damit gestellten Anspruch hoch ansetzen und kann sich nicht damit abfinden, daß die neu zu bestimmende theologische Unabhängigkeit schon durch Kritik an der bürgerlichen Verfaßtheit liberaler Theologie oder an naheliegenden anderen gesellschaftlichen Abhängigkeiten und zeitgenössischen Kurzatmigkeiten zu erlangen sei. Bürgerliche Freiheit als Programm einer öffentlichen Verfaßtheit der Freiheit des individuellen Subjektes läßt, einmal historisch errungen, auch die Wahrnehmung des Freiheitsthemas in der Theologie nicht unberührt. Soll der Freiheitsbegriff so als Ortsbestimmung der Theologie verstanden werden, dann muß seine Bedeutung und seine Funktion auch in dieser Hinsicht im Blick auf seinen neuzeitlichen historischen Kontext erklärt werden können.[5]

Mit diesem Interesse soll hier erneut nach dem Freiheitsverständnis Karl Barths gefragt werden. Die Theologie Karl Barths hat sich ganz entschieden in diesen historischen Kontext eingebracht, für den Freiheit Programm und Autorität ist und war. Sie hat Freiheit als die unbedingte Souveränität Gottes, als reine Selbstbestimmung Gottes, zur Mitte ihrer dogmatischen Lehre gemacht. Weniger deutlich ist, in welchem Sinne Barths antithetisch zur neueren protestantischen Theologie konzipierte Dogmatik sich zu den theoretischen Prämissen neuzeitlichen Denkens überhaupt verhält. Die innertheologische Auseinandersetzung hat Barth selten als einen theologischen Denker der Neuzeit ernst genommen, sondern ihn fast nur als deren Kritiker in einem sehr allgemeinen Sinne rezipiert. Der pointierte, theologiegeschichtliche und zugleich systematische Gegensatz, in den sich die Dialektische Theologie zu der

---

[5] Dies wird hier ohne jeden weiteren Beleg gesagt. Die Umstrittenheit der Neuzeit ist ein äußerst komplexer Sachverhalt, dessen begriffsgeschichtliche (R. Koselleck) und theoriegeschichtliche (J. Habermas) Erforschung sich in einer weit verzweigten Literatur vollzieht, die im Rahmen dieses Beitrages nicht bemüht werden kann und soll.

mit der Aufklärung sich vermittelnden Theologie gebracht hat, soll darum hier auf den sachlichen und strukturellen Zusammenhang hin interpretiert werden, der im Freiheitsthema obwaltet. Durch eine solche, gegenüber den direkten Intentionen Karl Barths veränderte Perspektive soll einer Selbstisolierung der Theologie gewehrt werden, die sich durch bestimmte Rezeptionen der Barthschen Theologie zumindest nahegelegt hat.

Die folgenden Analysen arbeiten unter drei thematischen Gesichtspunkten heraus, in welcher Weise die kirchliche Dogmatik Karl Barths eine implizite und teilweise auch explizite theologische Theorie realer Freiheit in der besonderen Denkform der Dogmatik entwickelt, welche auf Kompatibilität mit dem Anspruch des neuzeitlichen Freiheitsverständnisses abzielt.[6]

I. Der Vollzug der Freiheit oder: Übernahme und theologische Überbietung der Religionskritik

Zu den folgenreichen Urteilen, zu denen Barth selbst die nachhaltigsten Gründe geliefert hat, gehört, daß eine erneuerte und allein ihrer Sache verpflichtete Theologie zu einer theologischen Ratifikation der neuzeitlichen Religionskritik führe und führen müsse.[7] Aufnahme, Verwendung und Realisierung des von der Religionskritik her einzufordernden spezifisch theologischen Umganges mit der Religionsthematik werden hier als das erste Beispiel für eine neu zu definierende Ortsbestimmung der Theologie erörtert, das Begriff und Vorstellung der Freiheit eine bestimmte Kontur gibt. Darauf zielen die folgenden fünf Bemerkungen zur Autorität der Freiheit im Vollzug der Freiheit.

1. Die Kirchliche Dogmatik Karl Barths entspricht der Religionskritik

Religionskritik heißt, im gröbsten Schematismus gesprochen: »Religion« ist vom Menschen gemacht und als solche nicht nur einer menschlich verdienten, sondern, radikaler, einer auch theologisch zu fordernden Kritik ausgesetzt. Doch die Bewegung geht über diesen elementaren Ausgangspunkt hinaus: nicht die »Menschlichkeit« der Religion, ihr »Produziertsein« als solches ist

---

[6] Die Betonung liegt also auf »Theorie«, auf der theoretischen Gestalt der Theologie. Eine Analyse, die sich nicht auf die Gegenstände bezieht, die in einer Theorie verhandelt werden, sondern auf die Theorie selbst, hat folglich metatheoretischen Charakter.

[7] Daß die von Barth zuerst im Römerbrief und in der Auseinandersetzung mit Ludwig Feuerbach prominent entwickelte theologische Rezeption der Religionkritik Teil seiner Auseinandersetzung mit dem neuzeitlichen Bewußtsein ist, bestätigt treffend etwa Ernst Wolf, wenn er den Geist der Moderne in der Formel der »Religion des Menschen« zusammengefaßt findet, in: Ernst Wolf, Die Reformation und der »Geist der Moderne«, in: Festschrift für Joseph Klein zum 70. Geburtstag, hg. von Erich Fries, Göttingen 1967, 287.

der *Grund* der Kritik; das ist allenfalls ihr Anlaß, von dem zu der Frage weitergegangen werden muß, wieso es überhaupt zu dieser religiösen Produktion
des Menschen kommt, wie auch immer fehlgeleitet sie sich darstellen mag.
Der *polemische* Bezug der These: »Gott kann nur durch *Gott* erkannt werden«, enthält schon in dieser religionskritischen Polemik die Übernahme des
Kritisierten in die eigene theologische Verantwortung: »Gott *kann* durch
Gott erkannt werden«.

Die kirchliche Dogmatik ist darum durchgängig, und nicht nur dort, wo sie
sich ausdrücklich über Begriff und Vorstellung der Religion ausspricht[8], eine
Übernahme der Religionskritik in die *Begründung* der Theologie selbst. Sie ist
die Übernahme der *Gründe* der Kritik in den *Vollzug* der Begründung christlicher Theologie selbst. Das geschieht, indem die Kirchliche Dogmatik einen
Weg einschlägt, der von der *Reduktion* der Religionskritik auf die radikal gefaßte und exklusive wie polemisch gedachte Selbstbegründung Gottes in seiner Offenbarung[9] zur *Entfaltung* dieser Selbstbegründung auf die Selbstbestimmung des Menschen hinführt.[10] Dabei ist es von mehr als beiläufiger Bedeutung, daß diese Bewegung sich in einer, wenn auch inhaltlich gegenläufigen, *Entsprechung* zu klassischen Bestimmungen der Religionskritik vollzieht. Es ist die Stärke der Kirchlichen Dogmatik, daß und wie sie sich über
die Kategorie der *Entsprechung*[11] einen theoretischen Bewegungs- und Entfaltungsraum geschaffen hat, der ihren eigenen Grundannahmen »entspricht«.
So wird man es nicht als gewaltsam ansehen dürfen, diese Entsprechung auf
die Interpretation dieser Theologie selbst anzuwenden; in diesem Sinne ist es
gemeint, daß die Kirchliche Dogmatik nicht nur dort, wo sie ausdrücklich zur
Religionsthematik Stellung nimmt, sondern insgesamt in ihrer Bewegung und
Entfaltung der religionskritischen Herausforderung zu entsprechen sucht.

2. Entsprechung von Subjektivität Gottes und menschlichem Subjekt

Als erstes ist hier die Konkretisierung der Selbstbegründung Gottes in den tragenden Grundgedanken der Kirchlichen Dogmatik anzuführen, im Konzept
der Selbstbestimmung und unbedingten Souveränität Gottes. Die Übernahme
der Subjekthaftigkeit von Religion – erstes und wichtigstes Motiv der Religionskritik! – in die Vorstellung von der Subjektivität Gottes tritt aus der polemischen Beziehung, in der sie zunächst gegenüber dem homo religiosus gebildet ist, heraus; aber nicht, um diese Subjekthaftigkeit Gottes als in sich geschlossene und vollendete zu hypostasieren, sondern um die ihr gemäße konstruktive Beziehung zu entdecken und zu gestalten. E. Jüngel hat darauf hin

---

[8] KD I, 2, § 17.
[9] KD 1, § 6.
[10] KD I, 2, § 18, 400.
[11] Vgl. dazu etwa die Untersuchung von Wilfried Härle, Sein und Gnade. Die Ontologie
in Karl Barths Kirchlicher Dogmatik, Berlin 1975.

gewiesen[12], daß Barth seiner Trinitätslehre (1932) sachlich dieselbe Funktion zuerkannt habe, die in der Theologie R. Bultmanns das Programm der Entmythologisierung einnahm. Bultmann habe auf seine Weise sich bemüht, den Vollzug zur Sprache zu bringen, kraft dessen von Gott, und damit vom Menschen, als Du gesprochen werden könne; und eben dies sei für Barth die Aufgabe gewesen, Gott als Subjekt zu denken, das »unauflöslich Subjekt bleibt« und damit, in dieser Subjektivität, sich zur Beziehung auf den Menschen bestimme.

Die dogmatische Ausarbeitung dieser Subjektivität Gottes in der Gotteslehre als Trinitätslehre wäre deswegen gründlich mißverstanden, wenn nicht gesehen würde, daß in deren Entfaltung die Präsenz des menschlichen Subjektes in der dogmatischen Lehre von Gott in Jesus Christus und seiner Offenbarung, seinem Worte, überall und durchgehend mit zum Thema wird. Um zu sehen, wie das der Fall ist, muß man von den inhaltlichen Aussagen der Barthschen Dogmatik einen Schritt zurücktreten und sie mit ihrem Vollzug zusammen denken. Der Vollzug der Dogmatik ist es, in dem sich das erkennende und glaubende (theologische, christliche, menschliche) Subjekt *selbst* dieser Subjektivität Gottes unterstellt; im Vollzug der theologischen Rede und Anrede stellt sich das menschliche Subjekt selbst so dar, wie es inhaltlich, dogmatisch, darin zu stehen kommt. Konkret wird dies anschaulich an der höchst reflektierten Sprachform der Kirchlichen Dogmatik, die ständig und auf jeder Seite auf die Beteiligung des Theologen und Christen reflektiert. Das ist mehr als nur äußeres Merkmal einer Vermittlungsbemühung. Der Vollzug gehört zur Sache. Die Gesamtbewegung der kirchlichen Dogmatik, ihr Themenwechsel, ihr innerer Revisionsprozeß, die wiederholte Aufnahme ihrer zentralen Anliegen ist noch nicht zureichend bestimmt, wenn darin nur die inhaltliche Wiederholung der dogmatischen Grundaussage gesehen wird. In Hinsicht auf die dogmatische Grundaussage wäre ja in der Tat eine monumentale Selbstwiederholung der einen These, Gott allein in Jesus Christus, zu konstatieren; die tatsächliche Denkbewegung der Kirchlichen Dogmatik, ihre Redeweise wird dagegen bestimmt von der Reflexion auf die Präsenz des Menschen in der Dogmatik; für sie und zu seiner, des Menschen Teilhabe hin, ist sie im Gange. In diese Beziehung wird die Denkbewegung ausgelöst und veranlaßt. Indem der »Mensch«, der einstige alte »Störenfried«, in diese Lehre integriert wird, genauer: sich am Vollzug dieser Integration durch die theologische Denkbewegung beteiligt, soll er sich in diesem Vollzug aufgehoben wissen in die Wirklichkeit der Freiheit, die unaufhebbar subjekthafte Wirklichkeit ist. Der subjektiv bestimmte und bewußt gemachte Vollzug der theologischen Rede ist insofern selbst Teil der Darstellung dessen, was er darstellt.

---

[12] Eberhard Jüngel, Gottes Sein ist im Werden, Tübingen, 3. Auflage 1976.

3. Der Vollzug der Beziehung Gott – Mensch

Aus dieser Bewegung heraus, um ihres Vollzuges willen, ist und bleibt Barth sehr kritisch gegenüber einer jeden allgemeinen Theorie, sei es der Religion, sei es der göttlichen Wirklichkeit, die unabhängig von ihrem Vollzug noch einmal und für sich objektiviert werden könnte. Das Besondere kann nicht einem davon unabhängigen Allgemeinen unterstellt werden, sondern das Allgemeine von theologischer Wirklichkeitserkenntnis – Gottes Selbstbestimmung und Freiheit – ist nur durch und über seinen besonderen, spezifischen menschlichen Vollzug bestimmbar. Die Inhaltlichkeit christlicher Theologie konkretisiert und realisiert sich über ihre subjekthafte Besonderheit, ihren Vollzug.

Damit aber zieht die Theologie mit der Religionskritik gleich. Kommt es dieser darauf an, den Nachweis der – bloßen! – Subjekthaftigkeit der Religion zu erbringen (und sei es auch in der Interessenbestimmtheit gesellschaftlicher oder politischer Funktionen der Religion, in der sich diese Subjekthaftigkeit versteckt), so zieht die Theologie gerade daraus die Stärke der Gegenposition, indem sie die Besonderheit des Subjektes – »Gott in Christus« –, als dessen Selbstvollzug stark macht. Insofern setzt die Kirchliche Dogmatik auch immer wieder neu an, stellt sie sich nicht als ein scholastisches System der Deduktion aus ersten Obersätzen dar, sondern ist ein Diskurs dieser in subjekthafter Besonderheit allein »bestehenden« Gott-Mensch-Relation. Dieser, in sich theologisch höchst reflektierte Vollzug bringt sich so gegenüber der Zumutung einer zuvor ausgewiesenen theoretischen oder praktischen Allgemeinheit in seiner *Faktizität* zur Geltung; das ist eine Weise der Realisierung der Freiheit, nämlich als sich konstituierende Unabhängigkeit.

4. Die Faktizität der Freiheit im Vollzug

Darum sind Inhalt und Form der Kirchlichen Dogmatik als Text christlicher Lehre zwar unlöslich ineinander verschränkt, aber nicht deckungsgleich. Dietrich Korsch hat in einer subtilen Anmerkung zur neueren Barth-Diskussion darauf hingewiesen[13], daß die dogmatische Theorie selbst nicht unmittelbar als allgemeingültig auftreten kann, vielmehr selbst noch einmal die Differenz ihres Prinzips und des Begriffs dieses Prinzips darstellen muß. Ich nehme diesen Hinweis auf. Das assertorische Reden, die – zugegebenermaßen gelegentlich penetrante! – Positionalität der Kirchlichen Dogmatik hat ja eine klar bestimmte Funktion; im bekennenden, anredenden, aufrufenden und urteilenden Reden Karl Barths, in seinem höchst subjektiv reflektierten Stil wird die Beziehung bewußt gehalten, genauer: im Vollzug ständig bewußt ge-

---

[13] Dietrich Korsch, Christologie und Autonomie. Zu einem Interpretationsversuch der Theologie Karl Barths in: Evangelische Theologie 41 (1981) 142ff.

macht, in der hier von Gott in Christus geredet und bekannt wird. Das heißt, der »gemachte« und insofern vom Menschen zu verantwortende Charakter der Theologie wird darin, im assertorischen Reden, bewußt gehalten; aber nicht als distanzierendes, nur mögliches Reden, sondern als ein sich faktisch und ausdrücklich unter die theologischen Bestimmungen stellendes Reden. Die einst polemisch nach außen gewendete Kritik, die der Verwechslung von Gott und Mensch galt, von Subjekt und Prädikat, wird so zum Stilmittel innerhalb des konstruktiven theologischen Aussagezusammenhanges selbst.

Die *Faktizität* des Vollzuges ist der Ort für das Wissen um diesen Unterschied, die »heilsame Unterbrechung des faktischen Lebenszusammenhanges« wird so ausdrücklich in Szene gesetzt. Damit wird die Freiheit des religiösen Verhältnisses in ihrer spezifischen Konstitution vom redenden Menschen bezeugt: indem die theologische Rede zu erkennen gibt, daß sie nicht in sich selbst beruht und gründet, sondern die Entfaltung und Auslegung dieser Beziehung ist, in der die Freiheit um sich selbst weiß als eine gegebene, ist sie selbst religiöse Rede, Darstellung der Beziehung des Menschen zu Gott. Es ist die spezifische und unverwechselbare religiöse Beziehung, in der der Mensch um sich als einen weiß, der nicht aus sich und durch sich lebt, sondern gerade in höchster inhaltlicher Subjektivität aus der Beziehung zu Gott. Diese *besondere* Freiheit kann sich darum auch in nichts anderem als in der Besonderheit dieser Beziehung gegründet, erkannt und bestimmt wissen.

5. Religion nach der Aufklärung

Damit aber ist, wenn wir jetzt einen Schritt zurücktreten, eine neue Stufe des historisch-systematischen Bewußtseins erreicht. Religion – in dem generellen und mehr alltäglichen Sinne der Wortverwendung – kann sich nicht durch andere Instanzen wie solchen der Gesellschaft, der Politik, des Interesses begründen; ihre öffentliche Geltung mag institutionell gesichert oder ungesichert sein, geschützt oder bedroht, das ist es nicht, wovon sie in ihrer Begründung abhängig ist. Sie muß ihre Begründung in sich selbst, in ihrer Beziehung selbst entdecken.

Sie ist aber auch durch ihre Kritik nicht eigentlich bedroht. »Religion nach der Aufklärung« kann sich auch nicht durch ihren polemischen Bezug auf die Neuzeit, auf die allgemeine Autonomietendenz der Epoche, als Gegenbewegung oder Bewahrungsinstanz legitimieren. Sie ist nicht wirklich bedroht. Auch faktisch ist die Religionskritik kein primäres Thema der Selbstauslegung der Epoche mehr. Also muß sie auch diese historische polemische Beziehung als Element im Verhältnis zu sich selbst begreifen, in ihrer eigenen Faktizität. Das kritische Verhältnis zu sich selbst ist ein notwendiges und legitimes religiöses Verhältnis.

Damit verbunden ist eine Nötigung zu relativer Theorieunabhängigkeit – Theorie hier im Sinne der gelungenen und zwingenden Einordnung der Reli-

gion in die menschlichen Verhältnisse überhaupt, oder Theorie im Sinne der
Theoriedominanz der Religion über alle anderen Weisen der Wahrnehmung
von Wirklichkeit. Denn sie kann nicht einmal durch Theorie produziert, hervorgebracht, gemacht, sondern nur dargestellt werden. Diese kritisch-befrei-
enden Sachverhalte zu kritisch-befreiender Einsicht und Anerkennung zu
bringen, ist dann aber auch ihre eigene Angelegenheit und insofern Sache der
ihr zugewandten und verpflichteten Theologie.

In dieser faktisch-prinzipiellen Selbstständigkeit ihrer Begründung, eignet
sie sich auch nicht dazu, Instrument einer bewußten oder gewollten Abschaf-
fung von »Religion« zu sein – hier ist ja manche Verwechslung und manches
Mißverständnis im Umgang mit der Barthschen Theologie zu erblicken, die
deren innere Bewegung nicht nachvollzogen hat. Die prinzipiell kritische
Funktion und die faktische Kirchlichkeit schließen sich gerade nicht aus: die
empirisch gestaltete Religion ist der Ort für die Wahrnehmung und Gestaltung der Freiheit; sie ist in ihrer bestimmten Besonderheit eben die Freiheit,
zu der wir uns nur deswegen verhalten können, weil wir von ihr in Anspruch
genommen sind.

»Wir«, das heißt dann aber auch ganz konkret: diejenige neuzeitliche Lebenswelt, zu deren Programm die Freiheit und ihre Verwirklichung gehören.
Theorie realer Freiheit – um diesen eingangs genannten Terminus hier aufzunehmen –, das bedeutet insofern auch die Auslegung der Unfähigkeit der Religionskritik, die bestimmte Religion faktisch, empirisch aufzuheben, so sehr
sie es auch historisch vermocht haben mag, sie aus allgemeinen Theorien der
Wirklichkeitserklärung zu verdrängen. In dieser Beziehung, und also nicht in
begründender, sondern in auslegend erklärender Absicht, steht die konstruktive Übernahme der Religionskritik in die Selbstverantwortung der Theologie
auch und gerade für die Unaufhebbarkeit der Individualität von Freiheit. Die
»unaufhebbare Subjektivität Gottes« hat in dieser Hinsicht dann den zumindest kritischen, wenn nicht gar polemischen Sinn, stellvertretend, in theologischer Entsprechung öffentliches Zeugnis abzulegen von der Unaufhebbarkeit
ebenfalls öffentlich anzuerkennender und zu verantwortender individueller
Freiheit als Grenze jeder Verfügung des Menschen über seine eigene Wirklichkeit.

II. Die Wirklichkeit der Freiheit, oder: die Freiheit vom Weltbildzwang

Die Barthsche Theologie sieht sich, wie jede Theologie, der Frage konfrontiert, wie es mit der Geltung ihrer Grundannahmen »extra muros« stehe; der
Preis, den sie für ihre Besonderheit, ja Exklusivität zu zahlen hat, kann alsbald
ein Verlust an Relevanz sein. Wenn eine Theologie sich »nach außen« nur
noch mit Forderungen und Ansprüchen geltend machen kann, ohne zeigen zu

können, daß, was sie »nach außen« sagt, dort auch von sich aus relevant ist, gerät sie schnell in Beweisnot.[14]

Die folgende Analyse wird sich darauf konzentrieren, die Ebene für die damit aufgeworfene Frage nach dem Wirklichkeitsbezug der Theologie innerhalb der Theologie Barths selbst zu bestimmen. Im historischen Kontext mit dem neuzeitlichen Freiheitsverständnis wird diese Frage mit der Einsicht zusammenhängen müssen, daß »Welterkenntnis« und »Selbsterkenntnisse« ineinander vermittelt sind. Das ist ein Problemstand, der seit Kant schwerlich noch zu hintergehen ist. Wie ist unter diesen Bedingungen Objektivität am Orte des Subjekts auszumachen? Wie ist in Beziehung auf die »Welt« von der Freiheit des Subjektes als einer solchen zu denken, ohne die auch in der Welt nichts wirklich erkannt wird? Worin erweist sich die *Wirklichkeit* der Freiheit? Dieser spezifisch neuzeitlichen Fragestellung hat sich Barth auf eine ihm eigentümliche theologische Weise entschlossen zugewandt. Diesem Sachverhalt gelten die folgenden vier Bemerkungen.

1. Das Evangelium als Erkenntnisgrund des Gesetzes

Barth hat im Zusammenhang einer kirchlichen und theologischen Debatte, die neu nach der politischen Relevanz der Theologie fragen ließ, eine ausdrückliche Umkehrung der Lehre von Gesetz und Evangelium formuliert: »Evangelium und Gesetz«.[15] Die dadurch ausgelöste theologische Diskussion ist im Grunde bis heute nicht beendet; in ihr spielen zwei sehr verschiedene Fragen eine Rolle.

Das Gesetz steht in der theologischen Tradition[16] für eine Autorität und für eine ethische Verbindlichkeit der Wirklichkeit, die den Menschen fordert und in Anspruch nimmt, auch unabhängig von seiner religiösen Einstellung oder seinem spezifisch christlichen Wissen; deswegen hat das »Gesetz« eine subjektiv verpflichtende, das menschliche Subjekt bindende objektive Geltung. In dieser Tradition war immer klar, daß der *Sinn* der Unterscheidung von Gesetz und Evangelium wie auch die sachlogische Abfolge: Gesetz – Evangelium, sich erst einem durch Offenbarung und Glaube vermittelten Wissen erschließt. Das wird durch die differenzierte Lehre von den verschiedenen Bedeutungen von »Gesetz« angezeigt, besonders durch die Unterscheidung zwischen dem usus civilis legis und dem usus theologicus legis. Die theologische Pointe der traditionellen Auffassung war es, daß die Allgemeinheit des Gesetzes, sein ethischer Anspruch an den Menschen nicht von dessen Offenbarungswissen um den theologischen Sinn des Gesetzes bzw. vom Glauben abhängt. Barth hat mit Blick auf diese Tradition und aus Gründen der Exklusivität seines Offenbarungsbegriffes (als Selbstoffenbarung Gottes allein in Jesus Christus) zu denken gefordert, daß es keine andere Quelle der Wirklichkeitserkenntnis gebe als die des Evangeliums. Denn alle Wirklichkeit sei theologisch gesehen Offenbarungswirklichkeit, im Sinne der Subjektivität Gottes zu qualifizieren.

---

[14] In diese Richtung gehen die Einwände, die hinter solchen Formulierungen wie »Christomonismus« (P. Althaus) oder »Offenbarungspositivismus« (D. Bonhoeffer) stehen.

[15] Karl Barth, Evangelium und Gesetz (Theologische Existenz heute 32, 1935), Neudruck: München 1956.

[16] Zum ganzen Zusammenhang vergleiche jetzt Friedrich W. Graf, Art. »Gesetz«, TRE.

Dies muß nun in der Tat als die Folge eines logischen Zwanges erscheinen, der von einem exklusiven Offenbarungsprinzip ausgeht. So ist der Vorwurf des »Christomonismus« formuliert worden: In der Konsequenz des Barthschen Ansatzes gibt es keine theologische Wahrnehmung einer subjektunabhängigen Wirklichkeit, die auch den Glaubenden verbindlich umfaßt. Dieser kritische Einwand ist zutreffend für ein theologisches Verständnis von »Gesetz« im Sinne eines subjektunabhängigen, ethisch verbindlichen Anspruchs. Ihm entspricht darum die Unterscheidung vom Gesetz und Evangelium.

Gegenüber dieser traditionellen, an der Stellung des individuellen Subjektes orientierten Unterscheidung von Gesetz und Evangelium gilt Barths Umformulierung der Lehre in eine das Gesetz einschließende Lehre vom Evangelium einer anderen Frage, einer sehr modernen Frage: Was folgt aus der Einsicht, das hinter allem, was dem Menschen als »Gesetz«, als ihn bindende und beanspruchende Wirklichkeit auftritt, ein Subjekt, eine wieder nur subjekthafte Wirklichkeit steht? Daß Wirklichkeit immer schon subjekthaft vermittelte und konstituierte Wirklichkeit sei, ist eine spezifisch neuzeitliche Auffassung. Sie bringt sich in der Frage zur Geltung, daß auch jede gesellschaftliche und politische Autorität, in der sich das »Gesetz« konkret darstellt, Träger eines aktuellen subjekthaften Willens sei. Insofern hat auch der Barthsche Ansatz einen implizit ideologiekritischen Charakter, in dem die Annahme eines gleichsam subjektneutralen Gesetzes hinterfragt wird.

Aber ist ein exklusiver Offenbarungsanspruch nicht dem gleichen Vorwurf ausgesetzt? Wenn die Wirklichkeit der göttlichen Offenbarung identisch gesetzt wird mit einem bestimmten theologischen Offenbarungsbegriff, in dem sie historisch entwickelt und dargelegt wird, dann müßte die Reduktion aller Wirklichkeitserkenntnis auf solche theologische Offenbarungserkenntnis zwingend den Ideologievorwurf auf sich ziehen. Die dogmatische These in der Umformulierung »Evangelium und Gesetz« will ja sagen, daß es keine von der im Evangelium manifesten Subjektivität Gottes unabhängige, also subjektneutrale Wirklichkeit des Gesetzes gibt. Aber die durch Gottes Subjektsein bestimmte Wirklichkeit ist als solche ja nicht identisch mit dem Subjektsein der Theologie! Wie ist, so lautet darum die Frage, die Theologie dazu fähig, die im Verhältnis zu ihr selbst als unabhängig zu denkende Wirklichkeit Gottes so zu bestimmen, daß diese von ihrer besonderen theologischen Auffassung noch einmal, und zwar bewußt, unterscheidbar wird? Wie kann die Freiheit, die in Gott selbst gründet, so Autorität sein, daß sie auch in ihrer theologischen Vermitteltheit dem Menschen noch selbständig gegenübertritt?

2. Die Profanität der Welt

Den Einwand der Intoleranz und des Totalitären gegenüber einem exklusiven Offenbarungsanspruch macht sich Barth in der Kirchlichen Dogmatik selber, allerdings nicht um ihn zu widerlegen, sondern um ihn auf bestimmte, dogmatische Weise durchzuführen: »Er wird in seiner Grundform immer in dem Vorwurf bestehen, daß es sich da um einen durch nichts zu rechtfertigenden

Willkürakt handele. Wie soll sich der entschuldigen, was nimmt sich der heraus, der Jesus Christus nicht nur . . . in einer Reihe mit vielen anderen Wahrheitszeugen verbindlich gegenübergestellten Wahrheitszeugen zu sehen und geltend machen zu dürfen und zu müssen erklärt? . . . Wer ermächtigt ihn, sich mit solcher Selbsterhöhung über all die Anderen, die es irgendwie anders zu wissen meinen, zu stellen? . . . und könnte es nicht sein, daß wir uns selbst dabei unheimlich werden, uns selbst heimlich jenen Vorwurf machen, uns selbst durch ihn betroffen und angegriffen fühlen?« Es könnte diese Position ja den »Abbruch aller Kommunikation bedeuten«, die »Proklamation der unverhüllten Intoleranz«, den Vorwurf, »ob man als Vertreter dieses Satzes nicht als Schrittmacher des Totalitarismus anzusprechen sein möchte«.[17]

Barth zieht nicht die naheliegende Konsequenz, anderen, nichttheologischen Positionen ein, sei es auch nur relatives, Eigenrecht einzuräumen und einem Pluralismus der Wirklichkeitserkenntnis den Weg freizugeben. Er nimmt den Vorwurf dogmatisch auf, d. h. er versucht, innerhalb der dogmatischen Konzeption der Offenbarung jener kritischen Differenz Raum zu geben, die von diesem Einwand angemahnt wird. Eine solche Differenz muß in dem Vollzug der Offenbarung selbst aufgemacht werden. Es ist also innerhalb der »Offenbarungswirklichkeit« eine Bewegung zu denken, die über die spezifisch und historisch der Kirche zuteil gewordene und zuteil werdende Offenbarung hinausgeht; innerhalb der einen Offenbarung Gottes in Jesus Christus gibt es neben dieser besonderen eine »allgemeine« Offenbarung. Aber sie soll strikt innerhalb der subjektiven Wirklichkeit dieser einen Offenbarung gedacht werden. Dafür verwendet Barth den Terminus der »Selbstüberbietung Jesu Christi«. »Sie ist nicht dessen Überbietung durch irgend ein anderes Wort. Sie ist Selbstüberbietung Jesu Christi als des einen Wortes hinsichtlich der Allgemeinheit und hinsichtlich der unmittelbaren, der definitiven Klarheit seiner Erkenntnis, deren die Christenheit und die Welt jetzt . . . noch nicht teilhaftig ist«.[18] Es handelt sich um eine »letzte Erweiterung und Vertiefung unseres Satzes von Jesus Christus als dem einen Wort Gottes«.[19] Gegenüber und im Unterschied zu dem schon historisch vermittelten Offenbarungswissen appelliert Barth hier an eine »Unmittelbarkeit« Gottes, wo er vom »Licht des Lebens« spricht. »Es braucht unmittelbar Gott selbst dazu. Es bedarf dazu dessen, daß Gott selbst in eigener Person auf den Plan tritt und redet«. Aber in diese Bewegung ist es und bleibt es so, daß »Jesus Christus das eine, das einzige Wort Gottes« ist. Nur eben »das Wort, das alle menschlichen Worte, auch die besten, nur eben direkt oder indirekt bezeugen, nicht aber wiederholen, nicht ersetzen, mit dem sie nicht konkurrieren können«.[20] Hier macht Barth eine Differenz auf zwischen der bestimmten, empirisch bezeugten Offenbarung Gottes in Jesus Christus und der darin hervortretenden, sich darin aber nicht erschöpfenden Subjekthaftigkeit der Offenbarungswirklichkeit.

Auf höchst kunstvolle Weise diskutiert und expliziert Barth so die neuzeitliche Subjektivitätsproblematik als eine Differenzierung im theologischen Subjektbegriff: Die Freiheit geht nicht in den Gestalten ihrer geschichtlichen Realisierung auf. Aber eben dies ist bereits eine theologische Frage und Annahme. Darum wird die neuzeitliche Frage als die Frage nach der letztgültigen

[17] KD IV, 3, 98ff.
[18] Ebda. 114.
[19] Ebda. 115.
[20] Ebda. 109.

Wirklichkeit »extra muros« der Offenbarungstheologie nicht allgemein, sondern in der Beziehung aufgeworfen, in der sie sich historisch und systematisch stellt. Es ist ja eine theologische, eine christliche, eine religiöse Frage, die Frage nach dem Subjekt aller Wirklichkeit. Man kann und muß Barth also so verstehen, daß er die Frage nach der Alleinwirksamkeit Gottes im Interesse der Subjekthaftigkeit des Glaubens und des Vertrauens diskutiert, eines Interesses, das die Macht Gottes, die im subjektiven Glauben gewußt wird, nun als auch unabhängig von diesem Glauben und Wissen wirkliche Macht zu bestimmen sucht. Wird die Frage nach der Freiheit des Subjektes also in die Frage nach der Freiheit des Subjektseins Gottes überführt, so ist und bleibt sie doch nur in Beziehung auf das menschliche Subjekt wirklich relevant. Sie kann dann auch nur von dieser Beziehung aus sinnvoll bestimmt werden. Abgesehen davon verlieren sich solche Argumentationen in theologischen Abstraktionen. Die Identität des Gottes, der in »jedem Falle«, also auch unabhängig von unserem subjektiven Offenbarungswissen, im Regimente sitzt, mit dem in Jesus Christus uns historisch und empirisch offenbaren Gott ist die Bedingung, unter der eine Unterscheidung zwischen bestimmter und allgemeiner Offenbarung alleine durchgeführt werden kann. Eine solche Unterscheidung sollte dann dazu beitragen, ein differenzierteres Verständnis der Identität des darin angesprochenen menschlichen Subjektes zu gewinnen.

Auf dieser Linie ist der Ansatz und der Ausgangspunkt der sogenannten »Lichterlehre« Karl Barths zu sehen[21]; sie ist deswegen als eine Antwort auf eine Herausforderung durch das neuzeitliche Wirklichkeitsverständnis zu begreifen, wie es in dessen subjektphilosophischer Fassung hervorgetreten ist. Das Recht zu einer solchen theologischen Auslegung dieses Wirklichkeitsverständnisses ist darin gegeben, daß dieses selbst im Kontext der Christentumsgeschichte steht. In Barths Worten heißt das: »Es gibt in der von Gott in Jesus Christus versöhnten Welt keine von ihm sich selbst überlassene, keine seiner Verfügung entzogene Profanität, auch da nicht, wo sie sich, menschlich gesehen und geredet, der Reinheit, der Absolutheit, der schlechthinnigen Gottlosigkeit in der gefährlichsten Weise zu nähern scheint. Man kommt, man denkt und redet nicht von Jesu Christi Auferstehung her, wenn man das Gegenteil behauptet!«[22] Denn die »Souveränität Jesu Christi« ist zwar durch Schrift und Kirche bezeugt, aber sie ist gerade laut dieses Zeugnisses auf Schrift und Kirche »nicht begrenzt«.[23]

Auch »Profanität« im Sinne von Welt ist ein Relationsbegriff wie alles, was über Wirklichkeit ausgesagt werden kann. Und Relation ist immer subjekthaft zu bestimmen. Die dogmatische Ausarbeitung dieser theologischen Relativität aller Wirklichkeit führt darauf, die letztgültige Subjekthaftigkeit aller

---

[21] KD IV, 3, § 69.
[22] Ebda. 133.
[23] Ebda. 131.

Wirklichkeit noch einmal im Unterschied zu der eigenen historischen christlichen Subjektivität zu denken, d. h. sie als »gottunmittelbar« zu denken.

3. Phänomenologie der Wirklichkeit

Die »Gottunmittelbarkeit« der Wirklichkeit der Freiheit aufzuweisen, führt auf einen Weg phänomenologischer Deskription; so daß die betrachtende und Wirklichkeit erhebende Subjektivität sich als eine bewußt wird, welche die Wirklichkeit nicht konstituiert, sondern sich ihrer selbst als in der Wirklichkeit vorkommend ansichtig wird. Hier nun wird von Barth die deskriptive Intention der alten Gesetzeslehre aufgenommen und für eine Distinktion zwischen der als theologisch begründeten Subjekthaftigkeit aller Wirklichkeit einerseits und dem besonderen Subjektsein des Menschen in seiner Freiheit andererseits verwendet, also als Distinktion innerhalb einer Theorie der Offenbarung als Theorie realer Wirklichkeit der Freiheit.

Hier können jetzt nur einige Grundzüge genannt werden, an denen das als Beschreibung der Geschöpfwelt hervortritt. »Ein Grundbegriff aller in jener Kenntnisgabe, jenem Erkanntwerden, jenem Erkennen aufleuchtender Lichter, gesprochenen Worte, greifbar werdenden Wahrheiten ist schlicht der des Daseins«, gemeint ist ein bestimmtes »Füreinander-Dasein«.[24] Dieses vollzieht sich als Vollzug eines »ganz bestimmten Rhythmus von freilich sehr mannigfacher, aber stetiger Form«. Ein weiteres »Kontinuum« ist, daß der Kosmos sich beharrlich unter dem Aspekt einer bestimmten inneren Gegensätzlichkeit darstellt, aber auch als »Gesetze«, »wo es in der Begegnung und in dem Gespräch zwischen dem intelligiblen und dem intelligenten Kosmos in einem bestimmten Ausschnitt und Umkreis zur Aufdeckung und Entdeckung, zur Erschließung und Feststellung solcher Abläufe, Reihen, Folgen, Zusammenhänge und Verknüpfungen des erkannten Seins und seines Erkennens« kommt. Letzteres ist als eine Anspielung auf das neuzeitliche Syndrom von Wissenschaft und Technik zu verstehen. In diesem Zusammenhang tritt auch »Freiheit« auf, nämlich daß der Mensch in der Welt »als Subjekt in Anspruch« genommen wird, »daß als ein kosmisches Element auch seine Freiheit zählt, daß auch auf ihr immer wieder ergehendes Angebot und Gebot zu zählen ist«.

Die phänomenologische Evidenz solcher Deskriptionen versucht Barth nun auf theologische Weise festzumachen. Denn von der so gesehenen und erfahrenen Wirklichkeit soll gelten, daß sie Wirklichkeit Gottes ist, die von ihm geschaffene Welt. Die Evidenz eignet dem Phänomene nicht von sich aus, sondern ist abgeleitet und abhängig von dem sie ermöglichenden göttlichen Subjekt, in dessen Licht und Wort erst davon gesprochen werden kann, daß etwas als »schlechthin wahr« und »schlechthin zuverlässig« wahrgenommen werden kann. »Es ist das Wort, das den, der es vernimmt, in keine Diskussion verwickelt, sondern ihn allen Diskutierens enthebt, daß ihm die Ängstlichkeiten und die Eitelkeiten einer Nachprüfung dessen, was es ihm sagt, in gleicher Weise erspart«. »Das Wort Gottes kann gar nicht der Gegenstand von echten Fragen werden. Es ist vielmehr das Subjekt, das die einzige echte Frage stellt«, nämlich die Frage nach der der Wirklichkeit entsprechenden subjektiven Wahrnehmung.

Der Grund für eine solche »Diskussionslosigkeit« wäre nicht einzusehen, sollte es sich dabei um die diskussionslos hinzunehmenden Behauptungen ei-

[24] Ebda. 162. Die folgenden Zitate 163. 164. 165. 168.

nes Theologen handeln; er wäre auch nicht einzusehen als diskussionslose
Feststellung von Fakten, die es ohne ihre Wahrnehmung gerade nicht gibt.
Diese Diskussionslosigkeit postuliert Barth wohl alleine deswegen, weil und
sofern diese Wirklichkeitsbeschreibung bezogen ist auf den Menschen. »Es ist
der, dem die Eröffnungen der Kreatur erkennbar werden und der sie seinerseits erkennt, der Mensch«.[25] Und für ihn, in dieser Beziehung gilt, daß über
die Welterkenntnis eben nur Welterkenntnis gewonnen werden kann; in dem
Augenblick aber, wo sie als solche auch »Selbsterkenntnis« im emphatischen
theologischen Sinne des Wortes, also »Selbstgewißheit« leisten sollte, wäre sie
verfehlt. In dieser prinzipiellen Hinsicht fügt die Welterkenntnis der im Evangelium vermittelten Selbsterkenntnis des Menschen nichts hinzu; eine solche
Identifikation von Welterkenntnis und Selbsterkenntnis kann deswegen auch
nicht zur Diskussion stehen, weil die Welterkenntnis als solche durch dieselbe
subjekthafte Offenbarungswirklichkeit vermittelt ist wie das Evangelium. In
dieser Beziehung auf die Wirklichkeit und in diesem Zusammenhang thematisiert die Wirklichkeitsbeschreibung also gerade die Unterscheidbarkeit von
menschlichem und göttlichem Subjekt. Die Neuformulierung oder Umformulierung der Grundannahmen der traditionellen Gesetzeslehre dienen also
diesem Distinktionsinteresse christlicher Theologie. Darum muß hier über
die Konkretionen der Barthschen Phänomenologie von Welterfahrung nicht
weiter gestritten werden. Denn was die Beschreibung und Erhebung von Welterfahrung angeht, so wird man dazu tatsächlich anderwärts als bei Barth
mehr, Besseres und Durchdachteres finden können. Die theologische Pointe
ist in einer anderen Richtung zu suchen.

4. Freiheit in der Welt

Sehe ich recht, so holt Barth hier in die Gesamtbewegung der kirchlichen
Dogmatik die Einsicht ein, daß »Theologie« im strengen Sinne keine Konkurrenz zum Weltwissen darstellt; ihre spezifischen Behauptungen und besonderen Annahmen stützen sich weder auf Weltbilder noch sollen sie selbst ein
dazu alternatives Weltbild ausweisen. Die Theologie *nach* der Aufklärung
steht in dieser Hinsicht nicht in Wissenskonkurrenzen. Mit ihrer Freiheit und
Selbständigkeit hat die Theologie gerade auch in dieser Hinsicht Freiheit zu
bezeugen. Die Offenbarungslehre wäre darum mißverstanden, wenn sie als
ein solches Gegenbild zum Weltwissen ausgestaltet würde. Daß hier, auf der
Ebene des Weltwissens keine Wissenskonkurrenz besteht, das ist zugleich der
Stand der Debatte »nach der Aufklärung« und in ihrem historischen Kontext.[26]

---

[25] Ebda. 183. 184.
[26] Vgl. dazu Hermann Lübbe, Religion nach der Aufklärung, in: T. Rendtorff (Hg.), Religion als Problem der Aufklärung, Göttingen 1980.

Aber das ist nicht eine Aussage des Verzichtes der Theologie auf jede Beziehung zum Welterkennen, sondern eine Auslegung der Offenbarungswirklichkeit. Die Nichtkonkurrenz bedeutet nicht Beziehungslosigkeit. Was hier und dort gewußt werden kann, ist nicht unmittelbar, d. h. auf der Ebene des menschlichen Wissenkönnens verbunden, so daß davon die Integrität menschlichen Weltverständnisses abhinge. »Unmittelbar« verbunden wäre es allein auf der Ebene zu denken, auf der von der Subjekthaftigkeit *aller* Wirklichkeit zu reden ist; und das ist der Struktur und der Sache nach eine theologische Aussage. Aber von daher gesehen ist es eben nicht beliebig, woraufhin der Mensch hier und dort angeredet wird. Diesen Unterschied zu machen und zu wissen, das ist dann allerdings die spezifische Verantwortung, die aus solchen descriptiven Destinktionen resultiert. Von den »Weltlichtern« gilt: »Mit ihnen lebt man zwar und könnte ohne sie nicht leben. Aber von ihnen lebt man nicht.«[27] Das ist ein Satz aufgeklärter Einsicht; er kann materialiter nur gesprochen und vertreten werden, wenn der Freiheitssinn explizit gemacht und verantwortet werden kann, d. h. wenn auf dieser, der beschreibenden Ebene gleichgewichtig mit den Distinktionen gilt: »Diese Welt ist die Welt, zu deren Dasein und Sosein faktisch auch das gehört, das die Prophetie Christi in ihrer Mitte und an sie gerichtet Ereignis ist.«[28] Damit aber läuft die Beschreibung auf eine historische Ortsbestimmung der systematisch-theologisch explizierten Wirklichkeit der Freiheit zu.

III. Die Zeit der Freiheit

Ortsbestimmung heißt für die Theologie immer auch, ihren Ort in der Christentumsgeschichte anzugeben und ihr Thema in dieser Beziehung zu explizieren. Eine Theologie, die sich zur Geschichtlichkeit des Christentums nur negativ zu verhalten wüßte, könnte auch nicht zureichend um sich selbst wissen.

In diesem letzten Abschnitt soll darum erörtert werden, in welcher Richtung Karl Barth in der Kirchlichen Dogmatik sein nach außen gerichtetes kritisch-polemisches Urteil über die Neuzeit nach innen, in seinem eigenen theologischen Argumentationsgang verändert und neu gefaßt hat. Wie die kirchliche Dogmatik in Hinsicht auf die Christentumsgeschichte um sich selbst weiß, das tritt explizit in seiner Lehre vom Munus propheticum hervor. Diese Lehre rückt die Geschichte der Offenbarung in eine ausdrückliche Entsprechung zur neuzeitlichen Christentumsgeschichte. An die Stelle der vorwiegend polemischen Beziehung zur Neuzeit tritt das Nachdenken über ihren konstruktiven Zusammenhang.[29] Auch hier ist von Barth nicht eigentlich hi-

---

[27] KD IV, 3, 177.
[28] Ebda. 176.
[29] So vor allem in KD IV, 3, 1, 18ff.

storische Belehrung im strengen Sinne zu erwarten. Die ist anderswo präziser und zuverlässiger zu gewinnen. Es geht darum, daß und wie der theologische Begriff der Christentumsgeschichte im Zusammenhang der Dogmatik als Auslegung des Begriffs der Freiheit entwickelt wird, als Zeit der christlichen Freiheit.

Gerade hier ging es Barth darum, zu einer Selbständigkeit des theologischen Urteils vorzustoßen und aus der Abhängigkeit vom historischen Urteil, das durch die Religionskritik informiert ist, herauszutreten. Der historische Kontext neuzeitlicher Aufklärung war von Tendenzen bestimmt, welche sowohl im systematischen Paradigma wie im manifesten politischen Willen durchaus auf das Ende des Christentums abzielten. Heute melden sich gegenläufige Tendenzen zu Wort, die das Ende der neuzeitlichen Aufklärung ins Auge fassen und dafür den Beistand der Theologie suchen. Sorgen um den Bestand des Christentums haben ihre einstmalige Dringlichkeit verloren. Aber angesichts gegenläufiger Tendenzen bleibt die Aufgabe bestehen, ein spezifisch theologisches Verständnis der neuzeitlichen Christentumsgeschichte zu entwickeln. Im Blick auf Barths eigenen Beitrag dazu ist zu bemerken, wie hier noch einmal die Eigenart seines Freiheitsdenkens zur Geltung kommt, das über eigene frühere historische Urteile hinausdenkt. Barth hat das getan in einer Qualifikation der Christentumsgeschichte als der »christlichen Ära«, der Zeit »post Christum« als Zeit der christlichen Freiheit.

1. Die christliche Lüge gegenüber der christlichen Ära

Der sog. Lichterlehre Karl Barths korrespondiert in seiner Theorie der »christlichen Ära« eine »Lügenlehre«.[30] Sie enthält Kernaussagen einer Christentumstheorie, deren theologischer Gehalt einen deutlichen Unterschied bildet zu manchen räsonierenden oder höchst konventionell kritisierenden Äußerungen über den historischen Zustand von Kirche und christlicher Welt bzw. über die psychosoziale Verfassung vieler Christenmenschen, die man gut und gerne auch aus der Kirchlichen Dogmatik zusammentragen könnte.

Die »christliche Ära« gilt Barth als die ausdrückliche und unausweichliche Zeit des Christentums, des christlichen Zeugnisses und Lebens, in der einen Qualifikation: »Es geht um die Freiheit«[31] – aber nicht als Sollen, als Postulat, sondern Freiheit als die Bedingung, zu der es post Christum keine Alternative gibt. Die Selbstanwendung dieser historischen wie theologischen Konstituiertheit der christlichen Zeit auf das Leben in dieser Zeit ist es, was das christliche Zeitbewußtsein theologisch zu bestimmen hat. Barths These ist es, daß die Zeit post Christum nicht nur möglicherweise, sondern in jedem Falle die Zeit der Freiheit sei.

---

[30] Ebda. 499ff.
[31] Ebda. 514.

Die Lüge darum, als spezifisch christliche Lüge, ist derjenige Fall, in dem der Mensch sich eben diesem historischen Anspruch der Freiheit versagt. In welchem Sinne aber geht es um Freiheit? Es geht, in Barths Worten, um »Gottes Interesse an der Freiheit des Menschen«. »Das in der Begegnung mit Jesus wirksame und sichtbare Interesse Gottes ist sein Interesse an einem seinerseits zu befreienden Menschen, nicht das an einer Puppe oder Schachfigur!«[32] Freiheit als Selbstbestimmung des Menschen liegt im ureigensten Interesse Gottes selbst. Sie ist darum, in dieser Herkunft, geschenkte Freiheit, aber – und das gilt zugespitzt auf die Christentumstheorie – als solche auch »zugemutete« Freiheit.

Diese Freiheit als »die Voraussetzung aller Voraussetzungen« bewegt sich also nicht in der Stimmung eines Vorbehaltes gegenüber der eigenen Welt, aber auch nicht im Banne einer letztlich unfreien eisernen Notwendigkeit. Es ist die Freiheit zur Freiheit oder die Freiheit eines Lebens aus Freiheit, sich »frei an den freien Gott zu halten«. Selbstbestimmung, die den Menschen aus der Beziehung zu Gott zukommt, ist nicht ein Besitztum unter anderen Besitztümern, sondern Wahrnehmung der unbedingt notwendigen Aufgabe, sich von der Freiheit in Anspruch nehmen zu lassen. Diese Aufgabe ist die auf das menschliche Subjekt hin ausformulierte Zeitgemäßheit, die der christlichen Ära gemäße Lebensweise, und in diesem Sinne ist die Zeit des Christentums dann auch »der souveräne Griff Gottes nach dem Menschen«.

Für die spezifisch christliche Lüge hat Barth eine eigene kleine Phänomenologie entwickelt, die dem christlichen Leben und Handeln, zuallererst aber der Theologie, einen Spiegel vorhält. Diese Phänomenologie stellt sich dar als eine Stilisierung von Selbsteinwänden eines theologischen Systembaus gegen sein Unterfangen, systematische Geschlossenheit an die Stelle der Darstellung der Freiheit zu setzen. Denn gerade für die Theologie als Dogmatik muß sehr ernsthaft die Frage gelten, ob sie selbst die Freiheit frei sein läßt, so wie sie für den Lebensvollzug des Christen gelten soll. Lüge ist Verweigerung gegenüber der Freiheit, wie sie im empirischen Kontext der christlichen Geschichte präsent ist, an dem Ort also, wo das Wissen um diese Freiheit und ihre Wirklichkeit »unmittelbar« gegenwärtig ist. »Hier erst lügt der Mensch nicht nur objektiv, sondern subjektiv, nicht nur potentiell, sondern aktuell, nicht nur faktisch, sondern bewußt, planmäßig, absichtlich.«[33] Erst unter christlichen Voraussetzungen wird die Lüge historisch zu verantwortlicher Tat. Denn unter diesen historischen und systematischen Voraussetzungen kann man es besser wissen. Die Theologie als Lehre von der Offenbarung muß sich als Theorie der christlichen Ära begreifen, die selbst ihren Ort in der Zeit der Freiheit hat und darum in Form und Inhalt nicht über oder jenseits dieser Geschichte steht.

2. Die Unausweichlichkeit der christlichen Ära

Die Qualifikation der christlichen Lüge ist in der Unausweichlichkeit der Christentumsgeschichte als Geschichte der Freiheit begründet. Der theologische Stempel auf die historische Qualifikation der Christentumsgeschichte prägt deren Verbindlichkeit ein. Die Lüge, die sich ihr verweigert, hat es da-

[32] Ebda. 515.
[33] Ebda. 519.

mit zu tun, daß wir es uns nicht aussuchen können und dürfen, wo wir da beteiligt sein wollen und wo nicht, was wir davon gerne haben möchten und was
nicht, welche Selektionen wir kraft unserer Präferenzen treffen und was wir
im Hintergrund einer gewollten Unzuständigkeit verschwinden lassen. Es
geht also um den historischen Ort der theologischen Theorie in der christlichen Ära, nicht im Blick auf eine erst zu beginnende oder erst zu schaffende
Geschichte des Christentums. Wer erst eine andere Zeitgeschichte haben
möchte, die der Realisierung christlicher Freiheit würdig sei, befindet sich bereits im Umkreis dieser Lüge der Verweigerung. Das muß als ein starker Einwand der Theologie gegen sich selbst gelten, wo immer sie sich nicht in der
Auslegung der Wirklichkeit gegebener Freiheit bewegt, sondern über sie kraft
ihres Urteilsanspruches noch zu verfügen sucht.

Lüge ist also theoretischer und dann auch praktischer Mißbrauch der Freiheit, nicht einfach deren Nichtgebrauch, ein bloßes Absehen von der christlichen Freiheit. Denn die Freiheit wird auch in der Lüge nicht zunichte; sie wird
vielmehr im Interesse jeweiliger theologischer Selbsteinordnung dieser Geschichte als Zensur über diese Geschichte mißbraucht. Darum muß der Anspruch der christlichen Freiheit zuerst und vor allem als dieser theologische
Selbsteinwand laut werden; er ist nicht zuerst an andere adressiert. Es könnte
ja sein, daß die Theologie gerade dort, wo sie sich besonders zur Kritik der
neuzeitlichen Christentumsgeschichte berufen fühlt, nichts anderes sei als
Antikritik der Aufklärung, deren Spiegelbild, und also gerade noch nicht zu
der Freiheit der christlichen Ära befreit ist.

Barth hat hier Fragen einer theologischen Deutung der Neuzeit angedeutet und aufgeworfen, die einer weiterführenden Aufnahme wert und bedürftig sind. Sie könnten zum Ende
dieser Interpretation etwa so formuliert werden: Sofern die Freiheit der Theologie darin besteht, sich des Freiheitsthemas auf eigene, unabhängige Weise anzunehmen, und sofern sie
das im Kontext der christlichen Ära, der Christentumsgeschichte zu tun hat, weil sie allein
in deren Kontext zur Klarheit über diese Freiheit zu gelangen mag, hat sie dann nicht auch
eine spezifische, nicht abzugebende historische Verantwortung für die Freiheit? Hat sie
dann, im historischen Kontext gesehen, nach der Aufklärung also eine Verantwortung für
eine erneuerte und zu erneuernde Aufklärung? Ist die Theologie hier nicht sehr konkret vor
allerlei Ausweichbewegungen und Sonderwegen zu warnen und für die Realität der Freiheit,
auch die Realität der Folgen christlicher Freiheit in Pflicht zu nehmen?

Der Streit um die Freiheit, um Begriff und Vorstellung, Theorie und Praxis der Freiheit
wäre jedenfalls ein Streit an der richtigen Stelle. Muß er nicht in dem Bewußtsein geführt
werden, daß wir uns dieses zentrale Thema der christlichen Theologie nicht selbst gegeben
haben? Muß er nicht in der Anerkennung der Pluralität von Positionen geführt werden,
wenn anzuerkennen ist, daß wir es historisch und sachlich mit der Unausweichlichkeit der
Freiheit zu tun haben? Die besondere Freiheit, von der die Theologie zu handeln hat, ist in
diese Aufgabe einbezogen; sie soll als christliche Darstellung der Freiheit im Dienste der
Wirklichkeit der Freiheit eine Rolle spielen.

Die Kirchliche Dogmatik Barths denkt von der Realität der Freiheit Gottes
her, die sich in der Offenbarung Jesu Christi dem Menschen mitteilt. Ihre
theoretische Gestalt aber ist bestimmt von der Offenheit und Unabgeschlos-

senheit der Realisierung der Freiheit am Ort des Menschen und seiner Lebenswirklichkeit. Die hier obwaltende Differenz hat den neuzeitlichen Prozeß der Aufklärung in Gang gesetzt. Dieser Differenz waren die Anfänge der Barthschen Theologie verpflichtet, in Umkehrung der Dialektik: der Gottesbegriff sollte diese Differenz radikaler und konsequenter bestimmen, als es das Selbstbewußtsein des Menschen zu tun vermochte. Die Kirchliche Dogmatik bietet die Offenbarungswirklichkeit an gleichsam als religiöses Apriori für jede Theorie der Freiheit, d. h. sie entzieht die Wirklichkeit der Freiheit dem historischen Relativismus ihrer Realisierungsgeschichte. Aber sie tut das auf allein dogmatische Weise. Damit markiert sie den normativen Gehalt des unvollendeten »Projekts der Moderne«[34] und bestätigt zugleich, daß zwischen »Verfassungsnorm« und »Verfassungswirklichkeit« der Neuzeit ein Verhältnis besteht, das der Suche nach nicht umkehrbar ist, auf der Ebene der Realisierung aber immer wieder dem Risiko der Umkehrung ausgesetzt ist. Die Sache muß unter Bedingungen ihrer historischen Unabgeschlossenheit vertreten werden. Die Art und Weise, wie sie hier vertreten werden kann, hat aber an dieser Unabgeschlossenheit teil und geschieht auf mehr als eine Weise.

Die kirchliche Dogmatik Karl Barths vollzieht als Begründungszusammenhang christlichen Freiheitsbewußtseins eine Bewegung von dogmatischer Abgrenzung zu theologischer Entgrenzung des Freiheitsbewußtseins. Die Richtung dieser Entgrenzung zielt auf die Menschlichkeit des Menschen hin, in der die Selbstoffenbarung Gottes ihre Entsprechung findet. In dieser Hinsicht aber ist die individuelle Konkretheit des Menschlichen in seiner Freiheit immer wieder mehr als die sie darstellende Theorie. Von der Befreiung des Menschen als Gottes Übergang in das freie Land des Menschen und des Menschlichen heißt es bei Barth: »So dürfte ihm der kleinste Seufzer und das kleinste Lachen des Menschen wichtiger sein als der Dienst der wichtigsten Institutionen, der Bau der großartigsten Apparate, die Entfaltung der tiefsten oder höchsten Ideen.«[35]

---

[34] Vgl. dazu Jürgen Habermas, Der philosophische Diskurs der Moderne, Frankfurt 1985; darin: Der normative Gehalt der Moderne, 390ff.
[35] Ebda.

Anrufung Gottes
als Grundethos christlichen Handelns

Einführende Bemerkungen zu den nachgelassenen Fragmenten
der Ethik der Versöhnungslehre Karl Barths

EBERHARD JÜNGEL

I.

1. Karl Barths Kirchliche Dogmatik ist Fragment geblieben. Ihr fehlen die Lehre
von der Erlösung und der Schluß der Versöhnungslehre. Das die Versöhnungslehre der Kirchlichen Dogmatik abschließende Kapitel Ethik liegt selber unabgeschlossen vor. Einen Teil dieses Kapitels, die Lehre von der Taufe, hat Barth
noch zum Druck gebracht, dabei aber den das ganze Ethikkapitel einleitenden
Paragraphen (§ 74) «Ethik als Aufgabe der Lehre von der Versöhnung» ausgespart.
Er wurde zusammen mit der als Mitte der Ethik der Versöhnungslehre entworfe-
nen Vater-Unser-Auslegung, die jedoch mit der Interpretation der zweiten Bitte
abbricht, im Rahmen der Gesamtausgabe als Nachlaßband zugänglich gemacht.[1]
Dieser Nachlaßband mutet dem Leser doppelte Aufmerksamkeit zu. Man hat bei
der Lektüre einerseits ständig zu berücksichtigen, daß diese Texte nicht nur wegen
der ihnen fehlenden Fortsetzung, sondern auch wegen der fehlenden Gewißheit, es
mit der endgültigen, vom Autor für publikationsreif erachteten Gestalt seiner Gedanken zu tun zu haben, ausgesprochen fragmentarischen Charakter haben. Man
wird das in Erinnerung behalten müssen, wenn man etwa fragt, warum diese Ethik
so gut wie keine ethischen Einzelprobleme diskutiert.[2] Andererseits hat der Leser
diese Texte im Kontext der Kirchlichen Dogmatik nun doch so zu beachten, daß

---

[1] *K.Barth*, Das christliche Leben. Die Kirchliche
Dogmatik IV/4, Fragmente aus dem Nachlaß.
Vorlesungen 1959–1961, hg. von H.-A.Dre-
wes und E.Jüngel, Karl Barth-Gesamtausgabe.
II. Akademische Werke, 1976 (²1979); im folgenden verweisen die Seitenzahlen im Text
auf diesen Band.

[2] Daß zum Beispiel die Auslegung der zweiten
Vater-Unser-Bitte die aus früheren Schriften
Barths bekannten positiven Analogien zwi-
schen Reich Gottes, Christengemeinde und
Bürgergemeinde nicht wiederholt, sondern nur
die «herrenlose Gewalt» des sich absolut set-
zenden Staates bedenkt, darf nicht zu dem
Kurzschluß verführen, Barth beurteilte den
Staat nun theologisch weniger «positiv». Die
Bitte um das Kommen des Reiches Gottes hat

vielmehr ihre Spitze in der Befreiung von den
«herrenlosen Gewalten» (die zudem erst dadurch, daß sie herrenlos *geworden* sind, aus ursprünglich guten zu ausgesprochen bösen
Mächten pervertiert wurden), so daß hier nicht
von der positiven Bestimmung des Staates zu
reden war. Man geht wohl nicht fehl, wenn
man annimmt, daß Barth schon bei der Auslegung der nächsten Bitte «Dein Wille geschehe wie im Himmel, so auf Erden» auf der
Linie seiner früheren Äußerungen eine entsprechend «positive» Darstellung der politischen
Gewalt gegeben hätte. Wie überhaupt die
Folge der Vater-Unser-Bitten zu einer immer
größeren Bestimmtheit im Blick auf das geforderte menschliche Tun Anlaß gegeben hätte.

sie nicht nur aus deren Gesamtzusammenhang zu verstehen sind, sondern sich auch für diesen als verständnisfördernd erweisen. Nicht zuletzt der Einblick in die von Barth nach dem Vortrag der Tauflehre vorgenommene tiefgreifende Umarbeitung des ganzen Konzepts der Ethik der Versöhnungslehre – Vorwort und Anhang geben darüber genauere Auskunft – macht diese nachgelassenen Texte zur Kirchlichen Dogmatik in besonderem Maß interessant. Man darf sie wegen ihres fragmentarischen Charakters nicht überbewerten. Aber man sollte sie auch nicht wegen eben dieses fragmentarischen Charakters unterschätzen. Sie sind in vielfacher Hinsicht aufschlußreich, reflektieren längst leuchtendes Licht und lassen dennoch vermeintlich Bekanntes noch einmal in einem neuen Licht erscheinen. Systematisch kommt den Fragmenten zur Ethik der Versöhnungslehre innerhalb der Kirchlichen Dogmatik besondere Bedeutung zu, weil Barth die spezielle Ethik sowohl der Schöpfungslehre als auch der – nicht mehr zustande gekommenen – Lehre von der Erlösung in der Ethik der Versöhnungslehre begründet wissen will. Ihr steht gegenüber den beiden anderen Gestalten spezieller Ethik «der sachliche *Primat*» zu (13). Denn in ihr steht die Theologie wie zuvor in den christologisch-soteriologischen Teilen der Versöhnungslehre in dogmatischer Hinsicht, so nun «auch in ethischer Hinsicht vor der *Mitte*, am Quellpunkt aller Wirklichkeit und Offenbarung Gottes und des Menschen, unmittelbar vor Jesus Christus, der wie der Realgrund, so auch der Erkenntnisgrund der ganzen christlichen Wahrheit und Botschaft ist» (12). So wie das Sein, Handeln und Gebieten Gottes, des Schöpfers und des Erlösers, so ist auch das Sein und Handeln des Menschen als Geschöpf und als «künftiger Erbe» von dem Ereignis der Versöhnung zwischen Gott und Mensch in Jesus Christus und von dem versöhnenden Gebieten Gottes her zu verstehen. «Der Kern aller Aussagen des ersten und des dritten Kapitels der speziellen Ethik wird also in bestimmten Lehnsätzen aus dem zweiten, in bestimmten christologisch-soteriologischen Sätzen bestehen» (13). Und insofern haben wir es in der speziellen Ethik der Versöhnungslehre zugleich mit der Grundlegung der theologischen Ethik überhaupt zu tun, die zwar in KD II/2 in eher formaler Fundamentalität bereits vorweggenommen wurde, jetzt aber in ausgesprochen materialer Durchführung stattfindet. Wir haben es in der Lehre vom Gebot Gottes des Versöhners «mit der Mitte, dem Kern und Ursprung des *Ganzen* als solchen zu tun» (ebd.). Die spezielle Gestalt der Ethik der Versöhnungslehre bringt nach Barth «gewissermaßen» den «Modellfall alles Geschehens zwischen Gott und Mensch» (16) zur Sprache. Denn von hier aus werden auch die Schöpfungsethik und die Erlösungsethik (die ja zugleich eine Ethik des Jüngsten Gerichts sein dürfte) identifizierbar als verschiedene Gestalten desselben einen Gebotes des einen Gottes, «der dem Menschen in Jesus Christus gnädig ist» (12). Die Ethik der Versöhnungslehre macht deutlich, daß schon das Faktum des göttlichen Gebietens Gnade, daß

Gottes Gebot nichts anderes als die Beanspruchung des Menschen durch das Evangelium und insofern selber «das Gesetz des *Evangeliums* ist» (54). Das hat Folgen für das Verständnis dessen, was in der Theologie überhaupt als Ethik in Betracht kommt.

2. Versöhnungsethik ist in eminentem Sinn Freiheitsethik, und zwar so, daß sie nicht nur Freiheit zum Gegenstand hat, sondern sich vielmehr durch ihr – wenn man so will – wissenschaftstheoretisches Selbstverständnis und ihre Selbstbegrenzung als Ethik der Freiheit erweist. Ist doch das Gebot des Gottes, der dem Menschen in Jesus Christus gnädig ist, die Äußerung eines den unmittelbaren Verkehr zwischen Gott und Mensch und also auch zwischen Mensch und Gott ermöglichenden und fordernden Gebietens. Es geht dieser Ethik um den «in königlicher Freiheit gebietende[n] *Gott*» (6), aber ebenso um den «in seiner Beziehung zu diesem Gott in freier Verantwortlichkeit handelnde[n] *Mensch[en]*» (7). Beider Freiheit hat diese Ethik zu respektieren. Sie kann und will «*weder* der freien Verfügungsgewalt Gottes hinsichtlich des konkreten Sinns und Inhalts seines Gebietens *noch* der freien Verantwortlichkeit des menschlichen Handelns zu nahe treten. Sie hat die Unmittelbarkeit des Verkehrs zwischen dem gebietenden Gott und dem ihm gehorsamen oder ungehorsamen Menschen zu respektieren» (3). Und das bedeutet für ihr Selbstverständnis als Ethik, daß sie sich weder als «gesetzlich-kasuistische» Ethik noch als «dunkle Ethik des Kairos» (5) entwerfen kann. Es gehört zu dem Eindrücklichsten, was Barths Theologie zu leisten vermag, daß ihre Ethik von ihrer christologischen Begründung her, ohne in Beliebigkeit zu verfallen, das konkrete Handeln des Menschen nicht präokkupiert, nicht ideologisch antizipiert, sondern vielmehr als konkretes und in seiner Konkretheit durchaus gehorsames Handeln freisetzt.

Das gilt ja schon im Blick auf das Sein des Menschen. Barth konstruiert nicht christologisch den menschlichen Menschen und dann auch noch dessen menschliches Tun. Sondern Barth sagt im Blick auf den sozial und individuell, geschichtlich und natürlich, vernünftig und sinnlich existierenden Menschen an, was diesen Menschen zum Menschen macht. Und er tut das, indem er von dem Menschen Jesus redet und dessen Sein als Wahrheit des wirklichen Menschen auslegt. Kein Mensch wird also theoretisch vergewaltigt, auch nicht durch christologische Konstruktion. Entsprechendes gilt von dem gutzuheißenden Tun. Es wird nicht ethisch konstruiert. Es wird nicht ethisch deduziert. Es wird vielmehr als aus freier Verantwortung pro-voziertes, durch Gottes gnädiges Gebot in höchster Bestimmtheit aus tiefster Freiheit hervorgerufenes Tun zu verstehen gegeben.[3]

---

[3] Vgl. die unter besonderer Berücksichtigung des Ethikfragments entstandenen Bemerkungen von *W. Krötke*, Karl Barth und das Anliegen der «natürlichen Theologie», ZdZ 30, 1976, 177–183.

Ethik kann deshalb nach Barth nur «*Hinweis* auf das Ereignis – die vielen Ereignisse – der Begegnung zwischen dem gebietenden Gott und dem so oder so handelnden Menschen» sein, wobei sie freilich durchaus «zum *geformten*, zum konturierten, der Konkretion jenes Ereignisses sich mindestens nähernden Hinweis werden» muß (6). Doch das Ereignis konkreten Handelns und also den unmittelbaren Verkehr zwischen Mensch und Gott kann die Ethik eben nicht «antezipieren». «*Sie* kann also die Frage: Was soll ich tun? *nicht* beantworten wollen» (51), sondern den Menschen, der als Mensch handeln muß, nur auf das mandatum concretissimum Gottes einstellen. «Ethik kann also nicht selbst Weisung, sondern nur *Unterweisung* geben: Unterricht in der Kunst, jene Frage jeweils sachgemäß zu stellen und ihrer Beantwortung, die Gott allein geben kann und gibt, jeweils offen, aufmerksam, willig entgegenzusehen» (ebd.).

Als Ethik der Versöhnung ist die theologische Ethik aber deshalb schon in ihrem ‹wissenschaftstheoretischen› Selbstverständnis und der daraus entspringenden Selbstbegrenzung Freiheitsethik, weil die den Menschen beanspruchenden Forderungen Gottes von hier aus «in keinem Fall etwas Anderes sein können als die scharf als solche konturierten Imperative seiner ihm frei zugewendeten, ihn frei bejahenden, in Freiheit sein Heil wollenden und schaffenden Liebe» (54), der der Mensch seinerseits durch Liebe zu Gott und ein ihr gemäßes Handeln zu entsprechen hat. Die Freiheit, in der Gott und Mensch einander unmittelbar begegnen, ist die Freiheit, einander zu lieben. «Dieses Kriterium hat die Ethik aufzunehmen und in ihrem Hinweis auf jenes Ereignis [...] des göttlichen Befehlens und der menschlichen Verantwortung je jetzt und hier in Anwendung zu bringen» (ebd.). Daß der Mensch durch nichts als allein durch die Liebe Gottes und deshalb zu nichts als allein zur Liebe gefordert ist – das ist die Grundeinsicht christlicher Ethik, die das menschliche Handeln gleichursprünglich unter dem Gesichtspunkt freier Entscheidung und materialer Bestimmtheit thematisch macht.

3. Wir haben es bei einer derart begründeten Ethik also nicht mit der bloß formalen Struktur eines kategorischen Imperativs christlicher Provenienz zu tun. Man könnte ja einen solchen Imperativ etwa in der Figur «Dilige, et quod vis fac»[4] in dem Sinne geltend machen, daß Liebe als Maxime des menschlichen Willens diesen für jede gutzuheißende Tat derart hinreichend bestimmt, daß er keiner

---

4 Vgl. *D. Aurelius Augustinus*, In epistolam Ioannis ad Parthos tractatus decem, VII, 8, SC 75, 328. Augustinus formuliert als «breve praeceptum» den Imperativ «Dilige, et quod vis fac», weil allein die Liebe diejenige innere radix des Handelns ist, die dieses zu einem gutzuheißenden Handeln macht und von einer äußerlich vielleicht ganz identischen Handlung zu unterscheiden erlaubt. Ja, die Liebe allein ist das Kriterium, an dem sich die Taten der Menschen in ehrenwerte und verwerfliche Handlungen unterscheiden lassen, so daß sogar von daher anstößige Taten als gut, scheinbar gute Taten hingegen als verwerflich zu beurteilen sind. Deshalb: «radix sit intus dilectionis, non potest de ista radice nisi bonum exsistere.»

weiteren Orientierung bedarf. Doch die – menschliche Liebe fordernden –
«Imperative der Liebe Gottes» gehen – das zeigt schon ihre Pluralität an – über eine
bloß formale Ethik hinaus, ohne deshalb schon eine materiale Wertethik zu
begründen. Barths Ethik bewegt sich jenseits dieser Alternative. Denn einerseits ist
das, was für sie als «Wert» in Betracht käme, allein im Akt göttlichen Gebietens
und durch dieses existent: «Gott allein ist gut und bestimmt über das, was als
menschliches Handeln gut oder ungut zu heißen ist» (3). Und andererseits gehört es
nun doch gerade zur Güte Gottes, daß sie sich – statt in einem bloß formalen kategorischen Imperativ – in einer Mehrzahl von «scharf als solche konturierten Imperative[n] seiner [...] Heil wollenden und schaffenden Liebe» äußert (54), so daß
Ethik durchaus als Unterweisung in der Kunst des sachgemäßen Fragens nach dem,
was zu tun ist, möglich wird.

Genauerhin wird diese Unterweisung dadurch möglich, daß die Heil wollende
und schaffende Liebe Gottes ein ihr selbst analoges menschliches Handeln fordert.
Es ist die gleichermaßen Freiheit wahrende wie Bindung begründende Analogie,
die Barths Ethik – zwischen der Skylla «gesetzlich-kasuistische[r] Ethik» und der
Charybdis «einer unbestimmten Kairosethik» (6) hindurch – zu einer Ethik der
materiale Bestimmtheit setzenden Freiheit macht. Versteht sie doch das gutzuheißende menschliche Tun als «deutliches *Analogon*» (294) zu Gottes Tat, die ihrerseits
ja die Tat des in Freiheit liebenden und so die Tat des im Überströmen seiner eigenen Güte Gutes schaffenden Gottes ist. Analogie wahrt die Differenz zwischen
Gott und Mensch, indem sie deren Gemeinschaft so intensiv wie möglich heraus-
stellt. Der Mensch hat auf menschliche Weise Menschliches zu tun und in keiner
Weise Göttliches. Aber sein menschliches Tun ist darin gut, daß es «in seiner
ganzen Menschlichkeit» zu einem «der Tat Gottes [...] *ähnlichen, parallelen, analogen* Tun» (ebd.) wird. Daß es gerade in solchem analogen Tun zur Unmittelbarkeit des Verkehrs des Menschen mit Gott kommt, hat Barth durch seine Entscheidung anzeigen wollen, die ganze Ethik der Versöhnungslehre unter den Begriff der
Anrufung Gottes zu stellen und also als Ethik des Gebetes zu entwerfen.

4. Die die Ethik der Kirchlichen Dogmatik beherrschende Figur der Analogie
kommt innerhalb der Versöhnungslehre schon in deren systematischer Architektur
zum Ausdruck. Das als vierter Teilband geplante Kapitel Ethik sollte in seinen drei
vorgesehenen Teilen offensichtlich den drei im engeren Sinn «dogmatischen»
Kapiteln der Teilbände IV/1, IV/2 und IV/3 pointiert entsprechen. Der im ersten
Kapitel reflektierten christologischen Bewegung des Sohnes Gottes in die Fremde,
die den Herrn als Knecht bedenkt und den Richter als den an unserer Stelle Gerichteten zur Geltung bringt, entspricht die – die Gegenbewegung der Sünde als
Hochmut und Fall überwindende – soteriologische Bewegung, wie sie sich in der
Rechtfertigung des Sünders, in der Sammlung der Gemeinde und im Glauben des

Einzelnen darstellt. In strenger Analogie dazu wird in ethischer Hinsicht das als Anrufung Gottes verstandene christliche Leben in einem ersten Teil unter dem Gesichtspunkt seiner Begründung durch Interpretation der Taufe als Bitte um den Heiligen Geist zur Sprache gebracht. Der im zweiten Kapitel reflektierten christologischen Bewegung der Heimkehr des Menschensohnes, die den Knecht als Herrn bedenkt und als königlichen Menschen zur Geltung bringt, entspricht die – der Gegenbewegung der Sünde als Trägheit und Elend widerstreitende – soteriologische Bewegung, wie sie sich in des Menschen Heiligung, in der Erbauung der Gemeinde und in der Liebe des Einzelnen darstellt. In abermals strenger Analogie dazu wird in ethischer Hinsicht nunmehr das als Anrufung Gottes verstandene christliche Leben unter dem Gesichtspunkt seines Vollzugs in der Tat der die Herzen erhebenden – sursum corda! – Anrufung Gottes als «Unser Vater» durch eine Auslegung des Herrengebets zur Sprache gebracht. Der im dritten Kapitel reflektierten christologischen Einheit beider zuvor dargestellten Bewegungen, in der Jesus Christus als das Licht des Lebens bedacht und als der wahrhaftige Zeuge in der Herrlichkeit seines Mittlerseins zur Geltung gebracht wird, entspricht die – die Gegenbewegung der Sünde als Lüge und Verdammnis besiegende – soteriologische Bewegung, wie sie sich in des Menschen Berufung, in der Sendung der Gemeinde und in der Hoffnung des Einzelnen darstellt. In wiederum strenger Analogie dazu hätte, wenn es dazu gekommen wäre, in ethischer Hinsicht schließlich das als Anrufung Gottes verstandene christliche Leben unter dem Gesichtspunkt seiner Erneuerung durch eine Interpretation des Abendmahls als Danksagung (Eucharistie) zur Sprache gebracht werden sollen.

Die Auslegung der einzelnen Bitten des Vater-Unser ist wiederum in unverkennbarer Analogie zur Architektur der einander parallel gebauten dogmatischen Teile der Versöhnungslehre entworfen. So wie dort jeweils zuerst die Christologie, dann die Hamartiologie und daraufhin die Soteriologie zur Sprache kommen, so ist in der Ethik der Vater-Unser-Bitten zuerst von der positiven christologischen Begründung der Bitte die Rede (§ 77: Die große Leidenschaft; § 78: Der Aufstand gegen die Unordnung), dann von der zu überwindenden Negation (§ 77: Die Ambivalenz der Bekanntheit und Unbekanntheit Gottes; § 78: Das Unwesen der herrenlosen Gewalten), daraufhin von der erbetenen göttlichen Tat gegen diese Negation (§ 77: Geheiligt werde dein Name!; § 78: Es komme dein Reich!) und in Analogie dazu schließlich von dem entsprechenden menschlichen Tun im Blick auf die Welt (§ 77: Der Vorrang des Wortes Gottes; § 78: Fiat iustitia!).

5. Die Vater-Unser-Auslegung bringt die Analogie zwischen dem göttlichen Tun und dem menschlichen Tun auch inhaltlich zur Geltung. Die in dieser Analogie vorausgesetzte Differenz, der Unterschied zwischen Gottes Tun und unserem Tun wird dabei aber nicht als beziehungslose Differenz bloßer Unähnlichkeit und

also abstrakt bestimmt, sondern er wird konkret als Beziehung der Anrufung bestimmt. Der «Grundakt des christlichen *Ethos*» (167) ist die Anrufung Gottes als «unser Vater!» In dieser Anrufung kommt zum Ausdruck, daß der Mensch Gott um das bittet, was nur Gott zu geben vermag. In dieser Anrufung kommt also der Unterschied zwischen Gottes Tat und unserem Tun konkret zum Ausdruck. Denn der Mensch ruft Gott an, um ihn um das zu bitten, was allein Gott bewirken kann: «Geheiligt werde dein Name! Dein Reich komme!» Doch indem der Unterschied solchermaßen konkret zum Ausdruck kommt, wird er auch schon als ein positives Verhältnis zur Geltung gebracht. Denn indem Menschen den von ihnen unterschiedenen Gott um eine von ihrem Tun unterschiedene Tat bitten und so – «senkrecht von unten» (254)! – anrufen, tun sie ihrerseits bereits das der erbetenen göttlichen Tat Entsprechende. Im Akt der Anrufung Gottes ist der Mensch schon als ein dem tätigen Gott entsprechender Täter auf dem Plan, und zwar in der sozietären Struktur eines Wir, in das inkorporiert jedes Ich gerade nicht «mein Vater», sondern eben «*Unser* Vater» betet.[5] Entsprechend müßte dann übrigens die ethische Grundfrage nicht mehr (mit Kant) heißen: Was soll ich tun?, sondern: Was sollen wir tun? Es gibt ein ursprüngliches Dasein dieses Wir: verborgen, insofern nach Barth die menschliche Natur (nicht: ein Mensch) in der Seinsweise des Sohnes Gottes enhypostatisch aufgenommen ist; offenbar im Ereignis der gemeinsamen Anrufung Gottes. Inwiefern dieses (nicht sich konstituierende, sondern) schon konstituierte Wir dann auch über die Grundtat der Anrufung hinaus im ‹horizontalen Handeln› der Christen zum Ausdruck kommen kann, ist ein von Barth hier nicht eigens erörtertes Problem.

Das ist die fundamentale ethische Analogie: daß in der ihnen von Gott gebotenen Anrufung Menschen von dem Gott, dessen Sein ein «*Sein in der Tat*» ist,[6] zu einem Gott entsprechenden Leben in der Tat erhoben werden, so daß sie auch gerade in ihrer Beziehung zu Gott «in Wahrheit als Subjekte tätig sein dürfen und sollen» (167). So wie Gott kein deus otiosus ist, so ist auch der Mensch kein homo otiosus. Das ist Barths – schon in der Tauflehre aufklingender – ‹Synergismus›. Der Gedanke einer cooperatio zwischen Gott und Mensch im Verkehr beider miteinander hat hier seine genuin protestantische, seine evangelische Fassung gefunden. Denn indem diese cooperatio gerade im Gebet ihren Sitz im Leben haben soll, also da, wo der Unterschied zwischen göttlichem und menschlichem Tun in seiner größten Reinheit und Strenge erfahren wird, gewinnt der paulinische Gedanke,

---

[5] Die sozietäre Struktur des «Vater unser» gewinnt eine besondere Pointe, wenn man berücksichtigt, daß zu den übrigen Bedeutungsgehalten des Vaternamens Gottes ebenfalls der Bedeutungsgehalt «der *Gemeinschaft des Familienvaters inmitten seiner Söhne und Erben*,

die mit ihm zusammen am Familienbesitz teilhaben» gehört (*A. Schenker*, Gott als Vater – Söhne Gottes. Ein vernachlässigter Aspekt einer biblischen Metapher, FZPhTh 25, 1978, 3–55, 53).

[6] Vgl. KD II/1, § 28, 1.

daß wir συνεργοὶ θεοῦ sind (1 Kor 3,9), eine neue Wendung, die sowohl recht verstandener katholischer Lehre als auch der reformatorischen Auffassung zu gemeinsamem Fortschritt zu verhelfen vermag: «Eben die Gnade Gottes ist die Befreiung dieser bestimmten Menschen zu freiem, spontanem, verantwortlichem *Mittun* in dieser Geschichte» des Verkehrs zwischen Gott und Mensch. Indem Gott uns gnädig gebietet, ihn als unseren Vater anzurufen, «reinigt» er sich «von dem schnöden Verdacht, [...] er möchte durch sein göttliches Wesen zur *Allein*wirksamkeit verurteilt sein» (167).

6. Ist die Anrufung Gottes als «Grundakt des christlichen Ethos» die fundamentale Analogie, die den Menschen in einer Gott entsprechenden Weise als Täter und insofern als Mittäter konstituiert, so hat sie im Blick auf das, was der Christ in seinem Leben weiterhin zu tun hat, die Funktion eines materialen analogans, dessen materiale analogata die Strukturen seines ‹weltlichen› Tuns sind, das von Barth nun jeweils in Analogie zu dem Tun, das die Christen von Gott erbitten, bestimmt wird. Allerdings kann man, insofern alle Handlungen des Christen von der Anrufung Gottes bestimmt und begleitet werden, von ‹weltlichem› Tun nur in dem Sinne reden, daß so, wie im Gebet die Herzen der Täter «empor zu Gott» erhoben werden und die ganze Welt vor Gott gebracht wird, nun auch jede einzelne Tat der Welt gerade eben dadurch die Treue hält, daß sie ihrer Tendenz, sich selbst absolut zu setzen, ihrer Prinzipialisierung – ihrer ‹religiösen Interpretation› – kompromißlos widersteht. ‹Weltlich› ist das Tun der Christen, insofern sie «zu allen Prinzipien nur relativ Ja oder Nein sagen» und also «in Sätzen und nicht in Grundsätzen denken und reden» (464f) und dementsprechend handeln. «Irgendeine von den vielen ihnen angebotenen Bohnenstangen zu verschlucken, um dann mit so gesteiftem Rückgrat durch die Weltgeschichte zu laufen, werden sich die Christen – *darin* werden *sie* Rückgrat zu beweisen haben – resolut versagen müssen» (465). In diesem Sinn suchen die den himmlischen Vater anrufenden Menschen in allen ihren Taten nun allerdings der irdischen Welt, der Stadt Bestes. In diesem Sinn handeln sie, von dem ganz und gar geistlichen «Grundakt des christlichen Ethos» bestimmt, ganz und gar weltlich. Sie tun es, indem sie analog zu ihrer Bitte um die Heiligung des Namens Gottes durch Gott, also um Beendigung der der Offenbarung Gottes entgegenstehenden und von ihnen selbst verschuldeten Ambivalenz von Bekanntheit und Unbekanntheit Gottes in dieser Welt, um den «Vorrang des Wortes Gottes» (282) eifern und so aufstehen und aufbrechen gegen das jene Ambivalenz spiegelnde «Schwanken zwischen Menschlichkeit und Unmenschlichkeit ihres» eigenen «Denkens, Redens und Tuns» (345), aber auch gegen jedes Denken, Reden und Tun innerhalb und außerhalb der Kirche, das sich, ebenso wie sie selbst, «an dem Regime der Balance von Licht und Finsternis [...] mitschuldig» (311) macht. Sie werden der Welt in ihrem Tun darin

die Treue halten, daß sie durch dieses ihr Tun die ontologische Unmöglichkeit des
«Atheismus» und aller seiner Variationen bezeugen. So wie Jesus Christus sie
«hinein in die Bewegung seines eigenen Betens» (100) genommen hatte und damit
zum Ursprung ihres christlichen Tuns geworden war, so nehmen sie ihrerseits,
indem sie tätig sind, die Welt hinein in den Vokativ «Vater!», mit dem sie Gott
anrufen und der «als *Vokativ* [...], ob gedacht oder ausgesprochen, die Urform des
Denkens, der Urlaut der Sprache, der Urakt des den Christen gebotenen Gehorsams oder, was dasselbe ist: der Urakt der ihnen gegebenen Freiheit: die Urgestalt
der Treue» ist, «in der sie seiner Treue entsprechen möchten» (80).

7. Barth hatte, indem er zunächst das Wort «Vater!» als Wort des Anrufs und
dementsprechend das christliche Leben als ein Leben im Akt der es erhebenden
Anrufung interpretierte, den «Grundakt des christlichen Ethos» zur Sprache
gebracht. Er hatte sodann, indem er die Bitte um die Heiligung des Namens Gottes
als des Christen Leidenschaft interpretierte und damit – sehr im Gegensatz zu
traditionellen Ethiken mit ihrem Ideal der $\mu\varepsilon\sigma\acute{o}\tau\eta\varsigma$[7] – die Leidenschaft als eine
Bedingung gutzuheißenden Tuns geltend machte, den Eifer um den Vorrang des
Wortes Gottes als den geistlichen Stachel in allem weltlichen und zu allem weltlichen Tun der Christen in Erinnerung gerufen. In der Auslegung der Bitte um
das Kommen des Reiches Gottes, mit der dann die Ethik abbricht, wird Barths
ethische Unterweisung im Blick auf die ‹Weltlichkeit› christlichen Handelns noch
bestimmter. In Analogie zu der allein von Gott eschatologisch zu bewirkenden
Aufrichtung der $\beta\alpha\sigma\iota\lambda\varepsilon\acute{\iota}\alpha$ kämpfen die Christen, indem sie ihrerseits jener
Zukunft entgegeneilen, auf Erden für *menschliche* Gerechtigkeit. Und indem sie das
tun, bezeugen sie allen nach Gerechtigkeit Hungernden und Dürstenden, daß sie
satt werden sollen. Daß diese Verheißung der Seligpreisung schon jetzt anschaulich
werden kann im Gleichnis menschlicher Taten für menschliche Gerechtigkeit, ist
der Adel der guten Werke, durch die der Christ dem Menschen ein Mensch ist und
im anderen Menschen, diesen in allen seinen Sachzwängen und Rollenzwängen
von diesen noch einmal unterscheidend, eben *den Menschen*, ihn selbst, sieht.
Gerade indem er dem Menschen um seiner selbst willen zur Seite tritt, bezeugt er
diesem, daß er «*Gott* auf seiner Seite hat» (468). Homo homini homo – dieses
elementare weltliche Verhältnis bezeugt dem, der «– wie irrend, wunderlich und
ohnmächtig immer – nach Menschenrecht und Menschenwürde fragt und sucht»,
daß die Seligpreisung Jesu wie sachlich, so auch sprachlich gerechtfertigt ist, wenn
sie ihrerseits mit einer elementar weltlichen Metapher verheißt, «daß er satt werden
soll» (ebd.).

---

[7] Vgl. z.B. *Aristoteles*, Ethica Nicomachea, 1106b27f.

II.

1. Ethik als Unterweisung im Beten – das ist die Pointe der Lehre vom Gebot Gottes des Versöhners, mit der der vierte Band der Kirchlichen Dogmatik hätte abgeschlossen werden sollen. Auch in der fragmentarischen Gestalt, in der die Ethik der Versöhnungslehre vorliegt, läßt sie die Intention Karl Barths deutlich erkennen: nämlich in der «dankbaren, lobpreisenden und vor allem bittenden *Anrufung* des gnädigen Gottes» (67) «den Grundsinn alles menschlichen *Gehorsams*» (69) zur Geltung zu bringen. Die «Frage nach des Menschen *gutzuheißendem Handeln*» (1) findet ihre Antwort in einer Ethik des Gebets.

Als eine Pointe erscheint diese Behandlung des ethischen Problems nicht nur deshalb, weil sie überrascht. Sie hat zunächst allerdings in der Tat etwas Überraschendes. Voraussehen ließ sich diese Gestalt der Ethik der Versöhnungslehre der Kirchlichen Dogmatik jedenfalls kaum, und es scheint sogar so, als sei Barth von der entdeckten Möglichkeit, das «Befehlswort: ‹Rufe mich an!› (Ps. 50,15) […] als den Grundsinn alles göttlichen *Gebietens*» zu verstehen (69), selber einigermaßen überrascht gewesen. Überraschend ist die Beantwortung der Frage «Was sollen wir tun?» durch das Gebot zu beten aber auch im Horizont der Fragestellungen neuzeitlicher Ethik. Immanuel Kant, der Religion in subjektiver Hinsicht als die «Erkenntnis aller unserer Pflichten *als* göttlicher Gebote»[8] definiert, hatte vor dem «*Beten*, als ein *innerer förmlicher* Gottesdienst […] gedacht», ausdrücklich gewarnt: es sei «ein abergläubischer Wahn […]; denn es ist ein bloß *erklärtes Wünschen*, gegen ein Wesen, das keiner Erklärung der inneren Gesinnung des Wünschenden bedarf», so daß durch Beten gerade «nichts getan, und also keine von den Pflichten, die uns als Gebote Gottes obliegen, ausgeübt, mithin Gott wirklich nicht gedient wird».[9] Barths Entwurf versteht hingegen die Anrufung Gottes als das dem Menschen gebotene Tun, als Aktion im strengen Sinne, als des Menschen gutzuheißende Tat. Im Bewußtsein dieses Kontrastes verliert nun allerdings Barths Behandlung des ethischen Problems die zunächst überraschende Wirkung. Als Pointe erscheint sein Verständnis der Ethik der Versöhnungslehre nunmehr in dem Sinne, daß wir es in ihr mit dem pointiertesten Ausdruck jener Grundentscheidung der Theologie Barths zu tun haben, die die Kirchliche Dogmatik innerhalb und außerhalb der Theologie zur Provokation werden ließ. Die systematische Leistungsfähigkeit und die wissenschaftliche Kommunikationsfähigkeit der Kirchlichen Dogmatik stehen noch einmal zur Debatte, wenn dem sittlich ansprechbaren Menschen auf die Frage – nicht etwa «Was sollen wir beten?», sondern eben – «Was sollen wir tun?» geantwortet wird: «Ihr sollt also beten: ‹Vater Unser,

---

[8] *I. Kant*, Die Religion innerhalb der Grenzen der bloßen Vernunft, Werke in sechs Bänden,   hg. von W. Weischedel, Bd. 4, 1963, 822.
[9] AaO. 870.

der du bist ...»». Mit dem Verständnis der Ethik als Unterweisung im Beten ist
noch einmal der genuine Ansatz der ganzen Kirchlichen Dogmatik, ist insofern
aber auch die Fülle ihrer Probleme auf das pointierteste zur Stelle. Ich erinnere
an das Wichtigste.

2. Barths Entscheidung, die theologische Ethik als Teil der Dogmatik zur Verhandlung zu bringen, bedeutet positiv, daß auch die Frage nach dem gutzuheißenden Tun des Menschen als eine durch das höchst besondere Ereignis der
Offenbarung des dreieinigen Gottes gestellte Frage thematisch wird. Wohlgemerkt nicht erst die Antwort, sondern schon die Frage selbst verdankt sich jenem
einmaligen Geschehen, das Barth formal auch als Geschehen des Wortes Gottes zu
bezeichnen pflegt. «Theologische Ethik [...] findet sowohl diese Frage wie ihre
Beantwortung im *Worte Gottes*» (1). Damit ist negativ darüber entschieden, daß es
für die Theologie keine ihrer dogmatischen Fragestellung vorangehende und von
dieser unabhängige ethische Problematik gibt, die dann gar noch als Verifikations-
horizont für die dogmatischen Aussagen der Theologie in Betracht kommen soll.
Einer These wie der Gerhard Ebelings: «Das Ethische stellt uns vor das Problem des
Allgemeinverbindlichen. [...] Das aber gerade macht [...] das ethische Phänomen
für die dogmatische Aufgabe so belangvoll. Hier werden wir mit den Problemen
des Menschseins konfrontiert, die unabhängig von der Stellung zum christlichen
Glauben sich aufdrängen»[10] – einer solchen These scheint Barth nur widersprechen
zu können. Dabei kann er durchaus «das Problem der Ethik [...] *das* theologische
Problem» schlechthin nennen[11] und die «*ethische* Frage» als «die menschliche *Existenzfrage*» schlechthin bezeichnen, «die die Dogmatik [...] mit als ihre eigenste
Frage erkennt und behandelt».[12] Denn es ist nach Barth «nicht so, daß der Mensch
existiert und dann u.a. auch noch handelt. Sondern er existiert, indem er handelt.
Die Frage: ob und inwiefern er richtig handelt, ist also keine andere als die: ob
und inwiefern er richtig existiert».[13] Doch schon diese Einsicht ist für Barth
offensichtlich eine dogmatische Erkenntnis, die in seiner Bestimmung des Verhältnisses von Evangelium und Gesetz tief verankert ist, so daß er ausdrücklich
vor der «naheliegenden Entgleisung zu warnen» sich veranlaßt sieht, «als ob es [...]
eine Existenzfrage an sich gäbe, an der sich nun u.a. auch die Theologie mit ihren
Voraussetzungen und Methoden zu versuchen hätte».[14] Vielmehr bekommt schon
das Problem des Ethischen, schon die ethische Frage allererst «*durch das Wort Gottes*
[...] theologische Relevanz». Die ethische Fragestellung hat bereits im Wort Gottes

[10] G.*Ebeling*, Die Krise des Ethischen und die   [11] KD I/2, 884.
Theologie. Erwiderung auf W.Pannenbergs   [12] AaO. 887.
Kritik, in: *ders.*, Wort und Glaube, Bd.2: Bei-   [13] Ebd.
träge zur Fundamentaltheologie und zur Lehre   [14] Ebd.
von Gott, 1969, 42–55, 47f.

ihren «Ursprung». Als «die im Worte Gottes nicht erst beantwortete, sondern schon begründete, als die vor Allem und zuerst durch das Wort Gottes selbst aufgeworfene Frage»[15] ist die ethische Frage Gegenstand der Theologie. Wie kann eine sich derart dogmatisch entwerfende Ethik, deren Frage nur «in dieser Unterordnung und Unselbständigkeit [...] sachlich beantwortet werden» können soll,[16] Allgemeinverbindlichkeit beanspruchen? Begibt sie sich nicht ihrer universalen Relevanz? Barth kann die ethische Problematik auch als die «Frage nach dem *christlichen Leben*»[17] formulieren – wohlgemerkt nicht erst im Kontext der Versöhnungslehre, sondern schon im Zusammenhang seiner grundsätzlichen Erörterung über das Verhältnis von Dogmatik und Ethik. Wie wird eine sich als Frage speziell nach dem christlichen Leben verstehende theologische Ethik der zumindest neuzeitlichen Eigentümlichkeit der ethischen Problematik gerecht, «daß sie es nicht nur mit dem zu tun hat, was an den christlichen Glauben gebunden ist», daß also im «Ethischen [...] eine gemeinmenschliche Problematik in Erscheinung» tritt,[18] auf deren «Evidenz» ebenso wie auf deren «Krise» jedermann ansprechbar ist? «Es wäre schlimm, wenn eine theologische Ethik nur von dem zu reden wüßte, was allein für den Christen gilt»,[19] bemerkt Ebeling zu Recht. Führt Barths Grundentscheidung nicht zu eben dieser schlimmen Konsequenz? Ist sie nicht auf das pointierteste zur Stelle, wenn Ethik sich nun gar als Auslegung jenes Gebets vollzieht, das Jesus *seine Jünger* zu beten lehrte? Was für ein Verständnis von Sittlichkeit liegt einer Ethik zugrunde, die, als Lehre vom Gebot Gottes konzipiert, in dem «Befehlswort: ‹Rufe mich an!› (Ps. 50,15) [...] den Grundsinn alles göttlichen *Gebietens*» und in der «nach diesem Befehlswort sich richtende[n] Anrufung [...] den Grundsinn alles menschlichen *Gehorsams*» erkennt (69)? Ja, kann eine solche Theorie überhaupt den Anspruch, *ethische* Theorie zu sein, erheben? Kann sie überhaupt Sittlichkeit zu ihrem Gegenstand haben?

3. Um die Schärfe des Problems zu markieren, setze ich der Barthschen Auffassung von Ethik einen Text seines Lehrers Wilhelm Herrmann entgegen, der an Kants schon zitierte Auffassung anknüpft und den Ebeling[20] als Zeugen für seine Auffassung von der eigenen «Evidenz des Ethischen» zitiert: «Die Sittlichkeit ist in ihrer Wurzel vergiftet, sobald ein Gedanke, der allerdings jedem frommen Menschen heilig ist, zum *Grund* [von Ebeling hervorgehoben] der sittlichen Überzeugung gemacht wird, nämlich der Gedanke, daß das sittliche Gebot das Gebot Gottes ist. Ohne diesen Gedanken wollen wir Christen freilich nicht leben. Sehen wir aber

---

[15] Ebd.
[16] AaO. 888.
[17] Ebd.
[18] *G. Ebeling*, aaO. 47.

[19] Ebd.
[20] *G. Ebeling*, Die Evidenz des Ethischen und die Theologie, in: *ders.*, Wort und Glaube, Bd. 2, aaO. 1–41, 21, Anm. 18.

wirklich in ihm den Grund unserer sittlichen Überzeugung, so haben wir überhaupt keine sittliche Überzeugung.»[21]

Karl Barth dürfte seine Entscheidung, Ethik als Lehre vom Gebot Gottes und deren Zentrum, die Lehre vom Gebot Gottes des Versöhners, als Lehre von dem seine Anrufung gebietenden Gott zu konzipieren, nicht in Unkenntnis der Einwände getroffen haben, die sein Lehrer Wilhelm Herrmann vorsorglich auch gegen diesen seinen Schüler – so möchte man fast, anachronistisch, formulieren – seinen Hörern und Lesern immer und immer wieder eingehämmert hat. Barth hat offensichtlich gemeint, Herrmanns Auffassung, die «wirkliche Sittlichkeit [...] ist der wahrhaftige Gehorsam der Freien»,[22] auf seine Weise noch radikaler zur Geltung bringen zu können. Der Ansatz hier und dort ist zwar so gegensätzlich, wie er nur sein kann. Während nach Herrmann wahrhaftiger Gehorsam des Freien nur dann menschenmöglich ist, wenn der Mensch «den Gedanken des Guten [...] aus sich selbst erzeugt», statt «ihn nur [...] als etwas ihm Gegebenes» «auf sich nehmen» zu können,[23] ist der Mensch nach Barth allein deshalb auch nur mit der Frage, was wirklich *gut*zuheißendes Handeln ist, konfrontiert, weil ihm gesagt ist, was gut ist und was Gott von ihm fordert (vgl. Mi 6,8). Doch gerade auf Grund einer derart am Wort Gottes orientierten Frage nach dem, was überhaupt gut genannt zu werden verdient, wird nach Barth diejenige Dimension erreicht, in der der wahrhaftige Gehorsam des Freien ernsthaft in Betracht kommt. Barth würde Herrmann indessen darin zustimmen, daß es «mit Sittlichkeit gar nichts zu schaffen hat, sondern ein Ausdruck tiefer Unsittlichkeit sein kann», wenn als Bedingung richtigen Handelns gelten solle, «daß wir uns vor einem allmächtigen Willen beugen müssen», und wenn uns dann und daraufhin noch eigens «gesagt werde, was dieser Wille uns gebiete».[24] Barths Ethik kennt einen – derart ja nur abstrakt denkbaren – «allmächtigen Willen», vor dem man sich allein seiner Allmacht wegen – nicht weniger abstrakt – beugen müsse, nicht. Und ein solcher abstrakt begriffener allmächtiger Wille hat im Duktus dieser Ethik denn auch nichts zu sagen. Denn der gebietende Gott ist für Barths Ethik auf jeden Fall der im Evangelium bereits mit dem Menschen verkehrende, mithin der gnädige Gott. In allen drei Gestalten der speziellen Ethik, also im Gebot des Schöpfers, des Versöhners und des Erlösers kommt bei aller relativen Selbständigkeit dieser drei Gestalten doch jeweils das «eine Gebot des einen Gottes» zur Sprache, «*der dem Menschen in Jesus Christus gnädig ist*» (12). Der «sachliche *Primat*» (13) des zweiten Artikels, der von Barth mit Nachdruck – auch für das ethische Problem generell – behauptet

[21] W. *Herrmann*, Religion und Sittlichkeit, in: ders., Schriften zur Grundlegung der Theologie, hg. von P. Fischer-Appelt, TB 36, Teil 1, 1966, 264–281, 265.

[22] AaO. 267.
[23] AaO. 266.
[24] AaO. 265.

wird, führt dazu, daß als Bedingung sittlichen Verhaltens so ziemlich das Gegenteil von einer Unterwerfung unter einen allmächtigen Willen in Betracht kommt. Ist der dem Menschen in Jesus Christus gnädige Gott der gebietende göttliche Wille, der den Menschen beansprucht, dann tritt ganz von selbst an die Stelle der von Wilhelm Herrmann[25] bekämpften Auffassung, «daß hoch über den Regionen des menschlichen Verkehrs das Höchste zu suchen sei», das uns sagt, was gutzuheißendes Tun ist, eine Auffassung von Ethik, die den wahrhaftigen Gehorsam des Freien mit Wilhelm Herrmann[26] allein im Vertrauen begründet, das «durch die sich offenbarende Güte» – nun freilich nicht, wie Herrmann sagt, «anderer»,[27] sondern des einen ganz anderen – Gottes unabweisbar ermöglicht und deshalb auch zwingend gefordert wird. Was Herrmann in anthropologischer Allgemeinheit als Verstehensbedingung für «das Sittliche» formuliert,[28] hat Barth in christologischer Einmaligkeit als Seinsbedingung und Verstehensbedingung der «ethischen Frage» zur Geltung gebracht. Durch diese christologische Einmaligkeit hat Barth den Begriff der sich offenbarenden Güte als eindeutig und das ihr korrespondierende Vertrauen konkret als Glaube an den Gott, der dem Menschen in Jesus Christus gnädig ist, identifiziert.

4. Man kann gegen diese konkrete Identifikation des Vertrauens, ohne das sittliches Handeln nicht möglich ist, als Glaube an den gnädigen Gott einwenden, daß sie die Allgemeinheit der ethischen Frage problematisiere. Doch was nützt die Allgemeinheit der Frage nach dem gutzuheißenden Handeln des Menschen, wenn dabei der Begriff der Güte selbst nicht eindeutig ist? Genau das aber ist Barths unerhört realitätsbezogene theologische These: daß es ein Irrtum sei, wenn man die Güte des menschlichen Handelns für «direkt wahrnehmbar und also als solche nachweisbar, beschreibbar und normierbar»[29] halte. Das gilt nicht einmal für die Güte bzw. Heiligkeit des christlichen Lebens. Es ist gleichermaßen ein dogmatisches Urteil wie Ausdruck von – sagen wir einmal – Lebenserfahrung, wenn Barth die Ansicht bestreitet, «daß die Güte» sowohl des menschlichen Handelns überhaupt als auch die des spezifisch christlichen Handelns und also «die Heiligkeit des Christenstandes [...] trotz Kol. 3,3 nicht mit Christus in Gott verborgen, sondern direkt wahrnehmbar und also als solche nachweisbar, beschreibbar und normierbar sei». Barths

---

[25] AaO. 269.
[26] Ebd.
[27] Ebd.
[28] Vgl. ebd.: «Die sittlichen Gedanken bedürfen, um verständlich zu werden, der Anschauung eines Vorganges, der durch ihre Macht gestaltet wird. Dieser Vorgang ist die Entstehung geistiger Gemeinschaft, das Vertrauen. Nur wo Menschen das erleben, daß sie durch die sich offenbarende Güte anderer gezwungen werden, ihnen zu vertrauen, werden sie durch die unabweisbare Macht der sittlichen Gedanken über das bloß natürliche Leben erhoben. Wo sie dagegen sich überreden lassen, daß hoch über den Regionen des menschlichen Verkehrs das Höchste zu suchen sei, bleiben sie in den Interessen liegen, an denen der innerlich Träge hängt.»

[29] KD I/2, 875.

Behauptung, «daß die Heiligkeit des Christenstandes zwar in Jesus Christus nicht weniger anschaulich, im Leben der Christen aber auch nicht weniger unanschaulich ist als der ganze übrige Inhalt der christlichen Verkündung»,[30] ist ein Plädoyer für die Eindeutigkeit des Begriffs der Güte des guten Handelns und für das Eingeständnis der faktischen Vieldeutigkeit dessen, was extra Christum gutgeheißen wird. Es ist überall nichts in der Welt, ja überhaupt auch außer derselben zu denken möglich, was ohne Einschränkung für gut könnte gehalten werden, als allein das dem gnädigen Willen Gottes entsprechende menschliche Tun, das als solches allein in Jesus Christus offenbar ist. Die ‹theoretische› Exklusivität, mit der diese Eindeutigkeit des Guten ‹erkauft› ist, wird nun allerdings durch ‹praktische› Universalität überboten. Denn Jesus Christus – wohlgemerkt: er selbst, und eben gerade keine «aprioristische Theologie oder Anthropologie oder auch Christologie» – begründet die «Gewißheit», daß der gnädige Gott und der von ihm beanspruchte Mensch «so notwendig [...] wie [...] Vater und Kind zusammengehören». «Von daher die erstaunliche Selbstverständlichkeit, in der im Neuen Testament von Gott durchgehend praktisch, d. h. im Blick auf den *Menschen* geredet und in der der Mensch seinerseits ebenso durchgehend praktisch für *Gott* in Anspruch genommen, in seiner ganzen Art und Unart zum vornherein zu *Gott* gerechnet wird» (43).

5. Diese Selbstverständlichkeit sieht Barth auch durch die besondere Situation der Neuzeit nicht problematisiert. Und so entfaltet er seine Ethik des *christlichen* Lebens als die Ethik des recht verstandenen *menschlichen* Lebens. Es ist repräsentativ für das menschliche Leben überhaupt, wenn Gott als «unser Vater» angerufen wird. Denn in dieser Anrufung, zu der «der Mensch durch Gottes Gnade ermächtigt und eben damit verpflichtet» wird, «bezieht der Mensch in seiner ganzen Menschlichkeit den ihm Gott gegenüber zukommenden Ort» (67). Und in seinem Eifer um den Vorrang des Wortes Gottes, in seiner Bitte «um die Heiligung des Namens Gottes durch Gott selber» erwächst dem Christen ein Handeln, das nun gerade ein Handeln für «die Menschen als solche und konkret je die Menschen, mit denen er es je in seinem Raum und zu seiner Zeit zu tun hat» (345 f), ist. Der exklusive Nonkonformismus des – von dem in Jesus Christus gnädigen Gott beanspruchten und zum Eifer um die Ehre Gottes herausgeforderten – Christenmenschen wird sich gerade «darin am auffallendsten [...] darstellen», daß er «den anderen Weltmenschen [...] das Bild eines seltsam *menschlichen* Menschen bietet» (346). Die theoretisch allerdings «erstaunliche Selbstverständlichkeit, in der [...] von Gott durchgehend praktisch [...] geredet und in der der Mensch seinerseits ebenso durchgehend praktisch für *Gott* in Anspruch genommen» wird (43), läßt es auch für Barth als ausgespro-

---

[30] Ebd.

chen «schlimm» erscheinen, «wenn eine theologische Ethik nur von dem zu reden wüßte, was allein für den Christen gilt».[31]
Ich will das zum Schluß am Problem der Wahrheitsrelevanz dieser Ethik, deren Grundethos in der Anrufung Gottes besteht, wenigstens noch andeuten.

6. Wenn die Anrufung Gottes und also das Gebet, wenn vor allem das bittende Gebet als die gutzuheißende Tat des Menschen behauptet wird, steht die Ethik in einer Weise vor der Frage nach der Wahrheit, wie sie radikaler kaum gestellt werden kann. Allenfalls die Begründung des sittlichen Tuns im kategorischen Imperativ kommt als eine Parallele in Betracht. Denn Imperativ und Bittgebet, Befehl und Anrufung entziehen sich dem, was traditionellerweise überhaupt als wahr in Betracht gezogen werden kann. Wird Wahrheit als adaequatio intellectus et rei verstanden, dann kann nur der als Ausdruck des intellectus geltende Aussagesatz, dann kann nur der λόγος ἀποφαντικός auf Wahrheit Anspruch erheben und dementsprechend entweder verifiziert oder falsifiziert werden. Nur eine einen Sachverhalt zur Sprache bringende Aussage kann dann wahr – oder eben falsch – sein. Ein Bittgebet ist ebensowenig ein λόγος ἀποφαντικός wie eine Forderung. Der Satz Mt 4,17: ἤγγικεν ἡ βασιλεία τῶν οὐρανῶν kann wahr oder falsch sein. Doch der Satz Mt 6,10: ἐλθέτω ἡ βασιλεία σου kann weder wahr noch falsch sein. Apophantische Rede ist als λόγος τινός immer Rede, die aufzeigen soll, «was der Fall ist» (Wittgenstein),[32] und deshalb wahr oder falsch ist; ἡ εὐχὴ λόγος μέν, ἀλλ' οὔτ' ἀληθὴς οὔτε ψευδής.[33] Eine am Gebet orientierte Ethik scheint folglich – ebenso wie eine an einem kategorischen Imperativ orientierte Moral – wahrheitsirrelevant zu sein. Diese Wahrheitsirrelevanz potenziert sich sozusagen noch einmal, wenn die Anrufung ihrerseits durch ein «Befehlswort» begründet wird. Wenn sowohl eine Bitte als auch ein Befehl ebensowenig falsch wie wahr zu sein vermag, dann vermag eine befohlene Bitte erst recht ebensowenig falsch wie wahr zu sein. Es scheint, als triumphierte in dieser Ethik der befohlenen Anrufung der (von Carl Schmitt so gern bemühte) amoralische Satz des Thomas Hobbes im Zentrum der Moral: «authoritas, non veritas, facit legem.»[34]

Es sei denn, man würde gegenüber dem Verständnis der Wahrheit als Übereinstimmung von Satz und Sachverhalt Wahrheit sehr viel ursprünglicher als diejenige Unterbrechung des Seinszusammenhangs (Wirklichkeitszusammenhangs) der (geschaffenen) Welt verstehen, durch die der Mensch allererst in dasjenige Gegenüber zu seiner Welt gelangt, in dem dann so etwas wie adaequatio intellectus et rei mög-

[31] G. Ebeling, Die Krise des Ethischen und die Theologie, aaO. 47.

[32] Vgl. L. Wittgenstein, Tractatus logico-philosophicus, 4.024: «Einen Satz verstehen, heißt, wissen was der Fall ist, wenn er wahr ist» (Schriften [Bd. 1], 1960, 28).

[33] Aristoteles, De interpretatione, 1744.

[34] Th. Hobbes, Leviathan. Sive de materia, forma, et potestate civitatis ecclesiasticae et civilis, c. XXVI, Opera philosophica quae latine scripsit omnia, hg. von W. Molesworth, Bd. 3, [London 1841 =] 1966, 202.

lich wird. Es müßte dann freilich auch diese elementare Unterbrechung unseres Wirklichkeitszusammenhangs in sich eine ursprünglichere Übereinstimmung und unbedingte Verläßlichkeit bergen. Ist Anrufung Gottes eine solche elementare Unterbrechung unseres Lebens und insofern unserer Welt?

7. Sie ist es, insofern sie ihrerseits keine willkürliche Interruption ist, sondern vielmehr diejenige Unterbrechung, die unerläßlich eintritt, wenn der schlechterdings verläßliche und inmitten noch so großer Gegensätze immer noch mehr mit sich selbst übereinstimmende Gott sich offenbart. Dann kommt die Anrufung ihrerseits von geschehener Wahrheit her (wie übrigens Kants kategorischer Imperativ von der gesetzgebenden Vernunft!). Und sie trägt in sich die Gewißheit ihrer Erhörung. Als Unterbrechung des Weltzusammenhangs bringt sie diesen aber zugleich in ein nicht aus ihm selbst hervorgehendes Licht, das alles, was ist, in einem neuen Licht erscheinen läßt. In diesem Sinn gibt eine Ethik der Anrufung dem menschlichen Handeln eine eschatologische Perspektive. Sie ist keine gesetzliche Ethik des bloß Seinsollenden, sondern eine Ethik der Gewißheit des Kommenden und insofern des schon, und zwar für alle Menschen schon ermöglichten Seinsollenden. Denn da die so verstandene Anrufung Gottes als des Vaters, der alle Menschen zu seinen Kindern haben will, jeweils den ganzen Wirklichkeitszusammenhang unterbricht, beziehen die derart Betenden alle Menschen in die Anrufung Gottes als unser Vater ein. Sie beten wie die Wächter «auf den Mauern des schlafenden Jerusalem [...] zur Ehre Gottes und zum Heil Aller, die in ihren Mauern wohnen [...]. Ihr Beten ist, indem sie so ‹ Unser Vater!› rufen, ein *prophetisches* Beten» (166) und als solches der Grundakt ihres die Welt im neuen Licht bearbeitenden Tuns. In der Art, wie sie mit der Welt und mit dem Menschen in ihr umgehen, will sich das neue Licht reflektieren, das in die Welt gekommen bereits jedem Menschen leuchtet. Gerade indem das den Christen gebotene Tun dieses eschatologische Licht, φῶς ἐρχόμενον (Joh 1,9), reflektiert, erweisen sich die Christen eben als jene «seltsam *menschlichen* Menschen» (346). Sie handeln so, daß die Maxime ihres Willens durchaus jederzeit zugleich das Prinzip einer allgemeinen Gesetzgebung zu sein vermag, für die nun freilich gilt: veritas, non authoritas, facit legem.[35]

---

[35] Es kann demgemäß die Christen nicht irritieren, sondern nur höchst angenehm überraschen, wenn aus einem ganz anderen Grundethos andere Menschen dasselbe zu tun sich verpflichtet wissen wie sie. Ist es doch dieselbe Wahrheit, die im regnum gratiae und im regnum potentiae wirkt.

Gottes Anspruch
und menschliche Verantwortung

Auslegung der II. These der Barmer Theologischen Erklärung

WOLF KRÖTKE

I. Die Aktualität des Anspruchs Gottes

Noch nach 50 Jahren muß man eigentlich darüber staunen, daß die II. These der »Barmer Theologischen Erklärung« überhaupt zustande gekommen ist. Denn die Frage der theologischen Begründung des Handelns und Verhaltens der Christen in der Welt zählt nicht zu den Themen, über die die Christenheit unseres Jahrhunderts mit einem Munde zu reden pflegt. Die unterschiedlichen Bekenntnisbindungen der Kirchen, die verschiedenen Denktraditionen und Terminologien und nicht zuletzt die darin angelegte vielfältige Beurteilung der Wirklichkeit scheiden ausgerechnet an der Stelle der Geister, an der doch die Christen in der Welt am eindeutigsten in Erscheinung treten müßten.

Die II. Barmer These macht hier eine große und eben wirklich erstaunliche Ausnahme. Man muß ja nur einen Blick auf die Auseinandersetzungen werfen, die vor und nach »Barmen« um »Gesetz und Evangelium«, um die sog. »Zwei-Reiche-Lehre«, um die Grundlegung der Ethik und um so viele konkret zu treffende Entscheidungen auf der Tagesordnung standen und stehen. All das führt nicht gradlinig und verheißungsvoll zu »Barmen II«. All das führt eher weg von dieser einmütigen Aussage, die doch einmal für die Kirche in der Stunde der Gefahr ihrer Zerstörung unerläßlich wurde.

Es liegt darum nahe, diese Einmütigkeit nur auf das Konto einer außerordentlichen Situation zu schreiben. Diese Situation war eben so, daß die verschiedenen Positionen, Denkmuster und Terminologien einen Moment lang zur Seite gestellt werden konnten. Sie war eben so, daß eine *gemeinsame Grenze* gegenüber einer Irrlehre gezogen werden konnte, die jede reformatorische Kirche zugrunde gerichtet hätte. Hinter einer gemeinsamen Grenze aber bleibt notwendig ein weites Feld; ein Feld, auf dem die alten Unversöhnlichkeiten und Verschiedenheiten nun ein gleichsam gesichertes Leben führen können bis eines Tages jene gemeinsame Grenze gar nicht mehr nötig zu sein scheint, weil in der neuen Situation der Gegner von gestern gar nicht mehr auf dem Plan ist. Ich muß hier nicht belegen, wie wirksam dieses Verständnis vor allem von »Barmen II« in den Kirchen und in der Theologie nicht erst seit 1945 gewesen ist. »Barmen« – eine Negation, ohne hinreichende Position – mit dieser Lesart haben wir hier einen wirklich schönen Jubiläumstext, aber gerade darum keinen Text für heute und für morgen. Doch diese Lesart ist von unserem Text her nicht haltbar, obgleich sie an den unbestreitbaren Sachverhalt anknüpft, daß sich die Bekenntnissynode durch die Situation, die 1934 durch das deutsch-christlich geprägte Kirchenregiment in den Kirchen heraufgeführt wurde, zu ihren besonderen theologischen Aussagen genötigt sah.

Sie ist *erstens* nicht haltbar im Blick auf das Verständnis der *Negation*, die hier zu vollziehen war. Der Verwerfungssatz der II. These schließt aus, daß es »Bereiche« unseres Lebens gäbe, in denen wir anderen Herren als Jesus Christus »zu eigen« wären. Was damit konkret gemeint ist, zeigt ein Blick auf die »Richtlinien der Glaubensbewegung ›Deutsche Christen‹« vom 26. Mai 1932.[1] Von der Kirche, die einen »artgemäßen Christus-Glauben, wie er deutschem Luther-Geist und heldischer Frömmigkeit entspricht«[2], haben soll, wird gefordert, daß sie »in dem Entscheidungskampf um Sein oder Nichtsein unseres Volkes an der Spitze kämpft«[3]. Sie soll das »deutsche Lebensgefühl« kräftig machen, gegen Rassevermischung, gegen die »Untüchtigen und Minderwertigen«, gegen das Staatsbürgerrecht der Juden und für den Glauben »an unsere von Gott befohlene völkische Sendung« eintreten.[4] Als theologisches Argument für das alles dient außer der diffusen Vorstellung von einem »deutschen Christus« die Berufung darauf, daß »Rasse, Volkstum und Nation« von Gott gegebene Lebensordnungen seien, »für deren Erhaltung zu sorgen« als »Gottes Gesetz« verstanden werden muß.[5] Welchen Herren die Kirche hier dienstbar gemacht werden soll, ist mit Händen zu greifen. Das Handeln der Kirche soll sich nach der religiös verbrämten nationalsozialistischen Weltanschauung richten. Der entscheidende Hebel für diese Verbrämung ist jene Behauptung, daß Gott sich in seiner Forderung an den Menschen in der geschichtlichen Situation des deutschen Volkes offenbare und damit den Menschen zum Gehorsam gegen die Erfordernisse der sog. »völkischen Erhebung« verpflichte. Barmen II wendet sich gegen diese Lehre, indem der biblische Christus als der bezeugt wird, der den Menschen und sein Handeln *in allen Bereichen der Welt beansprucht*. Es gibt für Christen keine Loslösung von dieser Beanspruchung. Sie können sich nicht Forderungen als *Gottes* Forderungen unterwerfen, die in keinerlei Beziehung zur wahren Wirklichkeit Jesu Christi stehen. Das ist eindeutig. Es wäre freilich noch eindeutiger gewesen, wenn jene Lehre von der Gesetzesoffenbarung in der Geschichte ausdrücklich negiert worden wäre. Das ist nicht geschehen. Wohl um die Zustimmung aller Synodalen zu dieser These zu ermöglichen, wurde vielmehr auf die Erwähnung des Gesetzes überhaupt verzichtet und die Formulierung der Vorlage, daß wir nicht einem von Jesus

---

1 Vgl. Die Bekenntnisse und grundsätzlichen Äußerungen zur Kirchenfrage des Jahres 1933, ges. und eingel. von K. D. Schmidt, Göttingen 1934, S. 135f.
2 AaO., S. 135.
3 AaO., S. 136.
4 Ebd.
5 Ebd.

Christus »unabhängigen Gesetz« verpflichtet seien,[6] durch die jetzt vorliegende, weitläufigere Formulierung ersetzt. In der Sache kann man das aber
nicht so interpretieren, als sei damit im Grundsatz eine Lücke geschaffen, in
die die Lehre von der geschichtlichen Gesetzesoffenbarung – wenn auch in
neuer Gestalt – immer noch einzuspeisen ist. Die Kritiker von Barmen wie
W. Elert und P. Althaus haben das denn auch sofort erkannt.[7] Hier fällt eine
grundsätzliche Entscheidung, die nicht nur die »Deutschen Christen« betrifft. Negiert wird vielmehr jede Position, die die Ansprüche der Geschichte
und des Lebens mit dem bindenden Anspruch Gottes selbst identifiziert.
Räumt man die Möglichkeit zu solcher Identifizierung ein, dann wird umgekehrt auch die deutsch-christliche Gesetzeslehre möglich. Die Lehre von der
Bindung des Menschen Blut und Boden, Rasse und Volkstum, wie sie von
W. Elert und P. Althaus im gegen Barmen gerichteten »Ansbacher Rat-
schlag« vertreten wurde,[8] ist denn ja auch von den »Deutschen Christen«
ausdrücklich als der »Standpunkt« begrüßt worden, den sie »stets eingenommen haben«[9].
Führt man sich also diese Situation vor Augen, dann ist es in der Sache nicht
möglich, die Negation, die Barmen II vollzieht, nur als punktuell gültig anzusehen. Barmen II will ausschließen, daß es in der Kirche je noch einmal dazu kommen kann, daß die Christen sich an der Etablierung des Geistes und
der Taten einer solchen Räubermoral beteiligen, wie es die Weltanschauung
des Nationalsozialismus faktisch war. Jede Berufung auf geschichtliche Notwendigkeiten und Zwänge, denen sich die Christen wie dem Gesetz Gottes
beugen sollen, muß sich darum von Barmen II her fragen lassen, ob und wie
sie eine solche Möglichkeit ausschließen kann. Diese Frage ist eine aktuelle
Frage und bringt als solche mehr als nur eine zeitbedingte Negation zum
Ausdruck.
Das wird *zweitens* noch deutlicher, wenn wir uns die Grund*position* dieser
These vor Augen führen. Diese Position stellt das Leben und damit das Handeln der Christen in eine in jeder Hinsicht unlösliche Beziehung zu Jesus
Christus. Die theologische Denkform, in der das entfaltet wird, ist das Ver-
hältnis von *Rechtfertigung und Heiligung.* Jesus Christus beansprucht, in-
dem er uns unsere Sünden vergibt, zugleich unser ganzes Leben in der Welt.
Er tritt nicht für uns ein, um uns dann uns selbst zu überlassen. Er macht uns

---

6 Vgl. W. Niemöller, Die erste Bekenntnissynode der DEK zu Barmen, II. Text - Dokumente - Berichte, AKG 6, Göttingen 1959, S. 196ff.

7 Vgl. W. Elert, Confessio Barmensis, AELKZ 67, 1934, Sp. 603f; p. Althaus, Bedenken
zur »Theologischen Erklärung« der Barmer Bekenntnissynode, Lutherische Kirche 16,
Heft 7, Erlangen 1934, S. 119f.

8 Vgl. Die Bekenntnisse und grundsätzlichen Äußerungen zur Kirchenfrage. Band 2:
Das Jahr 1934, ges. und eingel. von K. D. Schmidt, Göttingen 1935, S. 102ff.

9 Vgl. W. Niemöller, Kampf und Zeugnis der Bekennenden Kirche, Bielefeld 1948, S.
129.

nicht nur gerecht, sondern er macht uns auch heilig, d.h. er macht uns *zu
recht handelnden* Menschen. Das Auseinanderreißen von Rechtfertigung
und Heiligung wird darum von H. Asmussen in seiner Kommentierung der
II. These als die Grundform der Irrlehre angesprochen, gegen die sich die II.
These wendet.[10] Wir könnten in unserem Tun nur der Sünde erliegen, wenn
wir das rechte Tun im Abstand und im Absehen von Jesus Christus selbst garantieren wollten.

Stellen wir die einzelnen Probleme, die sich bei der Entfaltung dieser
Grundsicht ergeben, noch einen Moment zurück, dann ist hier zunächst
hervorzuheben: Der Anspruch Jesu Christi auf unser ganzes Leben kann
nicht anders verstanden werden, als ein dem Menschen immer neu *gegenwärtiges Geschehen*. Schon der Begriff »Anspruch«, der dem des »Zuspruchs« entspricht, macht ja deutlich, daß es sich hier nicht um eine abstrakt über den Menschen verhängte Norm handelt. Jesus Christus ist nach
der I. These Gottes Wort selbst, d.h. gegenwärtiges Ereignis, in dem Gott
sich uns zuwendet. In dieser Gegenwärtigkeit heiligt er auch das Leben der
Christen. Darauf sind die, die an ihn glauben, in allen Bereichen ihres Lebens
angewiesen. Sie »bedürfen« dessen. Sie können deshalb den Anspruch Jesu
Christi auf ihr Leben nicht haben und besitzen wie ein Prinzip, aus dem nun
abstrakt allerhand Schlußfolgerungen zu ziehen wären. Nur indem Jesus
Christus in seiner Freiheit gegenwärtig begegnet, ist sein Gebot für unser
Tun und Verhalten zu vernehmen. Es wird genauso wenig Vergangenheit wie
Jesus Christus selbst. Indem sich die Barmer Synode also zur *Lebendigkeit*
des Anspruchs Jesu Christi auf unser ganzes Leben bekannte, hat sie zu-
gleich die Zukunft der Kirche auf das immer neue Hören dieses Anspruchs
verpflichtet. Bloß ausnahmsweise, bloß exklusiv im Blick auf eine besondere
Situation wäre diese Aussage überhaupt nicht zu machen gewesen.

Darum kann diese These auch nur in ihrer Bedeutung erfaßt werden, wenn
wir uns selbst am Hören auf den Anspruch Jesu Christi beteiligen und nach
dem fragen, was in unserer Zeit das Besondere dieses Anspruchs für unser
Leben ausmacht. Wir werden dabei zu prüfen haben, ob der immer wieder
erhobene Einwand, ein solches Hören mache ein in der Welt relevantes ethisches Verhalten unmöglich, stichhaltig ist. Das aber kann nur geschehen,
wenn wir zunächst – Wort für Wort dieser These auslegend – das Positive zur
Geltung bringen, das dort zum Tragen kommt, wo im Leben des Christen
von Jesus Christus in keiner Hinsicht abgesehen werden kann. Dieses Positive alleine vermag es ja nur, unter den Christen jene Einmütigkeit wieder entstehen zu lassen, die uns so erstaunlich und überraschend in der II. These
der »Barmer Theologischen Erklärung« begegnet.

---

10 Vortrag über die Theologische Erklärung zur gegenwärtigen Lage der Deutschen
Evangelischen Kirche, in: Die Barmer Theologische Erklärung. Einführung und Doku-
mentation, hg. von A. Burgsmüller und R. Weth, Neukirchen 1983, S. 50.

II. Gottes Zuspruch der Vergebung aller unserer Sünden

Die Frage des Lebens der Christen ist nach der II. Barmer These nicht zu thematisieren, ohne *zuerst* davon zu reden, *was Jesus Christus für uns getan hat und tut.* Wenn es an die Probleme unserer Lebensführung geht, dann ist das, was Jesus Christus für uns getan hat und tut, nicht irgendeine ferne und abstrakte Voraussetzung. Was Jesus Christus an uns tut, geht uns überall voran, so daß wir nicht vor der Aufgabe stehen, das Leben in seiner Fülle selber zur Geltung bringen zu müssen. Jesus Christus bringt unser Leben selbst in seine wahre Fülle. Darum heißt Christ-sein: unser Leben beginnt in keiner Hinsicht mit unserer Bemühung um das Leben. Es beginnt mit einem konkreten Geschenk: dem Zuspruch der Vergebung aller unserer Sünden.

Diese erste Aussage der II. These ist für alles Folgende von entscheidender Bedeutung. Wenn ich jedoch recht sehe, dann leidet die Auseinandersetzung um diese These daran, daß die Wichtigkeit dieser Aussage nicht durchgreifend genug zur Geltung gebracht wird. Dabei vermag sie von vornherein einige Mißverständnisse und falsche Alternativen auszuschließen. Das gilt in dreierlei Hinsicht:

1) Wenn die Frage nach unserem Leben und damit nach unserem Handeln als Christen gestellt wird, dann kann in keiner Hinsicht verschleiert werden, *daß wir Sünder sind.* Denn Gott macht unsere Sünde thematisch, wenn er sich uns zuwendet. Irgendwie so zu tun, als seien wir keine Sünder, als sei die Sünde nicht das Grundproblem unseres Lebens, ist darum ausgeschlossen. Indem wir *zu jeder Zeit* auf Gottes Vergebung der Sünden angewiesen sind, wird ans Licht gestellt, daß wir zu jeder Zeit dabei sind, unser Verhältnis zu Gott und alle anderen menschlichen Lebensverhältnisse zu zerstören. Das zu sehen, macht den sozusagen »christlichen Realismus« aus. Ein utopisches Bild von einer exklusiven menschlichen Sonderexistenz wird das christliche Leben darum nie vor Augen haben. Alle Einwände gegen die II. Barmer These, die das vermuten, sind von daher zu entkräften.

2) Gottes Zuspruch der Vergebung aller unserer Sünden und damit unsere *Rechtfertigung* ist die einzige Tat, die uns als Christen vor Gott, aber auch vor der Welt qualifiziert. Alles, was wir tun, wird nun nie mehr die Qualität eines rechtfertigenden Werkes haben können. Das Interesse daran, vor Gott und vor der Welt eine unserem Leben immanente, besondere Christlichkeit demonstrieren zu wollen, wäre darum ein gänzlich fehlgeleitetes Interesse. Es wird zwar in der Tat von einem Spezifischen des christlichen Lebens die Rede sein müssen. Aber dieses Spezifische kann nie den Charakter der Selbstrechtfertigung eines einzelnen oder einer Gruppe vor Gott und den Menschen haben. Alle Einwände gegen die II. Barmer These, die das vermuten, sind von dieser Einsicht her zu entkräften.

3) Gottes gegenwärtiger Zuspruch der Vergebung aller unserer Sünden macht unsere Sünde immer aufs neue *zur Vergangenheit.* Die Situation, in

der es zum Handeln des Christen kommt, ist darum nicht von der Sünde di-
rigiert. Die Sünde und ihre elenden und zerstörenden Folgen schreiben uns
nicht das Gesetz unseres Handelns vor, so daß wir uns eine Strategie ausdenken müßten, wie die Sünde aus der Welt zu schaffen sei. Bei aller nüchternen
Sicht der faktischen Realität der Sünde kann es nicht unsere Aufgabe sein,
die Sünde gleichsam ins Kalkül zu ziehen und ihr auf diese Weise eine Macht
zuzusprechen, die ihr Gott gerade abgesprochen hat. Alle Argumentationen
gegen die II. Barmer These, die den Ernst der Sünde so zur Geltung bringen
wollen, sind von daher kritisch zu befragen. Die Resignation vor der Unver-
meidlichkeit der Sünde ist nicht die besonders schlaue und lebensnahe Basis,
auf der sich das christliche Leben entfalten wird. Diese Basis ist vielmehr der
Mut, der Sünde, wie sie in der Welt in Erscheinung tritt, auf der ganzen Linie
Widerstand zu leisten. Ein solcher Mut erwächst aus Gottes Zuspruch der
Vergebung aller unserer Sünden und ist darum alles andere als ein lebensgefährlicher Übermut.

Die »Barmer Theologische Erklärung« als solche ist ja angesichts einer
mächtigen Erscheinungsweise menschlicher Sünde nicht zuletzt selbst ein
Zeugnis dieses Mutes – wenn auch zu fragen sein wird, ob sie nicht zugleich
auch vor diesem Mut zurückgeschreckt ist. Wir leben heute in einer Welt, die
diesen Mut gegenüber anderen Manifestationen der Macht der Sünde erfordert; aus meiner besonderen Sicht in einer Welt zumal, in der die Christen zu
einer Randgruppe der Gesellschaft geworden sind, die letztlich auf nichts
bauen kann, als auf diesen Mut, der ihnen aus dem Zuspruch der Vergebung
der Sünden zukommt. Ich kann mir darum eigentlich gar nicht vorstellen,
warum dieser Zuspruch in den Hintergrund geschoben werden sollte, wenn
es an das konkrete Leben geht. Denn das macht doch den Gewinn dieses Zuspruchs aus: Daß wir nüchterne Realisten im Blick auf die Wirklichkeit werden, die ein Ja zum Menschen und zu seinem Leben zu sagen haben, das
dort, wo Gott schon längst in Vergessenheit geraten zu sein scheint, *neuen
Mut zu einem wahrhaft menschlichen Leben freisetzt.*

III. Der Charakter des Anspruchs Gottes

Der Begriff des »Anspruchs« Gottes stammt deutlich aus dem theologischen Sprachgebrauch K. Barths und bezeichnet dort unzweifelhaft *Gottes
Gebot.*[11] Aber auch nach den Denkweisen »lutherischer« Theologie kann
man diesen Begriff hier eigentlich nicht fernhalten. Denn Christus hat das
Gesetz erfüllt und der Christ tut im Stande der Heiligung entweder freiwillig
und ungezwungen oder mit Hilfe des tertius usus legis das, was Gottes Gesetz fordert. Das erwähnte Vermeiden des Gesetzes*begriffs* kann also das
Thema, um das es im Gesetz geht, nicht vermeiden.

11 Vgl. Die Kirchliche Dogmatik II/2, Zollikon-Zürich 1948, S. 564ff.

Dieses Thema ist die *Forderung Gottes,* unter der wir in unserem Leben, spezieller in unserem Handeln stehen. Ganz klar ist, daß dieses Thema nach dieser These nicht unabhängig vom Zuspruch der Vergebung der Sünden in Christus aufgeworfen werden soll. Über diesen Grundsatz dürfte – auch von den verschiedenen Bekenntnissen her – kein Streit bestehen.[12] Die Problematik setzt dagegen dort ein, wo es um die *Reichweite* des Anspruchs und damit des Gesetzes Gottes geht. So wie der Text formuliert ist, bezieht sich die Reichweite des Gesetzes Gottes, das hier thematisch ist, nur auf die Christen. Sie kann also durchaus im Sinne der Reichweite des tertius usus legis verstanden werden. Denen, die glauben, wird Christus auch zur Forderung an ihr Leben. Die Situation, in der Menschen erst zum Glauben kommen sollen, bzw. die Situation, in der Menschen ohne Glauben leben, wird dagegen als Situation unter dem Gesetz nicht eigens thematisiert. H. Asmussen hat das in seinem Vortrag ausdrücklich unterstrichen. Es wird hier zur Kirche und zu den Christen gesprochen und nicht zur Welt, im Blick auf die – wie es heißt – ein »anderer Ton« am Platze wäre.[13]

Diese Selbstbegrenzung des Redens von Gottes Anspruch zeigt sich ja denn auch darin, daß die Barmer Theologische Erklärung keine Stellungnahme zu den konkreten Fragen des ethischen, gesellschaftlichen und politischen Verhaltens des nationalsozialistischen Staates und seiner Gewalttaten enthält. Der Anspruch Gottes wird hier nicht als Kritik der Unrechtstaten präzisiert, die in diesem Staate Menschen – allen voran, den Juden – zugefügt wurden. Darum ist die II. These, ja die ganze Erklärung auch nicht eigentlich als Ausdruck eines politischen Widerstandes der Kirche gegen das zu verstehen, was sich im Deutschland jener Zeit vollzog. Ohne abstrakt Richter sein zu können und zu wollen, empfinden wir das heute schmerzlich. Die Kirche hat in Barmen zuerst auf sich selbst gesehen und nach ihrem eigenen Verhalten gefragt. Das war nicht wenig; besonders in dem, was sie sich dabei selbst zugemutet hat. Aber kann von Gott und seinem Anspruch wirklich die Rede sein, indem die Christen sich nur mit sich selbst beschäftigen? Besser: Müssen sie, indem sie sich mit sich selbst beschäftigen, das Gute, das Gott von ihnen fordert, nicht notwendig auch von allen fordern? Diese Frage nach der größeren Reichweite des Anspruchs Gottes ist unausweichlich und es spricht für die Qualität dieses Textes der II. These, daß sie auch aus ihm selbst heraus unausweichlich wird.

Schauen wir näher zu! Was ist das für ein Anspruch, den Gott auf unser ganzes Leben erhebt? Die Formulierung, Jesus Christus sei wie Gottes Zuspruch der Vergebung aller unserer Sünden »so und mit gleichem Ernst«

---

12 Vgl. hierzu den wichtigen Aufsatz von W. Joest, Karl Barth und das lutherische Verständnis von Gesetz und Evangelium. Gedanken und Fragen zur Wiederaufnahme einer stehen gebliebenen Diskussion, KuD 24, 1978, S. 86ff.
13 Vgl. Vortrag, S. 50.

auch Gottes kräftiger Anspruch auf unser ganzes Leben, ist leider sehr vage und weitläufig. Klar ist, daß gesagt werden soll: mit gleicher Verbindlichkeit und Geltung wie Gottes Zuspruch trifft uns sein Anspruch. Was aber heißt das Wörtchen »so«? Es stellt ja offenbar nicht nur eine formale Beziehung zwischen dem Zuspruch und dem Anspruch Gottes her, so daß man sagen könnte: es gibt neben dem Zuspruch auch noch einen Anspruch, neben dem einen Wort auch noch ein ganz anderes Wort. Vielmehr soll offensichtlich auf etwas Inhaltliches dieses Anspruchs gezielt werden, das mit der »Vergebung aller unserer Sünden« zu tun hat. Was aber ist das?

Zur Klärung dieser Frage müssen wir den zweiten, von H. Asmussen formulierten Satz dieser These heranziehen. Er ist eminent wichtig. Denn er präzisiert das, was jenes »so« im Unklaren läßt, auf bemerkenswerte Weise. Zunächst stutzt man ja, wenn von Gottes *Anspruch* gesagt wird, durch ihn widerfahre uns die »frohe Befreiung aus den gottlosen Bindungen dieser Welt«. Das klingt mehr nach einer Aussage, die in die Rechtfertigungslehre gehört, so daß man versucht ist, einfach so zu lesen: durch Jesus Christus widerfährt uns diese Befreiung. Aber so ist es – wie Asmussens eigene Erläuterung zeigt – nicht gemeint. Sein »richtender und uns rettender Anspruch (!)«, heißt es da, bedeutet uns »frohe Befreiung aus den gottlosen Bindungen dieser Welt«[14]. Es geht also nicht um eine abstrakte Zwangsmacht, unter die wir hier zu stehen kommen. Gottes Gesetz ist für uns ebenso eine Wohltat wie die Vergebung der Sünden. Indem es uns beansprucht, gewährt es uns Freiheit. Deshalb ist die Freude an Gottes Gesetz das Charakteristikum dessen, der es tut (wie die sprachlich etwas dicke Wendung von der »frohen Befreiung« sagen will).

Wir stellen die Frage der Bedeutung der »gottlosen Bindungen« noch einen Moment zurück und blicken von diesem Wesen des frei machenden Gesetzes Gottes auf die positive Bestimmung, die nun unser Leben erfährt. Es wird gekennzeichnet als »freier Dienst an Gottes Geschöpfen«. Wir werden, das ist das Gebietende des Anspruchs Gottes, in einen *Dienst* gestellt. Dazu wird unser Leben frei: im Dienst Gottes, also *im Dienst der Vergebung aller unserer Sünden* zu stehen. Indem wir von dem Gott, der Sünden vergibt, beansprucht werden, werden wir also an dem, was Gott hier tut, in bestimmter Weise *mitbeteiligt*. Wir stehen im Dienst an Gottes Geschöpfen. Wir treten also für Menschen ein, die eines Dienstes bedürfen. Dieses Eintreten ist nicht das Heil der Vergebung der Sünden selbst. Aber es ist doch ein Verhalten, daß Menschen in der Not und in den Problemen ihres Daseins zur Seite steht, wobei wir hier zunächst an das denken können, was im Neuen Testament »Nächstenliebe« heißt.

Ist das richtig gesehen, dann klärt sich auf, was Gottes Anspruch der Sache nach bedeutet. Ich fasse es kurz folgendermaßen zusammen: *Wie Gott im*

---

14 AaO., S. 49.

Zuspruch der Vergebung der Sünden für uns eintritt, so sollen wir für eine bejahbare Geschöpflichkeit aller Menschen eintreten. Das ist der fundamentale Zusammenhang unseres Lebens mit dem Tun Gottes für uns, der durch Gottes Anspruch gewahrt wird. Der Christ kann sich unter diesem Anspruch mit dem Dienst an Gottes Geschöpfen nicht zurückhalten. Er muß sich einmischen, wo immer es die Not und die Problematik der Geschöpfe Gottes erfordert. Das ist das Spezifikum seines Lebens, das ihn hindern wird, irgendeinen Bereich der Welt so betrachten, als ginge er ihn nichts an, als gehöre Gottes gutes, befreiendes Gesetz nicht gerade hierher. Der Zusammenhang seines Lebens mit Gottes *besonderem* Tun stellt ihn darum in einen Dienst, der alle von Menschen gesetzten Grenzen – auch Kirchengrenzen! – überschreitet.

Indem die II. Barmer These darauf hinausläuft, überschreitet sie sich in der Fixierung allein auf das Leben der Christen aber auch selbst. Darum ist nun nach der Bedeutung des Dienstes der Christen für das Leben der Menschen in der Welt überhaupt zu fragen.

IV. Das Leben in der Verantwortung vor Gottes Anspruch

Im Dienst Gottes, der Sünden vergibt, kann man nicht nur ein bißchen und teilweise stehen. Sehr betont wird darum in der II. These nicht nur vom Anspruch Gottes auf unser Handeln, sondern auf unser Leben und zwar auf unser *ganzes Leben* geredet. Der Anspruch Gottes auf unser ganzes Leben überschreitet damit die bloß ethische Dimension. Der Christ steht nicht nur im Dienst von Gottes Zuspruch der Vergebung der Sünden, indem er sich mit dem Handeln den brennenden Fragen des menschlichen Lebens zur Verfügung stellt. Das tut er ganz bestimmt. Aber das Handeln für sich und als solches bleibt in der Welt der Sünde immer zweideutig. Es kann in den unterschiedlichsten Verhältnissen das Verschiedenste besagen und von mannigfachen Interessen vereinnahmt werden. Handeln bedarf unter Menschen immer auch des eindeutigen, eindeutig machenden Wortes – so wie der Mensch ja auch mehr ist als ein Körper, dem zur Lebensfristung verholfen werden muß. Auf das *Wort,* das Menschen von Gott her in ihrem Dienst und in ihrer Würde bejaht, indem es in Gottes Namen Sünden vergibt, kann der Christ darum nirgends verzichten. Insofern hängt der Dienst, von dem hier die Rede ist, mit dem Dienst des Wortes von Barmen VI, aber auch mit dem der ganzen Gemeinde anvertrauten Dienst von Barmen IV unlöslich zusammen. Besonders das Letztere ist hier noch nachdrücklich zu unterstreichen. Die Tradition des Verständnisses von Rechtfertigung und Heiligung hat ja die Tendenz, den Menschen vor allem in einem Individualverhältnis zu Gott zu sehen. Das hat auch sein Recht. Wo es jedoch um die Wahrnahme des Dienstes an Gottes Geschöpfen unter Gottes Anspruch geht, da kann der Christ nie nur ein einzelner sein wollen. Da ist das Subjekt dieses Dienstes vor allem die *Gemeinde,* die als ganze und in all ihren Teilen zum Dienst beansprucht wird.

Unter dieser Voraussetzung ist nun zu bedenken, wie es im Dienst an Gottes Geschöpfen zu *konkreten Entscheidungen* kommt. Auf den ersten Blick ist ja unsere Grundaussage, die eine Beziehung von Gottes Handeln in Jesus Christus und unserem Leben behauptet, sehr allgemein. Die Problematik aber sitzt hier im Konkreten. Denn im Blick auf die vielen und vielfältigen ethischen, sozialen und politischen Probleme der Weltgestaltung wird immer wieder geltend gemacht, daß man »direkte Verhaltensanweisungen für das öffentliche Leben« weder aus der Christologie »ableiten« noch für den Prozeß gesellschaftlicher Entscheidungsfindung kommunikabel machen könne.[15] Deshalb wird betont, daß ethischen und politischen Entscheidungsprozessen eine eigene Rationalität zukomme, die sich nicht aus Gottes eschatologischem Tun als solchem ergebe. Ich kann diese Diskussion, die im Namen des Anliegens der sog. »Zwei-Reiche-Lehre« einerseits und unter Berufung auf die »Königsherrschaft Christi« andererseits geführt wird, hier unmöglich in all ihren Nuancen und Differenzierungen verfolgen. Ich begnüge mich deshalb mit der bescheideneren Aufgabe, zu ermitteln, wie sich die Frage konkreter Entscheidungsfindung darstellt, wenn man den Text von Barmen II als solchen ernst nimmt.

Das erste, was da ins Auge fällt, ist ja der betonte und hervorgehobene Gebrauch des Wortes *Freiheit.* Durch Gottes Anspruch werden wir zu freiem Dienst befreit. Diese Freiheit besteht zunächst darin, daß wir von den »gottlosen Bindungen« dieser Welt loskommen. Was mit den »gottlosen Bindungen« gemeint ist, kann man wiederum aus dem Vortrag von H. Asmussen deutlich ersehen. Es geht nicht darum, daß die Beanspruchung des Menschen durch die Welt als solche »gottlos« ist. Dann wäre die Welt ja gar nicht mehr Gottes Schöpfung. Gemeint sind vielmehr solche »Bindungen«, die uns in der Welt und aus der Welt heraus mit dem »Anspruch göttlicher Bindung« begegnen,[16] wie denn z.B. die »Bindung an Blut und Boden« von W. Elert als ein solcher Anspruch behauptet wurde.[17] Die Welt hat als Gottes Schöpfung aber nicht Qualität, uns wie ein Gott binden zu dürfen. Geschieht das dennoch, dann werden wir im wahrsten Sinne *gottlos.* Dann geraten wir in der Welt unter die Herrschaft der »Folterknechte einer unerlö-

15 Vgl. M. Honecker, Weltliches Handeln unter der Herrschaft Christi. Zur Interpretation von Barmen II, ZThK 69, 1972, S. 76.

16 H. Asmussen, Vortrag, S. 50.

17 W. Elert, Die ethische Bindung an Blut und Boden, in: Bekenntnis, Blut und Boden, Leipzig 1934, S. 22; Der Begriff der »Bindung« in der II. Barmer These ist wohl eher im Anschluß an diesen Sprachgebrauch aufgenommen und dient weniger einem »neuen Weltbegriff« (F. W. Marquardt, Entbindung zum Leben, in: Ein Ruf nach vorwärts. Eine Auslegung der Theologischen Erklärung von Barmen 30 Jahre darnach, hg. von M. Karnetzki, ThExh NF 115, S. 33ff).

sten Welt« - wie H. Asmussen drastisch gesagt hat.[18] Befreiung aus diesen Bindungen heißt darum zugleich, daß uns die Welt wieder zum relativen, bejahbaren Ort unseres Daseins wird. Nicht eine göttliche verklärte, sondern eine nüchtern in *ihrer Weltlichkeit ernst genommene Welt* ist der bejahte Ort eines jeden menschlichen Leben. Die Welt zu vergöttlichen, ein absolutes »Reich Gottes auf Erden« zu errichten, kann darum nie mehr das Ziel von Menschen sein, die durch Gottes eigenen Anspruch von der Macht jener quasi-göttlichen »Bindungen« befreit wurden.

Deshalb hat diese Befreiung zugleich auch positive Bedeutung für den Dienst der Gemeinde in einer relativ gesehenen weltlichen Welt. Im Dienst Gottes sind die Christen *Repräsentanten der Freiheit*, die das Geschöpf als menschliches *Gegenüber Gottes* haben darf und hat. Unser Leben unter Gottes Anspruch ist zwar das Leben für etwas Bestimmtes: wir sollen für Gottes Geschöpfe eintreten. Aber diese Verpflichtung hebt nicht auf, daß der Dienst selber ein freier Dienst, ein Handeln selbständiger Subjekte ist. Ich fasse diesen beiden Momente der bestimmten Verpflichtung und der Freiheit mit dem Begriff der *Verantwortung* zusammen, der ja dann später in der V. These auch ausdrücklich benutzt wird. Menschliche Verantwortung kommt her von einer bestimmten Anrede, auf die sie antwortet. Sie gestaltet, »ver«-antwortet diese Antwort aber selbst. Im Dienst Gottes ist der Mensch demnach keine Marionette oder ein willenloser Empfänger von Befehlen. In Dienst Gottes dürfen Menschen vielmehr in Freiheit das tun, was Gottes Geschöpfen in ihrer Weltlichkeit und Menschlichkeit zugute kommt.

Das ist die Dimension, in der mit Recht das Gewicht des eigenen Entscheidens und Urteilens der Gemeinde zur Geltung gebracht werden kann. Unter Gottes Anspruch sind wir immer auch nach diesem eigenen Entscheiden und Urteilen gefragt. Dabei ist klar, daß es selbstverständlich eine hinreichende Kompetenz und sachliche Urteilsfähigkeit im Blick auf die vielen Probleme rechten weltlichen Daseins geben muß. Die Vorstellung, daß Gottes Anspruch in Jesus Christus ein Normenkatalog sei, aus dem für jede Situation und alle Umstände das Richtige »abzulesen« wäre, ist abenteuerlich und gehört wohl mehr zu den Karrikaturen, die den Streit der Theologen würzen. Gerade im Dienst des Gottes, der Sünden vergibt, ist der Mensch nach seiner von ihm verantworteten Gestaltung der Welt gefragt; nicht nur im Blick auf einzelne Entscheidungen, sondern auch im Blick auf gesellschaftliche Institutionen, die menschliches Zusammenleben ermöglichen. Mit dem viel umstrittenen Begriff der »Eigengesetzlichkeit« der Welt sollte man freilich dieses eigene Gewicht des Weltlichen, das hier verantwortlich zu gestalten ist, nicht belasten.[19] Denn davon, daß der freie Dienst an Gottes

18 H. Asmussen, Vortrag, S. 50.

19 Vgl. zum Begriff der »Eigengesetzlichkeit« und seiner Problematik: W. Huber, Folgen christlicher Freiheit. Ethik und Theorie der Kirche im Horizont der Barmer Theologischen Erklärung, Neukirchen 1983, S. 53ff.

Geschöpfen nun unter ein ganz anderes Gesetz kommt als unter das des Gottes, der Sünden vergibt, kann von Barmen II her nicht die Rede sein. Davon kann gerade unter Berufung auf das Handeln Gottes *des Schöpfers* nicht die Rede sein.

Die II. These ist ja die einzige Stelle in der Barmer Theologischen Erklärung, an der durch die Erwähnung von »Gottes Geschöpfen« der Glaube an Gott den Schöpfer ausdrücklich thematisch wird. Doch es ist in diesem Text schon grammatisch nicht möglich, den Schöpfergott irgendwie von dem uns in Jesus Christus zugewandten Gott zu isolieren. Der Gott, der uns in Jesus Christus Sünden vergibt, stellt uns in den Dienst an *»seinen* Geschöpfen«! In Jesus Christus kommt also eine wesentliche Intention des Schöpfergottes zur Geltung, die in der Schöpfung durch die Sünde und jene »gottlosen Bindungen« verstellt ist. Diese Intention bestätigt, daß es in der Welt ein Verhalten von Menschen geben muß, das nicht mit dem Glauben, der reines Geschenk ist, verwechselt werden darf. Es bestätigt, daß zumal der Widerstand des Menschen gegen die Sünde in der Welt nie dasselbe sein wird, wie Gottes Widerstand. Darum muß es in der Welt ein Verhalten geben, wie z.B. die menschliche Ausübung von Macht, das auf *weltliche Weise* der Bejahung und Bewahrung der Geschöpfe Gottes dient. Unter der Gegenwart des sündenvergebenden Gottes und seines Anspruchs wird die konkrete Gestaltung dieses Verhaltens für Christen aber immer davon geprägt sein, daß sie *vor* Jesus Christus als *von ihm* bejahbare Gestaltung verantwortbar ist. Konkrete Ausübung von Macht, die auf feine oder grobe Weise die Vernichtung, Unterdrückung, Entrechtung oder willkürliche Begrenzung des Menschen einkalkuliert und befördert, wird nicht zu diesem Verantwortbaren zählen können. Ebensowenig kann erwartet werden, daß die christliche Gemeinde die Vereinsamung des Menschen, seine Entfremdung von sich, seinen Mitmenschen und seiner Umwelt unter Berufung auf irgendeine partikulare Rationalität hinnimmt.

Hier ist es vielmehr legitim und unausweichlich, daß die christliche Gemeinde den faktischen Verhältnissen vorgreift und konkret benennt, in welcher Hinsicht diese Verhältnisse der Neugestaltung bedürftig sind. Ich begnüge mich an dieser Stelle mit einem Hinweis auf zwei zu beachtende Aspekte dieses konkreten Urteilens der Gemeinde. Dabei ist mir bewußt, daß sich die Probleme für eine Kirche, die weder rechtlich noch durch ihre Glieder ein Träger gesellschaftlicher Macht ist, vielleicht einfacher darstellen, als für eine Kirche, die faktisch mannigfach in die Konstitution einer Gesellschaft hineinverwoben ist.

1) Unter Gottes Anspruch wird die christliche Gemeinde ein Ort sein, an dem Menschen von der Frage bewegt sind, was sie verantwortlich zur konkreten Gestaltung einer Gesellschaft beizutragen haben. Der Dienst der Gemeinde hat ja, wie wir sahen, durch den Bezug auf das Wort eine deutliche Dimension des Zeugnisses. Jedermann, der es mit einer christlichen Ge-

meinde zu tun bekommt, muß sich deshalb darauf verlassen können, daß dort, wo von Gott geredet wird, alle Probleme des Menschseins und des gesellschaftlichen Lebens einen natürlichen Platz haben. Es hat hier gar nichts Zweifelhaftes und Fragwürdiges an sich, wenn das sog. »Machbare« und die Zwänge der faktischen Notwendigkeiten nicht das erste Wort bekommen. Der Gott, der uns in Jesus Christus beansprucht, ist ja, wie sowohl in der III. als auch in der V. Barmer These zum Ausdruck kommt, der, der diese Welt in seinem Reiche vollenden wird. Und Christus, der uns gegenwärtig begegnet, treibt ja sein prophetisches Amt auf diese Zukunft zu. Es wäre darum eher verwunderlich, wenn die konkreten Vorstellungen, die in der Gemeinde von einem bejahbaren Leben und Zusammenleben der Geschöpfe Gottes entstehen, nicht die Dimension des Prophetischen hätten. Vom Anspruch Jesu Christi her auf die Zukunft des Reiches Gottes hin wird alles, was hier zu sagen ist, vielmehr in einer *eindeutigen Bewegung nach vorne* stehen.

2) Im Dienst Jesu Christi wird die Gemeinde auch faktisch so leben, wie sie es anderen zumutet. Nicht nur in der Ordnung ihres eigenen Zusammenlebens (wovon bei der Auslegung der III. und IV. These die Rede sein muß), sondern auch im Handeln aller ihrer Glieder muß ihr Reden einen weltlich glaubwürdigen Kommentar haben. Den Schwierigkeiten, die tatsächlich oder angeblich der Verwirklichung eines bejahbaren Lebens der Geschöpfe Gottes entgegenstehen, begegnet man nicht in abstracto, sondern in concreto. Darum sind die vielen großen und kleinen Aktivitäten der Gemeinde und der einzelnen Christen, die konkret Hilfe in der Not leisten oder Exemplarisches in der Behebung von Fehlentwicklungen verwirklichen, hoch zu schätzen. Sie bewahren die Gemeinde davor, der Welt hochmütig irgendwelche Patentlösungen zu präsentieren. Denn sie dokumentieren die Bereitschaft der Gemeinde, in der Welt der Sünde nüchtern mit durchzustehen, was in der Verantwortung vor Jesus Christus getan werden muß. Selbst wenn die Gemeinde in dieser Verantwortung genötigt ist, zu faktischen Entwicklungen deutlich »Nein« zu sagen, kann das nie bedeuten, daß sie nur in Negationen verharrt. Sie wird durch ihr eigenes Verhalten vielmehr anzeigen, daß ihr Dienst an Gottes Geschöpfen niemals aufhören kann, nach menschlichen Wegen zu suchen, die immer eindeutiger einem bejahbaren Leben aller von Gott geliebten Menschen zugute kommen.

Wir sagten zu Beginn, es gehe in der II. These der Barmer Theologischen Erklärung darum, daß sich die Kirche darauf festlegt, nie noch einmal so zu reden und sich nie noch einmal so zu verhalten, wie es die »Deutschen Christen« getan haben. Ein solches Reden und Verhalten *ist* ausgeschlossen, wenn die Kirche und die Christen in allen Bereichen der Welt in der Verantwortung vor Gottes Zuspruch und Anspruch in Jesus Christus stehen. Diese Verantwortung macht ihnen die Sorge und den Einsatz für die Menschlichkeit und Geschöpflichkeit aller Menschen zu einer Grundaufgabe ihres Lebens. Es ist, wie wir gesehen haben, eine in vieler Hinsicht schwierige und differenzierte Aufgabe. Aber all die Schwierigkeiten, die hier entstehen, sollten uns doch eher Anlaß sein, in ihrer Überwindung vorwärts zu gehen, statt in ihrer Zementierung stehen zu bleiben. Denn Gott würde uns nicht in seinen Dienst nehmen, wenn nicht die so viel größere Not seiner Geschöpfe danach riefe. Gerade in den brennenden Fragen unserer Zeit wartet die Einmütigkeit, in der die Barmer Synode diesen Dienst bejaht hat, darum darauf, von uns ratifiziert zu werden.

»Freiheit« als theologische und politische Kategorie

Ervin Vályi-Nagy zum 60. Geburtstag am 11. November 1984

GERHARD SAUTER

Ende Juni 1933 beschloß Karl Barth seine Schrift »Theologische Existenz heute!« mit folgenden Sätzen:

> »Wo ist alles das hingekommen, was noch vor einem Jahr und vorher hundert Jahre lang Freiheit, Recht und Geist hieß? Nun, das sind zeitliche und irdische Güter. Alles Fleisch ist wie Gras... Kein Zweifel: schon manches Volk in alter und neuer Zeit hat diese Güter entbehren müssen und dann auch entbehren können, wenn das kühne Unternehmen des ›totalen Staates‹ es von ihm verlangte. ›Aber das Wort unseres Gottes bleibt ewiglich.‹ Und darum ist es jeden Tag – denn jeder Tag eilt zur Ewigkeit – wahr und unentbehrlich. Darum kann die Kirche, kann die Theologie auch im totalen Staat keinen Winterschlaf antreten, kein Moratorium und auch keine Gleichschaltung sich gefallen lassen. Sie ist die naturgemäße Grenze jedes, auch des totalen Staates. Denn das Volk lebt auch im totalen Staat vom Worte Gottes, dessen Inhalt ist: ›Vergebung der Sünden, Auferstehung des Fleisches und ein ewiges Leben‹. Diesem Wort haben Kirche und Theologie zu dienen für das Volk. Darum sind sie die Grenze des Staates. Sie sind es zum Heil des Volkes, zu *dem* Heil, das weder der Staat noch auch die Kirche schaffen können, das zu verkündigen aber die Kirche berufen ist. Sie muß ihrer eigentümlichen Sachlichkeit treu bleiben *dürfen* und treu bleiben *wollen*. In der ihm aufgetragenen *besonderen* Sorge muß der Theologe *wach* bleiben, ein einsamer Vogel auf dem Dach, auf der Erde also, aber unter dem offenen, weit und unbedingten offenen Himmel. Wenn doch der deutsche evangelische Theologe wach bleiben oder, wenn er geschlafen haben sollte, heute, heute wieder wach werden wollte!«[1]

Diese Sätze geben dreifach zu denken, im Blick auf den Beginn kirchlichen und theologischen Widerstandes im Jahre 1933, für den Karl Barths Broschüre zu einer Programmschrift wurde, nicht weniger aber auch für unsere Frage nach dem Verhältnis von theologischer und politischer Freiheit heute.

Gefährdete Freiheit

Erstens stellt Barth wenige Monate nach der nationalsozialistischen »Machtergreifung« den Verlust der politischen Freiheit, der staatsbürgerlichen Freiheitsrechte fest, beileibe nicht ohne Wehmut, durchaus nicht leichten Herzens, aber als eine Tatsache, mit der man leben kann. Daß dies keine beiläufige oder gar

---

[1] Karl Barth, Theologische Existenz heute! (1933), neu hg. von Hinrich Stoevesandt, Theologische Existenz heute 219, München 1983, S. 85–87.

nur taktische Bemerkung war, zeigt ein Brief Barths an E. Hessel nach Japan vom 29. Mai 1933, also knapp vier Wochen früher: »›Rechtsstaat‹, ›Menschenwürde‹, ›Gedankenfreiheit‹, ›Post- und Telephongeheimnis‹, Möglichkeit eines aufrichtigen Wortes vor Unbekannten – du liebe Zeit, wo ist das alles hingekommen? Aber man gewöhnt sich ja auch an das Gegenteil ... Es ist ja im alten Babylon oder Rom oder auch im absolutistischen Staat des 18. Jahrhunderts auch nicht sehr viel anders zugegangen, und die Leute haben doch dabei leben können.«[2]

Man kann natürlich fragen, welchen Geschichtsunterricht Karl Barth gehabt haben mag, der es ihm erlaubte, solche Vergleiche anzustellen. Wird nicht das Unwesen des totalen Staates, das in einer restlosen Politisierung aller Lebensvorgänge gipfelt, verharmlost, wenn man es etwa mit den antiken Staatsreligionen oder mit dem neuzeitlichen Staatsabsolutismus und seinen relativen Freiräumen in Beziehung setzt? Barth hat sich später darüber kritischer aussprechen können, er hat auch – darauf werde ich noch zurückkommen – bedauert, daß man in der Barmer Theologischen Erklärung nicht deutlich genug für die Freiheit als politische Aufgabe eingetreten sei. Das relativiert aber nicht, was 1933 eingeschärft und später – nicht nur von Barth – in vielen Variationen wiederholt worden ist: der Verlust von Freiheitsrechten schränkt das politische wie das persönliche Leben empfindlich ein, er erschwert es erheblich, aber er macht es nicht unmöglich. Die bürgerlichen Freiheiten sind wie Recht und Geist (»Geist« im Sinne der kulturellen Einheit eines Volkes, seiner schöpferischen Kraft und seines gemeinsamen Bewußtseins) »zeitliche und irdische Güter«, sie sind nicht von Dauer und haben keinen Ewigkeitswert, aber sie sind eben doch Güter. Ob sie fehlen oder nicht, kann daher niemandem gleichgültig sein, aber fraglich ist, wieviel sie im Vergleich mit anderen, ebenso zeitlichen und irdischen Gütern jeweils wiegen. *Freiheiten, als Güter gewichtet, unterliegen der Güterabwägung.*

Freiheiten zum Schutze und zur Entfaltung des einzelnen verlieren rasch an Gewicht, wenn lebenswichtige Interessen auf die Waage gelegt werden: etwa Sicherung nationaler Existenz oder Behebung eines sozialen Notstandes. Weil der totale Staat verspricht, den Ansprüchen aller am besten gerecht zu werden, kann er alle Güter für sich beanspruchen. Er hebt Freiheit, Recht und Geist auf, im verführerischen Doppelsinne des Wortes »aufheben«: er macht sie überflüssig, indem er erklärt, sie seien in ihm am besten aufgehoben. Darum erscheint der totale Staat nicht – jedenfalls nicht sogleich und auf den ersten Blick – als ein Monstrum. das jeden unterwirft, der sich ihm in den Weg stellt, und das alles brutal für sich selber haben will; er tritt auch nicht (wie in Bertolt Brechts Lehrstück »Der aufhaltsame Aufstieg des Arturo Ui«) wie eine Gangsterbande auf, die krisengeschüttelten Menschen mit einer wohldosierten Mischung von Drohung und Verlockung ihre Freiheit abkauft, indem sie ihnen jedes Risiko abnimmt. Wenn Karl Barth in dem erwähnten Brief notiert, daß in wenigen

---

[2] AaO., S. 162.

Monaten »eine Partei es mit fabelhafter Technik verstanden hat, das ganze Volk in ihre Tasche zu stecken«, so spielt er darauf an, daß die nationalsozialistische »Machtergreifung« Deutschland nicht einfach überrumpelt hat, sondern daß zumindest eine Mehrheit des deutschen Volkes sich auf das gigantische Experiment einlassen wollte, alle seine Güter dem »Volksganzen« zu übertragen, ja in ihm aufgehen zu lassen – ein Experiment, das, einmal vollzogen, nicht mehr rückgängig gemacht werden kann.

»Recht ist, was dem Volke nützt«: so hieß es auf einem Spruchband im Flur meiner Schule, das mir noch deutlich vor Augen steht. Solch ein Spruch besiegelt das Ende jedes Rechtes, dem der Staat doch eigentlich verpflichtet ist und von dem er sich zur Rechenschaft ziehen läßt, das Recht, das es einem Volk erlaubt, seinen Staat zu tragen. Recht wird zu einer bloßen Funktion staatlicher Selbstdarstellung, wenn Volk und Staat so miteinander verschmelzen, wie es die nationalsozialistische Ideologie verlangte, die außerdem die Einheit von Volk und Rasse herbeiführen wollte. So hatte der Reichsjustizkommissar Hans Frank die Aufhebung des Rechtes ausgerufen: »Wir werden dafür sorgen, daß das Recht wieder des Volkes und das Volk wieder des Rechtes wird... Recht kann niemals sein, was den Interessen des Volkes abträglich ist.«[3] Auch »Freiheit« kann jetzt nur heißen: den Lebensinteressen des Volkes dienen, nach außen gegenüber jeder Einschränkung des völkischen Lebensraumes wie nach innen, gegenüber dem einzelnen, der diesen Interessen im Wege steht. Der totale Staat fordert alle individuellen und ihm gegenüber selbständigen sozialen Freiheiten für sich ein, er verspricht dafür völlige Geborgenheit. Freiheit wird zur Funktion eines Sozialkörpers, dessen Wesen Selbstbehauptung ist, Selbstbehauptung um jeden Preis, der nicht das eigene Überleben gefährdet.

Unantastbarkeit der persönlichen Sphäre, unreglementierte Verantwortlichkeit, ein rechtlich geschützter und in gemeinsame Verbindlichkeiten eingebetteter Bewegungsspielraum: Wird diese politische Handlungsfreiheit durch einen Umsturz geraubt oder wird sie in einer Diktatur von vornherein gar nicht erst eingeräumt, dann kann und darf man sich damit trösten, daß man ohne dieses zeitliche, irdische Gut wie ohne andere Lebensqualitäten auskommen wird. Ein billiger Trost war dies 1933 und in den folgenden Jahren ebensowenig wie nach dem Kriege in anderen, durchaus nicht den gleichen, aber doch vergleichbaren politischen Umständen, in denen politische Freiheit vorenthalten wurde. Barth will unter den gegebenen Umständen ermutigen, wenn er sagt, »schon manches Volk in alter und neuer Zeit« habe »diese Güter entbehren müssen und dann auch entbehren können«, wenn auch ein leises Befremden darüber mitklingt, daß so viele Deutsche nach erstaunlich kurzer Zeit diese Entbehrung gar nicht mehr spüren, daß sie ganz gut ohne die Freiheit auszukommen scheinen, um die andere Völker so leidenschaftlich gekämpft haben und die sie so sorgsam bewahren.

---

[3] Laut »Germania«, Nr. 139, 22. Mai 1933, abgedruckt in: Zeitungsspiegel, Nr. 39, 23. Mai 1933, S. 7, zitiert nach H. Stoevesandt, aaO. (Anm. 1), S. 161.

Diese Verschiedenheiten politischer Mentalität und auch ein erschreckend reibungsloser, von applaudierenden Massen begleiteter Umschwung vom demokratischen Rechtsstaat zum totalen Staat lassen sich indessen schwerlich ohne eine Theorie politischer Freiheit erklären. Politische Freiheit muß auf ihre Grundelemente zurückgeführt werden, auf die in der Unantastbarkeit der Person verwurzelte Selbstbestimmung, die in der geregelten Teilnahme an der gemeinsamen Verantwortung dieser Freiheit ihre Gestalt erhält, wie sie in der Verfassung des demokratischen Rechtsstaates optimal geschützt und verbindlich gemacht wird[4]. Sie kann sich aber auch selbst zerstören, indem sie sich als absolute Freiheit etablieren will.

Aus heutiger Sicht mögen wir bedauern, daß zu Beginn und im Verlauf des Dritten Reiches in der deutschen evangelischen Kirche und Theologie von alledem verhältnismäßig wenig die Rede war. Bezeichnenderweise hat Karl Barth, der die rechtsstaatliche Freiheitstradition sozusagen mit der Muttermilch empfangen hatte und dem sie jedenfalls besser vertraut war als vielen Deutschen, die in anderen politischen Überlieferungen erzogen worden waren und die die Gehversuche der Weimarer Republik nur noch im Krisenzustand erlebten, – sogar Barth hat seine Stimme gegen den totalen Staat und seine Unterdrückung der Freiheit vehement erst seit 1935 in seinem freien Vaterland erhoben[5]. Auch er hat, trotz tiefster innerer Abneigung gegenüber der braunen Revolution, das »kühne Unternehmen des ›totalen Staates‹« zunächst als ein Experiment angesehen, das man nicht nur von seinen politisch fragwürdigen Voraussetzungen, sondern auch von seinen sozialen Folgen her beurteilen müsse, und diese Betrachtungsweise hat sich erst allmählich als fatal herausgestellt. Dies alles werden wir, wie gesagt, heute anders sehen und auch anders bewerten wollen. Aber wird uns damit nicht zu leicht der Blick verstellt für das, was unter den damaligen Umständen gleichwohl gesagt worden ist, und zwar in theologisch wie politisch hilfreicher Weise, hilfreicher vielleicht, als es uns heute – mit einem durch bittere geschichtliche Erfahrungen geschärften Blick, aber womöglich mit Blindheit anderer Art geschlagen – möglich ist?

Der Grund der Kirche – die Grenze des Staates

Damit komme ich zu einem *zweiten* Gesichtspunkt, den Karl Barths Sätze uns vermitteln: Die Kirche »ist die naturgemäße Grenze jedes, auch des totalen Staates«.

[4] Vgl. dazu Alexander Schwan, Art. Freiheit VI: Freiheit in der Sicht politischer Philosophie. in: Theologische Realenzyklopädie, hg. von Gerhard Krause† und Gerhard Müller. Bd. XI, Berlin/New York 1983, S. 533–549, bes. 539f.

[5] Zuerst in einem Brief an Hermann [Albert] Hesse vom 30. Juni 1935, veröffentlicht in: Karl Immer, Die Briefe des Coetus reformierter Prediger 1933–1937, hg. von Joachim Beckmann, Neukirchen-Vluyn 1976, S. 69–75, hier 73f.

Warum? Ist die Kirche ein soziales Gebilde inmitten des Staates, aber außerhalb seiner Einflußmöglichkeiten, mit eigenem Recht und dementsprechend eigener Freiheit, die ein so starkes Bollwerk gegen staatliche Allmacht bildet, daß sich der totale Staat seinen durch politische Maßlosigkeit verwirrten Kopf daran einrennen muß? Den Weg einer solchen Machtabgrenzung auf staatsrechtlichem Wege hat bekanntlich die katholische Kirche mit ihrem 1933 geschlossenen Konkordat beschritten, das eine ungehinderte Kultausübung und Sakramentsverwaltung garantierte, außerdem die übernationalen Bindungen des deutschen Katholizismus schon durch die Art und Weise des Vertragsabschlusses anerkannte und dafür eine Respektierung deutscher nationaler Interessen und die Aufwertung des neuen Staates auf internationalem Parkett einhandelte. Nun gab es eine deutsche evangelische Kirche nicht, mit der sich ein solches Stillhalteabkommen hätte vereinbaren lassen – einen solchen Partner, besser noch: einen Handlanger auf religiösem Gebiet zu gewinnen, war ja gerade das Ziel der Machtergreifung in den Institutionen evangelischer Kirche, der dann die Barmer Theologische Erklärung 1934 und die mit ihr begründete Bekennende Kirche ein Ende bereiteten. Dieser Widerstand war nicht in politischen Motiven verwurzelt – gerade mit seiner politischen Enthaltsamkeit richtete er sich gegen den politischen Alleingeltungsanspruch totaler Politik. Diesem Anspruch sollte auch die deutsche evangelische Kirche unterworfen werden, indem sie sich zur *Deutschen* Kirche evangelischer Bekenntnisse umgestalten ließ, zu einer neuen, eben nationalen Einheit, die die evangelischen Konfessionen in sich aufheben und damit den alten konfessionellen Hader ein für allemal begraben sollte. Ich kann diese kirchenpolitischen Vorgänge hier nur streifen, muß sie aber erwähnen, um deutlich zu machen, daß von »der Kirche« auf evangelischer Seite in den Jahren 1933 und 1934 nicht als von einem institutionell unumstrittenen Gebilde die Rede sein konnte. Die Frage nach dem Standort der Kirche im und gegenüber dem Staat mußte deshalb vordringlich eine theologische sein: die Frage nach Wesen und Charakter evangelischer Kirche. Die »Glaubensbewegung Deutsche Christen« propagierte die Einheit von Kirche und Volk, von evangelischem Christentum und deutschem Volkstum, sie setzte sich für einen »artgemäßen« Glauben als weitere Funktion des totalen Staates ein und war überzeugt, damit eine religiöse Erneuerung Deutschlands, eine Erweckung aller evangelischen Deutschen zu politischer Verantwortung zu erreichen. Denn – so konnte man es allenthalben hören – Religion vollendet sich in der Politik, und Politik bekommt Heilsqualität. Vor diesem Hintergrund ist Barth zu verstehen, wenn er sagt, Kirche und Theologie seien »die Grenze des Staates. Sie sind es zum Heil des Volkes, zu *dem* Heil, das weder der Staat noch auch die Kirche schaffen können, das zu verkündigen aber die Kirche berufen ist.«

Die Kirche ist die Grenze jedes Staates, *weil* und *sofern* sie Gottes Wort, seine Verheißung und sein Gebot zu verkündigen hat. Sie hat aller Welt Gottes richtendes und rettendes Handeln, sein Urteil über Tod und Leben mitzuteilen – der Welt, die Gott geschaffen hat, die er im Kreuz Jesu Christi mit sich versöhnte und deren Erlösung er selbst vollenden will. Diese Botschaft *durchbricht* das Selbstgespräch des totalen Staates wie auch das Zwiegespräch zwischen Volk und Staat. Indem sich Kirche und Theologie an das Volk wenden, halten sie den Unterschied von Staat und Volk aufrecht, der im totalen Staat verlorengeht – zum Schaden für das Volk.

Wir sollten beachten, wie subtil hier dem Anspruch des Staates auf bedingungslose Gefolgschaft in allen Lebensbereichen widersprochen wird: Dieser Staat will in allem dem Volke nützen, deshalb verlangt er vom Volk, dem staatlichen Interesse zu dienen. Zwischen dieser (scheinbaren) Gegenseitigkeit steht jedoch das Wort Gottes. Ihm haben Kirche und Theologie *für das Volk zu dienen*. Es gibt demnach für Theologie und Kirche keinen *Dienst am Volke* oder – allgemeiner gesprochen – an der Gesellschaft, der letztlich dem völkischen oder gesellschaftlichen Nutzen zu gehorchen hätte. Was dem Volke aus dem Munde der Kirche zu helfen vermag, ist allein an das gebunden, was die Kirche bekennen kann: »Vergebung der Sünden, Auferstehung des Fleisches und ein ewiges Leben« – nichts anderes also, als was die zum Gottesdienst versammelte Gemeinde jeden Sonntag für alle Tage als ihren Glauben ausspricht, in Erwartung ihres Herrn, der kommen wird »zu richten die Lebenden und die Toten«. Mit diesem Bekenntnis steht die Kirche weder dem Volk mit göttlichem Anspruch gegenüber noch spricht sie als Stimme des Volkes, die sich so gern als Stimme Gottes verstehen möchte. Sie spricht inmitten des Volkes, ihm zugehörig, aber – auch wenn das ganze Volk sich zur Kirche halten würde – nicht mit ihm identisch, *weil sie anders begründet ist als ein jedes Volk.*

Diese Begründung bildet die Grenze auch des Staates, und zwar jedes Staates, konstituiere er sich nun aus dem Willen seiner Bürger, um ihre gemeinsame Souveränität zu wahren, oder unterwerfe er das Volk unter seinen Selbstbehauptungswillen, wie im totalen Staate. Die Kirche kann weder aus diesem noch aus jenem Willen heraus leben. Sie darf sich jedoch auch nicht aus dem Staat zurückziehen wollen, um ein ungestörtes Eigenleben zu pflegen. Als Begrenzung des Staates stößt sie auf ihn, sie koexistiert mit ihm in verschiedenen, mehr oder minder konfliktträchtigen Formen. Aber sie ist in ihrem Dasein der *faktische* Einspruch dagegen, daß ein Staat mit sich allein sein will (und sei es denn: allein mit seinem Volk!), daß er das letzte Wort hat und daß sein Wort unbedingt gilt. So verlangt es der totale Staat. Er schreibt vor, was gut und böse, wahr und falsch, wertvoll und wertwidrig ist. Er setzt an die Stelle der Freiheit die Disziplin.

Zeigt ein Staat ganz unverhüllt dieses Gesicht, dann wird sich leicht Widerstand regen – der Widerstand derer, denen nicht nur die eigene Handlungs- und Bewegungsfreiheit lieb und wert ist, sondern denen die Freiheit als politisches Gut so teuer ist, daß sie ihr Leben dafür einsetzen. Doch wie steht es, wenn der Staat seine Bürger dazu überreden kann, in der Sklaverei ihre wahre Freiheit zu erblicken, wie es in George Orwells »1984« umschrieben ist? Der totale Staat braucht dafür nur ins Extrem zu steigern, was jeden rechten Staat bewegt: die Fürsorge für seine Bürger, die Sorge um ihr Überleben. Das Denken und

Handeln wird dann leicht von politischen Bewegungen absorbiert, für die das eigene Überleben letzter Zweck ist und die alles ausschließen, was diesem Überleben gefährlich werden könnte.

Es liegt eine gewisse Tragik darin, daß politisch übersensible Naturen, die – und sei es aus christlichen Motiven – sich dazu bereitfinden, die eigene Existenz um sozialer Werte willen zurückzustellen, anfällig für die grenzenlose Politisierung werden, die die Vorstufe des totalen Staates ist. Gerade diese Politisierung tritt nicht als Bedrohung politischer Freiheit auf, sondern mit dem Versprechen ihrer Erfüllung. »Gleichschaltung« hieß im nationalsozialistischen Wörterbuch die Umformung aller Gestaltungskräfte um (vorgeblich) gemeinsamer Lebensziele willen – ein Schreckenswort für jeden, dem die Mannigfaltigkeit sozialer, politischer, moralischer und religiöser Lebensformen unabdingbar zur politischen Freiheit gehört, ein Zauberwort hingegen für alle, die sich zu einem politischen Kraftakt aufgerufen fühlten, nachdem ihnen eingeredet worden war, ihr bisheriges Verhalten sei entweder unpolitisch oder politisch wirkungslos gewesen. Wie tief kann der Widerstand gegen diesen Freiheitsverlust verwurzelt sein?

Wird er, wenn er sich nicht von vornherein aus ideologischen Motiven abseits hält, der verlockenden Einladung widerstehen können, jedes Denken und Handeln auf die alle betreffende und alles umfassende, also totale Lebenssorge auszurichten? Deshalb kann die Antwort der Kirche auf den Verlust politischer Freiheit nicht darin bestehen, einen Freiraum religiöser Überzeugungen zu behaupten, in dem die in der Öffentlichkeit unterdrückten Handlungsenergien aufgefangen werden könnten. Sie muß vielmehr nach dem Grund für den Widerstand gegen eine Pervertierung der Freiheit fragen, die der totale Staat betreibt, die aber auch jede andere Staatsform bedrohen kann. Und sie findet die Antwort darauf in ihrem Auftrag – er begrenzt die Fürsorge des Staates, die so leicht in grenzenlose Selbstsucht umschlägt.

Ungeschützte Wachsamkeit

Drittens: Dieser Auftrag läßt, um es noch einmal zu sagen, die Kirche nicht die Grenzen des Staates überspringen, sondern er ruft jedes ihrer Glieder aus lebensgefährlicher Geborgenheit heraus. Dieser Ruf ist dem Theologen anvertraut, er macht – neben aller politischen Besorgtheit und oft ihr entgegen – die besondere Sorge des Theologen aus, die alle seine Aufmerksamkeit fordert. Durch sie wird er auf einsamen Posten gestellt, wie ein »Vogel auf dem Dach, auf der Erde also, aber unter dem offenen, weit und unbedingt offenen Himmel«. Fast klingt das so, als ob der Theologe durch diesen unbeschränkten Horizont frei werden könnte, um weiter als andere zu sehen, als ob er von einer höheren Warte aus mehr überblicken könnte, aus einer Vogelperspektive über den Niederungen, in denen sich andere müde laufen. Mit dem biblischen Bild vom einsamen Vogel auf dem Dach (Ps 102,8), das Barth aufgreift, ist etwas anderes gemeint. Es ist das Sinnbild ungeschützter Wachsamkeit. Martin Luther, dessen Auslegung des Psalmwortes Barth vermutlich[6] vor Augen gestanden hat, veranschaulicht es unmißverständlich: »Wachen aber ist anhangen dem ewigen Gute und nach demselben sehen und sehnen.« Ewiges Gut – wir erinnern uns an Freiheit, Recht und Geist als Güter, die wachsen und gedeihen können, die aber auch verkümmern oder eingeschränkt werden, die sich vor allem mit anderen Gütern verrechnen lassen. Das ewige Gut entzieht sich jeder solchen Kalkulation. Sich ganz ihm entgegenzustrecken, bedeutet nichts Geringeres, als den Boden zu verlassen, auf dem Güter aufgeteilt werden. Sie werden verteilt, um sie zu einem Gehäuse aufzutürmen, das Schutz verleihen soll, das aber zugleich den Blick in den offenen Himmel verbaut. Darum läßt Luther den einsamen Wächter sprechen: »Die Welt ist ein Haus, darin sie alle schlafen und beschlossen liegen, ich aber allein bin außer dem Haus, auf dem Dach, noch nicht im Himmel, und auch nicht in der Welt, die Welt habe ich unter mir und den Himmel über mir, also [daß ich] zwischen der Welt Leben und dem ewigen Leben einsam im Glauben schwebe.«[7] Sie schlafen alle, die sich in der Einrichtung ihres Lebens erschöpft haben, seien sie nun durch die Betörung totaler Fürsorge eingelullt worden, seien sie gar in einen Schlaf gefallen, der mit ruheloser Geschäftigkeit Hand in Hand geht, weil diese Unruhe nichts mehr außerhalb des eigenen Gehäuses wahrzunehmen erlaubt. Der einsame Wächter auf dem Dach, vogelfrei wie er ist, kann sich nichts auf seine Unbehaustheit zugute halten. Sie fordert von ihm ungeteilte Aufmerksamkeit für die Freiheit, die er empfangen hat, die er nicht verteilen und verrechnen kann, weil er sie *zugesprochen* bekommen hat. Das ist die Perspektive christlicher Freiheit: aus diesem Zuspruch zu existieren und darum in der Hoffnung auf das ewige Leben ausgespannt zu sein.

Freiheit zur Verkündigung

Bisher war von christlicher Freiheit – oder sagen wir besser: von der Freiheit des Glaubens – noch nicht direkt die Rede. Sie wird nicht bestimmt aus dem Gegenüber zur politischen Freiheit, sie gewinnt ihre Kontur nicht, indem sie sich von ihr abhebt. In welchem Verhältnis sie zueinander stehen, wird auch kaum dadurch deutlich, daß man sie aneinander mißt. Bedarf es vielleicht eines Bindegliedes, damit sie überhaupt in Beziehung zueinander gesetzt werden können?

[6] Ich beziehe mich auf Karl Gerhard Stecks Einführung zum Reprint der Reihe »Theologische Existenz heute« 1–77, Bd. I. München 1980, S. IX Anm. 7 und auf H. Stoevesandt. aaO. (Anm. 1). S. 163. Anm. 168.

[7] Auslegung der sieben Bußpsalmen (1517). in: M. Luthers Werke, Weimarer Ausgabe, Bd. I. 1883. S. 199 (Z. 1–7).

So jedenfalls sagt es die Barmer Theologische Erklärung. Sie kommt dreimal auf »Freiheit« zu sprechen, allerdings ohne die politische oder Glaubensfreiheit beim Namen zu nennen, geschweige denn christliche Freiheit aus der Religionsfreiheit oder die Freiheit kirchlicher Äußerungen aus der Meinungsfreiheit abzuleiten.

In der zweiten These heißt es, durch Jesus Christus widerfahre »uns frohe *Befreiung* aus den gottlosen Bindungen dieser Welt zu *freiem*, dankbarem *Dienst* an seinen Geschöpfen«. Diese Befreiungstat ist Inhalt der christlichen Verkündigung, von der These VI handelt: »Der Auftrag der Kirche, in welchem ihre *Freiheit* gründet, besteht darin, an Christi Statt und also im Dienst seines eigenen Wortes und Werkes durch Predigt und Sakrament die *Botschaft von der freien Gnade Gottes* auszurichten an alles Volk.« »Freiheit« als theologische Kategorie muß m. E. von der letzten These her verstanden werden. Und die These II, die sie der Sache nach vorbereitet, würde ohne die »Ausführungsbestimmung« in These VI Gefahr laufen, in eine religiöse Ideologie verkehrt zu werden, die sich nur noch an Befreiungserfahrungen orientiert, die sie gewinnt, indem sie gegen Bindungen aufbegehrt und Fesseln durchbricht, die sie schon deshalb für gottlos hält, weil sie dem eigenen Freiheitsstreben zuwiderlaufen. Freiheit würde sich dann durch den Gegensatz zur Gebundenheit bestimmen[8]. Gerade dies will die These VI ausschließen, wenn sie das Widerfahrnis der Befreiung mit der »Botschaft von der freien Gnade Gottes« unwiderruflich verklammert. Diese Botschaft ist im Sieg des Gekreuzigten über alle Mächte und Gewalten ein für allemal verankert, aber diese Befreiung muß uns zuteil werden, und dies geschieht durch Christi »Wort und Werk«, durch seine Gegenwart unter den Menschen und sein Handeln an ihnen. So wenig die Befreiungstat Christi auf das Reden und Handeln der Kirche beschränkt gedacht werden darf, so sehr bleibt die Freiheit des christlichen Glaubens an die Verkündigung der Kirche »an Christi Statt« und in seinem Namen gewiesen. Denn als Befreiungsbotschaft will sich Gottes Gnade mitteilen, die »frei« ist gegenüber allen menschlichen Bedingungen und von allen welthaften Bedingtheiten, frei, weil sie allein in Gott selber gründet und deshalb durch kein menschliches Zutun, auch durch keinen Widerstand, hervorgebracht werden kann. Ihrer Freiheit gemäß will sie allein empfangen werden. Darum bedarf sie der freien Rede der Verkündigung, die sich an keine andere Vorschrift gebunden weiß, und des freien Dienstes, der keinerlei eigenmächtigen und selbstherrlichen Zwecken gehorcht.

Dies alles ist in der sechsten These der Barmer Erklärung umrissen. Deshalb halte ich sie für den tragenden Teil des ganzen Dokumentes, obwohl sie

---

[8] Näheres dazu habe ich ausgeführt in den Aufsätzen: »Exodus« und »Befreiung« als theologische Metaphern. Ein Beispiel zur Kritik von Allegorese und mißverstandenen Analogien in der Ethik, in: Evangelische Theologie 38 (1978), S. 538–559, und: Geist und Freiheit. Geistvorstellungen und die Erwartung des Geistes, in: Evangelische Theologie 41 (1981), S. 212–223.

meistens recht stiefmütterlich behandelt wird. Ernst Wolf beschäftigt sich mit ihr in seinem – auch heute noch wegweisenden – Kommentar nur in einem kurzen Abschnitt, in dem er hervorhebt: »Christus bleibt der Herr seines Auftrages; und die Kirche ist frei, weil und solange sie das ihr aufgetragene Amt treu ausrichtet.«[9] Immerhin hat Karl Barth es 1947 für nötig gehalten, einen Vortrag der These VI zu widmen[10], bemerkenswert deshalb, weil die Freiheit der Kirche in der politischen Neuordnung nach dem Kriege so augenscheinlich nicht mehr gefährdet war. Oder schien dies nur so? War es womöglich gerade damals an der Zeit, darauf aufmerksam zu machen, daß die Freiheit der Kirche gar nicht aus ihrer Stellung im politischen Kräftespiel zu verstehen ist, sondern davon abhängt, *was* sie sagt, *wie* sie es tut und ob sie damit, auch in allem ihrem sonstigen Tun, dem entspricht, was sie zu sagen hat – allein zu *verkündigen* und *allein* zu verkündigen hat?! Alles, was sie weiter sagt und tut, empfängt von hierher Maß und Ziel.

Die Kirche ist frei, um die Befreiungstat Christi als freie göttliche Gnade zu verkündigen. Um diese Freiheit muß der Theologe in besonderer, unvergleichlicher Weise besorgt sein, hatte Barth 1933 gesagt. Um sie muß mit all den Mitteln, die diese Freiheit gewährt, gekämpft werden. Welcher Widerstand wird daraus erwachsen?

In jüngster Zeit wird häufig der Verdacht geäußert – und dann meistens auch gleich zur Kritik erhoben –, die Kirche habe sich in ihrer Auseinandersetzung mit dem nationalsozialistischen Staat zu sehr um sich selber gekümmert. Sie habe sich bloß gegen jede Gefährdung kirchlicher Strukturen gewehrt, gewiß nicht nur aus Rücksichten auf ihren institutionellen Besitzstand, sondern um der Menschen willen, für die sie sich verantwortlich wußte. Dazu ist zu sagen: Auch wenn die Kirche ihre Stimme für das Volk erhob, war sie darum besorgt, dies eben *als Kirche* zu tun und weiter ungehindert tun zu können. Sie blickte dabei nicht nur auf die »Kirchentreuen«, aber sie wollte deren Möglichkeiten, sich zur Kirche zu halten, als christliche Gemeinde zusammenzuleben und sich in ihr zu äußern, nicht beschnitten sehen. Kam unter diesen Umständen »Widerstand« nicht erst dann in Frage, wenn dieses Kirchentum bedroht war? Und konnte er über eine – recht verstanden – kirchliche Selbstbehauptung hinausgehen, die sich nicht vor den Karren des Staates spannen lassen wollte?

Solche Rückfragen möchte ich keinesfalls abschneiden, muß aber die Gegenfrage stellen, ob sie die Tragweite der Freiheit zur Verkündigung recht einschätzen. Welche Möglichkeiten und Formen von Widerstand erlaubt sie, welche sind ihr geboten? *Weil die Kirche sich die Freiheit zur Verkündigung nicht genommen hat, kann sie sich diese Freiheit auch nicht nehmen lassen.* Die

---

[9] Ernst Wolf, Barmen. Kirche zwischen Versuchung und Gnade, Beiträge zur evangelischen Theologie 27, München ³1984, S. 150.
[10] Karl Barth, Die Botschaft von der freien Gnade Gottes, wieder abgedruckt in: ders., Texte zur Barmer Theologischen Erklärung, hg. von Martin Rohkrämer, Zürich 1984, S. 137–157.

Verkündigungsfreiheit hat sie zusammen mit ihrem Auftrag empfangen, den »Dienst der Versöhnung« zu tun, indem sie das »Versöhnungswort« allen Menschen ausrichtet (2Kor 5,18 f.). Ihre Freiheit besteht in der Treue dieser Botschaft gegenüber. Gibt sie dieses spezifische Handeln preis, dann gibt sie sich selber auf. Das geschieht nicht erst, wenn die Kirche sich wesentliche Einschränkungen ihrer Verkündigung gefallen läßt, sondern beginnt damit, daß sie das ihr anvertraute Wort gegen Ziele und Zwecke eintauscht, an deren Verwirklichung sie sich beteiligen will, und seien sie noch so gut gemeint oder schienen sie auch im »Geiste« Jesu und in der Fortführung seiner »Sache« den Menschen zu dienen. Im Kampfe der deutschen evangelischen Kirche um ihre Freiheit ging es deshalb im tiefsten darum, zwischen rechter und falscher Verkündigung zu unterscheiden und der Verlockung zu widerstehen, im Gewande von Predigt, Diakonie, Unterweisung und Seelsorge soziale, völkische, nationale Selbsterbauung zu betreiben. Der Eindruck, die Kirche habe sich zu sehr mit sich selber beschäftigt, rührt zu guten Teilen daher, daß die Kirche in Sorge war, nein, vielmehr in Sorge geraten mußte um ihre Verkündigung, deren Inhalt Barth 1933 schlichtweg aus dem Glaubensbekenntnis zitierte: »Vergebung der Sünden, Auferstehung des Fleisches und ein ewiges Leben«. Er wollte damit nicht ein Stück ehrwürdiger christlicher Tradition festhalten, sondern wiederholen, was eine christliche Kirche allein bekennen, d.h. in Erwartung des Handelns Gottes und ohne jede andere Rücksicht aussprechen, kann.

Für den Kern dieser Auseinandersetzung ist »Selbstbehauptung der Kirche« eine irreführende Bezeichnung. Eine Parole wie »Kirche muß doch Kirche bleiben«, die die »Jungreformatorische Bewegung« im Vorfeld des Kirchenkampfes vertrat, hat sich als wenig hilfreich erwiesen. Denn sie suchte die Freiheit der Kirche sogleich politisch auszulegen: »Wir fordern, daß die evangelische Kirche in freudigem Ja zum neuen deutschen Staat den ihr von Gott gegebenen Auftrag in voller Freiheit von aller politischen Beeinflussung erfüllt und sich zugleich in unlöslichem Dienst an das deutsche Volk bindet.«[11] Damit ist zugleich zu viel und zu wenig gesagt: zu viel, indem die Selbständigkeit der Kirche postuliert und im gleichen Atemzug in eine Staatsbejahung zurückgenommen wird, die nur noch das Zusammenspiel von Unabhängigkeit und Bindung erlaubt; zu wenig ist bei alledem von Inhalt und Gestalt des kirchlichen Auftrages die Rede. Die Freiheit der Kirche erschöpft sich jedoch nicht in einer Selbstbestimmung innerhalb der Grenzen des Staates (einer Selbstbestimmung, die ein Ja oder Nein zum jeweiligen Staat offenhält). Ebensowenig zeigt diese Freiheit ihr Gesicht, indem die Kirche dem Staat gegenübertritt und so bereits in ihrem Dasein zum Politikum wird. Hier tritt die Kirche als Gegenmacht auf, was klerikaler Politik entspricht (die es ja nicht nur im politischen

---

[11] Der Aufruf der Jungreformatorischen Bewegung (Mai 1933), abgedruckt in: Kurt Dietrich Schmidt (Hg.), Die Bekenntnisse und grundsätzlichen Äußerungen zur Kirchenfrage des Jahres 1933, Göttingen 1934, S. 145 f., hier 146.

Katholizismus gibt), aber sich schlecht mit der befreienden Wahrheit des Evangeliums verträgt. Die freie Kirche kann und soll vielmehr für die Integrität ihrer Verkündigung eintreten, der Verkündigung der freien Gnade Gottes.

Wenn man sich fragt, wie angesichts der offenkundigen institutionellen Schwäche der deutschen evangelischen Kirchen in den dreißiger Jahren und noch späterhin ein Grundkonsens zustandekommen konnte, der Gemeinden und Pfarrer vereinte – und zwar Gemeindeglieder und Theologen von durchaus verschiedener politischer Herkunft und auch unterschiedlicher religiöser Prägung–, dann kann man die Antwort schwerlich in der Erfahrungstatsache finden, daß äußerer Druck zusammenhält. Wenn wir fragen, was evangelischen Christen die Kraft gab, dem totalen Staat *zeichenhaft* zu widerstehen, sich nicht gleichschalten zu lassen und nicht bloß im Bereich privater Frömmigkeit zu überwintern, dann werden wir auf die Sorge um die Integrität der öffentlichen Verkündigung zu achten haben. Sie führte auch manche politisch und theologisch verschieden Denkende zusammen. Ihr gemeinsamer Rückhalt bestand nicht in einem politischen Freiheitspathos – das wird man beklagen können, auch im Blick auf eine traditionelle deutsche Geistesverfassung –, aber dadurch wurde die Möglichkeit freigelegt, ohne politisches Kalkül zu handeln und gleichwohl nicht unpolitisch zu werden. Dafür sorgte schon der Staat – anders wäre nicht zu erklären, weshalb er so allergisch auf die öffentliche Verkündigung der Kirche reagierte.

Karl Barth schrieb 1937 an die Adresse ausländischer Kirchen: »Der deutsche Kirchenkampf ist ein *geistlicher* und nicht ein weltlicher Kampf.« Man könne der Bekennenden Kirche auch nicht helfen, indem man »Freiheit des Gewissens« und »Freiheit der Kirche« für sie reklamiere, also neuzeitliche Freiheitsrechte. Die Freiheit der Religionsausübung und unantastbare persönliche Verantwortung mögen zwar im Rahmen dieser Rechte ihren angestammten Platz haben, mehr noch: es besteht Anlaß genug, daran zu erinnern, daß der Zusammenhang von personaler und politischer Freiheit zu wesentlichen Teilen im Kampf um die Glaubensfreiheit herausgebildet worden ist.

Die Freiheit des Glaubens ist jedoch nicht von den Handlungen her zu verstehen, mit denen sie sich Raum verschafft. Sie ist Befreiung von der tödlichen Macht der Gottvergessenheit. Darum kann Barth fortfahren, daß es sich im Kampf der Bekenntniskirche »nicht um die Freiheit, sondern um die notwendige *Bindung* des Gewissens und nicht um die Freiheit, sondern um die *Substanz* der Kirche, d.h. um die Erhaltung, Wiederentdeckung und Bewährung des rechten christlichen Glaubens handelt.«[12] Das ist nicht ganz unmißverständlich gesprochen. Wir dürften heute ein Wort zur Beziehung zwischen dem an Gottes Wort gebundenen Gewissen und (etwa) der Unantastbarkeit von Gewissensentscheidungen oder zwischen der zu Recht um ihr Wesen

---

[12] Karl Barth antwortet auf eine Frage: Wie können ausländische Kirchen der Deutschen Evangelischen Kirche helfen?, abgedruckt in: K. Barth, Texte zur Barmer Theologischen Erklärung (Anm. 10), S. 59–65, hier 61 f.

besorgten Kirche und der freien Meinungsäußerung vermissen. Werden diese
Relationen verschwiegen, erscheinen sie gar gleichgültig, dann können in den
entstandenen Hohlraum über Nacht verhängnisvolle Überzeugungen einflie-
ßen, die die Auflösung oder Aufhebung politischer Freiheit betreiben. Das alles
sind gewiß berechtigte Befürchtungen, aber es sind eben politische Besorgnisse,
die ihre eigene Bedeutung haben. So wenig die Kirche und der einzelne Christ
davon unbeeinflußt bleiben, so sehr müssen sie den kategorialen Unterschied
von theologischer und politischer Freiheit im Auge behalten: die theologische
kann nicht durch die politische veranschaulicht werden, ohne in ihr zu verschwinden, denn die zweite wird nie mit der ersten zur Deckung kommen.

Freiheit in politischer Verantwortung

Die Barmer Theologische Erklärung setzt die Freiheit des Glaubens in ein
indirektes, aber doch sehr deutliches Verhältnis zum Problem politischer Freiheit: *Die Freiheit zur Verkündigung bildet das Scharnier zwischen der Freiheit
des Glaubens und politischer Freiheit.*
  Die Verkündigung des Lebens aus Gott *befreit* von der Todesangst, die sich
in der Kraft versteckt, mit der Menschen sich an ihr Leben klammern. Sie
befreit von den Werken, hinter denen Menschen sich gegenüber Gottes Handeln verschanzen – das ist nicht zu verwechseln mit einer »Freiheit vom
Wirken«, einer inneren Unberührtheit für die Voraussetzungen und Folgen
menschlicher Handlungen. Wer von Werken befreit wird, wird von ihrem
Urteil losgesprochen und aus dem Bann ihrer Eigenmacht gelöst, die um so
stärker ist, je mehr ein Mensch meint, sich durch sie aufbauen zu können.
  Mit diesem Inhalt ist christliche Verkündigung ein *freies Wort.* Sie kann das,
was sie sagt, nicht anders legitimieren als in der Treue zu ihrem Auftrag, ja, sie
würde ihm den Boden entziehen, wenn sie es selber begründen wollte – etwa
die Freiheit als ein Grundrecht des Menschen, vergleichbar einer Charaktereigenschaft.
  Diese Verkündigung hat durchaus *auch* eine politische Funktion: Wohl kann
man sie nicht in erster Linie als Beweggrund politischen Handelns erklären,
ohne ihr die Freiheit zu nehmen – doch gewinnt ihre Auslegung der Glaubensfreiheit, je nach den Umständen, unterschiedliches politisches Profil. In der
Barmer Erklärung wird nicht nur, wie schon oft in der Kirchengeschichte,
staatlichen Übergriffen widersprochen, die der Kirche den Mund verbieten,
kirchliche Aufgaben an sich reißen oder kirchliches Handeln zum verlängerten
Arm der Staatsräson machen wollen. Sie beschränkt sich auch nicht auf den
Einspruch gegen eine kirchenpolitische Gleichschaltung, gegen die Bestrebungen von kirchlichen Kreisen und Theologen, die Kirche zum Funktionär einer
nationalreligiösen Erhebung zu machen, gegen eine Disziplinierung, die weit
über bekannte Versuche aus alter und neuer Zeit hinausgeht, Kirchenbehörden

für politische Propaganda einzuspannen. Staatspolitisch bezieht die These V
Stellung, indem sie den Staat mahnt, gemäß »göttlicher Anordnung« »in der
noch nicht erlösten Welt, in der auch die Kirche steht«, »für Recht und Frieden
zu sorgen«. Die These hält sich auch hier an Gottes ausgesprochenen Willen,
den die Kirche zu verkündigen hat und nur so auch dem Staat entgegenhalten
kann. Sorge für Recht und Frieden ist der Inhalt politischer Predigt, die den
Staat nicht mit sich allein bleiben läßt, gerade dann nicht, wenn er Recht und
Frieden zu Zwecken seiner Selbsterhaltung erklärt und damit als Gegenge-
wichte, als kritisches Potential dem Staat gegenüber, aufhebt. Der Staat wird
nicht an sich selbst, sondern an seine Aufgabe gewiesen, bedrohtes Leben zu
schützen, das Lebensrecht gerade auch derer, die bei einer nationalen Erhebung nicht mithalten können, das Recht und das Gedeihen der Geschöpfe, die
in der nationalsozialistischen Ideologie schon als »lebensunwert«, als »entar-
tet« abgebucht werden sollten. Und »Sorge für den Frieden« bedeutet ja auch
den Respekt vor dem Lebensrecht anderer Völker, an das jeder Staat im Willen
zur Selbstbehauptung stößt.

Von alledem ist in der Barmer Erklärung nicht eigens die Rede. Aber war
nicht schon durch das, was hier immerhin umrissen wurde, die Umklammerung
durch die alles beherrschende Lebenssorge als Selbstzweck des Staates durchbrochen? War nicht seine Allmacht in Frage gestellt, indem er sich Recht und
Frieden *gegenübergestellt* sah und damit auch vor die »Verantwortung der
Regierenden und Regierten«, wie es in These V heißt, in einer Sprache, die für
manchen heutigen Geschmack noch zu sehr an Untertanen-Mentalität erinnert? Die Unterscheidung zwischen Regierenden und Regierten gehört nicht zu
den Eierschalen obrigkeitsstaatlichen Denkens, die die Synodalen von Barmen
daran hinderten, sich zu voller politischer Mitverantwortung zu erheben. Doch
dies einmal dahingestellt – Tatsache ist, daß hier wirklich aus Freiheit heraus
gesprochen und ein Stück Verantwortung wahrgenommen wurde, die ohne
Freiheit gar nicht denkbar wäre. Dies scheint mir bedeutsamer und folgenrei-
cher zu sein, als wenn in Barmen ausgiebig *von* Freiheit oder gar nur *über* sie
geredet worden wäre. Wer Ohren hatte zu hören, der konnte hier deutlich
genug vernehmen, daß Menschen als Staatsbürger handeln wollten in einer
Situation, wo solche Verantwortlichkeit durch ein ›Bekenntnis zum Staate‹
abgeschafft werden sollte.

Muß dies alles durch den politischen Begriff der Freiheit ausdrücklich belegt
werden? Karl Barth meinte rückblickend, in einem Gespräch mit der Kirchlichen Bruderschaft in Württemberg 1963, das Wort »Freiheit« hätte 1934 in
deutlich politischem Sinne erklingen müssen, denn Freiheit sei die Basis, auf
der ein Staat »das Gemeinwohl zu fördern und zu pflegen« hat[13]. Was Barth
dazu im einzelnen ausführt, umschreibt die Prinzipien des demokratischen
Rechtsstaates im Rahmen politischer Freiheitstheorie. Eine solche ethische

---

[13] Die These 5 der Barmer Erklärung und das Problem des gerechten Krieges, abgedruckt
in: K. Barth, Texte zur Barmer Theologischen Erklärung (Anm. 10), S. 185–211, hier 200.

Entfaltung ist durchaus sinnvoll, auch wenn die Barmer Theologische Erklärung sich mit guten Gründen nicht auf eine Staatsform festlegt. Sie sieht Kirche
und Staat unbeschadet ihrer institutionellen Ausprägungen aufeinander verwiesen, weil beide »in der noch nicht erlösten Welt« existieren (These V). Aber
die Kirche – so möchte Barth jetzt verdeutlichen – »erinnert Christen und
Nicht-Christen an ihre politische Verantwortlichkeit«: »daß sie für die Existenz
des Staates – *sie selber* sind der Staat, nicht andere Leute! – und für das, was im
Namen des Staates geschieht, zu beten, daß sie aber dafür auch zu arbeiten
haben«.[14] Das ist auf dem Boden einer repräsentativen Demokratie weiterge-
dacht, die durch die aktive Teilnahme ihrer Bürger getragen wird. Es ist
ungenügend, sie zu belehren, daß ein Bekenntnis zum Staate, sei es nun freudig
oder als Pflichtübung dargebracht, nicht angemessen ist (wie man überhaupt
von »Bekenntnis« hier lieber nicht sprechen sollte!). Ebenso unnütz ist freilich
eine müde oder auch erregte Distanz zum faktischen Staat, die vom hohen Roß
moralischer Überlegenheit dem Staat vorschreibt, was er zu tun hat, um ihm
dann das nicht Erreichte vorhalten zu können, und zwar um so leichter, je
höher man die Erwartungen an ihn geschraubt hat.

Hier stoßen wir auf unverzichtbare Elemente politischer Urteilsbildung. Die
Theologische Erklärung hat sich ihrer allenfalls in Ansätzen angenommen, sie
konnte unter den gegebenen Umständen und bei der politischen Interessenlage
der meisten Synodalen wohl auch nicht weiter gehen. Trotzdem zeigte sie
politischen Weitblick gleichsam in der Tiefendimension: den Blick für die
Notwendigkeit eines auf die Polis (das Gemeinwesen) bezogenen Handelns in
einer unerlösten Welt, die unter der Macht der grenzenlosen Selbstbegründung, der Selbstsucht und der Sehnsucht zum Tode steht.

Freiheit im Zwielicht

Politische Freiheit ist, wie ich meine, in der Barmer Erklärung nicht leichtfertig
oder aus Vergeßlichkeit verschwiegen worden, sondern weil man sie nicht als
gegeben ansah – ebensowenig übrigens wie die Glaubensfreiheit. Es wäre eine
andere Weichenstellung gewesen, hätte man die eine oder die andere zum
Hauptthema gemacht und etwa die politische Freiheit auf die Freiheit des
Glaubens zurückgeführt oder bei der Glaubensfreiheit angesetzt, um sie in der
Ausgestaltung politischer Freiheit zu bewähren. Die Barmer Erklärung hat sich
nicht von der Frage leiten lassen, »wie christliche Freiheit erfahrbare Gestalt
gewinnen kann«[15]. Bevor man zu dieser Frage übergeht und damit zu einer uns

---

[14] AaO., S. 201f.
[15] Wolfgang Huber, Folgen christlicher Freiheit. Ethik und Theorie der Kirche im Horizont
der Barmer Theologischen Erklärung, Neukirchener Beiträge zur Systematischen Theologie
4, Neukirchen-Vluyn 1983, S. 7.

geläufig gewordenen Tagesordnung, muß ein Faktor berücksichtigt werden, der m. E. damals erheblich zur Zurückhaltung gegenüber einer ethischen Freiheitstradition beigetragen hat, an die weite Kreise in Kirche und Theologie heute (und zwar nicht nur auf evangelischer, sondern ebenso auf katholischer Seite) anknüpfen möchten. In ihr verbinden sich Elemente antiker Philosophie und des Christentums, die im neuzeitlichen Denken aufs neue miteinander verschmolzen, umgeformt und zur Vorstellung radikalisiert worden sind, Freiheit sei »eine anthropologische Grundverfassung, auf Grund deren der Mensch selbst Ursprung seines So-und-nicht-anders-Wollens ist«[16]: Freiheit als unbedingte sittliche Selbstbestimmung. Sie ist eine Charaktereigenschaft, die sich in der Auseinandersetzung mit sämtlichen Daseinsbedingungen herausbildet, sich ständig zu bewähren hat und für die der Mensch vor aller Verantwortung für einzelne Taten verantwortlich ist. In der Deutung Kants, um nur ein Beispiel zu nennen, tritt diese Freiheit als Testamentsvollstreckerin christlicher Freiheit auf[17]. Aus ihr erwächst auch jede Rechtsordnung, die dann die Ausübung der Menschenwürde zu ermöglichen hat.

Sofern diese Gedanken in die Konzeptionen des politischen Liberalismus und der parlamentarischen Demokratie eingegangen waren, fanden sie im Nationalsozialismus ihren erklärten Gegner. Er empfahl sich als Befreier von einer Freiheit, die als bindungslos angesehen wurde, und verankerte alles politische Wollen in einer (vorgeblich) ganz elementaren Teilhabe an der völkischen Einheit. Deshalb wurde der NS-Staat auch von all jenen so begeistert begrüßt, denen die politischen Folgen freiheitlicher Humanität aus dem Geiste der Neuzeit nie geheuer gewesen waren. Aber war die Ideologie des totalen Staates so himmelweit entfernt von jener Verherrlichung der Freiheit?

Martin Heidegger hat sich in seiner Freiburger Rektoratsrede – ausgerechnet unter dem Titel »Die Selbstbehauptung der deutschen Universität«[18] – am 27. Mai 1933 zu einem Satz verstiegen, der hart an die Apotheose der Freiheit grenzt: »Sich selbst das Gesetz geben, ist höchste Freiheit.« Vielleicht war es politische Naivität, die ihn die Selbstpreisgabe der wissenschaftlichen Freiheit von Forschung und Lehre an die »ständige Entscheidung zwischen dem Willen zur Größe und dem Gewährenlassen des Verfalls« erklären ließ, an eine Entscheidung, die »das Schrittgesetz wird für den Marsch, den unser Volk in seine künftige Geschichte angetreten hat«. Der Verlust der Freiheit, von dem ich zu Beginn sprach, ist also auch von einer Gesinnung mitverschuldet worden,

---

[16] Robert Spaemann, Art. Freiheit IV, in: Historisches Wörterbuch der Philosophie, hg. von Joachim Ritter, Bd. II, Basel/Stuttgart 1972, Sp. 1088–1098, hier 1088.

[17] Vgl. Immanuel Kant, Die Religion innerhalb der Grenzen der bloßen Vernunft (1793), in: Werke in sechs Bänden, hg. von Wilhelm Weischedel, Bd. IV, Darmstadt 1963, bes. S. 780 f.; 859 ff.

[18] Martin Heidegger, Die Selbstbehauptung der deutschen Universität. Rede, gehalten bei der feierlichen Übernahme des Rektorats der Universität Freiburg i. Br. am 27. 5. 1933/Das Rektorat 1933/34: Tatsachen und Gedanken, hg. von H. Heidegger, Frankfurt am Main 1983, S. 14 f.

die sich der absoluten Freiheit verschworen sah – hinsichtlich ihrer Selbstbestimmung, doch ohne jede Widerstandskraft gegen die Einflüsterungen der »innersten Erregung und weitesten Erschütterung« (Heidegger) eines Volkes oder, wie wir hinzufügen müssen, einer jeden sozialen Letztberufungsinstanz.

Zwanzig Jahre später beschreibt Hans Joachim Iwand die innere Schwäche eines Freiheitspathos, das sich »gerade auch bei den geistig führenden Schichten der Nation in hohen und niederen Schulen, in Gerichtsverhandlungen und Kabinettsentscheidungen« willig oder auch unwillig von der Umarmung staatlicher Macht erdrücken ließ. Es bedurfte augenscheinlich nur eines etwas kräftigeren äußeren Anstoßes, um den Freiheitswillen in eine Bahn zu lenken, in der er sich selber zugrunde richtete. »Es geht uns mit dieser Freiheitsidee so wie mit einer Blume, die man von der Wurzel getrennt hat: sie duftet noch wie früher, sieht auch noch sehr schön aus, sie ziert noch das Zimmer, in dem wir leben, aber die Tage ihrer Schönheit sind gezählt, sie lebt nicht mehr aus der Wurzel, sie zieht ihre Kraft nicht mehr aus der Tiefe.«[19] Dieser Zerfall der Freiheit ist wahrlich kein Anlaß für theologische Schadenfreude, die hier womöglich die Abrechnung für die selbstbewußte Autonomie der abendländischen Neu- und Endzeit erblicken möchte. Die Besorgnis darum, daß politische Freiheit sich selbst zerstört, indem sie absolut sein will, darf nicht verächtlich gemacht werden, am wenigsten von allen, denen die gemeinsame Sorge für Recht und Frieden am Herzen liegt. Politische Philosophie bemüht sich nach den Freiheitskrisen der letzten Jahrzehnte verstärkt um eine politische Kultur der Freiheit, die vielfältige gemeinschaftliche Beziehungen aufbaut und pflegt, Beziehungen, welche die Personen, die sie tragen und von denen sie getragen werden, füreinander öffnet, ohne sie in ihrer Personalität zu verletzen. Diese Anstrengung wird man jedoch nicht theologisch unterstützen können, indem man an den religiösen Kern des Menschseins erinnert, als sei der freie Ursprung des Menschen wie ein Same, der in sozialen Handlungszusammenhängen aufgeht.

Deshalb erscheint es mir nach wie vor so entscheidend, daß die Barmer Theologische Erklärung zuerst und zuletzt von der Befreiungstat Jesu Christi spricht, die zu verkündigen ist: die Befreiung, die allen menschlichen Befreiungserfahrungen zuvorkommt und jenseits von Dispositionsfreiheit und von Fremdbestimmung für den Menschen errungen ist, damit er sich selber verlassen und in die Geschichte Gottes mit den Menschen eintreten kann. Es ist die Befreiung zu selbstvergessener Liebe im Gehorsam des Glaubens. Freiheit im christlichen Verständnis ist die Gabe der Gnade und Gerechtigkeit Gottes. Sie will mitgeteilt und empfangen, gehört und erwartet werden. Ich möchte es zugespitzt sagen: *Freiheit muß* letzten Endes *erlitten werden,* denn sie ist nicht der Urgrund menschlicher Selbstauslegung, sondern die Kraft, die Menschen

---

[19] Hans Joachim Iwand, Von der christlichen Freiheit (1953), in: ders., Glaubensgerechtigkeit. Gesammelte Aufsätze, Bd. II, hg. von Gerhard Sauter, Theologische Bücherei 64, München 1980, S. 194–197, hier 195.

verwandelt und die sie vor immer neue Überraschungen stellt, auch über den Horizont ihrer geschichtlich-politischen Erfahrung hinaus. Dietrich Bonhoeffer hat sie nach dem 20. Juli 1944 in seinem Gedicht »Stationen auf dem Wege zur Freiheit« umrissen, in einem fortgeschrittenen Stadium des Widerstandes und unter dem Eindruck einer neuen, verschärften Form, die dieser Widerstand nach Bonhoeffers Überzeugung annehmen mußte – angesichts des Martyriums, das keine andere Sprache als die des Bekenntnisses zuläßt:

Zucht

Ziehst du aus, die Freiheit zu suchen, so lerne vor allem / Zucht der Sinne und deiner Seele, daß die Begierden / und deine Glieder dich nicht bald hierhin, bald dorthin führen. / Keusch sei dein Geist und dein Leib, gänzlich dir selbst unterworfen / und gehorsam, das Ziel zu suchen, das ihm gesetzt ist. / Niemand erfährt das Geheimnis der Freiheit, es sei denn durch Zucht.

Tat

Nicht das Beliebige, sondern das Rechte tun und wagen, / nicht im Möglichen schweben, das Wirkliche tapfer ergreifen, / nicht in der Flucht der Gedanken, allein in der Tat ist die Freiheit.
Tritt aus ängstlichem Zögern heraus in den Sturm des Geschehens, / nur von Gottes Gebot und deinem Glauben getragen, / und die Freiheit wird deinen Geist jauchzend empfangen.

Leiden

Wunderbare Verwandlung. Die starken, tätigen Hände / sind dir gebunden. Ohnmächtig, einsam siehst du das Ende / deiner Tat. Doch atmest du auf und legst das Rechte / still und getrost in stärkere Hand und gibst dich zufrieden. / Nur einen Augenblick berührtest du selig die Freiheit, / dann übergabst du sie Gott, damit er sie herrlich vollende.

Tod

Komm nun, höchstes Fest auf dem Wege zur ewigen Freiheit, / Tod, leg nieder beschwerliche Ketten und Mauern / unsres vergänglichen Leibes und unsrer verblendeten Seele, / daß wir endlich erblicken, was hier uns zu sehen mißgönnt ist. / Freiheit, dich suchten wir lange in Zucht und in Tat und in Leiden. / Sterbend erkennen wir nun im Angesicht Gottes dich selbst.[20]

---

[20] Dietrich Bonhoeffer, Widerstand und Ergebung. Briefe und Aufzeichnungen aus der Haft, hg. von Eberhard Bethge, München 1951, S. 250 f. (Neuausgabe 1970, S. 403 f.).

Bibliographie

Gliederung

A. *Zur christlichen Ethik in ihrer Geschichte*

I. *Zum Überblick*

1. *Gesamtdarstellungen*

Albert, Ethel M.: Great traditions in ethics. An introduction; 4.Aufl. New York 1980

Ethics in the history of Western philosophy; hg. von Robert J. Cavalier, James Gouinlock und James P. Sterba, Basingstoke/Hampshire u.a. 1989

Forell, George Wolfgang: History of Christian Ethics; Augsburg/Minneapolis 1979

Frey, Christofer: Die Ethik des Protestantismus von der Reformation bis zur Gegenwart. Unter Mitarbeit von Martin Hoffmann; Gütersloh 1989

Gass, Wilhelm: Geschichte der christlichen Ethik. Bd. 1: Bis zur Reformation; Berlin 1881; Bd. 2: 16. und 17. Jahrhundert; Berlin 1886; Bd. 3: 18. und 19. Jahrhundert; Berlin 1887

Geschichte der neueren Ethik. Bd. 1: Neuzeit; Bd. 2: Gegenwart; hg. von Annemarie Pieper, Tübingen, Basel 1992

Hebblethwaite, Brian: The Adequacy of Christian Ethics; London 1981

Historia de la etica. Bd. 1: De Los Griegos Al Renacimiento; hg. von Victoria Camps; Barcelona 1988

Howald, Ernst / Alois Dempf / Theodor Litt: Geschichte der Ethik vom Altertum bis zum Beginn des 20. Jahrhunderts; (Unveränderter Reprogr. Nachdruck der Ausgabe München/Berlin 1931) München/Wien 1978

Kleber, Karl-Heinz: Einführung in die Geschichte der Moraltheologie; Passau 1985

Köstlin, Karl R.: Geschichte der Ethik. Darstellung der philosophischen Moral-, Staats- und Sozialtheorien des Altertums und der Neuzeit; Tübingen 1867

Lehmann Paul: Ethik als Antwort. Methodik einer Kononia-Ethik; (engl. 1963) München 1966

Long, Edward LeRoy Jr.: A Survey of Christian Ethics; New York 1967

Luthardt, Christoph Ernst: Geschichte der christlichen Ethik. Erste Hälfte: Geschichte der christlichen Ethik vor der Reformation; Leipzig 1888; Zweite Hälfte: Geschichte der christlichen Ethik seit der Reformation; Leipzig 1893

MacIntyre, Alasdair: A short History of Ethics; 2. Aufl., New York 1966 [dt.: Geschichte der Ethik im Überblick. Vom Zeitalter Homers bis zum 20. Jahrhundert; Königstein/Ts. 1984]

MacIntyre, Alasdair: Three Rival Versions of Moral Enquiry. Encyclopaedia, Genealogy, and Tradition; Notre Dame 1990

Perelman, Chaim: Philosophie morale. Bd.1: L'antiquité et le moyen age; 3.Aufl. Brüssel 1973

Pfürtner, Stephan H. / Dieter Lührmann / Adolf Martin Ritter: Ethik in der europäischen Geschichte. 2 Bde.; Stuttgart, Berlin, Köln, Mainz 1988

Reiner, Hans: Die philosophische Ethik. Ihre Fragen und Lehren in Geschichte und Gegenwart; Heidelberg 1964

Riley, Issac Woodbridge: Men and morals. The story of ethics; New York 1959

Rohls, Jan: Geschichte der Ethik; Tübingen 1990

Schulz, Walter: Philosophie in der veränderten Welt; Pfullingen 1972, 629–840

Sidgwick, Henry: Outlines of the History of Ethics. For English Readers; (Reprint der 5. Aufl. London 1902) Indianapolis, Ind. 1988

Troeltsch, Ernst: Die Soziallehren der christlichen Kirchen und Gruppen; Tübingen (1912) 1922, Neudruck Aalen 1965

Weber, Max: Die protestantische Ethik und der Geist des Kapitalismus; in: Gesammelte Aufsätze zur Religionssoziologie, Bd. I, Tübingen 1919

White, Reginald E.O.: The Changing Continuity of Christian Ethics. Vol.2 The Insights of History; Exeter 1981

2. Textsammlungen

A modern Introduction to the ethics. Readings from classical and contemporary sources; hg. von Milton Karl Munitz, Glencoe/London 1958
Beach, Waldo / H. Richard Niebuhr: Christian Ethics: Sources of the Living Tradition; 2. Aufl. New York 1973
Christian Social Teachings: A Reader in Christian Social Ethics from the Bible to the Present; hg. von George Wolfgang Forell, Augsburg, Minn. 1979
Ethik-Lesebuch. Von Platon bis heute; hg. von Robert Spaemann; München, Zürich 1987
Gill, Robin: A Textbook of Christian Ethics; Edinburgh 1985
Goldberg, David Theo: Ethical theory and social issues. Historical texts and contemporary readings; New York u.a. 1989
Introductory Readings in Ethics; hg. von William K. Frankena und John T. Granrose, Englewood Cliffs 1974
Solomon, Robert C.: Morality and the good life. An introduction to ethics through classical sources; New York 1984

II. Einzelbeiträge
1. Zur Tradition christlicher Ethik
a. Alte Kirche

Avila, Charles: Ownership. Early Christian Teaching; London 1983
Berkhof, Hendrik: Kirche und Kaiser. Eine Untersuchung der Entstehung der byzantinischen und der theokratischen Staatsauffassung im vierten Jahrhundert; Zollikon-Zürich 1947
Beyschlag, Karlmann: Zur Geschichte der Bergpredigt in der Alten Kirche; in: ZThK 74/1977, 291–322
Brandt, Theodor: Tertullians Ethik. Zur Erfassung der systematischen Grundanschauung; Gütersloh 1929
Campenhausen, Hans von: Ambrosius von Mailand als Kirchenpolitiker; Berlin 1929
Childress, James F.: Moral Discourse About War in the Early Church; in: JRE 12/1984, 2–18
Epsztein, Leon: Social Justice in the Ancient Near East and the People of the Bible; London 1986
Frank, Karl Suso: Vita Apostolica. Ansätze zur apostolischen Lebensform in der alten Kirche; in: ZKG 82/1971, 145–166
Greshake, Gisbert: Gnade als konkrete Freiheit. Eine Untersuchung zur Gnadenlehre des Pelagius; Mainz 1972
Gülzow, Henneke: Christentum und Sklaverei in den ersten drei Jahrhunderten; Bonn 1969
Heitmann, Adalhard: Imitatio Dei. Die ethische Nachahmung Gottes nach der Väterlehre der zwei ersten Jahrhunderte; Rom 1940
Krämer, Hans: Antike und moderne Ethik; in: ZThK 80/1983, 184–203
Leipoldt, Johannes: Der soziale Gedanke in der altchristlichen Kirche; Leipzig 1952
Meeks, Wayne A.: The Moral World of the First Christians; Philadelphia 1986, London 1987
Meeks, Wayne A.: Understanding Early Christian Ethics; in: JBL 105/1986, 3–11
Mühlenberg, Ekkehard: Das Vermächtnis der Kirchenväter an den modernen Protestantismus; in: Kerygma und Logos. Beiträge zu den geistesgeschichtlichen Beziehungen zwischen Antike und Christentum, Göttingen 1979, 380–394
Osborn, Eric: Ethical Patterns in Early Christian Thought; Cambridge 1976
Osborn, Eric: Ethics in the Apostolic Fathers; in: Prudentia 12/1980, 87–92
Osborn, Eric: Problems of Ethics in Early Christian Thought; in: Prudentia 7/1975, 11–19

Preger, Franz: Die Grundlagen der Ethik bei Gregor von Nyssa; Würzburg 1897

Prunet, Olivier: La morale de Clément d'Alexandrie; Paris 1966

Richardson, Peter: Religion, architecture and ethics. Some first century case studies; in: Horizons in Biblical Theology 10,2/1988, 19–49

Ritter, Adolf Martin: Christentum und Eigentum bei Klemens von Alexandrien auf dem Hintergrund der frühchristlichen »Armenfrömmigkeit« und der Ethik der kaiserzeitlichen Stoa; in: ZKG 86/1975, 1–25

Ritter, Adolf Martin: Zwischen »Gottesherrschaft« und »einfachem Leben«. Dio Chrysostomus, Johannes Chrysostomus und das Problem einer Humanisierung der Gesellschaft; in: JAC 31/1988, 127–143

Rüther, Theodor: Die sittliche Forderung der Apatheia in den beiden ersten christlichen Jahrhunderten und bei Klemens von Alexandrien; Freiburg 1949

Sextus <Pythagoricus> / Henry Chadwick: The sentences (of Sextus). A contribution to the history of early Christian ethics; Cambridge 1959

Spanneut, Michel: Tertullien et les premiers moralistes africains; Gembloux 1969

Stelzenberger, Johannes: Die Beziehungen der frühchristlichen Sittenlehre zur Ethik der Stoa. Eine moralgeschichtliche Studie; Nachdruck der Ausgabe München 1933, Hildesheim u.a. 1989

Thamin, Raymond: St. Ambroise et la morale chretienne au IV. siècle. Etude comparée des traites »des devoirs« de Cicerone et de Saint Ambroise; Paris 1895

Viller, Marcel / Karl Rahner: Aszese und Mystik in der Väterzeit; unveränderte Neuausgabe Freiburg u.a. 1989

Wendebourg, Dorothea: Das Martyrium in der Alten Kirche als ethisches Problem; in: ZKG 98/1987, 295–320

Young, Frances: The Early Church. Military Service, War and Peace; in: Theology 92/1989, 491–502

Augustin (354–430)

Barth, Heinrich: Die Freiheit der Entscheidung im Denken Augustins; Basel 1935

Boyle, Marjorie O'Rourke: Augustine in the garden of Zeus. Lust, love and language; in: HThR 83/1990, 117–139

Brown, Peter: Religion and Society in the Age of Saint Augustine; London 1972

Burnaby, John: Amor Dei. A Study of the Religion of St. Augustine; korrigierte Neuausgabe [der Ausgabe London 1938: Amor Dei. A Study of Augustine's Teaching on the Love of God as the Motive of the Christian Life], mit neuem Vorwort, Norwich 1991

Chéné, Jean: La théologie de Saint Augustine: Grace et prédestination; Lyon 1961

The ethics of Augustine; JRE 16,1/1988, 3–108

Holte, Ragnar: Béatitude et Sagesse. Saint Augustine et le problème de la fin de l'homme dans la philosophie ancienne; Paris 1962

Jonas, Hans: Augustin und das paulinische Freiheitsproblem. Eine philosophische Studie zum pelagianischen Streit; Göttingen 1965

Langan, John: The Elements of St. Augustine's Just War Theory; in: JRE 12/1984, 19–38

Mausbach, Joseph: Die Ethik des hl. Augustinus. 2 Bde.; 2., vermehrte Aufl. Freiburg 1929

Mayer, Cornelius Petrus: Die theozentrische Ethik Augustinus; in: CDios, 200/1987 233–246

Russell, Frederick H.: »Only something good can be evil«. The genesis of Augustine's secular ambivalence; in: TS(StL) 51/1990, 698–716

TeSelle, Eugene: Towards an Augustinian Politics; in: JRE 16/1988, 87–108

b. Mittelalter

Abramowski, Luise: Die Lehre von Gesetz und Evangelium bei Johann Pupper von Goch im Rahmen seines nominalistischen Augustinismus; in: ZThK 64/1967, 83–98

Abramowski, Luise: Johann Gerson, De consiliis evangelicis et statu perfectionis; in: Studien zur Geschichte und Theologie der Reformation, hg. von Luise Abramowski und Johann Friedrich Gerhard Goeters, Neukirchen-Vluyn 1969, 63–78

Anton, Hans Hubert: Fürstenspiegel und Herrscherethos in der Karolingerzeit; Bonn 1968

Beiträge zum Berufsbewußtsein des mittelalterlichen Menschen; hg. von Paul Wilpert und Willehad Eckert, Berlin 1964

Borok, Helmut: Der Tugendbegriff des Wilhelm von Auvergne (1180–1249). Eine moralhistorische Untersuchung zur ideengeschichtlichen Rezeption der aristotelischen Ethik; Düsseldorf 1979

Casutt, Laurentius: Die älteste franziskanische Lebensform. Untersuchungen zur Regula prima sina bulla; Graz 1955

Constantelos, Demetrios J.: Lives of saints, ethical teachings, and social realities in 10th century Byzantine Peloponnes; in: GOTR 30/1985, 297–310

Dettloff, Werner: Die Entwicklung der Akzeptations- und Verdienstlehre von Duns Scotus bis Luther, mit besonderer Berücksichtigung der Franziskanertheologen; Münster 1963

Ernst, Wilhelm: Gott und Mensch am Vorabend der Reformation. Eine Untersuchung zur Moralphilosophie und -theologie bei Gabriel Biel; Leipzig 1972

Flasch, Kurt: Das philosophische Denken im Mittelalter. Von Augustin bis Machiavelli; Stuttgart 1986

Gemmeke, Elisabeth: Die Metaphysik des sittlich Guten bei Franz Suarez; Freiburg 1965

Goetz, Hans-Werner: Die »Summa Gloria«. Ein Beitrag zu den politischen Vorstellungen des Honorius Augustudunensis; in: ZKG 89/1978, 307–353

Gründel, Johannes: Die Lehre des Radulfus Ardens von den Verstandestugenden auf dem Hintergrund seiner Seelenlehre; München, Paderborn, Wien 1976

Gründel, Johannes: Die Lehre von den Umständen der menschlichen Handlung im Mittelalter; Münster 1963

Hallinger, Kassius: Gorze – Kluny. Studien zu den monastischen Lebensformen und Gegensätzen im Hochmittelalter. 2 Bde.; Rom 1950–1951

Hamelin, Alonzo M.: L'école franciscaine de ses débuts jusqu' à l'occamisme; Louvain 1961

Heimbach, Marianne: Mystik und Sozialethik. Beobachtungen im Werk Mechthilds von Magdeburg als Anregung zu einem notwendigen Dialog; in: JCSW 30/1989, 61–84

Hermann, Rudolf: Christi Verdienst und Vorbild. Zum Problem des Schlußkapitels von Anselms »Cur Deus homo?«; in: ZSTh 9/1931, 455–472

Ingham, Mary E.: Ethics and Freedom. An historical-critical Investigation of Scotist Thought; Lanham u.a. 1989

Iserloh, Erwin: Thomas von Kempen und die Devotio Moderna; Bad Honnef 1976

Kirschenbaum, Aaron: Jewish and Christian theories of usury in the Middle Ages; in: JQR 75/1984–1985, 270–289

Koch, Gottfried: Auf dem Wege zum Sacrum Imperium. Studien zur ideologischen Herrschaftsbegründung der deutschen Zentralgewalt im 11. und 12. Jahrhundert; Berlin 1972

Kölmel, Wilhelm: Soziale Reflexionen im Mittelalter; Essen 1985

Landgraf, Artur: Der Gerechtigkeitsbegriff des hl. Anselm von Canterbury und seine Bedeutung für die Theologie der Frühscholastik; in: DT 5/1927, 155–177

Landry, B.: Les Idées morales du 12. siècle; in: Revue des cours et conferences 40/1938–1939 und 41/1940, passim

Laski, Harold J.: Political theory in the later middle ages; in: CMH 8/1936, 620–645
Leff, Gordon: Gregory of Rimini, Tradition and Innovation in 14th Century Thought; Manchester 1961
Lottin, Odon: Psychologie et morale aux XIIe et XIIIe siècles, 6 Bde.; Gembloux 1942–1960
Mähl, Sibylle: Quadriga virtutum. Die Kardinaltugenden in der Geistesgeschichte der Karolingerzeit; Köln 1969
Moeller, Bernd: Frömmigkeit in Deutschland um 1500; in: ARG 56/1965, 5–31
Piergiovanni, Enzo: La Metamorfosi dell' etica medioevale secoli XIII–XV; Bologna 1967
Ritterliches Tugendsystem; hg. von Gunter Eifler, Darmstadt 1970
Schmitz-Valckenberg, Georg: Grundlehren katharischer Sekten des 13. Jahrhunderts. Eine theologische Untersuchung mit besonderer Berücksichtigung von Adversus Katharos et Valdenses des Moneta von Cremona; München, Paderborn 1971
Schneider, Johannes: Das Gute und die Liebe nach der Lehre Alberts des Großen; München, Paderborn, Wien 1967
Schüler, Martin: Prädestination, Sünde und Freiheit bei Gregor von Rimini; Stuttgart 1934
Stephan, Ernst: Der Ort autonomer Ethik innerhalb des christlichen Glaubens. Moraltheologische Prinzipien nach Hugo von St. Viktor; in: ThPh 62/1987, 216–242
Tellenbach, Gerd: Libertas – Kirche und Weltordnung im Zeitalter des Investiturstreits; Stuttgart 1936
Ullman, Walter: The Individual and Society in the Middle Ages; Baltimore 1966
Vandenbroucke, François: La morale monastique de XIe au XVIe siècle. Pour l'histoire de la théologie morale; Louvain, Lille 1966
Wieland, Georg: Ethica – sciencia practica. Die Anfänge der philosophischen Ethik im 13. Jahrhundert; Münster 1981

Petrus Abelardus (1079–1142)

Dahmen, Reiner: Darstellung der abaelardischen Ethik; Münster 1906
Hesse, Th.: Gottes Liebesoffenbarung als Begründung der menschlichen Liebesgerechtigkeit bei Abaelard; Teildruck aus: Natur und Gnade bei Abaelard. Eine Untersuchung über seinen Caritasbegriff, Essen 1939
Hommel, F.: Nosce te ipsum. Die Ethik des Peter Abaelard; Wiesbaden 1947
Lottin, Odon: Le Problème de la moralité intrinsèque d'Abélard à saint Thomas; in: Rev. thomiste 39/1934 (Nachdruck Vaduz 1965), 477–515
Peppermüller, Rolf: Abaelards Auslegung des Römerbriefes; Münster 1972
Theiner, Johann: Gedanken zur Sündenlehre Abaelards in seinem Werk ›Ethica seu Scito teipsum‹; in: Person im Kontext des Sittlichen. Beiträge zur Moraltheologie, hg von J. Peigsa, H. Zeimentz, Düsseldorf 1979, 110–129
Williams, Paul L.: The Moral Philosophy of Peter Abelard; Lanham, Md. 1980

Thomas von Aquino (1225/26–1274)

Abbà, Giuseppe: Lex et virtus: studi sull' evoluzione della dottrina morale di san Tommaso d'Aquino; Rom 1983
Auer, Alfons: Die Autonomie des Sittlichen nach Thomas von Aquin; in: Christlich glauben und handeln. Fragen einer fundamentalen Moraltheologie in der Diskussion; hg. von Klaus Demmer, Bruno Schüller, Düsseldorf 1977, 31–54
Auer, Johannes: Die menschliche Willensfreiheit im Lehrsystem des Thomas von Aquin und Johannes Duns Scotus; München 1938
Bujo, Benezet: Die Aktualität des Thomas von Aquin in der heutigen Moraltheologie; in: TTZ 89/1980, 118–125

Bujo, Benezet: Die Begründung des Sittlichen. Zur Frage des Eudämonismus bei Thomas von Aquin; Paderborn u.a. 1984

Bullet, Gabriel: Vertus morales infuses et vertus morales acquises selon saint Thomas d'Aquin; Fribourg/CH 1958

Burell, David, C.S.C.: Aquinas. God and Action; Notre Dame 1979

Dougherty, Kenneth F.: General Ethics. An introduction to the basic principles of the moral life according to St. Thomas Aquinas; 3rd Edition Peek Skill NY 1959

Eickelschulte, Dietmar: Beatitudo als Prozeß. Zur Frage nach dem Ort der theologischen Ethik bei Thomas von Aquin; in: Sein und Ethos. Untersuchungen zur Grundlegung der Ethik; hg. von Paulus Engelhardt, Mainz 1963, 158–187

Fabro, Cornelio: Freedom and Existence in Contemporary Philosophy and St. Thomas; in: The Thomist 38/1974, 524–556

Faller, Franz: Die rechtsphilosophische Begründung der gesellschaftlichen und staatlichen Autorität bei Thomas von Aquin. Eine problemgeschichtliche Untersuchung; Heidelberg 1954

Fitzgerald, John: Aquinas on goodness; in: DownR 105/1987, 23–31

Galeazzi, Umberto: L'etica filosofica in Tommaso d'Aquino: dalla »Summa theologiae« alla »Contra gentiles«: per una riscoperta dei fondamenti della morale; Rom 1989

Gilby, Thomas: Principality and polity. Aquinas and the rise of state theory in the West; London u.a. 1958

Gilby, Thomas: The political thought of Thomas Aquinas; Chicago 1958

Hauerwas, Stanley: Aristotle and Thomas Aquinas on the Ethics of Character; in: ders., Character and the Christian Life. A Study in Theological Ethics with a new introduction by the author, 3. Aufl. San Antonio 1985, 35–82

Kluxen, Wolfgang: Metaphysik und praktische Vernunft. Über ihre Zuordnung bei Thomas von Aquin; in: Thomas von Aquin 1274/1974, hg. von Ludger Oeing-Hanhoff, München 1974, 73–96

Kluxen, Wolfgang: Philosophische Ethik bei Thomas von Aquin; Göttingen 1965

Kühn, Ulrich: Via Caritatis. Theologie des Gesetzes bei Thomas von Aquin; (Berlin 1964) Göttingen 1965

Langan, John: Beatitude and Moral Law in St. Thomas; in: JRE 5/1977, 183–196

Lee, Patrick: Permanence of the ten commandments. St. Thomas and his modern commentators; in: TS 42/1981, 422–443

Lottin, Odon: L'Ordre morale et l'ordre logique d'après s. Thomas d'Aquin; in: Annales de L'Institut Supèrieur de Philosophie 5/1924, 303–399

Lottin, Odon: La Syndérèse chez Albert le Grand et s. Thomas d'Aquin; in: RNSP 30/1928, 18–44

MacInerny, Ralph: Ethica Thomistica; Washington, D.C. 1982

MacIntyre, Alasdair: Three Rival Versions of Moral Enquiry. Encyclopaedia, Genealogy, and Tradition; Notre Dame 1990

Mausbach, Joseph: Thomas von Aquin als Meister christlicher Sittenlehre unter besonderer Berücksichtigung seiner Willenslehre; München 1925

Merks, Karl-Wilhelm: Theologische Grundlegung der sittlichen Autonomie. Strukturmomente eines ›autonomen‹ Normbegründungsverständnisses im lex-Traktat der Summa theologiae des Thomas von Aquin; Düsseldorf 1978

Merks, Karl-Wilhelm: Zur theologischen Grundlegung der Menschenrechte in der Perspektive des Thomas von Aquin; in: Modernes Freiheitsethos und christlicher Glaube. Beiträge zur juristischen, philosophischen und theologischen Bestimmung der Menschenrechte, hg. von Johannes Schwartländer, München/Mainz 1981, 165–187

Montaldi, Daniel F.: A Defense of St. Thomas and the Principle of Double Effect; in: JRE 14/1986, 296–332

Nelson, Daniel Mark: The priority of prudence. Virtue and natural law in Thomas Aquinas and the implication for modern ethics; Ann Arbor, Mich. 1988

Nerney, Gerne: Aristotle and Aquinas on indignation. From nemesis to theodicy; in: Faith and Philosophy 8/1991, 81–95

Noble, Herni D.: La Vie morale d'après Thomas d'Aquin. 5 Bde.; Paris 1923–27

O'Connor, Daniel J.: Aquinas and Natural Law; London 1967

Oehler, Klaus: Thomas von Aquino als Interpret der aristotelischen Ethik; in: ders., Antike Philosophie und byzantinisches Mittelalter, München 1969, 309–327

Oeing-Hanhoff, Ludger: Zur thomistischen Freiheitslehre; in: Schol. 31/1956, 161–181 [wieder abgedruckt in: ders., Metaphysik und Freiheit, München 1988, 262–283]

Pesch, Otto M.: Freiheitsbegriff und Freiheitslehre bei Thomas von Aquin und Luther; in: Cath(M) 17/1963, 197–244

Pesch, Otto M.: Philosophie und Theologie der Freiheit bei Thomas von Aquin in quaest. disp. 6 De malo; in: MThZ 13/1962, 1–25

Pfürtner, Stephan H.: Triebleben und sittliche Vollendung. Eine moralpsychologische Untersuchung nach Thomas von Aquin; Freiburg/CH 1958

Pinchaers, Servais: Les passions et la morale; in: RSPhTh 74/1990, 379–391

Porter, Jean: Moral Rules and Moral Actions. A Comparison of Aquinas and Modern Moral Theology; in: JRE 17,1/1989, 123–149

Porter, Jean: The Recovery of Virtue. The Relevance of Aquinas for Christian Ethics; Louisville, Kentucky 1990

Redpath, Peter A.: The moral wisdom of St. Thomas. An Introduction; 1983

Rhonheimer, Martin: Natur als Grundlage der Moral. Die personale Struktur des Naturgesetzes bei Thomas von Aquin. Eine Auseinandersetzung mit autonomer und teleologischer Ethik; Innsbruck u.a. 1987

Schachten, Winfried H.J.: Ordo Salutis. Das Gesetz als Weise der Heilsvermittlung. Zur Kritik des hl. Thomas von Aquin an Joachim von Fiore; Münster 1980

Schilling, Otto: Die Staats- und Soziallehre des hl. Thomas von Aquin; 2. vermehrte Aufl. München 1930

Schockenhoff, Eberhard: Bonum hominis. Die anthropologischen und theologischen Grundlagen der Tugendethik des Thomas von Aquin; Mainz 1987

Siewerth, Gustav: Einführung; in: Thomas von Aquin. Die menschliche Willensfreiheit. Texte zur thomistischen Freiheitslehre, ausgewählt von Gustav Siewerth, Düsseldorf 1954, 9–136

Thomas von Aquin (1274/1974); mit Beiträgen von Jörg Baur, Wolfgang Kluxen, Ulrich Kühn, Ludger Oeing-Hanhoff, Josef Pieper, Karl Rahner, Albert Zimmermann, hg. von Ludger Oeing-Hanhoff, München 1974

Virt, Günter: Epikie – verantwortlicher Umgang mit Normen. Eine historisch-systematische Untersuchung zu Aristoteles, Thomas v. Aquin und Franz Suarez; Mainz 1983

Wallace, William A.: The role of demonstration in moral theology. A study of methodology in St. Thomas Aquinas; Fribourg/CH 1962

Wittmann, Michael: Die Ethik des hl. Thomas von Aquin; München 1933

Wolf, Ernst: Zur Frage des Naturrechts bei Thomas von Aquin und bei Luther; in: ders., Peregrinatio 1. Studien zur reformatorischen Theologie und zum Kirchenproblem, 2. Aufl. München 1962, 183–213

Zimmermann, Albert: Der Begriff der Freiheit nach Thomas von Aquin; in: Thomas von Aquin 1274/1974, hg. von Ludger Oeing-Hanhoff, München 1974, 125–160

Meister Eckhart (~1260–1327)

Bindschedler, Maria: Meister Eckharts Lehre von der Gerechtigkeit; in: StPh 13/1953, 58–71

Kern, Udo: »Man sol loufen in den vride« – »Frieden« bei Meister Eckhart; in: FZPhTh 33/1986, 99–110

Kern, Udo: Der »Arme« bei Meister Eckhart; in: NZSTh 29/1987, 1–18

Mieth, Dietmar: Die Einheit von Vita activa und Vita contemplativa in den deutschen Predigten und Traktaten Meister Eckharts und bei Johannes Tauler. Untersuchungen zur Struktur des christlichen Lebens; Regensburg 1969

Piesch, Herma: Meister Eckharts Ethik; Luzern 1935

William von Ockham (~1300–1349/50)

Garvens, Anita: Die Grundlagen der Ethik Wilhelms von Ockham; in: FS 21/1934, 243–408

Kölmel, Wilhelm: Von Ockham zu Gabriel Biel. Zur Naturrechtslehre des 14. und 15. Jahrhunderts; in: FS 37/1955, 218ff.

Kölmel, Wilhelm: Wilhelm Ockham und seine kirchenpolitischen Schriften; Essen 1962

Kölmel, Wilhelm: Perfekter Prinzipat. Ockhams Fragen an die Macht; in: Die Gegenwart Ockhams, hg. von Wilhelm Vossenkuhl und Rolf Schönberger, Weinheim 1990

Miethke, Jürgen: Ockhams Weg zur Sozialphilosophie; Berlin 1969,

Miethke, Jürgen: Zur Bedeutung von Ockhams politischer Philosophie für Zeitgenossenund Nachwelt; in: Die Gegenwart Ockhams, hg. von Wilhelm Vossenkuhl und Rolf Schönberger, Weinheim 1990, 302–324

Sanderlin, David: Faith and ethical reasoning in the mystical theology of St. John of the Cross. A reasonable Christian mysticism; in: RelSt 25/1989, 317–333

Schmidt, Martin Anton: Kirche und Staat bei Wilhelm von Ockham; in: ThZ 7/1951, 265–284

Nikolaus von Kues (1401–1464)

Nicholas of Cusa in search of God and wisdom. Essays in honor of Morimichi Watanabe by the American Cusanus Society; hg. von Gerald Christiansen; Leiden u.a. 1991

Sigmund, Paul E.: Nicolas of Cusa and medieval political thought; Cambridge, Mass. 1963

Watanabe, Morimichi: The political ideas of Nicolas of Cusa. With special reference to his De concordantia catholica; Genf 1963

c. Reformation

Bayer, Oswald: Leibliches Wort. Reformation und Neuzeit im Konflikt, Tübingen 1992

Bockmühl, Klaus: Gesetz und Geist: Eine kritische Würdigung des Erbes protestantischer Ethik. Bd.I: Die Ethik der reformatorischen Bekenntnisschriften, Gießen 1987

Elert, Werner: Morphologie des Luthertums, Erster Band: Theologie und Weltanschauung des Luthertums hauptsächlich im 16. und 17. Jahrhundert (1931); Zweiter Band: Soziallehren und Sozialwirkungen des Luthertums (1931); München 1958

Farr, William: John Wiclif as legal reformer; Leiden 1974

Heckel, Martin: Die Menschenrechte im Spiegel der reformatorischen Theologie; in: ders., Gesammelte Schriften II. Staat, Kirche, Recht, Geschichte, hg. von Klaus Schlaich, Tübingen 1989, 1112–1193

Iwand, Hans Joachim: Gesetz und Evangelium; Nachgelassene Werke, hg. von Helmut Gollwitzer, Walter Kreck, Karl Gerhard Steck, Ernst Wolf, Bd. IV: Gesetz und Evangelium, hg. von Walter Kreck, München 1964

Kiss, Igor: Über sozialethische Implikationen der Reformation; in: Standpunkt 11/1983, 257–259

Krummwiede, Hans-Walter: Kirchenverfassung und Christliche Existenz bei Bugenhagen; in: JGNKG 87/1986, 105

Mouw, Richard J.: Alasdair MacIntyre on Reformation Ethics; in: JRE 13/1985, 243–257

Nipperdey, Thomas: Reformation, Revolution, Utopie. Studien zum 16. Jahrhundert; Göttingen 1975

Oberman, Heiko Augustinus: Werden und Wertung der Reformation. Vom Wegestreit zum Glaubenskampf; Tübingen, 3. Aufl. 1989

Reformatorische Verkündigung und Lebensordnung; hg. von Robert Stupperich, Bremen 1963

Schild, Maurice E.: John Bugenhagen. Theological existence and practice; in: Concordia journal (StL) 12/1986, 9–16

Scholl, Hans: Reformation und Politik. Politische Ethik bei Luther, Calvin und den Frühhugenotten; Stuttgart u.a. 1976

Schott, Erdmann: Die zeitliche und die ewige Gerechtigkeit. Eine kontroverstheologische Untersuchung zum Konkordienbuch; Berlin 1955

Schwarz, Reinhard: Ecclesia, oeconomia, politia. Sozialgeschichtliche und fundamentalethische Aspekte der protestantischen Drei-Stände-Theorie; in: Protestantismus und Neuzeit, hg. von Horst Renz und Friedrich Wilhelm Graf, (Troeltsch-Studien Bd.3) Gütersloh 1984, 78–88

Seils, Martin: Glaube und Werk in den reformatorischen Kirchenordnungen; in: ZKG 89/1978, 12–20

Skinner, Quentin: The Foundations of Modern Political Thought. Bd. 2: The Age of the Reformation; Cambridge 1978

Troeltsch, Ernst: Die Soziallehren der christlichen Kirchen und Gruppen; Tübingen 1922 (1912), Neudruck Aalen 1965

Weber, Max: Die protestantische Ethik und der Geist des Kapitalismus; in: Gesammelte Aufsätze zur Religionssoziologie, Bd. I, Tübingen 1919

Wolf, Ernst: Verantwortung in der Freiheit; in: ders., Peregrinatio II. Studien zur reformatorischen Theologie, zum Kirchenrecht und zur Sozialethik, München 1965, 242–260

Zur Zwei-Reiche-Lehre Luthers; mit einer Einführung von Gerhard Sauter und einer kommentierenden Bibliographie von Johannes Haun, München 1973

Luther (1483–1546)

Althaus, Paul: Die Ethik Martin Luthers; Gütersloh 1965

Althaus, Paul: Luther und die Politik; in: Luther in der deutschen Kirche der Gegenwart, hg. von Theodor Knolle, Gütersloh 1940, 21–27

Bakkevig, Trond: The doctrine on just war. Relevance and applicability; in: StTh 37/1983, 125–145

Barth, Hans-Martin: Luthers Ethos der Freiheit; in: Martin Luther – der Streit um sein Erbe. Ringvorlesung des Fachbereichs Ev. Theologie der Philipps-Universität Marburg im WS 1983/84, hg. von Hans-MartinBarth und Heinrich Leopold, Kassel 1984, 9–20

Bayer, Oswald: Gegenwart. Schöpfung als Anrede und Zuspruch; in: Luther 59/1988, 131–144

Bayer, Oswald: Natur und Institution. Eine Besinnung auf Luthers Dreiständelehre; in: ZThK 81/1984, 352–382

Bornkamm, Heinrich: Luthers Lehre von den zwei Reichen im Zusammenhang seiner Theologie; 2. Aufl. Gütersloh 1960

Bornkamm, Karin: Umstrittener »spiegel eines Christlichen lebens«. Luthers Auslegung der Bergpredigt in seinen Wochenpredigten von 1530 bis 1532; in: ZThK 85/1988, 409–454

Brecht, Martin: Divine Right and Human Rights in Luther; in: Martin Luther and the Modern Mind. Freedom, Conscience, Toleration, Rights, hg. von Manfred Hoffmann, New York / Toronto 1985

Campell, Charles L.: Living faith. Luther, preaching and ethics; in: Word World 10/1990, 374–379

Carlson, Allan C.: Freedom, authority and family; in: Dialog 20/1981, 195–199

Ebeling, Gerhard: Luthers Kampf gegen die Moralisierung des Christlichen; in: ders., Lutherstudien III, Tübingen 1985, 44–73

Eckey, Wilfried: Martin Luthers politische Ethik und ihre biblische Begründung; in: Wilfried Eckey / Martin Schloemann / Peter Steinacker, Vorträge zum Luther-Jahr, Wuppertal 1983, 3–31

Forell, George Wolfgang: Faith active in Love. An Investigation of the Principles Underlying Luther's Social Ethics, New York 1954

Forell, George Wolfgang: Luther and Christian liberty; in: Luther and liberation theology. Bulletin: The Martin Luther Colloquium. Lutheran Theological Seminary Bulletin 68,1/1988, 3–11

Gilbreath, W.J.S.: Martin Luther and John Calvin on property; in: Evangelical Review of Theology 11/1987, 2118–228

Gloege, Gerhard: Politia divina, in: ders., Verkündigung und Verantwortung. Theologische Traktate, Bd. II, Göttingen 1967, 69–108

Gogarten, Friedrich: Sittlichkeit und Glaube in Luthers Schrift De servo arbitrio; in: ZThK 47/1950, 227–264

Gollwitzer, Helmut: Luthers Ethik; in: Moral wozu? Ein Symposion; hg. von Rolf Italiaander, München 1972, 114–139

Greiner, Albert: Martin Luther und die Menschenrechte; in: Lutherische Kirche in der Welt 36/1989, 90–98

Gualtieri, Antonio R.: Soteriology and ethics in Martin Luther; in: Encounters with Luther. Papers from the McGill Luther Symposium 1983, hg. von Edward J.Furcha, Montreal 1984, 67–93

Hackmann, Edward E.: The just war and Lutheran theology; in: Consensus 11,1/1985, 3–15

Hamm, Berndt: Martin Luthers Entdeckung der evangelischen Freiheit; in: ZThK 80/1983, 50–68

Härle, Wilfried: Luthers Zwei-Regimenten-Lehre als Lehre vom Handeln Gottes; in: Theologie I. Hg. von Wilfried Härle und Rainer Preul, Marburg 1987, 12–32

Haun, Johannes: Bibliographie zur Zwei-Reiche-Lehre; in: Zur Zwei-Reiche-Lehre Luthers. Mit einer Einführung und einer kommmentierten Bibliographie von Johannes Haun, München 1973, 215–245

Herms, Eilert: Die Bedeutung des Gesetzes für die lutherische Sozialethik; in: ders., Erfahrbare Kirche. Beiträge zur Erkklesiologie, Tübingen 1990

Hesse, Helmut / Gerhard Müller: Über Luthers »Von Kauffshandlung und Wucher«. Zu Luthers Sozialethik. Vademecum zu einem frühen Klassiker der ökonomischen Wissenschaft; hg. von Horst Claus Recklenwald, Düsseldorf 1987

Hillerdal, Gunnar: Gehorsam gegen Gott und Menschen. Luthers Lehre von der Obrigkeit und die moderne evangelische Staatsethik; Göttingen 1955

Hoffmann, Manfred: Martin Luther. Resistance to secular authority; in: JITC 1984–85, 35–49

Iwand, Hans Joachim: Luthers Theologie; in: ders., Nachgelassene Werke, hg. von Helmut Gollwitzer u. a., Bd. V, hg. von Johann Haar München 1974

Iwand, Hans Joachim: Studien zum Problem des unfreien Willens; in: ders., Um den rechten Glauben. Gesammelte Aufsätze, hg. und eingeleitet von Karl Gerhard Steck, München 1959, 31–61

Iwand, Hans Joachim: Von der christlichen Freiheit. Nachwort zu: Martin Luther, Von der Freiheit eines Christenmenschen; Bielefeld 1953, S. 55–63 [wieder abgedruckt in: ders., Glaubensgerechtigkeit. Gesammelte Aufsätze I, hg. von G. Sauter, München 1980, 194–197]

Joest, Wilfried: Gesetz und Freiheit. Das Problem des Tertius usus legis bei Luther und die
neutestamentliche Parainese, 4. Aufl. Göttingen 1968

Jüngel, Eberhard: Zur Freiheit eines Christenmenschen. Eine Erinnerung an Luthers Schrift;
1. Aufl. München 1978

Junghans, Helmar: Sozialethisches Denken und Handeln bei Martin Luther; in: Standpunkt
17/1989, 67–71

Lindbeck, George: Modernity and Luther's Understanding of the Freedom of the Christian;
in: Martin Luther and the Modern Mind. Freedom, Conscience, Toleration, Rights; hg.
von Manfred Hoffmann, New York / Toronto 1985, 1–22

Lohse, Bernhard: Gewissen und Autorität bei Luther; in: ders., Evangelium in der Geschichte. Studien zu Luther und der Reformation, hg. von Leif Grane, Bernd Moeller,
Otto Hermann Pesch, Göttingen 1988, 265–286

Manns, Peter: Luthers Zwei-Reiche- und Drei-Stände-Lehre; in: ders., Vater im Glauben:
Studien zur Theologie Martin Luthers, hg. von Rolf Decot, Stuttgart 1988, 376–399

Maron, Gottfried: Luther und die Freiheitsmodelle seiner Zeit; in: Die Reformation geht weiter.
Ertrag eines Jahres, hg. von Ludwig Markert und Karl-Heinz Stahl, Erlangen 1984, 21–30

Martin Luther and the Modern Mind. Freedom, Conscience, Toleration, Rights; hg. von
Manfred Hoffmann, New York / Toronto 1985

Maurer, Wilhelm: Autorität in Freiheit. Zu Marcuses Angriff auf Luthers Freiheitslehre;
Stuttgart 1970

Maurer, Wilhelm: Luthers Lehre von den drei Hierarchien und ihr mittelalterlicher Hintergrund; München 1970

Maurer, Wilhelm: Von der Freiheit eines Christenmenschen. Zwei Untersuchungen zu Luthers Reformationsschriften 1520/21; Göttingen 1949

McSorley, Harry S.: Luthers Lehre vom unfreien Willen nach seiner Hauptschrift De servo
arbitrio im Lichte der biblischen und kirchlichen Tradition; München 1967

Merz, Georg: Glaube und Politik im Handeln Luthers München 1933

Miller, Thomas F.: Luther. Father of the Christian home – he forged a new concept of mar-
riage and the family; in: ChrT 27,16/1983, 14–17

Mueller, William A.: Church and State in Luther and Calvin; Nashville, Tenn. 1954

Nürnberger, Klaus: Martin Luther's political ethics against the background of his theological
approach; in: ThEv 18,1/1985, 44–65

Peine, Gerhard: Gedanken zur Arbeitsethik Martin Luthers; in: DZPh 31/1983, 1175–1183

Picht, Georg: Die Reformation als Auftrag und Wagnis; in: ders., Wahrheit, Vernunft, Verantwortung. Philosophische Studien, Stuttgart 1969, 163–182

Prien, Hans J.: Luthers Wirtschaftsethik; Göttingen 1992

Raunio, Antti: Die »Goldene Regel« als theologisches Prinzip beim jungen Luther; in: The-
saurus Lutheri. Auf der Suche nach neuen Paradigmen der Luther-Forschung. Referate des
Luther-Symposiums in Finnland 1986, hg. von Tuomo Mannermaa, Anja Ghiselli, Simo
Peura, Helsinki 1987, 309–327

Reich Gottes und Welt. Die Lehre Luthers von den zwei Reichen; hg. von Heinz-Horst
Schrey, Darmstadt 1969

Rublack, Hans C.: Martin Luther and the urban social experience; in: SCJ 16/1985, 15–32

Sauter, Gerhard: Die Wahrnehmung des Menschen bei Martin Luther; in: EvTh 43/1983,
489–512

Sauter, Gerhard: Handeln in Freiheit: Ethische Konsequenzen in Luthers Theologie; in: EK
18/1985, 225–258

Schäfer, Rolf: Glaube und Werke nach Luther; in: Lu 58/1987, 75–85

Scharffenorth, Gerta: Den Glauben ins Leben ziehen. Studien zu Luthers Theologie; München 1982

Scharffenorth, Gerta: Die Bergpredigt in Luthers Beiträgen zur Wirtschaftsethik. Erwägungen zu einer Theorie ethischer Urteilsbildung; in: dies., Den Glauben ins Leben ziehen.Studien zu Luthers Theologie, München 1982, 314–338

Schempp, Paul: Die christliche Freiheit nach Luther; in: ders., Gesammelte Aufsätze, hg. von Ernst Bizer, München 1960, 195–220

Schwarz, Reinhard: Luthers Lehre von den drei Ständen und die drei Dimensionen der Ethik; in: LuJ 45/1978, 15–34

Seils, Martin: Der Gedanke vom Zusammenwirken Gottes und des Menschen in Luthers Theologie; (Berlin 1962) Gütersloh 1962

Stock, Konrad: Die doppelte Gestalt der Freiheit. Luthers theologischer Beitrag zur Bestimmung des Freiheitsbegriffs; in: Rechtfertigung. Ringvorlesung des Fachbereichs Religionswissenschaften der Universität Gießen im Lutherjahr 1983, hg. von Gerhard Dautzenberg, Gerhard Schmalenberg, Konrad Stock, Gießen 1984

Vogel, Traugott: Strukturen und Entscheidungen der Zwei-Reiche-Lehre bei Luther; in: ThV 16/1986, 85–104

Wingren, Gustav: Luthers Lehre vom Beruf; München 1952

Wolgast, Eike: Die Wittenberger Theologie und die Politik der evangelischen Stände; Gütersloh 1977

Wright, David: The Ethical Use of the Old Testament in Luther and Calvin. A Comparison; in: SJTh 36/1983, 463–485

Zur Zwei-Reiche-Lehre Luthers. Mit einer Einführung von Gerhard Sauter und einer kommentierten Bibliographie von Johannes Haun; München 1973

Melanchton (1497–1560)

Elert, Werner: Societas bei Melanchthon; in: ders., Ein Lehrer der Kirche. Kirchlich-theologische Aufsätze und Vorträge von Werner Elert, hg. von Max Keller-Hüschemenger, Berlin u.a. 1967, 32–42

Elert, Werner: Ethos und Utopismus, in: ders., Morphologie des Luthertums Bd. II: Soziallehren und Sozialwirkungen des Luthertums (1931), München 1958, 23–37

Huschke, Rolf B.: Melanchthons Lehre vom Ordo Politicus. Ein Beitrag zum Verhältnis von Glauben und politischem Handeln bei Melanchthon; Gütersloh 1968

Iwand, Hans Joachim: Melanchthon, oder: Die Freiheit des Willens und die Ethik; in: ders., Gesetz und Evangelium, München 1964, 309–316

Kisch, Guido: Melanchthons Rechts- und Soziallehre; Berlin 1967

Schäfer, Rolf: Zur Prädestinationslehre beim jungen Melanchthon; in: ZThK 63/1966, 352–378

Schäfer, Rolf: Christologie und Sittlichkeit in Melanchthons frühen Loci; Tübingen 1961

Schwarz, Johann Carl Eduard: Melanchthon und seine Schüler als Ethiker; in: ThStKr 26/1853, 1–45

Trillhaas, Wolfgang: Philipp Melanchthon, der Ethiker der Reformation; in: EvTh 6/1946–1947, 389–403

Weber, Gottfried: Grundlagen und Normen politischer Ethik bei Melanchthon, (ThExh 96) München 1962

Müntzer (1468–1525)

Bräuer, Siegfried: Die Theologie Thomas Müntzers als Grundlage seiner sozialethischen Impulse; in: Standpunkt 17/1989, 62–67

Rochler, Wolfgang: Ordnungsbegriff und Gottesgedanke bei Thomas Müntzer. Ein Beitrag zur Frage »Müntzer und die Mystik«; in: ZKG 85/1974, 369–382

Vogler, Günter: Sozialethische Vorstellungen und Lebensweisen von Täufergruppen – Thomas Müntzer und die Täufer im Vergleich; in: Standpunkt 17/1989, 75–78

Zwingli (1484–1531)

Gestrich, Christoph: Zwingli als Theologe, Zürich 1967

Hamm, Berndt: Zwinglis Reformation der Freiheit; Neukirchen 1988

Rich, Arthur: Zwingli als sozialpolitischer Denker; in: ZEE 13/1969, 257–273

Schmid, Heinrich: Zwinglis Lehre von der göttlichen und menschlichen Gerechtigkeit; Zürich 1959

Seils, Martin: Ethische Impulse der Reformation Ulrich Zwinglis; in: Tradition und Verpflichtung, Berlin 1984, 62–64

Zwingli und Europa. Referate und Protokoll des internationalen Kongresses aus Anlaß des 500. Geburtstages von Huldrych Zwingli vom 26.–30.März 1984; hg. von Peter Blickle, Andreas Lindt, Alfred Schindler, Göttingen 1985

Bucer (1491–1551)

Koch, Karl: Studium pietatis. Martin Bucer als Ethiker; Neukirchen 1962

Kroon, Marijn de: Studien zu M. Bucers Obrigkeitsverständnis; Gütersloh 1984

Lang, August: Puritanismus und Pietismus. Studien zu ihrer Entwicklung von M. Bucer bis zum Methodismus; (Nachdruck der Ausgabe Neukirchen 1941) Darmstadt 1972

Calvin (1509–1564)

Baldwin, Claude Marie: John Calvin and the ethics of gender relations; in: CTJ 26/1990, 133–142

Baur, Jürgen: Gott, Recht und weltliches Regiment im Werke Calvins; Bonn 1965

Bieler, André: Gottes Gebot und der Hunger der Welt – Calvin, Prophet des industriellen Zeitalters. Grundlage und Methode der Sozialethik Calvins; Zürich 1966

Bieler, André: La pense economique et sociale de Calvin; Genf 1959, 1961

Bieler, André: The Social Humanism of Calvin; Richmond 1964

Bohatec, Josef: Calvins Lehre von Kirche und Staat mit besonderer Berücksichtigung des Organismusgedankens, Breslau 1937; Nachdruck Aalen 1961

Bosco, David: Conscience as Court and Worm. Calvin and the Three Elements of Conscience; in: JRE 14/1986, 333–355

Conditt, Marion W.: More acceptable than sacrifice. Ethics and election as obedience to God's will in the theology of Calvin; Basel 1973

Doyle, R.C.: John Calvin, his modern detractors and the place of the law in Christian ethics; in: RTR 41,3/1982, 74–83

Gessert, Robert A.: The Integrity of Faith. An Inquiry into the Meaning of Law in the Thought of John Calvin; in: SJTh 13/1960, 247–261

Gingerich, Barbara Nelson: Property and the Gospel; in: Evangelical Review of Theology 11/1987, 229–245

Graham, W. Fred: The Constructive Revolutionary, John Calvin and his socio-economic impact; Richmond, Virginia 1971

Hancock, Ralph C.: Calvin and the Foundations of Modern Politics; Ithaca/London 1989
Hoepfl, Harrow M.: The Christian Polity of John Calvin; Cambridge 1985
International Calvinism 1541–1715; hg. von Menna Prestwich, Oxford 1985
Keddie, Gordan J.: Calvin on civil government; in: Scottish Bulletin of Evangelical Theology 3,2/1985, 23–35
Kelsay, John: Prayer and ethics. Reflections on Calvin and Barth; in: HThR 82/1989, 169–84
Kingdom, Robert M.: Church and Society in Reformation Europe, London 1985
Kolfhaus, Wilhelm: Vom christlichen Leben nach Johannes Calvin; Neukirchen 1949
Lehmann, Paul L.: Praying and doing justly; in: Reformed Liturgy and Music 19,2/1985, 77–81
Lobstein, Paul: Die Ethik Calvins in ihren Grundzügen entworfen. Ein Beitrag zur Geschichte der christlichen Ethik; Straßburg 1877
McKee, Elsie Anne: John Calvin on the Diaconate and Liturgical Almsgiving; Genf 1984
McKim, Donald K.: Reformed perspective on the mission of the church in society; in: RW 38/1984–1985, 405–421
Miller, Allen O.: What a Calvinist has learned from a Lutheran about Calvin's political theology; in: CThMi 14/1987, 133–139
Potter, Mary Lane: The »whole office of the law« in the theology of John Calvin; in: Journal of Law and Religion 3,1/1985, 117–139
Quervain, Alfred de: Calvin. Sein Lehren und Kämpfen, Berlin 1926
Reid, W. Stanford: John Calvin, early critic of capitalism, pt. 1: An alternative interpretation; in: RThR 43,3/1984, 74–81; pt. 2; in: RThR 44,1/1985, 37–52
Reid, W. Stanford: John Calvin, the father of capitalism?; in: Themelios ns 8,2/1983, 19–25
Schellong, Dieter: Das evangelische Gesetz in der Auslegung Calvins; München 1968
Stadtland, Tjarko: Rechtfertigung und Heiligung bei Calvin; Neukirchen 1972
Staedke, Joachim: Die Lehre von der Königsherrschaft Christi und den zwei Reichen bei Calvin; in: KuD 18/1972, 202–214
Tawney, Richard H.: Religion and the Rise of Capitalism; London 1937 [dt.: Religion und Frühkapitalismus. Eine historische Studie, Bern 1946]
Toulmin, Stephen: Nature and nature's God; in: JRE 13/1985, 37–52
Vahle, Hermann: Calvinismus und Demokratie im Spiegel der Forschung; in: ARG 66/1975, 182–212
Wallace, Ronald S.: Calvin's Doctrine of the Christian Life; London 1959

d. Neuzeit, Rationalismus und Aufklärung

Aspects of the Eighteenth Century; hg. von E. Wasserman, Baltimore 1965
Bachmann-Medick, Doris: Die ästhetische Ordnung des Handelns. Moralphilosophie und Ästhetik in der Popularphilosophie des 18. Jahrhunderts; Stuttgart 1989
Bayer, Oswald: Umstrittene Freiheit. Theologisch-Philosophische Kontroversen; Tübingen 1981
Bayer, Oswald: Zeitgenosse im Widerspruch. Johann Georg Hamann als radikaler Aufklärer; München 1988
Berlin, Isaia: Vico and Herder; London / New York 1976
British Moralists 1650–1800. 2 Bde., hg. von David Daiches Raphael, Oxford 1969
Bucher, Theodor G.: Zwischen Atheismus und Toleranz. Zur historischen Wirkung von Pierre Bayle (1647–1706); in: PhJ 92/1985, 353–379
Büchsel, Elfriede: Aufklärung und christliche Freiheit. J.G. Hamann contra I. Kant; in: NZSTh 4/1962, 133–157

Chroust, Anton-Herman: Hugo Grotius and the scholastic natural law tradition; in: New Schol. 17/1943, 101–133

Delattre, Roland A.: The Theological Ethics of Jonathan Edwards. An Homage to Paul Ramsey; in: JRE 19,2/1991, 71–102

Despland, Michel: Norms and models in early modern France and England. A study in comparative ethics; in: JRE 10/1982, 68–102

Fischer, Hermann: Die Ambivalenz der Moderne. Zu Troeltschs Verhältnisbestimmung von Reformation und Neuzeit; hg. von Horst Renz und Friedrich Wilhelm Graf, (Troeltsch-Studien Bd. 3) Gütersloh 1984, 54–77

Franklin, Julian H.: Jean Bodin and the rise of absolutist theory; London 1973

Freyer, Hans: Preussentum und Aufklärung und andere Studien zu Ethik und Politik; Weinheim 1986

Heckel, Martin: Staat und Kirche nach den Lehren der evangelischen Juristen Deutschlands in der ersten Hälfte des 17.Jahrhunderts; München 1968

Holbrook, Clyde A.: The Ethics of Jonathan Edwards. Morality and Aesthetics; Ann Arbor, Mich. 1973

Janke, Wolfgang: Tugend und Freiheit. Spinozas kontemplative Begründung der Ethik; in: Sein und Ethos. Untersuchungen zur Grundlegung der Ethik, hg. von Paulus Engelhardt, Mainz 1963, 329–349

Kopper, Joachim: Ethik der Aufklärung, Darmstadt 1983

Krause, Horst: Moralische Aufklärung oder aufgeklärte Moral? Moralerziehung in der Aufklärung; in: Werterziehung und Entwicklung, hg. von Elk Franke und Reinhold Mokrosch, Osnabrück 1989, 34–57

Kurtz, Paul: Forbidden fruit. the ethics of humanism; Buffalo NY 1988

Lermond, Lucia: The form of man. Human essence in Spinoza's Ethic; Frankfurt 1988

Martens, Wolfgang: Die Botschaft der Tugend. Die Aufklärung im Spiegel der deutschen Moralischen Wochenschrift; 2. Aufl. Stuttgart 1971

Plumpe, Gerhard: Eigentum – Eigentümlichkeit. Über den Zusammenhang ästhetischer und juristischer Begriffe im 18. Jahrhundert; in: ABG 23/1979, 175–196

Profile des neuzeitlichen Protestantismus. Bd. I: Aufklärung, Idealismus, Vormärz; hg. von Friedrich Wilhelm Graf, Gütersloh 1990

Protestanismus und Neuzeit; hg. von Horst Renz und Friedrich Wilhelm Graf; (Troeltsch-Studien Bd. 3) Gütersloh 1984

Ravven, Heidi M.: Notes on Spinoza's critique of Aristotle's ethics. From teleology to process theory; in: Philosophy and Theology 4/1989–1990, 3–32.

Rendtorff, Trutz: Theorie des Christentums. Historisch-theologische Studien zu seiner neuzeitlichen Verfassung; Gütersloh 1972

Reinhardt, Heinrich: Freiheit zu Gott. Der Grundgedanke des Systematikers Giovanni Pico della Mirandola (1463–1494); Weinheim 1989

Sarasohn, Lisa T.: Motion and morality. Pierre Gassendi, Thomas Hobbes and the mechanical world-view; in: JHI 46/1985, 363–379

Schlingensiepen-Pogge, Alexandra: Das Sozialethos der lutherischen Aufklärungstheologie am Vorabend der industriellen Revolution, Göttingen 1967

Schneewind, Jerome B.: The misfortunes of virtue; in: Ethics 101–102/1990, 42–63

Schneider, Werner: Naturrecht und Liebesethik. Zur Geschichte der praktischen Philosophie im Hinblick auf Christian Thomasius; Hildesheim 1971

Schoberth, Wolfgang: Geschöpflichkeit in der Dialektik der Aufklärung. Zur Logik der Schöpfungstheologie bei Friedrich Christoph Oetinger und Johann Georg Hamann; Neukirchen-Vluyn 1994

Schödorf, Harald: Thomas Hobbes – Vater der modernen Staatsphilosophie; in: StZ 113/1988, 263–272

Schrader, Wolfgang: Ethik und Anthropologie in der englischen Aufklärung. Der Wandel der moral-sense-Theorie von Shaftesbury bis Hume; Hamburg 1984

Spaemann, Robert: Praktische Gewißheit. Descartes' provisorische Moral; in: ders., Zur Kritik der politischen Utopie. Zehn Kapitel politischer Philosophie, Stuttgart 1977, 41–56

Spinozas Ethik und ihre frühe Wirkung; hg. von Konrad Cramer, Wolfenbüttel 1981

Timm, Hermann: Gott und die Freiheit. Studien zur Religionsphilosophie der Goethezeit. Bd. I: Die Spinoza-Renaissance; Frankfurt/M. 1974

Trinkhaus, Charles: In Our Image and Likeness. Humanity and Divinity in Italian Humanist Thought; 2 Bde., London 1970

Umstrittene Moderne. Die Zukunft der Neuzeit im Urteil der Epoche Ernst Troeltschs; hg. von Horst Renz und Friedrich Wilhelm Graf, (Troeltsch-Studien Bd.4) Gütersloh 1987

Wetlesen, Jon: The sage and the way. Spinoza's ethics of freedom; Assen 1979

Kant (1724–1804)

Acton, Harry B.: Kant's Moral Philosophy; London 1970

Allison, H.E.: Kant's Theory of Freedom; Cambridge 1990

Beavers, Anthony J.: Freedom and autonomy. The Kantian analytic and a Sartrean critique; in: Philosophy and Theology 5/1990–1991, 151–168

Henrich, Dieter: Das Problem der Grundlegung der Ethik bei Kant und im spekulativen Idealismus; in: Sein und Ethos. Untersuchungen zur Grundlegung der Ethik, hg. von Paulus Engelhardt, Mainz 1963, 350–386

Hofstadter, Albert: Kant's Aesthetic Revolution; in: JRE 3/1975, 171–192

Kant. Zur Deutung seiner Theorie von Erkennen und Handeln; hg. von Gerold Prauss, Köln 1973

Kersting, Wolfgang: Wohlgeordnete Freiheit. Immanuel Kants Rechts- und Staatsphilosophie; Berlin / New York 1984

Keyserlingk, Alexander: Die Aneignung der Moral als das Thema der Religionsphilosophie Kants; in: NZSTh 34/1992, 17–29

Krüger, Gerhard: Philosophie und Moral in der Kantischen Kritik; 2., unveränderte Aufl. durch zwei Beiträge und Bibliographie erweitert, Tübingen 1967

Michalson, Gordon E.: The Non-Moral Element in Kant's ›Moral Proof‹ of the Existence of God; in: SJTh 39/1987, 501–516

Milz, Bernhard: Dialektik der Vernunft in ihrem praktischen Gebrauch und Religionsphilosophie bei Kant; in: ThPh 63/1988, 481–518

Paton, Herbert J.: The Categorical Imperative, Chicago 1948 [dt.: Der kategorische Imperativ. Eine Untersuchung über Kants Moralphilosophie, Berlin 1962]

Schüssler, Ingeborg: Ethique et Théologie dans las Critique de la Faculté de juger de Kant; in: RThPh 118/1986, 337–372

Taylor, Charles: Kant's Theory of Freedom, in: Conceptions of Liberty in Political Philosophy, hg. von A. Pelczynski und J. Gray, London 1984

Terzis, George N.: The requirements of reason. An essay on justification in Kant's ethics, Ann Arbor 1984

Ward, Keith: The Development of Kant's View of Ethics; Oxford 1972

Wenzel, Uwe Justus: Anthroponomie. Kants Archeologie der Autonomie; Berlin 1992

e.   Orthodoxie und Pietismus

Chiliasmus in Deutschland und England im 17. Jahrhundert; Themenheft JGP 14/1988, Göttingen 1988

Dülmen, Richard van: Die Utopie einer christlichen Gesellschaft. Johann Valentin Andreae (1586–1654); Stuttgart-Bad Cannstadt 1978

Elert, Werner: Morphologie des Luthertums, Erster Band: Theologie und Weltanschauung des Luthertums hauptsächlich im 16. und 17. Jahrhundert (1931); Zweiter Band: Soziallehren und Sozialwirkungen des Luthertums (1931); München 1958

Jennings, Theodore W. Jr.: Wesley's preferential option for the poor; in: Quarterly Review: A Scholarly Journal for Reflection on Ministry 9,4/1989, 10–29

Mager, Inge: Georg Calixts theologische Ethik und ihre Nachwirkungen; Göttingen 1969

Marquardt, Manfred: Praxis und Prinzipien der Sozialethik John Wesleys; 2., durchgesehene Aufl. Göttingen 1986

Sommer, Wolfgang: Gottesfurcht und Fürstenherrschaft. Studien zum Obrigkeitsverständnis Johann Arndts und lutherischer Hofprediger zur Zeit der altprotestantischen Orthodoxie; Göttingen 1988

Todd, Margo: Seneca and the Protestant Mind. The influence of Stoicism on Puritan ethics; in: ARG 74/1983, 182–200

Turley, Briane K.: John Wesley and War; in: MethH 29,1/1991, 96–111

Wallmann, Johannes: Philipp Jakob Spener und die Anfänge des Pietismus; Tübingen 1970

Yeide, Harry Elwood Jr.: A Vision of the Kingdom of God. The Social Ethic of Friedrich Christoph Oetinger, (Typoskript der Dissertation Harvard) Cambridge; Mass. 1965

f.   19. Jahrhundert

Belot, Gustave: Etudes sur la philosophie morale au XIXeme siècle, Paris 1904

Braeckman, A.: Autonomie, moraliteit en menselijke vrijheid. Over de natuurfilosofische grondslagen van Schellings vrijheidsbegrip in het Freiheitsschrift; in: Bijdr 49/1988, 277–298

Breytenbach, Cilliers: Glaube an den Schöpfer und Tierschutz. Randbemerkungen zu Albert Schweitzers Ethik; in: EvTh 50/1990, 343–356

Cherdron, Eberhard: Protestantischer Liberalismus und Diakonie; in: BPfKG 53/1986, 35–40

Gaffney, James: Newman on the common roots of morality and religion; in: JRE 16/1988, 143–159

Graf, Friedrich Wilhelm: D.F. Strauß' radikaldemokratische Christologie; in: ThR 54/1989, 190–195

Graf, Friedrich Wilhelm: Theonomie. Fallstudien zum Integrationsanspruch neuzeitlicher Theologie; Gütersloh 1987

Groh, John E.: Nineteenth Century German Protestantism. The Church as Social Model; Washington 1982

Inhoffen, Peter: Freiheit durch Vernunft? Ordnung und Ziel der menschlichen Gesellschaft nach Johann Gottlieb Fichte; in: JCSW 28/1987, 91–131

Kirchen und Liberalismus im 19. Jahrhundert; hg. von Martin Schmidt und Georg Schwaiger, Göttingen 1976

McCampell, Duane: The development and failure of the 19th century evolutionary theory of ethics; in: RestQ 26/1983, 161–171

Mildenberger, Friedrich: Biblische Dogmatik. Eine biblische Theologie in dogmatischer Perspektive, Bd. III: Theologie als Ökonomie; Stuttgart 1993, 60–74 und passim

Mokrosch, Reinhold: Theologische Freiheitsphilosophie. Metaphysik, Freiheit und Ethik in der philosophischen Entwicklung Schellings und in den Anfängen Tillichs; Frankfurt/M. 1976
Profile des neuzeitlichen Protestantismus. Bd. I: Aufklärung, Idealismus, Vormärz; Bd. II: Kaiserreich, Teil 1 und 2; hg. von Friedrich Wilhelm Graf, Gütersloh 1992
Schulz, Walter: Vernunft und Freiheit. Aufsätze und Vorträge; Stuttgart 1981
Umdeutungen der Zwei-Reiche-Lehre Luthers im 19. Jahrhundert; hg. von Ulrich Durchrow u.a., Gütersloh 1975
Welch, Claude: Protestant Thought in the 19th Century, 1799–1870, New Haven / London 1972

Schleiermacher (1768–1834)

Birkner, Hans-Joachim: Schleiermachers christliche Sittenlehre im Zusammenhang seines philosophisch-theologischen Systems; Berlin 1964
Boyd, George N.: Schleiermacher's »Über den Unterschied zwischen Naturgesetz und Sittengesetz«; in: JRE 17,2/1989, 41–49
Brandt, James M.: Ritschl's Critique of Schleiermacher's Theological Ethics; in: JRE 17,2/1989, 51–72
Burbach, Hartmut: Das ethische Bewußtsein. Studien der Systematik der theologischen Ethik Schleiermachers, Göttingen 1984
Corssley, John P. Jr.: The Ethical Impulse in Schleiermacher's Early Ethics; in: JRE 17,2/1989, 5–24
Duke, James O.: New Perspectives on Schleiermacher's Ethics. An Essay; in: JRE 17,2/1989, 73–76
Duke, James T.: The Christian and the ethical in Schleiermacher's Christian ethics; in: Encount 46/1985, 51–69
Ebeling, Gerhard: Beobachtungen zu Schleiermachers Wirklichkeitsverständnis; in: ders., Wort und Glaube III. Beiträge zur Fundamentaltheologie, Soteriologie und Ekklesiologie, Tübingen 1975, 96–115
Herms, Eilert: Die Ethik des Wissens beim späten Schleiermacher; in: ZThK 73/1976, 471ff
Honecker, Martin: Nachwort zu: Schleiermacher: Christliche Sittenlehre. Einleitung, hg. von Hermann Peiter, 125–149, Stuttgart u.a. 1983
Iwand, Hans-Joachim: Schleiermacher als Ethiker; in: EvTh 11/1951, 49–64
Jørgensen, Poul Henning: Die Ethik Schleiermachers; München 1959
Keil, Siegfried: Zum Neuansatz der Theologischen Ethik bei Schleiermacher; in: ZEE 13/1969, 40–52
Keller-Wentorf, Christel: Schleiermachers Denken. Die Bewußtseinslehre in Schleiermachers philosophischer Ethik als Schlüssel zu seinem Denken; Berlin 1984
Lehmann, Paul L.: Ethik als Antwort. Methodik einer Koinonia-Ethik; (engl. 1963) München 1966
Meckenstock, Günter: Deterministische Ethik und kritische Theologie. Die Auseinandersetzung des frühen Schleiermacher mit Kant und Spinoza 1789–1794; Berlin 1989
New Perspectives on Schleiermacher's Ethics; JRE 17,2/1989, 1–76
Rendtorff, Trutz: Kirche und freier Protestantismus. Schleiermachers Beitrag zur politischen Verfassung der Neuzeit; in: ders., Theorie des Christentums. Historisch-theologische Studien zu seiner neuzeitlichen Verfassung, Gütersloh 1972, 81–95
Wallhausser, John: Schleiermacher's Critique of Ethical Reason. Towards a Systematic Ethics; in: JRE 17,2/1989, 25–39
Welker, Michael: F.D.E. Schleiermacher. Universalisierung von Humanität; in: Grundprobleme der großen Philosophen. Philosophie der Neuzeit III, hg. von Josef Speck, Göttingen 1983, 9–45, Göttingen 1983

Wenz, Gunter: Verständigungsorientierte Subjektivität. Eine Erinnerung an den Kommuni-
kationstheoretiker F.D.E. Schleiermacher; in: Habermas und die Theologie, hg. von E.
Arens, 1. Aufl. Düsseldorf 1989, 224–240
Wils, Jean-Pierre: Sittlichkeit und Subjektivität. Zur Ortsbestimmung der Ethik im Strukturalismus, in der Subjektivitätsphilosophie und bei Schleiermacher; Freiburg (CH) / Freiburg (Br.) 1987

Hegel (1770–1831)

Cornehl, Peter: Die Zukunft der Versöhnung. Eschatologie und Emanzipation in der Aufklä-
rung bei Hegel und in der Hegelschen Schule; Göttingen 1971
Dickey, Laurence: Hegel. Religion, Economics and the Politics of Spirit, 1770–1807; Cam-
bridge 1987
Marsch, Wolf-Dieter: Gegenwart Chrsti in der Gesellschaft. Eine Studie zu Hegels Dialektik;
München 1965
Oeing-Hanhoff, Ludger: Hegels Deutung der Reformation; in: ders., Metaphysik und Frei-
heit, München 1988, 212–230
Oeing-Hanhoff, Ludger: Konkrete Freiheit. Grundzüge der Philosophie Hegels in ihrer ge-
genwärtigen Bedeutung; in: ders., Metaphysik und Freiheit, München 1988, 302–322
Oeing-Hanhoff, Ludger: Metaphysik und Freiheit. Ausgewählte Abhandlungen; hg. von
Theo Kobusch und Walter Jaeschke, München 1988
Pannenberg, Wolfgang: Die Bedeutung des Christentums in der Philosophie Hegels; in:
ders., Gottesgedanke und menschliche Freiheit, Göttingen 1972, 78–113
Rehabilitierung der praktischen Philosophie; hg. von Manfred Riedel. Bd.I: Geschichte,
Probleme, Aufgaben; Freiburg 1972; Bd. II: Rezeption, Argumentation, Diskussion;
Freiburg 1974
Riedel, Manfred: Theorie und Praxis im Denken Hegels; Stuttgart 1965
Ringleben, Joachim: Hegels Theorie der Sünde. Die subjektivitätslogische Konstruktion eines
theologischen Begriffs; Berlin 1977
Ritter, Joachim: Moralität und Sittlichkeit. Zu Hegels Auseinandersetzung mit der Kanti-
schen Ethik; in: Materialien zu Hegels Rechtsphilosophie Bd. 2, hg. von Manfred Riedel,
Frankfurt 1975, 217–244
The State and Civil Society. Studies in Hegel's Political Thought; hg. von Z.A. Pelczynski,
Cambridge 1984
Taylor, Charles: Hegel; Frankfurt/M. 1978, 1983 (bes. 711–749)
Wildt, Andreas: Autonomie und Anerkennung. Hegels Moralkritik im Lichte seiner Fichte-
Rezeption; Stuttgart 1982

Rothe (1799–1867)

Baumotte, Manfred: Friedrich Julius Stahls und Richard Rothes Version des ›christlichen
Staates‹. Neuzeitliches Christentum und Demokratie – ein historisches Modell; in: Die
Freiheit planen. Christlicher Glaube und demokratisches Bewußtsein. Beiträge aus dem
Institut für Christliche Gesellschaftswissenschaften Münster, hg. von Wolf-Dieter Marsch,
Göttingen 1971, 173–188
Hoffmann-Axthelm, D.: Die Freundlichkeit des Objektiven. Zur Kirchentheorie R. Rothes;
in: EvTh 29/1969, 307ff
Keßler, Paul: Die Sozialethik Richard Rothes; Marburg 1955
Keßler, Paul: Glaube und Gesellschaftsgestaltung. Die Bedeutung Richard Rothes für das
Verhältnis von Kirche und Welt im 20. Jahrhundert; Essen 1969

Oppermann, Karl-Friedrich: Christus und der Fortschritt. Richard Rothes Versuch einer Vermittlung von gesellschaftlichem Umgestaltungsprozeß und christlichem Glauben; [Diss.] Göttingen 1983

Kierkegaard (1813–1855)

Dietz, Walter: Sören Kierkegaard. Existenz und Freiheit; Frankfurt/M. 1993
The ethics of Kierkegaard;] JRE 10/1982, hg. von James Turner Johnson, 171–263
Fahrenbach, Helmut: Kierkegaards existenzdialektische Ethik; Frankfurt/M. 1968
Grenz, Stanley J.: The flight from God. Kierkegaard's »Fear and Trembling« and universal ethical systems; in: Perspectives in Religious Studies 14/1987, 147–159
Greve, Wilfried: Kierkegaards maieutische Ethik. Von »Entweder-Oder II« zu den »Stadien«; Frankfurt/M. 1990
Hauschildt, Friedrich: Die Ethik Søren Kierkegaards, Gütersloh 1982
Pieper, Annemarie: Die Wahl der Freiheit als die Freiheit der Wahl. Überlegungen zu Sören Kierkegaards Modell der ethischen Wahl im Anschluß an Hermann Krings' Freiheitsbegriff; in: Prinzip Freiheit. Eine Auseinandersetzung um Chancen und Grenzen transzendentalphilosophischen Denkens, hg. von Hans-Michael Baumgartner, Freiburg, München 1979, 75–96

Ritschl (1822–1889)

Gottes Reich und menschliche Freiheit. Ritschl-Kolloquium (Göttingen 1989); hg. von Joachim Ringleben, Göttingen 1990
Kuhlmann, Helga: Die Theologische Ethik Albrecht Ritschls; München 1992
Kuhlmann, Helga: Zum Freiheitsbegriff Albrecht Ritschls in der Vorlesung »Theologische Moral« aus dem Sommersemester 1882; in: Gottes Reich und menschliche Freiheit. Ritschl-Kolloquium (Göttingen 1989), hg. von Joachim Ringleben, Göttingen 1990, 93–111
Timm, Hermann: Theorie und Praxis in der Theologie Albrecht Ritschls und Wilhelm Herrmanns. Ein Beitrag zur Entwicklungsgeschichte des Neuprotestantismus; Gütersloh 1967
Wölber, Hans-Otto: Dogma und Ethos. Christentum und Humanismus von Ritschl bis Troeltsch; Gütersloh 1950

Nietzsche (1844–1900)

Bernstein, Richard J.: Nietzsche or Aristotle. Reflections on Alasdair MacIntyre's After Virtue; in: Sound 67/1984, 6–29
Bueb, Bernhard: Nietzsches Kritik der praktischen Vernunft; Stuttgart 1970
Danto, Arthur C.: Nietzsche as Philosopher; New York / London 1965
Löwith, Karl: Nietzsches Philosophie der ewigen Wiederkehr des Gleichen; Stuttgart 1956
MacIntyre, Alasdair: Three Rival Versions of Moral Enquiry. Encyclopaedia, Genealogy, and Tradition; Notre Dame 1990
Röttges, Heinz: Nietzsche und die Dialektik der Aufklärung; Berlin 1972
Ulrich, Hans G.: Anthropologie und Ethik bei Friedrich Nietzsche. Interpretationen zu Grundproblemen theologischer Ethik; München 1975

Herrmann (1846–1922)

Brecht, Volker: Das Sittliche als Grundlage der Theologie Wilhelm Herrmanns; in: NZSTh 34/1992, 42–68

Lange, Dietz: Wahrhaftigkeit als sittliche Forderung und als theologisches Prinzip bei Wilhelm Herrmann; in: ZThK 66/1969, 77–97

Troeltsch (1865–1923)

Benckert, Heinrich: Ernst Troeltsch und das ethische Problem; Göttingen 1932

Dreschner, Hans-Georg: Demokratie, Konservatismus und Christentum. Ernst Troeltschs theologisches Konzept zum Umgang mit politischer Ethik auf dem evangelisch-sozialen Kongress 1904; in: ZEE 30/1986, 84–98

Fischer, Hermann: Die Ambivalenz der Moderne. Zu Troeltschs Verhältnisbestimmung von Reformation und Neuzeit; in: Troeltschstudien Bd.3: Prostestantismus und Neuzeit, hg. von Horst Renz und Friedrich Wilhelm Graf, Gütersloh 1984, 54–77

Fürst, E: Christliches und profanes Ethos. Ernst Troeltsch und Rudolf Otto; in: Tübinger Quartalsschrift 134/1954, 333–351

Gabriel, Hans-Jürgen: Christlichkeit der Gesellschaft? Eine kritische Darstellung der Kulturphilosophie von Ernst Troeltsch; Berlin 1975

Gayhart, Bryce A.: The Ethics of Ernst Troeltsch; Lewiston 1990

Kasch, Wilhelm F.: Die Sozialphilosophie von Ernst Troeltsch; Tübingen 1963

Lessing, Eckhard: Die Geschichtsphilosophie Ernst Troeltschs; Hamburg 1965

McCann, Dennis: Socialism. Ernst Troeltsch; in: JRE 4/1976, 159–180

Myers, Max A.: Studies in the Theological Ethics of E. Troeltsch; Lewiston u.a. 1991

Pannenberg, Wolfhart: Die Begründung der Ethik bei Ernst Troeltsch; in: Ethik und Ekklesiologie. Gesammelte Aufsätze, 1. Aufl. Göttingen 1977, 70–96

Tödt, Heinz Eduard: Ernst Troeltschs Bedeutung für die Evangelische Sozialethik; in: ZEE 10/1966, 227–236

Soziale Frage

Bergmann, Gerhard: Das Problem der Gerechtigkeit dargestellt und untersucht bei Hermann Kutter und Emil Brunner; Göttingen 1951

Brenkert, George G.: Marx's ethics of freedom; London 1983

Göggelmann, Walter: Christliche Weltverantwortung zwischen sozialer Frage und Nationalstaat. Zur Entwicklung Friedrich Naumanns 1860–1903; Baden-Baden 1987

Heckmann, Friedrich: Arbeitszeit und Sonntagsruhe. Stellungnahmen zur Sonntagsarbeit als Beitrag kirchlicher Sozialkritik im 19. Jahrhundert; Essen 1986

Hopkins, Charles H.: The Rise of the Social Gospel in American Protestantism 1865–1915; New Haven 1940

Hütter, Reinhard L.: The Church. Midwife of history or witness of the eschaton?; in: JRE 19,1/1990, 27–54

Jones, Peter d'A.: The Christian-Socialist Revival 1877–1914. Religion, class, and social conscience in late Viktorian England; Princeton, N.J. 1968

Kain, Philip J.: Marx and Ethics; Oxford 1989

Lash, Christopher: Religious contributions to social movements. Walter Rauschenbach, the social gospel, and its critics; in: JRE 19,1/1990, 7–25

Lindley, Susan: »Neglected voices« and praxis in the social gospel; in: JRE 19,1/1990, 75–102

Macchia, Frank D.: Spirituality and social liberation. The message of the Blumhardts in the light of Wuerttemberg pietism, with implications for pentecostal theology; Dublin 1990

Smith, Donald C.: Passive Obedience and Prophetic Protest. Social Criticism in the Scottish Church 1830–1945; New York 1987

Thaidigsmann, Edgar: Die Weltlichkeit Gottes. Zum Spätwerk von Leonhard Ragaz; in: EvTh 49/1989, 161–179

The ethics of the social gospel; Themenheft JRE 18/1990, 1–193

Reinhold Niebuhr (1892–1971) – H. Richard Niebuhr (1894–1962)

Bennett, John C.: Niebuhr's ethics. The later years; in: Christianity and Crisis 42/1982, 91–95

Crouter, Richard E.: H. Richard Niebuhr and Stoicism; in: JRE 2,2/1974, 129–

Faith and Ethics. The Theology of H.Richard Niebuhr; hg. von Paul Ramsey, New York 1957

Fischler, David S.: Nuclear weapons in the ethics of Reinhold Niebuhr; in: Perspectives in Religious Studies 12/1985, 69–84

Fox, Richard W.: Reinhold Niebuhr. A Biography, New York 1985

Lange, Dietz: Christlicher Glaube und soziale Probleme. Eine Darstellung der Theologie Reinhold Niebuhrs; Gütersloh 1964

McCann, Dennis P.: Hermeneutics and Ethics. The Example of Reinhold Niebuhr; in: JRE 8/1980, 27–54

Neubauer, Reinhard: Geschenkte und umkämpfte Gerechtigkeit. Eine Untersuchung zur Theologie und Sozialethik Reinhold Niebuhrs im Blick auf Martin Luther, Göttingen 1963

Reinhold Niebuhr. His Religious, Social and Political Thought, hg. von Charles W. Kegley und Robert W. Bretall, New York 1961

Towne, Edgar A.: Reinhold Niebuhr as ethicist; in: Encounter 48/1987, 61–70

g. 20. Jahrhundert

Die Ambivalenz der Zwei-Reiche-Lehre in lutherischen Kirchen des 20. Jahrhunderts; hg. von Ulrich Duchrow und Wolfgang Huber, Gütersloh 1976

Die Autorität der Freiheit. Gegenwart des Konzils und Zukunft der Kirche im ökumenischen Disput. Bd. III; hg. von Johann Christoph Hampe, München 1967

Barciauskas, Rosemary Curran: The periodical and ethical interpretations of evil in Paul Ricoeur and Alfred North Whitehead; in: Modern Theology 2/1986, 64–77

Bowie, Norman E.: Ethical theory in the last quarter of the twentieth century, Indianapolis 1983

Burrington, Dale E.: The Command and the Orders in Brunner's Ethic; in: SJTh 20/1967, 149–164

Campell, James L.: Liberation Theology and the Thought of William Temple. A Discussion of Possibilities; in: SJTh 42/1989, 513–539

Davis, Scott: »Et Quod Vis Fac«. Paul Ramsey and Augustinian Ethics; in: JRE 19,2/1991, 31–70

Evangelische Ethik. Diskussionsbeiträge zu ihrer Grundlegung und ihren Aufgaben; eingeleitet und hg. von Hans G. Ulrich, München 1990

Frey, Christofer: Die Ethik des Protestantismus von der Reformation bis zur Gegenwart. Unter Mitarbeit von Martin Hoffmann; Gütersloh 1989

Funktion der Kongregation für die Glaubenslehre über die christliche Freiheit und Befreiung; 2., verbesserte Aufl. Bonn 1986

Greschat, Martin: Christliche Verkündigung und ethische Verantwortung. Das Pfingstwort der Bekennenden Kirche aus dem Jahre 1936; in: ThZ 44/1988, 329ff

Harms, Wolfgang: Frei sein – gehorsam handeln, gehorsam handeln – frei sein. Ein Beitrag zur theologisch-ethischen Diskussion um das Verhältnis von Freiheit und Herrschaft im Protestantismus des 20. Jahrhunderts; dargestellt am Gehorsamsbegriff, <Diss. Hamburg> 1985

Higginson, Richard: Bibliographie. The two kingdoms and the orders of creation in twentieth century Lutheran ethics; in: MCM ns 25,2/1982, 40–43

Hoffmann, Martin: Bezeugte Versöhnung. Die trinitarische Grundlegung der Ethik bei H.J. Iwand; Essen 1988

Honecker, Martin: Weltliches Handeln unter der Herrschaft Christi. Zur Interpretation von Barmen II; in: ZThK 69/1972, 72–99

Huber, Wolfgang: Folgen christlicher Freiheit. Ethik und Theorie der Kirche im Horizont der Barmer theologischen Erklärung; Neukirchen-Vluyn 1983

Kreß, Hartmut: Religiöse Ethik und dialogisches Denken. Das Werk Martin Bubers in der Beziehung zu Georg Simmel; Gütersloh 1985

Kreß, Hartmut: Die Kategrorie ethischer »Verantwortung« in der neueren Diskussion; in: ThR 53/1988, 82–98

Levy, Sanford: Paul Ramsey and the Rule of Double Effect; in: JRE 15/1987, 59–71

Long, Grace Cumming: The ethics of Francis Greenwood Peabody. A century of christian social ethics; in: JRE 18,1/1990, 55–73

Maaser, Wolfgang: Theologische Ethik und politische Identität. Das Beispiel des Theologen Walter Künneth; Bochum 1990

MacNamara, J.V.: Renewal and reaction. The identity of Christian ethics in Roman Catholic moral theology 1940–1978, [Typoskript der Diss. Oxford] Godstone 1981

Martikainen, Eeva: Die Distinktion von Natur und Person in der lutherischen Ethik von Paul Althaus; in: KuD 34/1988, 2–10

McCormick, Richard A.: Moral Theology 1940–1989. An Overview; in: TS 50/1989, 3–24

Nethöfel, Wolfgang: Moraltheologie nach dem Konzil. Personen, Programme, Positionen; Göttingen 1987

O'Donovan, Oliver: Karl Barth and Ramsey's »Uses of Power«; in: JRE 19,2/1991, 1–30

Pawlas, Andreas: Zwei-Reiche-Lehre und Lehre von der Königsherrschaft Christi in der neueren theologiegeschichtlichen Diskussion; in: Luther 59/1988, 89–105

Preston, Ronald H.: Honest to God, the New Morality and the Situation Ethics Debate; in: God's Truth. Essays to celebrate the 25th anniversary of Honest to God, hg. von Eric James, London 1988, 166–176

Preston, Ronald: Soziale Verantwortung: Die Entwciklung der Sozialethik in der Kirche von England im 20. Jahrhundert; in: Christlicher Glaube und soziale Verantwortung [Beih. zur ÖR 52] hg. von Klaus Kremkau, Frankfurt/M. 1986

Punt, Jozef: Die Idee der Menschenrechte. Ihre geschichtliche Entwicklung und ihre Rezeption durch die moderne katholische Sozialverkündigung; Paderborn 1987

Ramsey, Paul: A letter to James Gustafson; in: JRE 13/1985, 71–100

Roberts, Robert: Rudolf Bultmann's View of Christian Ethics; in: SJTh 29/1976, 115–135

Sauter, Gerhard: »Freiheit« als theologische und politische Kategorie; in: Bekenntnis, Widerstand, Martyrium. Von Barmen 1934 bis Plötzensee 1944, hg. von Gerhard Besier und Gerhard Ringshausen, Göttingen 1986, 148–165

Schellong, Dieter: Barmen II und die Grundlegung der Ethik; in: Parrhesia, Zürich 1966, 491–521

Schrey, Heinz-Horst: Entwicklung der deutsch-protestantischen Sozialethik seit 1900; in: Christlicher Glaube und Soziale Verantwortung [Beih. zur ÖR 52], hg. von Klaus Kremkau, Frankfurt/M. 1986

Seim, Jürgen: Die Lehre von Gesetz und Evangelium bei Hans J. Iwand; in: EvTh 46/1986, 231–246

Smith, Ervin: The Ethics of Martin Luther King Jr.; New York 1981

Strohm, Theodor: Theologie im Schatten politischer Romantik. Eine wissenschafts-soziologische Anfrage an die Theologie Friedrich Gogartens; München 1970

Suggate, Alan M.: William Temple and Christian Social Ethics Today; Edinburgh 1987
Tödt, Heinz Eduard: Rudolf Bultmanns Ethik der Existenztheologie; Gütersloh 1978
Zum politischen Auftrag der christlichen Gemeinde (Barmen II). Votum des theologischen Ausschusses der Evangelischen Kirche der Union, hg. von Alfred Burgsmüller, Gütersloh 1974

Tillich (1886–1965)

Amelung, Eberhard: Die Gestalt der Liebe. Paul Tillichs Theologie der Kultur; Gütersloh 1972
O'Keeffe, Terence M.: The Metaethics of Paul Tillich. Further Reflections; in: JRE 10,/1982, 135–143
Schwab, Claude: Morale protestante et morale catholique d'après et après Paul Tillich; in: E T Rel 2/1989, 225–234

Barth (1886–1968)

Bettis, Joseph: Political theology and social ethics. The socialist humanism of Karl Barth; in: SJTh 27/1974, 287–305
Biggar, Nigel: The Hastening that Waits. Karl Barth's Ethics; Oxford 1993
Butler, Gerald A.: Karl Barth and political theology; in: SJTh 27/1974, 441–458
Dijk, Jan van: Die Grundlegung der Ethik in der Theologie Karl Barths; München 1966
Eicher, Peter: Gottes Wahl: Unsere Freiheit. Karl Barths Beitrag zur Theologie der Befreiung; in: Einwürfe 3. Karl Barth: Der Störenfried?, hg. von Friedrich-Wilhelm Marquard u.a., München 1986, 215–236
Goud, Johan F.: Emmanuel Levinas und Karl Barth. Ein religionsphilosophischer und ethischer Vergleich; Bonn 1991
Graf, Friedrich Wilhelm: »Der Götze wackelt«? Erste Überlegungen zu Karl Barths Liberalismuskritik; in: EvTh 46/1986, 422–441
Graf, Friedrich Wilhelm: Der Weimarer Barth – ein linker Liberaler?; in: EvTh 47/1987, 555–566
Gundlach, Thies: Theologische Ethik unter modernen Bedingungen. Zu den politischen Implikationen der Ethik Karl Barths von 1928/29; in: KuD 37/1991, 209–226
Hedinger, Ulrich: Der Freiheitsbegriff in der Kirchlichen Dogmatik Karl Barths; Zürich 1962
Hütter, Reinhard: Evangelische Ethik als kirchliches Zeugnis; Interpretationen zu Schlüsselfragen theologischer Ethik in der Gegenwart; Neukirchen-Vluyn 1993
Jüngel, Eberhard: Anrufung Gottes als Grundethos christlichen Handelns. Einführende Bemerkungen zu den nachgelassenen Fragmenten der Ethik der Versöhnungslehre Karl Barths; in: ders., Barth-Studien, Zürich u.a. 1982, 315–331
Lessing, Eckhard: Das Problem der Gesellschaft in der Theologie Karl Barths und Friedrich Gogartens; Gütersloh 1972
McKelway, A.J.: The Concept of Subordination in Barth's Special Ethic; in: SJTh 32/1979, 345–357
Okayama, Kotaro: Zur Grundlegung einer christlichen Ethik. Theologische Konzeptionen der Gegenwart im Lichte des Analogieproblems; Berlin 1977
Parsons, Michael: Man encountered by the command of God. The ethics of Karl Barth; in: VoxEv 17/1987, 49–65
Rae, Simon H.: Gospel law and freedom in the theological ethics of Karl Barth; in: SJTh 25/1972, 412–422
Rendtorff, Trutz: Der ethische Sinn der Dogmatik. Zur Reformulierung des Verhältnisses von Dogmatik und Ethik bei Karl Barth; in: Die Realisierung der Freiheit. Beiträge zur Kritik der Theologie Karl Barths, hg. von Trutz Rendtorff, Gütersloh 1975, 119–134

Tödt, Heinz Eduard: Karl Barth, der Liberalismus und der Nationalsozialismus. Gegendarstellung zu Friedrich Wilhelm Grafs Behandlung dieses Themas: in: EvTh 46/1986, 536–551
Shearier, Jeffrey E.: The ethics of obedience. A Lutheran development; in: Concordia Journal (StL) 12/1986, 55–63
Werpehowski, William: Command and history in the ethics of Karl Barth; in: JRE 9/1981, 298–320
Werpehowski, William: Narrative and ethics in Barth; in: ThTo 43/1986, 334–353
Willis, Robert E.: The concept of responsibility in the ethics of Karl Barth and H. Richard Niebuhr; in: SJTh 23/1970, 279–290
Willis, Robert E.: The Ethics of Karl Barth; Leiden 1971

Bonhoeffer (1906–1945)

Bayer, Oswald: Christus als Mitte. Bonhoeffers Ethik im Banne der Religionsphilosophie Hegels, in: Berliner Theologische Zeitschrift 2/1985, 259–276
Burtness, James H.: Shaping the Future. The Ethics of Dietrich Bonhoeffer, Philadelphia 1984
Feil, Ernst: Dietrich Bonhoeffers ökumenische Ethik. Ein Gesprächsbeitrag angesichts restaurativer und revolutionärer Tendenzen, in: Stimmen der Zeit 207/1989, 760–770
Green, Clifford: Bonhoeffer's »non-religious Christianity« as public theology; in: Dialog 26/1987, 275–280
Gremmels, Christian / Ilse Tödt: Die Präsenz des verdrängten Gottes. Glaube, Religionslosigkeit und Weltverantwortung nach Dietrich Bonhoeffer; München 1987
Gruchy, John W. de: Bonhoeffer, Calvinism and Christian Civil Disobedience in South Africa; in: SJTh 34/1981, 245–262
Honecker, Martin: Christologie und Ethik. Zu Dietrich Bonhoeffers Ethik; in: Altes Testament und christliche Verkündigung, hg. von Manfred Oeming, Axel Graupner, Stuttgart u.a. 1987, 148–164
Huber, Wolfgang: Wahrheit und Existenzform. Anregungen zu einer Theorie der Kirche bei Dietrich Bonhoeffer; in: ders., Folgen christlicher Freiheit. Ethik und Theorie der Kirche im Horizont der Barmer theologischen Erklärung, Neukirchen-Vluyn 1983, 169–204
Kohler, R.F.: The Christocentric ethics of Dietrich Bonhoeffer; in: SJTh 23/1970, 27–40
Moedlhammer, Johann W.: Anbetung und Freiheit. Theologisch-anthropologische Reflexionen zur Theologie Dietrich Bonhoeffers; Salzburg 1976
Moltmann, Jürgen: Die Wirklichkeit der Welt und Gottes konkretes Gebot nach Dietrich Bonhoeffer; in: Die Mündige Welt 3. Weißensee 1959, München 1960, 42–67
Müller, Hanfried: Stationen auf dem Wege zur Freiheit; in: Die Präsenz des verdrängten Gottes, hg. von Christian Gremmels und Ilse Tödt, München 1987, 145–165
New Studies in Bonhoeffer's Ethics; hg. von Willaim Jay Peck, Lewiston, New York / Queenstown, Ontario 1987
Soosten, Joachim von: Die Sozialität der Kirche. Theologie und Theorie der Kirche in Dietrich Bonhoeffers ›Sanctorum Communio‹; München 1992
Sutherland, Stewart R.: Ethics and Transcendence in Bonhoeffer; in: SJTh 30/1977, 543–554
Tödt, Heinz Eduard: Conscientious Resistance: Ethical Responsibility of the Individual, the Group and the Church; in: Ethical Responsibility. Bonhoeffer's Legacy to the Churches, ed. J.D. Godsey / G.B. Kelly, New York / Toronto 1981, 17–41
Vogel, Traugott: »Christusgemäßes Handeln ist wirklichkeitsgemäßes Handeln«. Ein Grundsatz theologischer Ethik ausgelegt von Dietrich Bonhoeffer; in: Wahrzeichen (Freundesgabe zum 50.Geburtstag von Wolf Krötke), Berlin 1988, 438–461
Wolf, Ernst: Das Letze und das Vorletzte. Zum theologischen Denken von Dietrich Bonhoeffer; in: MW 4/1963, 17–32

2. Zu Einzelthemen der Ethik in geschichtlicher Perspektive

Bonardi, Piergiovanni / Tiburzio Lupo: L'imitazione di Cristo e il suo autore, 2 Bde.; Turin 1964

Bruch, Richard: Moralia varia. Lehrgeschichtliche Untersuchungen zu moraltheologischen Fragen; Düsseldorf 1981

Bubner, Rüdiger: Geschichtsprozesse und Handlungsnormen. Untersuchungen zur praktischen Philosophie; Frankfurt/M. 1984

Busch, Eberhard: Church and politics in the reformed tradition; in: Church, word, and spirit. Historical and theological essays in honour of Geoffrey W. Bromiley, hg. von James E. Bradley und Richard A. Muller, Grand, Rapids 1987, 163–181

Cassirer, Ernst: Freiheit und Form. Studien zur deutschen Geistesgeschichte; 5. Aufl. Darmstadt 1991

Christian Social Ethics in a Changing World; hg. von John C. Bennet; London 1966

Conscience and casuistry in early modern Europe; hg. von Edmund Leites, Cambridge 1988

Cooper, John W.: Capitalism and the Protestant ethics. Max Weber's enduring thesis; in: Breth Life 32/1987, 33–40

Curran, Charles E.: Just Taxation in the Roman Catholic Tradition; in: JRE 13/1985, 113–133

Duchrow, Ulrich: Christenheit und Weltverantwortung. Traditionsgeschichtliche und systematische Struktur der Zweireichelehre Stuttgart 1970

Deuser, Hermann: Glauben und Handeln. Evangelische Theologie in den Konsequenzen der Neuzeit; in: Auf der Suche nach dem verborgenen Gott. Zur theologischen Relevanz neuzeitlichen Denkens; hg. von Alois Halder, Klaus Kienzler und Joseph Möller, Düsseldorf 1987, 322–348

Eisenstadt, Shmuel Noah: The Protestant Ethic and Modernization. A Comparative View; New York 1968

Eisenstadt, Shmuel Noah: Die protestantische Ethik und der Geist des Kapitalismus; Opladen 1971

Frey, Christofer: Gerechtigkeit. Theologisch-ethische Überlegungen zu einer fundamentalen Norm; in: WPKG 66/1977, 458–475

Gallagher, John A.: Time Past, Time Future. An Historical Study of Catholic Moral Theology; New York / Mahwah 1990

Graf, Friedrich Wilhelm: Vom Munus Propheticum Christi zum prophetischen Wächteramt der Kirche? Erwägungen zum Verhältnis von Christologie und Ekklesiologie; in: ZEE 32/1988; 88–106

Gunnemann, Jon P.: Human Rights and Modernity. The Truth of the Fiction of Individual Rights; in: JRE 16/1988, 160–189

Herms, Eilert: Virtue. A Neglected Concept in Protestant Ethics; in SJTh 35/1982, 481–495

Huber, Wolfgang / Heinz Eduard Tödt: Menschenrechte. Perspektiven einer menschlichen Welt; München, 3. Aufl. 1988

Joachimsen, Paul: Sozialethik des Luthertums; in: ders., Gesammelte Aufsätze I,2, Aalen 1983, 481–536

Joest, Wilfried: Der Friede Gottes und der Friede auf Erden. Zur theologischen Grundlegung der Friedensethik; Neukirchen-Vluyn 1990

Johnson, James Turner: Historical tradition and moral judgement. The case of just war tradition; in: J Rel 64/1984, 299–317

Johnson, James Turner: Ideology, Reason and the Limitation of War. Religious and Secular Concepts, 1200–1740; Princeton, N.J. 1975

Johnson, James Turner: Just War Tradition and Restraint of War. Moral and Historical Enquiry; Princeton, N.J. 1981

Johnson, James Turner: The Quest for Peace. Three Moral Traditions in Western Cultural History; Princeton, N.J. 1987

Koslowski, Peter: Prüfungen der Neuzeit. Über Postmodernität, Philosophie der Geschichte, Metaphysik, Gnosis; Wien 1989

Knox, R. Buick: A Scottish Chapter in the History of Toleration; in: SJTh 41/1988, 49–74

Kreß, Hartmut: Ethische Werte und der Gottesgedanke. Probleme und Perspektiven des neuzeitlichen Wertbegriffs; Stuttgart 1990

MacIntyre, Alasdair: The nature of the virtues. From Homer to Benjamin Franklin; in: Hastings Center Report 11/1981, 27–33

MacIntyre, Alasdair: Three Rival Versions of Moral Enquiry. Encyclopaedia, Genealogy, and Tradition; Notre Dame 1990

MacIntyre, Alasdair: Der Verlust der Tugend. Zur moralischen Krise der Gegenwart (engl.1981), Frankfurt/M. 1987

MacIntyre, Alasdair: Whose Justice? Which Rationality?; Notre Dame, Indianapolis 1988

Mahoney, John: The Making of Moral Theology. A Study of the Roman Catholic Tradition; Oxford 1987

McGrath, Alister E.: Iustitia Dei. A history of the Christian doctrine of justification. Bd.II From 1500 to the present day; Cambridge 1986

Mechels, Eberhard L.J.: Kirche und gesellschaftliche Umwelt. Thomas – Luther – Barth; Neukirchen-Vluyn 1988

Milbank, John: Theology and Social Theory. Beyond Secular Reason; Oxford 1990

Minson, Jeffrey: Genealogies of Morals. Nietzsche, Foucault, Donzelot and the Eccentricities of Ethics; New York 1985

Mott, Stephen C.: Biblical ethics and social change; New York u.a. 1982

Muguerza, Javier: Ethik der Ungewißheit; Freiburg/Br., München 1990

Nethöfel, Wolfgang: Moraltheologie nach dem Konzil; Göttingen 1987

Newman, Louis: The Quality of Mercy. On the Duty To Forgive in the Judaic Tradition; in: JRE 15/1987, 155–172

Niebuhr, Reinhold: Moral Man and Immoral Society; New York 1932

Niebuhr, Reinhold: The Nature and Destiny of Man. A Christian Interpretation. 2 Bde.; London 1941–1943

Nowak, Kurt: Zweireichelehre. Anmerkungen zum Entstehungsprozeß einer umstrittenen Begriffsprägung und kontroversen Lehre; in: ZThK 78/1981, 105–127

Nygren, Anders: Eros und Agape, 2 Bde.; 2.Aufl. Gütersloh 1955

Paulhus, Normand: Uses and Misuses of the Term »Social Justice« in the Roman Catholic Tradition; in: JRE 15/1987, 261ff.

Reeder, John P. Jr.: Focus Introduction. Forgiveness. Tradition and Appropriation; in: JRE 15/1987, 136–140

Rendtorff, Trutz: Menschenrechte und Rechtfertigung. Eine theologische Konspektive; in: Der Wirklichkeitszusammenhang von Theologie und Religion. Die sozialethische Herausforderung, hg. von Dieter Henke, Günther Kehrer, Gunda Schneider-Flume, Tübingen 1976, 161–174

Rendtorff, Trutz: Theorie des Christentums. Historisch-theologische Studien zu seiner neuzeitlichen Verfassung; Gütersloh 1972

Ricoeur, Paul: Liebe und Gerechtigkeit – Amour et justice; (mit einer deutschen Parallelübersetzung von Matthias Raden) Tübingen 1990

Ruether, Rosemary Radford: Krieg und Frieden in der christlichen Tradition; in: Conc (Einsiedeln) 24/1988, 13–18

Ruh, Hans: Gerechtigkeitstheorien; in: Gerechtigkeit. Themen der Sozialethik; hg. und eingeleitet von Armin Wildermuth und Alfred Jäger; Tübingen 1981, 55–69

Ruokanen, Miika: Augustin und Luther über die Theolgie der Politik; in: KuD 34/1988, 22–41

Shriver, Donald W. Jr. / Knox, E. Richard: Taxation in the History of the Protestant Tradition; in: JRE 13/1985, 134–160

Sittliche Normen. Zum Problem ihrer allgemeinen und unwandelbaren Geltung; hg. von Walter Kerber, Düsseldorf 1982

Steinvorth, Ulrich: Klassische und moderne Ethik. Grundlinien einer materialen Moraltheorie; Hamburg 1990

Stout, Jeffrey: Homeward bound. MacIntyre on liberal society and the history of ethics (Whose justice? ...); in: JR 69/1989, 220–232

Stout, Jeffrey: Virtue among the ruins. An essay on MacIntyre [After virtue]; in: NZSTh 26/1984, 256–273

Strunk, Reiner: Nachfolge Christi. Erinnerungen an eine evangelische Provokation; München 1981

Theiner, Johann: Die Entwicklung der Moraltheologie zur eigenständigen Disziplin; Regensburg 1970

Ulrich, Hans G.: Eschatologie und Ethik. Die theologische Theorie der Ethik in ihrer Beziehung auf die Rede von Gott seit Friedrich Schleiermacher; München 1988

Weber, Max: Politik als Beruf; 3. Aufl. Berlin 1958

Weber, Max: Die protestantische Ethik und der Geist des Kapitalismus; in: Gesammelte Aufsätze zur Religionssoziologie, Bd. I, Tübingen 1919

White, Morton: Social Thought in America; Boston, Mass. 1959

Wolf, Ernst: Politia Christi. Das Problem der Sozialethik im Luthertum; in: EvTh 8/1948–49, 46–69; wieder abgedruckt in: ders., Peregrinatio I, Studien zur reformatorischen Theologie und zum Kirchenproblem, 2., Aufl. München 1962, 214–242

Wright, David: War in a church-historical perspective; in: Ev Q 57,2/1985, 133–161

B. Zum Thema Freiheit und seiner Tradition in der christlichen Ethik

I. Ausgewählte zitierte Texte aus der Philosophie- und Theologiegeschichte

Thomas von Aquin: (DTA =) Summa theologica, deutsch-lateinisch (Die deutsche Thomasausgabe), hg. von der Albertus-Magnus-Akademie Walberberg bei Köln, Salzburg u.a. 1933ff.

Thomas von Aquin: (Sth =) Summa theologiae I, 82–83; I/II, 8–10.13 (zitiert nach: Opera omnia [Ed. Leonina], Rom 1882ff.)

Thomas von Aquin: (SK =) Commentum in quatuor libros Sententiarum Magistri Petri Lombardi (zitiert: »Sent.«, nach: Opera omnia, Parmae 1852ff.)

Thomas von Aquin: Quaestiones disputatae de veritate, q. 22–24 (zitiert nach: Opera omnia, Parmae 1852ff.)

Thomas von Aquin: (ScG =) Summa contra gentiles I, 72–88; III, 73. 85–90 (zitiert nach: Opera omnia [Ed. Leonina], Rom 1882ff.)

Thomas von Aquin: Quaestiones disputatae de malo, q. 6 (zitiert nach: Opera omnia, Parmae 1852ff.)

Luther, Martin: Von der Freiheit eines Christenmenschen (1520), WA 7, 20–38

Luther, Martin: Tractatus de libertate Christiana (1520), WA 7, 42–73

Luther, Martin: De servo arbitrio (1525), WA 18, 600–787

Melanchthon, Philipp: De libertate christiana, in: Loci praecipui theologici (1559), Corpus Reformatorum, Bd. 21

Calvin, Johannes: (Institutio =) Institutio christianae religionis (1559), III,19.

Zwingli, Huldreich: Von erkiesen und fryheit der spysen (1522) (Huldreich Zwinglis sämtliche Werke [= Z], Bd. I, Berlin 1905, 88–136)

Zwingli, Huldreich: Von göttlicher und menschlicher Gerechtigkeit (1523) (Huldreich Zwinglis sämtliche Werke [= Z], Bd. II, Leipzig 1908, 458–525)

Kant, Immanuel: Grundlegung zur Metaphysik der Sitten (1785) (Werke in sechs Bänden, hg. von Wilhelm Weischedel, Bd. IV: Schriften zur Ethik und Religionsphilosophie, Darmstadt 1963, S. 7–102) S. 81–102

Kant, Immanuel: Kritik der praktischen Vernunft (1788) (Werke in sechs Bänden, hg. von Wilhelm Weischedel, Bd. IV: Schriften zur Ethik und Religionsphilosophie, Darmstadt 1963, S. 103–302) S. 174–234

Schleiermacher, Friedrich Daniel Ernst: Der christliche Glaube (1830/31, 2. Auflage) Bd. I u. II, hg. von Martin Redeker, Berlin, 7. Auflage 1960, § 4 (Bd. I, S. 23–30)

Hegel, Georg Friedrich Wilhelm, Werke in 20 Bänden [= Werke], hg. von Eva Moldenhauer, Karl Markus Michel, Frankfurt/M. 1986

Hegel, Georg Friedrich Wilhelm: Grundlinien der Philosophie des Rechts (Werke Bd. 7, 1986) § 1–32

Hegel, Georg Friedrich Wilhelm: Vorlesungen über Philosophie der Geschichte (Werke Bd. 12, 1986)

Hegel, Georg Friedrich Wilhelm: Vorlesungen über die Geschichte der Philosophie (Werke Bd. 18 und Bd. 19, 1986)

Beck, Johann Tobias: Vorlesungen über Christliche Ethik, hg. von Julius Lindenmeyer, Bd. II: Die pädagogische Entwicklung des christlichen Lebens, hg.von J. Lindenmeyer, Gütersloh 1883, §13, S. 184–229, bes. S. 205–213

Kähler, Martin: Zur Lehre von der Versöhnung; Leipzig 1898, S. 455–458

Barth, Karl: (KD III/4 =) Die Kirchliche Dogmatik, Bd. III: Die Lehre von der Schöpfung, Vierter Teil, Zürich 1951

Barth, Karl: (KD IV/3 =) Die Kirchliche Dogmatik, Bd. IV: Die Lehre von der Versöhnung, Dritter Teil, Zürich 1959, S. 553–779

II.   Zur weiteren Lektüre in Ergänzung zu der vorliegenden Auswahl

Arendt, Hannah: Freedom and Politics; in: Liberty, hg. von David Miller, Oxford 1991, 58–79

Auer, Alfons: Die Autonomie des Sittlichen nach Thomas von Aquin; in: Christlich glauben und handeln. Fragen einer fundamentalen Moraltheologie in der Diskussion, hg. von Klaus Demmer, Bruno Schüller, Düsseldorf 1977, 31–54

Bayer, Oswald: Freiheit im Konflikt. Evangelische Ethik als Verantwortungsethik; in: EK 24/1991, 522–526

Bayer, Oswald: Zum Ansatz theologischer Ethik als Freiheitsethik; in: ders., Zugesagte Freiheit. Zur Grundlegung theologischer Ethik, Gütersloh 1980, 37–59

Beintker, Michael: Die Bedeutung der Rechtfertigungsbotschaft für das Verständnis von Freiheit heute; in: Tragende Tradition, hg. von Annegret Freund, Udo Kern, Aleksander Radler, Frankfurt/M. u.a. 1992, 35–48

Berlin, Isaiah: Two Concepts of Liberty; in: Liberty, hg. von David Miller, Oxford 1991, 33–57

Bonhoeffer, Dietrich: Ethik; hg. von Ilse Tödt, Heinz Eduard Tödt, Ernst Feil, Clifford Green, München 1992, 283–289

Bultmann, Rudolf: Die Bedeutung des Gedankens der Freiheit für die abendländische Kultur; in: ders., Glaube und Verstehen. Gesammelte Aufsätze Bd. II, Tübingen 1952, 274–293

Cassirer, Ernst: Freiheit und Form. Einleitung; in: ders., Freiheit und Form. Studien zur deutschen Geistesgeschichte (1916), 4. Aufl. Darmstadt 1975, 7–19

Ebeling, Gerhard: Beobachtungen zu Schleiermachers Wirklichkeitsverständnis; in: ders., Wort und Glaube III. Beiträge zur Fundamentaltheologie, Soteriologie und Ekklesiologie, Tübingen 1975, 96–115

Ebeling, Gerhard: Die königlich-priesterliche Freiheit; in: ders., Lutherstudien, Bd. III: Begriffsuntersuchungen – Textinterpretationen – Wirkungsgeschichtliches, Tübingen 1985, 157–180

Elert, Werner: Ethos und Utopismus; in: ders., Morphologie des Luthertums Bd. II: Soziallehren und Sozialwirkungen des Luthertums (1931), Neudruck München 1958, 23–37

Gogarten, Friedrich: Die Wirklichkeit des Glaubens. Zum Problem des Subjektivismus in der Theologie; Stuttgart 1957, 91–100

Graf, Friedrich Wilhelm: Einleitung – Protestantische Freiheit; in: Protestantische Identität heute, hg. von Friedrich Wilhelm Graf und Klaus Tanner, Gütersloh 1992, 13–23

Hamm, Berndt: Martin Luthers Entdeckung der evangelischen Freiheit; in: ZThK 80/1983, 50–68

Hauerwas, Stanley: Aristotle and Thomas Aquinas on the Ethics of Character; in: ders., Character and the Christian Life. A Study in Theological Ethics with a new introduction by the author, 3. Aufl. San Antonio 1985, 35–82

Heintel, Erich: »Herr aller Dinge, Knecht aller Dinge« – Zum Begriff der Freiheit in philosophischer und theologischer Hinsicht; Meisenheim 1974, 122–141

Hermann, Rudolf: Willensfreiheit und Gute Werke im Sinne der Reformation. Die Stellung des Christen zu Fragen des sittlichen Lebens (1928); in: ders., Gesammelte Studien zur Theologie Luthers und der Reformation, Göttingen 1960, 44–76

Herms, Eilert: Die Bedeutung des Gesetzes für die lutherische Sozialethik; in: ders., Erfahrbare Kirche. Beiträge zur Ekklesiologie, Tübingen 1990, 1–24

Heschel, Abraham J.: Die ungesicherte Freiheit. Essays zur menschlichen Existenz (engl 1959), Neukirchen-Vluyn 1985, 3–20

Heschel, Abraham J.: Gott sucht den Menschen. Eine Philosophie des Judentums (engl. 1955), Neukirchen-Vluyn 1980, 314–317

Honecker, Martin: Das reformatorische Freiheitsverständnis und das neuzeitliche Verständnis der »Würde des Menschen«; in: Modernes Freiheitsethos und christlicher Glaube, hg. von Johannes Schwartländer, München, Mainz 1981, 266–284

Honecker, Martin: Nachwort zu: Schleiermacher: Christliche Sittenlehre. Einleitung, hg. von Hermann Peiter, 125–149, Stuttgart u.a. 1983

Honecker, Martin: Neuzeitliches Emanzipationsverständnis und christlicher Freiheitsgedanke; in: ZW 44/1973, 315–324 [wieder abgedruckt in: ders., Perspektiven christlicher Gesellschaftsdeutung, Gütersloh 1981, 87–100]

Huber, Wolfgang: Freiheit und Institution. Überlegungen zu einem Grundproblem der Sozialethik; in: EvTh 40/1980, 302–315 [wieder abgedruckt in: Evangelische Ethik. Diskussionsbeiträge zu ihrer Grundlegung und ihren Aufgaben, eingeleitet und hg. von Hans G. Ulrich, München 1990, 230–244]

Huber, Wolfgang: Theologie der Befreiung – ein Anstoß Martin Luthers; in: ders., Protestantismus und Protest. Zum Verhältnis von Ethik und Politik, Hamburg 1987, 49–68

Iwand, Hans Joachim: Die Freiheit des Christen und die Unfreiheit des Willens; in: Solange es »heute« heißt, Festschrift für Rudolf Hermann, Berlin 1957, 132–146 [wieder abge-

druckt in: ders., Um den rechten Glauben. Gesammelte Aufsätze, hg. und eingeleitet von
    Karl Gerhard Steck, München 1959, 247–268]
Iwand, Hans Joachim: Melanchthon, oder: Die Freiheit des Willens und die Ethik; in: ders.,
    Gesetz und Evangelium (Nachgelassene Werke, hg. von Helmut Gollwitzer u. a., Bd. IV,
    hg. von Walter Kreck), München 1964, S. 309–316
Iwand, Hans Joachim: Studien zum Problem des unfreien Willens; in: ders., Um den rechten
    Glauben. Gesammelte Aufsätze, hg. und eingeleitet von Karl Gerhard Steck, München
    1959, 31–61
Iwand, Hans Joachim: Von der christlichen Freiheit. Nachwort zu: Martin Luther, Von der
    Freiheit eines Christenmenschen, Bielefeld 1953, 55–63 [wieder abgedruckt in: ders.,
    Glaubensgerechtigkeit. Gesammelte Aufsätze I, hg. von Gerhard Sauter, München 1980,
    194–197]
Joest, Wilfried: Das Ende des Gesetzes am Evangelium. Die Grundaussage. Libertas gegen ex-
    actio; in: ders., Gesetz und Freiheit. Das Problem des tertius usus legis bei Luther und die
    neutestamentliche Parainese, Göttingen 1951, 4. Aufl. 1968, 18–45
Joest, Wilfried: Die Freiheit in Luthers Verständnis des Menschen; in: KuD 29/1983, 127–137
Jüngel, Eberhard: Freiheitsrechte und Gerechtigkeit; in: ders., Unterwegs zur Sache, Mün-
    chen 1972, 246–256
Jüngel, Eberhard: Zur Freiheit eines Christenmenschen. Eine Erinnerung an Luthers Schrift;
    1. Aufl. München 1978
Kasper, Walter: Autonomie und Theologie. Zur Ortsbestimmung des Christentums in der
    modernen Welt; in: Anspruch der Wirklichkeit und christlicher Glaube. Probleme und
    Wege theologischer Ethik heute, hg. von Dietmar Mieth, Helmut Weber, Düsseldorf
    1980, 17–41
Kasper, Walter: Kirche und neuzeitliche Freiheitsprozesse; in: Vernunft des Glaubens. Wis-
    senschaftliche Theologie und kirchliche Lehre, hg. von Jan Rohls und Gunther Wenz,
    Göttingen, 1988, 593–610
Kasper, Walter: Theologische Bestimmung der Menschenrechte im neuzeitlichen Bewußtsein
    von Freiheit und Geschichte; in: Modernes Freiheitsethos und christlicher Glaube, hg.
    von Johannes Schwartländer, München, Mainz 1981, 285–302
Krötke, Wolf: Der Heilige Geist und die Freiheit des Menschen; in: ders., Die Universalität
    des offenbaren Gottes. Gesammelte Aufsätze, München 1985, 132–144
Krötke, Wolf: Die Freiheit Gottes in der atheistischen Welt. Erwägungen zur Verbindlich-
    keit der christlichen Rede von Gott; in: ders., Die Universalität Gottes. Gesammelte Auf-
    sätze, München 1985, 45–54
Lindbeck, George: Modernity and Luther's Understanding of the Freedom of the Christian;
    in: Martin Luther and the Modern Mind. Freedom, Conscience, Toleration, Rights; hg.
    von Manfred Hoffmann, New York / Toronto 1985, 1–22
Lohff, Wenzel: Christliche Freiheit als Problem für Lutheraner und Katholiken. Zum Thema
    Grundkonsens und Grunddifferenz; in: ders., Fundus des Glaubens. Zugänge zur Begrün-
    dung elementaren Glaubenswissens, Göttingen 1986, 134–150
Mildenberger, Friedrich: Der freie Wille ist offenkundig nur ein Gottesprädikat (Martin
    Luther): Eine notwendige Unterscheidung von Gott und Mensch?; Erlanger Universitäts-
    reden, 14/1984, 3.Folge
Mildenberger, Friedrich: Biblische Dogmatik. Eine biblische Theologie in dogmatischer Per-
    spektive, Bd. III: Theologie als Ökonomie, § 33: Die Freiheit des Menschen in der Welt;
    Stuttgart 1993, 363–404
Moltmann, Jürgen: Die Revolution der Freiheit; in: EvTh 27/1967, 595–616 [wieder abge-
    druckt in: ders., Perspektiven der Theologie. Gesammelte Aufsätze, München 1968, 189–
    211]

Mongillo, Dalmazio: Theonomie als Autonomie des Menschen in Gott; in: Christlich glauben und handeln. Fragen einer fundamentalen Moraltheologie in der Diskussion, hg. von Klaus Demmer und Bruno Schüller, Düsseldorf 1977, 55–77

Oeing-Hanhoff, Ludger: Hegels Deutung der Reformation; in: Hegel. L'esprit objectif, l'unité de l'histoire (Actes du III. congrès international de l'association internationale pour l'etude de la philosophie de Hegel, Lille, 8–10 avril 1968, Lille o.J., 239–257 [wieder abgedruckt in: ders., Metaphysik und Freiheit, München 1988, 212–230]

Oeing-Hanhoff, Ludger: Konkrete Freiheit. Grundzüge der Philosophie Hegels in ihrer gegenwärtigen Bedeutung; in: StZ 187/1971, 372–390, [wieder abgedruckt in: ders., Metaphysik und Freiheit, München 1988, 302–322]

Oeing-Hanhoff, Ludger: Zur thomistischen Freiheitslehre; in: Schol. 31/1956, 161–181 [wieder abgedruckt in: ders., Metaphysik und Freiheit, München 1988, 262–283]

Osten-Sacken, Peter von der: Befreiung durch das Gesetz; in: ders., Evanglium und Tora. Aufsätze zu Paulus, München 1987, 17–209

Pannenberg, Wolfhart: Die Bedeutung des Individuums in der christlichen Lehre vom Menschen; in: ders., Die Bestimmung des Menschen. Menschsein, Erwählung und Geschichte, Göttingen 1978, 7–22

Pannenberg, Wolfhart: Christlicher Glaube und menschliche Freiheit; in: KuD 4/1958, 251–280

Pannenberg, Wolfhart: Freedom and the Lutheran Reformation; in: ThTo 38/1981, 287–297

Pannenberg, Wolfhart: Reformation und Neuzeit; in: Protestanismus und Neuzeit, hg. von Horst Renz und Friedrich Wilhelm Graf, (Troeltsch-Studien Bd.3) Gütersloh 1984, 21–34

Pesch, Otto M.: Freiheitsbegriff und Freiheitslehre bei Thomas von Aquin und Luther; in: Cath(M) 17/1963, 197–244

Picht, Georg: Der Begriff Verantwortung; in: ders. Wahrheit, Vernunft, Verantwortung. Philosophische Studien, Stuttgart 1969, 318–342

Picht, Georg: Die Reformation als Auftrag und Wagnis; in: ders., Wahrheit Vernunft Verantwortung. Philosophische Studien, Stuttgart 1969, 163–182

Quervain, Alfred de: Gesetz und Freiheit; Stuttgart 1930, 122–168

Rahner, Karl: Würde und Freiheit des Menschen; in: ders., Schriften zur Theologie, Bd. II, Einsiedeln u.a. 1955, 247–277

Ratschow, Carl Heinz: Die Freiheit des Christen in biblischer und ökumenischer Sicht; in: ders., Von der Gestaltwerdung des Menschen. Beiträge zu Anthropologie und Ethik, hg. von Christel Keller-Wentorf und Martin Repp, Berlin u.a.,1987, 235–227

Rendtorff, Trutz: Der ethische Sinn der Dogmatik. Zur Reformulierung des Verhältnisses von Dogmatik und Ethik bei Karl Barth; in: Die Realisierung der Freiheit. Beiträge zur Kritik der Theologie Karl Barths, hg. von Trutz Rendtorff, Gütersloh 1975, 119–134

Rendtorff, Trutz: Der Freiheitsbegriff als Ortsbestimmung neuzeitlicher Theologie am Beispiel der Kirchlichen Dogmatik Karl Barths; in: Gottes Zukunft – Zukunft der Welt, hg. von Hermann Deuser u.a., München 1985, 559–577

Rendtorff, Trutz: Die christliche Freiheit als Orientierungsbegriff der gegenwärtigen christlichen Ethik (1978); in: Evangelische Ethik. Diskussionsbeiträge zu ihrer Grundlegung und ihren Aufgaben, eingeleitet und hg,. von Hans G. Ulrich, München 1990, 113–123

Rendtorff, Trutz: Emanzipation und christliche Freiheit; in: Christlicher Glaube in moderner Gesellschaft Bd. 18, Freiburg i.Br. u.a. 1982, 149–179

Riedel, Manfred: Freiheit und Verantwortung. Zwei Grundbegriffe der kommunikativen Ethik; in: ders., Für eine zweite Philosophie. Vorträge und Abhandlungen, Frankfurt/M. 1988, 152–170

Sauter, Gerhard: Handeln in der Freiheit des Glaubens. Ethische Konsequenzen in Luthers
    Theologie, in: Martin Luther im Spiegel heutiger Wissenschaft, hg. von Knut Schäferdiek,
    Bonn 1985, 65–75
Sauter, Gerhard: Handeln in Freiheit: Ethische Konsequenzen in Luthers Theologie; in: EvK
    18/1985, 225–258
Schempp, Paul: Die christliche Freiheit nach Luther; in: ders., Gesammelte Aufsätze, hg. von
    Ernst Bizer, München 1960, 195–220
Schlier, Heinrich: Über das vollkommene Gesetz der Freiheit; in: ders., Die Zeit der Kirche.
    Exegetische Aufsätze und Vorträge, Freiburg 1956, 193–206
Schröder, Richard: Freier Bürger – freier Mensch. Zur Geschichte des europäischen Freiheits-
    verständnisses; in: ders., Denken im Zwielicht. Vorträge und Aufsätze aus der Alten DDR,
    Tübingen 1990, 130–148
Schüller, Bruno: Gesetz und Freiheit. Eine moraltheologische Untersuchung; Düsseldorf 1966
Schürmann, Heinz: Die Freiheitsbotschaft des Paulus. Mitte des Evangeliums?; in: ders.,
    Studien zur neutestamentlichen Ethik, hg. von Thomas Söding, Stuttgart 1990, 187–245
Simmel, Georg: Das Individuum und die Freiheit. Essais; (Stuttgart 1957; veränderte Aus-
    wahl) Berlin 1984, 212–219
Stock, Konrad: Die doppelte Gestalt der Freiheit. Luthers theologischer Beitrag zur Bestim-
    mung des Freiheitsbegriffs; in: Rechtfertigung. Ringvorlesung des Fachbereichs Religions-
    wissenschaften der Universität Gießen im Lutherjahr 1983, hg. von Gerhard Dautzenberg,
    Gerhard Schmalenberg, Konrad Stock, Gießen 1984
Stuhlmacher, Peter: Jesu vollkommenes Gesetz der Freiheit. Zum Verständnis der Bergpre-
    digt; in: ZThK 79/1982, 283–322
Taylor, Charles: Hegel; Frankfurt/M. 1983, 711–749
Taylor, Charles: Negative Freiheit? Zur Kritik des neuzeitlichen Individualismus; mit einem
    Nachwort von Axel Honneth, Frankfurt/M. 1988
Theunissen, Michael: Ὁ αἰτῶν λαμβάνει. Der Gebetsglaube Jesu und die Zeitlichkeit des
    Christseins; in: ders., Negative Theologie der Zeit, 1. Aufl. Frankfurt/M. 1991, 321–377
Tödt, Heinz Eduard: Freiheit; in: ders., Perspektiven theologischer Ethik, München 1988,
    177–183
Wagner, Falk: Der Geist neuzeitlicher Subjektivität – Realisator oder Konkurrent der christ-
    lichen Freiheit?; in: ZThK 82/1985, 71–87 [wieder abgedruckt in: ders., Was ist Theo-
    logie? Studien zu ihrem Begriff und Thema in der Neuzeit, Gütersloh 1989, 31–46]
Welker, Michael: Erwartungssicherheit und Freiheit. Zur Neuformulierung der Lehre von Ge-
    setz und Evangelium; in: EK 18/1985, 680–683, [Teil 2 u.d.T.:] Erbarmen und soziale
    Identität; in: EK 19/1986, 39–42
Wolf, Ernst: Verantwortung in der Freiheit; in: ders., Peregrinatio Bd. II. Studien zur refor-
    matorischen Theologie, zum Kirchenrecht und zur Sozialethik, München 1965, 242–260
Zimmermann, Albert: Der Begriff der Freiheit nach Thomas von Aquin; in: Thomas von
    Aquin 1274/1974, hg. von Ludger Oeing-Hanhoff, München 1974, 125–160

III. Einzelbeiträge

Albert, Hans: Freiheit und Ordnung. Zwei Abhandlungen zum Problem einer offenen Ge-
    sellschaft; 1. Aufl. Tübingen 1989
Allison, H.E.: Kant's Theory of Freedom; Cambridge 1990
Althaus, Paul: Gebot und Gesetz; Gütersloh 1952
Andersen, Wilhelm: Ihr seid zur Freiheit berufen. Gesetz und Evangelium nach biblischem
    Zeugnis; Neukirchen 1964

Asendorf, Ulrich: Die unvollendete Reformation oder: die theologische Verantwortung der Freiheit; Erlangen 1983

Auer, Alfons: Autonome Moral und christlicher Glaube; 2. Aufl. mit einem Nachtrag zur Rezeption der Autonomie-Vorstellung in der katholisch-theologischen Ethik, unveränderter Nachdruck Düsseldorf 1989

Auer, Alfons: Zur Rezeption der Autonomie-Vorstellung durch die katholisch-theologische Ethik; in: ThQ 161/1981, 2–13

Autonomie. Dimensions éthiques de la liberté; hg. von Carlos Josaphat Pinto de Oliviera; Fribourg/CH, Paris 1978

Die Autorität der Freiheit. Gegenwart des Konzils und Zukunft der Kirche im ökumenischen Disput. Bd. III; hg. von Johann Christoph Hampe, München 1967

Baehr, Bernhard: Das Kreuz der Freiheit. Die Problematik der Freiheit im Werk Blaise Pascals; Diss. Tübingen 1988

Barrett, Charles Kingsley: Freedom and obligation. A study of the Epistle of the Galastians; London 1985

Barth, Hans-Martin: Luthers Ethos der Freiheit; in: Martin Luther – der Streit um sein Erbe. Ringvorlesung des Fachbereichs Ev. Theologie der Philipps-Universität Marburg im WS 1983/84., hg. von Hans-Martin Barth und Heinrich Leopold, Kassel 1984, 9–20

Barth, Karl: Die Botschaft von der freien Gnade Gottes; wieder abgedruckt in: ders., Texte zur Barmer Theologischen Erklärung, mit einer Einleitung von Eberhard Jüngel und einem Editionsbericht hg. von Martin Rohrkrämer, Zürich 1984, 137–157

Barth, Karl: Für die Freiheit des Evangeliums; München 1933

Bartsch, Hans-Werner: Freiheit und Befreiung im NT; in: IDZ 7/1974, 134–144

Baruzzi, Arno: Die Zukunft der Freiheit; Darmstadt 1993

Baruzzi, Arno: Freiheit, Recht und Gemeinwohl. Grundfragen einer Rechtsphilosophie; Darmstadt 1990

Baur, Jörg: Freiheit und Emanzipation. Ein philosophisch-theologischer Traktat; Stuttgart 1974

Bayer, Oswald: Autorität und Kritik. Zur Hermeneutik und Wissenschaftstheorie; Tübingen 1991

Bayer, Oswald: Freiheit und Frömmigkeit. Über Martin Luther (Herrenalber Texte 49), 9–23

Bayer, Oswald: Umstrittene Freiheit. Theologisch-Philosophische Kontroversen; Tübingen 1981

Bayer, Oswald: Zugesagte Freiheit. Zur Grundlegung theologischer Ethik; Gütersloh 1980

Beavers, Anthony J.: Freedom and autonomy. The Kantian analytic and a Sartrean critique; in: Philosophy and Theology 5/1990–1991, 151–168

Beck, Ulrich: Freiheit oder Liebe. Vom Ohne-, Mit- und Gegeneinander der Geschlechter innerhalb und außerhalb der Familie; in: Ulrich Beck / Elisabeth Beck-Gernsheim, Das ganz normale Chaos der Liebe Frankfurt/M. 1990, 20–64

Beck-Gernsheim, Elisabeth: Freie Liebe, freie Scheidung. Zum Doppelgesicht von Freisetzungsprozessen; in: Ulrich Beck / Elisabeth Beck-Gernsheim, Das ganz normale Chaos der Liebe, Frankfurt/M. 1990, 105–134

Becker, Helmut / Michel Foucault: Freiheit und Selbstsorge. Interview 1984 und Vorlesung 1982; Frankfurt/M. 1985

Beker, E.J.: Libertas. Een onderzoek naar de leer van de vrijheid bij Reinhold Niebuhr en bij Karl Barth; Nijkerk 1958

Bellamy, Richard: Liberalism and Modern Society. An Historical Argument; Oxford 1992

Benhabib, Seyla: Kritik, Norm und Utopie. Die normativen Grundlagen der Kritischen Theorie; (New York 1986) Frankfurt/M. 1992

Berlin, Isaiah: Four Essays on Liberty; London 1969

Betz, Hans Dieter: Geist, Freiheit und Gesetz. Die Botschaft des Paulus an die Gemeinden in Galatien; in: ZThK 71/1974, 78–93

Biancucci, Duilio: Einführung in die Theologie der Befreiung; München 1987

Bieler, Martin: Freiheit als Gabe. Ein schöpfungstheologischer Entwurf; Freiburg u.a. 1991

Bindemann, Walter: Die Hoffnung der Schöpfung. Römer 8, 18–27 und die Frage einer Theologie der Befreiung von Mensch und Natur; Neukirchen-Vluyn 1983

Blank, Josef: Das Evangelium als Garantie der Freiheit; Würzburg 1970

Blaschke, Karlheinz: Die Bedeutung der Reformationstheologie für die Ausbildung der Menschen- und Freiheitsrechte; in: Zwingli und Europa. Referate und Protokoll des internationalen Kongresses aus Anlaß des 500. Geburtstages von Huldrych Zwingli vom 26.–30.März 1984, hg. von Peter Blickle, Andreas Lindt, Alfred Schindler, Göttingen 1985, 237–257

Bloch, Ernst: Freiheit und Ordnung. Abriß der Sozialutopien; 1. Aufl. Frankfurt 1986 (= ders., Das Prinzip Hoffnung, [§] 36, 1. Aufl. Frankfurt/M. 1977, 547–729)

Blumenberg, Hans: Säkularisierung und Selbstbehauptung. Erweiterte und überarbeitete Neuausgabe von »Die Legitimität der Neuzeit«, erster und zweiter Teil; 2., durchgesehene Aufl. Frankfurt/M. 1983

Bocheński, Joseph M.: Autorität, Freiheit, Glaube. Sozialphilosophische Studien; München 1988

Böckerstette, Heinrich: Aporien der Freiheit und ihre Aufklärung durch Kant; Stuttgart 1982

Böckle, Franz: Theonome Autonomie. Zur Aufgabenstellung einer fundamentalen Moraltheologie; in: Humanum. Moraltheologie im Dienst des Menschen, hg. von J. Gründel u.a., Düsseldorf 1972, 17–46

Boeckenfoerde, Ernst-Wolfgang: Recht, Staat, Freiheit. Studien zur Rechtsphilosophie, Staatstheorie und Verfassungsgeschichte; 1. Aufl. Frankfurt/M. 1991

Bondolfi, Alberto: »Autonomie« und »autonome Moral«. Untersuchungen zu einem Schlüsselbegriff, in: Conc(D) 20/1984, 167–173

Braeckman, A: Autonomie, moraliteit en menselijke vrijheid. Over de natuurfilosofische grondslagen van Schellings vrijheidsbegrip in het Freiheitsschrift; in: Bijdr. 49/1988, 277–298

Brakelmann, Günter: Freiheit konkret. Über Wahrheit und Wirklichkeit eines Schlagworts; Gütersloh 1979

Brandt, Reinhard: Die ermöglichte Freiheit. Sprachkritische Rekonstruktion der Lehre vom unfreien Willen, Hannover 1992

Brenkert, George G.: Marx's ethics of freedom; London 1983

Broer, Ingo: Freiheit vom Gesetz und Radikalisierung des Gesetzes. Ein Beitrag zur Theologie des Evangelisten Matthäus; Stuttgart 1980

Bruder, Klaus-Jürgen: Subjektivität und Postmoderne. Der Diskurs der Psychologie; Frankfurt/M. 1993

Buchanan, James M.: Die Grenzen der Freiheit. Zwischen Anarchie und Leviathan; (Chicago, London 1975) Tübingen 1984

Büchsel, Elfriede: Aufklärung und christliche Freiheit. J.G. Hamann contra I. Kant; in: NZSTh 4/1962, 133–157

Bultmann, Rudolf: Der Gedanke der Freiheit nach antikem und christlichem Verständnis; in: ders., Glaube und Verstehen. Gesammelte Aufsätze Bd. IV, Tübingen 1965, 42–51

Bultmann, Rudolf: Gnade und Freiheit; in: ders., Glaube und Verstehen. Gesammelte Aufsätze Bd. II, Tübingen 1952, 149–161

Cambier, Jean: La liberté chrétienne dans le Nouveau Testament; in: Bib. 48/1967, 116–127

Carlson, Allan C.: Freedom, authority and family; in: Dialog 20/1981, 195–199

Cassirer, Ernst: Freiheit und Form. Studien zur deutschen Geistesgeschichte (1916); 5. Aufl. Darmstadt 1991

Conceptions of Liberty and Political Philosophy; hg. von A. Pelczynski und J. Gray, London 1984

Coreth, Emerich: Vom Sinn der Freiheit; Innsbruck 1985

Coreth, Emerich: Zur Problemgeschichte menschlicher Freiheit; in: ZkTh 94/1972, 257–289

Croatto, José Severino: Exodus. A Hermeneutics of Freedom; Maryknoll NY 1981

Crüsemann, Frank: Bewahrung der Freiheit. Das Thema des Dekalogs in sozialgeschichtlicher Perspektive; München 1983

Czuma, Hans: Autonomie. Eine hypothetische Konstruktion praktischer Vernunft; Freiburg/München 1974

DeLorenzi, Lorenzo: Freedom and Love. The Guide for Christian Life (1 Co 8–10; Rm 14–15); Rom 1981

Dietz, Walter: Sören Kierkegaard. Existenz und Freiheit; Frankfurt/M. 1993

Dimensionen menschlicher Freiheit; hg. von Heiner Bielefeldt, Winfried Brugger und Klaus Dicke, Tübingen 1988

Dinkler, Erich: Zum Problem der Ethik bei Paulus. Rechtsnahme und Rechtsverzicht (1. Kor. 6,1–11); in: ZThK 49/1952, 167–200

Dodd, Charles H.: Das Gesetz der Freiheit. Glaube und Gehorsam nach dem Zeugnis des Neuen Testaments; München 1960

Dworkin, Gerald: The Theory and Practice of Autonomy; Cambridge 1988

Ebbinghaus, Julius: Philosophie der Freiheit. Praktische Philosophie 1955–1972; hg. von Georg Geismann, Bonn 1988

Ebeling, Gerhard: Dogmatik des christlichen Glaubens Bd. III: Dritter Teil. Der Glaube an Gott den Vollender der Welt. § 33: Der Mensch als Werk Gottes; Tübingen 1979, 257–190

Ebeling, Gerhard: Erwägungen zur Lehre vom Gesetz; in: ders., Wort und Glaube Bd. I, 3. Aufl., Tübingen 1967, 255–293

Ebeling, Hans (Hg.): Subjektivität und Selbsterhaltung. Beiträge zur Diagnose der Moderne; Frankfurt/M. 1976

Ebeling, Hans: Das Subjekt in der Moderne. Rekonstruktion der Philosophie im Zeitalter der Zerstörung; Reinbek bei Hamburg 1993

Ebeling, Hans: Freiheit, Gleichheit, Sterblichkeit. Philosophie nach Heidegger; Stuttgart 1982

Egenter, Richard: »Ihr seid nämlich zur Freiheit berufen, Brüder« (Gal 5, 13). Zum Ethos der Ortskirche; in: Ortskirche – Weltkirche, Würzburg 1973, 394–409

Eid, Volker: Die Verbindlichkeit der paulinischen Freiheitsbotschaft für die christliche Lebensgestaltung; in: Herausforderung und Kritik der Moraltheologie hg. von Georg Teichtweier, Würzburg 1971, 184–205

Ellul, Jacques: Ethique de la liberté; 2 Bde., Genf 1973/74 (engl. 1976)

Erlösung und Emanzipation; hg. von Leo Scheffcyk, Freiburg u.a. 1973

Ethik vor dem Anspruch auf Befreiung; in: Conc (D) 20/1984, 87–176

Evolution und Freiheit. Zum Spannungsfeld von Naturgeschichte und Mensch; hg. von Peter Koslowski, Stuttgart 1984

Exodus, ein Paradigma mit bleibender Wirkung; in: Conc (D) 23/1987, 2–88

Fabro, Cornelio: Freedom and Existence in Contemporary Philosophy and St. Thomas; in: The Thomist 38/1974, 524–556

Figal, Günter: Die Freiheit der Verzweiflung und die Freiheit im Glauben. Zu Kierkegaards Konzeption des Selbstseins und Selbstwerdens in der »Krankheit zum Tode«; in: Kierkegaardiana 13/1984, 11–23

Forell, George Wolfgang: Luther and Christian Liberty; in: Luther and liberation theology. Bulletin: The Martin Luther Colloquium. Lutheran Theological Seminary Bulletin 68,1/1988, 3–11

Forschner, Maximilian: Gesetz und Freiheit. Zum Problem der Autonomie bei Kant; München 1974

Die Frage nach dem Subjekt; hg. von Manfred Frank, Gérard Raulet und W. van Reijen, Frankfurt/M. 1988

Frankfurt, Harry: Freedom of the will and the concept of a person; in: Journal of Philosophy 67/1971 5–20 (dt. in: Analytische Philosophie des Geistes, hg. von Peter Bieri, Königstein/Ts. 1981, 287–302)

Free Will; hg. von Gary Watson, Oxford 1982

Freedom and Morality. The Lindley Lectures delivered at the University of Kansas by Richard B. Brandt u.a.; hg. von John Bricke, Lawrence 1976

Freiheit aus der Wahrheit. Erbe und Auftrag der Lutherischen Reformation; Veröffentlichungen der Luther-Akademie Ratzeburg Bd. VIII, Erlangen 1986

Freiheit in Gesellschaft. Thesen: Johann Baptist Metz. Stellungnahmen: Rudolf Pesch, Eugen Kogon, Adolf Exeler; Freiburg u.a. 1971

Freiheit und Kontingenz. Zur interdisziplinären Anthropologie menschlicher Freiheiten und Bindungen; hg. von Rainer Dieterich und Carsten Pfeiffer, Heidelberg 1992

Freiheit. Begriff und Bedeutung in Geschichte und Gegenwart; hg. von André Mercier, Bern, Frankfurt 1973

Freiheit. Theoretische und praktische Aspekte des Problems; hg. von J. Simon, Freiburg 1977

Frey, Christofer: Freiheit oder Beliebigkeit; in: »Über Freiheit«. John Stuart Mill und die Politische Ökonomie des Liberalismus, hg. von Jens Harms Frankfurt 1984, 70–87

Friedman, Milton: Kapitalismus und Freiheit; ungekürzte Ausgabe Frankfurt/M. 1984

Fromm, Erich: Die Furcht vor der Freiheit (engl. 1941); Frankfurt/M., Berlin, Wien 1983

Fuchs, Ernst: Die Freiheit des Glaubens. Röm 5–8 ausgelegt; München 1949

Gehlen, Arnold: Über die Geburt der Freiheit aus der Entfremdung; in: ARSP 40/1952, 338–353 [wieder abgedruckt in: ders., Studien zur Anthropologie und Soziologie, Neuwied 1963, 232–246]

Gemeinschaft und Gerechtigkeit; hg. von Micha Brumlik, Hauke Brunkhorst, Frankfurt/M. 1993

Gerhardsson, Birger: Eleutheria (›freedom‹) in the Bible; in: Scripture. Meaning and Method, Hull 1987, 3–23

Gesetz und Freiheit; hg. von Johann Reikerstorfer, Wien u.a. 1983

Gigon, Olaf: Der Begriff der Freiheit in der Antike; in: ders., Die antike Philosophie als Maßstab und Realität, Zürich 1977, 96–161

Gillen, E.: Wie Christen ethisch handeln und denken. Zur Debatte um die Autonomie der Sittlichkeit im Kontext katholischer Theologie; Würzburg 1989

Ginters, Rudolf: Freiheit und Verantwortlichkeit; 1. Aufl. Düsseldorf 1977

Gleixner, Hans: Ethik unter dem Anspruch der biblisch christlichen Freiheit; in: ZkTh 110/1988, 414–442

Gogarten, Friedrich: Sittlichkeit und Glaube in Luthers Schrift De servo arbitrio; in: ZThK 47/1950, 227–264

Gollwitzer, Helmut: Forderungen der Freiheit; München 1962

Gottes Reich und menschliche Freiheit. Ritschl-Kolloquium (Göttingem 1989); hg. von Joachim Ringeleben, Göttingen 1990

Graf, Friedrich Wilhelm: Theonomie. Fallstudien zum Integrationsanspruch neuzeitlicher Theologie; Gütersloh 1987

Gräfrath, Bernd: John Stuart Mill: ›Über die Freiheit‹. Ein einführender Kommentar; Paderborn u.a. 1992

Greiffenhagen, Martin: Freiheit gegen Gleichheit? Zur Tendenzwende in der Bundesrepublik; Hamburg 1975

Greshake, Gisbert: Geschenkte Freiheit. Einführung in die Gnadenlehre; 2. Aufl. Freiburg u.a. 1981

Greshake, Gisbert: Gnade als konkrete Freiheit. Eine Untersuchung zur Gnadenlehre des Pelagius, Mainz 1972

Grim, Johannes: Freiheit und Glaube. Fundamentalphilosophische Voraussetzungen theologischer Systematik; München 1980

Groß, Heinrich: »Bei ihm ist Erlösung in Fülle«. Befreiung in den Psalmen; in: Bibel und Kirche 42/1987, 104–108

Großmann, Andreas: Reformatorisches und neuzeitliches Freiheitsverständnis – in unversöhnlichem Streit oder versöhnlich mitten im Streit?; in: Dimensionen menschlicher Freiheit, hg. von Heiner Bielefeldt, Winfried Brugger, Klaus Dicke, Tübingen 1988, 215–228

Grundmann, Wilhelm: Das Angebot der eröffneten Freiheit; in: Cath 28/1974, 304–333

Guardini, Romano: Freiheit Gnade Schicksal. Drei Kapitel zur Deutung des Daseins; 4. Aufl. München 1956

Gutiérrez, Gustavo: Theologie der Befreiung; 10., erweiterte und neubearbeitete Aufl. Mainz 1992

Habermas, Jürgen: Der philosophische Diskurs der Moderne; Frankfurt 1985

Hahn, Ferdinand: Das Gesetzesverständnis im Römer- und Galaterbrief; in: ZNW 67/1976, 29–63

Hamm, Berndt: Promissio, pactum, ordinatio. Freiheit und Selbstbindung Gottes in der scholastischen Gnadenlehre; Tübingen 1977

Hamm, Berndt: Zwinglis Reformation der Freiheit; Neukirchen 1988

Hare, Richard M.: Freiheit und Vernunft; (engl. 1962) Düsseldorf 1973

Harms, Jens: Über Freiheit. John Stuart Mill und die Politische Ökonomie des Liberalismus; Frankfurt/M. 1984

Harms, Wolfgang: Frei sein – gehorsam handeln, gehorsam handeln – frei sein. Ein Beitrag zur theologisch-ethischen Diskussion um das Verhältnis von Freiheit und Herrschaft im Protestantismus des 20. Jahrhunderts, dargestellt am Gehorsamsbegriff; ‹Diss. Hamburg› 1985

Hasenstab, Rudolf: Die Menschenrechte als Richtpunkte und Garantie vieldimensionaler Autonomie; in: Anspruch der Wirklichkeit und christlicher Glaube. Probleme und Wege theologischer Ethik heute, hg. Dietmar Mieth, Helmut Weber, Düsseldorf 1980, 97–117

Hauerwas, Stanley: The Church and Liberal Democracy: The Moral Limits of a Secular Polity; in: ders., A Community of Character. Toward a Constructive Christian Social Ethic, Notre Dame/ London 1981, 4. Aufl. 1986, 72–86

Hedinger, Ulrich: Der Freiheitsbegriff in der Kirchlichen Dogmatik Karl Barths; Zürich 1962

Heinemann, Gustav W.: Glaubensfreiheit – Bürgerfreiheit. Reden und Aufsätze. Kirche – Staat – Gesellschaft 1945–1975; hg. von Diether Koch, 2. Aufl. München 1990

Heinrichs, Johann: Ideologie oder Freiheitslehre? Zur Rezipierbarkeit der thomanischen Gnadenlehre von einem transzendentaldialogischen Standpunkt; in: ThPh 49/1974, 395–436

Henrich, Dieter: Ethik der Autonomie; in: ders., Selbstverhältnisse. Gedanken und Auslegungen zu den Grundlagen der klassischen deutschen Philosophie, Stuttgart, 1982, 6–56

Henrich, Dieter: Das Problem der Grundlegung der Ethik bei Kant und im spekulativen Idealismus; in: Sein und Ethos. Untersuchungen zur Grundlegung der Ethik, hg. von Paulus Engelhardt, Mainz 1963, 350–386

Hermisson, Hans-Jürgen: Gottes Freiheit – Spielraum des Menschen. Alttestamentliche Aspekte eines biblisch-theologischen Themas; in: ZThK 82/1985, 129–152

Hersch, Jeanne: Die Unfähigkeit Freiheit zu ertragen. Aufsätze und Reden; Zürich, Köln 1974, 5.Aufl. 1987

Herwig, Michael: Herrschaft Gottes – Freiheit des Menschen. Biblische Perspektiven zur Neugestaltung der Gesellschaft; Wuppertal 1977

Heschel, Abraham J.: Die ungesicherte Freiheit. Essays zur menschlichen Existenz; (engl. 1959) Neukirchen-Vluyn 1985

Heschel, Abraham J.: Gott sucht den Menschen. Eine Philosophie des Judentums; (engl. 1955) Neukirchen-Vluyn 1980

Hilpert, Konrad: Ethik und Rationalität. Untersuchungen zum Autonomieproblem und zu seiner Bedeutung für die theologische Ethik; Düsseldorf 1980

Hinz, Manfred: Fichtes »System der Freiheit«. Analyse eines widersprüchlichen Begriffs; Stuttgart 1981

Hodgson, Peter C.: God in History. Shapes of Freedom; Nashville 1989

Hoffmann, Paul: Er ist unsere Freiheit. Aspekte einer konkreten Christologie im Neuen Testament; in: Biotope der Hoffnung; Olten 1988, 47–60

Holzhey, Helmut / Jean-Pierre Leyvraz (Red.): Persönliche Freiheit – Liberté de la personne. Zu einem Grundproblem praktischer Philsophie; Bern 1990

Honecker, Martin: Eschatologische Freiheit. Reformatorisches und revolutionäres Freiheitsverständnis; in: Freiheit und Kontingenz. Zur interdisziplinären Anthropologie menschlicher Freiheiten und Bindungen hg. von R. Dieterich, C. Pfeiffer, Heidelberg 1992, 150–169

Horkheimer, Max: Um die Freiheit; Frankfurt/M. 1962

Huber, Wolfgang / Heinz Eduard Tödt: Menschenrechte. Perspektiven einer menschlichen Welt; Stuttgart/Berlin 1977

Huber, Wolfgang: Folgen christlicher Freiheit. Ethik und Theorie der Kirche im Horizont der Barmer theologischen Erklärung; Neukirchen-Vluyn 1983

Individuelle Freiheit und demokratische Entscheidung. Ethische, ökonomische und politische Theorie der Demokratie; hg. von Peter Koslowski, Tübingen 1989

Inhoffen, Peter: Freiheit durch Vernunft? Ordnung und Ziel der menschlichen Gesellschaft nach Johann Gottlieb Fichte; in: JCSW 28/1987, 91–131

Iwand, Hans Joachim: Die grundlegende Bedeutung der Lehre vom unfreien Willen für den Glauben (1930); in: ders., Um den rechten Glauben. Gesammelte Aufsätze, hg. und eingeleitet von Karl Gerhard Steck, München 1959, 13–30

Janke, Wolfgang: Tugend und Freiheit. Spinozas kontemplative Begründung der Ethik; in: Sein und Ethos. Untersuchungen zur Grundlegung der Ethik, hg. von Paulus Engelhardt, Mainz 1963, 329–349

Jaspers, Karl: Freiheit und Autorität; in: ders., Wahrheit und Bewährung. Philosophieren für die Praxis; München, Zürich 1983, 26–45

Jaspers, Karl: Über Gefahren und Chancen der Freiheit, in: ders., Wahrheit und Bewährung. Philosophieren für die Praxis, München, Zürich 1983, 139–157

Jaspers, Karl: Wahrheit, Freiheit und Friede; in: ders., Wahrheit und Bewährung. Philosophieren für die Praxis, München, Zürich 1983, 158–171

Jesus Christus und die menschliche Freiheit; in: Conc (D) 10/1974, 159–232

Joest, Wilfried: Gesetz und Freiheit. Das Problem des Tertius usus legis bei Luther und die neutestamentliche Parainese; Göttingen 1951, 4. Aufl. 1968

Jonas, Hans: Augustin und das paulinische Freiheitsproblem. Eine philosophische Studie zum pelagianischen Streit; Göttingen 1965

Jonas, Hans: Das Prinzip Verantwortung. Versuch einer Ethik für die technologische Zivilisation; 1. Aufl. Frankfurt/M. 1979, 297–315, 342–366

Jonas, Hans: Technik, Freiheit und Pflicht; in: ders., Dem bösen Ende näher. Gespräche über das Verhältnis des Menschen zur Natur, Frankfurt/M. 1993, 91–102

Jones, Stanley F.: »Freiheit« in den Briefen des Apostels Paulus. Eine historische, exegetische und religionsgeschichtliche Studie; Göttingen 1987

Kamphaus, Franz: Der Preis der Freiheit; in: Anstöße zur gesellschaftlichen Verantwortung der Christen, Mainz 1987, 211–236

Käsemann, Ernst: Der gottesdienstliche Schrei nach Freiheit; in: ders., Paulinische Perspektiven; Tübingen 1969, 211–236

Käsemann, Ernst: Der Ruf der Freiheit; 3., veränderte Aufl. Tübingen 1972

Kasper, Walter: Christliche Freiheit und neuzeitliche Autonomie; in: Menschenwürdige Gesellschaft, hg. von den Salzburger Hochschulwochen, Köln 1977, 73–110

Kenny, Anthony: Will, Freedom and Power; Oxford 1975

Kersting, Wolfgang: Wohlgeordnete Freiheit. Immanuel Kants Rechts- und Staatsphilosophie; Berlin / New York 1984

Kertelge, Karl: Freiheitsbotschaft und Liebesgebot im Galaterbrief; in: Neues Testament und Ethik; hg. von Helmut Merklein, Freiburg u.a. 1989, 326–337

Kertelge, Karl: Gesetz und Freiheit im Galaterbrief; in: NTS 30/1984, 382–394

Klappert, Bertold: Promissio und Bund. Gesetz und Evangelium bei Luther und Barth; Göttingen 1976

Klippel. Diethelm: Politische Freiheit und Freiheitsrechte im deutschen Naturrecht des 18. Jahrhunderts; Paderborn 1976

Kluxen, Wolfgang: Metaphysik und praktische Vernunft. Über ihre Zuordnung bei Thomas von Aquin; in: Thomas von Aquin 1274/1974, hg. von Ludger Oeing-Hanhoff, München 1974, 73–96

Korsch, Dietrich: Christologie und Autonomie. Zu einem Interpretationsversuch der Theologie Karl Barths; in: EvTh 41/1981, 142–170

Korsch, Dietrich: Der Grund der Freiheit. Eine Untersuchung zur Problemgeschichte der positiven Philosophie und zur Systemfunktion des Christentums im Spätwerk F.W.J. Schellings; München 1980

Kraus, Hans-Joachim: Reich Gottes: Reich der Freiheit. Grundriß Systematischer Theologie; Neukirchen-Vluyn 1975

Krings, Hermann: System und Freiheit. Gesammelte Aufsätze; Freiburg u.a. 1980

Kroner, Richard: Freiheit und Gnade. Philosophisch-theologischer Traktat; Tübingen 1969

Krötke, Wolf: Wahrheit – Freiheit; in: ders., Die Universalität des offenbaren Gottes. Gesammelte Aufsätze, München 1985, 145–151

Krüger, Gerhard: Freiheit und Weltverwaltung. Aufsätze zur Philosophie der Geschichte; Freiburg / München 1958

Kühn, Ulrich: Via caritatis. Theologie des Gesetzes bei Thomas von Aquin; Göttingen 1965

Kuitert, Harminus Martinus: Autonomie. Een lastige laatkomer in de ethiek; Amsterdam 1989

Küng, Hans: Christsein; Zürich 1974, 573–594

Lange, Ernst: Sprachschule für die Freiheit. Bildung als Problem und Funktion der Kirche; hg. und eingeleitet von Rüdiger Schloz, München / Gelnhausen 1980

Lash, Nicholas: Die Kirche und die Freiheit Christi; in: Conc (D) 10/1974, 203–209

Lehmann, Karl: Heiliger Geist, Befreiung zum Menschsein – Teilhabe am göttlichen Leben. Tendenzen gegenwärtiger Gnadenlehre; in: Gegenwart des Geistes. Aspekte der Pneumatologie, hg. von Walter Kasper, Freiburg u.a. 1979, 181–204

Lévinas, Emmanuel: Schwierige Freiheit. Versuch über das Judentum; (franz. 1963/1976) Frankfurt 1992

Liberalism and the Moral Life; hg. von Nancy Rosenblum, Cambridge Mass. u.a. 1989

Liberty; hg. von David Miller, Oxford 1991

Lindbeck, George A.: The Nature of Doctrine. Religion and Theology in a Postliberal Age; Philadelphia, Penn. 1984 (dt.: Kirchliche Lehre – Grammatik des Glaubens. Religion und Theologie in einem postliberalen Zeitalter; Gütersloh 1994)

Lindemann, Andreas: Die biblischen Toragebote und die paulinische Ethik; in: Studien zum Text und zur Ethik des Neuen Testaments, hg. von Wolfgang Schrage, Berlin 1986, 242–265

Lindgens, Godehard: Freiheit, Demokratie und pluralistische Gesellschaft in der Sicht der katholischen Kirche. Dokumente aus Verlautbarungen der Päpste und des 2. Vatikanischen Konzils; Stuttgart 1985

Link, Christian / Walter Kern: Autonomie und Geschöpflichkeit; in: Christlicher Glaube in moderner Gesellschaft, Bd. 18, Freiburg u.a. 1982, 101–148

Link, Christian: Subjektivität und Wahrheit. Die Grundlegung der neuzeitlichen Metaphysik durch Descartes; Stuttgart 1978

Lochman, Jan M.: Wegweisung der Freiheit. Abriss der Ethik in der Perspektive des Dekalogs; 2. Aufl. Gütersloh 1984

Lochmann, Jan Milic: Religion der Freiheit. Freiheit und Bindung im Christentum; in: ders., Das radikale Erbe. Versuche theologischer Orientierung in Ost und West, Zürich 1972, 25–39

Løgstrup, Knud Eiler: Norm und Spontaneität. Ethik und Politik zwischen Technik und Dilettantokratie; Tübingen 1989

Løgstrup, Knud Eiler: Wille, Wahl und Freiheit; in: Zeit und Geschichte, hg. von Erich Dinkler, Tübingen 1964, 517–530

Lohff, Wenzel: Christliche Freiheit als Problem für Lutheraner und Katholiken. Zum Thema Grundkonsens und Grunddifferenz; in: ders., Fundus des Glaubens. Zugänge zur Begründung elementaren Glaubenswissens, Göttingen 1986, 134–150

Lotz, Johannes B.: Person und Freiheit. Eine philosophische Untersuchung mit theologischen Ausblicken; Freiburg/Br. 1979

Lubac, Henri de: Die Freiheit der Gnade, Bd. I: Das Erbe Augustins, Bd. II: Das Paradox des Menschen; Einsiedeln 1971

Lübbe, Hermann: Freiheit statt Emanzipationszwang. Die liberalen Traditionen und das Ende der marxistischen Illusionen; Zürich 1991

Die Macht der Freiheit; hg. von Annemarie Pieper, Zürich 1990

MacIntyre, Alasdair: Der Verlust der Tugend. Zur moralischen Krise der Gegenwart (engl. 1981); Frankfurt/M. 1987

Magaß, Walter: Der Preis der Freiheit; in: Conc (D) 10/1974, 196–202

Marcuse, Herbert: Versuch über die Befreiung; Frankfurt/M. 1969

Maron, Gottfried: Luther und die Freiheitsmodelle seiner Zeit; in: Die Reformation geht weiter. Ertrag eines Jahres, hg. von Ludwig Markert und Karl-Heinz Stahl, Erlangen 1984, 21–30

Marsch, Wolf Dieter: Die Folgen der Freiheit; Gütersloh 1974

Martin Luther and the Modern Mind. Freedom, Conscience, Toleration, Rights; hg. von Manfred Hoffman, Lewiston NY 1985

Maurer, Wilhelm: Autorität in Freiheit. Zu Marcuses Angriff auf Luthers Freiheitslehre; Stuttgart 1970

Maurer, Wilhelm: Von der Freiheit eines Christenmenschen. Zwei Untersuchungen zu Luthers Refromationsschriften 1520/21; Göttingen 1949

McSorley, Harry S.: Luthers Lehre vom unfreien Willen nach seiner Hauptschrift De servo arbitrio im Lichte der biblischen und kirchlichen Tradition; München 1967

Menke, Christoph: Liberalismus im Konflikt. Zwischen Gerechtigkeit und Freiheit; in: Gemeinschaft und Gerechtigkeit, hg. von Micha Brumlik, Hauke Brunkhorst, Frankfurt(M. 1993, 218–243

Merks, Karl-Wilhelm: Theologische Grundlegung der sittlichen Autonomie. Strukturmomente eines ›autonomen‹ Normbegründungsverständnisses im lex-Traktat der Summa theologiae des Thomas von Aquin; Düsseldorf 1978

Merz, Georg: Freiheit und Zucht (1932); in: ders., Um Glauben und Leben nach Luthers Lehre. Ausgewählte Aufsätze, eingeleitet und hg. von Friedrich Wilhelm Kantzenbach, München 1961, 239–276

Michel, Otto: Der antike und christliche Freiheitsbegriff; in: Univ 1/1946, 1–17

Mieth, Dietmar: Autonome Moral im christlichen Kontext. Zu einem Grundlagenstreit der theologischen Ethik; in: Orientierung 40/1976, 31–34

Mieth, Dietmar: Autonomie der Ethik – Neutralität des Evangeliums?; in: Conc (D) 18/1982, 320–327

Mieth, Dietmar: Autonomie oder Befreiung – zwei Paradigmen christlicher Ethik?; in: Conc (D) 20/1984, 160–166

Mitscherlich, Alexander: Auf dem Weg zur vaterlosen Gesellschaft. Ideen zur Sozialpsychologie (1963); 15. Aufl. München 1984

Modernes Freiheitsethos und christlicher Glaube. Beiträge zur juristischen, philosophischen und theologischen Bestimmung der Menschenrechte; hg. von Johannes Schwartländer, München/Mainz 1981

Moedlhammer, Johann W.: Anbetung und Freiheit. Theologisch-anthropologische Reflexionen zur Theologie Dietrich Bonhoeffers; Salzburg 1976

Mokrosch, Reinhold: Theologische Freiheitsphilosophie. Metaphysik, Freiheit und Ethik in der philosophischen Entwicklung Schellings und in den Anfängen Tillichs; Frankfurt 1976

Moltmann, Jürgen: Auferstehungshoffnung und Befreiungspraxis; in: ÖR 23/1974, 296–313 [wieder abgedruckt in: ders., Zukunft der Schöpfung. Gesammelte Aufsätze, München 1977, 105–122]

Moltmann, Jürgen: Gott versöhnt und macht frei; in: ZdZ 25/1971, 1–8

Moltmann, Jürgen: Menschenwürde, Recht und Freiheit; Stuttgart/Berlin 1979

Moltmann-Wendel, Elisabeth: Freiheit – Gleichheit – Schwesterlichkeit. Zur Emanzipation der Frau in Kirche und Gesellschaft; 3. Aufl. München 1982

Müller, Hanfried: Stationen auf dem Wege zur Freiheit; in: Die Präsenz des verdrängten Gottes, hg. von Christian Gremmels und Ilse Tödt, München 1987, 145–165

Mußner, Franz: Theologie der Freiheit nach Paulus; Freiburg u.a. 1976

Nell-Breuning, Oswald von: Gerechtigkeit und Freiheit. Grundzüge katholischer Soziallehre; 2. Aufl. München 1985

Ness, Peter H. Van: Christian freedom and ethical enquiry; in: CalThJ 17/1982, 26–52

Niebuhr, Reinhold: Die Kinder des Lichts und die Kinder der Finsternis. Eine Rechtfertigung der Demokratie und eine Kritik ihrer herkömmlichen Verteidigung; München 1947

Oeing-Hanhoff, Ludger: Die Kirche – Institution christlicher Freiheit?; in: Dienst an der Einheit, hg. von Joseph Ratzinger; Düsseldorf 1978, 105–132

Oeing-Hanhoff, Ludger: Metaphysik und Freiheit. Ausgewählte Abhandlungen; hg. von Theo Kobusch und Walter Jaeschke, München 1988

Oyen, Hendrik van: Verantwortung und Freiheit; Gütersloh 1972

Pannenberg, Wolfhart: Freedom and the Lutheran Reformation; in: ThTo 38/1981, 287–297

Pannenberg, Wolfhart: Gottesgedanke und menschliche Freiheit; Göttingen 1972

Pannenberg, Wolfhart: Lebensraum der Christlichen Freiheit. Die Einheit der Kirche ist die Vollendung der Reformation; in: EK 8/1975, 587–593

Paulsen, Henning: Einheit und Freiheit der Söhne Gottes – Gal 3, 26–29; in: ZNW 71/1980, 74–95

Pawlas, Anreas: Freiheit, Erfolgsprogramm oder Illusion der Neuzeit? Ein sozialethischer Überblick über die neuzeitliche Freiheitsgeschichte; Bielefeld 1991

Penzoldt, Martin: Der Begriff Freiheit bei Luther; in: Dimensionen menschlicher Freiheit, hg. von Heiner Bielefeldt, Winfried Brugger, Klaus Dicke, Tübingen 1988, 229–242

Personale Freiheit und pluralistische Gesellschaft; hg. von Günther Pöltner, Wien u.a. 1981

Persönliche Freiheit. Zu einem Grundproblem praktischer Philosophie; hg. von Helmut Holzhey, Jean Pierre Leyvraz, Studia Philosophica 49/1990, Bern, Stuttgart

Pesch, Otto Hermann: Frei sein aus Gnade. Theologische Anthropologie; Freiburg u.a. 1983

Pesch, Otto M.: Philosophie und Theologie der Freiheit bei Thomas von Aquin in quaest. disp. 6 De malo; in: MThZ 13/1962, 1–25

Philosophie der Freiheit. Karl Jaspers 23. Febr. 1883 – 26. Febr. 1969; hg. von Rudolf Lengert, Oldenburg 1983

Picht, Georg: Der Begriff Verantwortung; in: ders., Wahrheit, Vernunft, Verantwortung. Philosophische Studien, Stuttgart 1969, 318–342

Picht, Georg: Technik und Überlieferung. Die Überlieferung der Technik, die Autonomie der Vernunft und die Freiheit des Menschen; Hamburg 1959

Pieper, Annemarie: Die Wahl der Freiheit als die Freiheit der Wahl. Überlegungen zu Sören Kierkegaards Modell der ethischen Wahl im Anschluß an Hermann Krings' Freiheitsbegriff; in: Prinzip Freiheit. Eine Auseinandersetzung um Chancen und Grenzen transzendentalphilosophischen Denkens, hg. von H.-M. Baumgartner, Freiburg/München 1979, 75–96

Pieper, Annemarie: Sprachanalytische Ethik und praktische Freiheit. Das Problem der Ethik als autonomer Wissenschaft; Stuttgart u.a. 1973

Pohlenz, Max: Griechische Freiheit. Wesen und Werden eines Lebensideals; Heidelberg 1955

Popper, Karl: Die offene Gesellschaft und ihre Feinde. Bd. I: Der Zauber Platons. Bd. II: Falsche Propheten. Hegel, Marx und die Folgen; 7. Aufl. mit weiteren Verbesserungen und neuen Anhängen; Tübingen 1992

Porter, Jean: Moral Rules and Moral Actions. A Comparison of Aquinas and Modern Moral Theology; in: JRE 17,1/1989, 123–149

Pothast, Ulrich: Die Unzulänglichkeit der Freiheitsbeweise. Zu einigen Lehrstücken aus der neueren Geschichte von Philosophie und Recht; 1. Aufl. Frankfurt/M. 1987

Prinzip Freiheit. Eine Auseinandersetzung um Chancen und Grenzen transzendentalphilosophischen Denkens, hg. von Hans-Michael Baumgartner; Freiburg/München 1979

Pröpper, Thomas: Erlösungsglaube und Freiheitsgeschichte. Eine Skizze zur Soteriologie; 2., wesentlich erweiterte Aufl. München 1988

Quervain, Alfred de: Gesetz und Freiheit; Stuttgart 1930

Quervain, Alfred de: Vom rechten Verständnis der christlichen Freiheit und von der Bewährung dieser Freiheit im bürgerlichen Leben; Berlin 1935

Raaflaub, Kurt: Die Entdeckung der Freiheit. Zur historischen Semantik und Gesellschaftsgeschichte eines politischen Grundbegriffes der Griechen; München 1985

Rae, Simon H.: Gospel law and freedom in the theological ethics of Karl Barth; in: SJTh 25/1972, 412–422

Rahner, Karl: Gnade als Freiheit. Kleine theologische Beiträge; Freiburg 1968

Raiser, Ludwig: Vom rechten Gebrauch der Freiheit. Aufsätze zu Politik, Recht, Wissenschaftspolitik und Kirche; Stuttgart 1982

Raz, Joseph: The Morality of Freedom; Oxford 1986

Die Realisierung der Freiheit. Beiträge zur Kritik der Theologie Karl Barths; hg. von Trutz Rendtorff Gütersloh 1975

Reinhardt, Heinrich: Freiheit zu Gott. Der Grundgedanke des Systematikers Giovanni Pico della Mirandola (1463–1494); Weinheim 1989

Reist, Manfred: Die Praxis der Freiheit. Hannah Arendts Anthropologie des Politischen; Würzburg 1990

Religion der Freiheit. Protestantismus in der Moderne; hg. von J. Moltmann München 1990

Rendtorff, Trutz: Die Autorität der Freiheit, in: ders., Vielspältiges. Protestantische Beiträge zur ethischen Kultur; Stuttgart/Berlin/Köln 1991, 81–100

Rendtorff, Trutz: Die christliche Freiheit als Orientierungsbegriff der gegenwärtigen christlichen Ethik (1978); in: Evangelische Ethik. Diskussionsbeiträge zu ihrer Grundlegung und ihren Aufgaben, eingeleitet und hg,. von Hans G. Ulrich, München 1990, 113–123

Rendtorff, Trutz: Kirche und freier Protestantismus. Schleiermachers Beitrag zur Bestimmung ihres Verhältnisses; in: ders., Theorie des Christentums. Historisch-theologische Studien zu seiner neuzeitlichen Verfassung, Gütersloh 1972, 81–95

Rendtorff, Trutz: Radikale Autonomie Gottes. Zum Verständnis der Theologie Karl Barths und ihrer Folgen, in: ders., Theorie des Christentums. Historisch-theologische Studien zu seiner neuzeitlichen Verfassung, Gütersloh 1972, 161–181

Ricoeur, Paul: Die Freiheit im Lichte der Hoffnung; in: ders., Hermeneutik und Strukturalismus. Der Konflikt der Interpretationen I, München 1973, 199–226

Riedel, Manfred: Freiheit und Verantwortung. Zwei Grundbegriffe der kommunikativen Ethik; in: ders., Für eine zweite Philosophie. Vorträge und Abhandlungen, Frankfurt/M. 1988, 152–170

Riesenhuber, Klaus: Der Wandel des Freiheitsverständnisses von Thomas von Aquin zur frühen Neuzeit; in: RFNS 66/1974, 946–974

Ringeling, Hermann: »Postmoderne« Freiheit; in: Freiheit und Kontingenz. Zur interdisziplinären Anthropologie menschlicher Freiheiten und Bindungen, hg. von Rainer Dieterich, Carsten Pfeiffer, Heidelberg 1992, 11–23

Rohrmoser, Günter: Emanzipation und Freiheit; München 1970

Rorty, Richard: Postmodernist bourgeois liberalism; in: Journal of Philosophy 80/1983, 583–589

Roth, Günther: Politische Herrschaft und persönliche Freiheit. Heidelberger Max-Weber-Vorlesungen; 1. Aufl. Frankfurt/M. 1987

Sandel, Michael J.: Liberalism and the Limits of Justice; Cambridge, Mass. u.a. 1982

Sauter, Gerhard: »Exodus« und »Befreiung« als theologische Metaphern. Ein Beispiel zur Kritik von Allegorese und mißverstandenen Analogien in der Ethik; in: EvTh 38/1978, 538–559

Sauter, Gerhard: Geist und Freiheit. Geistvorstellungen und die Erwartung des Geistes; in: EvTh 41/1981, 212–223

Sauter, Gerhard: In der Freiheit des Geistes. Theologische Studien; Göttingen 1988

Schlette, Heinz Robert: Der Anspruch der Freiheit. Vorfragen politischer Existenz, München 1963

Schlier, Heinrich: Über die christliche Freiheit; in: GuL 50/1977, 178–193

Schlumbohm, Jürgen: Freiheitsbegriff und Emanzipationsprozeß. Zur Geschichte eines politischen Wortes; Göttingen 1973

Schnackenburg, Rudolf: Befreiung nach Paulus im heutigen Fragehorizont; in: Erlösung und Emanzipation, Freiburg 1973, 51–68

Schnackenburg, Rudolf: Christliche Freiheit nach Paulus; in: ders., Christliche Existenz nach dem Neuen Testament. Abhandlungen und Vorträge, Bd. II, München 1968, 33–49

Scholz, Frithard: Freiheit als Indifferenz. Alteuropäische Probleme mit der Systemtheorie Niklas Luhmanns; 1. Aufl. Frankfurt/M. 1982

Schörner, Gabriele E.: Von der Freiheit des Urteils. Untersuchungen zu Konzepten moralischer Autonomie; München 1989

Schottroff, Luise: Befreiungserfahrungen. Freiheit und Befreiung nach dem Zeugnis der Bibel; in: Conc (D) 20/1984, 142–147

Schröder, Richard: Freier Bürger – freier Mensch. Zur Geschichte des europäischen Freiheitsverständnisses; in: ders., Denken im Zwielicht. Vorträge und Aufsätze aus der Alten DDR, Tübingen 1990, 130–148

Schüller, Bruno: Gesetz und Freiheit. Eine moraltheologische Untersuchung; Düsseldorf 1966

Schulz, Walter: Vernunft und Freiheit. Aufsätze und Vorträge; Stuttgart 1981

Schütz, Paul: Freiheit – Hoffnung – Prophetie. Von der Gegenwärtigkeit des Zukünftigen; Moers 1986

Schwan, Alexander: Wahrheit, Pluralität, Freiheit. Studien zur philosophischen und theologischen Grundlegung freiheitlicher Politik; Hamburg 1976

Schwartländer, Johannes: Nicht nur Autonomie der Moral – sondern Moral der Autonomie; in: Anspruch der Wirklichkeit und christlicher Glaube. Probleme und Wege theologischer Ethik heute, hg. von Dietmar Mieth, Helmut Weber, Düsseldorf 1980, 75–94

Schwartländer, Johannes: Sittliche Autonomie als Idee der endlichen Freiheit. Bemerkungen zum Prinzip der Autonomie im kritischen Idealismus Kants; in: ThQ 161/1981,20–33

Seminar: Freies Handeln und Determinismus; hg. und eingeleitet von Ulrich Pothast, 1. Aufl. Frankfurt/M. 1978

Sicherheit und Freiheit. Zur Ethik des Wohlfahrtsstaates; hg. von Christoph Sachße, Frankfurt/M. 1990

Siewerth, Gustav: Die Freiheit und das Gute; Freiburg 1959

Siewerth, Gustav: Einführung; in: Thomas von Aquin. Die menschliche Willensfreiheit. Texte zur thomistischen Freiheitslehre, ausgewählt von Gustav Siewerth, Düsseldorf 1954, 9–136

Simmel, Georg: Das Individuum und die Freiheit. Essais; (Stuttgart 1957; veränderte Auswahl) Berlin 1984

Simmel, Georg: Einleitung in die Moralwissenschaft. Eine Kritik der ethischen Grundbegriffe (1892/93); Bd. II, hg. von Otthein Rammstedt, Frankfurt 1991

Simon, Josef: Wahrheit als Freiheit. Zur Entwicklung der Wahrheitsfrage in der neueren Philosophie; Berlin u.a. 1978

Smend, Rudolf / Ulrich Luz: Gesetz; Stuttgart 1981

Spaemann, Robert: Die Utopie der Herrschaftsfreiheit; in: Rehabilitierung der praktischen Philosophie, hg. von Manfred Riedel, Bd. II: Rezeption, Argumentation, Diskussion, Freiburg 1974, 117–132

Spaemann, Robert: Praktische Gewißheit. Descartes' provisorische Moral; in: ders., Zur Kritik der politischen Utopie. Zehn Kapitel politischer Philosophie, Stuttgart 1977, 41–56

Spaemann, Robert: Zur Kritik der politischen Utopie. Zehn Kapitel politischer Philosophie; Stuttgart 1977

Splett, Jörg: Der Mensch in seiner Freiheit; Mainz 1967

Splett, Jörg: Freiheits-Erfahrungen. Vergegenwärtigungen christlicher Anthropologie; Frankfurt/M. 1986

Splett, Jörg: Konturen der Freiheit. Zum christlichen Sprechen vom Menschen; 2. Aufl. Frankfurt/M. 1981

Stange, Carl: Die reformatorische Lehre von der Freiheit des Handelns; in: ders., Theologische Aufsätze, Leipzig 1905, 117–132

Steinvorth, Ulrich: Freiheitstheorien in der Philosophie der Neuzeit; Darmstadt 1987

Stoevesandt, Hinrich: Gottes Freiheit und die Grenze der Theologie; Zürich 1992

Stogiannos, Basil: Die Freiheit als neues Leben nach dem Apostel Paulus; in: GregPal 51/1968, 280–289

Stout, Jeffrey: The Flight from Authority. Religion, Morality and the Quest for Autonomy; Notre Dame 1981

Strawson, Peter F.: Freedom and Resentment and other Essays; London 1974

Strecker, Georg: Befreiung und Rechtfertigung. Zur Stellung der Rechtfertigungslehre in der Theologie des Paulus; in: Rechtfertigung, Tübingen 1976, 479–508

Stuhlmacher, Peter: ›Das Ende des Gesetzes‹. Über Ursprung und Ansatz der paulinischen Theologie; in: ZThK 67/1970, 14–39

Stuhlmacher, Peter: Jesu vollkommenes Gesetz der Freiheit. Zum Verständnis der Bergpredigt; in: ZThK 79/1982, 283–322

Subjektivität und Selbsterhaltung. Beiträge zur Diagnose der Moderne; hg. und eingeleitet von Hans Ebeling, Frankfurt/M. 1976

Taylor, Charles: Kant's Theory of Freedom, in: Conceptions of Liberty in Political Philosophy; hg. von A. Pelczynski und J. Gray, London 1984

Tellenbach, Gerd: Libertas – Kirche und Weltordnung im Zeitalter des Investiturstreits; Stuttgart 1936

The Idea of Freedom; hg. von Alan Ryan, Oxford 1979

Theilsch, E.: Die Logik des Freiheitsbegriffs; in: ZPhF 28/1974, 242–272

Thönissen, Wolfgang: Das Geschenk der Freiheit. Untersuchungen zum Verhältnis von Dogmatik und Ethik; Mainz 1988

Timm, Hermann: Gott und die Freiheit. Studien zur Religionsphilosophie der Goethezeit. Bd. I: Die Spinoza-Renaissance; Frankfurt/M. 1974

Troeltsch, Ernst: Die Soziallehren der christlichen Kirchen und Gruppen; Tübingen 1922 (1912), Neudruck Aalen 1965

Trowitzsch, Michael: Verstehen und Freiheit. Umrisse zu einer theologischen Kritik der hermeneutischen Urteilskraft; Zürich 1981

Tugendhat, Ernst: Der Begriff der Willensfreiheit; in: ders., Philosophische Aufsätze, Frankfurt/M. 1992, 334–351

Tugendhat, Ernst: Liberalism, Liberty and the Issue of Economic Human Rights; in: ders., Philosophische Aufsätze, Frankfurt/M. 1992, 352–370

Ulrich, Ferdinand: Gegenwart der Freiheit; Einsiedeln 1974

Vollenweider, Samuel: Freiheit als neue Schöpfung. Eine Untersuchung zur Eleutheria bei Paulus und in seiner Umwelt; Göttingen 1989

Vorster, Hans: Das Freiheitsverständnis bei Thomas von Aquin und Martin Luther; Göttingen 1965

Wagner, Falk: Der Mensch zwischen Selbstbestimmung und Abhängigkeit – Thesen zum Verhältnis von Anthropologie, Ethik und Gotteslehre; in: ders., Was ist Theologie? Studien zu ihrem Begriff und Thema in der Neuzeit, Gütersloh 1989, 351–369

Wallach, John R.: Liberals, Communitarians, and the Tasks of Political Theory; in: Political Theory 15/1987, 581ff

Wallhauser, John: Schleiermacher's Critique of Ethical Reason. Toward a Systematic Ethics; in: JRE 17,2/1989, 25–40

Walther, Christian: Die Freiheit des Glaubens und die Krise der sittlichen Vernunft; in: NZSTh 31/1989, 62–81

Walther, Christian: Eschatologie als Theorie der Freiheit. Einführung in neuzeitliche Gestalten eschatologischen Denkens; Berlin u.a. 1991

Wannenwetsch, Bernd: Die Freiheit der Ehe. Das Zusammenleben von Frau und Mann in der Wahrnehmung evangelischer Ethik; Neukirchen-Vluyn 1993

Weber, Hans Emil / Ernst Wolf: Gerechtigkeit und Freiheit; München 1949

Weber, Otto: Die christliche Freiheit und der autonome Mensch; München 1949

Weber, Otto: Freiheit in unserer Welt; in: ders., Die Treue Gottes und die Kontinuität der menschlichen Existenz. Gesammelte Aufsätze I, Neukirchen 1967

Weder, Hans: ELEUTHERIA und Toleranz; in: Glaube und Toleranz. Das theologische Erbe der Aufklärung, hg. von Trutz Rendtorff, Gütersloh 1982, 243–254

Weiss, Johannes: Die christliche Freiheit nach der Verkündigung des Apostels Paulus; Göttingen 1902

Welker, Michael: Der Vorgang Autonomie. Philosophische Beiträge zur Einsicht in theologischer Rezeption und Kritik; Neukirchen-Vluyn 1975

Werbick, Jürgen: Zur Freiheit befreit? Fundamentaltheologische und kontroverstheologische Überlegungen zur Rechtfertigungslehre; in: Cath(M) 32/1978, 212–241

Wetlesen, Jon: The sage and the way. Spinoza's ethics of freedom; Assen 1979

Wie frei ist der Mensch?; hg. von Jörg Splett Düsseldorf 1980

Wilckens, Ulrich: Rechtfertigung als Freiheit. Paulusstudien; Neukirchen-Vluyn 1974

Wolf, Ernst: Libertas christiana. Grundsätzliche Erwägungen zur Frage nach der ›biblischen Autorität für die soziale und politische Botschaft der Kirche heute‹; in: Hans Emil Weber / Ernst Wolf, Gerechtigkeit und Freiheit, München 1949, 22–36

Wolf, Ernst: Ordnung und Freiheit. Zur politischen Ethik des Christen; Berlin 1962

Wolf, Susan: Freedom within Reason; New York u.a. 1990

Yannaras, Christos: The Freedom of Morality; Crestwood NY 1984

Zenger, Erich: Der Gott des Exodus; in: Bibel und Kirche 42/1987, 98–103

Zimmerli, Walther: Das Gesetz im Alten Testament; in: ders., Gottes Offenbarung. Gesammelte Aufsätze, München 1963, 249–276

Hans G. Ulrich

Eschatologie und Ethik

Die theologische Theorie der Ethik in
ihrer Beziehung auf die Rede von Gott
seit Friedrich Schleiermacher. (Beiträge
zur evangelischen Theologie 104)
329 Seiten. Geb.
[3-579-02016-1]

Die vorliegende Arbeit stellt die ›Eschatologie‹,
die Rede von Gottes endgültigem Handeln, in
den verschiedenen Ausprägungen dar, die sie in
der neueren Theologiegeschichte erfahren hat.
Von da aus gewinnt sie theologische Einsichten
für die Theorie der ›Ethik‹ und bewährt diese im
Entwurf einer ›politischen Ethik‹.

Hans G.
Ulrich

Eschatologie
und Ethik

Chr. Kaiser BevTh

Chr. Kaiser
Gütersloher
Verlagshaus

Theologische Bücherei

Evangelische Ethik

Diskussionsbeiträge zu ihrer Grundlegung und ihren Aufgaben. Mit einer
Einleitung von Hans G. Ulrich.
(Theologische Bücherei 83)
460 Seiten. Kt.
[3-579-02012-9]

Die in dieser Textsammlung aufgenommenen
Beiträge geben Einblick in die Traditionslinien
evangelischer Ethik und stellen eine Einführung
in ihre Fragestellungen dar. Sie zeigen, was die
theologischen Erkenntnisse und Fragestellungen
sind, von denen sich evangelische Ethik hat
leiten lassen: das Verständnis von Freiheit und
Befreiung, Handeln und Rechtfertigung, Zukunfts-
erwartung und Hoffnung.

Darüber hinaus werden Perspektiven aufgezeigt,
die über die bisherige Problemgeschichte der
evangelischen Ethik hinausreichen.

83	Theologische Bücherei
	Studienbücher
	Evangelische Ethik
	Diskussionsbeiträge zu ihrer Grundlegung und ihren Aufgaben
	Eingeleitet und herausgegeben von Hans G. Ulrich
	Chr. Kaiser

Chr. Kaiser
Gütersloher
Verlagshaus